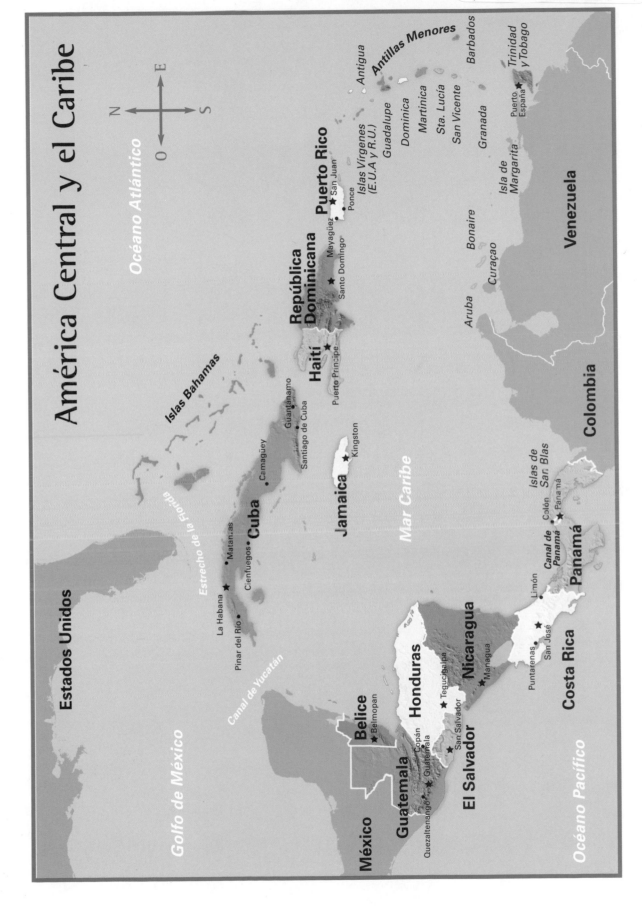

América Central y el Caribe

VISTAS

Introducción a la lengua española

José A. Blanco

Mary Ann Dellinger
University of Phoenix

Philip Donley
Austin Community College

María Isabel García
Boston University

• • •

Elaine K. Horwitz
Senior Consulting Editor
University of Texas

Boston, Massachusetts • Auburn, California

Award-winning cover Illustrator, **José Ortega** was born in Ecuador and studied at New York's prestigious School of Visual Arts. His work has appeared in magazines and advertisements throughout the world.

Publisher: José A. Blanco

Editorial Director of College Publishing: Denise St. Jean

Director of Manufacturing: Stephen Pekich

Director of Production & Design: Peter O'Faherty

Staff Editors: María Cinta Aparisi, Pamela Mishkin, Gustavo Cinci, Sonny Regelman, Mark Porter, Daniella Tourgeman

Contributing Writers: Sharon Alexander, María Elena Alvarado, Karin Fajardo, Ana M. Fores, Francisco de la Rosa, Gregory Garretson, Jane Ann Johnson, Norah L. Jones, Ralph Kite, Susan Lake, Ann Morrill, Lourdes M. Murray, Isabel Picado, Beatriz Pojman, Teresa Shu, Marcia Tugendhat

Art Director: Linda Jurras

Design Team: Suzanne Korschun, Martin Beveridge, Barbara Gazley, Susan Prentiss, Ianka de la Rosa

Photographer: Martin Bernetti

Production Team: Ted Cantrell, Eric Murphy, Janet Spicer, Holly Kersey, Greg Moutafis, Oscar Díez

Student Text ISBN 1-931100-00-4

Instructor's Annotated Edition ISBN 1-931100-01-2

Library of Congress Card Number: 00-109093

2 3 4 5 6 7 8 9 VH 05 04 03 02 01

Introduction

Welcome to **VISTAS**, your gateway to the Spanish language and to the vibrant, diverse cultures of the Spanish-speaking world.

VISTAS is a new introductory Spanish program written with you, the student, in mind. The driving force behind **VISTAS** was the desire to create the most student-friendly program available to college students taking introductory Spanish. In light of this, here are some of the elements you will encounter:

- Practical, high-frequency vocabulary that will allow you to communicate in everyday situations

- Clear, comprehensive grammar explanations with special features that make it easier to learn and to use

- Ample guided, focused practice to make you comfortable with the vocabulary and grammar you are learning and to give you a solid foundation for communication

- An emphasis on communicative interactions with a classmate, small groups, the full class and your instructor

- Careful development of reading, writing, and listening skills incorporating learning strategies and a process approach

- Integration of the culture of the everyday lives of Spanish speakers and coverage of the entire Spanish-speaking world

- A complete set of print and technology ancillaries to help you learn Spanish more easily

In addition, **VISTAS** offers some elements that set it apart from other college-level introductory Spanish textbooks:

- A different and more cohesive way of integrating video with the student textbook

- Student annotations with handy point-of-use information on virtually every page

- An abundance of drawings, photos, charts, and graphs, all designed to help you learn

- A highly structured, easy-to-navigate design and organization

VISTAS has eighteen lessons, each of which is organized exactly the same way. To familiarize yourself with the organization of the text, turn to page xiv and take the at-a-glance tour.

table of contents

	contextos	fotonovela

estructura	adelante	panorama

table of contents

	contexts	fotonovela

estructura	adelante	panorama

table of contents

	contexts	fotonovela

estructura	adelante	panorama

table of contents

	contextos	fotonovela

estructura	adelante	panorama

table of contents

	contextos	**fotonovela**

Lección 17
Un festival de arte

Lección 18
Las actualidades

Consulta (Reference)

estructura	adelante	panorama

Lesson Openers
outline the content and features of each lesson

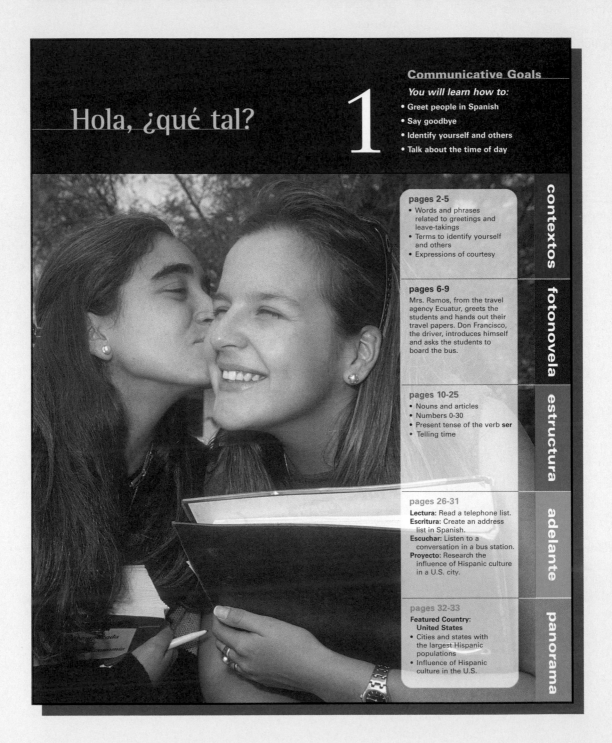

Hola, ¿qué tal?

1

Communicative Goals

You will learn how to:
- Greet people in Spanish
- Say goodbye
- Identify yourself and others
- Talk about the time of day

contextos

pages 2-5
- Words and phrases related to greetings and leave-takings
- Terms to identify yourself and others
- Expressions of courtesy

fotonovela

pages 6-9
Mrs. Ramos, from the travel agency Ecuatur, greets the students and hands out their travel papers. Don Francisco, the driver, introduces himself and asks the students to board the bus.

estructura

pages 10-25
- Nouns and articles
- Numbers 0-30
- Present tense of the verb **ser**
- Telling time

adelante

pages 26-31
Lectura: Read a telephone list.
Escritura: Create an address list in Spanish.
Escuchar: Listen to a conversation in a bus station.
Proyecto: Research the influence of Hispanic culture in a U.S. city.

panorama

pages 32-33
Featured Country: United States
- Cities and states with the largest Hispanic populations
- Influence of Hispanic culture in the U.S.

Contextos
presents vocabulary in meaningful contexts

Más vocabulario boxes call out other important theme-related vocabulary in easy-to-reference Spanish-English lists.

Illustrations High-frequency vocabulary is introduced through expansive, full-color illustrations.

Práctica This section always begins with a listening exercise and continues with activities that practice the new vocabulary in meaningful contexts.

Variación léxica presents alternate words and expressions used throughout the Spanish-speaking world.

Recursos boxes let you know exactly what ancillaries you can use to reinforce or expand on the section.

VISTAS-at-a-glance

Contextos
practices vocabulary in a variety of formats

Los días de la semana

¿Qué día es hoy?

Hoy es martes.

¿Cuándo es el examen?

Es el viernes.

septiembre

lunes	martes	miércoles	jueves	viernes	sábado	domingo
	1	2	3	4	5	6
7	8	9	10			

5 **¿Qué día es hoy?** Complete each statement with the correct day of the week.

1. Hoy es martes. Mañana es _____. Ayer fue _____.
2. Ayer fue sábado. Mañana es _____. Hoy es _____.
3. Mañana es viernes. Hoy es _____. Ayer fue _____.
4. Ayer fue domingo. Hoy es _____. Mañana es _____.
5. Hoy es jueves. Ayer fue _____. Mañana es _____.
6. Mañana es lunes. Hoy es _____. Ayer fue _____.

6 **Analogías** Use these words to complete the analogies. Some words will not be used.

arte	chau	estudiante	profesor
biblioteca	dia	mujer	reloj
catorce	martes	pizarra	domingo

1. maleta ⟷ pasajero ⊜ mochila ⟷ _____
2. chico ⟷ chica ⊜ hombre ⟷ _____
3. pluma ⟷ papel ⊜ tiza ⟷ _____
4. inglés ⟷ lengua ⊜ miércoles ⟷ _____
5. papel ⟷ cuaderno ⊜ libro ⟷ _____
6. quince ⟷ dieciséis ⊜ lunes ⟷ _____
7. ¡Buen viaje! ⟷ Gracias. ⊜ ¡Nos vemos! ⟷ _____
8. autobús ⟷ conductor ⊜ clase ⟷ _____
9. EE.UU. ⟷ mapa ⊜ hora ⟷ _____
10. veinte ⟷ veintitrés ⊜ jueves ⟷ _____

¡LENGUA VIVA!

Monday is considered the first day of the week in Spanish-speaking countries.

• • •

The days of the week are never capitalized in Spanish.

AYUDA

Ayer fue
yesterday was

Comunicación

¡ATENCIÓN!

Use **el** + [day of the week] when an activity occurs on a specific day and **los** + [day of the week] when an activity occurs regularly:

El lunes tengo un examen.

Los lunes y miércoles tomo biología.

Except for **sábados** and **domingos**, the singular and plural forms for days of the week are the same.

7 **Horario** Create your own class schedule in Spanish. Then discuss it with a classmate.

Estudiante		Manuel Domínguez H.			Semestre Nº 1	
lunes	martes	miércoles	jueves	viernes	sábado	domingo
8:30 biología Profesora Morales	**9:45** historia – península Ibérica Profesora Cortés	**8:30** biología	**9:45** historia	**8:30** biología		
10:15 inglés Profesor Herrera	**10:15** inglés	**10:15** inglés	**12:45** psicología	**10:15** inglés		
12:45 psicología Profesor Pérez	**1:15** psicología Profesor Herrera			**1:15** arte		
3:30 laboratorio (biología)						
4:30 discusión (historia) biblioteca						

modelo

Estudiante 1: ¿Cuándo tomas biología?
Estudiante 2: Los lunes, miércoles y viernes tomo
(I take) biología a las ocho y media.
Estudiante 1: ¿Quién es el/la profesor(a)?
Estudiante 2: Es la profesora Morales.

8 **Dibujar** With a classmate, draw and label your campus and classroom. Then take turns describing your illustrations.

modelo

En esta (this) universidad hay diez residencias estudiantiles.
En esta clase hay ocho ventanas.

9 **Entrevistas** Using these interrogatives, create ten original questions you will use to interview two classmates. Then share the results of your interviews with the class.

¿A qué hora?	¿Cuándo?	¿De dónde?	¿Quién(es)?
¿Cómo?	¿Cuántos/as?	¿Qué?	

10 **Nuevos amigos** During the first week of class, you meet a new student in the cafeteria. Greet your new acquaintance, find out about him or her, and compare class schedules before saying goodbye.

Práctica exercises reinforce the vocabulary through varied and engaging formats.

Student Sidebars provide handy, on-the-spot information that helps you complete the activities.

Comunicación activities get you using the vocabulary creatively in interactions with a partner, a small group, or the entire class.

Fotonovela
tells the story of four students traveling in Ecuador

Personajes The photo-based conversations take place among a cast of recurring characters —four college students on vacation in Ecuador and the bus driver who accompanies them.

VISTAS Video The **Fotonovela** episode appears in the VISTAS Video Program. To learn more about the video, turn to pages xxvi and xxvii in this at-a-glance tour.

Dialogues use vocabulary from **Contextos** and introduce in a comprehensible way examples of the grammar points you will study in the **Estructura** section.

Enfoque cultural provides detailed cultural information on a topic related to the **Fotonovela** conversation.

Expresiones útiles organizes new, active words and expressions by language function so you can focus on using them for real-life, practical purposes.

VISTAS-at-a-glance

Pronunciación & Ortografía
present the rules of Spanish pronunciation and spelling

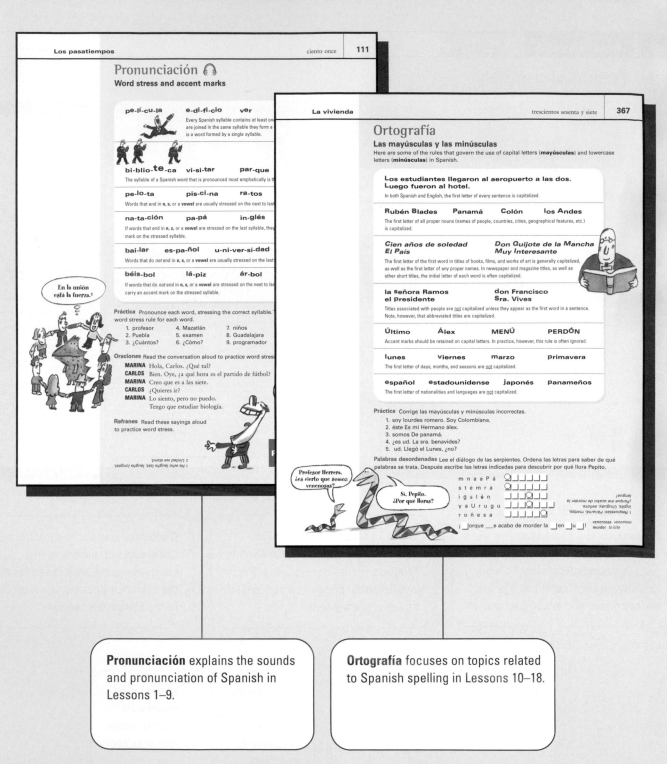

Pronunciación explains the sounds and pronunciation of Spanish in Lessons 1–9.

Ortografía focuses on topics related to Spanish spelling in Lessons 10–18.

Estructura
presents Spanish grammar in a graphic-intensive format

Ante todo eases you into the grammar with definitions of grammatical terms and reminders about what you already know of English grammar or have learned in earlier lessons.

Compare & contrast homes in on aspects of grammar that native speakers of English could find difficult, clarifying similarities and differences between Spanish and English.

Diagrams To clarify concepts, clear and easy-to-grasp grammar explanations are reinforced by diagrams that colorfully present sample words, phrases, and sentences.

Charts To help you learn, colorful, easy-to-use charts call out key grammatical structures and forms, as well as important related vocabulary.

Student sidebars provide you with on-the-spot linguistic, cultural, or language-learning information directly related to the materials in front of you.

¡Inténtalo! exercises offer an easy first step in your practice of each new grammar point. They get you working with the grammar right away in simple, easy-to-understand formats.

VISTAS-at-a-glance

Estructura
provides directed and communicative practice

Práctica

1 Completar Alfredo's Spanish class is preparing to travel to Puerto Rico. Use the present progressive of the verb in parentheses to complete Alfredo's description of what everyone is doing.

1. Yo _____ (investigar) el estado político de la isla (*island*).
2. La esposa del profesor _____ (hacer) las maletas.
3. Marta y José Luis _____ (buscar) información sobre San Juan en el Internet.
4. Enrique y yo _____ (leer) un correo electrónico de nuestro amigo puertorriqueño.
5. Javier _____ (aprender) mucho sobre la cultura puertorriqueña.
6. Y tú _____ (practicar) tu español, ¿verdad?

2 ¿Qué están haciendo? María and her friends are vacationing at a resort in San Juan, Puerto Rico. Complete her description of what everyone is doing right now.

1. Yo
2. Javier
3. Alejandro y Rebeca
4. Celia y yo
5. Samuel
6. Lorenzo

3 Personajes famosos Say what these celebrities are doing right now, using the cues provided.

modelo
Serena Williams está jugando al tenis ahora mismo.

John Grisham	Mikhail Baryshnikov	bailar	hablar
Celine Dion	Picabo Street	cantar	hacer
Steven Spielberg	Regis Philbin	correr	jugar
Venus Williams	??	escribir	??
Tiger Woods	??	esquiar	??

AYUDA
John Grisham - **novelas**
Celine Dion - **canciones**
Steven Spielberg - **cine**
Venus Williams - **tenis**
Tiger Woods - **golf**
Mikhail Baryshnikov - **ballet**
Picabo Street - **esquí**
Regis Philbin - **televisión**

Comunicación

4 Un amigo preguntón You have a friend who calls you at all hours to see what you're doing. What do you tell him/her if he/she calls you at the following times?

modelo
8:00 a.m.
Estoy desayunando.

1. 5:00 a.m. 2. 9:30 a.m. 3. 11:00 a.m. 4. 12:00 p.m.
5. 2:00 p.m. 6. 5:00 p.m. 7. 9:00 p.m. 8. 2:30 a.m.

¡LENGUA VIVA!
In Spain and Latin America, time is often given based on the 24-hour clock. For example, 3:00 p.m. is said 15:00h.

5 Describir Work with a partner and use the present progressive to describe what's going on in this beach scene.

6 Conversar Imagine that you and a classmate are each babysitting a group of children. One of you has great kids; the other's kids are mischievous. You're on the phone, telling each other what the children are doing at this very moment. Be creative, and be prepared to share some of your sentences with the class.

Síntesis

7 ¿Qué están haciendo? With two other classmates, create at least three sentences about what these people are doing right now in these places. Also, say how they feel and what they are going to do.

modelo
Uds. están en la clase de español.
Estamos hablando con los otros estudiantes.
Estamos practicando los verbos.
No estamos aburridos/as.
Vamos a tener un examen mañana.

1. Tres amigas están de vacaciones.
2. Un padre y su hijo están en el parque.
3. Tú y tus compañeros/as están en la playa.
4. Una familia está en el centro.
5. El/la profesor(a) está en la biblioteca.
6. Unos jóvenes están en un estadio.

Práctica exercises provide a wide range of guided, yet meaningful exercises that weave current and previously learned vocabulary together with the current grammar point.

Comunicación offers opportunities for creative expression using the lesson's grammar and vocabulary. These take place with a partner, in small groups, or with the whole class.

Síntesis integrates the current grammar point with previously learned points, providing built-in, consistent review and recycling as you progress through the text.

Adelante
Lectura develops reading skills in the context of the lesson theme

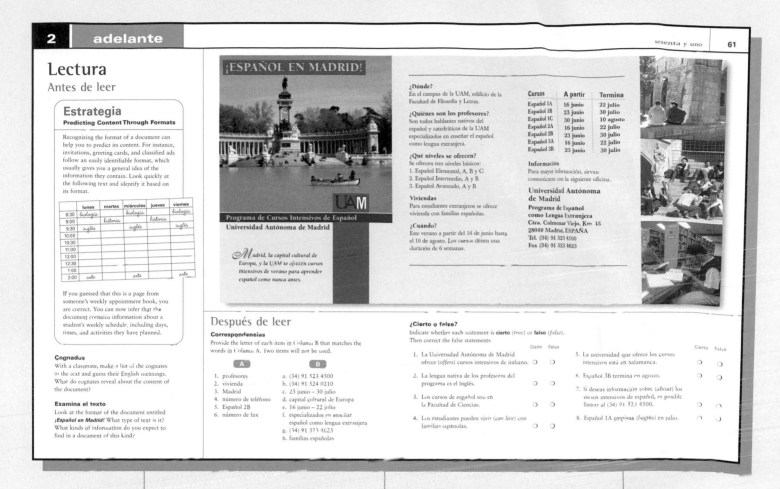

Lectura
Antes de leer

Estrategia
Predicting Content Through Formats

Recognizing the format of a document can help you to predict its content. For instance, invitations, greeting cards, and classified ads follow an easily identifiable format, which usually gives you a general idea of the information they contain. Look quickly at the following text and identify it based on its format.

	lunes	martes	miércoles	jueves	viernes
8:30	biología		biología		biología
9:00		historia		historia	
9:30	inglés		inglés		inglés
10:00					
10:30					
11:00					
12:00					
12:30					
1:00					
2:00	arte		arte		arte

If you guessed that this is a page from someone's weekly appointment book, you are correct. You can now infer that the document contains information about a student's weekly schedule, including days, times, and activities they have planned.

Cognados
With a classmate, make a list of the cognates in the text and guess their English meanings. What do cognates reveal about the content of the document?

Examina el texto
Look at the format of the document entitled *¡Español en Madrid!* What type of text is it? What kinds of information do you expect to find in a document of this kind?

¡ESPAÑOL EN MADRID!

Programa de Cursos Intensivos de Español
Universidad Autónoma de Madrid

Madrid, la capital cultural de Europa, y la UAM te ofrecen cursos intensivos de verano para aprender español como nunca antes.

¿Dónde?
En el campus de la UAM, edificio de la Facultad de Filosofía y Letras.

¿Quiénes son los profesores?
Son todos hablantes nativos del español y catedráticos de la UAM especializados en enseñar el español como lengua extranjera.

¿Qué niveles se ofrecen?
Se ofrecen tres niveles básicos:
1. Español Elemental, A, B y C
2. Español Intermedio, A y B
3. Español Avanzado, A y B

Viviendas
Para estudiantes extranjeros se ofrece vivienda con familias españolas.

¿Cuándo?
Este verano a partir del 16 de junio hasta el 10 de agosto. Los cursos tienen una duración de 6 semanas.

Cursos	A partir	Termina
Español 1A	16 junio	22 julio
Español 1B	23 junio	30 julio
Español 1C	30 junio	10 agosto
Español 2A	16 junio	22 julio
Español 2B	23 junio	30 julio
Español 3A	16 junio	22 julio
Español 3B	23 junio	30 julio

Información
Para mayor información, sirvan comunicarse con la siguiente oficina.

Universidad Autónoma de Madrid
Programa de Español como Lengua Extranjera
Ctra. Colmenar Viejo, Km. 15
28049 Madrid, ESPAÑA
Tel. (34) 91 523 4500
Fax (34) 91 523 4623

Después de leer

Correspondencias
Provide the letter of each item in Column B that matches the words in Column A. Two items will not be used.

A
1. profesores
2. vivienda
3. Madrid
4. número de teléfono
5. Español 2B
6. número de fax

B
a. (34) 91 523 4500
b. (34) 91 524 0210
c. 23 junio – 30 julio
d. capital cultural de Europa
e. 16 junio – 22 julio
f. especializados en enseñar español como lengua extranjera
g. (34) 91 523 4623
h. familias españolas

¿Cierto o falso?
Indicate whether each statement is **cierto** (*true*) or **falso** (*false*). Then correct the false statements.

	Cierto	Falso
1. La Universidad Autónoma de Madrid ofrece (*offers*) cursos intensivos de italiano.	○	○
2. La lengua nativa de los profesores del programa es el inglés.	○	○
3. Los cursos de español son en la Facultad de Ciencias.	○	○
4. Los estudiantes pueden vivir (*can live*) con familias españolas.	○	○
5. La universidad que ofrece los cursos intensivos está en Salamanca.	○	○
6. Español 3B termina en agosto.	○	○
7. Si deseas información sobre (*about*) los cursos intensivos de español, es posible llamar al (34) 91 523 4500.	○	○
8. Español 1A empieza (*begins*) en julio.	○	○

Antes de leer presents valuable reading strategies and pre-reading activities that strengthen your reading abilities in Spanish.

Readings are specifically related to the lesson theme and recycle vocabulary and grammar you have learned.

Después de leer Includes post-reading exercises that review and check your comprehension of the reading.

Adelante
Escritura develops writing skills in the context of the lesson theme

Escritura

Estrategia
Brainstorming

How do you find ideas to write about? In the early stages of writing, brainstorming can help you generate ideas on a specific topic. You should spend ten to fifteen minutes brainstorming and jotting down any ideas about the topic that occur to you. Whenever possible, try to write down your ideas in Spanish. Express your ideas in single words or phrases, and jot them down in any order. While brainstorming, don't worry about whether your ideas are good or bad. Selecting and organizing ideas should be the second stage of your writing. Remember that the more ideas you write down while you're brainstorming, the more options you'll have to choose from later when you start to organize your ideas.

Me gusta
- *bailar*
- *viajar*
- *mirar la televisión*
- *la clase de español*
- *la clase de psicología*

No me gusta
- *cantar*
- *dibujar*
- *trabajar*
- *la clase de química*
- *la clase de biología*

Tema

Una descripción

Write a description of yourself to post in a chat room on a website in order to meet Spanish-speaking people. Include this information in your description.

► Your name and where you are from, and a photo (optional) of yourself
► Your major and where you go to school
► The courses you are taking
► Where you work if you have a job
► Some of your likes and dislikes

¡Hola! Me llamo Alicia Roberts. Estudio matemáticas en la Universidad de Nueva York.

Plan de escritura

1 Ideas y organización
Spend ten to fifteen minutes brainstorming information to put in your description. Then, on a separate sheet of paper, write the five points from the **Tema** section, leaving some blank space under each point. In a logical order, list under the corresponding points the ideas you just brainstormed. Eliminate ideas that don't pertain to the topic and add any missing information. Try to write your ideas in Spanish; doing so will make your first draft easier.

2 Primer borrador
Using the lists you prepared in **Ideas y organización,** write the first draft of your description.

3 Comentario
Exchange papers with a classmate and comment on each other's work, using these questions as a guide. Begin by mentioning what you like about the person's writing, such as a certain description or the selection of words.
  a. Does the description include all necessary information? Is any information extraneous?
  b. Does the description include a sufficient number of details?
  c. Are the ideas expressed clearly? Do they have the proper focus?
  d. Do the ideas flow logically from one to another?
  e. Do you have any other suggestions for making the description more interesting or complete?
  f. Do you see any spelling or grammatical errors?

4 Redacción
Revise your first draft, keeping in mind your classmate's comments. Also incorporate any new ideas you may have. Before handing in the final version, use these suggestions to help you review your work:
  a. Underline each verb and make sure that it agrees with its subject.
  b. Check the gender and number of each noun and article.
  c. Check your spelling and punctuation.

5 Evaluación y progreso
In groups, take turns reading your descriptions aloud. Point out the best three features of each description, then choose one to read aloud to the class. After your instructor has returned your paper, review the comments and corrections. On a separate sheet of paper, write the heading **Anotaciones para mejorar** (*Notes for improving*) **la escritura,** and list your most common errors so that you can avoid them in the future. Place this list and your corrected description in a folder labeled **Carpeta de trabajos.** This will become your writing portfolio, which you will use to review your progress.

Estrategia provides strategies that help you prepare for the writing task presented in the next section.

Tema describes the writing topic and includes suggestions for approaching it.

Plan de escritura takes you step-by-step through the writing process, including planning, creating a first draft, peer review, and checking your work.

Adelante

Escuchar & Proyecto provide more listening practice and a task-based project

Escuchar presents a recorded conversation or narration to develop your listening skills in Spanish. **Preparación** and **Estrategia** prepare you for the listening passage.

Ahora escucha tracks you through the passage, and **Comprensión** checks your understanding of what you heard.

Proyecto gets you involved in a project by researching and creating a tangible product such as a brochure, a radio broadcast, or a Web page.

Recursos para la investigación points you toward research sources on the Web, in the library, and in your community.

Panorama
presents the nations of the Spanish-speaking world

El país en cifras presents interesting, key facts about the featured country.

Maps point out major cities, rivers, and geographical features and situate the country in the context of its immediate surroundings and the world.

Readings A series of brief paragraphs explores facets of the country's culture such as history, places, fine arts, literature, and aspects of everyday life.

¡Increíble pero cierto! highlights an intriguing fact about the country or its people.

Conexión Internet offers Internet activities on the VISTAS Web Site for additional avenues of discovery.

Vocabulario
summarizes all the active vocabulary of the lesson

3 vocabulario

La familia

el/la abuelo/a	grandfather/ grandmother
el/la cuñado/a	brother-in-law/ sister-in-law
el/la esposo/a	husband; spouse/ wife; spouse
la familia	family
el/la hermanastro/a	stepbrother/ stepsister
el/la hermano/a	brother/sister
el/la hijastro/a	stepson/ stepdaughter
el/la hijo/a	son/daughter
los hijos	children
la madrastra	stepmother
la madre	mother
el/la medio/a hermano/a	half-brother/ half-sister
el/la nieto/a	grandson/ granddaughter
la nuera	daughter-in-law
el padrastro	stepfather
el padre	father
los padres	parents
los parientes	relatives
el/la primo/a	cousin
el/la sobrino/a	nephew/niece
el/la suegro/a	father-in-law/ mother-in-law
el/la tío/a	uncle/aunt
el yerno	son-in-law

Otras personas

el/la amigo/a	friend
la gente	people
el/la muchacho/a	boy/girl
el/la niño/a	child
el/la novio/a	boyfriend/girlfriend

Profesiones

el/la artista	artist
el/la ingeniero/a	engineer
el/la doctor(a), el/la médico/a	doctor; physician
el/la periodista	journalist
el/la programador(a)	computer programmer

Verbos

abrir	to open
aprender	to learn
asistir (a)	to attend
beber	to drink
comer	to eat
compartir	to share
comprender	to understand
correr	to run
creer (en)	to believe (in)
deber (+ inf.)	to have to; should
decidir	to decide
escribir	to write
leer	to read
recibir	to receive
tener (irreg.)	to have
venir (irreg.)	to come
vivir	to live

Adjetivos

alto/a	tall
antipático/a	unpleasant
bajo/a	short (in height)
bonito/a	pretty
buen, bueno/a	good
delgado/a	thin; slender
difícil	difficult; hard
fácil	easy
feo/a	ugly
gordo/a	fat
gran, grande	big
guapo/a	handsome; good-looking
importante	important
intelligente	intelligent
interesante	interesting
joven	young
mal, malo/a	bad
mismo/a	same
moreno/a	brunet(te)
mucho/a	much; many; a lot of
pelirrojo/a	red-haired
pequeño/a	small
rubio/a	blond
simpático/a	nice; likeable
tonto/a	silly; foolish
trabajador(a)	hard-working
viejo/a	old

Nacionalidades

alemán, alemana	German
canadiense	Canadian
chino/a	Chinese
ecuatoriano/a	Ecuadorian
español(a)	Spanish
estadounidense	from the United States
francés, francesa	French
japonés, japonesa	Japanese
inglés, inglesa	English
italiano/a	Italian
mexicano/a	Mexican
norteamericano/a	(North) American
puertorriqueño/a	Puerto Rican
ruso/a	Russian

Expresiones con tener

tener... años	to be... years old
tener (mucho) calor	to be (very) hot
tener (mucho) cuidado	to be (very) careful
tener (mucho) frío	to be (very) cold
tener ganas de + (inf.)	to feel like doing something
tener (mucha) hambre	to be (very) hungry
tener (mucho) miedo	to be (very) afraid/ scared
tener (mucha) prisa	to be in a (big) hurry
tener que + (inf.)	to have to do something
tener razón	to be right
no tener razón	to be wrong
tener (mucha) sed	to be (very) thirsty
tener (mucho) sueño	to be (very) sleepy
tener (mucha) suerte	to be (very) lucky

Possessive adjectives	See page 83.
Expresiones utiles	See page 75.

Video program

Fully integrated with your textbook, the **VISTAS** video contains eighteen episodes, one for each lesson of the text. The episodes present the adventures of four college students who are studying at the **Universidad de San Francisco** in Quito, Ecuador. They decide to spend their vacation break on a bus tour of the Ecuadorian countryside with the ultimate goal of hiking up a volcano. The video, shot in various locations in Ecuador, tells their story and the story of don Francisco, the tour bus driver who accompanies them.

The **Fotonovela** section in each textbook lesson is actually an abbreviated version of the dramatic episode featured in the video. Therefore, each **Fotonovela** section can be done before you see the corresponding video episode, after it, or as a section that stands alone in its own right.

The Cast

Here are the main characters you will meet when you watch the **VISTAS** video:

From México,
**Alejandro (Álex)
Morales Paredes**

From Ecuador,
Inés Ayala Loor

From Puerto Rico,
**Javier Gómez
Lozano**

From Spain,
**María Teresa (Maite)
Fuentes de Alba**

And, also from Ecuador,
**don Francisco
Castillo Moreno**

As you watch each video episode, you will first see a live segment in which the characters interact using vocabulary and grammar you are studying. As the video progresses, the live segments carefully combine new vocabulary and grammar with previously taught language. You will then see a **Resumen** section in which one of the main video characters recaps the live segment, emphasizing the grammar and vocabulary you are studying within the context of the episode's key events.

In addition, in most of the video episodes, there are brief pauses to allow the characters to reminisce about their home country. These flashbacks—montages of real-life images shot in Spain, México, Puerto Rico, and various parts of Ecuador—connect the theme of the video to everyday life in various parts of the Spanish-speaking world.

Student Ancillaries

Student Audio Cassettes/CDs
Provided free-of-charge with each copy of **VISTAS**, the two Student Cassettes/CDs contain the audio recordings that accompany the following materials in each lesson of the student textbook: the first **Práctica** exercise of each **Contextos** section, the **Pronunciación** exercises (Lessons 1–9 only), and the **Estrategia** and **Ahora escucha** activities in each **Escuchar** section.

Student Activities Manual
The Student Activities Manual contains workbook and laboratory activities that reinforce the vocabulary, grammar, and language functions presented in each lesson of the student textbook. The final section provides pre-viewing, viewing, and post-viewing video activities to be used in conjunction with the **VISTAS** video program. An answer key rounds out the manual.

Lab Audio Cassettes/CDs
The Lab Cassettes/CDs contain the recordings that are used in conjunction with the laboratory activities of the Student Activities Manual.

Pocket Dictionary & Language Guide
The Pocket Dictionary & Language Guide is provided free-of-charge with each copy of **VISTAS**. It is designed to be a portable reference tool in which you can quickly look up Spanish words and expressions and summaries of grammatical concepts.

Video Program
This text-specific video provides dramatic vignettes, cultural footage, and unique summary features, all of which are fully integrated with each lesson of the **VISTAS** student textbook.

Interactive CD-ROMs
These state-of-the-art, dual-platform CD-ROMs provide highly interactive and visually captivating multimedia materials that focus on the grammar, vocabulary, and culture presented in each lesson of your textbook.

Video CD-ROM
This unique ancillary offers you the complete Video Program with videoscripts and enhanced navigation tools in an easy-to-access CD-ROM format.

Web Site (vistasonline.com)
The **VISTAS** Web site offers a wide range of on-line resources for you and your instructor that directly correlate to your textbook and go beyond it.

Instructor Ancillaries

In addition to the student ancillaries, all of which are available to the instructor, the following supplementary materials are also available. They were specially created to increase teaching options and to provide even more ways for students to learn and to practice using Spanish.

Instructor's Annotated Edition

The Instructor's Annotated Edition contains a wealth of teaching information designed to support teaching in the classroom and to save instructors time in preparation and course management. With the same dimensions as the student text, this unique, innovative component shows reduced versions of the pages of the student text on which the answers to exercises and activities with discrete answers are conveniently overprinted. The student pages are surrounded by side and bottom panels containing abundant instructional information. Annotations include, but are not limited to, warm-ups, variations, expansions, additional exercises, tips for heritage speakers, on-page correlations of available ancillaries, and the text of the tapescript recorded on the Student Cassette/CD.

Instructor's Resource Manual

The Instructor's Resource Manual offers a variety of materials that reinforce and expand on the lessons in the student text. The **Hojas de actividades** are reproducible charts, grids, and handouts correlated to the textbook's pair, small group, class circulation, and information gap activities. **Vocabulario adicional** sheets contain reproducible supplementary vocabulary lists related to the themes of selected textbook lessons. The answers to the **¡Inténtalo!** and **Práctica** exercises in the student textbook are also included.

Testing Program

The Testing Program contains two versions of the following tests and examinations: a test for each of the textbook's 18 lessons, semester examinations for Lessons 1–9 and Lessons 10–18, and quarter examinations for Lessons 1–6, Lessons 7–12, and Lessons 13–18. All tests and examinations include sections on listening comprehension, vocabulary, grammar, and communication. Listening scripts, an answer key, and suggestions for oral tests are also provided.

Tapescript/Videoscript

The Tapescript/Videoscript contains the complete written transcripts of the audio tracks of the Lab Cassettes/CDs, the Student Cassettes/CDs, and the **VISTAS** video program.

Overhead Transparencies

The Overhead Transparencies consist of the maps of the countries of the Spanish-speaking world, the **Contextos** vocabulary drawings, and other selected illustrations from the student text.

acknowledgments

On the behalf of its authors and editors, Vista Higher Learning expresses its sincere appreciation to the many college professors nationwide who contributed their ideas and suggestions to the **VISTAS** program. We are grateful to the members of the Spanish-teaching community who participated in the focus groups held at the program's initial stages. We are also indebted to the teaching professionals who reviewed manuscript and class tested **VISTAS** materials. Their insights and detailed comments were invaluable to the final product.

Focus Group Participants

Helga Barkemeyer
Montclair State University, NJ

Kathy P. Barton
Indiana University of Pennsylvania

Christine Bennett
College of Notre Dame, CA

Mara-Lee Bierman
Rockland County Community College, NY

Arthur Brady
Mercy College, NY

Elizabeth C. Calvera
Virginia Polytechnic Institute and State University

Richard P. Castillo
College of San Mateo, CA

William Chace
Hunter College, NY

Robert Chávez
West Valley College, CA

María Costa
California State University at Los Angeles

Frances Diccicco
Bucks County Community College, PA

Ronna Feit
Nassau County Community College, NY

Judith Gale
Pace University, NY

Javier Gallvan
Rancho Santiago College, CA

Susan C. Giráldez
University of the Pacific, CA

Jacquelyn W. Green
City College of San Francisco, CA

Josef Hellebrandt
Santa Clara University, CA

Librada Hernández
Los Angeles Valley College, CA

Steven Hess
Long Island University, NY

Juergen Kempff
University of California at Irvine

Denis Murphy
College of New Jersey

José Ramón Núñez
Long Beach City College, CA

Tyrone Parker
Catonsville Community College, MD

Bernardo García Pondavenes
Laney College, CA

Carmen I. Román
University of Maryland

Tony Ruiz
Gavilan Community College, CA

Monica F. Sasscer
Northern Virginia Community College

Lynn Sekelick
George Mason University, VA

Billy Bussell Thompson
Hofstra University, NY

Mercedes A. Thompson
El Camino College, CA

Elizabeth Turner
Dutchess County College, NY

J. Francisco Zermeño
Chabot College, CA

Class Testing Participants

Pat Brady
Tidewater Community College, VA

José Carmona
Daytona Beach Community College, FL

Richard K. Curry
Texas A&M University, TX

Marcella Fierro
Mesa Community College, AZ

Carmen Forner
Community College of Southern Nevada, NV

Mari Carmen Gracia
Modesto Junior College, CA

Jorge Gracia
De Anza College, CA

Josef Hellebrandt
Santa Clara University, CA

Tania Hering
Alabama A&M University, AL

Shelly A. Moorman
University of St. Thomas, MN

Claire L. Reetz
Florida Community College at Jacksonville, FL

Monica Rivas
Mission College, CA

Joaquín Rodríguez-Barberá
Sam Houston State University, TX

Rosa Salinas Samelson
Palo Alto College, TX

José Alejandro Sandoval Erosa
Des Moines Area Community College, IA

Roy L. Tanner
Truman State University, MO

Evelyn F. Trujillo
Florida A&M University, FL

Fausto G. Vergara
Houston Community College, TX

Reviewers

Luz María Álvarez
Johnson County Community
College, KS

Pilar B. Ara
Pasadena City College, CA

Enrica J. Ardemagni
Indiana University-Purdue University
Indianapolis

Barbara Ávila-Shah
State University of New York at Buffalo

Helga Barkemeyer
Montclair State University, NJ

Clementina L. Bassi
Santa Fe Community College, FL

Kevin E. Beard
Richland College, TX

Nuria Bustamante
Los Angeles Community College, CA

Jeremy W. Cole
University of Kansas

Richard K. Curry
Texas A & M University (10)

William O. Deaver, Jr.
Armstrong Atlantic State University, GA

Octavio Delasuaree
William Paterson College, NJ

Humberto Delgado-Jenkins
Georgia Perimeter College

John J. Deveny, Jr.
Oklahoma State University

Susana Durán
Gulf Coast Community College, FL

Ronna S. Feit
Nassau Community College, NY

José A. Feliciano-Butler
University of South Florida

Marcella Fierro
Mesa Community College, AZ

John L. Finan
William Rainey Harper College, IL

Melissa Anne Fitch
University of Arizona

Ken Fleak
University of South Carolina

Marianne Franco
Modesto College, CA

Kathleen Gallivan
West Virginia University

Barbara N. Gantt
Northern Arizona University

David Ross Gerling
Sam Houston State University, TX

Yolanda L. González
Valencia Community College, FL

Jorge Gracia
De Anza College, CA

Jacquelyn W. Green
City College of San Francisco, CA

Margaret B. Haas
Kent State University, OH

Ellen Haynes
University of Colorado

Eda Henao
Borough of Manhattan Community
College, NY

Steven Konopacki
Palm Beach Community College, FL

Roxana Levin
St. Petersburg Junior College, FL

María Helena López
Okaloosa-Walton Community
College, FL

Melina L. Lozano
Madison Area Technical College, WI

Nelson J. Madera
Tallahassee Community College, FL

Verónica Mejía Noguer
Chaffey College, CA

Alfonso Millet
Oakland Community College, MI

James E. Palmer
Tarrant County College
(Northeast Campus), TX

Monserrat Piera
Temple University, PA

Alcibiades Policarpo
Sam Houston State University, TX

Claire L. Reetz
Florida Community College
at Jacksonville

Duane Rhoades
University of Wyoming

Charisse Richarz
Blinn College, TX

Karen L. Robinson
University of Nebraska at Omaha

Joaquín Rodríguez-Barberá
Sam Houston State University, TX

Paul Roggendorff
The University of Kentucky

Carmen I. Román
University of Maryland

Dora Marrón Romero
Broward Community College
(North Campus), FL

S. Louise Roswell
Monroe Community College, NY

Rosa Salinas Samelson
Palo Alto College, TX

Vernon C. Smith
Rio Salado College, AZ

Jorge W. Suazo
Georgia Southern University

Roy L. Tanner
Truman State University, MO

Lourdes María Torres
De Paul University, IL

Ana Torres-Smith
Florida State University

Edith Valladares
Central Piedmont Community
College, NC

Mayela Vallejos-Ramírez
University of Nebraska-Lincoln

Fausto G. Vergara
Houston Community Collge, TX

Virginia Vigil, deceased
Austin Community College, TX

Nancy Virumbrales
Waubsonsee Community College, IL

Alicia J. von Lehe
Santa Fe Community College, FL

Gloria Yampey-Jörg
Houston Community College
Central Campus, TX

Gerald P. Young
Indian River Community College, FL

Additional Acknowledgments

We are especially grateful to our Senior Consulting Editor, Professor Elaine Horwitz, for her critical reading of the manuscript and her contributions to the student sidebars and the Instructor's Annotated Edition.

We also would like to express our gratitude to the entire staff of Vista Higher Learning that worked on the project for the last three years. Without the hard work and tenacity of these individuals, **VISTAS** would have never seen the light. In alphabetical order they are:

María Cinta Aparisi

Martin Beveridge

Ted Cantrell

Gustavo Cinci

Ianka De La Rosa

Linda Jurras

Holly Kersey

Suzanne Korschun

Pam Mishkin

Greg Moutafis

Eric Murphy

Peter O'Faherty

Stephen Pekich

Mark Porter

Sonny Regelman

Janet Spicer

Denise St. Jean

Daniella Tourgeman

Bruce Zimmerli

Hola, ¿qué tal?

1

Communicative Goals

You will learn how to:
- Greet people in Spanish
- Say goodbye
- Identify yourself and others
- Talk about the time of day

contextos

fotonovela

estructura

adelante

panorama

Hola, ¿qué tal?

Más vocabulario

Buenos días.	*Good morning.*
Buenas noches.	*Good evening.;* *Good night.*
Hasta la vista.	*See you later.*
Hasta pronto.	*See you soon.*
¿Cómo se llama usted?	*What's your name?*
Le presento a…	*(formal) I would like to introduce (name) to you.*
Te presento a…	*(familiar) I would like to introduce (name) to you.*
¿Cómo estás?	*How are you?*
No muy bien.	*Not very well.*
¿Qué pasa?	*What's happening?;* *What's going on?*
Por favor	*Please*
De nada.	*You're welcome.*
No hay de qué.	*You're welcome.*
Lo siento.	*I'm sorry.*
Muchas gracias.	*Thank you very much;* *Thanks a lot.*

Variación léxica

Items are presented for recognition purposes only.

Buenos días. ⟷ Buenas.
De nada. ⟷ A la orden.
Lo siento. ⟷ Perdón.
¿Qué tal? ⟷ ¿Qué hubo? (*Col.*)

ELENA Patricia, éste es el señor Perales.
PATRICIA Encantada.
SEÑOR PERALES Igualmente. ¿De dónde es usted, señorita?
PATRICIA Soy de México. ¿Y usted?
SEÑOR PERALES De Puerto Rico.

TOMÁS ¿Qué tal, Alberto?
ALBERTO Regular. ¿Y tú?
TOMÁS Bien. ¿Qué hay de nuevo?
ALBERTO Nada.

SEÑOR VARGAS Buenas tardes, señora Wong. ¿Cómo está usted?
SEÑORA WONG Muy bien, gracias. ¿Y usted, señor Vargas?
SEÑOR VARGAS Bien, gracias.
SEÑORA WONG Hasta mañana, señor Vargas. Saludos a la señora Vargas.
SEÑOR VARGAS Adiós.

Práctica

Student Audio Program CD

1 Escuchar

Listen to each question or statement, then choose the correct response.

1. (a.) Muy bien, gracias.   b. Me llamo Graciela.
2. a. Lo siento.   (b.) Mucho gusto.
3. (a.) Soy de Puerto Rico.   b. No muy bien.
4. (a.) No hay de qué.   b. Regular.
5. a. Mucho gusto.   b. Hasta pronto.
6. (a.) Nada.   (b.) Igualmente.
7. a. Me llamo Guillermo Montero.   (b.) Muy bien, gracias.
8. (a.) Buenas tardes. ¿Cómo estás?   b. El gusto es mío.
9. (a.) Saludos a la Sra. Ramírez.   (b.) Encantada.
10. a. Adiós.   (b.) Regular.

2 Escoger

For each expression, write another word or phrase that expresses a similar idea.

modelo
¿Cómo estás?
¿Qué tal?

1. De nada.
   No hay de qué.
2. Encantado.
   Mucho gusto.
3. Adiós.
   Chau.
4. Te presento a Antonio.
   Le presento a Antonio.
5. ¿Cómo estás?
   ¿Qué tal? ¿Cómo está usted?
6. Mucho gusto.
   Encantado.

3 Ordenar

Work with a classmate to put this scrambled conversation in order. Then act it out.

2 — Muy bien, gracias. Soy Rosabel.
5 — Soy del Ecuador. ¿Y tú?
3 — Mucho gusto, Rosabel.
1 — Hola. Me llamo Carlos. ¿Cómo estás?
6 — Soy de Argentina.
4 — Igualmente. ¿De dónde eres, Carlos?

CARLOS   *Hola. Me llamo Carlos. ¿Cómo estás?*
ROSABEL   *Muy bien, gracias. Soy Rosabel.*
CARLOS   *Mucho gusto, Rosabel.*
ROSABEL   *Igualmente. ¿De dónde eres, Carlos?*
CARLOS   *Soy del Ecuador. ¿Y tú?*
ROSABEL   *Soy de Argentina.*

BERTA   Hasta luego, Tere.
TERESA   Chau, Berta. Nos vemos mañana.

CARMEN   Buenas tardes. Me llamo Carmen. ¿Cómo te llamas tú?
ANTONIO   Buenas tardes. Me llamo Antonio. Mucho gusto.
CARMEN   El gusto es mío. ¿De dónde eres?
ANTONIO   Soy de los Estados Unidos, de California.

4 **Completar** Work with a partner to complete these exchanges.

> **modelo**
>
> **Estudiante 1:** ¿Cómo estás?
> **Estudiante 2:** _Muy bien, gracias._

1. **Persona 1:** _Buenos días._
   Persona 2: Buenos días. ¿Qué tal?
2. **Persona 1:** _¿Cómo se llama usted?_
   Persona 2: Me llamo Carmen Sánchez.
3. **Persona 1:** _¿De dónde eres?_
   Persona 2: De México.
4. **Persona 1:** Te presento a Marisol.
   Persona 2: _Muchos gustos_

5. **Persona 1:** Gracias.
   Persona 2: _De nada._
6. **Persona 1:** _¿Cómo estás?_
   Persona 2: Regular
7. **Persona 1:** _¿Qué pasa?_
   Persona 2: Nada.
8. **Persona 1:** ¡Hasta la vista!
   Persona 2: _Adiós._

5 **Cambiar** Work with a partner and correct the second part of each conversation to make it logical.

> **modelo**
>
> **Estudiante 1:** ¿Qué tal?
> **Estudiante 2:** ~~No hay de qué.~~ Bien. ¿Y tú?

1. **Estudiante 1:** Hasta mañana, señora Ramírez. Saludos al señor Ramírez.
   Estudiante 2: *Muy bien, gracias.*
2. **Estudiante 1:** ¿Qué hay de nuevo, Alberto?
   Estudiante 2: *Sí, me llamo Alberto. ¿Cómo te llamas tú?*
3. **Estudiante 1:** Gracias, Tomás.
   Estudiante 2: ~~*Regular. ¿Y tú?*~~ *De nada.*
4. **Estudiante 1:** Miguel, ésta es la señorita Perales.
   Estudiante 2: *No hay de qué, señorita.*
5. **Estudiante 1:** ¿De dónde eres, Antonio?
   Estudiante 2: ~~*Muy bien, gracias. ¿Y tú?*~~ *Soy México.*
6. **Estudiante 1:** ¿Cómo se llama usted?
   Estudiante 2: ~~*El gusto es mío.*~~ *Me llamo Ken.*
7. **Estudiante 1:** ¿Qué pasa?
   Estudiante 2: ~~*El gusto es mío.*~~ *Nada.*
8. **Estudiante 1:** Buenas tardes, señor. ¿Cómo está usted?
   Estudiante 2: *Soy de Puerto Rico.*

¡LENGUA VIVA!

Titles of Respect
The titles **señor, señora,** and **señorita** are abbreviated **Sr., Sra.** and **Srta.** Note that these abbreviations are capitalized.

• • •

There is no Spanish equivalent for the English title *Ms.;* women are addressed as **señora** or **señorita**.

Comunicación

6

Diálogos With a partner, complete and act out these conversations.

Conversación 1 —Hola. Me llamo Teresa. ¿Cómo te llamas tú?
— _Hola. Me llamo Ken._
—Soy de Puerto Rico. ¿Y tú?
— _Soy Illinois._

Conversación 2 — _¿Cómo estás?_
—Muy bien. gracias. ¿Y usted, señora López?
— _Muy bien,_
—Hasta luego, señora. Saludos al señor López.
—_____

Conversación 3 — _¿Cómo estás?_
—Regular. ¿Y tú?
— _Muy bien, gracias. ¿Qué pasa?_
—Nada.

7 **Conversaciones** This is the first day of class. Write four conversations based on what the people in this scene would say.

8 **Situaciones** Work with two classmates to write and act out these situations.

1. On your way out of class on the first day of school, you strike up a conversation with the two students who were sitting next to you. You find out each student's name and where he or she is from before you say goodbye and go to your next class.
2. At the next class you meet up with a friend and find out how he or she is doing. As you are talking, your friend Elena enters. Introduce her to your friend.
3. As you're leaving the bookstore, you meet your parents' friends Mrs. Sánchez and Mr. Rodríguez. You greet them and ask how each person is. As you say goodbye, you send greetings to Mrs. Rodríguez.
4. Make up and act out a real-life situation that you and your classmates can imagine yourselves in.

¡Todos a bordo!

Los cuatro estudiantes, don Francisco y la Sra. Ramos se reúnen (*meet*) en la universidad.

PERSONAJES

DON FRANCISCO

SRA. RAMOS

ÁLEX

JAVIER

INÉS

MAITE

1

SRA. RAMOS Buenos días, chicos. Yo soy Isabel Ramos de la agencia Ecuatur.

DON FRANCISCO Y yo soy don Francisco, el conductor.

2

SRA. RAMOS Bueno, ¿quién es María Teresa Fuentes de Alba?

MAITE ¡Soy yo!

SRA. RAMOS Ah, bien. Aquí tienes los documentos de viaje.

MAITE Gracias.

3

SRA. RAMOS ¿Javier Gómez Lozano?

JAVIER Aquí... soy yo.

6

JAVIER ¿Qué tal? Me llamo Javier.

ÁLEX Mucho gusto, Javier. Yo soy Álex. ¿De dónde eres?

JAVIER De Puerto Rico. ¿Y tú?

ÁLEX Yo soy de México.

7

DON FRANCISCO Bueno, chicos, ¡todos a bordo!

8

INÉS Con permiso.

recursos

R | VIDEO Lección 1 | VM pp. 327-328

SRA. RAMOS Y tú eres Inés Ayala Loor, ¿verdad?

INÉS Sí, yo soy Inés.

SRA. RAMOS Y tú eres Alejandro Morales Paredes, ¿no?

ÁLEX Sí, señora.

INÉS Hola. Soy Inés.

MAITE Encantada. Yo me llamo Maite. ¿De dónde eres?

INÉS Soy del Ecuador, de Portoviejo. ¿Y tú?

MAITE De España. Soy de Madrid, la capital. Oye, ¿qué hora es?

INÉS Son las diez y tres minutos.

ÁLEX Perdón.

DON FRANCISCO ¿Y los otros?

SRA. RAMOS Son todos.

DON FRANCISCO Está bien.

Enfoque cultural Saludos y presentaciones

In the Hispanic world, it is customary for men and women to shake hands when meeting someone for the first time and when saying hello and goodbye to people they already know. Men greet female friends and family members with a brief kiss, and they greet males they know well with an **abrazo**—a quick hug and pat on the back. Women of all ages frequently greet good friends, family members, and other loved ones with a brief kiss on one or both cheeks.

Expresiones útiles

Identifying yourself and others

▶ **¿Cómo se llama usted?**
What's your name?

▷ **Yo soy don Francisco, el conductor.**
I'm don Francisco, the driver.

▶ **¿Cómo te llamas?**
What's your name?

▷ **Me llamo Javier.**
My name is Javier.

▶ **¿Quién es… ?**
Who is… ?

▷ **Aquí… soy yo.**
Here… that's me.

▶ **Tú eres… , ¿verdad?/¿no?**
You are …, right?/no?

▷ **Sí, señora.**
Yes, ma'am.

Saying what time it is

▶ **¿Qué hora es?**
What time is it?

▷ **Es la una.**
It's one o'clock.

▷ **Son las dos.**
It's two o'clock.

▷ **Son las diez y tres minutos.**
It's 10:03.

Saying "excuse me"

▷ **Con permiso.**
Pardon me; Excuse me.
(to request permission)

▷ **Perdón.**
Pardon me; Excuse me.
(to get someone's attention or to ask forgiveness)

When starting a trip

▷ **¡Todos a bordo!**
All aboard!

▷ **¡Buen viaje!**
Have a good trip!

Getting a friend's attention

▷ **Oye…**
Listen…

Reacciona a la fotonovela

1 **¿Cierto o falso?** Indicate if each statement is **cierto** or **falso**. Then correct the false statements.

	Cierto	Falso
1. Javier y Álex son pasajeros (*passengers*).	☒	○
2. Javier Gómez Lozano es el conductor.	○	☒
3. Inés Ayala Loor es de la agencia Ecuatur.	☒	○
4. Inés es del Ecuador.	☒	○
5. Maite es de España.	☒	○
6. Javier es de Puerto Rico.	☒	○
7. Álex es del Ecuador.	○	☒

2 **Identificar** Indicate which person would make each statement. One name will be used twice.

1. Yo soy de México. ¿De dónde eres tú? _Álex_
2. ¡Atención! ¡Todos a bordo! _Don Francisco_
3. ¿Yo? Soy de la capital de España. _Maite_
4. Y yo soy del Ecuador. _Inés_
5. ¿Qué hora es, Inés? _Maite?_
6. Yo soy de Puerto Rico. ¿Y tú? _Javier_

ÁLEX   **INÉS**   **MAITE**

DON FRANCISCO   **JAVIER**

¡LENGUA VIVA!
In Spanish-speaking countries, **don** and **doña** are used with men's and women's first names to show respect: **don Francisco**, **doña Rita**. Note that these words are not capitalized.

3 **Completar** Complete this slightly altered version of the conversation that Inés and Maite had.

INÉS   Hola. ¿Cómo te _llamas_ ?
MAITE Me llamo Maite. ¿Y _tú_ ?
INÉS   Inés. Mucho _gusto_ .
MAITE _El_ gusto es mío.
INÉS   ¿De _dónde_ eres?
MAITE _Soy de_ España. ¿Y _tú_ ?
INÉS   Del _Ecudor_ .

4 **Conversar** Imagine that you are chatting with a traveler you just met at the airport. With a partner, prepare a conversation using these cues.

Estudiante 1	Estudiante 2
Say "good afternoon" to your partner and ask for his or her name.	Say hello and what your name is. Then ask what your partner's name is.
Say what your name is and that you are glad to meet your partner.	Say that the pleasure is yours.
Ask how your partner is.	Say that you're doing well, thank you.
Ask where your partner is from.	Say where you're from.
Wish your partner a good trip.	Say thank you and goodbye.

Pronunciación 🎧

The Spanish alphabet

The Spanish alphabet consisted of 30 letters until 1994, when the **Real Academia Española** (Royal Spanish Academy) removed **ch (che)** and **ll (elle)**. You may still see **ch** and **ll** listed as separate letters in reference works printed before 1994. Two Spanish letters, **ñ (eñe)** and **rr (erre)**, don't appear in the English alphabet. The letters **k (ka)** and **w (doble ve)** are used only in words of foreign origin.

Letra	Nombre(s)	Ejemplos	Letra	Nombre(s)	Ejemplos
a	a	adiós	ñ	eñe	mañana
b	be	bien, problema	o	o	once
c	ce	cosa, cero	p	pe	profesor
d	de	diario, nada	q	cu	qué
e	e	estudiante	r	ere	regular, señora
f	efe	foto	rr	erre	carro
g	ge	gracias, Gerardo, regular	s	ese	señor
h	hache	hola	t	te	tú
i	i	igualmente	u	u	usted
j	jota	Javier	v	ve	vista, nuevo
k	ka, ca	kilómetro	w	doble ve	*walkman*
l	ele	lápiz	x	equis	existir, México
m	eme	mapa	y	i griega, ye	yo
n	ene	nacionalidad	z	zeta, ceta	zona

Práctica Spell these words aloud in Spanish.

1. nada
2. maleta
3. quince
4. muy
5. hombre
6. por favor
7. San Fernando
8. Estados Unidos
9. Puerto Rico
10. España
11. Javier
12. Ecuador
13. Maite
14. gracias
15. Nueva York

Oraciones Repeat these sentences after your instructor, then spell each word aloud.

1. Me llamo Carmen.
2. Hasta luego, señora Herrera.
3. ¿Qué tal, David?
4. Buenos días, Pedro.

Refranes Read these sayings aloud after your instructor.

Ver es creer.[1]

En boca cerrada no entran moscas.[2]

1 Seeing is believing.
2 Silence is golden.

recursos

| R | SCASS./CD Lección 1 | LM p. 218 | LCASS./CD Cass. 1/CD1 |

1.1 Nouns and articles

Spanish nouns

ANTE TODO A noun is a word used to identify people, animals, places, things, or ideas. Unlike English, all Spanish nouns, even those that refer to non-living things, have gender; that is, they are considered either masculine or feminine. As in English, nouns in Spanish also have number, meaning that they are either singular or plural.

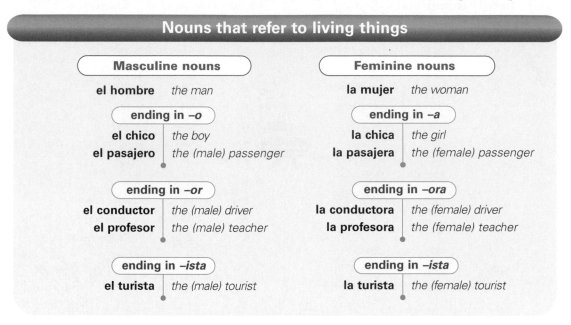

Nouns that refer to living things

Masculine nouns		Feminine nouns	
el hombre	*the man*	**la mujer**	*the woman*
ending in –o		*ending in –a*	
el chico	*the boy*	**la chica**	*the girl*
el pasajero	*the (male) passenger*	**la pasajera**	*the (female) passenger*
ending in –or		*ending in –ora*	
el conductor	*the (male) driver*	**la conductora**	*the (female) driver*
el profesor	*the (male) teacher*	**la profesora**	*the (female) teacher*
ending in –ista		*ending in –ista*	
el turista	*the (male) tourist*	**la turista**	*the (female) tourist*

▶ As shown above, nouns that refer to males, like **el hombre**, are generally masculine, while nouns that refer to females, like **la mujer**, are generally feminine.

▶ Many nouns that refer to male beings end in **–o** or **–or**. Their corresponding feminine forms end in **–a** and **–ora**, respectively.

CONSEJOS

Profesor(a) and **turista** are *cognates* —words that share similar spellings and meanings in Spanish and English. Recognizing cognates will help you determine the meaning of many Spanish words. Beware, however, of "false" cognates, words that have similar spellings in Spanish and English but different meanings:

el conductor *driver*

el conductor

la profesora

▶ The masculine and feminine forms of nouns that end in **–ista** are the same, so gender is indicated by the article **el** (masculine) or **la** (feminine). Some other nouns have identical masculine and feminine forms.

el joven
the youth; the young man

la joven
the youth; the young woman

el estudiante
the (male) student

la estudiante
the (female) student

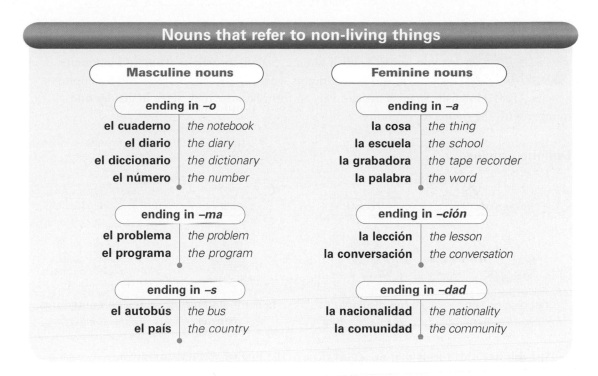

Nouns that refer to non-living things

Masculine nouns

ending in –o

el cuaderno	the notebook
el diario	the diary
el diccionario	the dictionary
el número	the number

ending in –ma

el problema	the problem
el programa	the program

ending in –s

el autobús	the bus
el país	the country

Feminine nouns

ending in –a

la cosa	the thing
la escuela	the school
la grabadora	the tape recorder
la palabra	the word

ending in –ción

la lección	the lesson
la conversación	the conversation

ending in –dad

la nacionalidad	the nationality
la comunidad	the community

CONSEJOS

Since **la fotografía** is feminine, so is its shortened form, **la foto**, even though it ends in **–o**.

▶ As shown above, certain noun endings are strongly associated with a specific gender, so you can use them to determine if a noun is masculine or feminine.

▶ Because the gender of nouns that refer to non-living things cannot be determined by foolproof rules, you should memorize the gender of each noun you learn. It is helpful to memorize each noun with its corresponding article, **el** for masculine and **la** for feminine.

▶ Another reason to memorize the gender of every noun is that there are common exceptions to the rules of gender. For example, **el mapa** (*map*) and **el día** (*day*) end in **–a,** but are masculine. **La mano** (*hand*) ends in **-o,** but is feminine.

Plural of nouns

¡ATENCIÓN!

When a singular noun has an accent mark on the last syllable, the accent is dropped from the plural form:
la lección →
        las lecciones
el autobús →
        los autobuses
You will learn more about accent marks in Lesson 4, **Pronunciación**, p. 111.

▶ In Spanish, nouns that end in a vowel form the plural by adding **–s.** Nouns that end in a consonant add **–es.** Nouns that end in **–z** change the **–z** to **–c,** then add **–es.**

el chic**o** ➤ los chic**os**

el diari**o** ➤ los diari**os**

la palabr**a** ➤ las palabr**as**

el problem**a** ➤ los problem**as**

la nacionalida**d** ➤ las nacionalida**des**

el paí**s** ➤ los paí**ses**

el profeso**r** ➤ los profeso**res**

el lápi**z** ➤ los lápi**ces**

▶ You use the masculine plural form of the noun to refer to a group that includes both males and females.

1 pasajer**o** + 2 pasajer**as** = 3 pasajer**os**

2 chic**os** + 2 chic**as** = 4 chic**os**

Spanish articles

ANTE TODO   As you know, English often uses definite articles (**the**) and indefinite articles (**a, an**) before nouns. Spanish also has definite and indefinite articles. Unlike English, Spanish articles vary in form because they agree in gender and number with the nouns they modify.

Definite articles

Masculine		Feminine	
SINGULAR	PLURAL	SINGULAR	PLURAL
el diccionario	**los** diccionarios	**la** computadora	**las** computadoras
the dictionary	*the dictionaries*	*the computer*	*the computers*

▶ Spanish has four forms that are equivalent to the English definite article *the*. You use definite articles to refer to specific nouns.

Indefinite articles

Masculine		Feminine	
SINGULAR	PLURAL	SINGULAR	PLURAL
un pasajero	**unos** pasajeros	**una** fotografía	**unas** fotografías
a (one) passenger	*some passengers*	*a (one) photograph*	*some photographs*

▶ Spanish has four forms that are equivalent to the English indefinite article, which according to context may mean *a*, *an*, or *some*. You use indefinite articles to refer to unspecified persons or things.

¡LENGUA VIVA!

Feminine singular nouns that begin with **a-** or **ha-** require the masculine articles **el** and **un**. This is done in order to avoid repetition of the **a** sound:

el agua *water*

las aguas *waters*

un hacha *ax*

unas hachas *axes*

¡INTÉNTALO!   Provide a definite article for each noun in the first column and an indefinite article for each noun in the second column. The first item has been done for you.

¿el, la, los o las?

1. ___la___ chica
2. ___el___ chico
3. ___la___ maleta
4. ___los___ cuadernos
5. ___el___ lápiz
6. ___las___ mujeres

¿un, una, unos o unas?

1. ___un___ autobús
2. ___unas___ escuelas
3. ___una___ computadora
4. ___los___ hombres
5. ___una___ señora
6. ___los___ lápices

Práctica

1 **¿Singular o plural?** If the word is singular, make it plural. If it is plural, make it singular.

1. el número *los números*
2. un diario *unos diarios*
3. la estudiante *las estudiantes*
4. el conductor *los conductores*
5. el país *los países*
6. las cosas *la cosa*
7. unos turistas *un turista*
8. las nacionalidades *la nacionalidad*
9. unas computadoras *una computadoras*
10. los problemas *el problema*
11. una fotografía *unas fotografías*
12. los profesores *el profesor*
13. unas señoritas *una señorita*
14. el hombre *los hombres*
15. la grabadora *las grabadoras*
16. la señora *las señoras*

2 **Identificar** For each drawing, provide the noun with its corresponding definite and indefinite articles.

> **modelo**
>
> las maletas, unas maletas

1. *la computadora (una)*   2. ~~una el~~ *los (unos)* cuadernos

3. *las (unas) mujeras*   4. *el (un) chico*   5. *la (una) casa*

6. *los (unas) fotografias*   7. *los (unos) turistas*   8. *el (un) diario*

Comunicación

3 **Charadas** In groups, play a game of charades. Individually, think of two nouns for each charade, for example, a boy using a computer (**un chico; una computadora**). The first person to guess correctly acts out the next charade.

1.2 Numbers 0–30

Los números 0 a 30

0	cero				
1	uno	**11**	once	**21**	veintiuno
2	dos	**12**	doce	**22**	veintidós
3	tres	**13**	trece	**23**	veintitrés
4	cuatro	**14**	catorce	**24**	veinticuatro
5	cinco	**15**	quince	**25**	veinticinco
6	seis	**16**	dieciséis	**26**	veintiséis
7	siete	**17**	diecisiete	**27**	veintisiete
8	ocho	**18**	dieciocho	**28**	veintiocho
9	nueve	**19**	diecinueve	**29**	veintinueve
10	diez	**20**	veinte	**30**	treinta

▶ The number **uno** (*one*) and numbers ending in **–uno**, such as **veintiuno**, have more than one form. Before masculine nouns, **uno** shortens to **un**. Before feminine nouns, **uno** changes to **una**.

un hombre ➝ veinti**ún** hombres   **una** mujer ➝ veinti**una** mujeres

▶ To ask *how many* people or things there are, use **cuántos** before masculine nouns and **cuántas** before feminine nouns.

▶ The Spanish equivalent of both *there is* and *there are* is **hay**. Use **¿Hay...?** to ask *Is there...?* or *Are there...?* Use **no hay** to express *there is not* or *there are not*.

¡ATENCIÓN!

The numbers sixteen through nineteen can also be written as three words: **diez y seis, diez y siete...**

• • •

The forms **uno** and **veintiuno** are used when counting (**uno, dos, tres...veinte, veintiuno, veintidós...**) and when the number *follows* a noun, even if the noun is feminine: **la lección uno**

—¿Cuántos estudiantes **hay**?
How many students are there?

—Hay tres estudiantes en la foto.
There are three students in the photo.

—¿**Hay** chicas en la fotografía?
Are there girls in the picture?

—**Hay** cuatro chicos, y **no hay** chicas.
There are four guys, and there are no girls.

¡INTÉNTALO!   Provide the Spanish words for these numbers.

1. **7** siete
2. **16** dieciséis
3. **29** veintinueve
4. **1** uno
5. **0** cero
6. **15** quince
7. **21** veintiuno
8. **9** nueve
9. **23** vrientidos
10. **11** once
11. **30** treinta
12. **4** cuatro
13. **12** doce
14. **28** veintiocho
15. **14** catorce
16. **10** diez
17. **2** dos
18. **5** cinco
19. **22** vientidos
20. **13** trece

Práctica

1 **Contar** Following the pattern, provide the missing numbers in Spanish.

1. 1, 3, 5, .., 29
2. 2, 4, 6, .., 30
3. 3, 6, 9, .., 30
4. 30, 28, 26, .., 0
5. 30, 25, 20, .., 0
6. 28, 24, 20, .., 0

2 **Resolver** Solve these math problems with a partner.

> **modelo**
>
> 5 + 3 =
> **Estudiante 1:** cinco más tres son...
> **Estudiante 2:** ocho

AYUDA

+ → **más**
− → **menos**
= → **es/son**

1. **2 + 15 =** dos más quince son dieciseite
2. **20 − 1 =** veinte menos uno son diecinueve
3. **5 + 7 =** cinco más siete son doco
4. **18 + 12 =** dieciocho más doco son treinta
5. **3 + 22 =** tres más vientidós son vienticinco
6. **6 − 3 =** seis menos tres son tres
7. **11 + 12 =** once más doce son vientitrés
8. **7 − 7 =** siete menos siete son cero
9. **8 + 5 =** ocho más cinco son trece
10. **23 − 14 =** vientitrés menos catorce son nueve

3 **¿Cuántos hay?** How many persons or things are there in these drawings?

> **modelo**
> Hay cuatro maletas.

1. Hay viente lapices.   /

Chicos

2. Hay uno ~~chico~~ hombre.

3. Hay veinticinco chicas.

4. Hay una conductora.

5. Hay cuatro fotografias.

Chicas

6. Hay treinta cuadernos.

7. Hay seis chicos.

8. Hay diecisiete chicas.

Comunicación

4

En la clase   With a classmate, take turns asking and answering these questions about your classroom.

1. ¿Cuántos estudiantes hay?
2. ¿Cuántos profesores hay?
3. ¿Hay una computadora?
4. ¿Hay una maleta?
5. ¿Cuántos mapas hay?

6. ¿Cuántos lápices hay?
7. ¿Hay cuadernos?
8. ¿Cuántas grabadoras hay?
9. ¿Hay hombres?
10. ¿Cuántas mujeres hay?

5

Preguntas   With a classmate, take turns asking and answering questions about the drawing. Talk about:

1. How many children there are
2. How many women there are
3. If there are some photographs
4. If there is a boy
5. How many notebooks there are

6. If there is a bus
7. If there are tourists
8. How many pencils there are
9. If there is a man
10. How many computers there are

1.3 Present tense of the verb **ser** (*to be*)

Subject pronouns

ANTE TODO   In order to use verbs, you will need to learn about subject pronouns. A subject pronoun replaces the name or title of a person or thing and acts as the subject of a verb. In both Spanish and English, subject pronouns are divided into three groups: first person, second person, and third person.

Subject pronouns				
	SINGULAR		**PLURAL**	
FIRST PERSON	**yo**	*I*	**nosotros**	*we* (masculine)
			nosotras	*we* (feminine)
SECOND PERSON	**tú**	*you* (familiar)	**vosotros**	*you* (masc., fam.)
			vosotras	*you* (fem., fam.)
THIRD PERSON	**usted (Ud.)**	*you* (formal)	**ustedes (Uds.)**	*you* (form.)
	él	*he*	**ellos**	*they* (masc.)
	ella	*she*	**ellas**	*they* (fem.)

¡LENGUA VIVA!

In Latin America, **ustedes** is used as the plural for both **tú** and **usted**. In Spain, however, **vosotros** and **vosotras** are used as the plural of **tú**, and **ustedes** is used only as the plural of **usted**.

•••

Usted and **ustedes** are abbreviated as **Ud.** and **Uds.**, or occasionally as **Vd.** and **Vds.**

▶ Spanish has two subject pronouns that mean *you* (singular). Use **tú** when addressing a friend, a family member, or a child you know well. Use **usted** to address a person with whom you have a formal or more distant relationship, such as a superior at work, a professor, or an older person.

▶ The masculine plural forms **nosotros**, **vosotros**, and **ellos** refer to a group of males or to a group of males and females. The feminine plural forms **nosotras**, **vosotras**, and **ellas** can refer only to groups made up exclusively of females.

nosotros, vosotros, ellos   nosotros, vosotros, ellos   nosotras, vosotras, ellas

▶ There is no Spanish equivalent of the English subject pronoun *it*. Generally it is not expressed in Spanish.

Es un problema.   Es una computadora.
It's a problem.   *It's a computer.*

The present tense of *ser*

ANTE TODO In **Contextos** and **Fotonovela**, you have already used several forms of the present tense of **ser** (*to be*) to identify yourself and others and to talk about where you and others are from. **Ser** is an irregular verb, which means its forms don't follow the regular patterns that most verbs follow. You need to memorize the forms, which appear in the following chart.

The present tense of *ser*

ser *(to be)*

SINGULAR FORMS		
yo	**soy**	*I am*
tú	**eres**	*you are* (fam.)
Ud./él/ella	**es**	*you are* (form.); *he/she is*
PLURAL FORMS		
nosotros/as	**somos**	*we are*
vosotros/as	**sois**	*you are* (fam.)
Uds./ellos/ellas	**son**	*you are* (form.); *they are*

Uses of *ser*

▶ To identify people and things

—¿Quién **es** él?
Who is he?

—¿Qué **es**?
What is it?

—**Es** Javier Gómez Lozano.
He's Javier Gómez Lozano.

—**Es** un mapa de España.
It's a map of Spain.

Es Maite.

Es un autobús.

▶ To express possession, with the preposition **de**

—¿**De** quién **es**?
Whose is it?

—¿**De** quiénes **son**?
Whose are they?

—**Es** el diario **de** Maite.
It's Maite's diary.

—**Son** los lápices **de** la chica.
They are the girl's pencils.

—**Es** la computadora **de** Álex.
It's Alex's computer.

—**Son** las maletas **del** chico.
They are the boy's suitcases.

▶ To express origin, with the preposition **de**

—¿**De** dónde **es** Javier?
Where is Javier from?

—Es **de** Puerto Rico.
He's from Puerto Rico.

—¿**De** dónde **es** Inés?
Where is Inés from?

—**Es del** Ecuador.
She's from Ecuador.

▶ To express profession or occupation

Don Francisco **es conductor**.
Don Francisco is a driver.

Yo **soy estudiante**.
I am a student.

¡INTÉNTALO! Provide the correct subject pronouns in Column 1, and the correct present forms of **ser** in Column 2. The first item has been done for you.

1. Gabriel — él — es
2. Juan y yo (*m.*) — ~~Son~~ Nosotros — ~~los~~ somos
3. Óscar y Flora — ~~Somos~~ Ellos — ~~los~~ son
4. Adriana — ~~ella~~ ella — es
5. las turistas — ~~Son~~ Ellos — son
6. el chico — él — es
7. los conductores — Ellos — son
8. el señor y la señora Ruiz — Ellos — son

Práctica

1 **Pronombres** What subject pronouns would you use to a) talk to these people directly and b) talk about them?

1. una chica
2. el presidente de México
3. tres chicas y un chico
4. un estudiante
5. la señora Ochoa
6. dos profesoras

2 **Identidad y origen** With a partner, take turns asking and answering questions about these people: **¿Quién es?/¿Quiénes son?** and **¿De dónde es?/¿De dónde son?**

> **modelo**
>
> **Estudiante 1:** ¿Quién es? **Estudiante 1:** ¿De dónde es?
> **Estudiante 2:** Es Ricky Martin. **Estudiante 2:** Es de Puerto Rico.

1. Enrique Iglesias
2. Sammy Sosa
3. Rebecca Lobo y Robert Rodríguez
4. Laura Esquivel y Salma Hayek
5. Gabriel García Márquez
6. Antonio Banderas y Sergio García
7. Edward James Olmos y Jimmy Smits
8. Octavio Paz

3 **¿Qué es?** Ask your partner what each object is and to whom it belongs.

> **modelo**
>
> **Estudiante 1:** ¿Qué es? **Estudiante 1:** ¿De quién es?
> **Estudiante 2:** Es una grabadora. **Estudiante 2:** Es del profesor.

1. 2. 3. 4.

Comunicación

4

En la oficina Using the items in the word bank, ask your partner questions about this businessman's office. Be imaginative in your responses.

¿Quién?	¿De dónde?	¿Cuántos?
¿Qué?	¿De quién?	¿Cuántas?

5

¿Quién es? In small groups, take turns pretending to be individuals or groups from Spain, Mexico, Puerto Rico, Cuba, or the United States who are famous for their work in the following professions. The others will ask questions using the verb **ser** until they guess the identity of each person or group.

actor *actor*	deportista *athlete*	escritor(a) *writer*
actriz *actress*	cantante *singer*	músico/a *musician*

modelo

Estudiante 3: ¿Eres de los Estados Unidos?
Estudiante 1: Sí.
Estudiante 2: ¿Eres hombre?
Estudiante 1: No. Soy mujer.
Estudiante 3: ¿Eres escritora?
Estudiante 1: No. Soy actriz.
Estudiante 2: ¿Eres Rita Moreno?
Estudiante 1: ¡Sí! ¡Sí!

1.4 Telling time

ANTE TODO In both English and Spanish, the verb *to be* (**ser**) and numbers are used to tell time.

▶ To ask what time it is, use **¿Qué hora es?** When telling time, use **es + la** with **una** and **son + las** with all other hours.

Es la una.

Son las dos.

Son las seis.

▶ As in English, you express time from the hour to the half-hour in Spanish by adding minutes.

Son las cuatro **y cinco.**

Son las once **y veinte.**

▶ You may use either **y cuarto** or **y quince** to express fifteen minutes or quarter past the hour. For thirty minutes or half past the hour, you may use either **y media** or **y treinta**.

Es la una **y cuarto.**

Son las nueve
y quince.

Son las doce
y media.

Son las siete
y treinta.

▶ You express time from the half-hour to the hour in Spanish by subtracting minutes or a portion of an hour from the next hour.

Es la una menos **cuarto.**

Son las tres menos **quince.**

Son las ocho **menos veinte.**

Son las tres **menos diez.**

LENGUA VIVA

Other useful expressions for telling time:

Son las doce (del día).
It is twelve o'clock (pm).

Son las doce (de la noche).
It is twelve o'clock (am).

• • •

Es la… or **Son las…** are used to tell time.
Es a la(s)… is used to indicate *at what time* a particular event takes place:

Son las dos.
It's two o'clock.

Mi clase es a las dos.
My class is at two o'clock.

▶ Here are some useful words and phrases associated with telling time:

¿A qué hora es la clase de biología?
(At) what time is biology class?

Son las ocho **en punto.**
It's 8 o'clock on the dot/sharp.

Es **el mediodía.**
It's noon.

Es **la medianoche.**
It's midnight.

La clase es **a la una/a las dos.**
The class is at 1 o'clock/at two o'clock.

Son las nueve **de la mañana.**
It's 9 a.m. (in the morning).

Son las cuatro y cuarto **de la tarde.**
It's 4:15 p.m. (in the afternoon).

Son las diez y media **de la noche.**
It's 10:30 p.m. (at night).

Oye, ¿qué hora es?

Son las diez y tres minutos.

Oiga, ¿qué hora es?

Son las diez.

¡INTÉNTALO!   Practice telling time by completing these sentences. The first item has been done for you.

1. (1:00 a.m.) Es la _____una_____ de la mañana.
2. (2:50 a.m.) Son las tres ____menos____ diez de la mañana.
3. (4:15 p.m.) Son las cuatro y ____cuarto____ de la tarde.
4. (8:30 p.m.) Son las ocho y ____media____ de la noche.
5. (9:15 a.m.) Son las nueve y quince de la ____mañana____.
6. (12:00 p.m.) Es el ____mediodía____.
7. (6:00 a.m.) Son las seis de la ____mañana____.
8. (4:05 p.m.) Son las cuatro y cinco de la ____noche____.
9. (12:00 a.m.) Es la ____medianoche____.
10. (3:45 a.m.) Son las cuatro menos ____cuarto____ de la mañana.
11. (9:55 p.m.) Son las ____diez____ menos cinco de la noche.

Práctica

1

Ordenar Put these times in order, from the earliest to the latest. $\left(f, b, e, a, d, c\right)$

a. Son las dos de la tarde. *2:00 p.m.*
b. Son las once de la mañana. *11:00 am*
c. Son las siete y media de la noche. *7:30 p.m*
d. Son las seis menos cuarto de la tarde. *5:45 p.m*
e. Son las dos menos diez de la tarde. *1:50 p.m*
f. Son las ocho y veintidós de la mañana. *8:22 am*

2

¿Qué hora es? Give the times shown on each clock or watch.

modelo

Son las cuatro y cuarto/quince de la tarde.

1. ~~Es la una~~ *Son las doce y media.*
2. *Es la una de la mañana.*
3. *Son las cinco y cuarto.*
4. *Son las ocho y diez.*
5. *Son las cinco y media.*

6. *Son las once menos cuarto.*
7. *Son las dos y doce de la tarde.*
8. *Son las siete y cinco.*
9. *Son las cuatro menos cinco.*
10. *Son las medianoche menos veinticinco.*

3

¿A qué hora? Ask your partner at what time these events take place. Your partner will answer according to the cues provided.

modelo

la clase de matemáticas (2:30 p.m.)

Estudiante 1: ¿A qué hora es la clase de matemáticas?
Estudiante 2: Es a las dos y media de la tarde.

1. el programa *Las cuatro amigas* (11:30 a.m.)
2. el drama *La casa de Bernarda Alba* (7:00 p.m.)
3. el programa *Las computadoras* (8:30 a.m.)
4. la clase de español (10:30 a.m.)
5. la clase de biología (9:40 a.m. *sharp*)
6. la clase de historia (10:50 a.m.)
7. el partido (*game*) de béisbol (5:15 p.m.)
8. el partido de tenis (12:45 p.m. *sharp*)
9. el partido de baloncesto (*basketball*) (7:45 p.m.)
10. la fiesta (8:30 p.m.)

Comunicación

4

En la televisión With a partner, take turns asking and answering questions about these television listings.

> **modelo**
>
> **Estudiante 1:** ¿A qué hora es *Las computadoras*?
> **Estudiante 2:** Es a las nueve en punto de la noche.

TV Hoy – Programación

11:00 am Telenovela: *Cuatro viajeros y un autobús*
12:00 pm Película: *El cóndor* (drama)
2:00 pm Telenovela: *Dos mujeres y dos hombres*
3:00 pm Programa juvenil: *Fiesta*
3.30 pm Telenovela: *¡Sí, sí, sí!*
4:00 pm Telenovela: *El diario de la Sra. González*

5:00 pm Telenovela: *Tres mujeres*
6:00 pm Noticias
7:00 pm Especial musical: *Música folklórica de México*
7:30 pm La naturaleza: *Jardín secreto*
8:00 pm Noticiero: *Veinticuatro horas*
9:00 pm Documental: *Las computadoras*

5

Preguntas With a partner, answer these questions based on your own knowledge.

1. Son las tres de la tarde en Nueva York. ¿Qué hora es en Los Ángeles?
   Son las mediodía en Los Ángeles.
2. Son las ocho y media en Chicago. ¿Qué hora es en Miami?
   Son las nueve y media en Miami.
3. Son las dos menos cinco en San Francisco. ¿Qué hora es en San Antonio?
   Son las mediodía menus cinco en San Antonio.
4. ¿A qué hora es el programa *60 Minutes*?
   Son las seis de la noche.
5. ¿A qué hora es el programa *Today Show*?
   Son las siete de la mañana.

6

Using the questions in the previous activity as a model, make up four questions of your own. Then, get together with a classmate and take turns asking and answering each other's questions.

Síntesis

7

Situación With two classmates, play the roles of university journalism students and a visiting literature professor (**profesor(a) de literatura**) from Venezuela whom they are interviewing. The students arrive early for the interview, introduce themselves, and find out about each other. When the professor arrives, the students ask what his/her name is, where he/she is from, what time his/her literature class is, and how many students are in the class. The professor asks a few questions to find out about the students. The professor ends the interview by looking at the clock and saying that the class begins in five minutes. The students say thank you and goodbye.

Lectura
Antes de leer

Estrategia
Recognizing cognates

As you learned earlier in this lesson, cognates are words that share similar meanings and spellings in two or more languages. When reading in Spanish, it's helpful to look for cognates and use them to guess the meaning of what you're reading. But watch out for false cognates. For example, **librería** means *bookstore*, not *library*, and **embarazada** means *pregnant*, not *embarrassed*. Look at this list of Spanish words, paying special attention to prefixes and suffixes. Can you guess the meaning of each word?

importante	oportunidad
farmacia	cultura
inteligente	activo
dentista	sociología
decisión	espectacular
televisión	restaurante
médico	policía

Examinar el texto
Glance quickly at the reading selection and guess what type of document it is. Explain your answer.

Cognados
Read the document and make a list of the cognates you find. Guess their English equivalents, then compare your answers with those of a classmate.

Teléfonos importantes

Policía

Médico

Dentista

Pediatra

Farmacia

Banco Central

Aerolíneas Nacionales

Cine Metro

Hora/Temperatura

Profesora Salgado (universidad)

Felipe (oficina)

Gimnasio Gente Activa

Restaurante Roma

Supermercado Famoso

Librería El Inteligente

54.11.11

54.36.92

54.87.11

53.14.57

54.03.06

54.90.83

54.87.40

53.45.96

53.24.81

54.15.33

54.84.99

54.36.04

53.75.44

54.77.23

54.66.04

Después de leer

¿Cierto o falso?

Indicate whether each statement is **cierto** or **falso**.
Then correct the false statements.

1. There is a child in this household.

   _____ Cierto _____

2. To renew a prescription you would dial 54.90.83.

   _____ falso _____

3. If you wanted the exact time and information about weather you'd dial 53.24.81.

   _____ cierto _____

4. Felipe probably works outdoors.

   _____ falso _____

5. This household probably orders a lot of Chinese food.

   _____ falso _____

6. If you had a toothache, you would dial 54.87.11.

   _____ cierto _____

7. You would dial 54.87.40 to make a flight reservation.

   _____ cierto _____

8. To find out if a best-selling book was in stock, you would dial 54.66.04.

   _____ cierto _____

9. If you needed information about aerobics classes, you would dial 54.15.33.

   _____ falso _____

10. You would call **Cine Metro** to find out what time a movie starts.

    _____ cierto _____

Hacer una lista

Make your own list of phone numbers like the one shown in this reading. Include emergency phone numbers as well as frequently called numbers. Use as many cognates from the reading as you can.

Escritura

Estrategia

Writing in Spanish

Why do we write? All writing has a purpose. For example, we may write a poem to reveal our innermost feelings, a letter to impart information, or an essay to persuade others to accept a point of view. Proficient writers are not born, however. Writing requires time, thought, effort, and a lot of practice. Here are some tips to help you write more effectively in Spanish.

DO

- ▶ Try to write your ideas in Spanish
- ▶ Use the grammar and vocabulary that you know
- ▶ Use your textbook for examples of style, format, and expression in Spanish
- ▶ Use your imagination and creativity
- ▶ Put yourself in your reader's place to determine if your writing is interesting

AVOID

- ▶ Translating your ideas from English to Spanish
- ▶ Simply repeating what is in the textbook or on a web page
- ▶ Using a dictionary until you have learned how to use foreign language dictionaries

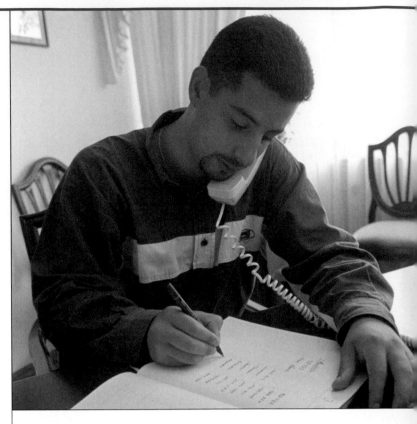

Tema

Hacer una lista

Create a telephone/address list that includes important names, numbers, and websites that will be helpful to you in your study of Spanish. Make whatever entries you can in Spanish without using a dictionary. You might want to include this information:

- ▶ The names, phone numbers, and e-mail addresses of at least four classmates
- ▶ Your professor's name, e-mail address, and office hours
- ▶ Three phone numbers and e-mail addresses of campus offices or locations related to your study of Spanish
- ▶ Five electronic resources for students of Spanish, such as chat rooms, international keypal sites, and sites dedicated to the study of Spanish as a second language

Nombre _Sally (la chica de Indiana)_ ☎
Teléfono 655-8888 ✉
Dirección electrónica _sally@uru.edu_

Nombre _Profesor José Ramón Casas_
Teléfono 655-8090
Dirección electrónica _jrcasas@uru.edu_
Horas de oficina 12 a 12:30

Nombre _Biblioteca_ 655-7000
Dirección electrónica _library@uru.edu_

Plan de escritura

1 **Ideas y organización**

Begin by making a list of all your campus resources, including your professor, campus facilities, and your classmates. Then spend some time exploring web resources and jotting down the addresses of several sites. Choose various types of web pages; they shouldn't all be keypal sites or chat rooms.

2 **Primer borrador**

Using the lists you prepared in **Ideas y organización,** write a first draft of the new section for your telephone/address book.

3 **Comentario**

Exchange first drafts with a classmate and comment on each other's work using the questions below as a guide. Begin by mentioning what you like best about his or her telephone/address book, such as the organization of the entries, or a resource you didn't know about.

    a. Is all the required information included and logically organized?

    b. Are the websites included pertinent to Spanish students?

    c. Do the entries appear in Spanish whenever possible?

    d. Do you have any suggestions for additional or different entries in Spanish?

    e. Are there any spelling or grammatical errors?

4 **Redacción**

Revise your first draft, keeping in mind your classmate's comments. Also incorporate any new ideas or information you may have. Before handing in the final version, use these suggestions to help you review your work:

    a. Be sure you have included as much Spanish as possible.
    b. Check for errors in spelling and punctuation.

5 **Evaluación y progreso**

Share your final draft with three classmates. Note the addresses of campus resources or websites mentioned on your classmates' lists; you might want to add them to your list. After your instructor has returned your paper, keep your list on hand with your other study aids.

Escuchar
Preparación

Based on the photograph, what do you think
Dr. Cavazos and Srta. Martínez are talking about?
How would you get the gist of their conversation,
based on what you know about Spanish?

Estrategia
Listening for words you know

You can get the gist of a conversation by
listening for words and phrases you already
know. To help you practice this strategy, you
will listen to a Spanish sentence. Make a list
of the words you have already learned.

Ahora escucha

Now you are going to hear Dr. Cavazos's
conversation with Srta. Martínez. List the
familiar words and phrases each person says.

Dr. Cavazos	Srta. Martínez
1. _____	9. _____
2. _____	10. _____
3. _____	11. _____
4. _____	12. _____
5. _____	13. _____
6. _____	14. _____
7. _____	15. _____
8. _____	16. _____

With a classmate, use your lists of familiar words
as a guide to come up with a summary of what
happened in the conversation.

recursos

R   SCASS./CD
    Lección 1

Comprensión

Identificar

Who would say the following things, Dr. Cavazos
or Srta. Martínez?

1. Me llamo…
2. De nada.
3. Gracias. Muchas gracias.
4. Aquí tiene usted los documentos de viaje,
   señor.
5. Ud. tiene tres maletas, ¿no?
6. Tengo dos maletas.
7. Hola, señor.
8. ¿Viaja Ud. a Buenos Aires?

Contestar

1. Does this scene take place in the morning, afternoon,
   or evening? How do you know?

2. How many suitcases does Dr. Cavazos have?

3. Using the words you already know to determine
   the context, what might the following words and
   expressions mean?

   - boleto   - un viaje de ida y vuelta
   - pasaporte   - ¡Buen viaje!

Proyecto

Describe una ciudad

Imagine that you are a journalist reporting on the influence of Hispanic cultures on cities in the United States. You have been asked to present a report to a Spanish class, focusing on one American city.

1   Prepara una presentación

Prepare a brief presentation about how Hispanic cultures have influenced a city in the United States. Using the research tools in **Recursos para la investigación,** choose a city and take notes about how it has been affected by Hispanic cultures. Your presentation might include these elements:

- A description of the city, its location, its history, and its population
- Explanations of how the city has been influenced by Hispanic cultures: for example, its cuisine, arts, politics, and architecture
- Descriptions and photos of famous people, places, and things in the city that are related to Hispanic cultures

2   Presenta la información

Using an outline and your photos, tell the class about the city you chose and how it reflects the influence of Hispanic cultures. Make your presentation vivid so that your classmates will want to learn more about Hispanic cultures in the United States. Use as much Spanish as possible in your presentation, especially to greet the class, to introduce youself, to say where you are from, and to state that you are a journalist (**Soy periodista**).

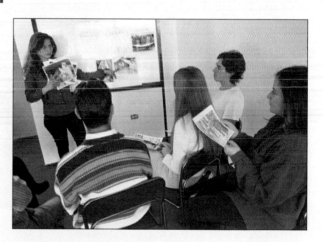

ciudad *city*   Palabras clave *keywords*   Biblioteca *library*   Otros recursos *other resources*

recursos para la investigación

	Internet Palabras clave: United States, city, cities, Hispanic influence(s)		**Comunidad** Faculty members and residents of your community who have lived in the city you chose
	Biblioteca Almanacs, encyclopedias, history books, maps, newspapers		**Otros recursos** Brochures from travel agencies

Estados Unidos
Influencia de la cultura hispánica

El país en cifras

- **Población de origen hispano:** 31.360.000

- **País de origen de hispanos en EE.UU.:**

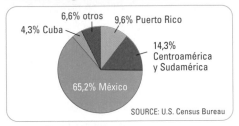

- 6,6% otros
- 4,3% Cuba
- 9,6% Puerto Rico
- 14,3% Centroamérica y Sudamérica
- 65,2% México

SOURCE: U.S. Census Bureau

- **Estados con la mayor población hispana:**

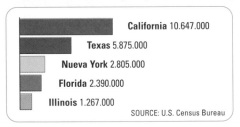

- **California** 10.647.000
- **Texas** 5.875.000
- **Nueva York** 2.805.000
- **Florida** 2.390.000
- **Illinois** 1.267.000

SOURCE: U.S. Census Bureau

- **Ciudades de mayor población hispana:**

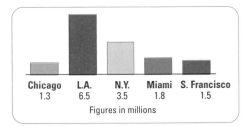

Chicago	L.A.	N.Y.	Miami	S. Francisco
1.3	6.5	3.5	1.8	1.5

Figures in millions

- **Lugares con nombres españoles:**

Nombre	Significado
Nevada	tormenta de nieve (*snowstorm*)
Colorado	de color rojo (*of reddish color*)
Montana	montaña (*mountain*)
Florida	tierra de flores (*land of flowers*)
Cape Canaveral	cañaveral (*sugar-cane plantation*)
El Paso	paso (*pass*)
Las Vegas	vega (*fertile plain*)

en cifras *in figures*   mayor *biggest*   van a ser *are going to be*
más grande *largest*   será *will be*   se duplicará *will double*

AK   HI

Mission District, en San Francisco

Tito Puente (1925-2000), músico

CANADÁ

San Francisco

Chicago

Ciudad de Nueva York

Los Ángeles

Las Vegas

San Diego

Washington DC

Océano Atlántico

San Antonio

Miami

MÉXICO

Golfo de México

Mar Caribe

El Álamo, en San Antonio, Texas

recursos

R | WB pp. 9-10 | vistasonline.com

¡Increíble pero cierto!

Se estima que en el año 2015 los hispanos van a ser el grupo minoritario más grande de los Estados Unidos. La población hispana de EE.UU. será de 46.704.000. En 10 años el número de hispanos se duplicará en los estados de California, Texas, Nueva York, Florida e Illinois.

SOURCE: U.S. Census Bureau

Comida • La comida mexicana

La comida mexicana es muy popular en los Estados Unidos. Los tacos, las enchiladas, los burritos y los frijoles, entre otros, son platos mexicanos que frecuentemente forman parte de las comidas de muchos norteamericanos. También son populares las variaciones estadounidenses de la comida mexicana... el tex-mex y el cali-mex.

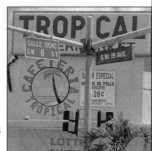

Lugares • La Pequeña Habana

Una de las joyas de la Florida es la Pequeña Habana, un barrio de Miami donde viven muchos cubanoamericanos. En todas sus calles se encuentran las costumbres de la cultura cubana, los aromas y sabores de su comida y la música salsa. La Pequeña Habana es un verdadero trozo de Cuba en los Estados Unidos.

Costumbres • Desfile puertorriqueño

Cada junio desde mil novecientos cincuenta y uno (1951), mucha gente de origen puertorriqueño celebra su orgullo latino con un desfile en la ciudad de Nueva York. El desfile es un gran espectáculo con carrozas y música salsa, flamenco y hip-hop. Muchos espectadores participan llevando la bandera de Puerto Rico en su ropa o pintándose los colores de la bandera en la cara.

¿Qué aprendiste? Completa las frases con la información adecuada (*appropriate*).

1. Hay _____dos_____ personas de origen hispano en los Estados Unidos.

2. Los cuatro estados con las poblaciones hispanas mas grandes son (en orden) _California_, Texas, _Nueva York_ y Florida.

Una partida de ajedrez en un parque de Miami

3. Los burritos y las enchiladas son platos _mexicanos_.

4. El tex-mex y el _cali-mex_ son variaciones de la comida mexicana.

5. La Pequeña _Habana_ es un barrio de Miami.

6. En Miami hay muchas personas de origen _Cuba_.

7. Cada junio se celebra en Nueva York un gran desfile para personas de origen _____.

8. El estado de _____ tiene una gran población puertorriquena.

Conexión Internet Investiga estos temas en el sitio **www.vistasonline.com**.

1. Haz (*Make*) una lista de seis hispanoamericanos célebres: dos mexicoamericanos, dos puertorriqueños y dos cubanoamericanos. Explica (*Explain*) por qué (*why*) son célebres.

2. Escoge (*Choose*) seis lugares en los Estados Unidos con nombres hispanos y busca información sobre el origen y el significado (*meaning*) de cada nombre.

Comida *Food* entre otros *among others* platos *dishes* También *Also* Lugares *Places* La Pequeña Habana *Little Havana* joyas *jewels* barrio *neighborhood* viven *live* todas sus calles *all of its streets* se encuentran *are found* costumbres *customs* sabores *flavors* verdadero trozo *true slice* Desfile *Parade* Cada junio desde *Each June since* gente *people* orgullo *pride* ciudad *city* con carrozas *with floats* llevando *wearing* bandera *flag* ropa *clothing* pintándose *painting* cara *face*

Saludos

Hola.	*Hello; Hi.*
Buenos días.	*Good morning.*
Buenas tardes.	*Good afternoon.*
Buenas noches.	*Good evening; Good night.*

Despedidas

Adiós.	*Good-bye.*
Nos vemos.	*See you.*
Hasta luego.	*See you later.*
Hasta la vista.	*See you later.*
Hasta pronto.	*See you soon.*
Hasta mañana.	*See you tomorrow.*
Saludos a...	*Greetings to …*
Chau.	*Bye.*

¿Cómo está?

¿Cómo está usted?	*How are you? (form.)*
¿Cómo estás?	*How are you? (fam.)*
¿Qué hay de nuevo?	*What's new?*
¿Qué pasa?	*What's happening?; What's going on?*
¿Qué tal?	*How are you?; How is it going?*
(Muy) bien, gracias.	*(Very) well, thanks.*
Nada.	*Nothing.*
No muy bien.	*Not very well.*
Regular.	*So so; OK.*

¿A qué hora?

¿A qué hora...?	*(At) what time …?*
¿Qué hora es?	*What time is it?*
Es la una.	*It's one o'clock.*
Son las...	*It's … o'clock.*
la medianoche	*midnight*
el mediodía	*noon*
de la mañana	*in the morning; A.M.*
de la noche	*in the evening; at night; P.M.*
de la tarde	*in the afternoon; in the early evening; P.M.*
en punto	*on the dot; exactly; sharp*
menos cuarto/ menos quince	*quarter to*
y cuarto/y quince	*quarter after*
y media/y treinta	*thirty (minutes past the hour)*

Presentaciones

¿Cómo se llama usted?	*What's your name? (form.)*
¿Cómo te llamas (tú)?	*What's your name? (fam.)*
Me llamo...	*My name is …*
¿Y tú?	*And you? (fam.)*
¿Y Ud.?	*And you? (form.)*
Mucho gusto.	*Pleased to meet you.*
El gusto es mío.	*The pleasure is mine.*
Encantado/a.	*Delighted; Pleased to meet you.*
Igualmente.	*Likewise.*
Éste/ésta es...	*This is …*
Le presento a...	*I would like to introduce you to… (form.)*
Te presento a...	*I would like to introduce to you… (fam.)*

Expresiones de cortesía

Con permiso.	*Pardon me; Excuse me.*
De nada.	*You're welcome.*
Lo siento.	*I'm sorry.*
(Muchas) gracias.	*Thank you (very much); Thanks (a lot).*
No hay de qué.	*You're welcome.*
Perdón.	*Pardon me; Excuse me.*

Títulos

señor (Sr.)	*Mr.; sir*
señora (Sra.)	*Mrs.; ma'am*
señorita (Srta.)	*Miss*

Países

Ecuador	*Ecuador*
España	*Spain*
Estados Unidos (EE.UU.; E.U.)	*United States*
México	*Mexico*
Puerto Rico	*Puerto Rico*

Verbos

ser	*to be*

Sustantivos

el autobús	*bus*
la capital	*capital city*
la chica	*girl*
el chico	*boy*
la computadora	*computer*
la comunidad	*community*
el/la conductor(a)	*chauffeur; driver*
la conversación	*conversation*
la cosa	*thing*
el cuaderno	*notebook*
el día	*day*
el diario	*diary*
el diccionario	*dictionary*
la escuela	*school*
el/la estudiante	*student*
la foto(grafía)	*photograph*
la grabadora	*tape recorder*
el hombre	*man*
el/la joven	*youth; young person*
el lápiz	*pencil*
la lección	*lesson*
la maleta	*suitcase*
la mano	*hand*
el mapa	*map*
la mujer	*woman*
la nacionalidad	*nationality*
el número	*number*
el país	*country*
la palabra	*word*
el/la pasajero(a)	*passenger*
el problema	*problem*
el/la profesor(a)	*teacher*
el programa	*program*
el/la turista	*tourist*

¿De dónde es?

¿De dónde es Ud.?	*Where are you from? (form.)*
¿De dónde eres?	*Where are you from? (fam.)*
Soy de...	*I'm from …*

Palabras adicionales

¿cuánto(s)/a(s)?	*how much/many?*
¿de quién...?	*whose …? (sing.)*
¿de quiénes...?	*whose …? (plural)*
(no) hay	*there is (not); there are (not)*

En la universidad

Communicative Goals

You will learn how to:

- Talk about your classes and school life
- Discuss everyday activities
- Ask questions in Spanish
- Describe the location of people and things

En la universidad

Más vocabulario

la biblioteca	library
la cafetería	cafeteria
el estadio	stadium
la librería	bookstore
la residencia estudiantil	dormitory
la universidad	university
la clase	class
el/la compañero/a de clase	classmate
el/la compañero/a de cuarto	roommate
el examen	test; exam
el horario	schedule
el laboratorio	laboratory
la prueba	test; quiz
el semestre	semester
la tarea	homework
el trimestre	trimester; quarter
los cursos	courses
la administración de empresas	business administration
el arte	art
la biología	biology
las ciencias	sciences
la computación	computer science
la contabilidad	accounting
la economía	economics
el español	Spanish
la física	physics
la geografía	geography

Variación léxica

pluma ←→ bolígrafo

pizarra ←→ tablero (Col.)

tarea ←→ asignación (P. Rico);
deberes (Esp., Arg.)

recursos

| R | SCASS./CD Lección 2 | WB pp. 11-12 | LM p. 223 | LCASS./CD Cass. 2/CD2 |

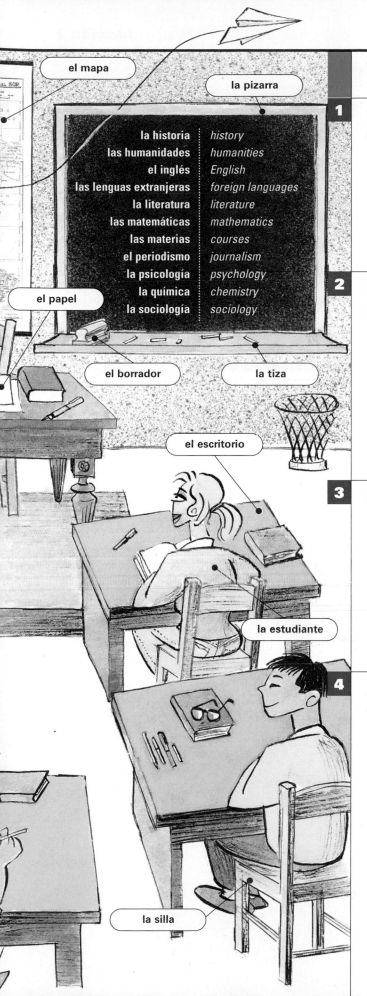

la historia	history
las humanidades	humanities
el inglés	English
las lenguas extranjeras	foreign languages
la literatura	literature
las matemáticas	mathematics
las materias	courses
el periodismo	journalism
la psicología	psychology
la química	chemistry
la sociología	sociology

el mapa

la pizarra

el papel

el borrador

la tiza

el escritorio

la estudiante

la silla

Práctica

1 **Escuchar** 🎧 Listen to Professor Morales talk about her Spanish classroom, then check the items she mentions.

1. puerta ☑
2. ventanas ☐
3. pizarra ☐
4. borrador ☐
5. tiza ☐
6. escritorios ☑
7. sillas ☑
8. libros ☑
9. plumas ☑
10. mochilas ☐
11. papel ☑
12. reloj ☑

2 **Emparejar** Match each question with its most logical response. **¡Ojo!** (*Careful!*) Two of the responses will not be used.

1. ¿Qué clase es? D
2. ¿Quiénes son? H
3. ¿Quién es? E
4. ¿De dónde es? C
5. ¿A qué hora es la clase de inglés? G
6. ¿Cuántos estudiantes hay? A

a. Hay veinticinco.
b. Es un reloj.
c. Es del Perú.
d. Es la clase de química.
e. Es el señor Bastos.
f. Mucho gusto.
g. Es a las nueve en punto.
h. Son los profesores.

3 **Identificar** Identify the word that does not fit in each group.

1. examen • grabadora • tarea • prueba
2. economía • matemáticas • biblioteca • contabilidad
3. pizarra • tiza • borrador • librería
4. lápiz • cafetería • papel • cuaderno
5. veinte • diez • pluma • treinta
6. conductor • laboratorio • autobús • pasajero
7. humanidades • mesa • ciencias • lenguas extranjeras
8. lápiz • qué • cómo • dónde

4 **¿Qué clase es?** Use the clues to name the subject matter of each class.

> **modelo**
>
> los elementos, los átomos
> Es la clase de química.

1. Abraham Lincoln, Winston Churchill En la clase de ~~química~~ la historia.
2. Picasso, Leonardo da Vinci En la clase del arte.
3. Freud, Jung En la clase del psicologia.
4. África, el océano Pacífico En la clase del geografía.
5. la cultura de España, verbos En la clase del español.
6. Hemingway, Shakespeare En la clase de ~~la~~ literatura.
7. geometría, trigonometría En la ~~the~~ clase de matemáticas.
8. las plantas, los animales En la clase de

Los días de la semana

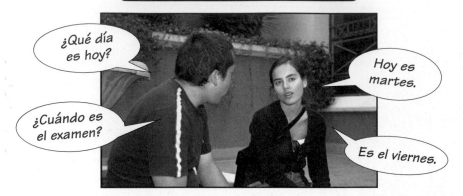

¿Qué día es hoy?

Hoy es martes.

¿Cuándo es el examen?

Es el viernes.

¡LENGUA VIVA!

Monday is considered the first day of the week in Spanish-speaking countries.

•••

The days of the week are never capitalized in Spanish.

septiembre

lunes	martes	miércoles	jueves	viernes	sábado	domingo
	1	2	3	4	5	6
7	8	9	10			

---

5 **¿Qué día es hoy?** Complete each statement with the correct day of the week.

1. Hoy es martes. Mañana es _miércoles_. Ayer fue _lunes_.
2. Ayer fue sábado. Mañana es _lunes_. Hoy es _domingo_.
3. Mañana es viernes. Hoy es _jueves_. Ayer fue _miércoles_.
4. Ayer fue domingo. Hoy es ~~sábado~~ _lunes_ Mañana es _martes_.
5. Hoy es jueves. Ayer fue _miércoles_. Mañana es _viernes_.
6. Mañana es lunes. Hoy es _domingo_. Ayer fue _sábado_.

AYUDA

Ayer fue
yesterday was

---

6 **Analogías** Use these words to complete the analogies. Some words will not be used.

arte	chau	estudiante	profesor
biblioteca	día	mujer	reloj
catorce	martes	pizarra	domingo

1. maleta ←→ pasajero ⊜ mochila ←→ _estudiante_
2. chico ←→ chica ⊜ hombre ←→ _mujer_
3. pluma ←→ papel ⊜ tiza ←→ _pizarra_
4. inglés ←→ lengua ⊜ miércoles ←→ _día_
5. papel ←→ cuaderno ⊜ libro ←→ _biblioteca_
6. quince ←→ dieciséis ⊜ lunes ←→ _martes_
7. ¡Buen viaje! ←→ Gracias. ⊜ ¡Nos vemos! ←→ _chau_
8. autobús ←→ conductor ⊜ clase ←→ _profesor_
9. EE.UU. ←→ mapa ⊜ hora ←→ _reloj_
10. veinte ←→ veintitrés ⊜ jueves ←→ _domingo_

Comunicación

7

Horario Create your own class schedule in Spanish. Then discuss it with a classmate.

Estudiante		Manuel Domínguez H.			Semestre Nº 1	
lunes	martes	miércoles	jueves	viernes	sábado	domingo
8:30 biología Profesora Morales	**9:45** historia – península Ibérica Profesora Cortés	**8:30** biología	**9:45** historia	**8:30** biología		
10:15 inglés Profesor Herrera		**10:15** inglés		**10:15** inglés		
3:30 laboratorio (biología)	**12:45** psicología Profesor Herrera	**1:15** arte Profesor Pérez	**12:45** psicología	**1:15** arte		
4:30 discusión (historia) biblioteca						

> **modelo**
>
> **Estudiante 1:** ¿Cuándo tomas biología?
> **Estudiante 2:** Los lunes, miércoles y viernes tomo
> (*I take*) biología a las ocho y media.
> **Estudiante 1:** ¿Quién es el/la profesor(a)?
> **Estudiante 2:** Es la profesora Morales.

8

Dibujar With a classmate, draw and label your campus and classroom. Then take turns describing your illustrations.

> **modelo**
>
> En esta (*this*) universidad hay diez residencias estudiantiles.
> En esta clase hay ocho ventanas.

9

Entrevistas Using these interrogatives, create ten original questions you will use to interview two classmates. Then share the results of your interviews with the class.

> ¿A qué hora?   ¿Cuándo?   ¿De dónde?   ¿Quién(es)?
> ¿Cómo?   ¿Cuántos/as?   ¿Qué?

10

Nuevos amigos During the first week of class, you meet a new student in the cafeteria. Greet your new acquaintance, find out about him or her, and compare class schedules before saying goodbye.

¡ATENCIÓN!

Use **el** + [*day of the week*] when an activity occurs on a specific day and **los** + [*day of the week*] when an activity occurs regularly:

El lunes tengo un examen.

Los lunes y miércoles tomo biología.

• • •

Except for **sábados** and **domingos**, the singular and plural forms for days of the week are the same.

¿Qué clases tomas?

Maite, Inés, Javier y Álex hablan de las clases.

ÁLEX Hola, Ricardo... Aquí estamos en la Mitad del Mundo. ¿Qué tal las clases en la UNAM?

MAITE Es exactamente como las fotos en los libros de geografía.

INÉS ¡Sí! ¿También tomas tú geografía?

MAITE Yo no. Yo tomo inglés y literatura. También tomo una clase de periodismo.

MAITE Muy buenos días. María Teresa Fuentes, de Radio Andina FM 93. Hoy estoy con estudiantes de la Universidad San Francisco de Quito. ¡A ver! La señorita que está cerca de la ventana... ¿Cómo te llamas y de dónde eres?

MAITE ¿En qué clase hay más chicos?

INÉS Bueno, eh... en la clase de historia.

MAITE ¿Y más chicas?

INÉS En la de sociología hay más chicas, casi un ochenta y cinco por ciento.

MAITE Y tú, joven, ¿cómo te llamas y de dónde eres?

JAVIER Me llamo Javier Gómez y soy de San Juan, Puerto Rico.

MAITE ¿Tomas muchas clases este semestre?

JAVIER Sí, tomo tres: historia y arte los lunes, miércoles y viernes y computación los martes y jueves.

MAITE ¿Te gustan las computadoras, Javier?

JAVIER No me gustan nada. Me gusta mucho más el arte... y sobre todo me gusta dibujar.

ÁLEX ¿Cómo que no? ¿No te gustan las computadoras?

INÉS Hola. Me llamo Inés Ayala Loor y soy del Ecuador... de Portoviejo.

MAITE Encantada. ¿Qué clases tomas en la universidad?

INÉS Tomo geografía, inglés, historia, sociología y arte.

MAITE Tomas muchas clases, ¿no?

INÉS Pues sí, me gusta estudiar mucho.

ÁLEX Pero si son muy interesantes, hombre.

JAVIER Sí, ¡muy interesantes!

Enfoque cultural La vida universitaria

Universities in Spanish-speaking countries differ from those in the United States. In most cases students enroll in programs that prepare them for a specific career, rather than choosing a major. The courses for these programs are standardized within each country, so students take few elective courses. The classes themselves are also taught differently. Most are conducted as lectures that meet one or two times weekly. Grades are often based on a scale of one to ten, where five is passing.

Expresiones útiles

Talking about classes

▶ **¿Qué tal las clases en la UNAM?**
How are classes going at UNAM?

▶ **¿También tomas tú geografía?**
Are you also taking geography?

▷ **No, tomo inglés y literatura.**
No, I'm taking English and literature.

▶ **Tomas muchas clases, ¿no?**
You're taking lots of classes, aren't you?

▷ **Pues sí.** *Well, yes.*

▶ **¿En qué clase hay más chicos?**
In which class are there more guys?

▷ **En la clase de historia.**
In history class.

Talking about likes/dislikes

▶ **¿Te gusta estudiar?**
Do you like to study?

▷ **Sí, me gusta mucho. Pero también me gusta mirar la televisión.**
Yes, I like it a lot. But I also like to watch television.

▶ **¿Te gusta la clase de sociología?**
Do you like sociology class?

▷ **Sí, me gusta muchísimo.**
Yes, I like it very much.

▶ **¿Te gustan las computadoras?**
Do you like computers?

▷ **No, no me gustan nada.**
No, I don't like them at all.

Talking about location

▷ **Aquí estamos en...**
Here we are at/in...

▶ **¿Dónde está la señorita?**
Where is the young woman?

▷ **Está cerca de la ventana.**
She's near the window.

Expressing hesitation

▷ **A ver...**
Let's see...

▷ **Bueno...**
Well...

Reacciona a la fotonovela

1 **Escoger** Choose the answer that best completes each sentence.

1. Maite toma (*is taking*) ___C___ en la universidad.
   a. geografía, inglés y periodismo   b. inglés, periodismo y geografía
   c. periodismo, inglés y literatura

2. Inés toma sociología, geografía, ___A___.
   a. inglés, historia y arte   b. periodismo, computación y arte
   c. historia, literatura y biología

3. Javier toma ___B___ clases este semestre.
   a. cuatro   b. tres   c. dos

4. Javier toma historia y ___B___ los ___A___.
   a. computación; martes y jueves   b. arte; lunes, martes y miércoles
   c. arte; lunes, miércoles y viernes

2 **Identificar** Indicate which person would make each statement. The names may be used more than once.

1. Sí, me gusta estudiar. Inés
2. ¡Hola! ¿Te gustan las clases en la UNAM? Álex
3. ¿La clase de periodismo? Sí, me gusta mucho.
4. Hay más chicas en la clase de sociología. Inés
5. Buenos días. Yo soy de Radio Andina FM 93. Maite
6. ¡Uf! ¡No me gustan las computadoras! Álex
7. Las computadoras son muy interesantes. Álex
   Me gustan muchísimo. Álex
8. Me gusta dibujar en la clase de arte. Javier

INÉS

JAVIER   **MAITE**

ÁLEX

3 **Completar** These sentences are similar to things said in the **Fotonovela**. Complete each sentence with the correct word(s).

la sociología	el arte	la Universidad San Francisco de Quito
la clase de historia	geografía	la Mitad del Mundo

1. Maite, Javier, Inés y yo estamos en... la mitad del mundo
2. Hay fotos impresionantes de la Mitad del Mundo en los libros de... geografía.
3. Me llamo María Teresa Fuentes. Estoy aquí con estudiantes de... la Universidad San Francisco de Quito
4. Hay muchos chicos en... la clase de historia
5. No me gustan las computadoras. Me gusta más... el arte.

4 **Conversar** Prepare a conversation in which you greet a classmate, introduce yourself, and find out where he/she is from. Find out if he or she likes to study, how many classes he/she is taking this semester, and which classes he/she likes and doesn't like.

Pronunciación

Spanish vowels

a   **e**   **i**   **o**   **u**

Spanish vowels are never silent; they are always pronounced in a short, crisp way without the glide sounds used in English.

Álex	**clase**	**nada**	**encantada**

The letter **a** is pronounced like the *a* in *father*, but shorter.

el	**ene**	**mesa**	**elefante**

The letter **e** is pronounced like the *e* in *they*, but shorter.

Inés	**chica**	**tiza**	**señorita**

The letter **i** sounds like the *ee* in *beet*, but shorter.

hola	**con**	**libro**	**don Francisco**

The letter **o** is pronounced like the *o* in *tone*, but shorter.

uno	**regular**	**saludos**	**gusto**

The letter **u** sounds like the *oo* in *room*, but shorter.

Práctica Practice the vowels by saying the names of these places in Spain.

1. Madrid
2. Alicante
3. Tenerife
4. Toledo
5. Barcelona
6. Granada
7. Burgos
8. La Coruña

Oraciones Read the sentences aloud, focusing on the vowels.

1. Hola. Me llamo Ramiro Morgado.
2. Estudio arte en la Universidad de Salamanca.
3. Tomo también literatura y contabilidad.
4. Ay, tengo clase en cinco minutos. ¡Nos vemos!

Refranes Practice the vowels by reading these sayings aloud.

Del dicho al hecho hay un gran trecho.[1]

Cada loco con su tema.[2]

1 Easier said than done.
2 To each his own.

recursos

R	SCASS./CD Lección 2	LM p. 224	LCASS./CD Cass. 2/CD2

2.1 The present tense of regular –ar verbs

ANTE TODO In order to talk about activities, you need to use verbs. Verbs express actions or states of being. In English and Spanish, the infinitive is the base form of the verb. In English, the infinitive is preceded by the word *to*: *to study*, *to be*. The infinitive in Spanish is a one-word form and can be recognized by its endings: **–ar, –er,** or **–ir.** In this lesson, you will learn the forms of **–ar** verbs.

–ar verb		**–er verb**		**–ir verb**	
estudiar	*to study*	**comer**	*to eat*	**escribir**	*to write*

Present tense of *estudiar*

	estudiar *(to study)*		
SINGULAR FORMS	yo	estudi**o**	*I study*
	tú	estudi**as**	*you* (fam.) *study*
	Ud./él/ella	estudi**a**	*you* (form.) *study; he/she studies*
PLURAL FORMS	nosotros/as	estudi**amos**	*we study*
	vosotros/as	estudi**áis**	*you* (fam.) *study*
	Uds./ellos/ellas	estudi**an**	*you* (form.)/*they study*

¿Tomas muchas clases este semestre?

Sí, tomo tres.

▶ To create the forms of most regular verbs in Spanish, you drop the infinitive endings (**–ar, –er, –ir**). You then add to the stem the endings that correspond to the different subject pronouns. The following diagram will help you visualize the process by which verb forms are created.

Conjugation of –ar verbs

INFINITIVE	VERB STEM	CONJUGATED FORM
estudi**ar**	estudi-	yo estudi**o**
bail**ar**	bail-	tú bail**as**
trabaj**ar**	trabaj-	nosotros trabaj**amos**

Common –ar verbs

bailar	to dance	**explicar**	to explain
buscar	to look for	**hablar**	to talk; to speak
caminar	to walk	**llegar**	to arrive
cantar	to sing	**llevar**	to carry
comprar	to buy	**mirar**	to look (at); to watch
contestar	to answer	**necesitar**	to need
conversar	to converse	**practicar**	to practice
descansar	to rest	**preguntar**	to ask (a question)
desear	to want; to wish	**preparar**	to prepare
dibujar	to draw	**regresar**	to return
enseñar	to teach	**terminar**	to end; to finish
escuchar	to listen (to)	**tomar**	to take; to drink
esperar	to wait (for); to hope	**trabajar**	to work
estudiar	to study	**viajar**	to travel

COMPARE & CONTRAST

Compare the verbs in the English sentences to the verb in the Spanish equivalent.

Paco **trabaja** en la cafetería.

1. *Paco works in the cafeteria.*
2. *Paco is working in the cafeteria.*
3. *Paco does work in the cafeteria.*

English uses three sets of forms to talk about the present: 1) the simple present (*Paco works*), 2) the present progressive (*Paco is working*), and 3) the emphatic present (*Paco does work*). In Spanish, the simple present can be used in all three cases.

In both Spanish and English, the present tense is also sometimes used to express future action.

Marina **viaja** a Madrid mañana.

1. *Marina travels to Madrid tomorrow.*
2. *Marina will travel to Madrid tomorrow.*
3. *Marina is traveling to Madrid tomorrow.*

▶ In Spanish, as in English, when two verbs are used together with no change of subject, the second verb is generally in the infinitive.

Deseo hablar con don Francisco.
I want to speak with don Francisco.

Necesitamos comprar cuadernos
We need to buy notebooks.

▶ To make a sentence negative in Spanish, the word **no** is placed before the conjugated verb. In this case, **no** means *not*.

Ellos **no** miran la televisión.
They don't watch television.

Alicia **no** desea bailar ahora.
Alicia doesn't want to dance now.

¿Hablas español?

No, no hablo español.

▶ Note that no subject pronouns were used in the Spanish conversation depicted above. Spanish speakers often omit them because the verb endings indicate who the subject is. In Spanish, subject pronouns are used for emphasis, clarification, or contrast, as in the examples below.

Clarification/Contrast

—¿Qué enseñan **ellos**?
What do they teach?

—**Ella** enseña arte y **él** enseña física.
She teaches art, and he teaches physics.

Emphasis

—¿Quién desea trabajar hoy?
Who wants to work today?

—**Yo** no deseo trabajar hoy.
I don't want to work today.

¡INTÉNTALO! Provide the present tense forms of these verbs. The first items have been done for you.

hablar

1. Yo ___hablo___ español.
2. Ellos ~~habla~~ español. *(hablan)*
3. Inés __habla__ español.
4. Nosotras __hablamos__ español.
5. Tú __hablas__ español.
6. Los estudiantes __hablan__ español.
7. Ud. __hablas__ español.
8. Javier y yo __hablan__ español.

trabajar

1. Uds. __trabajan__ mucho.
2. Juanita y yo __trabajamos__ mucho.
3. Nuestra profesora __trabajan__ mucho.
4. Tú __trabajas__ mucho.
5. Yo __trabajo__ mucho.
6. Las chicas __trabajan__ mucho.
7. Él __trabaja__ mucho.
8. Tú y Álex __trabajan__ mucho.

desear

1. Ud. ___desea___ viajar.
2. Yo __deseo__ viajar.
3. Nosotros __deseamos__ viajar.
4. Lourdes y Luz _____ viajar.
5. Tú _____ viajar.
6. Ella _____ viajar.
7. Marco y yo _____ viajar.
8. Uds. _____ viajar.

Práctica

1

Me gusta... Get together with a classmate and take turns asking each other if you like these activities.

¿Te gusta...? *Do you like...?*   **Sí, me gusta...** *Yes, I like...*

bailar	escuchar música rock	trabajar
cantar	mirar la televisión	viajar
dibujar	practicar el español	estudiar

> **modelo**
>
> tomar el autobús
> **Estudiante 1:** ¿Te gusta tomar el autobús?
> **Estudiante 2:** Sí, me gusta tomar el autobús. /
> No, no me gusta tomar el autobús.

2

Completar Complete the conversation with the appropriate forms of the verbs. Then act it out with a partner.

JUAN ¡Hola, Linda! ¿Qué tal las clases?

LINDA Bien. _Tomo_ (tomar) tres clases... química, biología y computación. Y tú, ¿cuántas clases _tomas_ (tomar)?

JUAN _Tomo_ (tomar) cuatro... sociología, biología, arte y literatura. Yo _tomo_ (tomar) biología a las cuatro con el doctor Cárdenas. ¿Y tú?

LINDA Lily, Alberto y yo _tomamos_ (tomar) biología a las diez, con la profesora Garza.

JUAN ¿_Estudian_ (estudiar) ustedes mucho?

LINDA Sí, porque hay muchos exámenes. Alberto y yo _estudiamos_ (estudiar) dos horas juntos todos los días (*together every day*).

JUAN ¿Lily no _estudia_ (estudiar) con ustedes?

LINDA Shhh... no... ella _estudia_ (estudiar) con su novio (*boyfriend*), Arturo.

3

Oraciones Form sentences using the words provided. Remember to conjugate the verbs and add any other necessary words.

1. Uds. / practicar/ vocabulario
2. (Yo) desear / practicar / verbos / hoy
3. ¿Preparar (tú) / tarea?
4. clase de español / terminar / once
5. ¿Qué / buscar / Uds.?
6. (Nosotros) buscar / pluma
7. (Yo) comprar / computadora
8. Mi (*My*) compañera de cuarto desear / regresar / lunes

9. Ella / bailar / y / cantar / muy bien
10. jóvenes / desear / descansar / ahora

Comunicación

4

Describir With a partner, describe what you see in the pictures using the given verbs.

modelo

enseñar
La profesora enseña química.

1. caminar, hablar, llevar

2. buscar, descansar, estudiar

3. dibujar, cantar, escuchar

4. llevar, tomar, viajar

5

Charadas In groups of three students, play a game of charades using the verbs in the word bank. For example, if someone is studying, you say "**Estudias.**" The first person to guess correctly acts out the next charade.

mirar	conversar	enseñar	caminar	preguntar
bailar	dibujar	descansar	escuchar	cantar

Síntesis

6

Conversación Get together with a classmate and pretend that you are friends who have not seen each other on campus for a few days. Have a conversation in which you catch up on things. Mention how you're feeling, what classes you're taking, what days and times you have classes, and what classes you like and don't like.

2.2 Forming questions in Spanish

ANTE TODO There are three basic ways to ask questions in Spanish. Can you guess what they are by looking at the photos and photo captions on this page?

¿Dibujas mucho?

Las computadoras son muy interesantes, ¿no?

¿También tomas tú geografía?

CONSEJOS

With a partner, take turns saying the example statements and questions on this page out loud. With books closed, your partner should guess whether you are making a statement or asking a question. Make sure to raise the pitch of your voice at the end of the questions. Then take turns making up statements of your own and turning them into questions, using all three of the methods described on this page.

▶ One way to form a question is to raise the pitch of your voice at the end of a declarative sentence. When writing any question in Spanish, be sure to use an upside down question mark (¿) at the beginning and a regular question mark (?) at the end of the sentence.

Statement	**Question**
Uds. trabajan los sábados.	¿Uds. trabajan los sábados?
You work on Saturdays.	*Do you work on Saturdays?*
Miguel busca un mapa.	¿Miguel busca un mapa?
Miguel is looking for a map.	*Is Miguel looking for a map?*

▶ As in English, you can form a question by inverting the order of the subject and the verb of a declarative statement. The subject may even be placed at the end of the sentence.

Statement	**Question**
SUBJECT VERB	VERB SUBJECT
Uds. trabajan los sábados.	¿**Trabajan Uds.** los sábados?
You work on Saturdays.	*Do you work on Saturdays?*
SUBJECT VERB	VERB SUBJECT
Carlota regresa a las seis.	¿**Regresa** a las seis **Carlota**?
Carlota returns at six.	*Does Carlota return at six?*

▶ Questions can also be formed by adding the tags **¿no?** or **¿verdad?** at the end of a statement.

Statement	**Question**
Uds. trabajan los sábados.	Uds. trabajan los sábados, **¿verdad?**
You work on Saturdays.	*You work on Saturdays, right?*
Carlota regresa a las seis.	Carlota regresa a las seis, **¿no?**
Carlota returns at six.	*Carlota returns at six, doesn't she?*

Question words

Interrogative words

¿Cómo?	*How?*	**¿Adónde?**	*Where (to)?*
¿Cuál?, ¿Cuáles?	*Which?; Which one(s)?*	**¿De dónde?**	*From where?*
¿Cuándo?	*When?*	**¿Por qué?**	*Why?*
¿Qué?	*What?; Which?*	**¿Cuánto/a?**	*How much?*
¿Dónde?	*Where?*	**¿Cuántos/as?**	*How many?*
		¿Quién?, ¿Quiénes?	*Who?*

▶ To ask a question that requires more than a simple *yes* or *no* answer, an interrogative word is used.

¿Cuál de ellos estudia en la biblioteca?
Which of them studies in the library?

¿Cuándo descansan Uds.?
When do you rest?

¿Cuántos estudiantes hablan español?
How many students speak Spanish?

¿Dónde trabaja Ricardo?
Where does Ricardo work?

¿Qué clases tomas?
What classes are you taking?

¿Adónde caminamos?
Where are we walking?

¿De dónde son Álex y Javier?
Where are Alex and Javier from?

¿Por qué necesitas hablar con ella?
Why do you need to talk to her?

¿Quién enseña la clase de arte?
Who teaches the art class?

¿Cuánta tarea hay?
How much homework is there?

▶ When pronouncing this type of question, the pitch of your voice falls at the end of the sentence.

¿Cómo llegas a clase?
How do you get to class?

¿Por qué necesitas estudiar?
Why do you need to study?

CONSÚLTALO

¿Qué? and ¿cuál(es)? You will learn more about the difference between **qué** and **cuál** in Lesson 9, section 9.4, p. 286.

¡INTÉNTALO! Make questions out of these statements. Use intonation in column 1 and the tag **¿no?** in column 2. The first item has been done for you.

Statement	Intonation	Tag questions
1. Hablas inglés.	¿Hablas inglés?	Hablas inglés, ¿no?
2. Trabajamos mañana.		
3. Uds. desean bailar.		
4. Raúl estudia mucho.		
5. Enseño a las nueve.		
6. Luz mira la televisión.		
7. Los chicos descansan.		
8. Él prepara la prueba.		
9. Tomamos el autobús.		
10. Necesito una pluma.		

Práctica

1

Preguntas Change these sentences into questions by inverting the word order.

> **modelo**
>
> Ernesto habla con el señor Gómez.
> ¿Habla Ernesto con el señor Gómez? /
> ¿Habla con el señor Gómez Ernesto?

1. La profesora prepara la prueba. ¿ Prepara
2. Sandra y yo necesitamos estudiar.
3. Los chicos practican el vocabulario.
4. Jaime termina la tarea.
5. Tú escuchas la radio.

2

El escritorio Get together with a partner and take turns asking questions about each other's desks.

> **modelo**
>
> **Estudiante 1:** Hay un libro en el escritorio, ¿verdad?
> **Estudiante 2:** No, no hay un libro en el escritorio.
>
> **Estudiante 1:** ¿Cuántos cuadernos hay en el escritorio?
> **Estudiante 2:** Hay un cuaderno en el escritorio.

3

Completar Irene and Manolo are chatting in the library. Complete their conversation with the appropriate questions.

AYUDA

Notice the difference between **¿por qué?**, which is written as two words and has an accent, and **porque**, which is written as one word:

¿por qué? why?

porque because

IRENE	Hola, Manolo. ¿Cómo estas?
MANOLO	Bien, gracias. ¿Y tú?
IRENE	Muy bien. ¿Que hora es?
MANOLO	Son las nueve.
IRENE	¿Que estudias?
MANOLO	Estudio historia.
IRENE	~~Porqu~~
MANOLO	Porque hay un examen mañana.
IRENE	Porque me gusto.
MANOLO	Sí, me gusta mucho la clase.
IRENE	¿Quién enseña la clase?
MANOLO	El profesor Padilla enseña la clase.
IRENE	_____
MANOLO	No, no tomo psicología este semestre.
IRENE	_____
MANOLO	Regreso a la residencia a las once.
IRENE	_____
MANOLO	No, no deseo tomar una soda. ¡Deseo estudiar!

Comunicación

4

Encuesta Your instructor will give you a worksheet. Change the categories in the first column into questions, then use them to survey your classmates. Find at least one person for each category. Be prepared to report the results of your survey to the class.

Categorías	Nombres
1. Estudiar computación	
2. Tomar una clase de psicología	
3. Dibujar bien	
4. Cantar bien	
5. Escuchar música clásica	
6. Escuchar jazz	
7. Hablar mucho en clase	
8. Desear viajar a España	

5

Un juego (*A game*) In groups of four or five, play a game of *Jeopardy.*® Each person has to write two clues. Then take turns reading the clues and guessing the questions. The person who guesses correctly reads the next clue.

Es algo que...   **Es un lugar donde...**   **Es una persona que...**
It's something that...   *It's a place where...*   *It's a person that...*

modelo

Estudiante 1: Es un lugar donde estudiamos.
Estudiante 2: ¿Qué es la biblioteca?

Estudiante 1: Es algo que escuchamos.
Estudiante 2: ¿Qué es la música?

Estudiante 1: Es un director de España.
Estudiante 2: ¿Quién es Pedro Almodóvar?

NOTA CULTURAL

Pedro Almodóvar is an award-winning film director from Spain. His films are full of both humor and melodrama, and their controversial subject matter has often sparked great debate. His 1999 film **Todo sobre mi madre** (*All About My Mother*) received an Oscar for Best Foreign Film and Best Director at the Cannes Film Festival.

Síntesis

6

Entrevista Imagine that you are a reporter for the school newspaper. Write five questions about student life at your school and use them to interview two classmates. Be prepared to report your findings to the class.

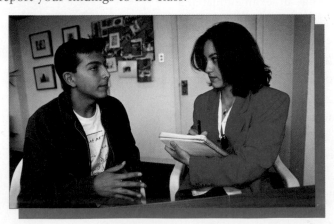

2.3 The present tense of **estar**

CONSÚLTALO

Present tense of *ser*
To review forms of **ser**, see Lesson 1, section 1.3, pp. 17–18.

ANTE TODO   In Lesson 1, you learned how to conjugate and use the ver **ser** (*to be*). You will now learn a second verb which means *to be*, the verb **estar**.

Although **estar** ends in **–ar**, it does not follow the pattern of regular **–ar** verbs. The **yo** form (**estoy**) is irregular. Also, all forms but the **yo** and **nosotros/as** forms have an accented **á**.

Present tense of *estar*

estar *(to be)*

SINGULAR FORMS	yo	est**oy**	*I am*
	tú	est**ás**	*you* (fam.) *are*
	Ud./él/ella	est**á**	*you* (form.) *are; he/she is*
PLURAL FORMS	nosotros/as	est**amos**	*we are*
	vosotros/as	est**áis**	*you* (fam.) *are*
	Uds./ellos/ellas	est**án**	*you* (form.)/*they are*

Hola, Ricardo… Aquí estamos en la Mitad del Mundo.

María está en la biblioteca.

COMPARE & CONTRAST

In the following chart, compare the uses of the verb **estar** to those of the verb **ser**.

Uses of *estar*

Location
Estoy en el Ecuador.
I am in Ecuador.

Inés **está** al lado de Javier.
Inés is next to Javier.

Health
Álex **está** enfermo hoy.
Álex is sick today.

Well-being
—¿Cómo **estás**, Maite?
How are you, Maite?

—**Estoy** muy bien, gracias.
I'm very well, thank you.

Uses of *ser*

Identity
Hola, **soy** Maite.
Hello, I'm Maite.

Occupation
Soy estudiante.
I'm a student.

Origins
—¿**Eres** de España?
Are you from Spain?

—Sí, **soy** de España.
Yes, I'm from Spain.

Time-telling
Son las cuatro.
It's four o'clock.

Prepositions of location

al lado de	*next to; beside*	**delante de**	*in front of*
a la derecha de	*to the right of*	**detrás de**	*behind*
a la izquierda de	*to the left of*	**encima de**	*on top of*
en	*in; on*	**entre**	*between; among*
cerca de	*near*	**lejos de**	*far from*
con	*with*	**sobre**	*on; over*
debajo de	*below*		

▶ **Estar** is often used with certain prepositions to describe the location of a person or an object.

La clase **está al lado de** la biblioteca.
The class is next to the library.

El estadio no **está lejos de** la librería.
The stadium isn't far from the bookstore.

Los libros **están encima del** escritorio.
The books are on top of the desk.

Estamos **entre** amigos.
We're among friends.

El laboratorio **está cerca de** la clase.
The lab is near the classroom.

Hay muchos estudiantes **en** la clase.
There are a lot of students in the class.

Maribel está **delante de** José.
Maribel is in front of José.

El libro está **sobre** la mesa.
The book is on the table.

¡A ver! La señorita que está cerca de la ventana...

Aquí estoy con cuatro estudiantes de la universidad... ¡Qué aventura!

¡INTÉNTALO! Provide the present tense forms of **estar**. The first item has been done for you.

1. Uds. _están_ en la clase.
2. José _está_ en la biblioteca.
3. Yo _estoy_ en el estadio.
4. Nosotras _estamos_ en la cafetería.
5. Tú _estás_ en el laboratorio.
6. Elena _está_ en la librería.
7. Ellas _están_ en la clase.
8. Ana y yo _estamos_ en la clase.
9. Ud. _está_ en la biblioteca.
10. Javier y Maribel _están_ en el estadio.
11. Nosotros _estamos_ en la cafetería.
12. Yo _estoy_ en el laboratorio.
13. Carmen y María _están_ en la librería.
14. Tú _estás_ en la clase.

Práctica

1

Completar Complete this phone conversation between Daniela and her mother with the appropriate forms of **ser** or **estar**.

MAMÁ   Hola, Daniela. ¿Cómo __estás__?

DANIELA   Hola, mamá. ~~MaEstoy~~ Estoy bien. ¿Dónde __es__ papá?
              ¡Ya (*already*) __son__ las ocho de la noche!

MAMÁ   No __está__ aquí. __Está__ en la oficina.

DANIELA   Y Andrés y Margarita, ¿dónde __están__ ellos?

MAMÁ   __Son__ en el Restaurante García con Martín.

DANIELA   ¿Quién __es__ Martín?

MAMÁ   __Es__ un compañero de clase. __Está__ de México.

DANIELA   Ah. Y el restaurante García, ¿dónde __es__?

MAMÁ   __Está__ cerca de la Plaza Mayor, en San Modesto.

DANIELA   Gracias, mamá. Voy (*I'm going*) al restaurante. ¡Hasta pronto!

2

Escoger Choose the preposition that best completes each sentence.

1. La pluma está (encima de / detrás de) la mesa.
2. La ventana está (a la izquierda de / debajo de) la puerta.
3. La pizarra está (debajo de / delante de) los estudiantes.
4. Las sillas están (encima de / detrás de) los escritorios.
5. Los estudiantes llevan los libros (en / sobre) la mochila.
6. La biblioteca está (sobre / al lado de) la residencia estudiantil.
7. España está (cerca de / lejos de) Puerto Rico.
8. Cuba está (cerca de / lejos de) los Estados Unidos.
9. Felipe trabaja (con / en) Ricardo en la cafetería.

3

¿Dónde está...? Imagine that you are in the school bookstore and can't find various items. Ask the clerk (your partner) where the items in the drawing are located. Then switch roles.

> **modelo**
>
> **Estudiante 1:** ¿Dónde están los diccionarios?
> **Estudiante 2:** Los diccionarios están debajo de los libros de literatura.

Comunicación

4

¿Dónde estás...? Get together with a partner and take turns asking each other where you are at these times.

> **modelo**
>
> lunes / 10:00 a.m.
> **Estudiante 1:** ¿Dónde estás los lunes a las diez de la mañana?
> **Estudiante 2:** Estoy en la clase de español.

1. sábado / 6:00 a.m.
2. miércoles / 9:15 a.m.
3. lunes / 11:10 a.m.
4. jueves / 12:30 a.m.

5. viernes / 2:25 p.m.
6. martes / 3:50 p.m.
7. jueves / 5:45 p.m.
8. miércoles / 8:20 p.m.

5

La ciudad universitaria Imagine you are an exchange student at a Spanish university. Tell a classmate which buildings you are looking for and ask if they are near or far away. Your classmate will respond according to the campus map.

> **modelo**
>
> **Estudiante 1:** ¿La Facultad (School) de Medicina está lejos?
> **Estudiante 2:** No, está cerca. Está a la izquierda de la Facultad de Administración de Empresas.

¡LENGUA VIVA!

La Facultad de Filosofía y Letras includes departments, such as language, literature, philosophy, history, and linguistics. Fine Arts can be studied in **la Facultad de Bellas Artes.** In Spain the Business School is sometimes called **la Facultad de Ciencias Empresariales. Residencias estudiantiles** are referred to in Spain as **colegios mayores.**

Facultad de Medicina

Facultad de Administración de Empresas

Facultad de Química

Biblioteca

Facultad de Bellas Artes

Colegio Mayor Cervantes

Síntesis

6

Entrevista Use these questions to interview two classmates. Then switch roles.

1. ¿Cómo estás?
2. ¿Dónde estamos ahora?
3. ¿Dónde está tu (*your*) compañero/a de cuarto ahora?
4. ¿Cuántos estudiantes hay en la clase de español?
5. ¿Quiénes no están en la clase hoy?
6. ¿A qué hora termina la clase hoy?
7. ¿Estudias mucho?
8. ¿Cuántas horas estudias para (*for*) una prueba?

2.4 Numbers 31–100

Los números 31 – 100					
31	treinta y uno	**37**	treinta y siete	**50**	cincuenta
32	treinta y dos	**38**	treinta y ocho	**60**	sesenta
33	treinta y tres	**39**	treinta y nueve	**70**	setenta
34	treinta y cuatro	**40**	cuarenta	**80**	ochenta
35	treinta y cinco	**41**	cuarenta y uno	**90**	noventa
36	treinta y seis	**42**	cuarenta y dos	**100**	cien, ciento
			(and so on)		

▶ The word **y** is used in most numbers from **31** through **99**. Also, beginning with **31**, most numbers are written as three words.

Hay **ochenta y cinco** exámenes.
There are eighty-five exams.

Hay **cuarenta y dos** estudiantes.
There are forty-two students.

¿En qué clase hay más chicas?

En la de sociología… casi un ochenta y cinco por ciento.

▶ With numbers that end in **uno** (31, 41, etc.), **uno** becomes **un** before a masculine noun and **una** before a feminine noun.

Hay **treinta y un** chicos.
There are thirty-one guys.

Hay **treinta y una** chicas.
There are thirty-one girls.

▶ **Cien** is used before nouns and in counting. The words **un**, **una**, and **uno** are never used before **cien** in Spanish. **Ciento** is used for numbers over one hundred.

¿Cuántos libros hay? **Cientos.**
How many books are there?
Hundreds.

Hay **cien** libros y **cien** sillas.
There are one hundred books
and one hundred chairs.

¡INTÉNTALO! Provide the words for these numbers.

1. **56** cincuenta y seis
2. **31** treinta y uno
3. **84** ochenta y cuatro
4. **99** noventa y nueve
5. **43** cuarenta y tres
6. **68** sesenta y ocho
7. **72** setenta y dos
8. **35** treinta y cinco
9. **87** ochenta y siete
10. **59** cincuenta y nueve
11. **100** cien
12. **61** sesenta y uno
13. **96** noventa y seis
14. **74** setenta y cuatro
15. **42** cuarenta y dos

Práctica

1 **Baloncesto** Provide these basketball scores in Spanish.

1. Ohio State 76, Michigan 65
2. Florida 92, Florida State 84
3. Stanford 58, UCLA 49
4. Purdue 81, Indiana 78
5. Princeton 67, Harvard 55
6. Duke 100, Virginia 91
7. Kansas 95, Colorado 53
8. Texas 79, Oklahoma 47
9. Army 86, Navy 71
10. Kentucky 98, Tennessee 74

NOTA CULTURAL

Basketball (called **baloncesto** or **básquetbol**) is also a popular sport in many Spanish-speaking countries. Spain, Puerto Rico, Argentina, and Mexico, for example, have national leagues and champion teams often go on to international competitions.

2 **Números de teléfono** Imagine that you are a telephone operator in Spain. Give the appropriate phone numbers when callers ask for them.

> **modelo**
>
> **Estudiante 1:** ¿Cuál es el número de teléfono de José Morales Ballesteros, por favor?
> **Estudiante 2:** Es el noventa y uno, noventa y cuatro, cuatro, sesenta y seis, sesenta y dos.

NOTA CULTURAL

In Spanish-speaking countries, the number of digits in phone numbers may vary from four to seven; they are often said in pairs. In the past, telephones were not as common as they are today, and smaller towns didn't need many digits in their phone numbers.

122   MOR

Morales Ballesteros, José	Venerable Centenares, 22	(91) 944-6662
Morales Benito, Francisco	Plaza Ahorro, 16	(91) 773-1216
Morales Borrego, Flora	Mayor, 51	(91) 634-3211
Morales Calvo, Emilio	Villafuerte, 49	(91) 472-2350
Morales Campos, María Josefa	Toledo, 35	(91) 419-7660
Morales Cid, Pedro	Rosal, 98	(91) 773-1382
Morales Conde, Ángel	Alameda, 67	(91) 944-3915
Morales Crespo, José Pascual	Fernando de la Peña, 13	(91) 634-7148
Morales de la Iglesia, Juliana	Buenavista, 80	(91) 834-5238
Morales Fraile, María Rosa	Plaza March, 74	(91) 834-3371

3 **Direcciones** With a partner, practice requesting people's addresses using the list of phone numbers in Activity 2. Note that in Spanish address numbers are usually written after the name of the street.

> **modelo**
>
> **Estudiante 1:** ¿Cuál es la dirección (address) de José Morales?
> **Estudiante 2:** Es Venerable Centenares, número veintidós.

Comunicación

4

Precios (*Prices*) With a partner, take turns asking how much the items in the ad cost.

> **modelo**
>
> **Estudiante 1:** Deseo comprar papel.
> ¿Cuánto cuesta *(How much does it cost)*?
> **Estudiante 2:** Un paquete cuesta *(it costs)* cuatro dólares
> y cuarenta y un centavos.

5

Entrevista Find out the telephone numbers and e-mail addresses of four classmates.

> **modelo**
>
> **Estudiante 1:** ¿Cuál es tu *(your)* número de teléfono?
> **Estudiante 2:** Es el 6-35-19-51.
> **Estudiante 1:** ¿Y tu dirección de correo electrónico?
> **Estudiante 2:** Es jota-Smith-arroba-pe-ele-punto-
> e-de-u. *(jsmith@pl.edu)*

Síntesis

6

¿A qué distancia...? Your instructor will give you and a partner incomplete charts that indicate the distances between Madrid and various locations. Fill in the missing information on your chart by asking your partner questions.

> **modelo**
>
> **Estudiante 1:** ¿A qué distancia está Arganda del Rey?
> **Estudiante 2:** Está a veintisiete kilómetros de Madrid.

Lectura

Antes de leer

Estrategia

Predicting Content Through Formats

Recognizing the format of a document can help you to predict its content. For instance, invitations, greeting cards, and classified ads follow an easily identifiable format, which usually gives you a general idea of the information they contain. Look quickly at the following text and identify it based on its format.

	lunes	martes	miércoles	jueves	viernes
8:30	biología		biología		biología
9:00		historia		historia	
9:30	inglés		inglés		inglés
10:00					
10:30					
11:00					
12:00					
12:30					
1:00					
2:00	arte		arte		arte

If you guessed that this is a page from someone's weekly appointment book, you are correct. You can now infer that the document contains information about a student's weekly schedule, including days, times, and activities they have planned.

Cognados

With a classmate, make a list of the cognates in the text and guess their English meanings. What do cognates reveal about the content of the document?

Examina el texto

Look at the format of the document entitled *¡Español en Madrid!* What type of text is it? What kinds of information do you expect to find in a document of this kind?

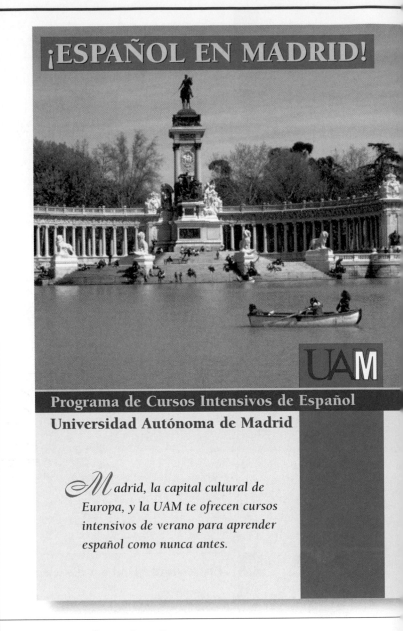

¡ESPAÑOL EN MADRID!

UAM

Programa de Cursos Intensivos de Español
Universidad Autónoma de Madrid

Madrid, la capital cultural de Europa, y la UAM te ofrecen cursos intensivos de verano para aprender español como nunca antes.

Después de leer

Correspondencias

Provide the letter of each item in Column B that matches the words in Column A. Two items will not be used.

A	B
1. profesores **F**	a. (34) 91 523 4500
2. vivienda **H**	b. (34) 91 524 0210
3. Madrid **D**	c. 23 junio – 30 julio
4. número de teléfono **A**	d. capital cultural de Europa
5. Español 2B **C**	e. 16 junio – 22 julio
6. número de fax **G**	f. especializados en enseñar español como lengua extranjera
	g. (34) 91 523 4623
	h. familias españolas

¿Dónde?
En el campus de la UAM, edificio de la Facultad de Filosofía y Letras.

¿Quiénes son los profesores?
Son todos hablantes nativos del español y catedráticos de la UAM especializados en enseñar el español como lengua extranjera.

¿Qué niveles se ofrecen?
Se ofrecen tres niveles básicos:
1. Español Elemental, A, B y C
2. Español Intermedio, A y B
3. Español Avanzado, A y B

Viviendas
Para estudiantes extranjeros se ofrece vivienda con familias españolas.

¿Cuándo?
Este verano a partir del 16 de junio hasta el 10 de agosto. Los cursos tienen una duración de 6 semanas.

Cursos	A partir	Termina
Español 1A	16 junio	22 julio
Español 1B	23 junio	30 julio
Español 1C	30 junio	10 agosto
Español 2A	16 junio	22 julio
Español 2B	23 junio	30 julio
Español 3A	16 junio	22 julio
Español 3B	23 junio	30 julio

Información
Para mayor información, sirvan comunicarse con la siguiente oficina.

Universidad Autónoma de Madrid

**Programa de Español
como Lengua Extranjera**
Ctra. Colmenar Viejo, Km. 15
28049 Madrid, ESPAÑA
Tel. (34) 91 523 4500
Fax (34) 91 523 4623

¿Cierto o falso?

Indicate whether each statement is **cierto** (*true*) or **falso** (*false*). Then correct the false statements.

	Cierto	Falso
1. La Universidad Autónoma de Madrid ofrece (*offers*) cursos intensivos de italiano.	○	⊗

No, ofrecen cursos intensivos de español.

	Cierto	Falso
2. La lengua nativa de los profesores del programa es el inglés.	○	⊗

No, es español ~~y catedráticos~~.

	Cierto	Falso
3. Los cursos de español son en la Facultad de Ciencias.	○	⊗

No, son en la Facultad de Filosofía y Letras.

	Cierto	Falso
4. Los estudiantes pueden vivir (*can live*) con familias españolas.	⊗	○

	Cierto	Falso
5. La universidad que ofrece los cursos intensivos está en Salamanca.	○	○
6. Español 3B termina en agosto.	○	⊗

No, ~~es~~ en julio.

	Cierto	Falso
7. Si deseas información sobre (*about*) los cursos intensivos de español, es posible llamar al (34) 91 523 4500.	⊗	○
8. Español 1A empieza (*begins*) en julio.	○	⊗

No, es empieza en junio.

Escritura

Estrategia
Brainstorming

How do you find ideas to write about? In
the early stages of writing, brainstorming
can help you generate ideas on a specific
topic. You should spend ten to fifteen
minutes brainstorming and jotting down
any ideas about the topic that occur to you.
Whenever possible, try to write down your
ideas in Spanish. Express your ideas in single
words or phrases, and jot them down in any
order. While brainstorming, don't worry
about whether your ideas are good or bad.
Selecting and organizing ideas should be the
second stage of your writing. Remember
that the more ideas you write down while
you're brainstorming, the more options
you'll have to choose from later when you
start to organize your ideas.

Me gusta

bailar
viajar
mirar la televisión
la clase de español
la clase de psicología

No me gusta

cantar
dibujar
trabajar
la clase de química
la clase de biología

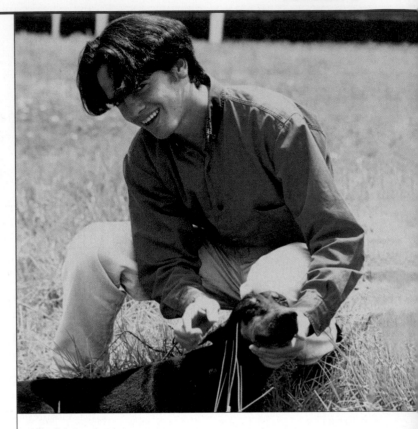

Tema

Una descripción

Write a description of yourself to post in a chat room on a
website in order to meet Spanish-speaking people. Include
this information in your description.

▶ Your name and where you are from, and a photo
  (optional) of yourself
▶ Your major and where you go to school
▶ The courses you are taking
▶ Where you work if you have a job
▶ Some of your likes and dislikes

*¡Hola! Me
llamo Alicia
Roberts. Estudio
matemáticas en la
Universidad de
Nueva York.*

Plan de escritura

1 **Ideas y organización**

Spend ten to fifteen minutes brainstorming information to put in your description. Then, on a separate sheet of paper, write the five points from the **Tema** section, leaving some blank space under each point. In a logical order, list under the corresponding points the ideas you just brainstormed. Eliminate ideas that don't pertain to the topic and add any missing information. Try to write your ideas in Spanish; doing so will make your first draft easier.

2 **Primer borrador**

Using the lists you prepared in **Ideas y organización,** write the first draft of your description.

3 **Comentario**

Exchange papers with a classmate and comment on each other's work, using these questions as a guide. Begin by mentioning what you like about the person's writing, such as a certain description or the selection of words.

   a. Does the description include all necessary information?
       Is any information extraneous?
   b. Does the description include a sufficient number of details?
   c. Are the ideas expressed clearly? Do they have the proper focus?
   d. Do the ideas flow logically from one to another?
   e. Do you have any other suggestions for making the description
       more interesting or complete?
   f. Do you see any spelling or grammatical errors?

4 **Redacción**

Revise your first draft, keeping in mind your classmate's comments. Also incorporate any new ideas you may have. Before handing in the final version, use these suggestions to help you review your work:

   a. Underline each verb and make sure that it agrees with its subject.
   b. Check the gender and number of each noun and article.
   c. Check your spelling and punctuation.

5 **Evaluación y progreso**

In groups, take turns reading your descriptions aloud. Point out the best three features of each description, then choose one to read aloud to the class. After your instructor has returned your paper, review the comments and corrections. On a separate sheet of paper, write the heading **Anotaciones para mejorar** (*Notes for improving*) **la escritura,** and list your most common errors so that you can avoid them in the future. Place this list and your corrected description in a folder labeled **Carpeta de trabajos.** This will become your writing portfolio, which you will use to review your progress.

Escuchar
Preparación

Based on the photograph, who do you think Armando and Julia are? What do you think they are talking about?

Estrategia
Listening for cognates

You already know that cognates are words that have similar spellings and meanings in two or more languages: for example, *group* and **grupo** or *stereo* and **estéreo**. Listen for cognates to increase your comprehension of spoken Spanish. To help you practice this strategy, you will now listen to two sentences. Make a list of all the cognates you hear.

 Ahora escucha

Now you are going to hear Armando and Julia's conversation. Make a list of the cognates they use. Then complete the Spanish sentence with the topic of their conversation.

Armando	Julia
~~democracia~~	_____
~~conciertos~~	_____
_____	_____
_____	_____

Based on your knowledge of cognates, decide whether the following statements are **cierto** or **falso**.

	Cierto	Falso
1. Armando y Julia hablan de la familia.	○	⊗
2. Armando y Julia toman una clase de matemáticas.	⊗	○
3. Julia toma clases de ciencia.	○	⊗
4. Armando estudia lenguas extranjeras.	○	⊗
5. Julia toma una clase de religión.	○	⊗

Comprensión

Preguntas

Answer these questions about Armando and Julia's conversation.

1. ¿Qué clases toma Armando?
   _____
2. ¿Qué clases toma Julia?
   _____

Seleccionar

Choose the answer that best completes each sentence.

1. Armando toma _____ clases en la universidad.
   a. cuatro   b. cinco   c. seis
2. Julia toma dos clases de _____.
   a. matemáticas   b. lengua   c. ciencia
3. Armando toma italiano y _____.
   a. astronomía   b. japonés   c. geología
4. Armando y Julia estudian _____ los martes y jueves.
   a. filosofía   b. matemáticas   c. italiano

Preguntas personales

1. ¿Cuántas clases tomas tú este semestre?
2. ¿Qué clases tomas tú este semestre?
3. ¿Qué clases te gustan y qué clases no te gustan?

recursos

SCASS./CD
Lección 3

Proyecto

Representa a una universidad

Imagine that you are enrolled in a university in Spain as part of a "Year Abroad" program. You're about to return to the United States, and the Spanish university has asked you to be its goodwill ambassador. In this role, you will disseminate information about the university in Spain to your classmates in the United States.

1 Diseña un cartel

Create a vibrant and appealing poster that is intended to attract students to come study in your program. Using the research tools found in **Recursos para la investigación** select the institution you would like to represent. Make notes about programs and courses the university offers, and gather photographs that illustrate the school's appeal and the town or city where it is located. Then create your poster, which might include these elements:

- A simple, descriptive title
- A few lines inviting students in the U.S. to study at the university
- Photos of university locations and/or a campus map
- A summary of the courses offered
- Photos and a description of the town where the university is located

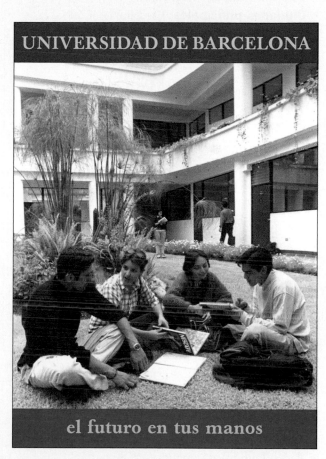

UNIVERSIDAD DE BARCELONA

el futuro en tus manos

2 Presenta la información

Give a brief presentation to your classmates about the Spanish university. Bring your poster and use it as a guide. Try to convince your classmates of the benefits of studying at the Spanish university.

recursos para la investigación

Internet Palabras clave: Spain, Spanish, university, universities	**Comunidad** Exchange students, faculty members, and residents in your community who are from Spain or have lived in Spain
Biblioteca Encyclopedias, almanacs, guidebooks, travel magazines	**Otros recursos** Your school's International Studies Office, the Spanish embassy or consulates of Spain, brochures from travel agencies

España

El país en cifras

▶ **Área:** 504.750 km² (kilómetros cuadrados) o 194.884 millas cuadradas, incluyendo las islas Baleares y las islas Canarias

▶ **Población:** 39.584.533

▶ **Capital:** Madrid—5.051.236

▶ **Ciudades principales:** Barcelona—4.548.222, Valencia—2.149.171, Sevilla—1.727.304, Zaragoza—827.730

SOURCE: Instituto Nacional de Estadística

▶ **Moneda:** peseta, euro (1/1/02)

▶ **Idiomas:** español o castellano, catalán, gallego, valenciano, eusquera

Gallego · Eusquera · Catalán · Español · Valenciano

Regiones lingüísticas

Bandera de España

Españoles célebres

▶ **Miguel de Cervantes,** escritor (1547-1616)

▶ **Pedro Almodóvar,** director de cine (1949-)

▶ **Rosa Montero,** escritora y periodista (1951-)

▶ **Pedro Duque,** astronauta (1963-)

▶ **Arantxa Sánchez Vicario,** tenista (1971-)

millas cuadradas *square miles* Moneda *Currency* Idiomas *Languages*
escritor *writer* cine *film* periodista *reporter* pueblo *town*
Cada año *Every year* Durante todo un día *All day long* miles *thousands*
se tiran *throw at each other* varias toneladas *many tons*

Plaza Mayor en Madrid

La Sagrada Familia

OCÉANO ATLÁNTICO · EUROPA · ESPAÑA · ÁFRICA

Mar Cantábrico FRANCIA La Coruña San Sebastián ANDORRA Pirineos Río Ebro Salamanca Zaragoza Barcelona PORTUGAL ESPAÑA Menorca Mallorca Ibiza Islas Baleares Madrid Valencia Sierra Nevada Mar Mediterráneo Sevilla Estrecho de Gibraltar Ceuta Melilla MARRUECOS

El baile flamenco

Islas Canarias
La Palma Tenerife Gran Canaria Lanzarote Fuerteventura Gomera Hierro

recursos

R WB pp. 21-22 vistasonline.com

¡Increíble pero cierto!

En Buñol, un pequeño pueblo de Valencia, la producción de tomates es un recurso económico muy importante. Cada año en agosto se celebra el festival de *La Tomatina*. Durante todo un día, miles de personas se tiran tomates unas a otras. Llegan turistas de todo el país, y se usan varias toneladas de tomates.

Lugares • **La Universidad de Salamanca**

La Universidad de Salamanca, fundada en mil doscientos dieciocho (1218), es la más antigua de España. Más de treinta y cinco mil (35.000) estudiantes toman clases en esta universidad. La universidad está situada en la ciudad de Salamanca, que es famosa por sus edificios históricos, incluyendo puentes romanos y catedrales góticas.

Economía • **La Unión Europea**

Desde mil novecientos noventa y dos (1992) España participa en la Unión Europea, un grupo de países europeos que trabaja para desarrollar una política económica y social común en Europa. La moneda de los países de la Unión Europea es el euro.

Artes • **Velázquez y el Prado**

El Prado, en Madrid, es uno de los museos más famosos del mundo. En el Prado hay miles de pinturas importantes, incluyendo obras de Botticelli, el Greco, y de los españoles Goya y Velázquez. *Las Meninas* es la obra más conocida de Diego Velázquez, pintor oficial de la corte real durante el siglo XVII.

Comida • **La paella**

La paella es uno de los platos más típicos de España. Siempre se prepara con arroz y azafrán, pero hay diferentes recetas. La paella valenciana, por ejemplo, tiene pollo y conejo, y la paella marinera tiene mariscos.

Una playa de Ibiza

¿Qué aprendiste? Completa las frases con la información adecuada.

1. La _____ trabaja para desarrollar una política económica común en Europa.
2. El arroz y el azafrán son ingredientes básicos de la _____.
3. El Prado está en _____.
4. La universidad más antigua de España es la _____.
5. En 2002, España va a adoptar el _____ como su moneda oficial.
6. La ciudad de _____ es famosa por sus edificios históricos, tales como (*such as*) los puentes romanos.
7. El gallego es una de las lenguas oficiales de _____.

Conexión Internet Investiga estos temas en el sitio **www.vistasonline.com**.

1. Busca (*Look for*) información sobre la Universidad de Salamanca u otra universidad española. ¿Qué cursos ofrece (*does it offer*)? ¿Ofrece tu universidad cursos similares?
2. Busca información sobre un español o una española célebre (por ejemplo, un(a) político/a, un actor, una actriz, un(a) artista). ¿De qué parte de España es, y por qué es célebre?

más antigua *oldest* **edificios** *buildings* **puentes** *bridges* **Desde** *Since* **desarrollar** *develop* **política** *policy*
común *shared* **obras** *works* **más conocida** *best-known* **corte real** *royal court* **siglo** *century* **Siempre se prepara**
It is always prepared **arroz** *rice* **azafrán** *saffron* **recetas** *recipes* **pollo** *chicken* **conejo** *rabbit* **mariscos** *seafood*

La clase y la universidad

el borrador	eraser
la clase	class
el/la compañero/a de clase	classmate
el/la compañero/a de cuarto	roommate
el escritorio	desk
el libro	book
la mesa	table
la mochila	backpack
el papel	paper
la pizarra	blackboard
la pluma	pen
la puerta	door
el reloj	clock; watch
la silla	seat
la tiza	chalk
la ventana	window
la biblioteca	library
la cafetería	cafeteria
el estadio	stadium
el laboratorio	laboratory
la librería	bookstore
la residencia estudiantil	dormitory
la universidad	university; college
el curso, la materia	course
el examen	test; exam
el horario	schedule
la prueba	test; quiz
el semestre	semester
la tarea	homework
el trimestre	trimester; quarter

Los días de la semana

¿Cuándo?	When
¿Qué día es hoy?	What day is it?
Hoy es…	Today is …
la semana	week
lunes	Monday
martes	Tuesday
miércoles	Wednesday
jueves	Thursday
viernes	Friday
sábado	Saturday
domingo	Sunday

Las materias

la administración de empresas	business administration
el arte	art
la biología	biology
las ciencias	sciences
la computación	computer science
la contabilidad	accounting
la economía	economics
el español	Spanish
la física	physics
la geografía	geography
la historia	history
las humanidades	humanities
el inglés	English
las lenguas extranjeras	foreign languages
la literatura	literature
las matemáticas	mathematics
el periodismo	journalism
la psicología	psychology
la química	chemistry
la sociología	sociology

Preposiciones

al lado de	beside
a la derecha de	to the right of
a la izquierda de	to the left of
en	in; on
cerca de	near
con	with
debajo de	below; under
delante de	in front of
detrás de	behind
encima de	on top of
entre	between; among
lejos de	far from
sobre	on; over

Verbos

bailar	to dance
buscar	to look for
caminar	to walk
cantar	to sing
comprar	to buy
contestar	to answer
conversar	to converse, to chat
descansar	to rest
desear	to wish; to desire
dibujar	to draw
enseñar	to teach
escuchar la radio/música	to listen (to) the radio/music
esperar	to wait (for); to hope
estar (irreg.)	to be
estudiar	to study
hablar	to talk; to speak
llegar	to arrive
llevar	to carry
mirar (la) televisión	to watch television
necesitar	to need
practicar	to practice
preguntar	to ask (a question)
preparar	to prepare
regresar	to return
terminar	to end; to finish
tomar	to take; to drink
trabajar	to work
viajar	to travel

Palabras adicionales

¿adónde?	(to) where?
ahora	now
¿cuál?, ¿cuáles?	which?; which one(s)?
¿por qué?	why?
porque	because

Los números 31-100	See page 57.
Expresiones útiles	See page 41.

La familia

Communicative Goals

You will learn how to:
- Talk about your family and friends
- Describe people and things
- Express ownership

3

contextos

fotonovela

estructura

adelante

panorama

La familia

La familia de José Miguel Pérez Santoro

Juan Santoro Sánchez

mi abuelo (*my grandfather*)

Ernesto Santoro González

mi tío (*uncle*)
hijo (*son*) **de Juan y Socorro**

Marina Gutiérrez de Santoro

mi tía (*aunt*)
esposa (*wife*) **de Ernesto**

Silvia Socorro Santoro Gutiérrez

mi prima (*cousin*)
hija (*daughter*) **de Ernesto y Marina**

Héctor Manuel Santoro Gutiérrez

mi primo (*cousin*)
nieto (*grandson*) **de Juan y Socorro**

Carmen Santoro Gutiérrez

mi prima
hija de Ernesto y Marina

Más vocabulario

la familia	*family*
el/la hermanastro/a	*stepbrother/stepsister*
el/la hijastro/a	*stepson/stepdaughter*
la madrastra	*stepmother*
el medio hermano/ la media hermana	*half-brother/ half-sister*
el padrastro	*stepfather*
los parientes	*relatives*
el/la cuñado/a	*brother-in-law/ sister-in-law*
la nuera	*daughter-in-law*
el/la suegro/a	*father-in-law/ mother-in-law*
el yerno	*son-in-law*
el/la amigo/a	*friend*
la gente	*people*
el/la muchacho/a	*boy/girl*
el/la niño/a	*child*
el/la novio/a	*boyfriend/girlfriend*
la persona	*person*
el/la artista	*artist*
el/la ingeniero/a	*engineer*
el/la doctor(a), el/la médico(a)	*doctor; physician*
el/la periodista	*journalist*
el/la programador(a)	*computer programmer*

Variación léxica

madre ⟷ mamá, mami (*colloquial*)
padre ⟷ papá, papi (*colloquial*)
muchacho/a ⟷ chico/a

¡LENGUA VIVA!

Middle names and last names are used differently in Spanish than in English:
- It is common to go by both first name and middle name, such as **José Miguel**.
- Spanish speakers have two last names: first the father's, then the mother's (the first last name of each parent).
- Wives sometimes replace their second last name with their husband's first last name, preceded by **de**: **Mirta Santoro de Pérez.**

recursos

R	SCASS./CD Lección 3	WB pp. 23-24	LM p. 229	LCASS./CD Cass. 3/CD3

Socorro González de Santoro

mi abuela (*my grandmother*)

Mirta Santoro de Pérez

mi madre (*mother*)
hija de Juan y Socorro

Rubén Ernesto Pérez Gómez

mi padre (*father*)
esposo de mi madre

José Miguel Pérez Santoro

hijo de Rubén y de Mirta

Beatriz Alicia Pérez de Morales

mi hermana (*sister*)

Felipe Morales Zapata

esposo (*husband*) **de Beatriz Alicia**

Víctor Miguel Morales Pérez

mi sobrino (*nephew*)
hermano (*brother*)
de Anita

Anita Morales Pérez

mi sobrina (*niece*)
nieta (*granddaughter*)
de mis padres (*parents*)

los hijos (*children*) **de Beatriz Alicia y de Felipe**

Práctica

1 **Escuchar** 🎧 Listen to each statement made by José Miguel Pérez Santoro, then indicate whether it is **cierto** or **falso**, based on his family tree.

	Cierto	Falso		Cierto	Falso
1.	⊗	○	6.	⊗	○
2.	○	⊗	7.	⊗	○
3.	○	⊗	8.	○	⊗
4.	⊗	○	9.	○	⊗
5.	○	⊗	10.	○	⊗

2 **Emparejar** Provide the letter of the phrase that matches each description. Two items will not be used.

1. Es un hombre que programa las computadoras. **C**
2. Son los padres de mi esposo. **E**
3. Son los hijos de mis (*my*) tíos. **H**
4. Es una mujer que trabaja en un hospital. **A**
5. Es el hijo de mi madrastra y el hijastro de mi padre. **B**
6. Es el esposo de mi hija. **L**
7. Es el hijo de mi hermana. **K**
8. Es un hombre que dibuja y pinta mucho. **I**
9. Es una mujer que da (*gives*) clases en la universidad. **J**
10. Es un hombre que trabaja con planos (*blueprints*). **D**

a. Es una médica.
b. Es mi hermanastro.
c. Es un programador.
d. Es un ingeniero.
e. Son mis suegros.
f. Es mi novio.
g. Es mi padrastro.
h. Son mis primos.
i. Es un artista.
j. Es una profesora.
k. Es mi sobrino.
l. Es mi yerno.

3 **Completar** Complete these sentences with the correct family terms.

1. La madre de mi madre es mi _abuela_.
2. La hija de mi tío es mi _primo_.
3. El hijo de mi hermana es mi _sobrino_.
4. La esposa de mi hermano es mi _cuñada_.
5. La hermana de mi padre es mi _tía_.
6. Mi madre y mi padre son mis _padres_.
7. El hijo de mi padre pero no de mi madre es mi _el medio hermano_.
8. Mi hija es la _nieta_ de mi padre.
9. Mi esposa es la _nuera_ de mis padres.
10. El hijo de mi esposo no es hijo mío; es mi _hijastro_.
11. El esposo de mi hija es mi _yerno_.
12. Mi _hermanastra_ es la hija de mi padrastro pero no de mi madre.
13. El padre de mi madre es mi _abuelo_.
14. Los padres de mi esposa son mis _suegros_.

4

Escoger Complete the description of each photo using words you have learned in **Contextos**.

1. La _famimlia_ de Sara es muy grande.

2. Héctor y Lupita son _novios_.

3. Alberto Díaz es _un doctor_.

4. Elena Vargas Soto es _una artista_.

5. Los dos _niños_ juegan al fútbol.

6. Don Manuel es el _abuelo_ de Martín.

7. Rubén camina con su _padre_.

8. Irene es _una programadora_.

Comunicación

CONSÚLTALO

Panorama Cities and towns where family members are from can be seen on p.100.

5

Una familia With a classmate, identify the members in the family tree by asking questions about how each family member is related to Graciela Vargas García.

> **modelo**
>
> **Estudiante 1:** ¿Quién es Beatriz Pardo de Vargas?
>
> **Estudiante 2:** Es la abuela de Graciela.

Now take turns asking each other these questions.

1. ¿Cómo se llama el primo de Graciela?
2. ¿Cómo se llama la hija de David y de Beatriz?
3. ¿De dónde es María Susana?
4. ¿De dónde son Ramón y Graciela?
5. ¿Cómo se llama el yerno de David y de Beatriz?
6. ¿De dónde es Carlos Antonio?
7. ¿De dónde es Ernesto?
8. ¿Cómo se llama el sobrino de Lupe?

6

Preguntas personales With a classmate, take turns asking each other the following questions.

1. ¿Cuántas personas hay en tu familia?
2. ¿Cómo se llaman tus padres? ¿De dónde son? ¿Dónde trabajan?
3. ¿Cuántos hermanos tienes? ¿Cómo se llaman? ¿Dónde estudian o trabajan?
4. ¿Cuántos primos tienes? ¿Cuántos son niños y cuántos son adultos? ¿Hay más chicos o más chicas en tu familia?
5. ¿Eres tío/a? ¿Cómo se llaman tus sobrinos/as? ¿Dónde estudian o trabajan?
6. ¿Quién es tu pariente favorito?
7. ¿Tienes novio/a? ¿Tienes esposo/a? ¿Cómo se llama?

AYUDA

tengo *I have*
tienes *you have*
tu *your* (sing.)
tus *your* (plural)
mi *my* (sing.)
mis *my* (plural)

¿Es grande tu familia?

Los chicos hablan de sus familias en el autobús.

MAITE Inés, ¿tienes una familia grande?

INÉS Pues, sí… mis papás, mis abuelos, cuatro hermanas y muchos tíos y primos.

INÉS Sólo tengo un hermano mayor, Pablo. Su esposa, Francesca, es médica. No es ecuatoriana, es italiana. Sus papás viven en Roma, creo. Vienen de visita cada año. Ah… y Pablo es periodista.

MAITE ¡Qué interesante!

How interesting!

INÉS ¿Y tú, Javier? ¿Tienes hermanos?

JAVIER No, pero aquí tengo unas fotos de mi familia.

INÉS ¡Ah! ¡Qué bien! ¡A ver!

Oh great! Let's see!

INÉS ¿Y cómo es él?

JAVIER Es muy simpático. Él es viejo pero es un hombre muy trabajador.

MAITE Oye, Javier, ¿qué dibujas?

JAVIER ¿Eh? ¿Quién? ¿Yo? ¡Nada!

MAITE ¡Venga! ¡No seas tonto!

MAITE Jaaavieeer… Oye, pero ¡qué bien dibujas!

JAVIER Este… pues… ¡Sí! ¡Gracias!

JAVIER ¡Aquí están!

INÉS ¡Qué alto es tu papá! Y tu mamá, ¡qué bonita!

how pretty! *Your father is so tall!*

JAVIER Mira, aquí estoy yo. Y éste es mi abuelo. Es el padre de mi mamá.

INÉS ¿Cuántos años tiene tu abuelo? *is?*

JAVIER Noventa y dos.

MAITE Álex, mira, ¿te gusta?

ÁLEX Sí, mucho. ¡Es muy bonito!

DON FRANCISCO Epa, ¿qué pasa con Inés y Javier?

Enfoque cultural La familia hispana

It is difficult to generalize about families in any culture, not just among Spanish speakers. There are many kinds of Hispanic families—large and small, close-knit and distant, loving and contentious. Traditionally, however, the family is one of the most important social institutions for Spanish speakers. Extended families, consisting of nuclear families and grandparents, aunts, and uncles, may reside in the same dwelling. Unmarried children often may live with their parents while attending college or working full-time.

Expresiones útiles

Talking about your family

▶ **¿Tienes una familia grande?**
Do you have a large family?

▷ **Sí... mis papás, mis abuelos, cuatro hermanas y muchos tíos.**
Yes... my parents, my grandparents, four sisters, and many (aunts and) uncles.

▷ **Sólo tengo un hermano mayor/menor.**
I only have one older/younger brother.

▶ **¿Tienes hermanos?**
Do you have siblings (brothers or sisters)?

▷ **No, soy hijo único.**
No, I'm an only (male) child.

▷ **Su esposa, Francesca, es médica.**
His wife, Francesca, is a doctor.

▷ **No es ecuatoriana, es italiana.**
She's not Ecuadorian; she's Italian.

▷ **Pablo es periodista.**
Pablo is a journalist.

▷ **Es el padre de mi mamá.**
He is my mother's father.

Describing people

▷ **¡Qué alto es tu papá!**
How tall your father is!

▷ **Y tu mamá, ¡qué bonita!**
And your mother, how pretty!

▶ **¿Cómo es tu abuelo?**
What is your grandfather like?

▷ **Es simpático.**
He's nice.

▷ **Es viejo.**
He's old.

▷ **Es un hombre muy trabajador.**
He's a very hard-working man.

Saying how old people are

▶ **¿Cuántos años tienes?**
How old are you?

▶ **¿Cuántos años tiene tu abuelo?**
How old is your grandfather?

▷ **Noventa y dos.**
Ninety-two.

Reacciona a la fotonovela

1 **¿Cierto o falso?** Indicate whether each sentence is **cierto** or **falso**. Correct the false statements.

	Cierto	Falso	
1. Inés tiene una familia grande.	☒	○	
2. El hermano de Inés es médico.	○	☒	La cuñada de Inés es médica.
3. Francesca es de Italia.	☒	○	
4. Javier tiene cuatro hermanos.	○	☒	Javier no tiene hermanos.
5. El abuelo de Javier tiene ochenta años.	○	☒	El abuelo de Javier tiene noventa y dos años.
6. Javier habla del padre de su (*his*) padre.	☒	○	

2 **Identificar** Indicate which person would make each statement. The names may be used more than once. **¡Ojo!** One name will not be used.

1. ¡Tengo una familia grande! ¡Tengo un hermano, cuatro hermanas y muchos primos!   Inés
2. Mi abuelo tiene mucha energía. Trabaja mucho. Javier
3. ¿Es tu mamá? ¡Es muy bonita!   Inés
4. Oye, chico… ¿qué dibujas?   Maite
5. ¿Fotos de mi familia? ¡Tengo muchas!   Javier
6. Mmm… Inés y Javier… ¿qué pasa con ellos? Don Francisco
7. ¡Dibujas muy bien! Eres un artista excelente.   Maite
8. Mmm… ¿Yo? ¡No dibujo nada!   Javier

ÁLEX   JAVIER

INÉS   MAITE

DON
FRANCISCO

3 **Completar** These sentences are based on the **Fotonovela**. Complete each sentence with the correct word from the box. Two words won't be used.

~~simpático~~	~~italiana~~	~~Roma~~	americana
~~esposa~~	~~primos~~	~~hermanos~~	gente

1. Tengo cuatro hermanas y muchos tíos y _primos_.
2. La esposa de mi hermano no es ecuatoriana, es _italiana_.
3. ¿Cómo es mi abuelo? Es muy _simpático_.
4. Soy hijo único. No tengo _hermanos_.
5. Los papás de Francesca viven (*live*) en _Roma_.
6. Francesca es la _esposa_ de Pablo.

4 **Conversar** With a partner, use these questions to talk about your families.

1. ¿Cuántos años tienes?
2. ¿Tienes una familia grande?
3. ¿Tienes hermanos o hermanas?
4. ¿Cuántos años tiene tu abuelo (tu hermana, tu primo, etc.)?
5. ¿Cómo son tus padres?

AYUDA

Yo tengo… años.
Mi abuelo tiene… años.

Pronunciación 🎧

Diphthongs and linking

hermano	**niña**	**cuñado**

In Spanish, **a**, **e**, and **o** are considered strong vowels. The weak vowels are **i** and **u**.

ruido	**parientes**	**periodista**

A diphthong is a combination of two weak vowels or of a strong vowel and a weak vowel. Diphthongs are pronounced as a single syllable.

mi hijo **una clase excelente**

Two identical vowel sounds that appear together are pronounced like one long vowel.

la abuela

con Natalia	**sus sobrinos**	**las sillas**

Two identical consonants together sound like a single consonant.

es ingeniera	**mis abuelos**	**sus hijos**

A consonant at the end of a word is linked with the vowel at the beginning of the next word.

mi hermano	**su esposa**	**nuestro amigo**

A vowel at the end of a word is linked with the vowel at the beginning of the next word.

Práctica Say these words aloud, focusing on the diphthongs.

1. historia	5. residencia	9. lenguas
2. nieto	6. prueba	10. estudiar
3. parientes	7. puerta	11. izquierda
4. novia	8. ciencias	12. ecuatoriano

Oraciones Read these sentences aloud to practice diphthongs and linking words.

1. Hola. Me llamo Anita Amaral. Soy del Ecuador.
2. Somos seis en mi familia.
3. Tengo dos hermanos y una hermana.
4. Mi papá es del Ecuador y mi mamá es de España.

Refranes Read these sayings aloud to practice diphthongs and linking sounds.

Cuando una puerta se cierra, otra se abre.[1]

Hablando del rey de Roma, por la puerta se asoma.[2]

1 When one door closes, another opens. 2 Speak of the devil and he will appear.

recursos

R	SCASS./CD Lección 3	LM p. 230	LCASS./CD Cass. 3/CD3

3.1 Descriptive adjectives

ANTE TODO Adjectives are words that describe people, places, and things. In Spanish, descriptive adjectives are often used with the verb **ser** to point out the characteristics or qualities of nouns or pronouns, such as nationality, size, color, shape, personality, and appearance.

NOUN	ADJECTIVE	PRONOUN	ADJECTIVE
El abuelo de Maite es **alto**.		**Él** es muy **simpático** también.	

Forms and agreement of adjectives

COMPARE & CONTRAST

In English, the forms of descriptive adjectives do not change to reflect the gender (masculine/feminine) and number (singular/plural) of the noun or pronoun they describe.

*Juan is **nice**.*   *Elena is **nice**.*   *They are **nice**.*

In Spanish, the forms of descriptive adjectives agree in gender and/or number with the nouns or pronouns they describe.

Juan es simpátic**o**.   Elena es simpátic**a**.   Ellos son simpátic**os**.

▶ Adjectives that end in **–o** have four different forms. The feminine singular is formed by changing the **–o** to **–a.** The plural is formed by adding **–s** to the singular forms.

Masculine		Feminine	
SINGULAR	PLURAL	SINGULAR	PLURAL
el muchach**o** alt**o**	los muchach**os** alt**os**	la muchach**a** alt**a**	las muchach**as** alt**as**

Mi abuelo es muy simpático.

¡Qué alto es tu papá! Y tu mamá, ¡qué bonita!

▶ Adjectives that end in **–e** or a consonant have the same masculine and feminine forms.

Masculine		Feminine	
SINGULAR	PLURAL	SINGULAR	PLURAL
el muchacho inteligent**e**	los muchachos inteligent**es**	la muchacha inteligent**e**	las muchachas inteligent**es**
el examen difíci**l**	los exámenes difíci**les**	la clase difíci**l**	las clases difíci**les**

▶ Adjectives that end in **–or** are variable in both gender and number.

Masculine		**Feminine**	
SINGULAR	PLURAL	SINGULAR	PLURAL
el hombre trabajad**or**	los hombres trabajad**ores**	la mujer trabajad**ora**	las mujeres trabajad**oras**

▶ Adjectives that refer to nouns of different genders use the masculine plural form.

Manuel es alt**o**.   Lola es alt**a**.   Manuel y Lola son alt**os**.

Common adjectives

alto/a	*tall*	**gordo/a**	*fat*	**moreno/a**	*brunet(te)*
antipático/a	*unpleasant*	**grande**	*big; large*	**mucho/a**	*much; many; a lot of*
bajo/a	*short (in height)*	**guapo/a**	*handsome; good-looking*	**pelirrojo/a**	*red-haired*
bonito/a	*pretty*	**importante**	*important*	**pequeño/a**	*small*
bueno/a	*good*	**inteligente**	*intelligent*	**rubio/a**	*blond*
delgado/a	*thin; slender*	**interesante**	*interesting*	**simpático/a**	*nice; likeable*
difícil	*hard; difficult*	**joven**	*young*	**tonto/a**	*silly; foolish*
fácil	*easy*	**malo/a**	*bad*	**trabajador(a)**	*hard-working*
feo/a	*ugly*	**mismo/a**	*same*	**viejo/a**	*old*

Adjectives of nationality

¡ATENCIÓN!

Unlike in English, Spanish adjectives of nationality are **not** capitalized. Proper names of countries, however, are capitalized.

México   Canadá
China   Perú

• • •

Note that adjectives of nationality which carry an accent mark on the last syllable, drop it in the feminine and plural forms.

inglés → **inglesa**
alemán → **alemanes**

▶ Adjectives of nationality are formed like other descriptive adjectives. Adjectives of nationality that end in **–o** form the feminine by changing the **–o** to **–a**.

chin**o** ⟶ chin**a**   mexican**o** ⟶ mexican**a**

The plural is formed by adding an **–s** to the masculine or feminine form.

chin**o** ⟶ chin**os**   mexican**a** ⟶ mexican**as**

▶ Adjectives of nationality that end in **–e** have only two forms, singular and plural.

canadiens**e** ⟶ canadiens**es**   estadounidens**e** ⟶ estadounidens**es**

▶ Adjectives of nationality that end in a consonant form the feminine by adding **–a**.

alemá**n** ⟶ alema**na**   españo**l** ⟶ españo**la**
japoné**s** ⟶ japone**sa**   inglé**s** ⟶ ingle**sa**

Some adjectives of nationality

alemán, alemana	*German*	**japonés, japonesa**	*Japanese*
canadiense	*Canadian*	**inglés, inglesa**	*English*
chino/a	*Chinese*	**italiano/a**	*Italian*
ecuatoriano/a	*Ecuadorian*	**mexicano/a**	*Mexican*
español(a)	*Spanish*	**norteamericano/a**	*(North) American*
estadounidense	*from the United States*	**puertorriqueño/a**	*Puerto Rican*
francés, francesa	*French*	**ruso/a**	*Russian*

Position of adjectives

▶ Descriptive adjectives and adjectives of nationality generally follow the nouns they modify.

El chico **rubio** es de España.
The blond boy is from Spain.

La mujer **española** habla inglés.
The Spanish woman speaks English.

▶ Unlike descriptive adjectives, adjectives of quantity are placed before the modified noun.

Hay **muchos** libros en la biblioteca.   Hablo con **dos** turistas puertorriqueños.
There are many books in the library.   *I am talking with two Puerto Rican tourists.*

▶ **Bueno/a** and **malo/a** can be placed before or after a noun. When placed before a masculine singular noun, the forms are shortened: **bueno ➤ buen; malo ➤ mal.**

Joaquín es un **buen** amigo.
Joaquín es un amigo **bueno.**   ⟶   *Joaquín is a good friend.*

Hoy es un **mal** día.
Hoy es un día **malo.**   ⟶   *Today is a bad day.*

▶ When **grande** appears before a singular noun, it is shortened to **gran,** and the meaning of the word changes: **gran** = *great* and **grande** = *big, large.*

Nelson Mandela es un **gran** hombre.   La familia de Inés es **grande**.
Nelson Mandela is a great man.   *Inés' family is large.*

¡INTÉNTALO!   Provide the appropriate forms of the adjectives. The first item in each column has been done for you.

1. Eres _simpático_ .
2. Yolanda es _simpática_ .
? 3. Nosotros somos _simpáticos_ .
4. Dolores y Pilar son _simpáticos_ .
5. Diego es _simpático_ .
? 6. Tomás y yo somos _simpáticos_ .
7. Ellas son _simpáticas_ .
8. La médica es _simpática_ .
9. Los niños son _simpáticos_ .
10. Él es _simpático_ .

1. Soy _español_ .
2. Ángela es _española_ .
3. Los turistas son _españolas_ .
? 4. Nosotros somos _españoles_ .
5. El periodista es _española_ .
? 6. Ellos son _españoles_ .
7. Clara y Bárbara son _españoles_ .
8. Ella es _española_ .
? 9. Rafael y yo somos _españoles_ .
10. Luis es _español_ .

Práctica

1

Emparejar Find the words in column B that are the opposite of the words in column A. One word in B will not be used, and another will be used twice.

A		B
1. guapo D C	a. delgado
2. moreno F	b. pequeño
3. alto H	c. malo
4. gordo A	d. feo
5. joven E	e. viejo
6. grande B	f. rubio
7. simpático G	g. antipático
8. bonito D	h. bajo

2

NOTA CULTURAL

Carlos Fuentes (1928–) is one of Mexico's best known living writers. His novel, **La muerte** (death) **dc Artemio Cruz**, explores the psyche of a Mexican revolutionary.

Completar Indicate the nationalities of the following people by selecting the correct adjectives and changing their forms when necessary.

1. Una persona de Ecuador es _ecuatoriana_ .
2. Carlos Fuentes es un gran escritor (*writer*) dc México; es _mexicano_ .
3. Los habitantes de Vancouver son _canadienses_ .
4. Armani es un diseñador de moda (*fashion designer*) _italiano_ .
5. Catherine Deneuve es una actriz _francesas_ .
6. Tony Blair y Margaret Thatcher son _inglés_ .
7. Steffi Graf y Boris Becker son _alemán_ .
8. Los habitantes de Puerto Rico son _puertoriqueños_ .

3

Describir Look at the drawing and describe each family member using as many adjectives as possible.

Carlos Romero Sandoval · Josefina Barcos de Romero · Susana Romero Barcos · Tomás Romero Barcos · Alberto Romero Pereda

1. Susana Romero Barcos es _alta, bonita, y rubia, y delgada_.
2. Tomás Romero Barcos es _bajo, gordo, y joven, y intelligente_.
3. Los dos hermanos son _jovenes_ .
4. Josefina Barcos de Romero es _rubia, alta, y importante_ .
5. Carlos Romero Sandoval es _pelirrojo, gordo, y simpático_ .
6. Alberto Romero Pereda es _viejo_ .
7. Tomás y su (*his*) padre son _bajos y gordos_ .
8. Susana y su (*her*) madre son _rubias, altas, y delgadas_ .

Comunicación

4

¿Cómo es? With a partner, take turns describing each item on the list. Tell your partner whether you agree (**Estoy de acuerdo.**) or disagree (**No estoy de acuerdo.**) with the descriptions.

> **modelo**
>
> San Francisco
> **Estudiante 1:** San Francisco es una ciudad muy bonita.
> **Estudiante 2:** No estoy de acuerdo. Es muy fea.

1. Nueva York
2. Ben Affleck
3. Madonna
4. El presidente de los Estados Unidos
5. Steven Spielberg
6. La primera dama (*first lady*) de los Estados Unidos
7. El/La profesor(a) de español
8. Los Ángeles
9. Mi universidad
10. Mi clase de español

AYUDA

Here are some tips to help you complete the descriptions:

- **Ben Affleck es actor de cine.**
- **Madonna es cantante y actriz.**
- **Steven Spielberg es director de cine.**

5

Anuncio personal Write a personal ad that describes yourself and your ideal boyfriend, girlfriend, or mate. Then compare your ad with a classmate's. How are you similar and how are you different? Are you looking for the same things in a boyfriend, girlfriend, or mate?

SOY ALTA, morena y bonita. Soy ecuatoriana, de Quito, Ecuador. Estudio arte en la universidad. Busco un chico similar. Mi novio ideal es alto, moreno, inteligente y muy simpático.

Síntesis

6

¿Quién es? Working in groups, take turns describing a favorite famous person. The description may include physical appearance, personality traits, nationality, profession, and any other information you know. As you give your description, other group members will try to guess who you are describing.

3.2 Possessive adjectives

 ANTE TODO   Possessive adjectives, like descriptive adjectives, are words that are
used to qualify people, places, or things. Possessive adjectives express
the quality of ownership or possession.

Forms of possessive adjectives

SINGULAR FORMS	PLURAL FORMS	
mi	**mis**	*my*
tu	**tus**	*your* (fam.)
su	**sus**	*his, her, its, your* (form.)
nuestro/a	**nuestros/as**	*our*
vuestro/a	**vuestros/as**	*your* (fam.)
su	**sus**	*their, its, your* (form.)

COMPARE & CONTRAST

In English, possessive adjectives are invariable; that is, they do not agree in gender and
number with the nouns they modify. Spanish possessive adjectives, however, do agree
in number with the nouns they modify.

my cousin	*my cousins*	*my aunt*	*my aunts*
mi primo	**mis** primos	**mi** tía	**mis** tías

The forms **nuestro** and **vuestro** agree in both gender and number with the nouns
they modify.

nuestr**o** prim**o**	nuestr**os** prim**os**	nuestr**a** tía	nuestr**as** tías

▶ Possessive adjectives are always placed before the nouns they modify.

CONSEJOS

Look at the context,
focusing on nouns and
pronouns, to help you
determine the meaning
of **su(s)**.

—¿Está **tu novio** aquí?   —No, **mi novio** está en la biblioteca.
Is your boyfriend here?   *No, my boyfriend is in the library.*

▶ Because **su** and **sus** have multiple meanings (*your, his, her, their, its*), you can avoid
confusion by using this construction instead: [*article*] + [*noun*] + **de** + [*subject pronoun*].

	los parientes **de él/ella**	*his/her relatives*
sus parientes ◀	los parientes **de Ud./Uds.**	*your relatives*
	los parientes **de ellos/ellas**	*their relatives*

 ¡INTÉNTALO!   Provide the appropriate form of each possessive adjective.
The first item in each column has been done for you.

1. Es ___mi___ (*my*) libro.
2. __Mi__ (*My*) familia es ecuatoriana.
3. _Tu_ (*Your,* fam.) esposo es italiano.
4. _Nuestro_ (*Our*) profesor es español.
5. Es ___su___ (*her*) reloj.
6. Es ___tu___ (*your,* fam.) mochila.
7. Es _vuestra_ (*your,* form.) maleta.
8. _Su_ (*Their*) sobrina es alemana.

1. ___Sus___ (*Her*) primos son franceses.
2. _Nuestras_ (*Our*) primos son canadienses.
3. Son ___sus___ (*their*) lápices.
4. ___Sus___ (*Their*) nietos son japoneses.
5. Son _nuestros_ (*our*) plumas.
6. Son ___mis___ (*my*) papeles.
7. ___Mis___ (*My*) amigas son inglesas.
8. Son ___tus___ (*his*) cuadernos.

Práctica

1

Completar Complete each sentence with the correct possessive adjective. Use the subject of each sentence as a guide.

> **modelo**
>
> Ana busca _____su_____ (su, tu, nuestro) libro de español.

1. Marta busca _____su_____ (sus, tus, su) libro de psicología.
2. Los estudiantes necesitan terminar _____su_____ (nuestro, mi, su) tarea.
3. Carlos y yo llegamos a _____nuestro_____ (nuestro, tu, su) apartamento a las nueve.
4. Marta y Susana hablan con _____sus_____ (nuestras, sus, tus) amigos del Ecuador.
5. Los lunes y los martes regreso a _____mi_____ (mi, su, nuestro) casa a las ocho.
6. Tú estudias con _____tu_____ (su, sus, tu) amiga Rafaela, ¿no?
7. ¿Busca Ud. _____tu_____ (tu, nuestro, su) maleta?
8. Mi hermano trabaja con _____nuestro_____ (sus, tu, nuestro) tío.

2

Clarificar Clarify each sentence with a prepositional phrase. Follow the model.

> **modelo**
>
> Su hermana es muy bonita. (ella)
>
> La hermana de ella es muy bonita.

1. Su casa es muy grande. (ellos) _La casa de ellos es muy grande._
2. ¿Cómo se llama su hermano? (ellas) _¿Cómo se llama el hermano de ellas?_
3. Es su computadora. (ella) _Es la computadora de ella._
4. Sus abuelos son muy simpáticos. (él) _Los abuelos de él son muy simpáticos._
5. Maribel es su prima. (ella) _Maribel es la prima de ella._
6. Son sus libros. (ellos) _Son los libros de ellos._

3

¿Dónde está? With a partner, imagine that you can't remember where you put some of the belongings you see in the pictures. Your partner will help you by reminding you where your things are. Take turns playing each role.

> **modelo**
>
> **Estudiante 1:** ¿Dónde está mi mochila?
> **Estudiante 2:** Tu mochila está en el escritorio.

1.

2.

3.

4.

5.

6.

Comunicación

4

Describir Get together with a partner and describe the people and places on the list.

> **modelo**
>
> La biblioteca de tu universidad
> La biblioteca de nuestra universidad es muy grande. Hay muchos libros
> en la biblioteca. Mis amigos y yo estudiamos en la biblioteca.

1. Tu profesor favorito
2. Tu profesora favorita
3. Tu clase de español
4. La librería de tu universidad
5. Tus padres
6. Tus abuelos
7. Tu mejor (*best*) amigo
8. Tu mejor amiga
9. Tu universidad
10. Tu país de origen

5

Una familia Working with two classmates, imagine that you are an elderly couple showing a photograph of your son's family to a friend. Look at the photograph and take turns describing it as the friend asks questions. After you've acted out the situation once, switch roles.

Síntesis

6

Describe a tu familia Get together with two classmates and describe your family to them in several sentences (**Mi padre es alto y moreno. Mi madre es delgada y muy bonita. Mis hermanos son...**). They will work together to try to repeat your description (**Su padre es alto y moreno. Su madre...**). If they forget any details, they will ask you questions (**¿Es alto tu hermano?**). Alternate roles until all of you have described your families.

Práctica

1

Completar Complete Susana's sentences about her family with the correct forms of the verbs in parentheses. One of the verbs will remain in the infinitive.

1. Mi familia y yo _vivimos_ (vivir) en Guayaquil.
2. Tengo muchos libros. Me gusta _leer_ (leer).
3. Mi hermano Alfredo es muy inteligente. Alfredo _asiste_ (asistir) a clases los lunes, miércoles y viernes.
4. Los martes y jueves Alfredo y yo _corremos_ (correr).
5. Mis padres _comen_ (comer) mucho.
6. Yo _creo_ (creer) que (*that*) mis padres deben comer menos (*less*).

2

Oraciones Form complete sentences using the clues provided.

> **modelo**
>
> Yo / correr / amigos / lunes y miércoles
> Yo corro con mis amigos los lunes y miércoles.

1. Manuela / asistir / universidad / Quito _Manuela asiste la universidad de Quito._
2. Eugenio / abrir / puerta / ventanas _Eugenio abre la puerta y las ventanas._
3. Isabel y yo / leer / biblioteca _Isabel y yo leemos en la biblioteca._
4. Sofía y Roberto / aprender / hablar / español _Sofía y Roberto aprenden hablar español._
5. Tú / comer / cafetería / universidad / ¿no? _Tú comes en la cafetería de universidad ¿no?_
6. Yo / no desear / compartir / libro de español _Yo no deseo compartir el libro de español._

3

Consejos Get together with a partner and give him or her advice based on these clues. Your partner will respond by agreeing or disagreeing with your advice. Then switch roles.

> **modelo**
>
> Correr
> **Estudiante 1:** Debes correr más (*more*).
> **Estudiante 2:** Sí, debo correr más.
> No, no debo correr más. Debo correr menos (*less*).

1. Asistir a clase todos los días (*every day*)
2. Escribir a tu familia
3. Decidir tus cursos para el próximo (*next*) semestre
4. Beber menos café (*coffee*)
5. Leer más y mirar menos la televisión
6. Estudiar más
7. Hablar más en clase
8. Aprender a hablar japonés

Comunicación

4 **Entrevista** Get together with a classmate and use these questions to interview each other. Be prepared to report the results of your interviews to the class.

1. ¿Dónde comes al mediodía? ¿Comes mucho?
2. ¿Debes comer más (*more*) o menos (*less*)?
3. ¿Cuándo asistes a tus clases?
4. ¿Cuál es tu clase favorita? ¿Por qué?
5. ¿Dónde vives?
6. ¿Con quién vives?
7. ¿Qué cursos debes tomar el próximo (*next*) semestre?
8. ¿Lees el periódico (*newspaper*)? ¿Qué periódico lees y cuándo?
9. ¿Recibes muchas cartas (*letters*)? ¿De quiénes?
10. ¿Escribes poemas?

5 **Encuesta** Your instructor will give you a worksheet. Walk around the class and ask your classmates if they do (or should do) the things mentioned on the questionnaire. Try to find at least two people for each item. Be prepared to report the results of your survey to the class.

Actividades   Nombres

1. Vivir en una residencia estudiantil
2. Asistir a una clase de arte
3. Correr todos los días (*every day*)
4. Escribir muchos mensajes electrónicos (*e-mails*)
5. Recibir muchos mensajes electrónicos
6. Comprender tres lenguas
7. Deber estudiar más (*more*)
8. Deber leer más libros

Síntesis

6 **Conversación** Get together with a partner and talk about your Spanish class. Don't forget to include the following topics:

▶ What the teacher is like

▶ What the students are like

▶ Things that happen in class

▶ What the homework is like

▶ Things you should do before the next test (**antes del próximo examen**)

3.4 Present tense of **tener** and **venir**

 ANTE TODO   The verbs **tener** (*to have*) and **venir** (*to come*) are among the most frequently used in Spanish. Because most of their forms are irregular, you will have to learn each one individually.

Present tense of *tener* and *venir*

		tener *(to have)*	**venir** *(to come)*
SINGULAR FORMS	yo	ten**go**	ven**go**
	tú	tien**es**	vien**es**
	Ud./él/ella	tien**e**	vien**e**
PLURAL FORMS	nosotros/as	ten**emos**	ven**imos**
	vosotros/as	ten**éis**	ven**ís**
	Uds./ellos/ellas	tien**en**	vien**en**

▶ The endings are the same as those of regular **–er** and **–ir** verbs, except for the **yo** forms, which are irregular: **tengo, vengo.**

▶ In the **tú, Ud.,** and **Uds.** forms, the **e** of the stem changes to **ie.**

INFINITIVE	VERB STEM	VERB FORM
tener →	ten- →	tú **tie**nes
		él/ella/Ud. **tie**ne
		ellos/ellas/Uds. **tie**nen
venir →	ven- →	tú **vie**nes
		él/ella/Ud. **vie**ne
		ellos/ellas/Uds. **vie**nen

¿Tienes hermanos?

Sí, tengo cuatro hermanas y un hermano mayor.

▶ The **nosotros** and **vosotros** forms are the only ones which are regular. Compare them to the forms of **comer** and **escribir** that you learned on page 86.

	tener	comer	venir	escribir
nosotros/as	ten**emos**	com**emos**	ven**imos**	escrib**imos**
vosotros/as	ten**éis**	com**éis**	ven**ís**	escrib**ís**

Expressions with *tener*

tener... años	to be... years old	**tener (mucha) prisa**	to be in a (big) hurry
tener (mucho) calor	to be (very) hot	**tener razón**	to be right
tener (mucho) cuidado	to be (very) careful	**no tener razón**	to be wrong
		tener (mucha) sed	to be (very) thirsty
tener (mucho) frío	to be (very) cold	**tener (mucho) sueño**	to be (very) sleepy
tener (mucha) hambre	to be (very) hungry		
tener (mucho) miedo	to be (very) afraid/scared	**tener (mucha) suerte**	to be (very) lucky

▶ In certain idiomatic or set expressions in Spanish, you use the construction **tener** + [*noun*] instead of **ser** or **estar** to express *to be* + [*adjective*]. The chart above contains a list of the most common expressions with **tener.**

▶ To express an obligation, use **tener que** (*to have to*) + [*infinitive*].

—¿Qué **tienes que** estudiar hoy? —**Tengo que** estudiar biología.
What do you have to study today? *I have to study biology.*

▶ To ask people if they feel like doing something, use **tener ganas de** (*to feel like*) + [*infinitive*].

—¿**Tienes ganas de** comer? —No, **tengo ganas de** dormir.
Do you feel like eating? *No, I feel like sleeping.*

LAciudad.com
Ud. tiene que visitarnos.

¡INTÉNTALO! Provide the appropriate forms of **tener** and **venir**. The first item in each column has been done for you.

tener

1. Ellos ___tienen___ dos hermanos.
2. Yo ___tengo___ una hermana.
3. El artista ___tiene___ tres primos.
4. Nosotros ___tenemos___ diez tíos.
5. Eva y Diana ___tienen___ un sobrino.
6. Ud. ___tiene___ cinco nietos.
7. Tú ___tienes___ dos hermanastras.
8. Uds. ___tienen___ cuatro hijos.
9. Ella ___tiene___ una hija.

venir

1. Mis padres ___vienen___ de México.
2. Tú ___vienes___ de España.
3. Nosotras ___venimos___ de Cuba.
4. Pepe ___viene___ de Italia.
5. Yo ___vengo___ de Francia.
6. Uds. ___vienen___ de Canadá.
7. Alfonso y yo ___venimos___ de Portugal.
8. Ellos ___vienen___ de Alemania.
9. Ud. ___viene___ de Venezuela.

Práctica

1 **Emparejar** Find the phrase in column B that matches best with the phrase in column A. One phrase in column B will not be used.

A

1. el Polo Norte   C
2. una sauna   A
3. la comida salada (*salty food*)   B
4. una persona muy inteligente   D
5. un abuelo   G
6. una dieta   F

B

a. tener calor
b. tener sed
c. tener frío
d. tener razón
e. tener ganas de
f. tener hambre
g. tener 75 años

2 **Completar** Complete each sentence with the forms of **tener** or **venir**.

1. Manolo y Laura vienen a las ocho. Carlos _viene_ a las nueve.
2. Cristian tiene cinco hermanos, pero yo _tengo_ ocho.
3. Clara y yo no venimos a la fiesta, pero Sandra sí _viene_.
4. Tú y Ricardo tienen mucha hambre, pero yo sólo (*only*) _tener_ sed.
5. Uds. no tienen razón; nosotros sí _tener_ razón.
6. Yo no vengo a clase mañana. ¿_Vienes_ tú?
7. Yo tengo que estudiar para un examen, pero mis amigos _tienen_ que trabajar.
8. Muchos estudiantes tienen miedo de los exámenes; Sandra y yo _tenemos_ miedo de los profesores.

3 **Describir** Look at the drawings and describe what people are doing using an expression with **tener.**

1. _Él tiene correr._ Tener prisa.

2. _Ella Tener calor._

3. _Tener veintiuno años._

4. _Tener hambre._

5. _Tener frío_

6. _Tener sed_

Comunicación

4

¿Sí o no? Using complete sentences, indicate whether these statements apply to you.

1. Mi padre tiene 50 años.
2. Mis amigos vienen a mi casa todos los días (*every day*).
3. Vengo a la universidad los martes.
4. Tengo hambre.
5. Tengo dos computadoras.
6. Tengo sed.
7. Tengo que estudiar los domingos.
8. Tengo una familia grande.

Now interview a classmate by transforming each statement into a question. Be prepared to report the results of your interview to the class.

> **modelo**
>
> **Estudiante 1:** ¿Tiene tu padre 50 años?
>
> **Estudiante 2:** No, no tiene 50 años. Tiene 65.

5

Preguntas Get together with a classmate and ask each other the following questions.

1. ¿Tienes que estudiar hoy?
2. ¿Cuántos años tienes? ¿Y tus hermanos/as?
3. ¿Cuándo vienes a la clase de español?
4. En tu opinión, ¿quién siempre (*always*) tiene razón?
5. ¿Cuándo vienen tus amigos a tu casa, apartamento o residencia estudiantil?
6. ¿De qué tienes miedo? ¿Por qué?
7. ¿Qué tienes ganas de hacer esta noche (*tonight*)?

6

Conversación Working with a partner, continue the conversation between Juana and Carlos, based on the drawing. Use your imagination!

> **modelo**
>
> **Carlos:** ¿No tienes ganas de comer, Juana?
>
> **Juana:** No, porque tengo que…

Síntesis

7

Minidrama Act out this situation with a few classmates: you are taking a few friends to a reunion of your extended family. Before you go, you and your friends talk about who is coming and what each family member is like so there won't be any surprises.

Lectura
Antes de leer

Estrategia
Guessing meaning from context

As you read in Spanish, you'll often come across words you haven't learned. You can guess what they mean by looking at the surrounding words and sentences. Look at the following text and guess what **bisabuela** means, based on the context.

¡Hola, Claudia!
 ¿Qué hay de nuevo?
 ¿Sabes qué? Ayer fui a ver a mi bisabuela, la abuela de mi mamá. Tiene 85 años pero es muy independiente. Vive en un apartamento en Quito con su prima Lorena, quien también tiene 85 años.

If you guessed *great-grandmother*, you are correct, and you can conclude from this word and the format clues that this is a letter about someone's visit with his or her great-grandmother.

Examinar el texto

Quickly read through the paragraphs and find two or three words you don't know. Using the context as your guide, guess what these words mean. Then glance at the paragraphs where these words appear and try to predict what the paragraphs are about.

Examinar el formato

Look at the format of the reading. What clues do the captions, photos, and layout give you about its content?

Gente • • • Las familias

1. Me llamo Armando y tengo setenta años pero no me considero viejo. Tengo seis nietas y un nieto. Vivo con mi hija y tengo la oportunidad de pasar mucho tiempo con ella y con mi nieto. Por las tardes salgo a pasear por el parque con mi nieto y por la noche le leo cuentos.

Armando. Tiene seis nietas y un nieto.

2. Mi prima Victoria y yo nos llevamos muy bien. Estudiamos juntas en la universidad y compartimos un apartamento. Ella es muy inteligente y me ayuda con los estudios. Además, es muy simpática y generosa. Si no tengo dinero, ¡ella me lo presta!

Diana. Vive con su prima.

3. Me llamo Ramona y soy paraguaya, aunque ahora vivo en los Estados Unidos. Tengo tres hijos, uno de nueve años, uno de doce y el mayor de quince. Es difícil a veces, pero mi esposo y yo tratamos de ayudarlos y comprenderlos siempre.

Ramona. Sus hijos son muy importantes para ella.

4. Tengo mucha suerte. Aunque mis padres se divorciaron, tengo una familia muy unida. Tengo dos hermanos y dos hermanas. Me gusta hablar y salir a fiestas con ellos. Ahora tengo novio en la universidad y él no conoce a mis hermanos. ¡Espero que se lleven bien!

Ana María. Su familia es muy unida.

5. Antes quería tener hermanos pero ya no es tan importante. Saco provecho de ser hijo único: no tengo que compartir mis cosas con hermanos, no hay discusiones y, como soy nieto único también, ¡mis abuelos piensan que soy perfecto!

Fernando. Es hijo único.

6. Como soy bastante joven todavía, no tengo ni esposa ni hijos. Pero tengo un sobrino, el hijo de mi hermano, que es muy especial para mí. Se llama Benjamín y tiene diez años. Es un muchacho muy simpático. Siempre tiene hambre y por lo tanto vamos frecuentemente a comer hamburguesas. Nos gusta también ir al cine a ver películas de acción. Hablamos de todo. ¡Creo que ser tío es mejor que ser padre!

Santiago. Ser tío es divertido.

dinero *money* discusiones *arguments*

Después de leer

Emparejar

Glance at the paragraphs and see how the words and phrases in column A are used in context. Then find their definitions in column B.

A	B
1. me lo presta	a. the oldest
2. nos llevamos bien	b. movies
3. no conoce	c. the youngest
4. películas	d. loans it to me
5. mejor que	e. borrows it from me
6. el mayor A	f. we see each other
	g. doesn't know
	h. we get along
	i. portraits
	j. better than

Seleccionar

Choose the sentence that best summarizes each paragraph.

1. Párrafo 1
   a. Me gusta mucho ser abuelo.
   b. No hablo mucho con mi nieto.
   c. No tengo nietos.
2. Párrafo 2
   a. Mi prima es antipática.
   b. Mi prima no es muy trabajadora.
   c. Mi prima y yo somos muy buenas amigas.
3. Párrafo 3
   a. Tener hijos es un gran sacrificio pero es muy bonito también.
   b. No comprendo a mis hijos.
   c. Mi esposo y yo no tenemos hijos.
4. Párrafo 4
   a. No hablo mucho con mis hermanos.
   b. Comparto mis cosas con mis hermanos.
   c. Mis hermanos y yo somos como (*like*) amigos.
5. Párrafo 5
   a. Me gusta ser hijo único.
   b. Tengo hermanos y hermanas.
   c. Vivo con mis abuelos.
6. Párrafo 6
   a. Mi sobrino tiene diez años.
   b. Me gusta mucho ser tío.
   c. Mi esposa y yo no tenemos hijos.

Escritura

Estrategia

Using idea maps

How do you organize ideas for a first draft? Often, the organization of ideas represents the most challenging part of the process. Idea maps are useful for organizing pertinent information. Here is an example of an idea map you can use:

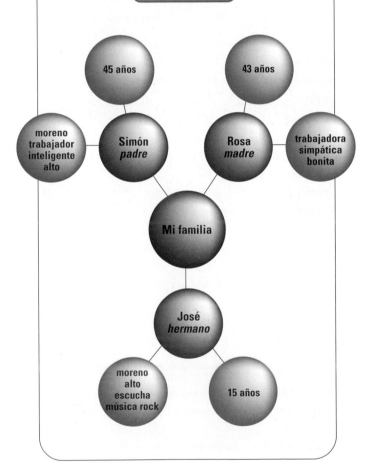

MAPA DE IDEAS

45 años

43 años

moreno trabajador inteligente alto

Simón *padre*

Rosa *madre*

trabajadora simpática bonita

Mi familia

José *hermano*

moreno alto escucha música rock

15 años

Tema

Escribir una carta

A friend you met in a chat room for Spanish speakers wants to know about your family. Using some of the verbs and adjectives you have learned in this lesson, write a brief letter describing your family or an imaginary family, including:

▶ Names and relationships
▶ Physical characteristics
▶ Hobbies and interests

Here are some useful expressions for letter writing in Spanish:

Salutations	
Estimado/a Julio/Julia	*Dear Julio/Julia*
Querido/a Miguel/Ana María	*Dear Miguel/Ana María*

Closings	
Un abrazo,	*A hug,*
Abrazos,	*Hugs,*
Cariños,	*Much love,*
¡Hasta pronto!	*See you soon!*
¡Hasta la próxima semana!	*See you next week!*

Plan de escritura

1 **Ideas y organización**

Create an idea map by filling out the first subsections with the names of your family members, then filling in as much information as possible about each one in Spanish.

2 **Primer borrador**

Using the idea map you prepared in **Ideas y organización,** write the first draft of the letter to your keypal.

3 **Comentario**

Exchange papers with a classmate and comment on each other's work, using the questions below as a guide. Begin by mentioning one or two points that you like about the person's letter, such as the adjectives used or the variety of **–ar, –er,** and **–ir** verbs.

  a. Does the document contain all the elements of a letter?
  b. Does the letter include sufficient details about each family member? Are any details extraneous?
  c. Is the letter organized in a logical fashion? Does each paragraph transition logically to the next?
  d. Do you have suggestions for making the letter more interesting or complete?
  e. Do you see spelling or grammatical errors?

4 **Redacción**

Revise your first draft, keeping in mind your classmate's comments. Also incorporate any new ideas or information you may have. Before handing in the final version, review your work using these guidelines:

  a. Underline each verb and make sure it agrees with the subject.
  b. Check the gender and number of each article, noun, and adjective.
  c. Check your spelling and punctuation.

5 **Evaluación y progreso**

Swap letters with a classmate. Then read the letter and point out the two things you like best about it. After your instructor returns your paper, review the comments and corrections. Note the most important issues on your **Anotaciones para mejorar la escritura** list in your **Carpeta de trabajos**.

Escuchar

Preparación

Based on the photograph, where do you think Cristina and Laura are? What do you think Laura is saying to Cristina?

Estrategia

Asking for repetition/ Replaying the recording

Sometimes it is difficult to understand what people say, especially in a noisy environment. During a conversation, you can ask someone to repeat by saying **¿Cómo?** (*What?*) or **¿Perdón?** (*Pardon me?*). In class, you can ask your teacher to repeat by saying **Repita, por favor** (*Repeat, please*). If you don't understand a recorded activity, you can simply replay it. To help you practice this strategy, you will listen to a short paragraph. Ask your professor to repeat it or replay the recording, and then summarize what you heard.

 ## Ahora escucha

Now you are going to hear Laura and Cristina's conversation. Use **R** to indicate which adjectives describe Cristina's boyfriend, Rafael. Use **E** for adjectives that describe Laura's boyfriend, Esteban. Some adjectives will not be used.

____ rubio   ____ interesante

____ feo   ____ antipático

____ alto   ____ inteligente

____ trabajador   ____ moreno

____ un poco gordo   ____ viejo

recursos

R | SCASS./CD Lección 3

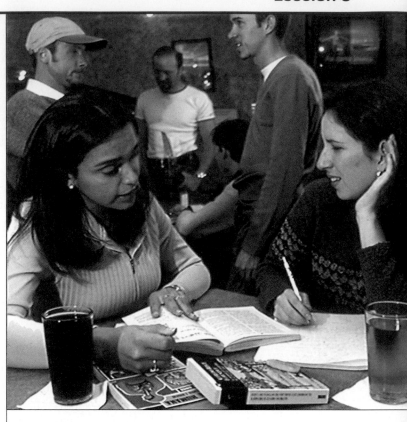

Comprensión

Identificar

Which person would make each statement: Cristina or Laura?

	Cristina	Laura
1. Mi novio habla sólo de fútbol y de béisbol.	○	○
2. Tengo un novio muy interesante y simpático.	○	○
3. Mi novio es alto y moreno.	○	○
4. Mi novio trabaja mucho.	○	○
5. Mi amiga no tiene buena suerte con los muchachos.	○	○
6. El novio de mi amiga es un poco gordo, pero guapo.	○	○

¿Cierto o falso?

Indicate whether each sentence is **cierto** or **falso,** then correct the false statements.

	Cierto	Falso
1. Esteban es un chico interesante y simpático.	○	○
2. Laura tiene mala suerte con los chicos.	○	○
3. Rafael es muy interesante.	○	○
4. Laura y su novio hablan de muchas cosas.	○	○

Proyecto

Describe a tu familia

Imagine that you have just returned from a summer exchange program in Ecuador. Your Spanish instructor has asked you to give a short presentation about the Ecuadorian family you stayed with.

1   Haz un árbol genealógico

Create an illustrated family tree of your Ecuadorian family. Using the research tools found in **Recursos para la investigación,** collect photographs of the family members, as well as photographs and short descriptions of the cities in Ecuador where they live. Your family tree might include these elements:

- A simple, yet descriptive title
- A format that clearly shows the relationships between the family members
- Photographs of the family members
- The names of the family members, using Hispanic conventions for the way names are written
- The names and photographs of the cities where the family members live
- Three or four adjectives that describe each family member

2   Presenta la información

Using your family tree as a guide, give a brief presentation to the class about your Ecuadorian family. Make your descriptions of the family members and where they live as interesting as you can so that your classmates will want to go to Ecuador and experience the country and its people for themselves.

recursos para la investigación

 Internet Palabras clave: Ecuador, Ecuadorian, cities, geography, map(s)

 Comunidad Exchange students, faculty members, and residents in your community who are from Ecuador or have lived in Ecuador

 Biblioteca Newspapers, magazines, travel magazines

 Otros recursos Your school's International Studies Office, the Ecuadorian embassy or consulates of Ecuador, brochures from travel agencies

Ecuador

El país en cifras

▸ **Área:** 283.560 km² (109.483 millas²), *incluyendo las islas Galápagos, aproximadamente el área de Colorado*

▸ **Población:** 13.112.000

▸ **Capital:** Quito — 1.892.000

▸ **Ciudades principales:**
Guayaquil — 2.452.000, Cuenca — 247.000, Machala — 191.000, Portoviejo — 164.000

SOURCE: Population Division, UN Secretariat

▸ **Moneda:** sucre

▸ **Idiomas:** español (oficial), quichua

La lengua oficial del Ecuador es el español, pero también se hablan otras lenguas en el país. Aproximadamente unos 4.000.000 de ecuatorianos hablan lenguas indígenas; la mayoría de ellos habla quichua. El quichua es el dialecto ecuatoriano del quechua, la lengua de los incas.

Los indios del Ecuador hablan quichua.

Bandera de Ecuador

Ecuatorianos célebres

▸ **Francisco Eugenio De Santa Cruz y Espejo,** médico, periodista y patriota (1747-1795)

▸ **Juan León Mera,** novelista (1832-1894)

▸ **Eduardo Kingman,** pintor (1911-)

▸ **Rosalía Arteaga,** abogada, política y ex-vicepresidenta (1956-)

se hablan *are spoken* otras *other* mayoría *majority*
abogada *lawyer* mundo *world* dos veces más alto *twice as tall*

Las islas Galápagos

COLOMBIA

Indios amazónicos

ESTADOS UNIDOS
OCÉANO PACÍFICO
OCÉANO ATLÁNTICO
ECUADOR
AMÉRICA DEL SUR

Río Esmeraldas

• Ibarra

Quito ☆

Volcán Cotopaxi ▲
Río Napo

Portoviejo

Volcán Tungurahua ▲

Río Daule

Río Pastaza

Guayaquil

Cordillera de los Andes

▲ Volcán Chimborazo

Océano Pacífico

Cuenca

• Machala

Catedral de Guayaquil

• Loja

PERÚ

La ciudad de Quito y la cordillera de los Andes

recursos

R	WB pp. 33-34	WB Repaso pp. 35-36	vistasonline.com

¡Increíble pero cierto!

El volcán Cotopaxi, situado a unos 60 kilómetros al sur de Quito, es considerado el volcán activo más alto del mundo. Tiene una altura de 5.897 metros (19.340 pies). Es dos veces más alto que el monte St. Helens (2.550 metros o 9.215 pies) en el estado de Washington.

Lugares • **Las islas Galápagos**

Muchas personas de todo el mundo visitan las islas Galápagos porque son un verdadero tesoro ecológico. En estas islas Charles Darwin estudió las especies que inspiraron sus ideas sobre la evolución. Debido a que las islas están lejos del continente, sus plantas y animales son únicos y evolucionaron de una manera diferente. Las islas son famosas por sus tortugas gigantes.

Artes • **Oswaldo Guayasamín**

Oswaldo Guayasamín (1919-1999) fue uno de los pintores latinoamericanos más famosos del mundo. También fue escultor y muralista. Su expresivo estilo muestra la influencia del cubismo y sus temas preferidos son la injusticia y la pobreza sufridas por los indígenas de su país.

Deportes • **El *trekking***

El sistema montañoso de los Andes cruza y divide el Ecuador en dos. La Sierra, que tiene volcanes, grandes valles y una variedad increíble de plantas y animales, es un lugar perfecto para el *trekking*. Miles de turistas visitan el Ecuador todos los años para hacer *trekking* y escalar montañas.

Artesanía • **Los tejidos**

Los tejidos de colores vivos son característicos del Ecuador. Los indígenas, continuando una larga tradición, tejen bolsas, cinturones y tapices apreciados en todo el mundo. Cada pueblo usa colores, figuras y diseños diferentes. Los turistas pueden admirar y comprar los tejidos en tiendas y en mercados como el de Otavalo.

Explosión del volcán Tungurahua en 1999

¿Qué aprendiste? Completa las frases con la información correcta.
1. La ciudad más grande (*biggest*) del Ecuador es ~~Quito~~ Guayaquil.
2. La capital del Ecuador es _Quito_.
3. Unos 4.000.000 de ecuatorianos hablan _____.
4. Darwin estudió el proceso de la evolución en _Las islas Galápagos_
5. Dos temas del arte de _____ son la pobreza y la _____.
6. Los _____ son característicos del país.
7. Los Andes son un lugar perfecto para el _____.
8. El volcán _Cotopaxi_ es el volcán activo más alto del mundo.

Conexión Internet Investiga estos temas en el sitio **www.vistasonline.com**.
1. Busca información sobre una ciudad del Ecuador.
   ¿Te gustaría (*would you like*) visitar la ciudad? ¿Por qué?
2. Haz una lista de tres animales o plantas que viven sólo en las islas Galápagos.
   ¿Dónde hay animales o plantas similares?

verdadero tesoro *true treasure* **estudió** *studied* **inspiraron** *inspired* **Debido a que** *Due to the fact that* **evolucionaron** *they evolved* **tortugas** *tortoises* **fue** *was* **más** *most* **muestra** *shows* **pobreza** *poverty* **cruza** *crosses* **lugar** *place* **Miles** *Thousands* **tejidos** *weavings* **vivos** *bright* **larga** *long* **tejen** *weave* **bolsas** *bags* **cinturones** *belts* **tapices** *tapestries* **pueblo** *town* **diseños** *designs* **pueden** *can* **tiendas** *stores* **mercados** *markets*

La familia

el/la abuelo/a	grandfather/ grandmother
el/la cuñado/a	brother-in-law/ sister-in-law
el/la esposo/a	husband; wife; spouse
la familia	family
el/la hermanastro/a	stepbrother/ stepsister
el/la hermano/a	brother/sister
el/la hijastro/a	stepson/ stepdaughter
el/la hijo/a	son/daughter
los hijos	children
la madrastra	stepmother
la madre	mother
el/la medio/a hermano/a	half-brother/ half-sister
el/la nieto/a	grandson/ granddaughter
la nuera	daughter-in-law
el padrastro	stepfather
el padre	father
los padres	parents
los parientes	relatives
el/la primo/a	cousin
el/la sobrino/a	nephew/niece
el/la suegro/a	father-in-law/ mother-in-law
el/la tío/a	uncle/aunt
el yerno	son-in-law

Otras personas

el/la amigo/a	friend
la gente	people
el/la muchacho/a	boy/girl
el/la niño/a	child
el/la novio/a	boyfriend/girlfriend
la persona	person

Profesiones

el/la artista	artist
el/la doctor(a), el/la médico/a	doctor; physician
el/la ingeniero/a	engineer
el/la periodista	journalist
el/la programador(a)	computer programmer

Verbos

abrir	to open
aprender	to learn
asistir (a)	to attend
beber	to drink
comer	to eat
compartir	to share
comprender	to understand
correr	to run
creer (en)	to believe (in)
deber (+ inf.)	to have to; should
decidir	to decide
describir	to describe
escribir	to write
leer	to read
recibir	to receive
tener (irreg.)	to have
venir (irreg.)	to come
vivir	to live

Adjetivos

alto/a	tall
antipático/a	unpleasant
bajo/a	short (in height)
bonito/a	pretty
buen, bueno/a	good
delgado/a	thin; slender
difícil	difficult; hard
fácil	easy
feo/a	ugly
gordo/a	fat
gran, grande	big
guapo/a	handsome; good-looking
importante	important
inteligente	intelligent
interesante	interesting
joven	young
mal, malo/a	bad
mismo/a	same
moreno/a	brunet(te)
mucho/a	much; many; a lot of
pelirrojo/a	red-headed
pequeño/a	small
rubio/a	blond(e)
simpático/a	nice; likeable
tonto/a	silly; foolish
trabajador(a)	hard-working
viejo/a	old

Nacionalidades

alemán, alemana	German
canadiense	Canadian
chino/a	Chinese
ecuatoriano/a	Ecuadorian
español(a)	Spanish
estadounidense	from the United States
francés, francesa	French
inglés, inglesa	English
italiano/a	Italian
japonés, japonesa	Japanese
mexicano/a	Mexican
norteamericano/a	(North) American
puertorriqueño/a	Puerto Rican
ruso/a	Russian

Expresiones con tener

tener… años	to be… years old
tener (mucho) calor	to be (very) hot
tener (mucho) cuidado	to be (very) careful
tener (mucho) frío	to be (very) cold
tener ganas de + (inf.)	to feel like doing something
tener (mucha) hambre	to be (very) hungry
tener (mucho) miedo	to be (very) afraid/ scared
tener (mucha) prisa	to be in a (big) hurry
tener que + (inf.)	to have to do something
tener razón	to be right
no tener razón	to be wrong
tener (mucha) sed	to be (very) thirsty
tener (mucho) sueño	to be (very) sleepy
tener (mucha) suerte	to be (very) lucky

Possessive adjectives	See page 83.
Expresiones útiles	See page 75.

Los pasatiempos

4

Los pasatiempos

Lee el periódico.
(leer)

Pasea en bicicleta.
(pasear)

el fútbol

Visitan el monumento.
(visitar)

Pasean.
(pasear)

Toma el sol.
(tomar)

Patina en línea.
(patinar)

Nada.
(nadar)

Más vocabulario

el béisbol	baseball
el ciclismo	cycling
el equipo	team
el esquí (acuático)	(water) skiing
el/la excursionista	hiker
el fútbol americano	football
el golf	golf
el hockey	hockey
el/la jugador(a)	player
la natación	swimming
el partido	game; match
la pelota	ball
la piscina	swimming pool
el tenis	tennis
el vóleibol	volleyball
bucear	to scuba dive
escalar montañas	to climb mountains
escribir una carta/ un mensaje electrónico/ una tarjeta (postal)	to write a letter/ an e-mail message/ a postcard
esquiar	to ski
ganar	to win
ir de excursión (a las montañas)	to go on a hike (in the mountains)
leer correo electrónico	to read e-mail
leer una revista	to read a magazine
practicar deportes (*m. pl.*)	to play sports
ser aficionado/a a	to be a fan of
deportivo/a	sports-related

Variación léxica

piscina ⟷ pileta (*Arg.*); alberca (*Méx.*)
baloncesto ⟷ básquetbol (*Amér. L.*)
béisbol ⟷ pelota (*P. Rico, Rep. Dom.*)

recursos

SCASS./CD Lección 4	WB pp. 37–38	LM p. 235	LCASS./CD Cass. 4/CD4

R

Práctica

el baloncesto

1 **Escuchar** 🎧 Indicate the letter of the activity in Column B that best corresponds to each statement you hear. Two items in Column B will not be used.

A	B
1. _____	a. Leer correo electrónico
2. _____	b. Tomar el sol
3. _____	c. Pasear en bicicleta
4. _____	d. Ir a un partido de fútbol americano
5. _____	e. Escribir una tarjeta postal
6. _____	f. Practicar muchos deportes
	g. Nadar
	h. Ir de excursión a las montañas

2 **¿Cierto o falso?** Indicate whether each statement is **cierto** or **falso** based on the illustration.

	Cierto	Falso
1. Un hombre nada en la piscina.	○	○
2. Un hombre lee una revista.	○	○
3. Un chico pasea en bicicleta.	○	○
4. Hay un partido de baloncesto en el parque.	○	○
5. Dos muchachos esquían.	○	○
6. Dos mujeres practican el golf.	○	○
7. Una mujer y dos niños visitan un monumento.	○	○
8. Un hombre bucea.	○	○
9. Hay dos excursionistas.	○	○
10. Una mujer toma el sol.	○	○

3 **Clasificar** Classify the following words as related to **deportes**, **lugares** (*places*), or **personas**.

1. el hockey _____
2. el ciclismo _____
3. el excursionista _____
4. el esquí acuático _____
5. la jugadora _____
6. la montaña _____
7. la natación _____
8. el parque _____
9. el aficionado _____
10. la piscina _____
11. el béisbol _____
12. la pelota _____

el cine

el museo

el gimnasio

el restaurante

el café

En el centro

Más vocabulario

la diversión	*fun activity; entertainment; recreation*
el fin de semana	*weekend*
la iglesia	*church*
el lugar	*place*
el pasatiempo	*pastime; hobby*
los ratos libres	*spare (free) time*
el tiempo libre	*free time*
pasar tiempo	*to spend time*
pasear por la ciudad/el pueblo	*to walk around the city/the town*
ver películas (f. pl.)	*to see movies*
favorito/a	*favorite*

4

Identificar Identify the place where these activities would take place.

modelo

Esquiamos.

Es una montaña.

1. Tomamos una limonada.
2. Vemos una película.
3. Nadamos y tomamos el sol.
4. Hay muchos monumentos.
5. Comemos tacos y fajitas.
6. Miramos pinturas (*paintings*) de Diego Rivera y Frida Kahlo.
7. Hay mucho tráfico.
8. Hacemos ejercicio.

5

Seleccionar Working with a partner, select the most logical response to each statement.

1. ¿Dónde está la piscina? ¿Está cerca de aquí?
2. ¿Hay un restaurante bueno en el centro?
3. Me gusta visitar monumentos.
4. ¿Qué tal, Juanita? ¿No corres hoy?
5. ¿Te gusta ir al cine los fines de semana?
6. ¿No te gusta practicar el béisbol?

a. Pues, en el parque hay una estatua (*statue*) de Benito Juárez.
b. Sí, me gusta ver películas los sábados.
c. Sí, me gusta comer en el restaurante Portofino.
d. Sí, está en el parque municipal, cerca del gimnasio.
e. No, hoy no estoy bien.
f. Sí, pero me gusta más practicar el ciclismo.

AYUDA

Me gusta...
I like (to)...

No me gusta...
I don't like (to)...

¿Te gusta...?
Do you like (to)...?

● ● ●

Gustan is used when the thing liked is plural:

Me gustan los gatos.
I like cats.

No me gustan los insectos.
I don't like insects.

● ● ●

Gustar and verbs like **gustar** For more information on **gustar**, see Lesson 7, section 7.4, p. 218.

Comunicación

6

Preguntar Ask a classmate what he or she does in the places mentioned below. Your classmate will respond using verbs from the word bank.

beber	leer	patinar
correr	mirar	practicar
escalar	nadar	tomar
escribir	pasear	visitar

> **modelo**
>
> un pueblo interesante
> **Estudiante 1:** ¿Qué haces *(do you do)* cuando estás en un pueblo interesante?
> **Estudiante 2:** Paseo por el pueblo y busco lugares interesantes.

1. una biblioteca
2. un estadio
3. una ciudad grande
4. una piscina

5. las montañas
6. un parque
7. un café
8. un museo

7

Conversación Using the words and expressions provided, work with a partner to prepare a short conversation about your pastimes.

¿a qué hora?	¿cuándo?	¿qué?
¿cómo?	¿dónde?	¿con quién(es)?

> **modelo**
>
> **Estudiante 1:** ¿Cuándo patinas en línea?
> **Estudiante 2:** Patino en línea los domingos. Y tú, ¿patinas en línea?
> **Estudiante 1:** No, no me gusta patinar en línea. Me gusta practicar el béisbol.

8

Entrevista Your instructor will give you a worksheet. Working with one or two classmates, interview each other to find how you like to spend your free time and note the responses on your worksheet. Each of you should mention at least five activities and specify where they take place.

Nombre _____

Actividades

Lugares

¡Vamos al parque!

Los estudiantes pasean por la ciudad y hablan de sus pasatiempos.

PERSONAJES

DON FRANCISCO

JAVIER

INÉS

ÁLEX

MAITE

JOVEN

1

2

3

DON FRANCISCO Son las tres. Tienen una hora libre. Pueden explorar la ciudad, si quieren. Tenemos que ir a las cabañas a las cuatro.

JAVIER Inés, ¿quieres ir a pasear por la ciudad?

INÉS Sí, vamos.

ÁLEX ¿Por qué no vamos al parque, Maite? Podemos hablar y tomar el sol.

MAITE ¡Buena idea! Hace mucho sol hoy. También quiero escribir unas postales.

6

7

8

ÁLEX ¡Maite!

MAITE ¡Dios mío!

JOVEN Mil perdones. Lo siento muchísimo.

MAITE ¡No es nada! Estoy bien.

ÁLEX Ya son las dos y treinta. Debemos regresar al autobús, ¿no?

MAITE Tienes razón.

ÁLEX Oye, Maite, ¿qué vas a hacer esta noche?

MAITE No tengo planes. ¿Por qué?

recursos

R | VIDEO Lección 4 | VM pp. 333-334

MAITE ¿Eres aficionado a los deportes, Álex?

ÁLEX Sí, me gusta mucho el fútbol. Me gusta también nadar, correr e ir de excursión a las montañas.

MAITE Yo también corro mucho.

ÁLEX Oye, Maite, ¿por qué no jugamos al fútbol con él?

MAITE Mmm... no quiero. Voy a terminar de escribir unas postales.

ÁLEX Eh, este... a veces salgo a correr por la noche. ¿Quieres venir a correr conmigo?

MAITE Sí, vamos. ¿A qué hora?

ÁLEX ¿A las seis?

MAITE Perfecto.

DON FRANCISCO Esta noche van a correr. ¡Y yo no tengo energía para pasear!

Enfoque cultural El fútbol

Soccer, or **fútbol**, is the most popular spectator sport and the most widely played team game in the world. It is also the most popular sport in the Spanish-speaking world. People of all ages can be seen playing soccer in public parks and streets, and each country has a professional league with its own stars. Gabriel Batistuta from Argentina, Marcelo Salas from Chile, and Hugo Sánchez from Mexico are among the most famous contemporary Hispanic soccer players.

Expresiones útiles

Making invitations

▶ **¿Por qué no vamos al parque?**
Why don't we go to the park?

▷ **¡Buena idea!**
Good idea!

▶ **¿Por qué no jugamos al fútbol?**
Why don't we play soccer?

▷ **Mmm... no quiero.**
Hmm... I don't want to.

▷ **Lo siento, pero no puedo.**
I'm sorry, but I can't.

▶ **¿Quieres ir a pasear por la ciudad conmigo?**
Do you want to walk around the city with me?

▷ **Sí, vamos.**
Yes, let's go.

▷ **Sí, si tenemos tiempo.**
Yes, if we have time.

Making plans

▶ **¿Qué vas a hacer esta noche?**
What are you going to do tonight?

▷ **No tengo planes.**
I don't have any plans.

▷ **Voy a terminar de escribir unas postales.**
I'm going to finish writing some postcards.

Talking about pastimes

▶ **¿Eres aficionado/a a los deportes?**
Are you a sports fan?

▷ **Sí, me gustan todos los deportes.**
Yes, I like all sports.

▷ **Sí, me gusta mucho el fútbol.**
Yes, I like soccer a lot.

▷ **Me gusta también nadar, correr e ir de excursión a las montañas.**
I also like to swim, run, and go hiking in the mountains.

▷ **Yo también corro mucho.**
I also run a lot.

Apologizing

▷ **Mil perdones./Lo siento muchísimo.**
I'm so sorry.

Reacciona a la fotonovela

1 **Escoger** Choose the answer that best completes each sentence.

1. Inés y Javier _____.
   a. toman el sol b. pasean por la ciudad c. corren por el parque

2. Álex desea _____ en el parque.
   a. hablar y tomar el sol b. hablar y leer el periódico c. nadar y tomar el sol

3. A Álex le gusta nadar, _____.
   a. jugar al fútbol b. escalar montañas c. ir de excursión y correr

4. A Maite le gusta _____.
   a. nadar y correr b. correr y escribir postales c. correr y jugar al fútbol

5. Maite desea _____.
   a. ir de excursión b. jugar al fútbol c. ir al parque

2 **Identificar** Identify the person who would make each statement.

1. No me gusta practicar el fútbol pero me gusta correr. _____
2. ¿Por qué no vamos a pasear por la ciudad? _____
3. ¿Por qué no exploran Uds. la ciudad? Tienen tiempo. _____
4. ¿Por qué no corres conmigo esta noche? _____
5. No voy al parque. Prefiero estar con mi amigo. _____

JAVIER

INÉS

MAITE

ÁLEX

DON FRANCISCO

3 **Preguntas** Answer the questions using the information from the **Fotonovela.**

1. ¿Qué desean hacer Inés y Javier?

2. ¿Qué desea hacer Álex en el parque?

3. ¿Qué desea hacer Maite en el parque?

4. ¿A qué hora regresan Maite y Álex al autobús?

5. ¿Qué deciden hacer Maite y Álex esta noche?

4 **Conversación** With a partner, prepare a conversation in which you talk about pastimes and invite each other to do some activity together. Use the following expressions:

1. ¿Eres aficionado/a a…?
2. ¿Te gusta…?
3. ¿Qué vas a hacer esta noche…?
4. ¿Por qué no…?
5. ¿Quieres… conmigo?

AYUDA

contigo *with you*
¿A qué hora?
(At) What time?
¿Dónde? *Where?*
No puedo porque…
I can't because…
Nos vemos a las siete.
See you at seven.

Pronunciación 🎧

Word stress and accent marks

pe-lí-cu-la   **e-di-fi-cio**   **ver**   **yo**

Every Spanish syllable contains at least one vowel. When two vowels (two weak vowels or one strong and one weak) are joined in the same syllable they form a **diphthong**. A **monosyllable** is a word formed by a single syllable.

---

bi-blio-te-ca   **vi-si-tar**   **par-que**   **fút-bol**

The syllable of a Spanish word that is pronounced most emphatically is the "stressed" syllable.

---

pe-lo-ta   **pis-ci-na**   **ra-tos**   **ha-blan**

Words that end in **n**, **s**, or a **vowel** are usually stressed on the next to last syllable.

---

na-ta-ción   **pa-pá**   **in-glés**   **Jo-sé**

If words that end in **n**, **s**, or a **vowel** are stressed on the last syllable, they must carry an accent mark on the stressed syllable.

---

bai-lar   **es-pa-ñol**   **u-ni-ver-si-dad**   **tra-ba-ja-dor**

Words that do *not* end in **n**, **s**, or a **vowel** are usually stressed on the last syllable.

---

béis-bol   **lá-piz**   **ár-bol**   **Gó-mez**

If words that do *not* end in **n**, **s**, or a **vowel** are stressed on the next to last syllable, they must carry an accent mark on the stressed syllable.

> En la unión
> está la fuerza.[2]

Práctica Pronounce each word, stressing the correct syllable. Then give the word stress rule for each word.

1. profesor
2. Puebla
3. ¿Cuántos?
4. Mazatlán
5. examen
6. ¿Cómo?
7. niños
8. Guadalajara
9. programador
10. México
11. están
12. geografía

Oraciones Read the conversation aloud to practice word stress.

MARINA Hola, Carlos. ¿Qué tal?
CARLOS Bien. Oye, ¿a qué hora es el partido de fútbol?
MARINA Creo que es a las siete.
CARLOS ¿Quieres ir?
MARINA Lo siento, pero no puedo.
Tengo que estudiar biología.

> Quien ríe
> de último, ríe mejor.[1]

Refranes Read these sayings aloud to practice word stress.

1 He who laughs last, laughs longest.   2 United we stand.

recursos

R

SCASS./CD
Lección 4

LM
p. 236

LCASS./CD
Cass. 4/CD4

4.1 The present tense of **ir**

ANTE TODO The verb **ir** (*to go*) is irregular in the present tense. Note that, except for the **yo** form (**voy**) and the lack of a written accent on the **vosotros** form (**vais**), the endings are the same as those for **–ar** verbs.

ir (to go)			
Singular forms		**Plural forms**	
yo	**voy**	nosotros/as	**vamos**
tú	**vas**	vosotros/as	**vais**
Ud./él/ella	**va**	Uds./ellos/ellas	**van**

▶ **Ir** is often used with the preposition **a** (*to*). If **a** is followed by the definite article **el**, they combine to form the contraction **al**. If **a** is followed by the other definite articles (**la, las, los**), there is no contraction.

a + el = al

Voy **al** parque con Juan.
I'm going to the park with Juan.

Los excursionistas van **a las** montañas.
The hikers are going to the mountains.

CONSÚLTALO

Contractions To review the **de** + **el** contraction, see Lesson 1, section 1.3, pp. 18–19.

▶ The construction **ir a** + [*infinitive*] is used to talk about actions that are going to happen in the future. It is equivalent to the English *to be going to* + [*infinitive*].

Va a leer el periódico.
He is going to read the newspaper.

Van a pasear por el pueblo.
They are going to walk around town.

¡ATENCIÓN!

Remember to use **adónde** instead of **dónde** when asking a question that contains a form of the verb **ir**:

¿Adónde vas?
(To) Where are you going?

Voy a escribir unas postales.

Álex y Maite van a volver al autobús.

▶ **Vamos a** + [*infinitive*] can also express the idea of *let's (do something)*.

Vamos a pasear.
Let's take a stroll.

¡Vamos a ver!
Let's see!

¡INTÉNTALO! Provide the present tense forms of **ir**. The first item has been done for you.

1. Ellos ___van___.
2. Yo _____.
3. Tu novio _____.
4. Adela _____.
5. Mi prima y yo _____.
6. Tú _____.
7. Uds. _____.
8. Nosotros _____.
9. Ud. _____.
10. Nosotras _____.
11. Miguel _____.
12. Ellos _____.

Práctica

1

¿Adónde van? Everyone in your neighborhood is dashing off to various places. Say where they are going.

1. la señora Castillo / el centro
2. las hermanas Gómez / la piscina
3. tu tío y tu papá / el partido de fútbol
4. yo / el Museo de Arte Moderno
5. nosotros / el restaurante Miramar

2

¿Qué van a hacer? These sentences describe what several people are doing today. Use **ir a** + [*infinitive*] to say that they are also going to do the same activities tomorrow.

> **modelo**
>
> Martín y Rodolfo nadar en la piscina.
> *Van a nadar en la piscina mañana también.*

1. Sara lee el periódico.
2. Yo practico deportes.
3. Uds. van de excursión.
4. Mi hermana escribe una carta.
5. Tú tomas el sol.
6. Paseamos con nuestros amigos.
7. Mis amigos ven una película.

3

Preguntas With a partner, take turns asking and answering questions about where the people in the drawings are going.

> **modelo**
>
> **Estudiante 1:** ¿Adónde va Estela?
> **Estudiante 2:** Va a la Librería Sol.

1. Álex y Miguel

2. mi amigo

3. tú

4. los estudiantes

5. profesora Torres

6. Uds.

Comunicación

4

Situaciones Work with a partner and say where you and your friends go in the following situations.

1. Cuando deseo descansar…
2. Cuando mi novio/a tiene que estudiar…
3. Si mis compañeros de clase necesitan practicar el español…
4. Si deseo hablar con unos amigos…
5. Cuando tengo dinero (*money*)…
6. Cuando mis amigos y yo tenemos hambre…
7. Si tengo tiempo libre…
8. Cuando mis amigos desean esquiar…
9. Si estoy de vacaciones…
10. Si quiero leer…

5

Encuesta Your instructor will give you a worksheet. Walk around the class and ask your classmates if they are going to do these activities today. Try to find at least two people for each item and note their names on the worksheet. Be prepared to report your findings to the class.

Actividades   *Nombres*

1. Comer en un restaurante
2. Mirar la televisión
3. Leer una revista
4. Escribir un mensaje electrónico
5. Correr
6. Ver una película
7. Pasear en bicicleta
8. Estudiar en la biblioteca

6

Entrevista Interview two classmates to find out where they are going and what they are going to do on their next vacation.

> **modelo**
>
> **Estudiante 1:** ¿Adónde vas de vacaciones (*for vacation*)?
> **Estudiante 2:** Voy a Guadalajara con mis amigos.
> **Estudiante 1:** ¿Y qué van a hacer Uds. en Guadalajara?
> **Estudiante 2:** Vamos a visitar unos monumentos y museos.

Síntesis

7

El fin de semana Create a schedule with your activities for this weekend. For each day, list at least three things you need to do and two things you will do for fun. Then tell a classmate what your weekend schedule is, and he or she will write down what you say. Switch roles to see if you have any plans in common, and then take turns inviting each other to participate in some of the activities you listed.

4.2 Present tense of stem–changing verbs

CONSÚLTALO

The present tense of regular -ar verbs To review, see Lesson 2, section 2.1, p. 44.

• • •

The present tense of regular -er and -ir verbs To review, see Lesson 3, section 3.3, p. 86.

ANTE TODO Stem-changing verbs deviate from the normal pattern of regular verbs in that the stressed vowel of the stem changes when the verb is conjugated. Observe the following diagram:

Present tense of stem-changing verbs		
e → ie	o → ue	e → i
empezar *(to begin)*	**volver** *(to return)*	**pedir** *(to ask for; to request)*

SINGULAR FORMS

yo	emp**ie**zo	v**ue**lvo	p**i**do
tú	emp**ie**zas	v**ue**lves	p**i**des
Ud./él/ella	emp**ie**za	v**ue**lve	p**i**de

PLURAL FORMS

nosotros/as	empezamos	volvemos	pedimos
vosotros/as	empezáis	volvéis	pedís
Uds./ellos/ellas	emp**ie**zan	v**ue**lven	p**i**den

El joven pide perdón.

Álex empieza a enviar mensajes.

COMPARE & CONTRAST

If you compare the *endings* of the stem-changing verbs in the preceding chart with those of regular **–ar**, **–er**, and **–ir** verbs, you will see that they are the same. The difference is that stem-changing verbs have a *stem* change in all of their present tense forms *except* the **nosotros/as** and **vosotros/as** forms, which are regular.

LENGUA VIVA

As you learned in Lesson 2, **preguntar** means *to ask a question.* **Pedir** means *to ask for something*:

Ella me pregunta cuántos años tengo. *She asks me how old I am.*

Él me pide ayuda. *He asks me for help.*

INFINITIVE	VERB STEM	STEM CHANGE	CONJUGATED FORM
empezar	emp**e**z-	emp**ie**z-	empiezo
volver	v**o**lv-	v**ue**lv-	vuelvo
pedir	p**e**d-	p**i**d-	pido

To help you identify stem-changing verbs they will appear as follows throughout the text:

empezar (e:ie), volver (o:ue), pedir (e:i)

Common stem-changing verbs

e:ie		o:ue		e:i	
cerrar	to close	dormir	to sleep	conseguir	to get; to obtain
comenzar	to begin	encontrar	to find	repetir	to repeat
entender	to understand	mostrar	to show	seguir	to follow;
pensar	to think	poder	to be able; can		to continue
perder	to lose; to miss	recordar	to remember		
preferir	to prefer	volver	to return		
querer	to want; to love				

▶ **Jugar**, which means to play (*a sport or game*), is the only Spanish verb in which the stem change is **u ⟶ ue**. **Jugar** is followed by **a** + [*definite article*] when the name of a sport or game is mentioned.

Oye, Maite, ¿por qué no jugamos al fútbol?

Álex y el joven juegan al fútbol.

¡ATENCIÓN!

Comenzar and **empezar** require the preposition **a** when they are followed by an infinitive:

Ana empieza a estudiar.

Comienzan a trabajar.

• • •

Pensar + [*infinitive*] means *to plan* or *to intend to do something.* **Pensar en** means *to think about someone or something.*

¿Piensan ir al partido?
Are you thinking about going to the match?

Pienso mucho en mi novio.
I think about my boyfriend a lot.

▶ In addition to the stem change **e ⟶ i**, **seguir** and **conseguir** have irregular **yo** forms: **sigo, consigo.**

Sigo su plan.
I'm following their plan.

Consigo libros en el Internet.
I get books on the Internet.

¡INTÉNTALO! Provide the present tense forms of these verbs. The first item in each column has been done for you.

cerrar (e:ie)
1. Uds. _cierran_
2. Tú _____
3. Nosotras _____
4. Mi hermano _____
5. Yo _____
6. Ud. _____
7. Los chicos _____
8. Ella _____

dormir (o:ue)
1. Mi abuela no _duerme_
2. Yo no _____
3. Tú no _____
4. Mis hijos no _____
5. Ud. no _____
6. Nosotros no _____
7. Él no _____
8. Uds. no _____

repetir (e: i)
1. Ellos _repiten_
2. Teresa _____
3. Tú _____
4. Raúl y yo _____
5. Uds. _____
6. Yo _____
7. Ana y Simón _____
8. Ud. _____

Práctica

1

Preferencias With a partner, take turns asking and answering questions about what these people want to do, using the cues provided.

> **modelo**
>
> Guillermo: estudiar / pasear en bicicleta.
> **Estudiante 1:** *¿Quiere estudiar Guillermo?*
> **Estudiante 2:** *No, prefiere pasear en bicicleta.*

1. tú: trabajar / dormir

2. Uds.: mirar la televisión / ir al cine

3. tus amigos: ir de excursión / descansar

4. tú: comer en la cafetería / ir a un restaurante

5. Elisa: ver una película / leer una revista

6. María y su hermana: tomar el sol / practicar el esquí acuático

2

Completar Complete this conversation with the appropriate forms of the verbs. Then act it out with a partner.

PABLO Óscar, voy al centro ahora.

ÓSCAR ¿A qué hora _pie_ (pensar) volver? El partido de fútbol _____ (empezar) a las dos.

PABLO _Vuelvo_ (Volver) a la una. _____ (querer) ver el partido.

ÓSCAR ¿_Penso Piensas_ (Pensar) que (*that*) nuestro equipo _puede_ (poder) ganar?

PABLO No, _pienso_ (pensar) que va a _perder_ (perder). Los jugadores de Guadalajara son salvajes (*wild*) cuando _juegan_ (jugar).

3

Describir Use a verb from the list to describe what these people are doing.

> cerrar   dormir   mostrar   conseguir

1. Las niñas

2. Yo

3. Tú

4. Pedro

Comunicación

4 **Encuesta** Your instructor will give you a worksheet. Walk around the room and ask your classmates if they play these sports. If someone plays a sport, ask where, when, and with whom he or she plays it. Note his or her name on your worksheet. Be prepared to report your findings to the class.

CONSÚLTALO

Lectura Are your classmates' preferences in sports like those of people in Spanish-speaking countries? To find out, see pp. 126-127.

Deportes	Nombres	Lugares	Día(s) y hora(s)	Otros jugadores
1. el baloncesto				
2. el béisbol				
3. el fútbol				
4. el fútbol americano				
5. el golf				
6. el hockey				
7. el tenis				
8. el vóleibol				

5 **En la televisión** Read the sports listing that will be televised this weekend and choose the programs you want to watch. Compare your choices with those of a classmate and explain why you made them. Then agree on one program you will watch together on each day.

sábado

13:30 NATACIÓN
1   Copa Mundial *(World Cup)* de Natación
15:00 TENIS
8   Abierto *(Open)* Mexicano de Tenis
    Alejandro Hernández (México)
    vs. Jacobo Díaz (España)
    Semifinales
16:00 FÚTBOL NACIONAL
3   Chivas vs. Monterrey

CABLE
16:30 FÚTBOL AMERICANO
    PROFESIONAL
21   los Vaqueros de Dallas
    vs. los Leones de Detroit
20:00 BALONCESTO PROFESIONAL
16   los Knicks de Nueva York
    vs. los Toros de Chicago

domingo

13:00 GOLF
40   Audi Senior Classic
14:30 VÓLEIBOL
1   Campeonato *(Championship)*
    Nacional de México
16:00 BALONCESTO
3   Campeonato de Cimeba
    los Correcaminos de Tampico
    vs. los Santos de San Luis
    Final

CABLE
15:00 ESQUÍ ALPINO
19   Eslálom
18:30 FÚTBOL INTERNACIONAL
30   Copa América: México vs. Argentina
    Ronda final
20:00 PATINAJE ARTÍSTICO
16   Exhibición mundial

Síntesis

6 **Situación** Work in groups of three to role-play this situation. One of you is a tour guide in a city you know well. The other two are tourists. Using some of the verbs, nouns, and other expressions you have learned, come up with a plan for your tour of the city.

4.3 Verbs with irregular **yo** forms

ANTE TODO In Spanish, several commonly used verbs have **yo** forms that are irregular in the present tense. The other forms are generally regular.

Verbs with irregular *yo* forms						
hacer *(to do; to make)*	**poner** *(to put; to place)*	**salir** *(to leave)*	**suponer** *(to suppose)*	**traer** *(to bring)*	**oír** *(to hear)*	**ver** *(to see)*
hago	**pongo**	**salgo**	**supongo**	**traigo**	**oigo**	**veo**
haces	pones	sales	supones	traes	oyes	ves
hace	pone	sale	supone	trae	oye	ve
hacemos	ponemos	salimos	suponemos	traemos	oímos	vemos
hacéis	ponéis	salís	suponéis	traéis	oís	veis
hacen	ponen	salen	suponen	traen	oyen	ven

SINGULAR FORMS (rows: hago/haces/hace)

PLURAL FORMS (rows: hacemos/hacéis/hacen)

▶ Note that the **yo** forms of **hacer, poner, salir, suponer, traer,** and **oír** end in **–go: hago, pongo, salgo, supongo, traigo,** and **oigo.**

Nunca salgo a correr, no hago ejercicio, pero sí tengo energía... ¡para leer el periódico y tomar un café!

▶ The verb **oír** is irregular in all forms except **vosotros**. Note that the **nosotros** form has an accent mark.

▶ **Poner** can mean *to turn on* when referring to household appliances.

Voy a **poner** la televisión.   Álex **pone** la radio.
I'm going to turn on the television.   *Álex turns on the radio.*

¡INTÉNTALO! Provide the appropriate forms of these verbs. The first item has been done for you.

1. salir   Isabel ___sale___   Nosotros _____   Yo _____
2. ver   Yo _____   Uds. _____   Tú _____
3. poner   Rita y yo _____   Yo _____   Los niños _____
4. hacer   Yo _____   Tú _____   Ud. _____
5. oír   Él _____   Nosotros _____   Yo _____
6. traer   Ellas _____   Yo _____   Tú _____
7. suponer   Yo _____   Mi amigo _____   Nosotras _____

Práctica

1

Completar Complete this conversation with the appropriate forms of the verbs. Then act it out with a partner.

ERNESTO   David, ¿qué _____ (hacer) hoy?

DAVID   Ahora estudio biología, pero esta noche _____ (salir) con Luisa. Vamos al cine. Queremos _____ (ver) la nueva (*new*) película de Almodóvar.

ERNESTO   ¿Y Diana? ¿Qué _____ (hacer) ella?

DAVID   _____ (Salir) a comer con sus padres.

ERNESTO   ¿Qué _____ (hacer) Andrés y Javier?

DAVID   Tienen que _____ (hacer) las maletas. _____ (Salir) para Monterrey mañana.

ERNESTO   Pues, ¿qué _____ (hacer) yo?

DAVID   _____ (Suponer) que puedes estudiar o _____ (ver) la televisión.

ERNESTO   No quiero estudiar. Mejor _____ (poner) la televisión. Mi programa favorito empieza en unos minutos.

2

Oraciones Form complete sentences using the cues provided and verbs you learned on page 119.

> **modelo**
>
> Tú / ? / libros / debajo de / escritorio
> *Tú pones los libros debajo del escritorio.*

1. Nosotros / ? / mucha / tarea
2. ¿Tú / ? / la radio?
3. Yo / no / ? / problema
4. Marta / ? / grabadora / clase
5. señores Marín / ? / su casa / siete
6. Yo / ? / que (*that*) / tú / ir / cine / ¿no?

3

Describir Use a verb from page 119 to describe what these people are doing.

1. Fernán

2. Los aficionados

3. Yo

4. Nosotros

5. La señora Vargas

6. El estudiante

Comunicación

4

Preguntas Get together with a classmate and ask each other these questions.

1. ¿Qué traes a clase?
2. ¿Quiénes traen un diccionario a clase? ¿Por qué traen un diccionario?
3. ¿A qué hora sales de tu residencia o de tu casa por la mañana? ¿A qué hora sale tu compañero/a de cuarto o tu esposo/a?
4. ¿Dónde pones tus libros cuando regresas de clase? ¿Siempre (*Always*) pones tus cosas en su lugar?
5. ¿Pones fotos de tu familia en tu casa? ¿De quiénes son?
6. ¿Oyes la radio cuando estudias?
7. ¿Qué vas a hacer esta noche?
8. ¿Haces mucha tarea los fines de semana?
9. ¿Sales con los amigos los fines de semana? ¿Qué hacen?
10. ¿Te gusta ver deportes en la televisión o prefieres ver otros programas? ¿Cuáles?

5

Charadas In groups, play a game of charades. Each person should think of two phrases using the verbs **hacer, poner, salir, suponer, oír, traer,** or **ver**. The first person to guess correctly acts out the next charade.

6

Entrevista You are doing a market research report on lifestyles. Interview a classmate to find out when he or she goes out with the following people and what they do for entertainment.

▶ los amigos   ▶ el/la esposo/a
▶ el/la novio/a   ▶ la familia

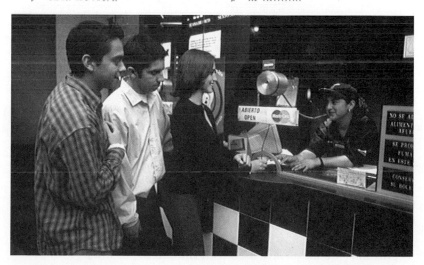

Síntesis

7

Situación Ask a classmate if he or she wants to go out. He or she will accept. Then find out what activities your classmate prefers so you can decide where you want to go. Finally, negotiate the place, the day, and the time for your date with your classmate.

4.4 Weather expressions

ANTE TODO In English, the verb *to be* is used to describe weather conditions: for example, *It's sunny*. Spanish, however, does not use **ser** or **estar** to express most weather conditions. Instead, it uses the verb **hacer**. To ask what the weather is like, use the question **¿Qué tiempo hace?**

—¿Qué tiempo **hace** hoy?
What's the weather like today?

—**Hace** buen/mal tiempo.
The weather is good/bad.

¡ATENCIÓN!

Remember that **bueno** and **malo** are shortened to **buen** and **mal** before a masculine singular noun: **buen tiempo, mal tiempo.**

Expressions with hacer

Hace (mucho) sol.
It's (very) sunny.

Hace (mucho) calor.
It's (very) hot.

Hace (mucho) viento.
It's (very) windy.

Hace (mucho) frío.
It's (very) cold.

Hace fresco.
It's cool.

▶ Weather expressions are frequently used with **mucho/a**, not **muy**.

▶ **Llover (o:ue)** (*to rain*) and **nevar (e:ie)** (*to snow*) are usually used in the third person singular form: **llueve** (*it's raining*), **nieva** (*it's snowing*).

Hoy no vamos al parque porque **llueve**.
We're not going to the park today because it's raining.

Si **nieva** hoy, voy a esquiar mañana.
If it snows today, I'm going skiing tomorrow.

Other weather expressions

Está (muy) nublado.
It's (very) cloudy.

Está despejado.
It's clear.

Nieva.
It's snowing.

Llueve.
It's raining.

Hay (mucha) niebla.
It's (very) foggy.

Hay (mucha) contaminación.
It's (very) smoggy.

COMPARE & CONTRAST

Calor and **frío** are conditions that can apply to both weather and people.

El niño **tiene** calor. *The child is hot.*	**Hace** calor. *It's hot.*
Tenemos frío. *We are cold.*	**Hace** frío. *It's cold.*

English uses the verb *to be* when describing either people or the weather as *hot* or *cold*. Spanish, however, uses **tener calor/frío** to refer to people and **hacer calor/frío** to refer to weather.

¡INTÉNTALO! Complete these sentences. The first item has been done for you.

1. ¿Qué tiempo ____*hace*____ hoy?
2. _____ fresco.
3. _____ mucha contaminación hoy.
4. Carlos _____ mucho frío.
5. _____ mal tiempo.
6. _____ despejado hoy.
7. _____ mucho frío.
8. En abril _____ mucho.
9. _____ mucho viento.
10. Julia y Ana _____ calor.
11. _____ mucho sol.
12. _____ niebla.
13. _____ muy nublado.
14. _____ calor.
15. Vamos a esquiar si _____.
16. _____ buen tiempo.

Práctica

1 **Seleccionar** Choose the word or phrase that completes each sentence logically.

1. (Hace sol, Nieva) en Cancún.
2. Durante (*During*) un tornado, (hace mucho sol, hace mucho viento).
3. Mis amigos van a esquiar si (nieva, llueve).
4. Tomo el sol cuando (hace calor, hay niebla).
5. Vamos a ver una película si hace (buen, mal) tiempo.
6. Daniel prefiere correr cuando (hay contaminación, hace fresco).
7. Ana y José van de excursión si hace (buen, mal) tiempo.
8. No queremos jugar al golf si (está despejado, llueve).

2 **El clima** With a partner, take turns asking and answering questions about the weather and temperatures in these cities.

modelo

Estudiante 1: ¿Qué tiempo hace hoy en Nueva York?
Estudiante 2: Hace frío y hace viento.
Estudiante 1: ¿Cuál es la temperatura máxima?
Estudiante 2: Treinta y un grados (*degrees*).
Estudiante 1: ¿Y la temperatura mínima?
Estudiante 2: Diez grados.

soleado	lluvia	nieve	nublado	viento

Nueva York
Máx. 31°
Mín. 10°

Miami
Máx. 84°
Mín. 62°

Chicago
Máx. 23°
Mín. 5°

París
Máx. 38°
Mín. 26°

Madrid
Máx. 42°
Mín. 27°

Tokio
Máx. 49°
Mín. 34°

Montreal
Máx. 18°
Mín. 2°

México D.F.
Máx. 76°
Mín. 41°

Cozumel
Máx. 91°
Mín. 73°

Caracas
Máx. 80°
Mín. 72°

Quito
Máx. 60°
Mín. 51°

Buenos Aires
Máx. 85°
Mín. 59°

3 **Completar** Complete these sentences with your own ideas.

1. Cuando hace sol, yo…
2. Cuando llueve, mis amigos y yo…
3. Cuando hace calor, mi familia…
4. Cuando hay contaminación, la gente…
5. Cuando hace frío, yo…
6. Cuando hace mal tiempo, mis amigos…
7. Cuando nieva, muchas personas…
8. Cuando está nublado, mis amigos y yo…
9. Cuando hace fresco, mis padres…
10. Cuando está despejado, yo…

Comunicación

4

Preguntas Get together with a classmate and ask each other the following questions.

1. ¿Hace buen tiempo o mal tiempo hoy?
2. ¿Qué tiempo va a hacer mañana?
3. ¿Nieva mucho en tu ciudad/pueblo?
4. ¿Dónde nieva mucho?
5. ¿Llueve mucho en tu ciudad/pueblo?
6. ¿Dónde llueve mucho?
7. ¿Hay mucha contaminación donde vives?
8. ¿Dónde hay mucha contaminación?
9. ¿Hay mucha niebla donde vives?
10. ¿Dónde hay mucha niebla?

5

Encuesta Your instructor will give you a worksheet. How does the weather affect what you do? Walk around the class and ask your classmates what they prefer or like to do in the following weather conditions. Note their responses on your worksheet. Make sure to personalize your survey by adding a few original questions of your own to the list. Be prepared to report your findings to the class.

Tiempo	Actividades
1. Hace mucho calor.	
2. Nieva.	
3. Hace buen tiempo.	
4. Hace fresco.	
5. Llueve.	
6. Hay mucha contaminación.	
7. Hace mucho frío.	

6

Pronóstico del tiempo You work for a local TV station. With a partner, write a weather forecast for today and tomorrow to be read on the morning news. In preparing your forecast, keep in mind that viewers may want to know about more than just the temperature. Consider whether it will be cloudy or clear, and whether there is any chance of precipitation. Depending on where you live, you may also want to inform your viewers about current pollution conditions. Be prepared to present your forecast to the class.

Síntesis

7

Situación Act out this situation with a classmate. You are going to visit a friend who lives in another part of the country for the weekend. You call your friend to tell him or her what day and time you are planning to arrive. Then you ask about the weather so that you will know how to pack for your trip. Your friend tells you about the weather forecast, and then the two of you plan some activities for the weekend based on the weather conditions.

Lectura

Antes de leer

Estrategia

Predicting content from visuals

When you are reading in Spanish, be sure to look for visual clues that will orient you as to the content and purpose of what you are reading. Photos and illustrations, for example, will often give you a good idea of the main points that the reading covers. You may also encounter very helpful visuals that are used to summarize large amounts of data in a way that is easy to comprehend; these include bar graphs, pie charts, flow charts, lists of percentages, and other sorts of diagrams.

Examinar el texto

Take a quick look at the visual elements of the magazine article in order to generate a list of ideas about its content. Then compare your list with a classmate's. Are your lists the same or are they different? Discuss your lists and make any changes needed to produce a final list of ideas.

Contestar

Read the list of ideas you wrote in **Examinar el texto,** and look again at the visual elements of the magazine article. Then answer these questions:

1. Who is the woman in the photo, and what is her role?
2. What is the article about?
3. How was the data collected?
4. What is the subject of the pie chart?
5. What is the subject of the bar graph?

---

por Pamela Aranda

¿Cuál es el deporte más popular?

El fútbol es el deporte más popular en los países de habla hispana. Mucha gente practica este deporte y tiene un equipo de fútbol favorito. Los aficionados miran los partidos en la televisión y, a veces, van al estadio. Los jóvenes juegan al fútbol con sus amigos en parques y gimnasios. A muchos jóvenes les gusta practicar este deporte y vivir la emoción de hacer un gol con su equipo.

Según una encuesta realizada entre jóvenes universitarios de países de habla hispana, los deportes más populares son:

Deportes más populares

Según *According to* **una encuesta** *survey* **atletismo** *track and field*

Después de leer

Evaluación y predicción

Which of the following sports events would be most popular among the college students surveyed? Rate them from one (most popular) to five (least popular). Which would be the most popular at your college or university?

_____ 1. La Copa Mundial de Fútbol

_____ 2. Los Juegos Olímpicos

_____ 3. El torneo de tenis de Wimbledon

_____ 4. La Serie Mundial de Béisbol

_____ 5. El Tour de Francia

Deportes en el mundo hispano

El fútbol es un deporte importante y muy popular en América, Europa, Asia y África. Cada cuatro años se realiza la Copa Mundial de Fútbol. Argentina y Uruguay han ganado este campeonato más de una vez.

Países hispanos en campeonatos mundiales de fútbol (1938-1998)

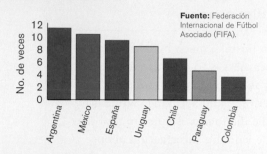

Fuente: Federación Internacional de Fútbol Asociado (FIFA).

¿Cuántas veces juegas al fútbol cada semana?

15%	3 o 4 veces	40%	1 vez
25%	2 veces	20%	0 veces

¿Cuántos partidos de fútbol ves por TV al mes?

66%	más de 4 partidos	8%	1 partido
24%	2 partidos	2%	0 partidos

¿Cuál es tu lugar favorito para ver el fútbol?

39%	el estadio
25%	la casa
17%	el restaurante/bar
12%	el club deportivo
5%	la cafetería de la universidad
2%	no especifica

el mundo *world*   **se realiza** *occurs*   **campeonato** *championship*   **más de una vez** *more than one time*   **veces** *times*

Completar

Complete the following statements with information from the article.

1. _____ is the least popular gathering place to watch soccer matches.
2. Both _____ and _____ soccer are popular pastimes in the Spanish-speaking world.
3. The second most popular sport in the Spanish-speaking countries surveyed is _____.
4. _____ and _____ have won the World Cup more than once.
5. According to the graph, the country that has participated in the most World Cups is _____.

Preguntas

Answer these questions in Spanish.

1. ¿Te gusta el fútbol? ¿Por qué?
2. ¿Miras la Copa Mundial en la televisión?
3. ¿Qué deportes miras en la televisión?
4. En tu opinión, ¿cuáles son los tres deportes más populares en tu universidad? ¿en tu comunidad? ¿en los Estados Unidos?

Escritura

Estrategia
Using a dictionary

A common mistake made by beginning language learners is to embrace the dictionary as the ultimate resource for reading, writing, and speaking. While it is true that the dictionary is a useful tool that can provide valuable information about vocabulary, using the dictionary correctly requires that you understand the elements of each entry.

If you glance at a Spanish-English dictionary, you will notice that its format is similar to that of an English dictionary. The word is listed first, usually followed by its pronunciation. Then come the definitions, organized by parts of speech. Sometimes the most frequently used definitions are listed first.

To find the best word for your needs, you should refer to the abbreviations and the explanatory notes that appear next to the entries. For example, imagine that you are writing about your pastimes. You want to write, "I want to buy a new racket for my match tomorrow," but you don't know the Spanish word for "racket." In the dictionary, you may find an entry like this:

racket s 1. alboroto; 2. raqueta (*dep.*)

The abbreviation key at the front of the dictionary says that *s* corresponds to **sustantivo** *(noun)*. Then, the first word you see is **alboroto**. The definition of **alboroto** is *noise* or *racket,* so **alboroto** is probably not the word you're looking for. The second word is **raqueta,** followed by the abbreviation *dep.*, which stands for **deportes.** This indicates that the word **raqueta** is the best choice for your needs.

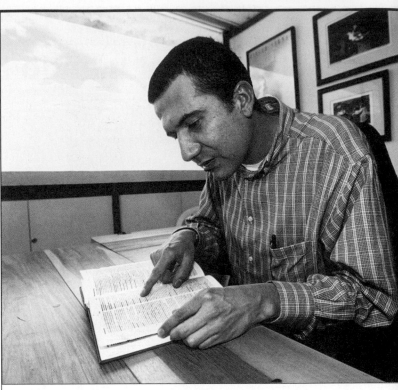

Tema

Escribir un folleto.

Choose one topic.

1. You are the head of the Homecoming Committee at your school this year. Create a pamphlet that lists events for Friday night, Saturday, and Sunday. Include a brief description of each event and its time and location. Include activities for different age groups, since some alumni will bring their families.

2. You are on the Freshman Student Orientation Committee and are in charge of creating a pamphlet for new students describing the sports offered at your school. Write the flyer and include activities for both men and women.

3. You work for the Chamber of Commerce in your community. It is your job to market your community to potential residents. Write a brief pamphlet that describes the recreational opportunities your community provides, the areas where the activities take place, and the costs, if any. Be sure to include activities that will appeal to singles as well as couples and families; you should include activities for all age groups and for both men and women.

Plan de escritura

1 Ideas y organización

Brainstorm the different types of activities included in the pamphlet, creating an idea map to organize them. Refer to a Spanish-English dictionary for words you don't know, but remember to consider each entry carefully before making a choice.

2 Primer borrador

Using your idea map from **Ideas y organización,** write the first draft of your pamphlet.

3 Comentario

Exchange papers with a classmate and comment on each other's work using these questions as a guide. Begin by mentioning one or two points that you like about your classmate's pamphlet, such as the activities listed for Homecoming, the description of the sports at your school, or the description of the recreational activities in your community.

  a. Does the document contain all the required information?
  b. Is any important information omitted? Is there any extraneous information that should be deleted?
  c. Does the document include an appropriate variety of activities?
  d. Is the document organized in a logical fashion?
  e. Do you see errors in spelling, grammar, or word usage?
  f. What other suggestions do you have for improving the document?

4 Redacción

Revise your first draft, keeping in mind your classmate's comments. Also, incorporate any new ideas or information you may have. Before handing in the final version, review your work using these guidelines:

  a. Underline each verb and make sure it agrees with its subject. Double check stem-changing verbs and verbs with irregular **yo** forms.
  b. Check the gender and number of each article, noun, and adjective.
  c. Check your spelling and punctuation.
  d. Consult your **Anotaciones para mejorar la escritura** to avoid repetition of previous errors.

5 Evaluación y progreso

Exchange papers with a new partner. Read his or her pamphlet and note any words and expressions that are new to you so that you can look them up in your dictionary later. After your instructor returns your paper, review the comments and corrections. Note the most important issues in your **Anotaciones para mejorar la escritura** in your **Carpeta.** If you have repeated a previous mistake, highlight it in your **Anotaciones.**

Escuchar

Preparación

Based on the illustration, what do you think José and Anabela are like? How might they be different from each other?

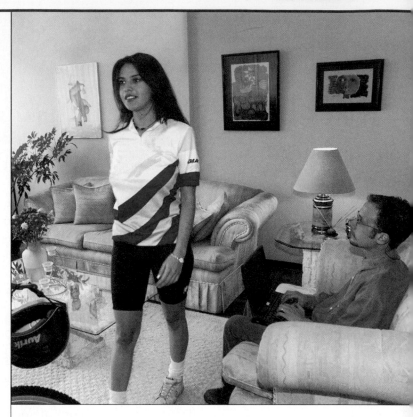

Estrategia
Listening for the gist

Listening for the general idea, or gist, can help you follow what someone is saying even if you can't hear or understand some of the words. When you listen for the gist, you simply try to capture the essence of what you hear without focusing on individual words. To help you practice this strategy, you will listen to a paragraph made up of three sentences. Jot down a brief summary of what you hear.

Ahora escucha

You will hear first José talking, then Anabela. As you listen, check off each person's favorite activities.

Pasatiempos favoritos de José

1. _____ leer correo electrónico
2. _____ jugar al béisbol
3. _____ ver películas de acción
4. _____ ir al café
5. _____ ir a partidos de béisbol
6. _____ ver películas románticas
7. _____ dormir la siesta
8. _____ escribir correo electrónico

Pasatiempos favoritos de Anabela

9. _____ esquiar
10. _____ nadar
11. _____ practicar el ciclismo
12. _____ jugar al golf
13. _____ jugar al baloncesto
14. _____ ir a ver partidos de tenis
15. _____ escalar montañas
16. _____ estudiar

Comprensión

Preguntas

1. Who participates in more sports-related activities?
2. Who believes it's important to get enough rest?
3. What sport does José like to watch?
4. Why doesn't Anabela play basketball?
5. What kind of movies does José's girlfriend prefer?
6. What is Anabela's favorite sport?

Seleccionar

Which person do these statements best describe?
1. Le gusta practicar deportes.
2. Prefiere las películas de acción.
3. Le gustan las computadoras.
4. Le gusta nadar.
5. Siempre duerme una siesta por la tarde.
6. Quiere ir de vacaciones a las montañas.

recursos

SCASS./CD
Lección 4

Proyecto

Presenta un reportaje

Imagine that you are a sports announcer for a large radio station in Mexico City. Your boss has asked you to deliver a new weekly broadcast, a guide to weekend sporting events.

1 Prepara el reportaje

Prepare a radio broadcast of the **Guía de eventos deportivos del fin de semana.** Using the research tools found in **Recursos para la investigación,** find out about the sports that are typically played in Mexico City. Then create your radio broadcast, which might include the following elements:

- A greeting to your listeners in which you introduce yourself and your program
- A list of the various sports events your listeners can attend or participate in
- The day and time each event is going to take place
- A brief, creative sign-off

2 Presenta la información

You may present your radio broadcast live or audiotape it so that it can be replayed for your class. You may want to greet your listeners as **radioyentes** and introduce yourself as **reportero/a** [your name]. Make your broadcast as appealing as possible so that your listeners will want to stay tuned.

recursos para la investigación

Internet Palabras clave: sports, pastimes, Mexico, Mexico City	**Comunidad** Exchange students, faculty members, and residents of your community who are from or have lived in Mexico City
Biblioteca Newspapers, sports magazines, travel magazines, travel guides	**Otros recursos** Sports programs on Spanish-language television stations

México

El país en cifras

▶ **Área:** 1.972.550 km^2
(761.603 millas^2), casi tres veces
el área de Texas.

*La situación geográfica de México, al
sur de los Estados Unidos, ha influido en
la economía y la sociedad de los dos países.
Una de las consecuencias es la emigración de la
población mexicana al país vecino. Hoy día, más de
20 millones de personas de descendencia mexicana
viven en los Estados Unidos.*

▶ **Población:** 101.851.000
▶ **Capital:** México, D.F.—18.372.000
▶ **Ciudades principales:** Guadalajara—
4.017.000, Monterrey—3.514.000,
Puebla—2.025.000, Cancún—1.325.000,
Ciudad Juárez—1.226.000

SOURCE: Population Division, UN Secretariat

▶ **Moneda:** peso mexicano
▶ **Idiomas:** español (oficial), náhuatl,
idiomas mayas

La bandera de México

Mexicanos célebres

▶ **Benito Juárez,** héroe nacional (1806-1872)
▶ **Octavio Paz,** poeta (1914-1998)
▶ **Elena Poniatowska,** periodista y escritora
(1933-)
▶ **Julio César Chávez,** boxeador (1962-)

casi *almost* veces *times* sur *south* ha influido en *has influenced*
vecino *neighboring* vecindario *neighborhood* cortas *short*
nunca *never*

Un delfín en
Baja California

El castillo de Tulum
cerca de Cancún

ESTADOS UNIDOS

Ciudad Juárez

Golfo de California

Baja California

Río Grande

Río Bravo del Norte

Sierra Madre Oriental

Sierra Madre Occidental

Monterrey

Océano Pacífico

Puerto
Vallarta

**Ciudad de
México**

Guadalajara

Puebla

Acapulco

ESTADOS UNIDOS

MÉXICO

OCÉANO
PACÍFICO

OCÉANO
ATLÁNTICO

AMÉRICA DEL SUR

Ruinas aztecas
en México D.F.

Saltador en Acapulco

recursos

R

WB
pp. 47-48

vistasonline.com

Ciudades • México D.F.

La ciudad de México, fundada en 1525, también se llama el D.F. o Distrito Federal. La ciudad atrae a miles de inmigrantes y turistas por ser el centro cultural y económico del país. El crecimiento de la población es de los más altos del mundo. El D.F. tiene una población mayor que la de Nueva York o cualquier capital europea.

Artes • Diego Rivera y Frida Kahlo

Los pintores Diego Rivera y Frida Kahlo, casados en 1929, fueron muy importantes en la vida política de su país. Rivera, muralista, trató temas sociales e históricos. Kahlo, conocida por sus autorretratos, pintó cuadros más personales y psicológicos. Los dos se interesaron por la vida y el arte de la gente sencilla.

Historia • Los aztecas

Los aztecas dominaron en México desde el siglo XIV hasta el siglo XVI. Construyeron canales, puentes y pirámides con templos religiosos. Aunque el imperio azteca terminó cuando llegaron los conquistadores en 1519, todavía se siente su presencia. La ciudad de México está construida en el sitio de la capital azteca, Tenochtitlán, y muchos turistas visitan sus ruinas.

Costumbres • Día de los muertos

Algunos mexicanos creen que los espíritus de los muertos regresan a la tierra el dos de noviembre para visitar a los vivos. Muchas personas van al cementerio en el Día de los muertos, y algunas pasan la noche allí. También es costumbre preparar ofrendas y comer pan y dulces en forma de calaveras y de esqueletos.

Golfo de México

Península de Yucatán

Mérida

Cancún

Bahía de Campeche

Veracruz

Istmo de Tehuantepec

BELICE

GUATEMALA

¿Qué aprendiste? Responde a las preguntas (*questions*) con una frase completa.

1. ¿Qué lenguas hablan los mexicanos?

2. ¿Cómo es la población del D.F. en comparación a otras ciudades?

3. ¿En qué son diferentes las obras de Kahlo y Rivera?

4. ¿Qué construyeron los aztecas?

5. ¿En qué sitio está construida la capital de México?

6. ¿Cuándo celebran los mexicanos el Día de los muertos?

Conexión Internet Investiga estos temas en el sitio **www.vistasonline.com**.

1. Busca información sobre dos lugares de México. ¿Te gustaría (*Would you like*) vivir allí? ¿Por qué?
2. Busca información sobre dos artistas mexicanos. ¿Cómo se llaman sus obras (*works*) más famosas?

atrae a *attracts* miles *thousands* por ser *due to being* crecimiento *growth* más altos *highest* cualquier *any other* pintores *painters*
casados *married* fueron *were* vida *life* trató *treated* e *and* conocida *known* autorretratos *self-portraits* pintó *painted*
cuadros *paintings* se interesaron por *were interested in* la vida *life* sencilla *common* dominaron *dominated* desde *from* el siglo *century*
Contruyeron *They built* puentes *bridges* Aunque *Although* imperio *empire* terminó *ended* llegaron *arrived* todavía se siente *is still felt*
construida *constructed* muertos *dead* Algunos *Some* la tierra *Earth* vivos *living* allí *there* ofrendas *offerings* pan *bread*
dulces *sweets* calaveras *skulls*

Pasatiempos

bucear	to scuba dive
escalar montañas (f. pl.)	to climb mountains
escribir una carta	to write a letter
escribir un mensaje electrónico	to write an e-mail message
escribir una (tarjeta) postal	to write a postcard
esquiar	to ski
ganar	to win
ir de excursión (a las montañas)	to go for a hike (in the mountains)
leer correo electrónico	to read e-mail
leer un periódico	to read a newspaper
leer una revista	to read a magazine
nadar	to swim
pasar tiempo	to spend time
pasear	to take a walk; to stroll
pasear en bicicleta	to ride a bicycle
pasear por la ciudad/el pueblo	to walk around the city/the town
patinar (en línea)	to skate (in-line)
practicar deportes (m. pl.)	to play sports
ser aficionado/a (a)	to be a fan (of)
tomar el sol	to sunbathe
ver películas (f. pl.)	to see movies
visitar monumentos (m. pl.)	to visit monuments
la diversión	fun activity; entertainment; recreation
el/la excursionista	hiker
el fin de semana	weekend
el pasatiempo	pastime
los ratos libres	spare (free) time
el tiempo libre	free time

Deportes

el baloncesto	basketball
el béisbol	baseball
el ciclismo	cycling
el equipo	team
el esquí (acuático)	(water) skiing
el fútbol	soccer
el fútbol americano	football
el golf	golf
el hockey	hockey
el/la jugador(a)	player
la natación	swimming
el partido	game; match
la pelota	ball
el tenis	tennis
el vóleibol	volleyball

Verbos

cerrar (e:ie)	to close
comenzar (e:ie)	to begin
conseguir (e:i)	to get; to obtain
dormir (o:ue)	to sleep
empezar (e:ie)	to begin
encontrar (o:ue)	to find
entender (e:ie)	to understand
hacer	to do; to make
ir	to go
jugar (u:ue)	to play
mostrar (o:ue)	to show
oír	to hear
pedir (e:i)	to ask for; to request
pensar (e:ie)	to think
pensar + inf.	to intend
pensar en	to think about
perder (e:ie)	to lose
poder (o:ue)	to be able to; can
poner	to put; to place
preferir (e:ie)	to prefer
querer (e:ie)	to want; to love
recordar (o:ue)	to remember
repetir	to repeat
salir	to leave
seguir (e:i)	to follow; to continue
suponer	to suppose
traer	to bring
ver	to see
volver (o:ue)	to return

Adjetivos

deportivo/a	sports-related
favorito/a	favorite

¿Qué tiempo hace?

¿Qué tiempo hace?	How's the weather?; What's the weather like?
Está despejado.	It's clear.
Está (muy) nublado.	It's (very) cloudy.
Hace buen (mal) tiempo.	It's nice (bad) weather.
Hace (mucho) calor.	It's (very) hot.
Hace fresco.	It's cool.
Hace (mucho) frío.	It's (very) cold.
Hace (mucho) sol.	It's (very) sunny.
Hace (mucho) viento.	It's (very) windy.
Hay (mucha) contaminación.	It's (very) smoggy.
Hay (mucha) niebla.	It's (very) foggy.
llover	to rain
Llueve.	It's raining.
nevar	to snow
Nieva.	It's snowing.

Lugares

el café	café
la casa	house
el centro	downtown
el cine	movie theater
el gimnasio	gymnasium
la iglesia	church
el lugar	place
el museo	museum
el parque (municipal)	(municipal) park
la piscina	swimming pool
el restaurante	restaurant

Expresiones útiles	See page 109.

Las vacaciones

5

Communicative Goals

You will learn how to:

- Discuss and plan a vacation
- Describe a hotel
- Talk about how you feel
- Talk about the seasons and the weather

Las vacaciones

Más vocabulario

la cabaña	cabin
la cama	bed
el campo	countryside
el equipaje	luggage
la estación de autobuses, del metro, de tren	bus, subway, train station
la habitación individual, doble	single, double room
la llegada	arrival
el paisaje	landscape
el pasaje (de ida y vuelta)	(round-trip) ticket
la pensión	boarding house
el piso	floor (of a building)
la planta baja	ground floor
la salida	departure; exit
la tienda de campaña	tent
acampar	to go camping
estar de vacaciones	to be on vacation
hacer las maletas	to pack (one's suitcases)
hacer una excursión	to go on a hike, tour
hacer turismo (m.)	to go sightseeing
hacer un viaje	to take a trip
ir de compras	to go shopping
ir de vacaciones	to go on vacation
ir en autobús (m.), auto(móvil) (m.), avión (m.), motocicleta (f.), taxi (m.)	to go by bus, car, plane, motorcycle, taxi
recorrer	to tour an area
turístico/a	tourist-related

Variación léxica

automóvil ←→ coche (*Esp.*), carro (*Amér. L.*)
autobús ←→ camión (*Méx.*), guagua (*P. Rico*)
motocicleta ←→ moto (*coloquial*)

la agente de viajes

el pasaporte

Confirma una reservación. (confirmar)

En la agencia de viajes

la habitación

el ascensor

el empleado

la llave

la huésped

el botones

el huésped

En el hotel

Saca/Toma fotos.
(sacar, tomar)

BIENVENIDOS

Pasa por la
aduana. (pasar)

1 viajero

la inspectora
de aduanas

En el aeropuerto

Va de pesca.
(pescar)

Monta a caballo.
(montar)

Va en barco.

Juegan a las
cartas. (jugar)

océano, el mar

la playa

En la playa

Práctica

1 **Escuchar** Indicate who would probably make each statement you hear. Each answer is used twice.

   a. el agente de viajes
   b. la inspectora de aduanas
   c. un empleado del hotel

   1. _____   3. _____   5. _____
   2. _____   4. _____   6. _____

2 **Escoger** Choose the best answer for each sentence.

   1. Un huésped es una persona que _____.
      a. hace una excursión
      b. está en un hotel
      c. pesca en el mar
   2. Abrimos la puerta con _____.
      a. una llave
      b. una cabaña
      c. una llegada
   3. Enrique tiene _____ en las montañas.
      a. un pasaporte
      b. una cabaña
      c. un pasaje
   4. Antes de (*Before*) ir de vacaciones hay que _____.
      a. pescar
      b. ir en tren
      c. hacer las maletas
   5. A veces (*Sometimes*) es necesario _____ en un aeropuerto internacional.
      a. hacer turismo
      b. pasar por la aduana
      c. pescar
   6. Me gusta mucho ir al campo. _____ es increíble.
      a. El paisaje
      b. El pasaje
      c. El equipaje

3 **Analogías** Complete the analogies using the words below.

pasaporte	auto	mar	avión
huésped	botones	sacar	llegada

   1. acampar ⟶ campo ⊜ pescar ⟶
   2. aduana ⟶ inspector ⊜ hotel ⟶
   3. llave ⟶ habitación ⊜ pasaje ⟶
   4. estudiante ⟶ libro ⊜ turista ⟶
   5. aeropuerto ⟶ viajero ⊜ hotel ⟶
   6. maleta ⟶ hacer ⊜ foto ⟶

Las estaciones y los meses del año

el invierno: **diciembre, enero, febrero**

la primavera: **marzo, abril, mayo**

el verano: **junio, julio, agosto**

el otoño: **septiembre, octubre, noviembre**

4 **El Hotel Regis** Label the floors of the hotel.

a. _____ piso
b. _____ piso
c. _____ piso
d. _____ piso
e. _____ piso
f. _____ piso
g. _____ piso
h. _____ baja

Números ordinales	
primer, primero/a	*first*
segundo/a	*second*
tercer, tercero/a	*third*
cuarto/a	*fourth*
quinto/a	*fifth*
sexto/a	*sixth*
séptimo/a	*seventh*
octavo/a	*eighth*
noveno/a	*ninth*
décimo/a	*tenth*

5 **Contestar** Look at the illustration of the months and seasons on this page. Then, with a classmate, answer these questions.

> **modelo**
> **Estudiante 1:** *¿Cuál es el primer mes de la primavera?*
> **Estudiante 2:** *marzo*

1. ¿Cuál es el primer mes del invierno?
2. ¿Cuál es el segundo mes de la primavera?
3. ¿Cuál es el tercer mes del otoño?
4. ¿Cuál es el primer mes del año?
5. ¿Cuál es el quinto mes del año?
6. ¿Cuál es el octavo mes del año?
7. ¿Cuál es el décimo mes del año?
8. ¿Cuál es el segundo mes del verano?
9. ¿Cuál es el tercer mes del invierno?
10. ¿Cuál es la cuarta estación del año?

Comunicación

6

Preguntas personales With a classmate, answer the following questions.

1. ¿Cuál es la fecha de hoy? ¿Qué estación es? ¿Te gusta esta (*this*) estación? ¿Por qué? ¿Qué estación prefieres? ¿Por qué?
2. ¿Prefieres el mar o las montañas? ¿La playa o el campo? ¿Por qué?
3. Cuando estás de vacaciones, ¿qué haces? Cuando haces turismo, ¿qué te gusta hacer y ver?
4. ¿Piensas ir de vacaciones este verano? ¿Adónde quieres ir? ¿Por qué? ¿Qué deseas ver y visitar allí (*there*)? ¿Cómo vas a ir... en avión, en motocicleta...?

7

Encuesta Your instructor will give you a worksheet. Turn the phrases in the first column into yes/no questions, then use them to survey your classmates. Try to find at least one person who does each activity and note his or her name on your worksheet. Be prepared to share the results of your survey with the class.

Actividades	Nombres
1. Jugar bien a las cartas	_____
2. Acampar en las montañas o en el desierto	_____
3. Pescar en el mar	_____
4. Tener miedo de viajar en avión	_____
5. Viajar mucho en barco	_____
6. Comer mucho en restaurantes	_____
7. Hacer turismo en Puerto Rico	_____
8. Montar a caballo	_____
9. Llevar mucho equipaje en tus viajes	_____
10. Ir en motocicleta al campo	_____

8

Mis vacaciones Write a paragraph describing how you prepare for vacation and what you like to do on vacation. While brainstorming ideas for your paragraph, you might want to consider the following questions:

- During what month of the year or season do you like to travel?
- What resources do you use to help you plan your trip (travel agents, books, the Internet, etc.)?
- Do you spend your vacations with family? With friends?
- Do you plan vacations on the beach? In the mountains? In a favorite city or country?
- What activities do you enjoy when you're on vacation?

When you have finished writing, share your paragraph with the class.

9

Minidrama With two or three classmates, prepare and act out a skit about people who are on vacation or are planning a vacation. The skit should take place in one of the areas mentioned below.

1. Una agencia de viajes
2. Una casa
3. Un aeropuerto, una estación de tren o una estación de autobuses
4. Un hotel
5. El campo o la playa

Tenemos una reservación.

Don Francisco y los estudiantes llegan al hotel.

PERSONAJES

 MAITE

 INÉS

 DON FRANCISCO

 ÁLEX

 JAVIER

 EMPLEADA

 BOTONES

EMPLEADA ¿En qué puedo servirles?

DON FRANCISCO Mire, yo soy Francisco Castillo Moreno y tenemos una reservación a mi nombre.

EMPLEADA Mmm… no veo su nombre aquí. No está.

DON FRANCISCO ¿Está segura, señorita? Quizás la reservación está a nombre de la agencia de viajes, Ecuatur.

EMPLEADA Pues sí, aquí está… dos habitaciones dobles y una individual, de la ciento uno a la ciento tres,… todas en las primeras cabañas.

DON FRANCISCO Gracias, señorita. Muy amable.

BOTONES Bueno, la habitación ciento dos… Por favor.

INÉS Oigan, yo estoy aburrida. ¿Quieren hacer algo?

JAVIER ¿Por qué no vamos a explorar la ciudad un poco más?

INÉS ¡Excelente idea! ¡Vamos!

MAITE No, yo no voy. Estoy cansada y quiero descansar un poco porque a las seis voy a correr con Álex.

ÁLEX Y yo quiero escribir un mensaje electrónico antes de ir a correr.

JAVIER Pues nosotros estamos listos, ¿verdad, Inés?

INÉS Sí, vamos.

MAITE Adiós.

INÉS & JAVIER ¡Chau!

recursos

R | VIDEO Lección 5 | VM pp. 335-336

ÁLEX Hola, chicas. ¿Qué están haciendo?

MAITE Estamos descansando.

JAVIER Oigan, no están nada mal las cabañas, ¿verdad?

INÉS Y todo está muy limpio y ordenado.

ÁLEX Sí, es excelente.

MAITE Y las camas son tan cómodas.

ÁLEX Bueno, nos vemos a las seis.

MAITE Sí, hasta luego.

ÁLEX Adiós.

MAITE ¿Inés y Javier? Juntos otra vez.

Enfoque cultural El alojamiento

There are many different types of lodging (**alojamiento**) for travelers in Hispanic countries. In major cities there are traditional hotels, but a more economical choice is a youth hostel, or **albergue juvenil,** where people can stay in a large, barracks-type room for a very low fee. Another option is an inn, or **hostal,** usually a privately owned residence. A unique type of lodging in Spain is a **parador,** which is usually a converted castle, palace, or villa that has been preserved and emphasizes the culture and cuisine of the region.

Expresiones útiles

Talking to hotel personnel

▶ **¿En qué puedo servirles?**
How can I help you?

▷ **Tenemos una reservación a mi nombre.**
We have a reservation in my name.

▶ **Mmm… no veo su nombre. No está.**
I don't see your name. It's not here.

▷ **¿Está seguro/a? Quizás/Tal vez está a nombre de Ecuatur.**
Are you sure? Maybe it's in the name of Ecuatur.

▶ **Aquí está… dos habitaciones dobles y una individual.**
Here it is, two double rooms and one single.

▶ **Aquí tienen las llaves.**
Here are your keys.

▷ **Gracias, señorita. Muy amable.**
Thank you, miss. Very kind (nice).

▶ **¿Dónde pongo las maletas?**
Where do I put the suitcases?

▷ **Allí, encima de la cama.**
There, on the bed.

Describing a hotel

▶ **No están nada mal las cabañas.**
The cabins aren't bad at all.

▶ **Todo está muy limpio y ordenado.**
Everything is very clean and orderly.

▶ **Es excelente/estupendo/ fabuloso/fenomenal.**
It's excellent/stupendous/ fabulous/great.

▶ **Es increíble/magnífico/ maravilloso/perfecto.**
It's incredible/magnificent/ marvelous/perfect.

▶ **Las camas son tan cómodas.**
The beds are so comfortable.

Talking about how you feel

▶ **Estoy un poco aburrido/a/ cansado/a.**
I'm a little bored/tired.

Reacciona a la fotonovela

1 Completar Complete these sentences with the correct term from the word bank.

descansar	habitaciones individuales	las maletas
hacer las maletas	cansada	aburrida
las camas	la agencia de viajes	habitaciones dobles

1. La reservación para el hotel está a nombre de _____.
2. Los estudiantes tienen dos _____.
3. Maite va a _____ porque está _____.
4. El botones lleva _____ a las habitaciones.
5. Las habitaciones son buenas y _____ son cómodas.

2 Identificar Identify the person who would make each statement.

1. Antes de correr voy a trabajar en la computadora un poco.
2. Estoy aburrido. Tengo ganas de explorar la ciudad. ¿Vienes tú también?
3. Lo siento mucho, señor, pero su nombre no está en la lista.
4. Creo que la reservación está a mi nombre, señorita.
5. Oye, el hotel es maravilloso, ¿no? Las habitaciones están muy limpias.

 EMPLEADA **ÁLEX** **DON FRANCISCO** **JAVIER** **INÉS**

¡ATENCIÓN!
The meaning of some adjectives, such as **aburrido,** changes depending on whether they are used with **ser** or **estar**. See section 5.3, p. 151.

3 Ordenar Place these events in correct order.

a. Las chicas descansan en su habitación. _____
b. Javier e Inés deciden ir a explorar la ciudad. _____
c. Don Francisco habla con la empleada del hotel. _____
d. Javier, Maite, Inés y Álex hablan en la habitación de las chicas. _____
e. El botones pone (*puts*) las maletas en la cama. _____

4 Conversar With a partner use these cues to create a conversation between a bellhop and a hotel guest.

Huésped / **Botones**

Ask the bellhop to carry your suitcases to your room. → Say "yes, sir/ma'am/miss."

Comment that the hotel is excellent and that everything is very clean. → Agree, then point out the guest's room, a single room on the sixth floor.

Ask if the bellhop is sure. You think you have room 520. → Confirm that the guest has room 620. Ask where you should put the suitcases.

Tell the bellhop to put them on the bed and thank him or her. → Say "you're welcome" and "goodbye."

Pronunciación

Spanish b and v

bueno　　　**vóleibol**　　　**biblioteca**　　　**vivir**

There is no difference in pronunciation between the Spanish letters **b** and **v**. However, each letter can be pronounced two different ways, depending on which letters appear next to them.

bonito　　　**viajar**　　　**tambien**　　　**investigar**

B and **v** are pronounced like the English hard *b* when they appear either as the first letter of a word, at the beginning of a phrase, or after **m** or **n**.

deber　　　**novio**　　　**abril**　　　**cerveza**

In all other positions, **b** and **v** have a softer pronunciation, which has no equivalent in English. Unlike the hard **b**, which is produced by tightly closing the lips and stopping the flow of air, the soft **b** is produced by keeping the lips slightly open.

bola　　　**vela**　　　**Caribe**　　　**declive**

In both pronunciations, there is no difference in sound between **b** and **v**. The English *v* sound, produced by friction between the upper teeth and lower lip, does not exist in Spanish. Instead, the soft **b** comes from friction between the two lips.

Verónica y su esposo cantan boleros.

When **b** or **v** begins a word, its pronunciation depends on the previous word. At the beginning of a phrase or after a word that ends in **m** or **n**, it is pronounced as a hard **b**.

Benito es de Boquerón pero vive en Victoria.

Words that begin with **b** or **v** are pronounced with a soft **b** if they appear immediately after a word that ends in a vowel or any consonant other than **m** or **n**.

Práctica Read these words aloud to practice the **b** and the **v**.

1. hablamos	4. van	7. doble	10. cabaña
2. trabajar	5. contabilidad	8. novia	11. llave
3. botones	6. bien	9. béisbol	12. invierno

Oraciones Read these sentences aloud to practice the **b** and the **v**.

1. Vamos a Guaynabo en autobús.
2. Voy de vacaciones a la Isla Culebra.
3. Tengo una habitación individual en el octavo piso.
4. Víctor y Eva van en avión al Caribe.
5. La planta baja es bonita también.
6. ¿Qué vamos a ver en Bayamón?
7. Beatriz, la novia de Víctor, es de Arecibo, Puerto Rico.

No hay mal que por bien no venga.[1]

Hombre prevenido vale por dos.[2]

Refranes Read these sayings aloud to practice the **b** and the **v**.

1 *Every cloud has a silver lining.*
2 *An ounce of prevention equals a pound of cure.*

recursos

R	SCASS./CD Lección 5	LM p. 236	LCASS./CD Cass. 5/CD5

5.1 **Estar** with conditions and emotions

ANTE TODO As you learned in Lessons 1 and 2, the verb **estar** is used to talk about how you feel and to say where people, places, and things are located. **Estar** is also used with adjectives to talk about certain emotional and physical conditions.

CONSÚLTALO

The present tense of **ser** To review **ser**, see Lesson 1, section 1.3, p.18.

• • •

The present tense of **estar** To review **estar**, see Lesson 2, section 2.3, p. 53.

▶ **Estar** is used with adjectives to describe the physical condition of places and things.

La habitación **está** sucia.
The room is dirty.

La puerta **está** cerrada.
The door is closed.

▶ **Estar** is also used with adjectives to describe how people feel, both mentally and physically.

Estoy aburrida. ¿Quieren hacer algo?

No, estoy cansada.

Adjectives that describe emotions and conditions

abierto/a	open	**contento/a**	happy; content	**nervioso/a**	nervous
aburrido/a	bored; boring			**ocupado/a**	busy
alegre	happy; joyful	**desordenado/a**	disorderly	**ordenado/a**	orderly
avergonzado/a	embarrassed	**enamorado/a (de)**	in love (with)	**preocupado/a (por)**	worried (about)
cansado/a	tired	**enojado/a**	mad, angry	**seguro/a**	sure
cerrado/a	closed	**equivocado/a**	wrong	**sucio/a**	dirty
cómodo/a	comfortable	**feliz**	happy	**triste**	sad
		limpio/a	clean		

¡INTÉNTALO! Provide the present tense forms of the verb **estar**. The first item has been done for you.

1. La biblioteca ___*está*___ cerrada los domingos por la noche.
2. Nosotros _____ muy ocupados todos los lunes.
3. Ellas _____ alegres porque tienen tiempo libre.
4. Javier _____ enamorado de Maribel.
5. Diana _____ enojada con su novio.
6. Yo _____ nerviosa en el avión.
7. La habitación _____ ordenada cuando vienen sus padres.
8. Uds. _____ equivocados.
9. Marina y yo _____ preocupadas por el examen.
10. Ud. _____ muy cansado los lunes por la mañana.

Práctica

1

¿Cómo están? Complete Martín's statements about how he and other people are feeling. In the first blank, fill in the correct form of **estar**. In the second blank, fill in the adjective that best fits the context.

1. Yo _____ un poco _____ porque tengo un examen mañana.
2. Mi hermana Patricia _____ muy _____ porque mañana va a hacer una excursión al campo.
3. Mis hermanos Juan y José salen de la casa a las cinco de la mañana. Por la noche, siempre _____ muy _____.
4. Mi amigo Ramiro _____ _____; su novia se llama Adela.
5. Mi papá y sus colegas _____ muy _____ hoy. ¡Hay mucho trabajo!
6. Patricia y yo _____ un poco _____ por ellos porque trabajan mucho.
7. Mi amiga Mónica _____ un poco _____ porque su novio no puede salir esta noche.
8. Nuestras clases no son muy interesantes hoy. ¿Tú _____ _____ también?

2

Describir Describe the following people and places.

1. Anabela

2. Juan y Luisa

3. la habitación de Teresa

4. la habitación de César

3

Situaciones With a partner, talk about how you feel in these situations.

1. Cuando hace sol
2. Cuando tomas un examen
3. Cuando estás de vacaciones
4. Cuando tienes mucho trabajo
5. Cuando viajas en avión
6. Cuando estás con la familia
7. Cuando estás en la clase de español
8. Cuando ves una película con tu actor favorito

5.2 The present progressive

ANTE TODO   Both Spanish and English have a present progressive tense. In both languages, it consists of the present tense of the verb *to be* and the present participle (the *-ing* form of the verb in English).

Estoy escuchando.	Carlos **está corriendo.**	Ella **está escribiendo** una carta.
I am listening.	*Carlos is running.*	*She is writing a letter.*

Hola, chicas. ¿Qué están haciendo?

Estamos descansando.

▶ The present progressive is formed with the present tense of **estar** and the present participle of the main verb.

FORM OF **ESTAR** + PRESENT PARTICIPLE	FORM OF **ESTAR** + PRESENT PARTICIPLE
Estoy **trabajando.**	**Estamos** **comiendo.**
I am *working.*	*We are* *eating.*

▶ The present participle of regular **–ar**, **–er**, and **–ir** verbs is formed as follows:

INFINITIVE	STEM	ENDING	PRESENT PARTICIPLE
hablar	habl	**-ando**	habl**ando**
cantar	cant	**-ando**	cant**ando**
comer	com	**-iendo**	com**iendo**
escribir	escrib	**-iendo**	escrib**iendo**

> **¡ATENCIÓN!**
>
> When the stem of an **–er** or **–ir** verb ends in a vowel, the present participle ends in **–yendo.**
>
> leer → le → **leyendo**
> oír → o → **oyendo**
> traer → tra → **trayendo**

▶ **Ir**, **poder**, and **venir** have irregular present participles (**yendo**, **pudiendo**, **viniendo**), but these verbs are rarely used in the present progressive. Several other verbs have irregular present participles that you will need to learn.

–ir stem-changing verbs

(**e:ie** in the present tense)	PRESENT PARTICIPLE
preferir	**prefiriendo**
sentir	**sintiendo**

(**e:i** in the present tense)	
conseguir	**consiguiendo**
pedir	**pidiendo**
seguir	**siguiendo**

(**o:ue** in the present tense)	
dormir	**durmiendo**

The use of the present progressive is much more restricted in Spanish than in English. In Spanish, the present progressive is simply used to emphasize that an action is in progress at the time of speaking.

Inés **está escuchando** música latina ahora mismo.
Inés is listening to Latin music right now.

Álex y su amigo ecuatoriano todavía **están jugando** al fútbol.
Álex and his Ecuadorian friend are still playing soccer.

In English, the present progressive is often used to talk about situations and actions that occur over an extended period of time or in the future. In Spanish, the simple present tense is used instead.

Javier **estudia** computación este semestre.
Javier is studying computer science this semester.

Inés y Maite **salen** mañana para los Estados Unidos.
Inés and Maite are leaving tomorrow for the United States.

Estamos pensando en lo mismo:

su **F**uturo

Su asesor para ganar
FIDUCOLOMBIA
Sociedad Fiduciaria S.A.

¡INTÉNTALO! Create complete sentences by putting the verbs in the present progressive. The first item has been done for you.

1. Mis amigos / descansar en la playa Mis amigos están descansando en la playa.
2. Nosotros / practicar deportes
3. Carmen / comer en casa
4. Nuestro equipo / ganar el partido
5. Yo / leer el periódico
6. Él / pensar en comprar una bicicleta
7. Uds. / explicar la lección
8. José y Francisco / dormir
9. Marisa / leer correo electrónico
10. Yo / preparar sándwiches
11. Carlos / tomar fotos
12. ¿dormir / tú?

Práctica

1   **Completar** Alfredo's Spanish class is preparing to travel to Puerto Rico. Use the present progressive of the verb in parentheses to complete Alfredo's description of what everyone is doing.

1. Yo _____ (investigar) el estado político de la isla (*island*).
2. La esposa del profesor _____ (hacer) las maletas.
3. Marta y José Luis _____ (buscar) información sobre San Juan en el Internet.
4. Enrique y yo _____ (leer) un correo electrónico de nuestro amigo puertorriqueño.
5. Javier _____ (aprender) mucho sobre la cultura puertorriqueña.
6. Y tú _____ (practicar) tu español, ¿verdad?

2   **¿Qué están haciendo?** María and her friends are vacationing at a resort in San Juan, Puerto Rico. Complete her description of what everyone is doing right now.

1. Yo   2. Javier   3. Alejandro y Rebeca

4. Celia y yo   5. Samuel   6. Lorenzo

3   **Personajes famosos** Say what these celebrities are doing right now, using the cues provided.

> **modelo**
> Serena Williams está jugando al tenis ahora mismo.

John Grisham	Mikhail Baryshnikov	bailar	hablar
Celine Dion	Picabo Street	cantar	hacer
Steven Spielberg	Regis Philbin	correr	jugar
Venus Williams	??	escribir	??
Tiger Woods	??	esquiar	??

AYUDA

John Grisham - **novelas**
Celine Dion - **canciones**
Steven Spielberg - **cine**
Venus Williams - **tenis**
Tiger Woods - **golf**
Mikhail Baryshnikov - **ballet**
Picabo Street - **esquí**
Regis Philbin - **televisión**

Comunicación

4

¡LENGUA VIVA!
In Spain and Latin America, time is often given based on the 24-hour clock. For example, 3:00 p.m. is said 15:00h.

Un amigo preguntón You have a friend who calls you at all hours to see what you're doing. What do you tell him/her if he/she calls you at the following times?

> **modelo**
> 8:00 a.m.
> *Estoy desayunando.*

1. 5:00 a.m.	2. 9:30 a.m.	3. 11:00 a.m.	4. 12:00 p.m.
5. 2:00 p.m.	6. 5:00 p.m.	7. 9:00 p.m.	8. 2:30 a.m.

5

Describir Work with a partner and use the present progressive to describe what's going on in this beach scene.

6

Conversar Imagine that you and a classmate are each babysitting a group of children. One of you has great kids; the other's kids are mischievous. You're on the phone, telling each other what the children are doing at this very moment. Be creative, and be prepared to share some of your sentences with the class.

Síntesis

7

¿Qué están haciendo? With two other classmates, create at least three sentences about what these people are doing right now in these places. Also, say how they feel and what they are going to do.

> **modelo**
> Uds. están en la clase de español.
> *Estamos hablando con los otros estudiantes.*
> *Estamos practicando los verbos.*
> *No estamos aburridos/as.*
> *Vamos a tener un examen mañana.*

1. Tres amigas están de vacaciones.
2. Un padre y su hijo están en el parque.
3. Tú y tus compañeros/as están en la playa.
4. Una familia está en el centro.
5. El/la profesor(a) está en la biblioteca.
6. Unos jóvenes están en un estadio.

5.3 Comparing **ser** and **estar**

ANTE TODO You have already learned that **ser** and **estar** both mean *to be* but are used for different purposes. The following charts summarize the key differences in usage between **ser** and **estar**.

	Uses of *ser*
Nationality and place of origin	Martín **es** argentino. **Es** de Buenos Aires.
Profession or occupation	Adela **es** ingeniera. Francisco **es** médico.
Characteristics of people and things	José y Clara **son** simpáticos. El clima de Puerto Rico **es** agradable.
Generalizations	¡**Es** fabuloso viajar! **Es** difícil estudiar a la una de la mañana.
Possession	**Es** la pluma de Maite. **Son** las llaves de don Francisco.
What something is made of	La bicicleta **es** de metal. Los libros **son** de papel.
Time and date	Hoy **es** martes. **Son** las dos. Hoy **es** el primero de julio.
Where or when an event takes place	El partido **es** en el estadio Santa Fe. La conferencia **es** a las siete.

Soy Francisco Castillo Moreno. Yo soy de la agencia Ecuatur.

Su nombre no está en mi lista.

	Uses of *estar*
Location or spatial relationships	El aeropuerto **está** lejos de la ciudad. Tu habitación **está** en el tercer piso.
Health	¿Cómo **estás**? **Estoy** bien, gracias.
Physical states and conditions	El profesor **está** ocupado. Las ventanas **están** abiertas.
Emotional states	Marisa **está** feliz hoy. **Estoy** muy enojado con Javier.
Certain weather expressions	**Está** lloviendo. **Está** nublado.
Ongoing actions (progressive tenses)	**Estamos** estudiando para un examen. Ana **está** leyendo una novela.

Ser and *estar* with adjectives

▶ With many descriptive adjectives, **ser** and **estar** can both be used.

Juan **es** delgado.
Juan is thin.

Juan **está** más delgado hoy.
Juan is thinner today.

Ana **es** feliz siempre.
Ana is always happy.

Ana **está** feliz en la fiesta.
Ana is happy at the party.

▶ In the examples above, the sentences with **ser** have a different meaning than the sentences with **estar**. The statements with **ser** are general observations about the inherent, permanent qualities of Juan and Ana. The statements with **estar** describe conditions that are temporary and changeable.

▶ Some adjectives change in meaning when used with **ser** and **estar**.

With *ser*	With *estar*
El chico **es listo**.	El chico **está listo**.
The boy is smart.	*The boy is ready.*
La profesora **es mala**.	La profesora **está mala**.
The professor is bad.	*The professor is sick.*
Jaime **es aburrido**.	Jaime **está aburrido**.
Jaime is boring.	*Jaime is bored.*
Las peras **son verdes**.	Las peras **están verdes**.
The pears are green.	*The pears are not ripe.*
El gato **es muy vivo**.	El gato **está vivo**.
The cat is very lively.	*The cat is alive.*
El puente **es seguro**.	Él no **está seguro**.
The bridge is safe.	*He's not sure.*

¡INTÉNTALO! Form complete sentences by using the correct form of **ser** or **estar**, the correct form of each adjective, and any other necessary words. The first item has been done for you.

1. Alejandra / cansado
   Alejandra está cansada.

2. Ellos / guapo
   _____

3. Carmen / alto
   _____

4. Yo / la clase de español
   _____

5. Película / a las once
   _____

6. Hoy / viernes
   _____

7. Nosotras / enojado
   _____

8. Antonio / médico
   _____

9. Romeo y Julieta / enamorado
   _____

10. Libros / de Ana
    _____

11. Marisa y Juan / estudiando
    _____

12. Partido de baloncesto / gimnasio
    _____

Práctica

1

¿Ser o estar? They say that opposites attract. Complete the statements about Andrés and Andrea using **ser** or **estar** and any other necessary words.

> **modelo**
>
> Andrés __es__ bajo pero Andrea __es alta__.

1. Andrés _____ un poco gordo pero Andrea _____.
2. La habitación de Andrea siempre (*always*) _____ sucia pero la habitación de Andrés _____.
3. Andrés siempre _____ contento pero Andrea siempre _____.
4. Andrea _____ rubia pero Andrés _____.
5. Andrés _____ perezoso (*lazy*) pero Andrea _____.
6. Andrea _____ muy seria pero Andrés _____.
7. A pesar de todo (*in spite of everything*), Andrés y Andrea _____ enamorados.

2

Completar Complete this conversation with the appropriate forms of **ser** and **estar**.

EDUARDO ¡Hola, Ceci! ¿Cómo _____?

CECILIA Hola, Eduardo. Bien, gracias. ¡Qué guapo _____ hoy!

EDUARDO Gracias. _____ muy amable. Oye, ¿qué _____ haciendo? ¿ _Estás_ ocupada?

CECILIA No, sólo _estoy_ escribiendo una carta a mi prima Pilar.

EDUARDO ¿De dónde _es_ ella?

CECILIA Pilar _es_ del Ecuador. Su papá _es_ médico en Quito. Pero ahora Pilar y su familia _____ de vacaciones en Ponce, Puerto Rico.

EDUARDO Y... ¿cómo _es_ Pilar?

CECILIA _Es_ muy lista. Y también _____ alta, rubia y muy bonita.

3

En el aeropuerto In small groups, take turns using **ser** and **estar** to describe the following scene. Say as many things as you can.

NOTA CULTURAL

Luis Muñoz Marín International Airport in San Juan, Puerto Rico, is a major transportation hub of the Caribbean. The airport connects the region with the rest of the world via flights that depart daily for the mainland U.S. and various Caribbean nations.

Comunicación

4

Describir With a classmate, take turns describing the following people. First mention where each person is from. Then describe what each person is like, how each person is feeling, and what he or she is doing right now.

> **modelo**
>
> tu compañero/a de cuarto
>
> *Mi compañera de cuarto es de San Juan, Puerto Rico. Es muy inteligente. Está cansada pero está estudiando en la biblioteca.*

1. tu mejor (*best*) amigo/a
2. tus padres
3. tu profesor(a) favorito/a

4. tu novio/a o esposo/a
5. tu primo/a favorito/a
6. tus abuelos

5

Adivinar Get together with a partner and describe a few of your classmates to him or her using these questions as a guide. Don't mention the classmates' names. Can your partner guess which classmates you are describing?

1. ¿Cómo es?
2. ¿Cómo está?
3. ¿De dónde es?

4. ¿Dónde está?
5. ¿Qué está haciendo?

6

Dibujo Use **ser** and **estar** to describe what you see in the drawing.

Síntesis

7

Conversación Get together with a classmate you don't know very well and ask each other questions using **ser**, **estar**, and other verbs. Be sure to ask about these topics:

▶ las clases
▶ la familia

▶ los amigos
▶ los pasatiempos

5.4 Direct object nouns and pronouns

SUBJECT	VERB	DIRECT OBJECT NOUN
Álex y Javier	están tomando	fotos.
Álex and Javier	*are taking*	*photos.*

▶ A direct object noun receives the action of the verb directly and generally follows the verb. In the example above, the direct object noun answers the question *What are Javier and Álex taking?*

▶ When a direct object noun in Spanish is a person or a pet, it is preceded by the word **a**. This is called the personal **a**; there is no English equivalent for this construction.

Don Francisco visita **a** la señora Ramos.   Don Francisco visita el Hotel Prado.
Don Francisco is visiting Mrs. Ramos.   *Don Francisco is visiting the Hotel Prado.*

In the first sentence above, the personal **a** is required because the direct object is a person. In the second sentence, the personal **a** is not required because the direct object is a place, not a person.

¿Dónde pongo las maletas?

Puede ponerlas encima de la cama.

Hay muchos lugares interesantes por aquí. ¿Quieren ir a verlos?

Direct object pronouns

SINGULAR		PLURAL	
me	*me*	**nos**	*us*
te	*you* (fam.)	**os**	*you* (fam.)
lo	*you* (m., form.)	**los**	*you* (m., form.)
	him; it (m.)		*them* (m.)
la	*you* (f., form.)	**las**	*you* (f., form.)
	her; it (f.)		*them* (f.)

▶ Direct object pronouns are words that replace direct object nouns. Like English, Spanish sometimes uses a direct object pronoun to avoid repeating a noun that has already been mentioned.

	DIRECT OBJECT			DIRECT OBJECT PRONOUN
Maribel hace	las maletas.	▶	Maribel	**las** hace.
Felipe compra	el sombrero.		Felipe	**lo** compra.
Vicky tiene	la llave.		Vicky	**la** tiene.

¡ATENCIÓN!

In Spain and parts of Latin America, **le** and **les** are used instead of the pronouns **lo, la, los,** and **las** when referring to people:

No le veo.
I don't see him/her.

▶ In affirmative sentences, direct object pronouns generally appear before the conjugated verb. In negative sentences, the pronoun is placed between the word **no** and the verb.

Adela practica **el tenis**.	Adela no tiene **las llaves**.
Adela **lo** practica.	Adela **no las** tiene.
Carmen compra **los pasajes**.	Diego no hace **las maletas**.
Carmen **los** compra	Diego **no las** hace.

▶ When the verb is an infinitive construction, such as **ir a** + [*infinitive*], the direct object pronoun can be placed before the conjugated form or attached to the infinitive.

Ellos van a escribir **unas postales**.
— Ellos **las** van a escribir.
— Ellos van a escribir**las**.

Lidia quiere ver **una película**.
— Lidia **la** quiere ver.
— Lidia quiere ver**la**.

▶ When the verb is in the present progressive, the direct object pronoun can be placed before the conjugated form or attached to the present participle.

Gerardo está leyendo **la lección**.
— Gerardo **la** está leyendo.
— Gerardo está leyéndo**la**.

Toni está mirando el **partido**.
— Toni **lo** está mirando.
— Toni está mirándo**lo**.

¡ATENCIÓN!

When a direct object pronoun is attached to the present participle, an accent mark is added to maintain the proper stress. To learn more about accents, see Lesson 4, **Pronunciación**, p. 111, Lesson 10, **Ortografía**, p. 305, and Lesson 11, **Ortografía**, p. 335.

¡INTÉNTALO! Change the direct object nouns into direct object pronouns and make any other necessary changes. The first item in each column has been done for you.

1. Juan tiene el pasaporte.
   Juan lo tiene.

2. Confirman la reservación.
   _____

3. Leemos la lección.
   _____

4. Estudio el vocabulario.
   _____

5. Aprendemos las palabras.
   _____

6. Escucho al profesor.
   _____

7. Escribe los párrafos.
   _____

8. Tengo los pasajes
   _____

9. Quiero un avión.
   _____

10. Van a ver la película.
    Van a verla./La van a ver.

11. Quiero ver los monumentos.
    _____

12. Vamos a tomar el examen mañana.
    _____

13. ¿Cuándo vas a hacer la tarea?
    _____

14. Están explorando el pueblo.
    _____

15. Miguel está comprando los libros.
    _____

16. Estoy leyendo las cartas de Sonia.
    _____

17. ¡Están estudiando los verbos!
    _____

18. No queremos escalar esa montaña.
    _____

Práctica

1 **Seleccionar** Choose the correct response to each question.

1. ¿Tienes el libro de español?
   a. Sí, la tengo. b. No, no los tengo. c. Sí, lo tengo.
2. ¿Me puedes llevar al partido de baloncesto?
   a. Sí, los puedo llevar. b. Sí, te puedo llevar. c. No, no las puedo llevar.
3. El artista quiere dibujarte con tu mamá, ¿no?
   a. Sí, quiere dibujarlos mañana. b. Sí, nos quiere dibujar mañana.
   c. Sí, quiere dibujarte mañana.
4. ¿Quién tiene las llaves de nuestra habitación?
   a. Yo no las tengo. b. Amalia los tiene, ¿no? c. Yo la tengo.
5. ¿Quién te lleva al aeropuerto?
   a. Yo te llevo al aeropuerto. b. Rita los lleva al aeropuerto.
   c. Mónica me lleva al aeropuerto a las seis.
6. ¿Puedes oírme?
   a. Sí, te puedo oír bien. b. No, no los oigo. c. Sí, las oigo bien.

2 **¿Quién?** The Garza family is preparing to go on a vacation to Puerto Rico. Based on the clues, answer the questions about their preparations. Be sure to use direct object pronouns in your answers.

> **modelo**
>
> ¿Quién hace las reservaciones para el hotel? (El Sr. Garza)
> *El Sr. Garza las hace.*

1. ¿Quién compra los pasajes para el vuelo (*flight*)? (La Sra. Garza)
2. ¿Quién tiene que hacer las maletas de los niños? (María)
3. ¿Quiénes buscan los pasaportes? (Antonio y María)
4. ¿Quién va a confirmar las reservaciones para el hotel? (La Sra. Garza)
5. ¿Quién busca la cámara? (María)
6. ¿Quién compra un mapa de Puerto Rico? (Antonio)

NOTA CULTURAL

The Garza family needs passports to travel to Puerto Rico if they are coming from a foreign country. When traveling from the U.S. mainland, however, passports are not required, since Puerto Rico is a U.S. territory.

3 **Preguntas** Imagine that you and a classmate are chatting on your cell phones, trying to find out what each of you is doing to prepare for tomorrow's trip. Follow the model.

> **modelo**
>
> buscar tu pasaporte
> **Estudiante 1:** *¿Estás buscando tu pasaporte?*
> **Estudiante 2:** *No, no estoy buscándolo.*
> **Estudiante 1:** *¿Cuándo lo vas a buscar?*
> **Estudiante 2:** *Voy a buscarlo mañana (el lunes, a las dos, etc.).*

1. hacer tus maletas
2. buscar tu pasaje
3. confirmar tus reservaciones
4. comprar una cámara
5. preparar los documentos de viaje
6. leer el folleto (*brochure*) del hotel

¡LENGUA VIVA!

There are many Spanish words that correspond to *ticket*. **Boleto, billete,** and **pasaje** usually refer to a ticket used for travel, such as an airplane ticket. **Entrada** and **boleto** refer to a ticket to an event, such as a concert or a movie.

Comunicación

4 **Entrevista** Interview a classmate using these questions. Be sure to use direct object pronouns in your responses.

1. ¿Tienes tus llaves?
2. ¿Traes tu libro a la clase de español? ¿Y tu cuaderno?
3. ¿Estudias español todos los días?
4. ¿Visitas mucho a tus abuelos?
5. ¿Quién prepara la comida (*food*) en tu casa?
6. ¿Cuándo vas a hacer la tarea de la clase de español?
7. ¿Cuándo ves a tus amigos/as?
8. ¿Ves mucho la televisión? ¿Cuándo vas a ver tu programa favorito?

5 **En el centro** Get together with a partner and take turns asking each other questions about the drawing. Use direct object pronouns whenever possible.

> **modelo**
>
> **Estudiante 1:** ¿Quién está leyendo el periódico?
> **Estudiante 2:** El Sr. López está leyéndolo.

Síntesis

6 **Adivinanzas** Play a guessing game in which you describe a person, place, or thing and your partner guesses who or what it is. Then switch roles. Each of you should give at least five descriptions.

> **modelo**
>
> **Estudiante 1:** Lo uso para (*I use it to*) escribir en mi cuaderno.
> Es amarillo y no es muy grande. ¿Qué es?
> **Estudiante 2:** ¿Es un lápiz?
> **Estudiante 1:** ¡Sí!

5.5 Numbers 101 and higher

Numbers 101 and higher

101	ciento uno	**1.000**	mil
200	doscientos/as	**1.100**	mil cien
300	trescientos/as	**2.000**	dos mil
400	cuatrocientos/as	**5.000**	cinco mil
500	quinientos/as	**100.000**	cien mil
600	seiscientos/as	**200.000**	doscientos mil
700	setecientos/as	**550.000**	quinientos cincuenta mil
800	ochocientos/as	**1.000.000**	un millón (de)
900	novecientos/as	**8.000.000**	ocho millones (de)

▶ As shown in the preceding chart, Spanish uses a period to indicate thousands and millions, rather than a comma as used in English.

▶ The numbers 200 through 999 agree in gender with the nouns they modify.

324 maletas
trescientas veinticuatro maletas

605 pasajeros
seiscientos cinco pasajeros

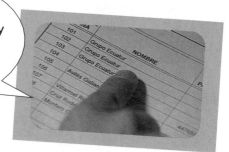

Aquí está la reservación... dos habitaciones dobles y una individual, de la ciento uno a la ciento tres.

▶ The word **mil**, which can mean *a thousand* and *one thousand*, is not usually used in the plural form. **Un millón** (*a million* or *one million*), however, has the plural form **millones** in which the accent is dropped.

1.000 aviones
mil aviones

2.000.000 de turistas
dos millones de turistas

¡INTÉNTALO! Give the Spanish equivalent of each number. The first item has been done for you.

1. **102** _____ciento dos_____
2. **935** _____
3. **5.000.000** _____
4. **2001** _____
5. **1776** _____
6. **345** _____
7. **550.300** _____
8. **235** _____
9. **1999** _____
10. **113** _____
11. **205** _____
12. **2105** _____
13. **17.123** _____
14. **497** _____

Práctica

1 **Completar** Complete the following sequences of numbers.

1. cincuenta, ciento cincuenta, doscientos cincuenta… mil cincuenta

2. cinco mil, veinte mil, treinta y cinco mil… noventa y cinco mil

3. cien mil, doscientos mil, trescientos mil… un millón

4. cien millones, noventa millones, ochenta millones… cero

2 **Resolver** Read the math problems aloud and solve them.

modelo

200 + 300 =
Doscientos más trescientos son quinientos.

+	más
−	menos
=	son/es

1. 1000 + 753 =
2. 1.000.000 − 30.000 =
3. 10.000 + 555 =
4. 150 + 150 =
5. 100.000 + 205.000 =
6. 29.000 − 10.000 =

3 **¿Cuándo?** Look at the timeline and tell when each of these events occurs.

1776	1861-1865	1914-1918	1939-1945	1963	1969	1997
Independencia de los EE.UU.	Guerra Civil de los EE.UU.	Primera Guerra Mundial	Segunda Guerra Mundial	El presidente Kennedy es asesinado	El hombre llega a la Luna	El *Pathfinder* llega al planeta Marte

1. La Primera Guerra Mundial termina.
2. El *Pathfinder* llega al planeta Marte.
3. La Segunda Guerra Mundial termina.
4. La Primera Guerra Mundial comienza.
5. El hombre llega a la Luna (*Moon*).
6. La Segunda Guerra Mundial comienza.

Comunicación

4 **Entrevista** Work together with a classmate and use these questions to interview each other. Be prepared to report the results of your interview to the class.

1. ¿Cuántas personas hay en la clase de español?
2. ¿Cuántas personas hay en la universidad?
3. ¿Cuántas personas hay en tu ciudad?
4. ¿Cuántas personas hay en tu estado?
5. ¿Cuántas personas hay en los Estados Unidos? ¿Y cuántos hispanohablantes?
6. ¿Cuántas personas hay en el mundo (*world*)? ¿Y cuántos hispanohablantes?

¡ATENCIÓN!

Note this difference between Spanish and English:

mil millones
a billion (1,000,000,000)

un billón
a trillion
(1,000,000,000,000)

Lectura

Antes de leer

Examinar el texto

Scan the reading selection for cognates and write a few of them down.

1. _____
2. _____
3. _____
4. _____
5. _____

Based on the cognates you found, what do you think this document is about?

_____

_____

Preguntas

Read the following questions. Then scan the document again to look for answers to the questions.

1. What is the format of the reading selection?

   _____

2. What country is the document about?

   _____

3. What are some of the visual cues this document provides? What do they tell you about the content of the document?

   _____

   _____

4. Who produced the document, and what do you think the document is for?

   _____

   _____

Turismo ecológico en Puerto Rico

Hotel La Cabaña
~ Lajas, Puerto Rico ~

Habitaciones

- 40 individuales
- 15 dobles
- Teléfono / TV / Cable
- Aire acondicionado
- Restaurante (Bar)
- Piscina
- Área de juegos
- Cajero automático

El hotel está situado en Playa Grande, un pequeño pueblo de pescadores del mar Caribe. Es el lugar perfecto para el viajero que viene de vacaciones. Las playas son seguras y limpias, ideales para tomar el sol, descansar, tomar fotografías y nadar. Está abierto los 365 días del año. Hay una rebaja especial para estudiantes.

DIRECCIÓN: Playa Grande 406, Lajas, PR 00667, cerca del Parque Nacional Foresta.

Cajero automático *ATM*   rebaja *discount*

Atracciones cercanas

Playa Grande ¿Busca la playa perfecta? Playa Grande es la playa que está buscando. Usted puede ir de pesca, sacar fotos, nadar y pasear en bicicleta. Playa Grande es un paraíso para el turista que quiere practicar deportes acuáticos. El lugar es bonito e interesante y usted tiene muchas oportunidades para descansar y disfrutar en familia.

Valle Niebla Ir de excursión, tomar café, montar a caballo, caminar, acampar, hacer picnic. Más de 100 lugares para acampar.

Bahía Fosforescente Sacar fotos, pescar, salidas de noche, excursión en barco. Una maravillosa experiencia con peces fosforescentes.

Arrecifes de Coral Sacar fotos, bucear, explorar. Es un lugar único en el Caribe.

Playa Vieja Tomar el sol, pasear en bicicleta, jugar a las cartas, escuchar música. Ideal para la familia.

Parque Nacional Foresta Sacar fotos, visitar el Museo de Arte Nativo. Reserva Mundial de la Biosfera.

Santuario de las Aves Sacar fotos, observar aves, seguir rutas de excursión.

peces *fish* aves *birds*

Después de leer

Listas
Which of the amenities of the Hotel La Cabaña would most interest these potential guests? Explain your choices.

1. Dos padres con un hijo de seis años y una hija de ocho años

   _____

2. Un hombre y una mujer en su luna de miel (*honeymoon*)

   _____

3. Una persona en un viaje de negocios (*business trip*)

   _____

Conversaciones
With a partner, take turns asking each other the following questions.

1. ¿Quieres visitar el Hotel La Cabaña? ¿Por qué?
2. Tienes tiempo de visitar sólo tres de las atracciones turísticas que están cerca del hotel. ¿Cuáles vas a visitar? ¿Por qué?
3. ¿Qué prefieres hacer en Valle Niebla? ¿En Playa Vieja? ¿En el Parque Nacional Foresta?

Situaciones
You have just arrived at the Hotel La Cabaña. Your classmate is the concierge. Use the phrases below to express your interests and ask him or her for suggestions about where to go.

1. montar a caballo
2. bucear
3. pasear en bicicleta
4. pescar
5. observar aves

Contestar
Answer the following questions.

1. ¿Quieres visitar el Hotel La Cabaña? Explica tu respuesta.

   _____

2. ¿Adónde quieres ir de vacaciones el verano que viene? Explica tu respuesta.

   _____

Escritura

Estrategia
Making an outline

When we write to share information, an outline can serve to separate topics and subtopics, providing a framework for the presentation of data. Consider the following excerpt from an outline of the tourist brochure on pages 160-161.

IV. Descripción del sitio (con foto)
   A. Playa Grande
      1. Playas seguras y limpias
      2. Ideal para tomar el sol, descansar, tomar fotografías, nadar
   B. El hotel
      1. Abierto los 365 días del año
      2. Rebaja para estudiantes universitarios

Mapa de ideas

Idea maps can be used to create outlines. The major sections of an idea map correspond to the Roman numerals in an outline. The minor idea map sections correspond to the outline's capital letters, and so on. Consider the idea map that led to the outline above.

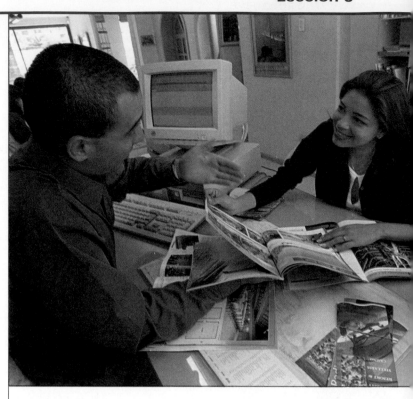

Tema

Escribir un folleto

Write a tourist brochure for a hotel or resort you have visited. If you wish, you may write about an imaginary hotel or resort. You may want to include some of the following information in your brochure:

▶ The name of the hotel or resort
▶ Phone and fax numbers that tourists can use to make contact
▶ The address of a website that tourists can consult
▶ An e-mail address that tourists can use to request information
▶ A description of the exterior of the hotel or resort
▶ A description of the interior of the hotel or resort, including facilities and amenities
▶ A description of the area around the hotel or resort, including its climate
▶ A listing of scenic natural attractions that are near the hotel or resort
▶ A listing of nearby cultural attractions
▶ A listing of recreational activities that tourists can pursue in the vicinity of the hotel or resort
▶ The rates charged by the hotel or resort

Plan de escritura

1 Ideas y organización

Which aspects of your vacation spot are the most attractive to prospective guests? Jot down your ideas based on your recollections or on the "perfect getaway." Then, organize your ideas in an outline, using only Spanish words and expressions. Remember to use a dictionary as a last resort.

2 Primer borrador

Using the outline you prepared in **Ideas y organización,** write the first draft of your brochure.

3 Comentario

Exchange papers with a classmate and comment on your partner's brochure, using these questions as a guide. Begin by mentioning one or two points that you like about the person's brochure, such as the description of the hotel or the location.

a. Would the brochure influence you to visit this hotel or resort?
b. Does the brochure provide all the required information?
c. Is the brochure organized in a logical fashion?
d. Do you have any suggestions for making the brochure more exciting?
e. Do you see any spelling or grammatical errors?

4 Redacción

Revise your first draft, keeping in mind your classmate's comments. Also incorporate any new ideas or information you may have. Before handing in the final version, review your work using these guidelines:

a. Underline each verb and make sure it agrees with the subject. Double check stem-changing verbs and verbs with irregular **yo** forms.
b. Check the gender and number of each article, noun, and adjective.
c. Check your spelling and punctuation, and consult your **Anotaciones para mejorar la escritura** to avoid repetition of previous errors.

5 Evaluación y progreso

Swap brochures with a classmate. After you have read the brochure, write a response in Spanish in which you:

- Name the three aspects of the resort that appeal to you most or least.
- Formulate two questions to clarify or expand on the information contained in the brochure.
- Request a room for yourself and a companion in the near future.

After your instructor returns your paper, review the comments and corrections. Note the most important issues on your **Anotaciones para mejorar la escritura** list in your **Carpeta de trabajos.**

Escuchar

Preparación

Based on the illustration, who is Hernán Jiménez, and what is he doing? What key words might you listen for to help you understand what he is saying?

Estrategia

Listening for key words

By listening for key words or phrases, you can identify the subject and main ideas of what you hear, as well as some of the details. To practice this strategy, you will now listen to a short paragraph. As you listen, jot down the key words that help you identify the subject of the paragraph and its main ideas.

 ## Ahora escucha

Now you are going to listen to a weather report by Hernán Jiménez. Note which phrases are correct according to the key words and phrases you hear.

Santo Domingo

1. hace sol
2. va a hacer frío
3. una mañana de mal tiempo
4. va a estar nublado
5. buena tarde para tomar el sol
6. buena mañana para la playa

San Francisco de Macorís

1. hace frío
2. hace sol
3. va a nevar
4. va a llover
5. hay niebla
6. buen día para excursiones

recursos

SCASS./CD
Lección 5

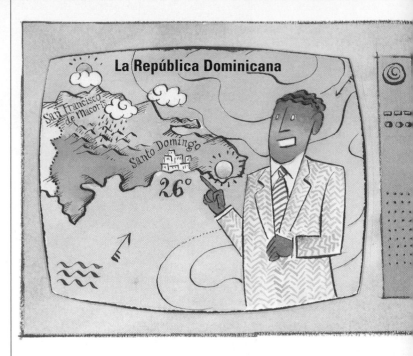

La República Dominicana

Comprensión

¿Cierto o falso?

Indicate whether each statement is **cierto** or **falso,** based on the weather report. Correct the false statements.

1. Según (*According to*) el meteorólogo, la temperatura en Santo Domingo es de 26 grados.

   _____

2. La temperatura máxima en Santo Domingo hoy va a ser de 30 grados.

   _____

3. Está lloviendo ahora en Santo Domingo.

   _____

4. En San Francisco de Macorís la temperatura mínima de hoy va a ser de 20 grados.

   _____

5. Va a llover mucho hoy en San Francisco de Macorís.

   _____

Preguntas

In Spanish, answer these questions about the weather report.

1. ¿Hace viento en Santo Domingo ahora?
2. ¿Hay niebla en Santo Domingo ahora?
3. ¿Está nevando ahora en San Francisco de Macorís?
4. ¿Hace calor ahora en San Francisco de Macorís?

Proyecto

Crea un sitio Web

Imagine that a travel agency has hired you to develop a web page to promote a travel package to Puerto Rico. The web page is intended to market the tour and inform potential travelers about the specifics.

1 Diseña un sitio Web

Create a real or simulated website to tell potential customers about the merits of the tour. You will want to create a general home page for your site, as well as links to pages that describe the details. Use the research tools found in **Recursos para la investigación** to identify the sites the tour will visit, where the travelers will stay, and the activities they will be able to participate in. You might include the following elements:

- A home page with a general description of the tour and links to pages that supply the details
- A page describing the means of transportation
- A page describing hotels and other accomodations, including images if possible
- A page about the locations to be visited, including images if possible
- A page describing activities available to travelers, including images if possible

dirección: www.puertorico.com   buscar   imprimir

Excursión por la isla del encanto: Puerto Rico

excursión de 4 días

excursión de 7 días

Agencia de Viajes El Morro
Tel: 787-234-5678
Fax: 787-876-5432

2 Presenta la información

Acting as the web page designer, present your work to the travel agency that hired you. Explain all the information that you have included and the images you have chosen. Answer any questions the agency executives may have about the website.

Crea *Create*   **Diseña** *Design*

recursos para la investigación

Internet Palabras clave: Puerto Rico, vacations, hotels, transportation	**Comunidad** Students and faculty members who are from Puerto Rico or who have traveled to Puerto Rico
Biblioteca Guidebooks, travel magazines	**Otros recursos** Brochures from travel agencies

Puerto Rico

El país en cifras

- **Área:** 8.959 km² (3.459 millas²)
  menor que el área de Connecticut
- **Población:** 3.930.000

Puerto Rico es una de las islas más densamente pobladas del mundo. Cerca de la mitad de la población vive en San Juan, la capital.

- **Capital:** San Juan—1.410.000

SOURCE: Population Division, UN Secretariat

- **Ciudades principales:** Arecibo—100.000, Bayamón—222.815, Fajardo—40.000, Mayagüez—100.371, Ponce—187.749
- **Moneda:** dólar estadounidense
- **Idiomas:** español (oficial); inglés (oficial)

Aproximadamente la cuarta parte de la población puertorriqueña habla inglés. Sin embargo, en las zonas turísticas este porcentaje es mucho más alto. El uso del inglés es obligatorio para documentos federales.

Bandera
de Puerto Rico

Puertorriqueños célebres

- **Luis Muñoz Rivera,** poeta, periodista y político (1859-1916)
- **Roberto Clemente,** beisbolista (1934-1972)
- **Luis Rafael Sánchez,** escritor (1936-)
- **Ricky Martin,** cantante y actor (1971-)

mitad *half*   subterráneo *underground*   sistema de cuevas *cave system*
boveda *underground chamber*   caber *fit*

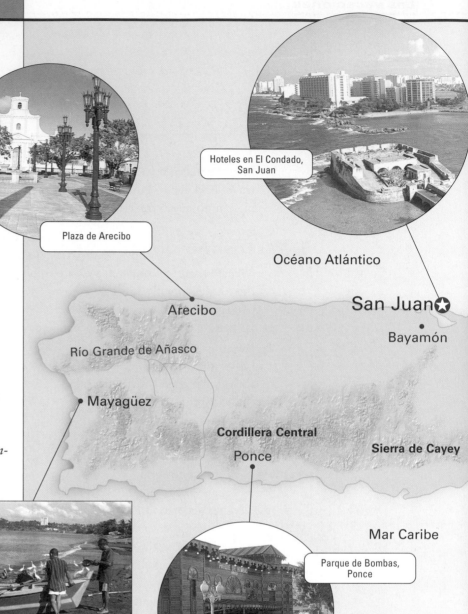

Hoteles en El Condado, San Juan

Plaza de Arecibo

Océano Atlántico

Arecibo

San Juan ✪

Río Grande de Añasco

Bayamón

Mayagüez

Cordillera Central

Sierra de Cayey

Ponce

Mar Caribe

Parque de Bombas, Ponce

Pescadores en Mayagüez

recursos

R | WB pp. 59-60 | vistasonline.com

OCÉANO ATLÁNTICO

PUERTO RICO

OCÉANO PACÍFICO

¡Increíble pero cierto!

El río *Camuy* es el tercer río subterráneo más largo del mundo y tiene el sistema de cuevas más grande en el hemisferio oeste. La *Cueva de los Tres Pueblos* es una gigantesca bóveda, tan grande que toda la fortaleza del Morro podría caber en su interior.

Lugares • **El Morro**

El Morro es una fortaleza que custodiaba la bahía de San Juan entre los años 1500 y 1900. Hoy día El Morro es un museo que atrae a miles de turistas cada año. De hecho, es el sitio más fotografiado de Puerto Rico. La arquitectura de la fortaleza es impresionante. Tiene misteriosos túneles, oscuras mazmorras y vistas fabulosas de la bahía.

Artes • **Salsa**

La música salsa, viva y rítmica, está hecha para bailar. Este estilo musical nació en la ciudad de Nueva York de raíces puertorriqueñas y cubanas. Su nombre significa que la música es la "salsa" de las fiestas. Dos de sus músicos más famosos son Tito Puente y Willie Colón, los dos de Nueva York. Sus estrellas puertorriqueñas son Felipe Rodríguez y Héctor Lavoe. Hoy día, Puerto Rico es el centro mundial de la salsa; de hecho, el Gran Combo de Puerto Rico es una de las orquestas más famosas.

Fajardo

Isla de Culebra

Isla de Vieques

Ciencias • **El Observatorio de Arecibo**

El Observatorio de Arecibo tiene el radiotelescopio más grande del mundo. Gracias al telescopio los científicos pueden estudiar la atmósfera de la Tierra y la Luna, además de fenómenos celestiales como quásares y púlsares. Los científicos también escuchan emisiones de radio de otras galaxias, buscando indicios de inteligencia extraterrestre.

Historia • **Relación con los Estados Unidos**

Puerto Rico pasó a ser parte de los Estados Unidos después de la Guerra de 1898 y se hizo un estado libre asociado en 1952. Los puertorriqueños, ciudadanos estadounidenses desde 1917, tienen representación en el Congreso pero no votan en las elecciones presidenciales y no pagan impuestos federales. Hay un debate entre los puertorriqueños: ¿debe la isla seguir como estado libre asociado, hacerse un estado como los demás o hacerse independiente?

¿Qué aprendiste? Responde a las preguntas con una frase completa.
1. ¿Cuál es la moneda de Puerto Rico?
2. ¿Qué idiomas se hablan (*are spoken*) en Puerto Rico?
3. ¿Cuál es el sitio más fotografiado de Puerto Rico?
4. ¿Cómo es la música salsa?
5. ¿Qué hacen los científicos en el Observatorio de Arecibo?

Conexión Internet Investiga estos temas en el sitio **www.vistasonline.com**.
1. Describe a dos puertorriqueños famosos. ¿Cómo son? ¿Qué hacen? ¿Dónde viven? ¿Por qué son célebres?
2. Busca información sobre lugares buenos para el ecoturismo en Puerto Rico. Luego presenta un informe a la clase.

custodiaba *guarded* bahía *bay* Hoy día *Nowadays* atrae *attracts* cada *each* de hecho *in fact* mazmorras *dungeons* viva *lively* estilo *style* nació *was born* raíces *roots* salsa *sauce* estrellas *stars* mundial *worldwide* científicos *scientists* Tierra *Earth* Luna *Moon* además *as well as* indicios *evidence* pasó a ser *became* después de *after* la Guerra *War* se hizo *became* ciudadanos *citizens* desde *since* impuestos *taxes* demás *the rest*

Los viajes y las vacaciones

acampar	to camp
confirmar una reservación	to confirm a reservation
estar de vacaciones (f. pl.)	to be on vacation
hacer las maletas	to pack (one's suitcases)
hacer turismo (m.)	to go sightseeing
hacer un viaje	to take a trip
hacer una excursión	to go on a hike; to go on a tour
ir de compras (f. pl.)	to go shopping
ir de pesca (f.)	to go fishing
ir de vacaciones	to go on vacation
ir en autobús (m.), auto(móvil)(m.), avión (m.), barco (m.), motocicleta (f.), taxi (m.),	to go by bus, car, plane, boat, motorcycle, taxi
jugar a las cartas	to play cards
montar a caballo (m.)	to ride a horse
pasar por la aduana	to go through customs
pescar	to fish
recorrer	to tour an area
sacar/tomar fotos (f. pl.)	to take photos
el/la agente de viajes	travel agent
el/la huésped	guest
el/la inspector(a) de aduanas	customs inspector
el/la viajero/a	traveler
el aeropuerto	airport
la agencia de viajes	travel agency
la cabaña	cabin
el campo	countryside
el equipaje	luggage
la estación de autobuses, del metro, de tren	bus, subway, train station
la llegada	arrival
el mar	sea; ocean
el océano	ocean; sea
el paisaje	landscape; countryside
el pasaje (de ida y vuelta)	(round-trip) ticket
el pasaporte	passport
la pensión	boarding house
la playa	beach
la salida	departure; exit
la tienda de campaña	tent
turístico/a	touristic

El hotel

el ascensor	elevator
el/la botones	bellhop
la cama	bed
el/la empleado/a	employee
la habitación individual, doble	single, double room
el hotel	hotel
la llave	key
el piso	floor (of a building)
la planta baja	ground floor

Adjetivos

abierto/a	open
aburrido/a	bored; boring
agradable	pleasant
alegre	happy; joyful
amable	nice; friendly
avergonzado/a	embarrassed
cansado/a	tired
cerrado/a	closed
cómodo/a	comfortable
contento/a	happy; content
desordenado/a	disorderly
enamorado/a de	in love (with)
enojado/a	mad, angry
equivocado/a	wrong
feliz	happy
limpio/a	clean
listo/a	ready; smart
nervioso/a	nervous
ocupado/a	busy
ordenado/a	orderly
preocupado/a (por)	worried (about)
seguro/a	sure
sucio/a	dirty
triste	sad

Los números ordinales

primer, primero/a	first
segundo/a	second
tercer, tercero/a	third
cuarto/a	fourth
quinto/a	fifth
sexto/a	sixth
séptimo/a	seventh
octavo/a	eighth
noveno/a	ninth
décimo/a	tenth

Palabras adicionales

ahora mismo	right now
el año	year
¿Cuál es la fecha (de hoy)?	What is the date (today)?
la estación	season
el mes	month
todavía	yet; still

Seasons and months	See page 138.
Direct object pronouns	See page 154.
Numbers 101 and higher	See page 158.
	See page 141.

¡De compras!

Communicative Goals

You will learn how to:

- Talk about and describe clothing
- Express preferences in a store
- Negotiate and pay for items you buy

¡De compras!

Más vocabulario

el abrigo	coat
el almacén	department store
los calcetines	socks
el centro comercial	shopping mall
el cinturón	belt
las gafas (de sol), las gafas (oscuras)	(sun)glasses
los guantes	gloves
el impermeable	raincoat
los lentes de contacto	contact lenses
los lentes de sol	sunglasses
el mercado (al aire libre)	(open-air) market
el precio (fijo)	(fixed; set) price
la rebaja	sale
la ropa	clothing; clothes
la ropa interior	underwear
las sandalias	sandals
la tienda	shop; store
el vestido	dress
los zapatos de tenis	tennis shoes; sneakers
costar (o:ue)	to cost
gastar	to spend (money)
hacer juego (con)	to match
llevar	to wear; to take
regatear	to bargain
usar	to wear; to use
vender	to sell

Variación léxica

calcetines ⟷ medias (*Amér. L.*)

cinturón ⟷ correa (*Col., Venez.*)

gafas/lentes ⟷ gafas/lentes oscuras/os,
de sol   gafas/lentes negras/os

zapatos de tenis ⟷ zapatillas de deporte (*Esp.*),
     zapatillas (*Arg., Perú*)

el sombrero

Caballeros

el par

los zapatos

la chaqueta

la caja

la cartera

la vendedora

la corbata

la tarjeta de crédito

los bluejeans

la bota

Práctica

1 **Escuchar** 🎧 Listen to Juanita and Vicente talk about what they're packing for their vacations. Indicate who is packing each item. If both are packing an item, write both names. If neither is packing an item, write an X.

1. abrigo _____
2. zapatos de tenis _____
3. impermeable _____
4. chaqueta _____
5. sandalias _____
6. bluejeans _____
7. gafas de sol _____
8. camisetas _____
9. traje de baño _____
10. botas _____
11. pantalones cortos _____
12. suéter _____

2 **Completar** Anita is talking about going shopping. Complete each sentence with the correct word(s), adding definite or indefinite articles when necessary.

caja	dependientas	tarjeta de crédito
vendedores	medias	centro comercial
traje de baño	par	ropa

1. Hoy voy a ir de compras al nuevo _____.
2. Voy a ir a la tienda de ropa para mujeres. Siempre hay muchas rebajas y las _____ son muy simpáticas.
3. Necesito comprarme _____ de zapatos.
4. Y tengo que comprarme _____ nuevo porque el sábado voy a la playa con mis amigos.
5. También voy a comprar unas _____ para mi mamá.
6. Voy a pagar todo (*everything*) en _____.
7. Pero hoy no llevo dinero. Voy a tener que usar mi _____.
8. Mañana voy al mercado al aire libre. Me gusta regatear con los _____.

3 **Escoger** Choose the item in each group that does not belong.

1. gafas • ropa interior • gafas de sol • lentes de contacto
2. camisa • camiseta • blusa • botas
3. bluejeans • bolsa • falda • pantalones
4. abrigo • suéter • corbata • chaqueta
5. mercado • tienda • almacén • cartera
6. usar • costar • gastar • regatear
7. botas • sandalias • zapatos • traje
8. vender • regatear • ropa interior • gastar

Los colores

amarillo/a   anaranjado/a   azul

blanco/a   gris   marrón, café   morado/a   negro/a

rojo/a   rosado/a   verde

¡LENGUA VIVA!

The names of colors vary throughout the Spanish-speaking world. For example, **anaranjado/a** may be referred to as **naranja**, **morado/a** as **púrpura**, and **rojo/a** as **colorado**.

Other terms that will prove helpful include **claro** (*light*) and **oscuro** (*dark*): **azul claro, azul oscuro**

Adjetivos

barato/a	*cheap*
bueno/a	*good*
cada	*each*
caro/a	*expensive*
corto/a	*short (in length)*
elegante	*elegant*
hermoso/a	*beautiful*
largo/a	*long (in length)*
loco/a	*crazy*
nuevo/a	*new*
otro/a	*other; another*
pobre	*poor*
rico/a	*rich*

4 **Contrastes** Complete each phrase with the opposite of the underlined word.

1. una corbata <u>barata</u> • unas camisas…
2. unas sandalias <u>malas</u> • unos zapatos de tenis…
3. un vestido <u>corto</u> • una falda…
4. un hombre muy <u>pobre</u> • una mujer muy…
5. una cartera <u>nueva</u> • un cinturón…
6. unos trajes <u>hermosos</u> • unos bluejeans…
7. un chico que <u>compra</u> ropa • una chica que… ropa
8. unos lentes de contacto <u>limpios</u> • unas gafas…
9. un impermeable <u>grande</u> • unos suéteres…
10. unos calcetines <u>blancos</u> • unas medias…

5 **Preguntas** Answer these questions with a classmate.

1. ¿De qué color es la rosa de Texas?
2. ¿De qué colores es la bandera (*flag*) de los EE.UU.?
3. ¿De qué color es la casa donde vive el presidente de los EE.UU.?
4. ¿De qué color es el océano Atlántico?
5. ¿De qué color es la nieve?
6. ¿De qué color es el café?
7. ¿De qué colores es el dólar de los EE.UU.?
8. ¿De qué colores es una cebra (*zebra*)?

Comunicación

6

CONSÚLTALO

Weather expressions
To review weather, see
Lesson 4, section 4.4,
p. 122–123.

Las maletas With a classmate, answer these questions about the drawings.

1. ¿Qué hay al lado de la maleta de Carmela?

2. ¿Qué hay en la maleta?

3. ¿De qué color son las sandalias?

4. ¿Adónde va Carmela?

5. ¿Qué tiempo va a hacer?

6. ¿Qué hay al lado de la maleta de Pepe?

7. ¿Qué hay en la maleta?

8. ¿De qué color es el suéter?

9. ¿Qué va a hacer Pepe?

10. ¿Qué tiempo va a hacer?

7

¿Adónde van? Imagine that you are going on a vacation with two classmates. Get together with your classmates and decide where you're going. Then draw three suitcases and write in each one what clothing each person is taking. Present your drawings to the rest of the class, answering these questions.

- ¿Adónde van?
- ¿Qué tiempo va a hacer allí (*there*)?
- ¿Qué van a hacer allí?
- ¿Qué hay en sus maletas?
- ¿De qué color es la ropa en sus maletas?

8

Preferencias Use these questions to interview a classmate. Then switch roles.

1. ¿Adónde vas para (*in order to*) comprar ropa? ¿Por qué?
2. ¿Qué tipo de ropa prefieres? ¿Por qué?
3. ¿Cuáles son tus colores favoritos?
4. En tu opinión, ¿es importante comprar ropa nueva frecuentemente? ¿Por qué?
5. ¿Cuánto dinero gastas en ropa cada mes? ¿Buscas rebajas?
6. ¿Regateas cuando compras ropa? ¿Usas una tarjeta de crédito?

¡Qué ropa más bonita!

Javier e Inés van de compras al mercado.

1

INÉS Javier, ¡qué ropa más bonita! A mí me gusta esa camisa blanca y azul. Debe ser de algodón. ¿Te gusta?

JAVIER Yo prefiero la camisa de la izquierda... la gris con rayas rojas. Hace juego con mis botas marrones.

2

INÉS Está bien, Javier. Mira, necesito comprarle un regalo a mi hermana Graciela. Acaba de empezar un nuevo trabajo...

JAVIER ¿Tal vez una bolsa?

3

VENDEDOR Esas bolsas son típicas de las montañas. ¿Le gusta?

INÉS Sí. Quiero comprarle una a mi hermana.

6

VENDEDOR Buenas tardes, joven. ¿Le puedo servir en algo?

JAVIER Sí. Voy a ir de excursión a las montañas y necesito un buen suéter.

VENDEDOR ¿Qué talla usa Ud.?

JAVIER Uso talla grande.

7

VENDEDOR Éstos son de talla grande.

JAVIER ¿Qué precio tiene ése?

VENDEDOR ¿Le gusta este suéter? Le cuesta ciento cincuenta mil sucres.

JAVIER Quiero comprarlo. Pero, señor, no soy rico. ¿Ciento veinte mil sucres?

8

VENDEDOR Bueno, para usted... sólo ciento treinta mil sucres.

JAVIER Está bien, señor.

INÉS Me gusta aquélla. ¿Cuánto cuesta?

VENDEDOR Ésa cuesta ciento sesenta mil sucres. ¡Es de muy buena calidad!

INÉS Uy, demasiado cara. Quizás otro día.

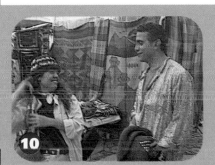

JAVIER Acabo de comprarme un suéter. Y tú, ¿qué compraste?

INÉS Compré esta bolsa para mi hermana.

INÉS También compré una camisa y un sombrero. ¿Qué tal me veo?

JAVIER ¡Guapa, muy guapa!

Enfoque cultural Mercados al aire libre

Open-air markets, or **mercados al aire libre,** are an important part of the commerce and culture of many Hispanic countries. Fresh fruits and vegetables, tapestries, clothing, pottery and crafts are commonly seen among the vendors' wares. One of the most famous is the market in Otavalo, Ecuador, which has taken place every Saturday since pre-Incan times. Another popular market is **El Rastro** in Madrid, held every Sunday, where tourists can buy antiques and many other goods.

Expresiones útiles

Talking about clothing

▶ **¡Qué ropa más bonita!**
What pretty clothes!

▶ **Me gusta esta/esa camisa blanca de rayas negras.**
I like this/that white shirt with black stripes.

▶ **Está de moda.**
It's in fashion.

▶ **Debe ser de algodón/lana/seda.**
It must be cotton/wool/silk.

▶ **Es de cuadros/lunares/rayas.**
It's plaid/polka-dotted/striped.

▶ **Me gusta este/ese suéter.**
I like this/that sweater.

▶ **Es de muy buena calidad.**
It's very good quality.

▶ **¿Qué talla lleva/usa Ud.?**
What size do you wear?

▷ **Llevo/Uso talla grande.**
I wear a large.

▶ **¿Qué número calza Ud.?**
What (shoe) size do you wear?

▷ **Calzo el treinta y seis.**
I wear a size six.

Talking about how much things cost

▶ **¿Cuánto cuesta?**
How much does it cost?

▷ **Sólo cuesta noventa mil sucres.**
It only costs ninety thousand sucres.

▷ **Demasiado caro/a.**
Too expensive.

▷ **Es una ganga.**
It's a bargain.

Saying what you bought

▶ **¿Qué compró Ud./él/ella?**
What did you (form.)/he/she buy?

▷ **Compré esta bolsa para mi hermana.**
I bought this purse for my sister.

▶ **¿Qué compraste?**
What did you buy?

▷ **Acabo de comprarme un sombrero.**
I have just bought myself a hat.

Reacciona a la fotonovela

1 **¿Cierto o falso?** Indicate whether each sentence is **cierto** or **falso**. Correct the false statements.

	Cierto	Falso
1. A Inés le gusta la camisa verde y amarilla.	○	○
2. Javier necesita comprarle un regalo a su hermana.	○	○
3. Las bolsas en el mercado son típicas de las montañas.	○	○
4. Javier busca un traje de baño.	○	○
5. Inés compró un sombrero, un suéter y una bolsa.	○	○
6. Javier regatea con el vendedor.	○	○

2 **Identificar** Provide the name of the person who would make each statement. The names may be used more than once.

1. ¿Te gusta el sombrero que compré? _____
2. Estos suéteres son de talla grande. ¿Qué talla usa Ud.? _____
3. ¿Por qué no compras una bolsa para Graciela? _____
4. Creo que mis botas hacen juego con la camisa. _____
5. Estas bolsas son excelentes, de muy buena calidad. _____
6. Creo que las blusas aquí son de algodón. _____

INÉS

JAVIER

EL VENDEDOR

CONSEJOS

When discussing prices, it's important to keep in mind singular and plural forms of verbs. Look carefully for the subject of the sentence:

La camisa **cuesta** diez dólares.

Las botas **cuestan** sesenta dólares.

El precio de las botas **es** sesenta dólares.

Los precios de la ropa **son** altos.

3 **Contestar** Answer the questions using the information in the **Fotonovela**.

1. Inés quiere comprarle un regalo a su hermana. ¿Por qué?
2. ¿Cuánto cuesta la bolsa típica de las montañas?
3. ¿Por qué necesita Javier un buen suéter?
4. ¿Cuál es el precio final del suéter?
5. ¿Qué compra Inés en el mercado?
6. ¿Qué talla usa Javier?

4 **Conversar** With a classmate, role-play a conversation in which the salesperson greets a customer in an open-air market and offers assistance. The customer is looking for a particular item of clothing. The salesperson and the customer discuss colors and sizes and negotiate a price.

AYUDA

¿Qué desea?
What would you like?

Estoy buscando...
I'm looking for...

Prefiero el/la rojo/a.
I prefer the red one.

¿Cuánto cuesta?
How much does it cost?

Es demasiado.
It's too much.

Pronunciación 🎧

The consonants **d** and **t**

¿Dónde?   **ven**d**er**   **na**d**ar**   **ver**d**ad**

Like **b** and **v**, the Spanish **d** can also have a hard sound or a soft sound, depending on which letters appear next to it.

Don   **dinero**   **tienda**   **falda**

At the beginning of a phrase and after **n** or **l**, the letter **d** is pronounced with a hard sound. This sound is similar to the English *d* in *dog*, but a little softer and duller. The tongue should touch the back of the upper teeth, not the roof of the mouth.

med**ias**   **ver**d**e**   **vesti**d**o**   **huéspe**d

In all other positions, **d** has a soft sound. It is similar to the English *th* in *there*, but a little softer.

Don Diego no tiene el diccionario.

When **d** begins a word, its pronunciation depends on the previous word. At the beginning of a phrase or after a word that ends in **n** or **l**, it is pronounced as a hard **d**.

Doña Dolores es de la capital.

Words that begin with **d** are pronounced with a soft **d** if they appear immediately after a word that ends in a vowel or any consonant other than **n** or **l**.

traje   **pantalones**   **tarje**t**a**   **tienda**

When pronouncing the Spanish **t**, the tongue should touch the back of the upper teeth, not the roof of the mouth. Unlike the English *t*, no air is expelled from the mouth.

Práctica Read these phrases aloud to practice the **d** and the **t**.

1. Hasta pronto.
2. De nada.
3. Mucho gusto.
4. Lo siento.
5. No hay de qué.
6. ¿De dónde es usted?
7. ¡Todos a bordo!
8. No puedo.
9. Es estupendo.
10. No tengo computadora.
11. ¿Cuándo vienen?
12. Son las tres y media.

Una tienda Read these sentences aloud to practice the **d** and the **t**.

1. Don Teodoro tiene una tienda en un almacén en La Habana.
2. Don Teodoro vende muchos trajes, vestidos y zapatos todos los días.
3. Un día un turista, Federico Machado, entra en la tienda para comprar un par de botas.
4. Federico regatea con don Teodoro y compra las botas y también un par de sandalias.

Refranes Read these sayings aloud to practice the **d** and the **t**.

En la variedad está el gusto.[1]

Aunque la mona se vista de seda, mona se queda.[2]

1 *Variety is the spice of life.*
2 *You can't make a silk purse out of a sow's ear.*

recursos

| | SCASS./CD Lección 6 | LM p. 250 | LCASS./CD Cass. 6/CD6 |

6.1 The preterite tense of regular verbs

ANTE TODO In order to talk about events in the past, Spanish uses two simple tenses: the preterite and the imperfect. In this lesson, you will learn how to form the preterite tense, which is used to express actions or states completed in the past.

Preterite of regular –ar, –er, and –ir verbs

		–ar verbs **comprar**	–er verbs **vender**	–ir verbs **escribir**
SINGULAR FORMS	yo	compr**é** *I bought*	vend**í** *I sold*	escrib**í** *I wrote*
	tú	compr**aste**	vend**iste**	escrib**iste**
	Ud./él/ella	compr**ó**	vend**ió**	escrib**ió**
PLURAL FORMS	nosotros/as	compr**amos**	vend**imos**	escrib**imos**
	vosotros/as	compr**asteis**	vend**isteis**	escrib**isteis**
	Uds./ellos/ellas	compr**aron**	vend**ieron**	escrib**ieron**

¡ATENCIÓN!

The **yo** and **Ud./él/ella** forms of all three conjugations have written accents on the last syllable to show that it is stressed.

▶ As the preceding chart shows, the endings for regular **–er** and **–ir** verbs are identical in the preterite.

¿Qué compraste?

Compré esta bolsa.

▶ Note that the **nosotros/as** forms of regular **–ar** and **–ir** verbs in the preterite are identical to the present tense forms. Context will help you determine which tense is being used.

En invierno **compramos** la ropa en la tienda de la universidad.
In the wintertime, we buy clothing at the university store.

Anoche **compramos** unos zapatos de tenis y unas sandalias.
Last night we bought a pair of tennis shoes and a pair of sandals.

▶ **–Ar** and **–er** verbs that have a stem change in the present tense are regular in the preterite. They do *not* have a stem change.

	PRESENT	PRETERITE
cerrar (e:ie)	Ana **cierra** la puerta.	Ana **cerró** la puerta.
volver (o:ue)	Carlitos **vuelve** a las dos.	Carlitos **volvió** a las dos.

¡ATENCIÓN!

Preterite of stem-changing verbs
-ir verbs that have a stem change in the present tense also have a stem change in the preterite. See Lesson 8, section 8.1, p. 240.

▶ Verbs that end in **–car**, **–gar**, and **–zar** have a spelling change in the first person singular (**yo** form) in the preterite.

bus**car** ▶ busc- ▶ **qu-** ▶ yo bus**qu**é
lle**gar** ▶ lleg- ▶ **gu-** ▶ yo lle**gu**é
empe**zar** ▶ empez- ▶ **c-** ▶ yo empe**c**é

▶ Except for the **yo** form, all other forms of **–car**, **–gar**, and **–zar** verbs are regular in the preterite.

bus**qu**é, buscaste, buscó, buscamos, buscasteis, buscaron
lle**gu**é, llegaste, llegó, llegamos, llegasteis, llegaron
empe**c**é, empezaste, empezó, empezamos, empezasteis, empezaron

▶ Four other verbs —**creer**, **leer**, **oír**, and **ver**— have spelling changes in the preterite. The **i** of the verb endings of **creer**, **leer**, and **oír** carries an accent in the **yo, tú, nosotros/as,** and **vosotros/as** forms, and changes to **y** in the **Ud./él/ella** and **Uds./ellos/ellas** forms.

creer ▶ cre- ▶ cre**í**, cre**í**ste, cre**y**ó, cre**í**mos, cre**í**steis, cre**y**eron
leer ▶ le- ▶ le**í**, le**í**ste, le**y**ó, le**í**mos, le**í**steis, le**y**eron
oír ▶ o- ▶ o**í**, o**í**ste, o**y**ó, o**í**mos, o**í**steis, o**y**eron
ver ▶ v- ▶ v**i**, v**i**ste, v**i**o, v**i**mos, v**i**steis, v**i**eron

Words commonly used with the preterite

anoche	*last night*	**pasado/a** (adj.)	*last; past*
anteayer	*the day before yesterday*	**el año pasado**	*last year*
		la semana pasada	*last week*
ayer	*yesterday*	**una vez**	*once; one time*
de repente	*suddenly*	**dos veces**	*twice; two times*
desde... hasta...	*from... until...*	**ya**	*already*

Ayer llegué a París.
Yesterday I arrived in Paris.

Anoche oí un ruido extraño.
Last night I heard a strange noise.

¡INTÉNTALO! Provide the appropriate preterite forms of the verbs. The first item in each column has been done for you.

celebrar	comer	salir	comenzar
1. Elena _celebró_.	1. Los niños _comieron_.	1. Tú y yo _salimos_.	1. Uds. _comenzaron_.
2. Yo _____.	2. Tú _____.	2. Ella _____.	2. Nosotras _____.
3. Los chicos _____.	3. Ud. _____.	3. Pablo y Elena _____.	3. Yo _____.
4. Emilio y yo _____.	4. Nosotros _____.	4. Nosotros _____.	4. Marcos _____.
5. Tú _____.	5. Yo _____.	5. Yo _____.	5. Tú _____.
6. Ellos _____.	6. Uds. _____.	6. Ud. _____.	6. Los clientes _____.
7. Ud. _____.	7. Carlota _____.	7. Tú _____.	7. La vendedora _____.

Práctica

1

Completar Andrea is talking about what happened last weekend. Complete each sentence by choosing the correct verb and putting it in the preterite.

1. El sábado a las diez de la mañana, la profesora Mora _____ (asistir, costar, usar) a una reunión (*meeting*) de profesores.
2. A la una, yo _____ (llegar, bucear, llevar) a la tienda con mis amigos.
3. Mis amigos y yo _____ (comprar, regatear, gastar) dos o tres cosas.
4. Yo _____ (costar, comprar, escribir) unos pantalones negros y mi amigo Mateo _____ (gastar, pasear, comprar) una camisa azul.
5. A las siete, mis amigos y yo _____ (llevar, vivir, comer) en un café.
6. A las nueve, Pepe _____ (hablar, pasear, nadar) con su novia por teléfono.
7. La tarde del sábado, mi mamá _____ (escribir, beber, vivir) una carta a nuestros parientes en Cuba.
8. La mañana del domingo mi tía Manuela _____ (decidir, salir, escribir) vender su auto y su bicicleta.
9. A las cuatro de la tarde, mi tía _____ (beber, salir, vender) su auto a la profesora Mora y su bicicleta a su amiga Loli.

2

Preguntas Imagine that you have a pesky friend who keeps asking you questions. Respond that you already did or have just done what he/she asks.

> **modelo**
> leer la lección
> **Estudiante 1:** ¿Leíste la lección? **Estudiante 2:** Sí, ya la leí.

1. escribir el correo electrónico
2. lavar (*to wash*) la ropa
3. oír las noticias (*news*)
4. comer el sándwich
5. practicar los verbos
6. pagar la cuenta (*bill*)
7. empezar la composición
8. ver la película *Titanic*

¡ATENCIÓN!

To say that you have just done something, use the construction **acabar** + **de** + [*infinitive*]. Note that **acabar** is used in the present tense even though the action expressed has already taken place.

José acaba de llegar.
José has just arrived.

Acabo de comprar un suéter.
I have just bought a sweater.

3

Combinar Combine words and phrases from each column to talk about things you and others did. Be sure to use the correct form of each verb.

> **modelo**
> Mis amigos y yo llegamos tarde a clase una vez.

yo	ver televisión	anoche
mi compañero/a de cuarto	hablar con un(a)	anteayer
mis amigos y yo	chico/a guapo/a	ayer
mi mejor (*best*) amigo/a	estudiar español	la semana pasada
mis padres	comprar ropa nueva	el año pasado
el/la profesor(a) de español	leer un buen libro	una vez
el presidente de los	llegar tarde a clase	dos veces
Estados Unidos	visitar Europa	
	escribir una carta	

AYUDA

pasado mañana
the day after tomorrow

próximo/a *next*

la semana que viene
next week

último/a *last (in a series)*

penúltimo/a
next to last

Comunicación

4

Encuesta Your instructor will give you **una hoja de actividades** (*a worksheet*). Walk around the room and ask people if they did each activity listed. Try to find at least two people for each activity, and note their names on your worksheet. Be prepared to report the results of your survey to the class.

> **modelo**
>
> comprar ropa nueva la semana pasada
> **Estudiante 1:** ¿Compraste ropa nueva la semana pasada?
> **Estudiante 2:** Sí, compré ropa nueva el jueves pasado.

Actividades	Nombres
1. Comprar ropa interior ayer	
2. Viajar a Europa el año pasado	
3. Ver a una persona famosa el año pasado	
4. Ver tres programas de televisión anoche	
5. Tomar tres exámenes la semana pasada	
6. Recibir un mensaje electrónico ayer	
7. Visitar otro país el verano pasado	
8. Jugar a las cartas anoche	

5

Las vacaciones Imagine that you took these photos on a vacation with friends. Get together with a partner and use the pictures to tell him or her about your trip.

Síntesis

6

Conversación Get together with a partner and have a conversation about what you did last week. Don't forget to include school activities, shopping, and pastimes.

6.2 Indirect object pronouns

ANTE TODO In Lesson 5, you learned that a direct object is the noun or pronoun that receives the action of the verb directly. In contrast, indirect objects are nouns or pronouns that receive the action of the verb indirectly. Note the following example:

SUBJECT	I.O. PRONOUN	VERB	DIRECT OBJECT	INDIRECT OBJECT
Roberto	**le**	prestó	cien pesos	**a Luisa**.
Roberto		*loaned*	*100 pesos*	*to Luisa.*

An indirect object is the noun or pronoun that answers the question *to whom* or *for whom* an action is done. In the preceding example, the indirect object answers this question: **¿A quién le prestó Roberto cien pesos?** *To whom did Roberto loan 100 pesos?*

Indirect object pronouns

SINGULAR		PLURAL	
me	(to, for) *me*	**nos**	(to, for) *us*
te	(to, for) *you* (fam.)	**os**	(to, for) *you* (fam.)
le	(to, for) *you* (form.)	**les**	(to, for) *you* (form.)
	(to, for) *him; her*		(to, for) *them*

Buenas tardes. ¿Le puedo servir en algo?

Sí, necesito comprarme un buen suéter.

Using indirect object pronouns

▶ Spanish speakers commonly use both an indirect object pronoun and the indirect object noun to which it refers in the same sentence. This is done to emphasize and clarify to whom the pronoun refers.

I.O. PRONOUN		INDIRECT OBJECT	
Ella **le** vendió la ropa a **Elena**.		**Les** prestamos el dinero a **Inés y Álex**.	

▶ Indirect object pronouns are also used without the indirect object noun when the person for whom the action is being done is known.

Ana **le** prestó la falda **a Elena**.
Ana loaned her skirt to Elena.

También **le** prestó unos bluejeans.
She also loaned her a pair of blue jeans.

▶ Indirect object pronouns are usually placed before the conjugated form of the verb. In negative sentences the pronoun is placed between **no** and the conjugated verb.

Martín **me** compró un regalo.
Martín bought me a gift.

Eva **no me** escribió una carta.
Eva didn't write a letter to me.

¡ATENCIÓN!

When an indirect object pronoun is attached to a present participle, an accent mark is added to maintain the proper stress. For more information on accents, see **Pronunciación**, p. 111, **Ortografía**, p. 305, and p. 335.

▶ When a conjugated verb is followed by an infinitive or the present progressive, the indirect object pronoun may be placed before the conjugated verb or attached to the infinitive or present participle.

Él quiere **hablarte** en inglés.
He wants to talk to you in English.

Él está **escribiéndole** una postal a ella.
He is writing a postcard to her.

Él **te** quiere hablar en inglés.
He wants to talk to you in English.

Él **le** está escribiendo una postal a ella.
He is writing a postcard to her.

▶ Because the indirect object pronouns **le** and **les** have multiple meanings, Spanish-speakers often clarify to whom the pronouns refer with the preposition **a** + [*pronoun*] or **a** + [*noun*].

UNCLEAR STATEMENT
Yo **le** compré un abrigo.

Ella **le** dio un libro.

CLARIFIED STATEMENTS
Yo **le** compré un abrigo **a él/ella/Ud.**

Ella **le** dio un libro **a Juan**.

UNCLEAR STATEMENT
Él **les** vendió unos sombreros.

Ellos **les** hablaron muy claro.

CLARIFIED STATEMENTS
Él **les** vendió unos sombreros **a ellos/ellas/Uds.**

Ellos **les** hablaron muy claro **a los turistas**.

¡INTÉNTALO! Use the cues in parentheses to provide the indirect object pronoun for the sentence. The first item has been done for you.

1. Juan ____le____ escribió ayer. (*to Elena*)
2. María _____ habló también. (*to us*)
3. Beatriz y Felipe _____ escribieron desde Cuba. (*to me*)
4. Marta y yo _____ compramos unos guantes. (*for them*)
5. Los vendedores _____ vendieron ropa. (*to you, fam.*)
6. La maestra _____ enseñó los verbos. (*to us*)
7. Yo _____ canté en español. (*to her*)
8. Nosotros _____ compramos dos vestidos. (*for them*)
9. Ella _____ escribió todos los días. (*to me*)

Rewrite the following sentences, attaching the indirect object pronoun to the end of the infinitive or present participle. Remember to add accent marks when necessary.

1. Susana te está escribiendo una carta. *Susana está escribiéndote una carta.*
2. Le tienes que pedir un lápiz al profesor.
3. Mi novia me va a comprar una camisa.
4. Mi novio me está preparando unos tacos.
5. La mamá le va a leer un libro al niño.

Práctica

1

Completar Fill in the correct pronouns to complete Mónica's description of her family's holiday shopping.

1. Juan y yo _____ compramos una blusa a nuestra hermana Gisela.
2. Mi tía _____ compró a nosotros una mesa para la casa.
3. Gisela _____ compró dos corbatas a su novio.
4. A mi mamá yo _____ compré un par de guantes negros.
5. A mi profesora _____ compré dos novelas de García Márquez.
6. Juan _____ compró un regalo a mis padres.
7. Mis padres _____ compraron a mí un traje nuevo.
8. Y a ti, yo _____ compré una sorpresa también. ¿Quieres verla?

2

Minidiálogos Supply the missing words in the minidialogues.

1. **NIÑOS** Mamá, ¿vas a leernos una historia (*story*)?
   MAMÁ Sí, _____ Blanca Nieves (*Snow White*).
   Creo que les va a gustar.
2. **JUAN** ¿Vas a comprarles un regalo a Héctor y a Linda?
   MONA Sí, _____ un viaje a Europa.
3. **ESTUDIANTES** Profesora, ¿_____ en español todos
   los días (*every day*)?
   PROFESORA ¡Claro que (*of course*) voy a hablarles a Uds. en español!
   Es importante hablar en español todos los días.
4. **SARA** ¿_____ una carta a Maripili?
   LAURA No, estoy escribiéndoles una carta a Alicia y Orlando. ¿Por qué?
5. **ALFREDO** Ramón, ¿_____ puedes prestar tu bicicleta hoy?
   RAMÓN No, no te puedo prestar mi bicicleta. Lo siento, es que tienes muchos
   accidentes.
6. **ESPOSO** ¿Qué me vas a comprar en el centro comercial? ¿Una camisa?
   ¿Una corbata?
   ESPOSA ¡No _____ nada!

3

Describir Describe what's happening in these photos based on the cues provided.

1. escribir / mensaje electrónico

2. mostrar / fotos

3. pedir / llaves

4. vender / suéter

Comunicación

4

Entrevista Take turns with a classmate asking and answering questions using the word bank.

> **modelo**
>
> escribir mensajes electrónicos
> **Estudiante 1:** ¿A quién le escribes mensajes electrónicos?
> **Estudiante 2:** Le escribo mensajes electrónicos a mi hermano.

comprar ropa	prestar dinero
escribir tarjetas postales	cantar canciones de amor (*love songs*)
escribir mensajes electrónicos	preparar comida (*food*) mexicana
pedir dinero	pedir ayuda con tus clases

5

Entrevista Use these questions to interview a classmate.

1. ¿Te gusta escribir tarjetas postales?
2. ¿Te gusta ir de compras? ¿Adónde te gusta ir?
3. ¿Les compras regalos a tus amigos/as cuando hay rebajas?
4. ¿Me compraste un regalo de Navidad el año pasado?
5. ¿Les prestas dinero a tus amigos/as? ¿Por qué?
6. ¿Me prestas cien dólares?

6

Situación Money is no object, so the entire Spanish class is going on a shopping spree. In groups of three, interview each other to find out what everyone is going to buy for family and friends. Be prepared to share your findings with the rest of the class.

Síntesis

7

Minidrama With two classmates, take turns playing the roles of two shoppers and a clerk in a clothing store. The shoppers should take turns talking about the articles of clothing they are looking for, for whom they are buying the clothes, and what they bought for the same people last year. The clerk should recommend several items, based on the shoppers' descriptions.

AYUDA

Other phrases (in addition to those given on page 175) that you can use are:

Me queda grande/pequeño.
It's big/small on me.

¿Tiene otro color?
Do you have another color?

¿Está en rebaja?
Is it on sale?

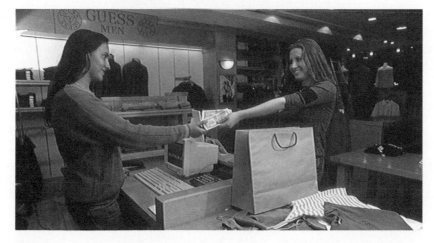

6.3 Demonstrative adjectives and pronouns

Demonstrative adjectives

ANTE TODO In Spanish, as in English, demonstrative adjectives are words that "demonstrate" or "point out" nouns. Demonstrative adjectives precede the nouns they modify and, like other Spanish adjectives you have studied, agree with them in gender and number. Observe the following examples, then study the following chart.

esta camisa	**ese** vendedor	**aquellos** zapatos
this shirt	*that salesman*	*those shoes (over there)*

Demonstrative adjectives

	Singular		Plural		
	MASCULINE	FEMININE	MASCULINE	FEMININE	
	este	**esta**	**estos**	**estas**	*this; these*
	ese	**esa**	**esos**	**esas**	*that; those*
	aquel	**aquella**	**aquellos**	**aquellas**	*that; those (over there)*

▶ There are three sets of demonstrative adjectives. To determine which one to use, you must establish the relationship between the speaker and the noun(s) being pointed out.

▶ The demonstrative adjectives **este, esta, estos,** and **estas** are used to point out nouns that are close in space and time to the speaker and the listener.

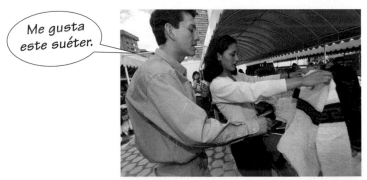

Me gusta este suéter.

▶ The demonstrative adjectives **ese, esa, esos,** and **esas** are used to point out nouns that are not close in space and time to the speaker. They may, however, be close to the listener.

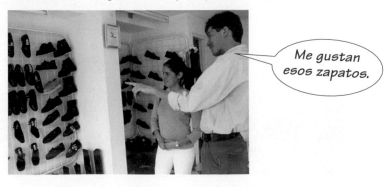

Me gustan esos zapatos.

▶ The demonstrative adjectives **aquel**, **aquella**, **aquellos**, and **aquellas** are used to point out nouns that are far away in space and time from the speaker and the listener.

Aquellos chicos son mis amigos.

Demonstrative pronouns

▶ Demonstrative pronouns are identical to their corresponding demonstrative adjectives, except that they carry an accent mark on the stressed vowel.

—¿Quieres comprar **este suéter**?
Do you want to buy this sweater?

—No, no quiero **éste**. Quiero **ése**.
No, I don't want this one. I want that one.

—¿Vas a leer **estas revistas**?
Are you going to read these magazines?

—Sí, voy a leer **éstas**. También voy a leer **aquéllas**.
Yes, I'm going to read these. I'll also read those.

Demonstrative pronouns

Singular		Plural			
MASCULINE	FEMININE	MASCULINE	FEMININE	NEUTER	
éste	**ésta**	**éstos**	**éstas**	**esto**	*this (one); these*
ése	**ésa**	**ésos**	**ésas**	**eso**	*that (one); those*
aquél	**aquélla**	**aquéllos**	**aquéllas**	**aquello**	*that (one); those (over there)*

▶ Each of the three sets of demonstrative pronouns has a neuter form: **esto**, **eso**, and **aquello**. These forms refer to unidentified or unspecified nouns, situations, ideas, and concepts.

—¿Qué es **esto**?
What's this?

—Es una cartera.
It's a wallet.

—¿Qué es **eso**?
What's that?

—¡**Aquello** es bonito!
That's pretty!

¡INTÉNTALO! Provide the correct form of the demonstrative adjective and demonstrative pronoun for these nouns. The first item has been done for you.

1. la falda / este ___esta falda, ésta___
2. los estudiantes / este _____
3. los países / aquel _____
4. la ventana / ese _____
5. los periodistas / ese _____
6. las empleadas / ese _____
7. el chico / aquel _____
8. las sandalias / este _____
9. el autobús / ese _____
10. las chicas / aquel _____

Práctica

1 **Cambiar** Make the singular sentences plural and the plural sentences singular.

> **modelo**
>
> Estas camisas son blancas.
> *Esta camisa es blanca.*

1. Aquellos chalecos son muy elegantes.
2. Ese abrigo es muy caro.
3. Estos cinturones son hermosos.
4. Esos precios son muy buenos.
5. Estas faldas son muy cortas.
6. ¿Quieres ir a aquel almacén?
7. Esas blusas son baratas.
8. Esta corbata hace juego con mi traje.

2 **Completar** Here are some things people might say while shopping. Complete the sentences with the correct demonstrative pronouns.

1. No me gustan esos zapatos. Voy a comprar _____. (*these*)
2. ¿Vas a comprar ese traje o _____? (*this one*)
3. Esta guayabera es bonita pero prefiero _____. (*that one*)
4. Estas corbatas rojas son muy bonitas pero _____ son fabulosas. (*those*)
5. Estos cinturones cuestan demasiado. Prefiero _____. (*those over there*)
6. ¿Te gustan esas botas o _____? (*these*)
7. Esa bolsa roja es bonita pero prefiero _____. (*that one over there*)
8. No voy a comprar estas botas, voy a comprar _____. (*those over there*)
9. ¿Prefieres estos pantalones o _____? (*those*)
10. Me gusta este vestido pero voy a comprar _____. (*that one*)
11. Me gusta ese almacén pero _____ es mejor (*better*). (*that one over there*)
12. Esa blusa es bonita pero cuesta demasiado. Voy a comprar _____. (*this one*)

3 **Describir** With your partner, look for two items in the classroom that are one of these colors: **amarillo, azul, blanco, marrón, negro, verde, rojo.** Point them out, first using demonstrative adjectives, and then demonstrative pronouns.

> **modelo**
>
> azul
> **Estudiante 1:** Esta silla es azul. Aquella mochila es azul.
> **Estudiante 2:** Ésta es azul. Aquélla es azul.

Now use demonstrative adjectives and pronouns to discuss the colors of your class-mates' clothing. One of you can ask a question about an article of clothing, using the wrong color. Your partner will correct you and point out that color somewhere else in the room.

> **modelo**
>
> **Estudiante 1:** ¿Esa camisa es negra?
> **Estudiante 2:** No, ésa es azul. Aquélla es negra.

NOTA CULTURAL

The **guayabera** is a men's shirt typically worn in the Caribbean. Never tucked in, it is casual wear, but variations exist for more formal occasions, such as weddings, parties, or the office. See page 169 for a photo of a guayabera.

Comunicación

4

Conversación With a classmate, use demonstrative adjectives and pronouns to ask each other questions about the people around you. Use words and expressions from the word bank and/or your own ideas.

¿Cómo se llama...?	¿Cuántos años tiene(n)...?
¿Cómo es (son)...?	¿A qué hora...?
¿De quién es (son)...?	¿Cuándo...?
¿De dónde es (son)...?	¿Qué clases toma(n)...?

> **modelo**
>
> **Estudiante 1:** ¿Cómo se llama esa chica?
> **Estudiante 2:** Se llama Rebeca.
> **Estudiante 1:** ¿A qué hora llegó aquel chico a la clase?
> **Estudiante 2:** A las nueve.

5

En una tienda Imagine that you and a classmate are in a small clothing store for both men and women. Study the floor plan, then have a conversation about what you see around you. Use demonstrative adjectives and pronouns as much as possible.

Síntesis

6

Adivinar Using demonstrative adjectives and other words you have learned, describe people, places, and things to a group of classmates. They will guess who or what you are describing.

> **modelo**
>
> **Estudiante 1:** Este hombre es alto, guapo y muy inteligente.
>   Llegó a la clase a las nueve.
> **Estudiante 2:** ¿Es el profesor?
> **Estudiante 1:** ¡Sí!

Lectura

Antes de leer

Estrategia

Skimming

Skimming involves quickly reading through a document to absorb its general meaning. This allows you to understand the main ideas without having to read word for word. When you skim a text, you might want to look at its title and subtitles. You might also want to read the first sentence of each paragraph.

Examinar el texto

Look at the format of the reading selection. How is it organized? What does the organization of the document tell you about its content?

Buscar cognados

Scan the reading selection to locate cognates and write a few of them down. Based on the cognates, what is the reading selection about?

1. _____
2. _____
3. _____
4. _____
5. _____
6. The reading selection is about _____.

Impresiones generales

Now skim the reading selection to understand its general meaning. Jot down your impressions. What new information did you learn about the document by skimming it? Based on all the information you now have, answer these questions.

1. Who produced this document?
2. What is its purpose?
3. Who is its intended audience?

¡Real Liquidación en Corona!

¡Grandes rebajas!

¡La rebaja está de moda en Corona!

SEÑORAS	CABALLEROS

Falda larga
ROPA BONITA
Algodón. De cuadros y rayas
Talla mediana
Precio especial: $8.000

Pantalones
OCÉANO
Colores blanco, azul y café
Ahora: $11.550
30% de rebaja

Blusas de seda
BAMBÚ
Seda. De cuadros y de lunares
Ahora: $21.000
40% de rebaja

Zapatos
COLOR
Italianos y franceses
Números del 40 al 45
Sólo $20.000 el par

Sandalias de playa
GINO
Números del 35 al 38
Ahora: $12.000 el par
50% de rebaja

Chaqueta
CASINO
Microfibra. Colores negro, blanco y gris
Tallas P-M-G-XG
Ahora: $22.500

Carteras
ELEGANCIA
Colores anaranjado, blanco, rosado y amarillo
Ahora: $15.000
50% de rebaja

Traje inglés
GALES
Modelos originales
Ahora: $105.000
30% de rebaja

Vestido de algodón
PANAMÁ
Colores blanco, azul y verde
Ahora: $18.000
30% de rebaja

Ropa interior
ATLÁNTICO
Talla mediana
Colores blanco, negro, gris
40% de rebaja

Lunes a sábado de 9 a 21 horas.
Domingo de 10 a 14 horas.

¡Corona tiene las ofertas más locas del verano!

30% 40% 50%

La tienda más elegante de la ciudad con precios increíbles y con la tarjeta de crédito más conveniente del mercado.

JÓVENES | NIÑOS

JÓVENES	NIÑOS
Bluejeans chicos y chicas **PACOS** Americanos. Tradicional Ahora: $9.000 el par **30% de rebaja**	**Vestido de niña** **GIRASOL** Tallas de la 2 a la 12. De cuadros y rayas Ahora: $8.625 **30% de rebaja**
Suéteres **CARAMELO** Algodón y lana. Colores blanco, gris y negro Antes: $10.500 **Ahora: $6.825**	**Pantalón deportivo de niño** **MILÁN** Tallas de la 4 a la 16 Ahora: $13.500 **30% de rebaja**
Lentes de contacto **VISIÓN** Americanos. Colores azul, verde y morado Antes: $15.000 el par **Ahora $10.000**	**Zapatos de tenis** **ACUARIO** Números del 20 al 25 Ahora: $15.000 el par **30% de rebaja**
Trajes de baño chicos y chicas **SUBMARINO** Microfibra. Todas las tallas Ahora: $12.500 **50% de rebaja**	**Pantalones cortos** **MACARENA** Talla mediana Ahora: $15.000 **30% de rebaja**
Gafas de sol **VISIÓN** Origen canadiense Antes: $23.000 **Ahora: $14.950**	**Camisetas de algodón** **POLO** Antes: $15.000 Ahora: $7.500 **50% de rebaja**

Por la compra de $40.000, puede llevar un regalo gratis.

- Un hermoso cinturón de señora
- Un par de calcetines
- Una corbata de seda
- Una bolsa para la playa
- Una mochila
- Unas medias

real *royal* liquidación *clearance sale* antes *before* regalos *gifts*

Después de leer

Completar

Complete this paragraph about the reading selection with the correct forms of words from the word bank.

falda	rebaja
dinero	verano
increíble	zapato
hacer juego	pantalón
almacén	tarjeta de crédito

En este anuncio de periódico el _____ Corona anuncia la liquidación de _____ con grandes _____ en todos los departamentos. Con muy poco _____ Ud. puede equipar a toda su familia. Si no tiene dinero en efectivo (*cash*), puede utilizar su _____ y pagar luego. Para el caballero con gustos refinados, hay _____ importados de París y Roma. La señora elegante puede encontrar blusas de seda que _____ con todo tipo de _____ o _____. Los precios de esta liquidación son realmente _____.

¿Cierto o falso?

Indicate whether each statement is **cierto** or **falso**. Correct the false statements.

1. Hay ropa de algodón para jóvenes.
2. La ropa interior tiene una rebaja del 30%.
3. El almacén Corona tiene un departamento de zapatos.
4. Normalmente las sandalias cuestan $22.000 el par.

Preguntas

Contesta las preguntas en español.

1. Imagina que vas a ir a la tienda Corona. ¿Qué departamentos vas a visitar? ¿el departamento de ropa para señoras, el departamento de ropa para caballeros…?
2. ¿Qué vas a buscar en Corona?
3. ¿Hay tiendas similares a la tienda Corona en tu pueblo o ciudad? ¿Cómo se llaman? ¿Tienen muchas gangas?

Escritura

Estrategia

How to report an interview

There are several ways to prepare a written report about an interview. For example, you can transcribe the interview verbatim, you can simply summarize it, or you can summarize it but quote the speakers occasionally. In any event, the report should begin with an interesting title and a brief introduction, which may include the five W's (*what, where, when, who, why*) and the H (*how*) of the interview. The report should end with an interesting conclusion. Note that when you transcribe dialogue in Spanish, you should pay careful attention to format and punctuation.

Writing dialogue in Spanish

- If you are transcribing an interview verbatim, you can use speakers' names to indicate a change of speaker.

  CARMELA ¿Qué compraste? ¿Encontraste muchas gangas?

  ROBERTO Sí, muchas. Compré un suéter, una camisa y dos corbatas. Y tú, ¿qué compraste?

  CARMELA Una blusa y una falda muy bonitas. ¿Cuánto costó tu camisa?

  ROBERTO Sólo diez dólares. ¿Cuánto costó tu blusa?

  CARMELA Veinte dólares.

- You can also use a dash (*raya*) to mark the beginning of each speaker's words.

  — ¿Qué compraste?
  — Un suéter y una camisa muy bonitos. Y tú, ¿encontraste muchas gangas?
  — Sí... compré dos blusas, tres camisetas y un par de zapatos.
  — ¡A ver!

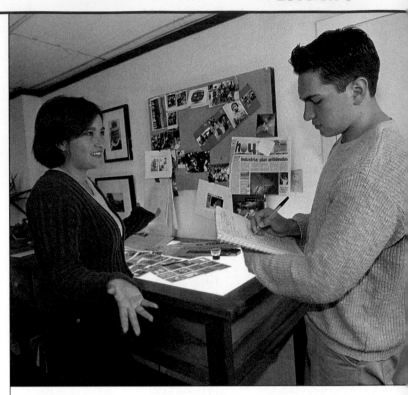

Tema

Escribe un informe

Write a report for the school newspaper about an interview you conducted with a student about his or her shopping habits and clothing preferences. First, brainstorm a list of interview questions. Then conduct the interview using the questions below as a guide, but feel free to ask other questions as they occur to you.

Examples of questions:

- ¿Cuándo vas de compras?
- ¿Adónde vas de compras?
- ¿Con quién vas de compras?
- ¿Qué tiendas, almacenes o centros comerciales prefieres?
- ¿Compras ropa de catálogos o por el Internet?
- ¿Prefieres comprar ropa cara o barata? ¿Por qué? ¿Te gusta buscar gangas?
- ¿Qué ropa llevas cuando vas a clase?
- ¿Qué ropa llevas cuando sales a bailar?
- ¿Qué ropa llevas cuando practicas un deporte?
- ¿Cuáles son tus colores favoritos? ¿Compras mucha ropa de esos colores?
- ¿Compras ropa para tu familia o para tus amigos/as?

Plan de escritura

1 Ideas y organización

First, brainstorm a title for the report as well as ideas for how to introduce and present the information. Then use an idea map to help you organize your ideas, taking into account the variety of question words your interview answers. Finally, develop an outline for your report, organizing the interview questions in a logical order.

2 Primer borrador

Using your idea map and outline from **Ideas y organización,** write the rough draft of your report. Be sure that you have included an interesting introduction and conclusion.

3 Comentario

Exchange papers with a classmate and comment on each other's work using the questions below as a guide. Begin by mentioning one or two points that you like about the person's report, such as the title, the introduction, the conclusion, or the questions the interviewer asked.

    a. Does the title capture your interest?
    b. Are the introduction and conclusion adequate?
    c. Is the report organized in a logical fashion?
    d. Do you have suggestions for making the report more interesting?
    e. Do you see spelling or grammatical errors?

4 Redacción

Revise your first draft, keeping in mind your classmate's comments. Also incorporate any new ideas or information you may have. Before handing in the final version, review your work using these guidelines:

    a. Underline each verb and make sure that it agrees with the subject and that you have used the correct tense.
    b. Check the gender and number of each article, noun, and adjective.
    c. Circle the object pronouns and verify that you have used the correct form.
    d. Check your spelling and punctuation, consulting your **Anotaciones para mejorar la escritura.**

5 Evaluación y progreso

Working in groups of four, share your papers. Give the title "best" or "most" to each paper on the basis of its strongest points. For example, "best use of Spanish," "most interesting questions," etc. After your instructor returns your paper, review the comments and corrections. Note the most important issues on your **Anotaciones para mejorar la escritura** list in your **carpeta.**

Escuchar

Preparación

Based on the photograph at right, what do you think Marisol has recently done? What do you think Marisol and Alicia are talking about? What else can you guess about their conversation from the visual clues in the photograph?

Estrategia

Listening for linguistic cues

You can enhance your listening comprehension by listening for specific linguistic cues. For example, if you listen for the endings of conjugated verbs, or for familiar constructions, such as **acabar de** + [*infinitive*] or **ir a** + [*infinitive*], you can find out whether an event already took place, is taking place now, or will take place in the future. Verb endings also give clues about who is participating in the action. To practice listening for linguistic cues, you will now listen to four sentences. As you listen, note whether each sentence refers to a past, present, or future action. Also jot down the subject of each sentence.

🎧 Ahora escucha

Now you are going to hear Marisol and Alicia's conversation. Make a list of the clothing items that each person mentions. Then put a check mark after the item if the person actually purchased it.

Marisol	Alicia
1. _____	1. _____
2. _____	2. _____
3. _____	3. _____
4. _____	4. _____

recursos

R SCASS./CD
Lección 6

Marisol   Alicia

Comprensión

¿Cierto o falso?

Indicate whether each statement is **cierto** or **falso**. Then correct the false statements.

1. Marisol y Alicia acaban de ir de compras juntas (*together*).
2. Marisol va a comprar unos pantalones y una blusa mañana.
3. Marisol compró una blusa de cuadros.
4. Alicia compró unos zapatos nuevos hoy.
5. Alicia y Marisol van a ir al café.
6. Marisol gastó todo su dinero para la semana en ropa nueva.

Preguntas

Discuss the following questions with a classmate. Be sure to explain your answers.

1. ¿Crees que Alicia y Marisol son buenas amigas? ¿Por qué?
2. ¿Cuál de las dos estudiantes parece (*seems*) ser más ahorradora (*frugal*)? ¿Por qué?
3. ¿Crees que a Alicia le gusta la ropa que Marisol compró?
4. ¿Crees que la moda es importante para Alicia? ¿Para Marisol? ¿Por qué?
5. ¿Es importante para ti estar a la moda? ¿Por qué?

Proyecto

Prepara un plan de negocios

Imagine that you are opening a store in Miami that will cater to customers of Cuban heritage. In order to get a start-up loan, you have to write and present your business plan to the bank.

1 Prepara el plan

Develop a business plan to present your idea to your banker. Using the research tools found in **Recursos para la investigación,** choose a location in Miami for your store. You should also choose the products you are going to sell and select a name that will appeal to your clientele. Your business plan might include these elements:

- The name and location of the store
- A visual presentation of your products
- The prices of your products and your expected profits
- An explanation of why you think your store will be successful

2 Presenta la información

You are meeting with your banker to summarize your business plan. Greet him or her in a formal, businesslike manner. Explain your business plan to the banker. You may want to show photographs or drawings of products and explain why the products will sell. Ask your banker for his or her reaction to your plan.

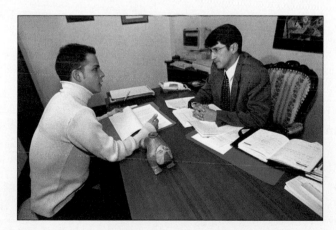

negocios *business*

recursos para la investigación

 Internet Palabras clave: Miami, Cuban, stores, business

 Comunidad Students, faculty members, and residents of your community who are of Cuban heritage or who are from Miami

 Biblioteca Almanacs, newspapers, magazines

 Otros recursos Maps of Cuba or books about Cuba that may suggest a name for the store

Cuba

El país en cifras

▶ **Área:** 110.860 km² (42.803 millas²), *aproximadamente el área de Pensilvania*

▶ **Población:** 11.275.000

▶ **Capital:** La Habana—2.278.000

La Habana Vieja fue declarada Patrimonio Cultural de la Humanidad por la UNESCO en 1982. Este distrito es uno de los lugares más fascinantes de Cuba. En La Plaza de Armas, se puede visitar el majestuoso Palacio de Capitanes Generales, que ahora es un museo. En la calle Obispo, frecuentada por el autor Ernest Hemingway, hay hermosos cafés, clubes nocturnos y tiendas elegantes.

▶ **Ciudades principales:**
Santiago de Cuba—446.000;
Camagüey—294.000; Holguín—242.000;
Guantánamo—208.000

SOURCE: Population Division, UN Secretariat

▶ **Moneda:** peso cubano

▶ **Idiomas:** español (oficial)

Bandera de Cuba

Cubanos célebres

▶ **Carlos Finlay,** doctor y científico (1833-1915)

▶ **José Martí,** político y poeta (1853-1895)

▶ **Fidel Castro,** primer ministro, jefe de las fuerzas armadas (1926-)

▶ **Zoe Valdés,** escritora (1959-)

fue declarada *was declared*	**Patrimonio** *Heritage*	**calle** *street*
liviano *light*	**tira de chicle** *stick of gum*	**colibrí** *hummingbird*
abeja *bee*	**sino** *but*	**ave** *bird*	**miden** *measure*	**apenas** *just*

Golfo de México

ESTADOS UNIDOS

Fortaleza El Morro

Playa en Santiago de Cuba

Océano Atlántico

Famoso cabaret el club Tropicana de la Habana

La Habana

Cordillera de los Órganos

Isla de la Juventud

Mar Caribe

Camagüey

ESTADOS UNIDOS

CUBA

OCÉANO ATLÁNTICO

OCÉANO PACÍFICO

AMÉRICA DEL SUR

Vista aérea de campos de caña de azúcar

recursos

R	WB pp. 69-70	WB, Repaso 4-6 pp. 71-72	vistasonline.com

¡Increíble pero cierto!

Más corto y liviano que una tira de chicle, el colibrí abeja de Cuba no es sólo la más pequeña de las 320 especies de colibrí, sino también el ave más pequeña del mundo. Menores que muchos insectos, estas aves minúsculas miden apenas 5 centímetros y pesan sólo 1,95 gramos.

Baile • Ballet Nacional de Cuba

La bailarina Alicia Alonso fundó el Ballet Nacional de Cuba en 1948, después de convertirse en una estrella internacional en el Ballet de Nueva York y en Broadway. El Ballet Nacional de Cuba es famoso en todo el mundo por su creatividad y perfección técnica.

Economía • La caña de azúcar y el tabaco

La caña de azúcar es el producto agrícola más cultivado de la isla y su exportación es muy importante para la economía del país. El tabaco, que se usa para fabricar los famosos cigarros cubanos, es otro cultivo de mucha importancia.

Historia • Los taínos

Los taínos eran una de las tres tribus indígenas que vivían en la isla cuando llegaron los españoles en el siglo XV. Los taínos también vivían en Puerto Rico, la República Dominicana, Haití, Trinidad, Jamaica y partes de las Bahamas y la Florida. Muchos taínos huyeron a las montañas para escaparse de los españoles; sus descendientes todavía viven en la región.

Música • Celia Cruz

La cantante Celia Cruz es considerada la reina de la música salsa. Su carrera empezó en Cuba en los años cincuenta. Aunque Celia Cruz salió de Cuba en 1960, prefiere cantar en español. Su forma personal de cantar atrae a oyentes de todo el mundo. Ganó un *Grammy* en 1990.

Holguín

Santiago de Cuba
Guantánamo

Sierra Maestra

¿Qué aprendiste? Responde a las preguntas con una frase completa.

1. ¿Quién es el líder del gobierno de Cuba?
2. ¿Dónde está la calle Obispo?
3. ¿Qué autor está asociado con la Habana Vieja?
4. ¿Por qué es famoso el Ballet Nacional de Cuba?
5. ¿Cuáles son los dos cultivos más importantes para la economía cubana?
6. ¿Qué fabrican los cubanos con el tabaco?
7. ¿Cuándo empezó Celia Cruz su carrera musical?

Conexión Internet Investiga estos temas en el sitio **www.vistasonline.com**.

1. Busca información sobre un(a) cubano/a célebre. ¿Por qué es célebre? ¿Qué hace? ¿Todavía vive en Cuba?
2. Busca información sobre una de las ciudades principales de Cuba. ¿Qué atracciones hay en esta ciudad?

---

estrella *star* **en todo el mundo** *throughout the world* **caña de azúcar** *sugar cane* **cultivado** *grown* **se usa** *is used* **cigarros** *cigars* **eran** *were* **vivían** *lived* **huyeron** *fled* **reina** *queen* **Aunque** *Although* **atrae a oyentes** *attracts listeners*

La ropa

el abrigo	coat
los bluejeans	jeans
la blusa	blouse
la bolsa	purse; bag
la bota	boot
el calcetín	sock
la camisa	shirt
la camiseta	t-shirt
la cartera	wallet
la chaqueta	jacket
el cinturón	belt
la corbata	tie
la falda	skirt
las gafas (de sol), las gafas (oscuras)	(sun)glasses
los guantes	gloves
el impermeable	raincoat
los lentes de contacto	contact lenses
los lentes (de sol)	(sun)glasses
las medias	pantyhose; stockings
los pantalones	pants
los pantalones cortos	shorts
la ropa	clothing; clothes
la ropa interior	underwear
la sandalia	sandal
el sombrero	hat
el suéter	sweater
el traje	suit
el traje (de baño)	(bathing) suit
el vestido	dress
los zapatos de tenis	(tennis) shoes, sneakers

Los colores

el color	color
amarillo/a	yellow
anaranjado/a	orange
azul	blue
blanco/a	white
gris	gray
marrón, café	brown
morado/a	purple
negro/a	black
rojo/a	red
rosado/a	pink
verde	green

Adjetivos

barato/a	cheap
bueno/a	good
cada	each
caro/a	expensive
corto/a	short (in length)
elegante	elegant
hermoso/a	beautiful
largo/a	long (in length)
loco/a	crazy
nuevo/a	new
otro/a	other; another
pobre	poor
rico/a	rich

Ir de compras

el almacén	department store
la caja	cash register
el centro comercial	shopping mall
el/la cliente/a	customer
el/la dependiente/a	clerk
el dinero	money
el mercado (al aire libre)	(open-air) market
el par	pair
el precio (fijo)	(fixed; set) price
la rebaja	sale
el regalo	gift
la tarjeta de crédito	credit card
la tienda	shop; store
el/la vendedor(a)	salesperson
costar (o:ue)	to cost
gastar	to spend (money)
hacer juego (con)	to match (with)
llevar	to wear
regatear	to bargain
usar	to wear; to use
vender	to sell

Palabras adicionales

acabar de (+ inf.)	to have just done something
anoche	last night
anteayer	the day before yesterday
ayer	yesterday
de repente	suddenly
desde	from; since
dos veces	twice; two times
pasado/a (adj.)	last; past
el año pasado	last year
prestar	to lend; to loan
una vez	once; one time
ya	already

Indirect object pronouns	See page 182.
Demonstrative adjectives and pronouns	See page 186.
Expresiones útiles	See page 175.

La rutina diaria

7

Communicative Goals

You will learn how to:
- Describe your daily routine
- Talk about personal hygiene
- Reassure someone

La rutina diaria

Más vocabulario

el baño, el cuarto de baño	*bathroom*
el champú	*shampoo*
el despertador	*alarm clock*
el jabón	*soap*
el maquillaje	*makeup*
la rutina diaria	*daily routine*
bañarse	*to bathe; to take a bath*
cepillarse el pelo	*to brush one's hair*
dormirse	*to go to sleep; to fall asleep*
lavarse la cara	*to wash one's face*
levantarse	*to get up*
maquillarse	*to put on makeup*
antes (de)	*before*
después	*afterwards; then*
después de	*after*
durante	*during*
entonces	*then*
luego	*then*
más tarde	*later*
por la mañana	*in the morning*
por la noche	*at night*
por la tarde	*in the afternoon; in the evening*
por último	*finally*

Variación léxica

afeitarse ⟷ rasurarse *(Méx., Amér. C.)*

ducha ⟷ regadera *(Col., Méx., Venez.)*

ducharse ⟷ bañarse *(Amér. L.)*

recursos

R	SCASS./CD Lección 7	WB pp. 73-74	LM p. 255	LCASS./CD Cass. 7/CD7

En la habitación por la mañana

Por la mañana

Se peina.
(peinarse)

Se acuesta.
(acostarse)

En la habitación por la noche

Se lava las manos.
(lavarse las manos)

Se cepilla los dientes.
(cepillarse los dientes)

la toalla

Por la noche

Práctica

1

Escuchar 🎧 Escucha las frases e indica si cada frase es
cierta o **falsa**, según el dibujo.

1. _____   6. _____
2. _____   7. _____
3. _____   8. _____
4. _____   9. _____
5. _____   10. _____

2

Seleccionar Selecciona las palabras que no están relacionadas
con su grupo.

1. lavabo • toalla • despertador • jabón _despertador_
2. manos • antes de • después de • por último _manos_
3. acostarse • jabón • despertarse • dormirse _jabón_
4. espejo • lavabo • despertador • entonces _entonces_
5. dormirse • toalla • vestirse • levantarse _toalla_
6. pelo • cara • manos • durante _durante_
7. espejo • champú • jabón _espejo_
8. maquillarse • vestirse • peinarse • dientes _dientes_
9. baño • dormirse • despertador • acostarse _baño_
10. ducharse • crema de afeitar • bañarse _crema de afeitar_

3

Identificar Con un(a) compañero/a, identifica las cosas que
cada persona necesita. Sigue el modelo.

> **modelo**
>
> Jorge / lavarse la cara
> **Estudiante 1:** ¿Qué necesita Jorge para lavarse
> la cara?
> **Estudiante 2:** Necesita jabón y una toalla.

1. Mariana / maquillarse _Necesita maquillaje y un espejo._
2. Gerardo / despertarse _Necesita un despertador._
3. Celia / bañarse _Necesita una ducha, un champú, un jabón, y una toalla._
4. Gabriel / ducharse ← _Necesita una ducha y un jabón._
5. Roberto / afeitarse ← _Necesita la crema de afeitar y una toalla._
6. Sonia / lavarse el pelo _Necesita la champú._
7. Vanesa / lavarse las manos _Necesita jabón y una toalla._
8. Manuel / vestirse _Necesita un espejo._
9. Simón / acostarse _Necesita ..._
10. Daniela / lavarse la cara _Necesita jabón y una toalla._

4   **Ordenar** Pon (*Put*) esta historia (*story*) en orden.

a. Se afeita después de cepillarse los dientes. _____

b. Se acuesta a las once y media de la noche. __9__

c. Por último se duerme. __10__

d. Después de afeitarse, sale para las clases. _____

e. Asiste a todas sus clases y vuelve a su casa. _____

f. Andrés se despierta a las seis y media de la mañana. __1__

g. Después de volver a casa, come un poco. Luego estudia en su habitación. _____

h. Se viste y entonces se cepilla los dientes. _____

i. Se cepilla los dientes antes de acostarse. _____

j. Se ducha antes de vestirse. _____

5   **La rutina diaria** Con un(a) compañero/a, mira los dibujos y describe lo que hacen Ángel y Lupe.

1.

2.

3.

4.

5.

6.

7.

8.

Comunicación

6 **Tu mejor (*best*) amigo/a** Contesta estas preguntas sobre la rutina diaria de tu mejor amigo/a.

1. ¿A qué hora se levanta durante la semana?
2. ¿A qué hora se levanta los fines de semana?
3. ¿Prefiere levantarse tarde o temprano?
4. ¿Se ducha por la mañana, por la tarde o por la noche?
5. ¿Se afeita todos los días (*every day*)? ¿Tiene barba (*beard*) o bigote (*moustache*)?
6. ¿Se maquilla todos los días?
7. ¿Se cepilla el pelo antes de acostarse?
8. ¿Se lava las manos antes de comer?
9. ¿Se acuesta tarde o temprano durante la semana?
10. ¿A qué hora se acuesta los fines de semana?

7 **Rutinas diarias** Trabajen en parejas (*pairs*) para describir la rutina diaria de dos o tres de estas personas. Pueden usar palabras de la lista.

primero	antes de	temprano
luego	después	después de
entonces	tarde	por último
durante el día		

NOTA CULTURAL

Queen Sofía of Spain, wife of King Juan Carlos, was born in Greece and is related to the oldest royal families of Europe —the Czars of Russia and Queen Victoria of England.

1. un(a) profesor(a) de la universidad
2. un(a) turista
3. un hombre o una mujer de negocios (*businessman/woman*)
4. un vigilante (*night watchman*)
5. un(a) jubilado/a (*retired person*)
6. el presidente de los Estados Unidos
7. un niño de cuatro años
8. la reina (*queen*) Sofía de España

8 **Compañeros de cuarto** En grupos, comparen las rutinas diarias de sus compañeros/as de cuarto o de los miembros de sus familias.

Estudiante 1: Mi compañera de cuarto, Sofía, se despierta muy temprano, ¡a las cinco de la mañana! Sale a correr y después se ducha. ¿Y sus compañeros de cuarto?

Estudiante 2: Yo vivo con mi hermano, Miguel, y él también se despierta muy temprano, pero lo hace para estudiar antes de ir a sus clases.

Estudiante 3: Javier, mi esposo, se despierta a las diez y cuarto. Se viste rápidamente (*quickly*) y no se ducha hasta la tarde, porque tiene clase a las once. Se acuesta muy tarde. ¿A qué hora se acuesta Sofía? ¿Y Miguel?

¡Jamás me levanto temprano!

Álex y Javier hablan de sus rutinas diarias.

1

JAVIER Hola, Álex. ¿Qué estás haciendo?

ÁLEX Nada… sólo estoy leyendo mi correo electrónico. ¿Adónde fueron?

2

JAVIER Inés y yo fuimos a un mercado. Fue muy divertido. Mira, compré este suéter. Me encanta. No fue barato pero es chévere, ¿no?

ÁLEX Sí, es ideal para las montañas.

3

JAVIER ¡Qué interesantes son los mercados al aire libre! Me gustaría volver pero ya es tarde. Oye, Álex, sabes que mañana tenemos que levantarnos temprano.

ÁLEX Ningún problema.

6

JAVIER ¡Increíble! ¡Álex, el superhombre!

ÁLEX Oye, Javier, ¿por qué no puedes levantarte temprano?

JAVIER Es que por la noche no quiero dormir, sino dibujar y escuchar música. Por eso es difícil despertarme por la mañana.

7

JAVIER El autobús no sale hasta las ocho y media. ¿Vas a levantarte mañana a las seis también?

ÁLEX No, pero tengo que levantarme a las siete menos cuarto porque voy a correr.

8

JAVIER Ah, ya… ¿Puedes despertarme después de correr?

ÁLEX Éste es el plan para mañana. Me levanto a las siete menos cuarto y corro por treinta minutos. Vuelvo, me ducho, me visto y a las siete y media te despierto. ¿De acuerdo?

JAVIER ¡Absolutamente ninguna objeción!

JAVIER ¿Seguro? Pues yo jamás me levanto temprano. Nunca oigo el despertador cuando estoy en casa y mi mamá se enoja mucho.

ÁLEX Tranquilo, Javier. Yo tengo una solución.

ÁLEX Cuando estoy en casa en la ciudad de México, siempre me despierto a las seis en punto. Me ducho en cinco minutos y luego me cepillo los dientes. Después me afeito, me visto y ¡listo! ¡Me voy!

DON FRANCISCO Hola, chicos. Mañana salimos temprano, a las ocho y media... ni un minuto antes ni un minuto después.

ÁLEX No se preocupe, don Francisco. Todo está bajo control.

DON FRANCISCO Bueno, pues, hasta mañana.

DON FRANCISCO ¡Ay, los estudiantes! Siempre se acuestan tarde. ¡Qué vida!

Enfoque cultural El horario de la vida diaria

En muchos países hispanos, el horario de la vida diaria es muy diferente al de EE.UU. En estos países, muchas personas trabajan de las ocho de la mañana a las dos de la tarde. A las dos salen del trabajo para ir a almorzar (*eat lunch*). Vuelven a las cuatro y salen a las seis de la tarde. Muchos utilizan esas dos horas para almorzar en casa con sus familias y, a veces (*sometimes*), dormir una siesta. También es común que la gente cene (*eats dinner*) más tarde que en los EE.UU.

Expresiones útiles

Telling where you went
▶ **¿Adónde fuiste/fue Ud.?**
Where did you go?
▷ **Fui a un mercado.**
I went to a market.
▶ **¿Adónde fueron Uds.?**
Where did you go?
▷ **Fuimos a un mercado. Fue muy divertido.**
We went to a market. It was a lot of fun.

Talking about morning routine
▶ **(Jamás) me levanto temprano/tarde.**
I (never) get up early/late.
▶ **Nunca oigo el despertador.**
I never hear the alarm clock.
▶ **Es difícil/fácil despertarme.**
It's hard/easy to wake up.
▶ **Cuando estoy en casa, siempre me despierto a las seis en punto.**
When I'm home, I always wake up at six on the dot.
▶ **Me ducho y luego me cepillo los dientes.**
I take a shower and then I brush my teeth.
▶ **Después me afeito y me visto.**
Afterwards, I shave and get dressed.

Reassuring someone
▶ **Ningún problema.**
No problem.
▶ **No te preocupes.** *(fam.)*/ **No se preocupe.** *(form.)*
Don't worry.
▶ **Todo está bajo control.**
Everything is under control.
▶ **Tranquilo.**
Stay calm.; Be cool. (lit. *Quiet.*)

Additional vocabulary
▶ **sino**
but (rather)

Reacciona a la fotonovela

1 **¿Cierto o falso?** Indica si las siguientes oraciones (*sentences*) son **ciertas** o **falsas**. Corrige (*Correct*) las frases falsas.

1. Álex está mirando la televisión. *Falso, Javier mira la televisión por la noche.*

2. El suéter que Javier acaba de comprar es caro pero es muy bonito. *Cierto*

3. Javier cree que el mercado es aburrido y no quiere volver. *No, Álex me gusta el mercado.*

4. El autobús va a salir mañana a las siete y media en punto.
No, el autobús sale a las ocho y media por la mañana.

5. A Javier le gusta mucho dibujar y escuchar música por la noche.
Cierto.

¡LENGUA VIVA!

Remember that **en punto** means *on the dot*. If the group were instead leaving at *around seven thirty*, you would say **a eso de las siete y media.**

2 **Identificar** Identifica quién puede decir las siguientes frases. Puedes usar cada nombre más de una vez.

1. ¡Ay, los estudiantes nunca se acuestan temprano!
Don Francisco

2. ¿El despertador? ¡Jamás lo oigo por la mañana!
Javier

3. Es fácil despertarme temprano. Y sólo necesito cinco minutos para ducharme. *Álex*

4. Mañana vamos a salir a las ocho y media.
Don Francisco

5. Acabo de ir a un mercado fabuloso. *Javier*

6. No se preocupe. Tenemos todo bajo control para mañana. *Álex*

DON FRANCISCO

JAVIER

ÁLEX

3 **Ordenar** Ordena correctamente los planes que tiene Álex para mañana.

a. Voy a vestirme. *5*

b. Voy a correr por media hora. *2*

c. Voy a despertar a Javier a las siete y media. *6*

d. Voy a volver a la habitación. *3*

e. Voy a levantarme a las siete menos cuarto. *1*

f. Voy a ducharme. *4*

4 **Mi rutina** En parejas (*pairs*), preparen una conversación hablando de sus rutinas en la mañana y en la noche. Indiquen a qué horas hacen las actividades más importantes.

> **modelo**
>
> **Estudiante 1:** ¿Prefieres levantarte temprano o tarde?
> **Estudiante 2:** Prefiero levantarme tarde... muy tarde.
>
> **Estudiante 1:** ¿A qué hora te levantas durante la semana?
> **Estudiante 2:** A las once. ¿Y tú?

CONSÚLTALO

Telling time To review telling time in Spanish, see Lesson 1, section 1.4, pp. 22-23.

Pronunciación

The consonants r and rr

ropa	rutina	rico	Ramón

In Spanish, **r** has a strong trilled sound at the beginning of a word. No English words have a trill, but English speakers often produce a trill when they imitate the sound of a motor.

gustar	durante	primero	crema

In any other position, **r** has a weak sound similar to the English *tt* in *better* or the English *dd* in *ladder*. In contrast to English, the tongue touches the roof of the mouth behind the teeth.

pizarra	corro	marrón	aburrido

The letter **rr,** which only appears between vowels, always has a strong trilled sound.

caro	carro	pero	perro

Between vowels, the difference between the strong trilled **rr** and the weak **r** is very important, as a mispronunciation could lead to confusion between two different words.

Práctica Lee las palabras en voz alta, prestando (*paying*) atención a la pronunciación de la **r** y la **rr.**

1. Perú	4. madre	7. rubio	10. tarde
2. Rosa	5. comprar	8. reloj	11. cerrar
3. borrador	6. favor	9. Arequipa	12. despertador

Oraciones Lee las oraciones en voz alta, prestando atención a la pronunciación de la **r** y la **rr.**

1. Ramón Robles Ruiz es programador. Su esposa Rosaura es artista.
2. A Rosaura Robles le encanta regatear en el mercado.
3. Ramón nunca regatea… le aburre regatear.
4. Rosaura siempre compra cosas baratas.
5. Ramón no es rico pero prefiere comprar cosas muy caras.
6. ¡El martes Ramón compró un carro nuevo!

Refranes Lee en voz alta los refranes, prestando atención a la **r** y a la **rr.**

Perro que ladra no muerde.[1]

No se ganó Zamora en una hora.[2]

1 A dog's bark is worse than its bite.
2 Rome wasn't built in a day.

recursos

R

SCASS./CD
Lección 7

LM
p. 256

LCASS./CD
Cass. 7/CD7

7.1 Reflexive verbs

ANTE TODO A reflexive verb is used to indicate that the subject does something to or for himself or herself. In other words, it "reflects" the action of the verb back to the subject. Reflexive verbs always use reflexive pronouns.

SUBJECT	REFLEXIVE VERB
Joaquín	se **ducha** por la mañana.

¡ATENCIÓN!

Except for **se**, reflexive pronouns have the same forms as direct and indirect object pronouns.

• • •

Se is used for both singular and plural subjects —there is no individual plural form.

• • •

Reflexive pronouns always agree with the subject of the verb, not the object:

Me lavo las manos.

Reflexive verbs

lavarse *(to wash oneself)*

SINGULAR FORMS	yo	**me lavo**	*I wash (myself)*
	tú	**te lavas**	*you wash (yourself)*
	Ud.	**se lava**	*you wash (yourself)*
	él / ella	**se lava**	*he/she/washes (himself/herself)*
PLURAL FORMS	nosotros/as	**nos lavamos**	*we wash (ourselves)*
	vosotros/as	**os laváis**	*you wash (yourselves)*
	Uds.	**se lavan**	*you wash (yourselves)*
	ellos/ellas	**se lavan**	*they wash (themselves)*

▶ The pronoun **se** attached to an infinitive identifies it as a reflexive verb, as in **lavarse** and **levantarse**. Reflexive verbs can be used in any tense.

INFINITIVE	PRESENT TENSE	PRETERITE
levantarse	**me levanto**	**me levanté**

¡ATENCIÓN!

When a reflexive pronoun is attached to a present participle, an accent mark is added to maintain the original stress:

bañando → bañán**dose**
afeitando → afeitán**dose**

• • •

Parts of the body or clothing are generally not referred to with possessives, but with the definite article.

La niña se quitó **los** zapatos.

Necesito cepillarme **los** dientes.

Me ducho, me cepillo los dientes, me visto y ¡listo!

¡Ay, los estudiantes! Siempre se acuestan tarde.

▶ Reflexive pronouns follow the same rules for placement as object pronouns. They generally appear before a conjugated verb. With infinitives and present participles, they may be placed before the verb or attached to the infinitive or present participle.

Ellos **se** van a vestir.
Ellos van a vestir**se**.
They are going to get dressed.

Nos estamos lavando las manos.
Estamos laván**donos** las manos.
We are washing our hands.

Common reflexive verbs

acordarse (de) (o:ue)	*to remember*	**levantarse**	*to get up*
acostarse (o:ue)	*to go to bed*	**llamarse**	*to be called / named*
afeitarse	*to shave*	**maquillarse**	*to put on one's makeup*
bañarse	*to bathe; to take a bath*	**peinarse**	*to comb one's hair*
cepillarse	*to brush*	**ponerse**	*to put on*
despedirse (de) (e:i)	*to say good-bye (to)*	**ponerse** + *adj.*	*to become + adj.*
despertarse (e:ie)	*to wake up*	**preocuparse**	*to worry (about)*
dormirse (o:ue)	*to go to sleep*	(o:ue)**probarse**	*to try on*
ducharse	*to shower*	**quedarse**	*to stay; to remain*
enojarse (con)	*to get angry (with)*	**quitarse**	*to take off*
irse	*to go away; to leave*	**sentarse** (e:ie)	*to sit down*
lavarse	*to wash (oneself)*	**sentirse** (e:ie)	*to feel*
		vestirse (e:i)	*to get dressed*

¡ATENCIÓN!

You have already learned several adjectives that can be used with **ponerse** when it means *to become*: **alegre, cómodo/a, contento/a, elegante, guapo/a, nervioso/a, rojo/a**, and **triste**.

COMPARE & CONTRAST

Unlike English, most verbs in Spanish can be reflexive or non-reflexive. If the verb acts upon the subject, the reflexive form is used. If the verb acts upon something other than the subject, the non-reflexive form is used. Compare these sentences.

Lola **lava** los platos.

Lola **se lava** la cara.

As the preceding sentences show, reflexive verbs sometimes have different meanings than their non-reflexive counterparts. For example, **lavar** means *to wash*, while **lavarse** means *to wash oneself, to wash up*.

¡INTÉNTALO! Indica el presente de los verbos reflexivos que siguen. El primero de cada columna ya está conjugado.

despertarse

1. Mis hermanos _se despiertan_ tarde.
2. Tú _____ tarde.
3. Nosotros _____ tarde.
4. Benito _____ tarde.
5. Yo _____ tarde.
6. Uds. _____ tarde.
7. Ella _____ tarde.
8. Adriana y yo _____ tarde.
9. Ellos _____ tarde.

ponerse

1. Él _se pone_ una chaqueta.
2. Yo _____ una chaqueta.
3. Ud. _____ una chaqueta.
4. Nosotras _____ una chaqueta.
5. Las niñas _____ una chaqueta.
6. Tú _____ una chaqueta.
7. El botones _____ una chaqueta.
8. Beatriz y Gil _____ una chaqueta.
9. Uds. _____ una chaqueta.

Práctica

1

Nuestra rutina La familia de Blanca sigue la misma rutina todos los días. Según (*According to*) Blanca, ¿qué hacen ellos?

> **modelo**
>
> mamá / despertarse a las 5:00
> Mamá *se despierta a las cinco.*

1. Roberto y yo / levantarse a las 7:00
2. papá / ducharse primero y / luego afeitarse
3. yo / lavarse la cara y / vestirse antes de tomar café
4. mamá / peinarse y / luego maquillarse
5. todos / sentarse a la mesa para comer
6. Roberto / cepillarse los dientes después de comer
7. yo / ponerse el abrigo antes de salir
8. nosotros / despedirse de mamá

NOTA CULTURAL

Having coffee with breakfast is as common in Spanish-speaking countries as it is in the U.S. In fact, it is not unusual for children to have a cup of **café con leche** (*coffee with milk*) with their breakfasts before heading off to school. Coffee served in Spanish-speaking countries is generally stronger than in North America, and decaffeinated coffee is not as common.

2

Completar Selecciona el verbo apropiado y completa la frase con la forma correcta.

1. Tú _____ (lavar / lavarse) el auto ayer, ¿no?
2. Nosotros no _____ (acordar / acordarse) de comprar champú y jabón.
3. Anoche ellos _____ (acostar / acostarse) a los niños a las ocho.
4. Yo no _____ (sentir / sentirse) bien hoy.
5. Mis amigos siempre _____ (vestir / vestirse) con ropa muy cara.
6. ¿_____ (probar / probarse) Uds. la ropa antes de comprarla?
7. Ud. _____ (preocupar / preocuparse) mucho por su hijo, ¿no?
8. En general _____ (afeitar / afeitarse) yo mismo, pero hoy el barbero (*barber*) me _____ (afeitar / afeitarse).

¡LENGUA VIVA!

In Spain a car is called a **coche** while in many parts of Latin America it is known as a **carro**. Although you'll be understood using any of these terms, using **auto (automóvil)** will surely get you where you want to go.

3

Describir Mira los dibujos y describe lo que estas personas hacen.

1. El joven *se pone los zapatos*

2. Carmen *se acuesta.*

3. Juan *se viste la camiseta*

4. Ellos *se despiden de . . .*

5. Estrella *se maquilla*

6. Toni *se enoja con la perro.*

Comunicación

4

Encuesta Tu profesor(a) va a darte (*to give you*) una hoja de actividades. Camina por la clase y pregúntales a tus compañeros cuándo sienten las emociones que se mencionan en la lista. Entrevista por los menos (*at least*) a dos personas y anota sus respuestas. Tienes que estar preparado/a para informar a la clase de los resultados de tu encuesta.

Emociones	Nombres	Ocasiones
1. Sentirse aburrido/a		
2. Sentirse avergonzado/a		
3. Sentirse cansado/a		
4. Enojarse		
5. Sentirse feliz		
6. Ponerse nervioso/a		
7. Preocuparse		
8. Sentirse triste		

5

Charadas En grupos, jueguen a las charadas. Cada (*Each*) persona debe pensar en dos frases con verbos reflexivos. La primera persona que adivina (*guesses*) la charada dramatiza la próxima (*next*) charada.

6

Debate En grupos, discutan (*discuss*) este tema (*topic*): ¿Quiénes necesitan más tiempo para arreglarse (*to get ready*) antes de salir, los hombres o las mujeres? Hagan una lista de las razones (*reasons*) que tienen para defender sus ideas e informen a la clase.

Síntesis

7

Entrevista Tu profesor(a) va a darte (*to give you*) una hoja de actividades. Completa el horario de la hoja con las actividades que hiciste (*you did*) anoche. Después de completar el horario, trabajen en parejas, comparen las actividades que hicieron y tomen apuntes de lo que (*what*) hizo el/la compañero/a.

7.2 Indefinite and negative words

ANTE TODO Indefinite words refer to people and things that are not specific, for example, *someone* or *something*. Negative words deny the existence of people and things or contradict statements, for instance, *no one* or *nothing*. As the following chart shows, Spanish indefinite words have corresponding negative words, which are opposite in meaning.

Indefinite and negative words

Indefinite words		Negative words	
algo	*something; anything*	**nada**	*nothing; not anything*
alguien	*someone; somebody; anyone*	**nadie**	*no one; nobody; not anyone*
alguno/a(s), algún	*some; any*	**ninguno/a, ningún**	*no; none; not any*
o… o	*either… or*	**ni… ni**	*neither… nor*
siempre	*always*	**nunca, jamás**	*never*
también	*also; too*	**tampoco**	*neither; not either*

▶ There are two ways to form negative sentences in Spanish. You can place the negative word before the verb, or you can place **no** before the verb and the negative word after the verb.

Nadie se levantó temprano.
No one got up early.

No se levantó nadie temprano.
No one got up early.

Ellos **nunca se enojan**.
They never get angry.

Ellos **no se enojan nunca**.
They never get angry.

Yo siempre me despierto a las seis en punto. ¿Y tú?

Pues yo jamás me levanto temprano. Nunca oigo el despertador.

▶ Because they refer to people, **alguien** and **nadie** are often used with the personal **a**. The personal **a** is also used before **alguno/a, algunos/as,** and **ninguno/a** when these words refer to people and they are the direct object of the verb.

—Perdón, señor, ¿busca Ud. **a alguien**?
—No, gracias, señorita, no busco **a nadie**.

—Tomás, ¿buscas **a alguno** de tus hermanos?
—No, mamá, no busco **a ninguno**.

COMPARE & CONTRAST

In English, it is incorrect to use more than one negative word in a sentence. It is correct, however, to use indefinite words with negative words, because indefinite words are considered affirmative. In Spanish, however, sentences frequently contain two or more negative words. Compare the following Spanish and English sentences.

Nunca le escribo a **nadie**.
I never write to anyone.

No me preocupo por **nada nunca**.
I do not ever worry about anything.

As the preceding sentences show, once an English sentence contains one negative word (for example, *not* or *never*), no other negative word may be used. Instead, indefinite (or affirmative) words are used. In Spanish, however, once a sentence is negative, no other affirmative (that is, indefinite) word may be used. Instead, all indefinite ideas must be expressed in the negative.

▶ Although in Spanish **pero** and **sino** both mean *but*, they are not interchangeable. **Sino** is used when the first part of a sentence is negative and the second part contradicts it. In this context, **sino** means *but rather* or *on the contrary*. In all other cases, **pero** is used to mean *but*.

Los estudiantes no se acuestan
temprano **sino** tarde.
*The students don't go to bed
early, **but rather** late.*

Las toallas son caras,
pero bonitas.
*The towels are expensive,
but beautiful.*

María no habla francés
sino español.
*Maria doesn't speak French,
but rather Spanish.*

José es inteligente, **pero**
no saca buenas notas.
*José is intelligent, but
doesn't get good grades.*

¡INTÉNTALO! Cambia las siguientes frases para que sean negativas. La primera frase se da *(is given)* como ejemplo.

1. Siempre se viste bien.
   ___Nunca___ se viste bien.
   ___No___ se viste bien ___nunca___.
2. Alguien se ducha.
   _____ se ducha.
   _____ se ducha _____.
3. Ellas van también.
   Ellas _____ van.
   Ellas _____ van _____.
4. Alguien se pone nervioso.
   _____ se pone nervioso.
   _____ se pone nervioso _____.
5. Tú siempre te lavas las manos.
   Tú _____ te lavas las manos.
   Tú ___ te lavas las manos _____.
6. Juan se afeita también.
   Juan _____ se afeita.
   Juan _____ se afeita _____.

7. Voy a traer algo.
   _____ voy a traer _____.
8. Mis amigos viven en una residencia
   o en casa.
   Mis amigos _____ viven _____ en
   una residencia _____ en casa.
9. La profesora hace algo en su escritorio.
   La profesora _____ hace _____ en su
   escritorio.
10. Tú y yo vamos al mercado.
    _____ tú _____ yo vamos al mercado.
11. Tienen un espejo en su casa.
    _____ tienen _____ espejo en su casa.
12. Algunos niños se ponen el abrigo.
    _____ niño se pone el abrigo.

Práctica

1   **¿Pero o sino?**   Forma frases usando **pero** o **sino**.

> **modelo**
>
> el examen no es hoy / mañana
> *El examen no es hoy sino mañana.*

1. el niño no se despertó temprano / llegó puntual

2. Armando y yo no vamos a la playa / al campo

3. Alfonso es inteligente / algunas veces es antipático

4. esos señores no son ecuatorianos / peruanos

5. no nos acordamos de comprar champú / compramos jabón

6. Emilia no es morena / rubia

7. no quiero levantarme / tengo que ir a clase

8. no se acostaron tarde / temprano

2   **Completar**   Completa esta conversación. Usa expresiones negativas en tus respuestas. Luego, dramatiza la conversación con un(a) compañero/a.

AURELIO   Ana María, ¿encontraste algún regalo para Eliana?

ANA MARÍA _____

AURELIO   ¿Viste a algunas amigas en el centro comercial?

ANA MARÍA _____

AURELIO   ¿Me llamó alguien?

ANA MARÍA _____

AURELIO   ¿Quieres ir al teatro o al cine esta noche?

ANA MARÍA _____

AURELIO   ¿No quieres salir a comer?

ANA MARÍA _____

AURELIO   ¿Hay algo interesante en la televisión esta noche?

ANA MARÍA _____

AURELIO   ¿Tienes algún problema?

ANA MARÍA _____

Comunicación

3

Opiniones Completa estas frases de una manera lógica. Luego, compara tus respuestas con las respuestas de un(a) compañero/a.

1. Mi habitación es _____ pero _____.
2. Mis padres no son _____ sino _____.
3. Mi compañero/a no es _____ pero _____.
4. Por la noche no me gusta _____ pero _____.
5. Un(a) profesor(a) ideal no es _____ sino _____.
6. Mis amigos no son _____ pero _____.

4

Quejas (Complaints) Con un(a) compañero/a, haz (*make*) una lista de cinco quejas comunes (*common*) que tienen los estudiantes. Usa expresiones negativas.

 modelo

Nadie me entiende.

Ahora hagan (*make*) una lista de cinco quejas que los padres tienen de sus hijos.

modelo

Nunca limpian sus habitaciones.

5

Anuncios (Ads) Con un(a) compañero/a, mira estos anuncios. Luego, preparen su propio (*own*) anuncio usando expresiones afirmativas o negativas. La clase va a votar para decidir cuál es el anuncio más original o creativo.

Síntesis

6

Encuesta Tu profesor(a) te va a dar (*to give*) una hoja de actividades para hacer una encuesta. Circula por la clase y pídeles a tus compañeros que comparen las actividades que hacen durante los días de la semana con las que hacen durante los fines de semana. Toma nota de las respuestas.

7.3 Preterite of **ser** and **ir**

ANTE TODO In Lesson 6, you learned how to form the preterite tense of regular **–ar**, **–er** and **–ir** verbs. The following chart contains the preterite forms of **ir** (*to go*) and **ser** (*to be*). Since the forms are irregular, you will need to memorize them.

Preterite of *ser* and *ir*

		ser (*to be*)	**ir** (*to go*)
SINGULAR FORMS	yo	**fui**	**fui**
	tú	**fuiste**	**fuiste**
	Ud./él/ella	**fue**	**fue**
PLURAL FORMS	nosotros/as	**fuimos**	**fuimos**
	vosotros/as	**fuisteis**	**fuisteis**
	Uds./ellos/ellas	**fueron**	**fueron**

¡ATENCIÓN!

Note that, whereas regular **–er** and **–ir** verbs have accent marks in the **yo** and **Ud.** forms of the preterite, **ser** and **ir** do not.

▶ Since the preterite forms of **ser** and **ir** are identical, context clarifies which of the two verbs is being used.

Él **fue** a comprar champú y jabón.
He went to buy shampoo and soap.

—¿Cómo **fue** la película anoche?
How was the movie last night?

¿Adónde fueron Uds.?

Inés y yo fuimos a un mercado. Fue muy divertido.

¡INTÉNTALO! Completa las siguientes frases usando el pretérito de **ir** y **ser**. La primera frase de cada columna se da (*is given*) como ejemplo.

ir	ser
1. Los viajeros ___fueron___ a Perú.	1. Ud. ___fue___ muy amable.
2. Patricia _____ a Cuzco.	2. Yo _____ muy cordial.
3. Tú _____ a Iquitos.	3. Ellos _____ muy simpáticos.
4. Gregorio y yo _____ a Lima.	4. Nosotros _____ muy desagradables.
5. Yo _____ a Trujillo.	5. Ella _____ muy antipática.
6. Uds. _____ a Arequipa.	6. Tú _____ muy chistoso.
7. Mi padre _____ a Lima.	7. Uds. _____ muy cordiales.
8. Nosotras _____ a Cuzco.	8. La gente _____ muy agradable.
9. Él _____ a Machu Picchu.	9. Tomás y yo _____ muy corteses.
10. Ud. _____ a Nazca.	10. Los profesores _____ muy buenos.

Práctica

1

Completar Completa estas conversaciones con la forma correcta del pretérito de **ser** o **ir**. Indica el infinitivo de cada forma verbal.

Conversación 1

RAÚL ¿Adónde _fueron_ Uds. de vacaciones?

PILAR _____ al Perú.

RAÚL ¿Cómo _____ el viaje?

PILAR ¡_Fue_ estupendo! Machu Picchu y el Museo de Oro son increíbles.   ser

RAÚL ¿_Fue_ caro el viaje?   ser

PILAR No, el precio _____ muy bajo, sólo costó tres mil dólares.

Conversación 2

ISABEL Tina y Vicente _____ novios, ¿no?

LUCÍA Sí, pero ahora no salen. Anoche Tina _____ a comer con Gregorio y la semana pasada ellos _____ al partido de fútbol.

ISABEL ¿Ah sí? Javier y yo _fuimos_ al partido y no los vimos.   ir

we didn't see them.

2

Descripciones Forma frases con los siguientes elementos. Usa el pretérito.

A	B	C
yo	(no) ir	a un restaurante
tú	(no) ser	en autobús
mi compañero/a		estudiante
nosotros		a casa
mis amigos		a la playa
Uds.		dependiente/a en una tienda
		en avión

Comunicación

3

Preguntas En parejas, túrnense (*take turns*) para hacerse estas preguntas.

1. ¿Adónde fuiste de vacaciones este año? ¿Con quién fuiste?
2. ¿Cómo fueron tus vacaciones?
3. ¿Fuiste de compras esta semana? ¿Adónde? ¿Qué compraste?
4. ¿Fuiste al cine la semana pasada? ¿Fueron tus amigos también?
5. ¿Qué película viste? ¿Cómo fue?
6. ¿Fuiste a la cafetería hoy? ¿A qué hora?
7. ¿Adónde fuiste durante el fin de semana? ¿Por qué?
8. ¿Quién fue tu profesor(a) favorito/a el semestre pasado? ¿Por qué?

4

Personas famosas En grupos pequeños, cada estudiante debe pensar en una persona famosa del pasado. Luego, los otros miembros del grupo tienen que hacer preguntas usando el pretérito hasta que adivinen (*they guess*) la identidad de la persona. Por ejemplo, pueden hacer preguntas acerca de (*about*) su profesión, su nacionalidad, su personalidad o su apariencia (*appearance*) física.

7.4 **Gustar** and verbs like **gustar**

ANTE TODO In Lesson 2, you learned that the expressions **me gusta(n)** and **te gusta(n)** express the English concepts of *I like* and *you like*. You will now learn more about the verb **gustar** and other similar verbs. Observe the following examples.

Me gusta ese champú.

ENGLISH EQUIVALENT
I like that shampoo.

LITERAL MEANING
That shampoo is pleasing to me.

¿**Te gustaron** las clases?

ENGLISH EQUIVALENT
Did you like the classes?

LITERAL MEANING
Were the classes pleasing to you?

▶ As the examples show, the construction **me gusta(n)** does not have a direct equivalent in English. The literal meaning of this construction is *to be pleasing to (someone)*, and it requires the use of an indirect object pronoun.

INDIRECT OBJECT PRONOUN		SUBJECT	SUBJECT		DIRECT OBJECT
Me	**gusta**	ese champú.	*I*	*like*	*that shampoo.*

▶ In the diagram above, observe how in the Spanish sentence the object being liked (**ese champú**) is really the subject of the sentence. The person who likes the object, in turn, is an indirect object because it answers the question: *To whom is the shampoo pleasing?*

¿No te gustan las computadoras?

Me gustan mucho los parques.

▶ The forms most commonly used with **gustar** and similar verbs are the third person (singular and plural). When the object or person being liked is singular, the singular form (**gusta**) is used. When two or more objects or persons are being liked, the plural form (**gustan**) is used. Observe the following diagram:

SINGULAR	me, te, le	gusta gustó	la película el concierto
PLURAL	nos, os, les	gustan gustaron	las papas fritas los helados

▶ To express what someone likes or does not like to do, **gustar** is followed by an infinitive. The singular form of **gustar** is used even if there is more than one infinitive.

No **nos gusta comer** a las nueve.
We don't like to eat at nine o'clock.

Les gusta cantar y **bailar** en las fiestas.
They like to sing and dance at parties.

▶ The construction **a** + [*pronoun*] (**a mí, a ti, a Ud., a él,** etc.) is used to clarify or to emphasize the person(s) who are pleased.

A ella le gustan las toallas verdes, pero **a él** no le gustan.	**A ti** te gusta quedarte en casa, pero **a mí** no me gusta.
She likes green towels, but he doesn't like them.	*You like to stay at home, but I don't like to.*

▶ The construction **a** + [*noun*] can also be used before the indirect object pronoun to clarify or to emphasize who is pleased.

A los turistas les gustó mucho Machu Picchu.	**A Juanita** le gustaron mucho los mercados al aire libre.
The tourists liked Machu Picchu a lot.	*Juanita liked the open-air markets a lot.*

▶ Other verbs in Spanish are used in the same way as **gustar.** Here is a list of the most common ones.

Verbs like *gustar*

aburrir	*to bore*	**importar**	*to be important to; to matter*
encantar	*to like very much; to love* (inanimate objects)	**interesar**	*to be interesting to; to interest*
faltar	*to lack; to need*	**molestar**	*to bother; to annoy*
fascinar	*to fascinate*	**quedar**	*to be left over; to fit* (clothing)

¡INTÉNTALO! Indica el pronombre de objeto indirecto y la forma del tiempo presente adecuados en cada frase. La primera frase de cada columna se da (*is given*) como ejemplo.

gustar

1. A él __le gusta__ viajar.
2. A mí _____ bailar.
3. A nosotras _____ cantar.
4. A Uds. _____ leer.
5. A ti _____ correr.
6. A Elena _____ gritar.
7. A mis padres _____ beber.
8. A Ud. _____ jugar tenis.
9. A mi esposo y a mí _____ dormir.
10. A Pinto _____ dibujar.
11. A todos _____ opinar.
12. A Pili no _____ pensar.

encantar

1. A ellos __les encantan__ los deportes.
2. A ti _____ las películas.
3. A Ud. _____ los viajes.
4. A mí _____ las revistas.
5. A Jorge y a Luis _____ los perros.
6. A nosotros _____ las vacaciones.
7. A Uds. _____ las fiestas.
8. A Marcela _____ los libros.
9. A mis amigos _____ los museos.
10. A ella _____ el ciclismo.
11. A Pedro _____ el limón.
12. A ti y a mí _____ el baile.

Práctica

1

Describir Mira los dibujos y describe lo que está pasando. Usa los siguientes verbos.

aburrir	faltar	molestar
encantar	interesar	quedar

1. A Ramón

2. A nosotros

3. A ti

LIBROS DE ARTE MODERNO

4. A Sara

2

Completar Completa las frases con la forma correcta del verbo entre paréntesis.

1. A Adela _____ (gustar) las canciones (*songs*) de Enrique Iglesias.
2. A mí _____ (gustar) más Ricky Martin.
3. A mis amigos _____ (encantar) la música de Gloria Estefan.
4. A nosotros _____ (fascinar) los grupos de pop latino.
5. Creo que a Elena _____ (interesar) más la música clásica.
6. A mí _____ (aburrir) esa música.
7. ¿A ti _____ (faltar) dinero para el concierto de Carlos Santana?
8. Sí. Sólo _____ (quedar) cinco dólares.

NOTA CULTURAL

Recently, Latin music has gained mainstream popularity in the U.S. thanks to entertainers like Puerto Rican-born **Ricky Martin** and Spaniard **Enrique Iglesias**. However, older artists such as **Carlos Santana** and **Gloria Estefan** started to bring Latin music into the mainstream in the 60's, 70's, and 80's.

3

Gustos Pregúntale a un(a) compañero/a si le gustaría hacer las siguientes actividades esta tarde.

> **modelo**
>
> patinar en línea
>
> **Estudiante 1:** ¿Te gustaría ir al cine esta tarde?
>
> **Estudiante 2:** Sí, me gustaría ir al cine esta tarde./
> No, no me gustaría ir al cine esta tarde.

1. ir al centro comercial
2. ir a la piscina
3. jugar a las cartas
4. jugar al tenis
5. montar a caballo
6. pasear en bicicleta
7. ver una película
8. tomar algo en un café

Comunicación

4

Preguntas En parejas, túrnense para hacer y contestar estas preguntas.

1. ¿Te gusta levantarte temprano o tarde? ¿Por qué? ¿Y tu compañero/a de cuarto?
2. ¿Te gusta acostarte temprano o tarde? ¿Y tu compañero/a de cuarto?
3. ¿Te gusta bañarte o ducharte?
4. ¿Te gusta acampar o prefieres quedarte en un hotel cuando estás de vacaciones?
5. ¿Qué te gustaría hacer este verano?
6. ¿Qué te gusta más de esta universidad? ¿Qué te molesta?
7. ¿Te interesan más las ciencias o las humanidades? ¿Por qué?
8. ¿Qué cosas te molestan?

5

Completar Completa estas frases de una manera lógica.

1. A mi novio/a le fascina(n)...
2. A mi mejor (*best*) amigo/a no le interesa(n)...
3. A mis padres les importa(n)...
4. A nosotros nos molesta(n)...
5. A mis hermanos les aburre(n)...
6. A mi compañero/a de cuarto le aburre(n)...
7. A los turistas les interesa(n)...
8. A los jugadores profesionales les encanta(n)...
9. A nuestro/a profesor(a) le molesta(n)...

6

Encuesta Tu profesor(a) va a darte una hoja de actividades. Camina por la clase y pregúntales a tus compañeros qué cosas o actividades les encantan, les aburren, les importan y les interesan. Entrevista por los menos a tres personas. Toma notas de sus respuestas. Tienes que estar preparado/a para informar a la clase sobre los resultados de tu encuesta.

Nombre	Le encanta(n)	Le aburre(n)	Le importa(n)	Le interesa(n)

Síntesis

7

Situación En grupos de tres, trabajen con la hoja de actividades que les va a dar (*to give*) su profesor(a). Una persona es el/la dependiente/a en una tienda. Las otras dos personas son los clientes que quieren comprar ropa y/o zapatos.

Lectura
Antes de leer

Estrategia
Predicting content from the title

Prediction is an invaluable strategy in reading for comprehension. We can usually predict the content of a newspaper article in English from its headline, for example. More often than not, we decide whether or not to read the article based on its headline. Predicting content from the title will help you increase your reading comprehension in Spanish.

Examinar el texto
Lee el título de la lectura y haz tres predicciones sobre el contenido. Escribe tus predicciones en una hoja de papel.

Compartir
Comparte tus ideas con un(a) compañero/a de clase.

Cognados
Haz una lista de seis cognados que encuentres en la lectura.

1. _____.
2. _____.
3. _____.
4. _____.
5. _____.
6. _____.

¿Qué te dicen los cognados sobre el tema de la lectura?

El diario de Maribel

Un día para recordar

23 de marzo de 2001

Anoche dormí por primera vez en mi nuevo apartamento. Pero dormí poco porque me despertó el radio-despertador del vecino de arriba a las 4 de la mañana. No pude volver a dormirme porque él tiene el sueño muy pesado y el despertador siguió y siguió sonando más de media hora.

Me levanté a las 4:30 con los ojos rojos y sin saber qué hacer a esas horas de la mañana en un apartamento sin muebles y lleno de cajas sin abrir. Busqué mis cosas para el baño, pero no las encontré. Intenté ducharme sin jabón, tuve que cepillarme los dientes sin cepillo de dientes y me peiné con las

manos. Tampoco encontré la ropa y me tuve que poner la misma ropa que usé ayer.

Maravilloso, el día se presentaba maravilloso. A las 5:00 de la mañana empecé a ordenar el apartamento. Abrí todas las cajas y entonces me di cuenta de que el televisor y la computadora se rompieron durante la mudanza. ¡Estupendo!

A las 6:00 de la mañana empecé a oír un ruido muy extraño del piso de arriba. Intenté identificar el ruido: ¿una cafetera exprés, algún instrumento musical desconocido para mí, el radio? Decidida, abrí la puerta, subí las escaleras y toqué la puerta, una, dos, tres veces. Miré mi reloj: las 6:30. Me enojé tanto que estuve media hora tocando la puerta.

Al fin el vecino abrió la puerta. ¿Qué puedo decir? ¿Cómo puedo describir lo que pasó entonces? Nunca en mi vida vi a un joven tan... tan, en una palabra: guapo. —Buenos días —me dijo. Yo no dije nada. —¿Quieres algo? —me preguntó. Yo no dije nada. Él sonrió y yo, en ese momento, me acordé de mi aspecto: sin lavarme, sin peinarme, sin maquillarme... —Me equivoqué de puerta —le dije y salí corriendo para mi apartamento. Con las prisas me caí y me rompí el brazo.

vecino de arriba *upstairs neighbor*
él tiene el sueño muy pesado *he's a heavy sleeper*
siguió sonando *kept on ringing* **ojos** *eyes* **sin saber** *without knowing*
muebles *furniture* **lleno de cajas** *full of boxes* **me di cuenta** *I realized*
se rompieron *broke* **mudanza** *move* **ruido** *noise*
cafetera exprés *expresso machine* **desconocido** *unknown* **toqué** *I knocked* **sonrió** *smiled* **aspecto** *appearance* **Me equivoqué de** *I knocked on the wrong* **Con las prisas** *In the rush* **me caí** *I fell* **el brazo** *arm*

Después de leer

Seleccionar

Selecciona la respuesta (*answer*) correcta.

1. ¿Quién es el/la narrador(a)? _____.
   a. la mamá de Maribel
   b. el vecino de arriba
   c. Maribel

2. ¿Qué hace por primera vez la narradora? _____.
   a. tiene un sueño muy pesado
   b. duerme en su nuevo apartamento
   c. duerme con los ojos rojos

3. ¿Por qué se levanta la narradora a las 4:30? _____.
   a. porque le duelen (*hurt*) los ojos
   b. porque tiene que limpiar (*clean*) el apartamento
   c. porque el despertador del vecino de arriba no para (*doesn't stop*) de sonar

4. ¿Qué decide hacer la narradora a las seis de la mañana? ¿Por qué? _____.
   a. lavarse los dientes / porque están sucios
   b. dar un paseo porque no puede dormir
   c. escuchar música / porque quiere molestar a los vecinos
   d. hacer una visita a su vecino / porque su vecino es muy ruidoso (*noisy*)

5. La lectura se titula *Un día para recordar* porque la narradora _____.
   a. se enoja con su nuevo vecino
   b. tiene un día horrible
   c. conoce (*meets*) a un chico muy guapo

Ordenar

Ordena los sucesos de la narración. Utiliza los números del 1 al 9.

El radio-despertador del vecino de arriba sigue sonando. ____

Se da cuenta de que el televisor y la computadora están rotos (*broken*). ____

Toca la puerta de su vecino por media hora. ____

Se va corriendo, se cae y se rompe el brazo. ____

Oye un ruido muy extraño que no puede identificar. ____

Se viste con la misma ropa de ayer. ____

La narradora no puede dormir en su nuevo apartamento. ____

Le dice a su vecino que se equivocó de puerta. ____

Se levanta y busca sus cosas para el baño, pero no las encuentra. ____

Escritura

Estrategia
Sequencing events

Paying strict attention to sequencing in a narrative will ensure that your writing flows logically from one part to the next. Of course, every composition should have an introduction, a body, and a conclusion.

The introduction presents the subject, the setting, the situation, and the people involved. The main part, or the body, describes the events and people's reactions to these events. The conclusion brings the narrative to a close.

Adverbs and adverbial phrases are sometimes used as transitions between the introduction, the body, and the conclusion. Here is a list of commonly used adverbs in Spanish:

Adverbios	
además; también	*in addition; also*
al principio; en un principio	*at first*
antes (de)	*before*
después	*then*
después (de)	*after*
entonces; luego	*then*
más tarde	*later*
primero	*first*
pronto	*soon*
por fin, finalmente	*finally*
al final	*finally*

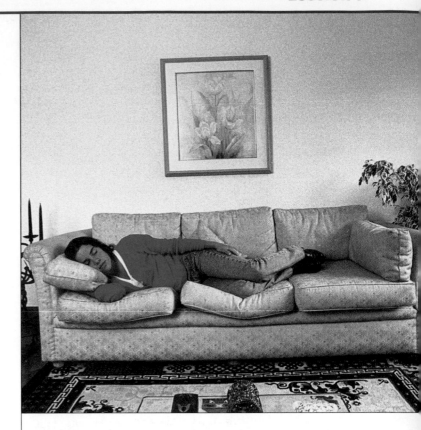

Tema

Escribe acerca de un lugar

¿Cómo cambiaría tu rutina diaria si pasaras un día en uno de estos lugares?

► una isla desierta
► el Polo Norte
► un crucero (*cruise ship*) transatlántico
► el desierto

Escribe una composición en la que describes tu rutina diaria en uno de estos lugares, o en algún otro lugar interesante de tu propia invención. Mientras planeas tu composición, considera cómo cambian algunos de los elementos más básicos de tu rutina diaria en el lugar que escogiste. Por ejemplo, ¿dónde te acuestas en el Polo Norte?, ¿cómo te duchas en el desierto?

Usa el presente de los verbos reflexivos que conoces e incluye algunos de los adverbios de esta página para organizar la secuencia de tus actividades. Piensa también en la información que debes incluir en cada sección de la narración. Por ejemplo, la introducción puede dar una descripción del lugar y de las personas que están allí, y la conclusión puede dar tus opiniones acerca del lugar y de tu vida diaria allí.

acerca de *about*   cambiaría *would change*   si pasaras *if you spent*
tu propia *your own*   escogiste *chose*   dar *give*

Plan de escritura

1 ## Ideas y organización

Utiliza adverbios para planear la secuencia de tu composición.

1. **Primero**   2. **Después**   3. **Entonces**   4. **Más tarde**   5. **Al final**

Al finalizar la secuencia de eventos, escribe unas notas sobre la introducción de tu narración. Recuerda las seis preguntas principales: **¿qué?, ¿quién?, ¿cuándo?, ¿dónde?, ¿cómo?** y **¿por qué?**.

2 ## Primer borrador

Utiliza tus notas de **Ideas y organización** para escribir el primer borrador.

3 ## Comentario

Intercambia tu composición con un(a) compañero/a. Lee su borrador y reflexiona sobre los aspectos mejor escritos, por ejemplo, los adverbios que conectan las diferentes partes de su composición. Compartan sus impresiones mutuamente. Utiliza estas preguntas para evaluar el trabajo de tu compañero/a:

a. ¿Tiene una introducción con toda la información importante?
b. ¿Es lógica la secuencia de eventos?
c. ¿Tienes sugerencias para hacer la composición más interesante?
d. ¿Notas algún error de gramática o de ortografía?

4 ## Redacción

Revisa el primer borrador según las indicaciones de tu compañero/a. Incorpora nuevas ideas y/o más información para ampliar tu composición y hacerla más interesante. Utiliza esta guía antes de escribir tu copia final:

a. Subraya cada verbo para comprobar la concordancia con el sujeto y el uso del tiempo correcto. ¡Cuidado con los verbos reflexivos!
b. Revisa la concordancia entre los sustantivos, los artículos y los adjetivos.
c. Comprueba el uso correcto de los pronombres.
d. Revisa la ortografía y la puntuación.

5 ## Evaluación y progreso

Intercambia tu composición con otro/a compañero/a. Lee su trabajo y en otra hoja de papel dibuja las escenas que describe utilizando los adverbios que introducen la narración. Tu compañero/a puede usar tus dibujos para presentar la composición a la clase. Cuando tu profesor(a) te devuelva el trabajo, anota los errores más importantes en **Anotaciones para mejorar la escritura** en tu **Carpeta de trabajos**.

Intercambia *Exchange*   mejor escritos *best-written*   sugerencias *suggestions*   ortografía *spelling*
ampliar *expand*   Subraya *Underline*   comprobar *check*   concordancia *agreement*   devuelva *returns*

Escuchar

Preparación

Según el dibujo, ¿dónde están Carolina y Julián? Piensa en lo que sabes de este tipo de situación. ¿De qué van a hablar?

Estrategia
Using background information

Once you discern the topic of a conversation, take a minute to think about what you already know about the subject. Using this background information will help you guess the meaning of unknown words or linguistic structures. To help you practice this strategy, you will now listen to a short paragraph. Jot down the subject of the paragraph, and then use your knowledge of the subject to listen for and write down the paragraph's main points.

Ahora escucha

Ahora escucha la entrevista entre Carolina y Julián, teniendo en cuenta (*taking into account*) lo que sabes sobre este tipo de situación. Elige los datos que completan correctamente cada oración.

1. Julián es _____.
   a. político
   b. deportista profesional
   c. artista de cine
2. El público de Julián quiere saber de _____.
   a. sus películas
   b. su vida
   c. su novia
3. Julián habla de _____.
   a. sus viajes y sus rutinas
   b. sus parientes y amigos
   c. sus comidas favoritas
4. Julián _____.
   a. se levanta y se acuesta a diferentes horas todos los días
   b. tiene una rutina diaria
   c. no quiere hablar de su vida

Comprensión

¿Cierto o falso?

Lee las oraciones y decide si pueden haber sido dichas por Julián. Indica **Cierto** o **Falso** para cada frase.

1. Es difícil despertarme; generalmente duermo hasta las diez. _____
2. Pienso que mi vida no es más interesante que las vidas de Uds. _____
3. Me gusta tener tiempo para pensar y meditar. _____
4. Nunca hago mucho ejercicio; no soy una persona activa. _____
5. Me fascinan las actividades tranquilas como escribir y escuchar música clásica. _____
6. Los viajes me parecen aburridos. _____

Preguntas

1. ¿En qué se parece Julián a otras personas de su misma profesión?
2. ¿Te parece que Julián siempre ha sido rico? ¿Por qué?
3. ¿Qué piensas de Julián como persona?

recursos

R

SCASS./CD
Lección 7

pueden haber sido dichas *could have been said*   **se parece** *is like*   **ha sido** *has been*

Proyecto

Crea un itinerario de viaje

Tú y un grupo de estudiantes están planeando un viaje a Perú para ver las famosas ruinas incas de Machu Picchu. Individualmente o en grupos, planea un itinerario de viaje, incluyendo un programa diario de actividades.

Investiga el país, la historia del imperio inca y de la ciudad antigua de Machu Picchu, y busca información práctica y turística para planear la excursión y también las costumbres y la rutina diaria de los peruanos. Considera si algunos aspectos de la rutina diaria de tu grupo van a cambiar durante el viaje. Por ejemplo, ¿cómo deben vestirse para una excursión a los Andes?

1　Prepara el itinerario

PERÚ

Tierra de los Incas

Agencia IncaTour

Cuzco, Perú

Haz un folleto para presentar el itinerario de cada día de viaje e indica la hora para cada actividad. Incluye tiempo para la rutina diaria de tu grupo: cuidado personal, comidas y tiempo libre. Considera también:

- Restaurantes y comidas
- Transporte: horarios de autobuses, trenes y aviones
- Hoteles: reservaciones, horas de facturación
- Información turística: horario de museos, de parques y de otros lugares turísticos
- Costumbres y rutinas locales
- Fotos y gráficos: elementos visuales para crear interés en el viaje
- Historia, descripciones y otra información interesante y útil para el grupo

2　Presenta la información

Usa tu folleto para presentar tu itinerario a la clase. Describe el país, la historia inca de Machu Picchu y también las actividades programadas para el viaje, mostrando fotos y respondiendo a las preguntas de tus compañeros.

recursos para la investigación

	Internet Palabras clave: Perú, fotos de Machu Picchu, turismo, ciudades		**Comunidad** Estudiantes o profesores que son del Perú o que vivieron o viajaron allí, peruanos que viven en la comunidad
	Biblioteca Mapas, almanaques, revistas, guías turísticas		**Otros recursos** Folletos (*Brochures*) turísticos o revistas viejas que puedes recortar (*cut up*)

programa *schedule*　imperio *empire*　cambiar *to change*　comidas *meals*　facturación *check-in*

Perú

El país en cifras

- ▶ **Área:** 1.285.220 km² (496.224 millas²), *un poco menos que el área de Alaska*
- ▶ **Población:** 26.523.000
- ▶ **Capital:** Lima—7.745.000
- ▶ **Ciudades principales:** Arequipa—764.000, Trujillo—643.000, Chiclayo—527.000, Callao—442.000, Iquitos—348.000

SOURCE: Population Division, UN Secretariat

Iquitos es un puerto muy importante en el río Amazonas. Desde Iquitos se envían muchos productos a otros lugares, incluyendo goma, nueces, madera, arroz, café y tabaco. Iquitos es también un destino popular para los ecoturistas que visitan la selva.

- ▶ **Moneda:** nuevo sol
- ▶ **Idiomas:** español (oficial), quechua (oficial), aymará

Bandera del Perú

Peruanos célebres

- ▶ **Clorinda Matto de Turner,** escritora (1854-1901)
- ▶ **César Vallejo,** poeta (1892-1938)
- ▶ **Javier Pérez de Cuellar,** diplomático (1920-)
- ▶ **Mario Vargas Llosa,** novelista (1936-)

Mario Vargas Llosa

se envían *are shipped* **goma** *rubber* **nueces** *nuts* **madera** *timber* **arroz** *rice* **selva** *jungle* **grabó** *engraved* **tamaño** *size*

Bailando Marinera Norteña en Trujillo

ECUADOR

COLOMBIA

Río Putumayo

Río Napo

Río Tigre

Río Pastaza

Río Amazonas

Iquitos

Río Marañón

Calle en la ciudad de Iquitos

Cordillera Oriental de los Andes

Río Huallaga

Chiclayo

Cordillera Central de los Andes

Río Ucayali

Trujillo

Río Urubamba

Fuente de la Justicia en Lima

Callao ★ Lima

Océano Pacífico

Machu Picchu

Cuzco

Cordillera Occidental de los Andes

Lago Titicaca

ESTADOS UNIDOS

OCÉANO ATLÁNTICO

OCÉANO PACÍFICO

AMÉRICA DEL SUR

PERÚ

Arequipa

CH

recursos

R WB pp. 83-84

vistasonline.com

Mercado indígena en C

¡Increíble pero cierto!

Hace más de dos mil años la civilización nazca de Perú grabó más de 2.000 km de líneas en el desierto. Los dibujos sólo son descifrables desde el aire. Uno de ellos es un cóndor del tamaño de un estadio. Las Líneas de Nazca son aún uno de los grandes misterios de la humanidad.

Lugares • Lima

Lima es una ciudad moderna y antigua a la vez. La hermosa Iglesia de San Francisco es notable por la influencia de la arquitectura árabe. También son fascinantes las exhibiciones sobre los incas en el Museo del Oro del Perú y en el Museo Nacional de Antropología y Arqueología. Barranco, el barrio bohemio de la ciudad, es famoso por su gran ambiente cultural y sus bares y restaurantes.

BRASIL

Lugares • Machu Picchu

A 80 km (50 millas) al noroeste de Cuzco están las ruinas de Machu Picchu, una ciudad antigua del imperio inca. Esta ciudad está a una altitud de 2.350 metros (7.710 pies), entre dos cimas altísimas de los Andes. Cuando los conquistadores españoles llegaron a Perú nunca encontraron la ciudad de Machu Picchu. Sus ruinas quedaron escondidas hasta 1911, cuando el arqueólogo norteamericano Hiram Bingham las descubrió. Todavía no se sabe ni cómo se construyó una ciudad a tanta altura, ni por qué los incas abandonaron el lugar.

Economía • Llamas y alpacas

El Perú se conoce por sus llamas, alpacas, guanacos y vicuñas, todos animales mamíferos parientes del camello. Estos animales todavía son de enorme importancia para la economía del país. Dan lana para ropa, mantas, bolsas y artículos turísticos. La llama se usa también para la carga y el transporte.

Historia • Los incas

Antes del siglo XVI, los incas desarrollaron sistemas avanzados de comunicaciones y de contabilidad y construyeron acueductos, calles y templos. El 24 de junio, día del solsticio de invierno, los descendientes de los incas se reúnen en Cuzco para darle la bienvenida al sol en un festival espectacular, el Inti Raymi.

BOLIVIA

¿Qué aprendiste? Responde a las preguntas con una frase completa.
1. ¿Qué productos envía Iquitos a otros lugares?
2. ¿Cuáles son las lenguas oficiales del Perú?
3. ¿Por qué es notable la Iglesia de San Francisco en Lima?
4. ¿Por qué los conquistadores españoles no encontraron la ciudad de Machu Picchu?
5. ¿Qué hacen los peruanos con la lana de sus llamas y alpacas?
6. ¿Quiénes celebran el Inti Raymi?

Conexión Internet Investiga estos temas en el sitio **www.vistasonline.com**.
1. Investiga la cultura incaica. ¿Cuáles son algunos de los aspectos interesantes de su cultura?
2. Busca información sobre dos artistas, escritores o músicos peruanos, y presenta un breve informe a tu clase.

antigua *old*   a la vez *at the same time*   cimas *summits*   escondidas *hidden*   no se sabe *is not known*   se conoce *is known*
mamíferos *mammalian*   mantas *blankets*   desarrollaron *developed*   construyeron *built*   calles *roads*   bienvenida *welcome*

Los verbos reflexivos

acordarse (de) (o:ue)	to remember
acostarse (o:ue)	to go to bed
afeitarse	to shave
bañarse	to bathe; take a bath
cepillarse el pelo	to brush one's hair
cepillarse los dientes	to brush one's teeth
despedirse (de) (e:i)	to say good-bye (to)
despertarse (e:ie)	to wake up
dormirse (o:ue)	to go to sleep; to fall asleep
ducharse	to shower; to take a shower
enojarse (con)	to get angry (with)
irse	to go away; to leave
lavarse la cara	to wash one's face
lavarse las manos	to wash one's hands
levantarse	to get up
llamarse	to be called; to be named
maquillarse	to put on one's makeup
peinarse	to comb one's hair
ponerse	to put on
ponerse + *adj.*	to become + adj.
preocuparse	to worry (about)
probarse	to try on
quedarse	to stay; to remain
quitarse	to take off
sentarse (e:ie)	to sit down
sentirse (e:ie)	to feel
vestirse (e:i)	to get dressed

En el baño

el baño, el cuarto de baño	bathroom
el champú	shampoo
la crema de afeitar	shaving cream
el despertador	alarm clock
la ducha	shower
el espejo	mirror
el jabón	soap
el lavabo	sink
el maquillaje	make-up
la toalla	towel

Palabras de secuencia

antes (de)	before
después	afterwards; then
después de	after
durante	during
entonces	then
luego	afterwards; then
más tarde	later
por último	finally

Palabras afirmativas y negativas

algo	something; anything
alguien	someone; somebody; anyone
alguno/a, algún, algunos/as	some; any
jamás	never; not ever
nada	nothing; not anything
nadie	no one; nobody; not anyone
ni… ni	neither… nor
ninguno/a, ningún	no; none; not any
nunca	never; not ever
o… o	either… or
siempre	always
también	also; too
tampoco	neither; not either

Gustar y verbos similares

aburrir	to bore
encantar	to like very much; to love (inanimate things)
faltar	to lack; to need
fascinar	to fascinate
gustar	to be pleasing to; to like
importar	to be important to; to matter
interesar	to be interesting to; to interest
me gustaría(n) …	I would like…
molestar	to bother; to annoy
quedar	to be left over; to fit (clothing)

Palabras adicionales

llamar (por teléfono)	to call (on the phone)
por la mañana	in the morning
por la noche	at night
por la tarde	in the afternoon; in the evening
la rutina diaria	daily routine

Expresiones útiles	See page 205.

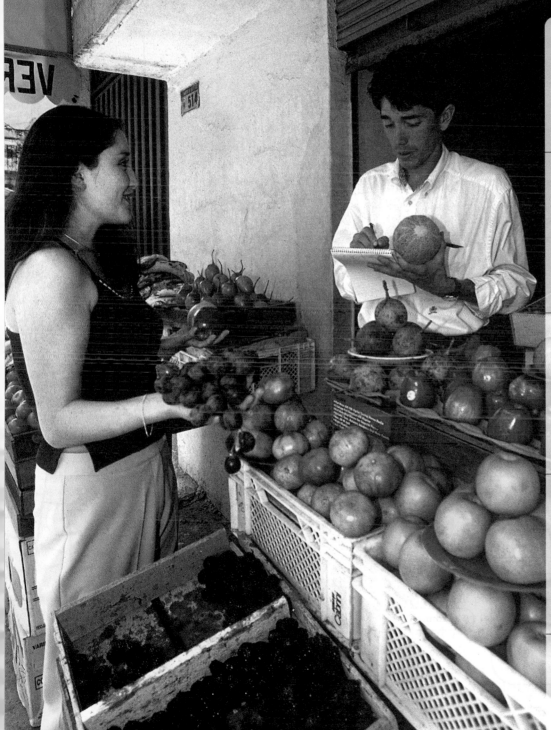

La comida

8

Communicative Goals

You will learn how to:
- Order food in a restaurant
- Talk about and describe food

5 **¿Cierto o falso?** Consulta la Pirámide Alimenticia Latinoamericana de la página 235 e indica si las frases son **ciertas** o **falsas**. Corrige las frases falsas.

> *modelo*
>
> El queso está en el grupo diez.
>
> *Falso. En ese grupo están el maíz, el pan y el arroz.*

1. La manzana, la banana, el limón y las arvejas están en el grupo siete.

2. En el grupo cuatro están los huevos, la leche y el aceite.

3. El azúcar está en el grupo dos.

4. En el grupo diez están el pan, el arroz y el maíz.

5. El pollo está en el grupo uno.

6. En el grupo nueve están la lechuga, el tomate, las arvejas, la naranja, la papa, los espárragos y la cebolla.

7. En el grupo seis están el café y el té.

8. En el grupo cinco está el arroz.

9. En el grupo tres están el pescado, el yogur y el bistec.

10. En el grupo ocho está la cerveza.

6 **Combinar** Combina palabras de cada columna, en cualquier (*any*) orden, para formar diez frases lógicas sobre las comidas. Añade otras palabras si es necesario.

> *modelo*
>
> La camarera nos sirve el almuerzo.

A	B	C
El/La camarero/a	almorzar	el almuerzo
El/La dueño/a	cenar	la sección de no fumar
Mi familia	desayunar	la cena
Mi novio/a	pedir	el desayuno
Mis amigos y yo	probar	la ensalada
Tía Ana	recomendar	el melocotón
Miguel	servir	el restaurante
Teresa y Pablo	sentarse	el jugo de naranja
Mi hermano/a	gustar	el refresco
El/La médico/a	necesitar	el plato
Yo	preferir	el arroz

1. _____
2. _____
3. _____
4. _____
5. _____
6. _____
7. _____
8. _____
9. _____
10. _____

NOTA CULTURAL

Rice is a staple of Caribbean, Central American, and Mexican cuisine. It often accompanies main dishes and is served with beans, as in Guatemala's **arroz con frijoles**. It's also frequently the main dish, as in **arroz con pollo** (*chicken and rice casserole*).

Comunicación

7

Un menú Con un(a) compañero/a de clase, usa la Pirámide Alimenticia Latinoamericana de la página 235 para crear un menú para una cena especial. Incluye alimentos de los diez grupos para los entremeses, los platos principales y las bebidas. Luego presenta el menú a la clase.

8

Conversación En grupos, contesten las siguientes preguntas.

1. ¿A qué hora, dónde y con quién cenas?
2. ¿Qué comidas te gustan más para la cena?
3. ¿A qué hora, dónde y con quién almuerzas?
4. ¿Cuáles son las comidas más (*most*) típicas de tu almuerzo?
5. ¿Desayunas? ¿Qué comes y bebes por la mañana?
6. ¿Qué comida deseas probar?
7. ¿Comes cada día comidas de los diferentes grupos de la pirámide alimenticia? ¿Cuáles son las comidas y bebidas más frecuentes en tu dieta?
8. ¿Qué comida recomiendas a tus amigos? ¿Por qué?
9. ¿Eres vegetariano/a? ¿Crees que ser vegetariano/a es una buena idea? ¿Por qué?
10. ¿Te gusta cocinar (*cook*)? ¿Qué comidas preparas para tus amigos? ¿Para tu familia?

9

Describir Con dos compañeros/as de clase, describe las dos fotos, contestando las siguientes preguntas.

▶ ¿Quiénes están en las fotos?

▶ ¿Dónde están?

▶ ¿Qué hora es?

▶ ¿Qué comen y qué beben?

¡LENGUA VIVA!
In addition to **beber**, the verb **tomar** is often used to express *to drink*.

¿Qué tal la comida?

Don Francisco y los estudiantes van al restaurante El Cráter.

JAVIER ¿Sabes dónde estamos?

INÉS Mmm, no sé. Oiga, don Francisco, ¿sabe Ud. dónde estamos?

DON FRANCISCO Estamos cerca de Cotacachi.

ÁLEX ¿Dónde vamos a almorzar, don Francisco? ¿Conoce un buen restaurante en Cotacachi?

DON FRANCISCO Pues, conozco a doña Rita Perales, la dueña del mejor restaurante de la ciudad, el restaurante El Cráter.

DOÑA RITA Hombre, don Paco, ¿Ud. por aquí?

DON FRANCISCO Sí, doña Rita... y hoy le traigo clientes. Le presento a Maite, Inés, Álex y Javier. Los llevo a las montañas para ir de excursión.

MAITE Voy a tomar un caldo de patas y un lomo a la plancha.

JAVIER Para mí las tortillas de maíz y el ceviche de camarón.

ÁLEX Yo también quisiera las tortillas de maíz y el ceviche.

INÉS Voy a pedir caldo de patas y lomo a la plancha.

DON FRANCISCO Yo quiero tortillas de maíz y una fuente de fritada, por favor.

DOÑA RITA Y de tomar, les recomiendo el jugo de piña, frutilla y mora. ¿Se lo traigo a todos?

TODOS Sí, perfecto.

CAMARERO ¿Qué plato pidió Ud.?

MAITE Un caldo de patas y lomo a la plancha.

DOÑA RITA ¡Bienvenidos al restaurante El Cráter! Están en muy buenas manos... don Francisco es el mejor conductor del país. Y no hay nada más bonito que nuestras montañas. Pero si van a ir de excursión deben comer bien. Vengan chicos, por aquí.

JAVIER ¿Qué nos recomienda Ud.?

DOÑA RITA Bueno, las tortillas de maíz son riquísimas. La especialidad de la casa es el caldo de patas... ¡tienen que probarlo! El lomo a la plancha es un poquito más caro que el caldo pero es sabrosísimo. También les recomiendo el ceviche y la fuente de fritada.

DOÑA RITA ¿Qué tal la comida? ¿Rica?

JAVIER Rica, no. ¡Riquísima!

ÁLEX Sí, y nos la sirvieron tan rápidamente.

MAITE Una comida deliciosa, gracias.

DON FRANCISCO Hoy es el cumpleaños de Maite...

DOÑA RITA ¡Ah! Tenemos unos pasteles que están como para chuparse los dedos...

Enfoque cultural La comida hispana

La cocina (*cuisine*) hispana es una combinación de comidas e ingredientes de varias regiones. La carne de res, la papa, el maíz y el chile, por ejemplo, son característicos de los países andinos. Los frijoles, el arroz, la caña de azúcar y la banana son productos típicos de los países del Caribe. La cocina española incorpora pescados y carnes cocinados (*cooked*) con condimentos como el ajo y la cebolla. La comida típica de Centroamérica es similar a la mexicana y consta de (*consists of*) carne, pescados, chile, tortillas y salsas.

Expresiones útiles

Finding out where you are

▶ **¿Sabe Ud./Sabes dónde estamos?**
Do you know where we are?

▷ **Estamos cerca de Cotacachi.**
We're near Cotacachi.

Talking about people and places you're familiar with

▶ **¿Conoce Ud./Conoces un buen restaurante en Cotacachi?**
Do you know a good restaurant in Cotacachi?

▷ **Sí, conozco varios.**
Yes, I know several.

▶ **¿Conoce/Conoces a doña Rita?**
Do you know doña Rita?

Ordering food

▶ **¿Qué le puedo traer?**
What can I bring you?

▷ **Voy a tomar/pedir un caldo de patas y un lomo a la plancha.**
I am going to have/to order the beef soup and grilled flank steak.

▷ **Para mí las tortillas de maíz y el ceviche de camarón, por favor.**
Corn tortillas and lemon-marinated shrimp for me, please.

▷ **Yo también quisiera...**
I also would like...

▷ **Y de tomar, el jugo de piña, frutilla y mora.**
And pineapple/strawberry/blackberry juice to drink.

▶ **¿Qué plato pidió Ud.?**
What did you order?

▷ **Yo pedí un caldo de patas.**
I ordered the beef soup.

Talking about the food at a restaurant

▶ **¿Qué tal la comida?**
How is the food?

▷ **Muy rica, gracias.**
Very tasty, thanks.

▷ **¡Riquísima!**
Extremely delicious!

Comunicación

3 **Oraciones** Completa las oraciones de una manera lógica.

> **modelo**
>
> Yo jugué al baloncesto pero Tomás y Paco...
>
> *Yo jugué al baloncesto pero Tomás y Paco jugaron al tenis.*

1. Mi compañero/a de cuarto se despertó tarde pero yo...
2. Yo pedí ensalada de frutas pero mis amigos...
3. Lorena me recomendó el bistec pero Sofía y Carolina...
4. Esteban almorzó al mediodía pero yo...
5. Yo serví la carne pero Alonso...
6. Yo me dormí temprano pero ellos...
7. Nosotros preferimos los mariscos pero Sandra...
8. Celia se sintió enferma pero nosotros...
9. Nosotros repetimos el postre pero ustedes...
10. Yo seguí todas las instrucciones del profesor pero Manuela...

4 **Entrevista** Trabajen en parejas y túrnense para entrevistar a su compañero/a.

1. ¿Te acostaste tarde o temprano anoche? ¿A qué hora te dormiste? ¿Dormiste bien?
2. ¿A qué hora te despertaste esta mañana? Y ¿a qué hora te levantaste?
3. ¿A qué hora vas a acostarte esta noche?
4. ¿Llegaste a tiempo (*on time*) a la clase de español?
5. ¿Cuándo empezaste a estudiar español?
6. ¿Quién preparó la cena en tu casa anoche? Y ¿quién la sirvió?
7. ¿Quién va a preparar y servir la cena en tu casa esta noche?
8. ¿Se durmió alguien en alguna de tus clases la semana pasada? ¿En qué clase?

Síntesis

5 **Describir** En grupos, estudien la foto y las preguntas que siguen. Luego, describan la cena romántica de Eduardo y Rosa.

▶ ¿Adónde salieron a cenar?

▶ ¿Qué pidieron?

▶ ¿Les sirvieron la comida rápidamente?

▶ ¿Les gustó la comida?

▶ ¿Cuánto costó?

▶ ¿Van a volver a este restaurante en el futuro?

CONSÚLTALO

Words commonly used with the preterite
To review time expressions such as **anoche**, see Lesson 6, Section 6.1, p. 177.

8.2 Double object pronouns

ANTE TODO In Lessons 5 and 6, you learned that direct and indirect object pronouns replace nouns and that they often refer to nouns that have already been referenced. You will now learn how to use direct and indirect object pronouns together. Observe the following diagram.

Indirect Object Pronouns			Direct Object Pronouns	
me	nos		lo	los
te	os	**+**		
le (se)	les (se)		la	las

▶ When direct and indirect object pronouns are used together, the indirect object pronoun always precedes the direct object pronoun.

| | I.O. | | D.O. | | DOUBLE OBJECT PRONOUNS |
El camarero **me** muestra **el menú**. ⟶ El camarero **me lo** muestra.
The waiter shows me the menu. *The waiter shows it to me.*

Nos sirven **los platos**. ⟶ **Nos los** sirven.
They serve us the dishes. *They serve them to us.*

Maribel **te** pidió **una hamburguesa**. ⟶ Maribel **te la** pidió.
Maribel ordered a hamburger for you. *Maribel ordered it for you.*

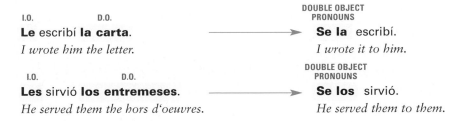

Y de tomar, les recomiendo el jugo de piña... ¿Se lo traigo a todos?

Sí, perfecto.

▶ In Spanish, two pronouns that begin with the letter **l** cannot be used together. Therefore, the indirect object pronouns **le** and **les** always change to **se** when they are used with **lo, los, la,** and **las**.

Le escribí **la carta**. ⟶ **Se la** escribí.
I wrote him the letter. *I wrote it to him.*

Les sirvió **los entremeses**. ⟶ **Se los** sirvió.
He served them the hors d'oeuvres. *He served them to them.*

▶ Because **se** has multiple meanings, Spanish speakers often clarify to whom the pronoun refers by adding **a Ud., a él, a ella, a Uds., a ellos,** or **a ellas.**

¿El sombrero? Carlos **se** lo vendió
  a ella.
The hat? Carlos sold it to her.

¿Las verduras? Ellos **se** las compran
  a Ud.
The vegetables? They buy them for you.

▶ Double object pronouns follow the same rules for placement as single object pronouns. They are placed before a conjugated verb, and, with infinitives and present participles, they may be placed before the conjugated verb or attached to the end of the infinitive or present participle.

DOUBLE OBJECT
PRONOUNS
Te lo voy a mostrar.

DOUBLE OBJECT
PRONOUNS
Nos las están sirviendo.

DOUBLE OBJECT
PRONOUNS
Voy a mostrár**telo**.

DOUBLE OBJECT
PRONOUNS
Están sirviéndo**noslas**.

¡ATENCIÓN!

When pronouns are attached to an infinitive or a present participle, an accent mark is added to maintain the original stress. You will learn more about accents in **Ortografía**, p. 305.

mostrar →
  mostrártelo
sirviendo →
  sirviéndonoslas

Qué tal la comida, ¿rica?

Sí, y nos la sirvieron tan rápidamente.

¡INTÉNTALO! Escribe el pronombre de objeto directo o indirecto que falta en cada frase.

Objeto directo

1. ¿La ensalada? El camarero nos ___*la*___ sirvió.
2. ¿El salmón? La dueña me _____ recomienda.
3. ¿La comida? Voy a preparárte _____.
4. ¿Las bebidas? Estamos pidiéndose _____.
5. ¿Los refrescos? Te _____ puedo traer ahora.
6. ¿Los platos de arroz? Van a servírnos _____ después.

Objeto indirecto

1. ¿Puedes traerme tu plato? No, no ___*te*___ lo puedo traer.
2. ¿Quieres mostrarle la carta? Sí, voy a mostrár _____ la ahora.
3. ¿Les serviste la carne? No, no _____ la serví.
4. ¿Vas a leerle el menú? No, no _____ lo voy a leer.
5. ¿Me recomiendas la langosta? Sí, _____ la recomiendo.
6. ¿Cuándo vas a prepararnos la cena? _____ la voy a preparar en una hora.

Práctica

1

AYUDA

Here are some other useful expressions:

ahora mismo
right now

inmediatamente
immediately

¡A la orden!
At your service.

¡Ya voy!
I'm on my way.

Responder Imagínate que trabajas de camarero/a en un restaurante. Responde a las órdenes de estos clientes usando pronombres.

> **modelo**
>
> Sra. Gómez: Una ensalada, por favor.
> Sí, señora. Enseguida *(Right away)* se la traigo.

1. Sr. López: La mantequilla, por favor.
2. Srta. Rivas: Los camarones, por favor.
3. Sra. Lugones: El pollo asado, por favor.
4. Tus compañeros/as de cuarto: Un café, por favor.
5. Tu profesor(a) de español: Papas fritas, por favor.
6. Dra. González: La chuleta de cerdo, por favor.
7. Tus padres: Los champiñones, por favor.
8. Dr. Torres: La cuenta *(check)*, por favor.

2

¿Quién? La Sra. Cevallos está hablando sola de los planes para una cena con su familia y amigos. Cambia los sustantivos *(nouns)* subrayados por pronombres de objeto directo y haz los otros cambios necesarios.

> **modelo**
>
> ¡No tengo carne! ¿Quién va a traerme la carne del supermercado? (Mi esposo)
> Mi esposo va a traérmela./Mi esposo me la va a traer.

1. ¡Las invitaciones! ¿Quién les mandó las invitaciones a los invitados *(guests)*? (Mi hija)
2. No tengo tiempo de ir a la panadería *(bakery)*. ¿Quién me puede comprar el pan? (Mi hijo)
3. ¡Ay! No tengo suficientes platos. ¿Quién puede prestarme los platos que necesito? (Mi mamá)
4. Nos falta mantequilla. ¿Quién nos trae la mantequilla? (Mi cuñada)
5. ¡Los postres *(desserts)*! ¿Quién está preparándonos los postres? (Silvia y Renata)
6. No hay suficientes sillas. ¿Quiénes nos traen las sillas que faltan? (Héctor y Lorena)
7. No tengo tiempo de pedirle el azúcar a Mónica. ¿Quién puede pedirle el azúcar? (Mi hijo)
8. ¿Quién va a servirles la cena a los invitados? (Mis hijos)

Comunicación

3

Contestar Trabajen en parejas y háganse preguntas usando las palabras interrogativas **¿Quién?** o **¿Cuándo?** Sigan el modelo.

> **modelo**
>
> nos enseña español
>
> **Estudiante 1:** *¿Quién nos enseña español?*
> **Estudiante 2:** *La profesora Camacho nos lo enseña.*

1. te puede explicar (*explain*) la tarea cuando no la entiendes
2. les vende los libros de texto a los estudiantes
3. te escribe mensajes electrónicos
4. te prepara la comida
5. te compró esa blusa
6. le enseñó español al/a la profesor(a)
7. vas a comprarme boletos (*tickets*) para un concierto
8. me vas a prestar tu computadora
9. nos va a recomendar el menú de la cafetería
10. me vas a mostrar tu casa o apartamento

4

Preguntas Hazle estas preguntas a un(a) compañero/a.

1. ¿Me prestas tu coche (*car*)? ¿Ya le prestaste tu coche a otro/a amigo/a?
2. ¿Me puedes comprar un coche nuevo?
3. ¿Quién te presta dinero cuando lo necesitas?
4. ¿Les prestas dinero a tus amigos/as? ¿Por qué?
5. ¿Les prestas tu casa a tus amigos/as? ¿Por qué?
6. ¿Nos compras el almuerzo a mí y a los otros compañeros de clase?
7. ¿Me describes tu casa?
8. ¿Quién te va a preparar la cena esta noche?
9. ¿Quién te va a preparar el desayuno mañana?
10. ¿Vas a leerles la historia de Blanca Nieves (*Snow White*) a tus nietos/as? ¿Qué otras historias les vas a leer?

Síntesis

5

Regalos de Navidad Tu profesor(a) va a darte (*to give you*) una hoja de actividades. En parejas, cada uno/a de Uds. tiene parte de la lista de los regalos de Navidad (*Christmas gifts*) que Berta pidió y los regalos que sus parientes le compraron. Conversen entre Uds. para completar sus listas.

> **modelo**
>
> **Estudiante 1:** *¿Qué le pidió Berta a su mamá?*
> **Estudiante 2:** *Le pidió una computadora.*
> **Estudiante 1:** *¿Se la compró?*
> **Estudiante 2:** *Sí, se la compró.*

8.3 Saber and conocer

ANTE TODO Spanish has two verbs that mean to know, **saber** and **conocer**, which cannot be used interchangeably. Note that all forms of **saber** and **conocer** are regular in the present tense except their **yo** forms.

Saber and conocer

		saber (to know)	conocer (to know)
SINGULAR FORMS	yo	sé	conozco
	tú	sabes	conoces
	Ud./él/ella	sabe	conoce
PLURAL FORMS	nosotros/as	sabemos	conocemos
	vosotros/as	sabéis	conocéis
	Uds./ellos/ellas	saben	conocen

▶ **Saber** means *to know a fact or piece(s) of information* or *to know how to do something.*

No **sé** tu número de teléfono.
I don't know your telephone number.

Mi hermana **sabe** hablar francés.
My sister knows how to speak French.

▶ **Conocer** means *to know* or *be familiar/acquainted* with a person, place, or thing.

¿**Conoces** la ciudad de Nueva York?
Do you know New York City?

No **conozco** a tu amigo Esteban.
I don't know your friend Esteban.

▶ When the direct object of **conocer** is a person or pet, the personal **a** is used.

¿Conoces los restaurantes de Tegucigalpa?   *but*   ¿Conoces **a** Rigoberta Menchú?

¡ATENCIÓN!

The following verbs are also conjugated like **conocer**:

conducir *to drive*
ofrecer *to offer*
parecer *to seem*
traducir *to translate*

¡INTÉNTALO! Escribe las formas apropiadas de los siguientes verbos.

saber

1. José no ___sabe___ la hora.
2. Sara y yo _____ jugar al tenis.
3. ¿Por qué no _____ tú estos verbos?
4. Mis padres _____ hablar japonés.
5. Yo _____ a qué hora es la clase.
6. Ud. no _____ dónde vivo.
7. Mi hermano no _____ nadar.
8. Nosotros _____ muchas cosas.
9. Carlos nunca _____ qué hora es.
10. Yo _____ dónde comer bien.

verbos como conocer

1. Ud. y yo _conocemos_ (conocer) bien Miami.
2. Mi compañero _____ (conducir) muy mal.
3. Esta clase _____ (parecer) muy buena.
4. Ellos siempre me _____ (ofrecer) ayuda.
5. Yo _____ (traducir) del chino al inglés.
6. Ana, ¿_____ (conocer) los poemas de Mistral?
7. Luis, ¡_____ (parecer) triste!
8. Uds. _____ (conducir) con cuidado.
9. Yo siempre _____ (ofrecer) café a mis amigos.
10. Nadie me _____ (conocer) bien.

Práctica

CONSÚLTALO

Panorama Locate the Guatemalan cities mentioned here, on p. 266.

1 **Completar** Completa las frases con la forma apropiada de **saber** o **conocer**.

1. Mi hermana mayor _____ conducir, pero yo no_____.
2. —¿_____ a Carla, mi sobrina? —No, no la _____.
3. —¿_____ Uds. el número de Marta? —Nosotras no lo _____.
4. —Nosotros no _____ Guatemala. —Ah, ¿no? Yo _____ bien las ciudades de Escuintla, Mazatenango, Quetzaltenango y Antigua.
5. —Todavía no _____ a tu novio. —Sí, ya lo _____. Mañana te lo presento.
6. Yo _____ esquiar, pero Tino y Luis son pequeños y no _____.
7. Roberto _____ bien el Popol Vuh, el libro sagrado de los mayas, y también _____ leer los jeroglíficos de los templos mayas.

2 **Emparejar** Empareja (*match*) las oraciones de la columna A con las oraciones de la columna B y escribe la forma correcta de los verbos en la columna B.

A

1. María del Carmen tiene mucha sed.
2. ¿Puedes traducir la carta del Sr. Jiménez?
3. ¿Sabes cuándo es el concierto de Shakira?
4. Gloria, tú no tienes automóvil, ¿verdad?
5. Ése es el hijastro de mi cuñada María José.
6. ¿A qué hora vuelve el ingeniero?

B

a. ¿Ah, sí? Pues no lo _____ (conocer). ¡Qué guapo!
b. Con gusto le _____ (ofrecer) una bebida.
c. No _____ (saber). No me acuerdo.
d. En este instante no puedo, pero más tarde se la _____ (traducir).
e. No lo sé, pero si _____ (conseguir) la información te llamo.
f. No, pero _____ (conducir) el de mis padres.

3 **Combinar** Combina las columnas A, B y C para hacer oraciones completas.

modelo

No conozco a Stephen King. / Stephen King conoce a Meg Ryan.

A	**B**	**C**
Connie Chung	(no) conocer	Meg Ryan
Bill Gates	(no) saber	cantar
Gloria Estefan		el lago de Atitlán
y Ricky Martin		en Guatemala
Billy Crystal		hablar dos lenguas extranjeras
Stephen King		hacer reír (*laugh*) a la gente
Whoopie Goldberg		la fecha de hoy
yo		escribir novelas de horror
tú		programar computadoras
tu compañero/a		Steve Jobs
tu profesor(a)		muchas personas importantes

Comunicación

4

Entrevista Pregúntale a un(a) compañero/a qué deportes practica y por qué.

> *modelo*
>
> **Estudiante 1:** *¿Sabes esquiar? (bucear, nadar, patinar, escalar montañas, jugar vóleibol, etc.)*
> **Estudiante 2:** *Sí, sé esquiar porque aprendí de niño/a./*
> *Sí, sé esquiar porque me gusta mucho la nieve./*
> *No, no sé esquiar, pero me gustaría saber.*

5

Encuesta Tu profesor(a) va a darte (*to give you*) una hoja de actividades. Camina por la clase y pregúntales por lo menos (*at least*) a dos compañeros qué ciudades de la lista conocen y por qué. Toma nota de sus respuestas y luego informa a la clase de los resultados.

Austin	Cincinnati	Los Angeles	New Orleans	St. Louis
Boston	Denver	Memphis	New York	San Francisco
Chicago	Kansas City	Miami	Phoenix	Seattle

6

Preguntas Con un(a) compañero/a, háganse las siguientes preguntas.

1. ¿Qué restaurantes buenos conoces? ¿Vas mucho a comer a los restaurantes?
2. En tu familia, ¿quién sabe cantar mejor (*best*)? ¿Tu opinión es objetiva?
3. ¿Conoces a algún artista hispano?
4. ¿Sabes usar bien el Internet? ¿Te parecen fáciles o difíciles las computadoras?
5. ¿Sabes escuchar cuando alguien te habla de sus problemas?
6. ¿Conoces a algún (alguna) chef famoso/a? ¿Qué tipo de comida prepara?
7. ¿Conoces a algún (alguna) escritor(a) famoso/a?
8. ¿Sabes si ofrecen cursos de administración de empresas en la universidad?

Síntesis

7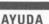

Conversar En parejas, túrnense para hacerse preguntas usando las frases de la lista. Luego informen a la clase de los resultados.

> *modelo*
>
> conocer el estado de Utah
> **Estudiante 1:** *¿Conoces el estado de Utah?*
> **Estudiante 2:** *Sí, conozco el estado de Utah./*
> *Yo no, pero mi novio sí lo conoce.*

traducir bien	saber afeitarse con sólo una mano
conducir muy mal	saber maquillarse muy bien
estudiar mucho	conocer a alguien famoso
preocupar(se) demasiado	saber quedarse en silencio
creer que siempre tiene razón	conocer el Gran Cañón
peinar(se) de una manera elegante	saber seleccionar platos del menú

8.4 Comparisons and superlatives

ANTE TODO Spanish and English use comparisons to indicate which of two people or things has a lesser, equal, or greater degree of a quality. Both languages also use superlatives to express the highest or lowest degree of a quality.

Comparisons

menos interesante	más rápido	tan sabroso como
less interesting	*quicker*	*as delicious as*

Superlatives

el mejor	el peor	el más rápido
the best	*the worst*	*the fastest*

Comparisons of inequality

▶ Comparisons of inequality are formed by placing **más** (*more*) or **menos** (*less*) before adjectives, adverbs, and nouns and **que** (*than*) after them.

$$\textbf{más/menos} + \begin{bmatrix} adjective \\ adverb \\ noun \end{bmatrix} + \textbf{que}$$

¡ATENCIÓN!

Note that while English has a comparative form for short adjectives (*faster*), such forms do not exist in Spanish (**más** rápido).

• • •

When the comparison involves a numerical expression, **de** is used before the number instead of **que**.

Hay más **de** cincuenta naranjas.

Llego en menos **de** diez minutos.

adjectives

Los bistecs son **más caros que** el pollo.
Steaks are more expensive than chicken.

Estas uvas son **menos sabrosas que** esa pera.
These grapes are less tasty than that pear.

adverbs

Me acuesto **más tarde que** tú.
I go to bed later than you (do).

Mi hermano corre **menos rápido que** Alfredo.
My brother runs less quickly than Alfredo.

nouns

Juan prepara **más platos que** José.
Juan prepares more dishes than José.

Susana come **menos carne que** Enrique.
Susana eats less meat than Enrique.

▶ With verbs, the following construction is used to make comparisons of inequality:

$$\begin{bmatrix} verb \end{bmatrix} + \textbf{más/menos que}$$

Mis hermanos **comen más que** yo.
My brothers eat more than I (do).

Arturo **duerme menos que** su padre.
Arturo sleeps less than his father (does).

Comparisons of equality

The following construction is used to make comparisons of equality.

$$\textbf{tan} + \begin{bmatrix} \textit{adjective} \\ \textit{adverb} \end{bmatrix} + \textbf{como}$$

$$\textbf{tanto/a(s)} + \begin{bmatrix} \textit{singular noun} \\ \textit{plural noun} \end{bmatrix} + \textbf{como}$$

¿Qué tal tu ceviche?

La comida es tan rica como en España.

Yo comí **tanta comida como** tú.
I ate as much food as you (did).

Uds. probaron **tantos platos como** ellos.
You tried as many dishes as they did.

▶ Comparisons of equality with verbs are formed by placing **tanto como** after the verb. Note that in this construction **tanto** does not change in number or gender.

$$\begin{bmatrix} \textit{verb} \end{bmatrix} + \textbf{tanto como}$$

No **duermo tanto como** mi tía.
I don't sleep as much as my aunt.

Estudiamos **tanto como** ustedes.
We study as much as you (do).

Superlatives

▶ The following construction is used to form superlatives. Note that the noun is always preceded by a definite article and that **de** is equivalent to the English *in* or *of*.

$$\textbf{el/la/los/las} + \begin{bmatrix} \textit{noun} \end{bmatrix} + \textbf{más/menos} + \begin{bmatrix} \textit{adjective} \end{bmatrix} + \textbf{de}$$

Es **el café más rico del** país.
It's the most delicious coffee in the country.

Es el menú **menos caro de** todos éstos.
It is the least expensive menu of all of these.

▶ The noun in a superlative construction can be omitted if it is clear who is the person, place, or thing being referred to.

¿El restaurante El Cráter?
   Es **el más elegante** de la ciudad.
The El Cráter restaurant?
   It's the most elegant (one) in the city.

Recomiendo el pollo asado.
   Es **el más sabroso** del menú.
I recommend the roast chicken.
   It's the most delicious on the menu.

Irregular comparisons and superlatives

Irregular comparative and superlative forms

Adjective		Comparative form		Superlative form	
bueno/a	good	**mejor**	better	**el/la mejor**	(the) best
malo/a	bad	**peor**	worse	**el/la peor**	(the) worst
grande	big	**mayor**	bigger	**el/la mayor**	(the) biggest
pequeño/a	small	**menor**	smaller	**el/la menor**	(the) smallest
viejo/a	old	**menor**	younger	**el/la menor**	(the) youngest
joven	young	**mayor**	older	**el/la mayor**	(the) oldest

Inés, ¿tienes hermanos?

Sí, tengo un hermano mayor.

¿Adónde vamos a almorzar, don F?

Pues, conozco el mejor restaurante de la ciudad, el restaurante El Cráter.

▶ When **grande** and **pequeño/a** refer to age, the irregular comparative and superlative forms, **mayor** and **menor**, are used. However, when these adjectives refer to size, the regular forms, **más grande** and **más pequeño/a**, are used.

> Isabel es **la mayor** de su familia.
> *Isabel is the oldest in her family.*

> Yo soy **menor** que tú.
> *I'm younger than you.*

> Tu ensalada es **más grande** que ésa.
> *Your salad is bigger than that one.*

> Pedí **el plato más pequeño** del menú.
> *I ordered the smallest dish on the menu.*

▶ The adverbs **bien** and **mal** have the same irregular comparative forms as the adjectives **bueno/a** and **malo/a**.

> Julio nada **mejor** que los otros chicos.
> *Julio swims better than the other boys.*

> Ellas cantan **peor** que las otras chicas.
> *They sing worse than the other girls.*

CONSÚLTALO

Descriptive adjectives
To review how **bueno**, **malo**, and **grande** shorten before nouns, see Lesson 3, section 3.1, p.80.

Absolute Superlatives

▶ In Spanish the absolute superlative is equivalent to *extremely, exceptionally, super,* or *very* before an adjective or adverb. You encountered an absolute superlative when you learned how to say **Me gusta(n) muchísimo...**

▶ To form the absolute superlative of most adjectives and adverbs, drop the final vowel or consonant and add **-ísimo.**

malo → mal- → **malísimo**	mucho → much- → **muchísimo**
¡El bistec está **malísimo**!	Comes **muchísimo**.
The steak is very bad!	*You eat a lot (very, very much).*
difícil + -ísimo → **dificilísimo**	fácil + ísimo → **facilísimo**
Esta prueba es **dificilísima**.	Los exámenes son **facilísimos**.
This quiz is exceptionally difficult.	*The tests are extremely easy.*

▶ Adjectives and adverbs whose stem ends in **c, g,** or **z** change spelling to **qu, gu,** and **c** in the absolute superlative.

rico → **riquísimo**	largo → **larguísimo**	feliz → **felicísimo**

▶ Adjectives that end in **–n** or **–r** normally form the absolute superlative by adding **-císimo.**

joven + -císimo → **jovencísimo**	trabajador + -císimo → **trabajadorcísimo**

¡INTÉNTALO! Escribe el equivalente de las palabras en inglés.

Comparativos

1. (*than*) Ernesto mira más televisión ___que___ Alberto.
2. (*less*) Tú eres _____ simpático que Federico.
3. (*as much*) La camarera sirve _____ carne como pescado.
4. (*more*) Conozco _____ restaurantes que tú.
5. (*as much as*) No estudio _____ tú.
6. (*as*) ¿Sabes jugar al tenis tan bien _____ tu hermana?
7. (*as many*) ¿Puedes beber _____ refrescos como yo?
8. (*as*) Mis amigos parecen _____ simpáticos como Uds.

Superlativos

1. (*the most intelligent*) Marisa es _la más inteligente_ de todas.
2. (*the least boring*) Ricardo y Tomás son _____ de la fiesta.
3. (*the worst*) Miguel y Antonio son _____ estudiantes de la clase.
4. (*the oldest*) Mi profesor de biología es _____ de la universidad.
5. (*extremely delicious*) El pollo de esta tienda es _____.
6. (*the youngest*) Carlos es _____ de mis hermanos.
7. (*the best*) Este plato es _____ del restaurante.
8. (*extremely tall*) Sara es _____.

Práctica

1 **Escoger** Escoge (*Choose*) la palabra correcta entre paréntesis para comparar a dos hermanas que son muy diferentes. Haz (*Make*) las adaptaciones necesarias.

1. Lucila es más alta y más bonita _____ Tita. (de, más, menos, que)
2. Tita es más delgada porque practica _____ deportes que su hermana. (de, más, menos, que)
3. Lucila es más _____ que Tita porque es alegre. (listo, simpático, bajo)
4. A Tita le gusta quedarse en casa. Va a _____ fiestas que su hermana. (de, más, menos, que) Es tímida e inteligente. _____ más que Lucila. (abrir, oír, estudiar) Ahora está tomando más _____ cinco clases. (de, más, menos, que)
5. Lucila se preocupa _____ que Tita por estudiar. (de, más, menos, que) ¡Son _____ diferentes!, pero se llevan muy bien. (como, tan, tanto)

2 **Emparejar** Completa las oraciones (*sentences*) de la columna A con palabras o frases de la columna B para comparar a Mario y a Luis, los novios de Lucila y Tita.

A	B
1. Mario es _____ como Luis.	tantas
2. Mario viaja tanto _____ Luis.	diferencia
3. Luis habla _____ lenguas extranjeras como Mario.	tan interesante
4. Luis habla _____ tan bien como Mario.	amigos extranjeros
5. Mario tiene tantos _____ como Luis.	como
6. ¡Qué casualidad (*coincidence*)! Mario y Luis también son hermanos, pero no hay tanta _____ entre ellos como entre Lucila y Tita.	francés

3 **Completar** Tu profesor(a) va a darte (*to give you*) una hoja de actividades con descripciones de José Valenzuela Carranza y Ana Orozco Hoffman. Completa las oraciones acerca de (*about*) Ana, José, y sus familias con las palabras de la lista.

atlética	del	mejor	peor
altísima	la	menor	periodista
bajo	más	guapísimo	trabajadorcísimo
de	mayor	Orozco	Valenzuela

1. José es el _____ y el más _____ de su familia. Es _____ y _____. Es el mejor _____ de 2000 y el _____ jugador de baloncesto.
2. Ana es la más _____ y _____ mejor jugadora de baloncesto. Es la _____ de sus hermanos y es _____. Estudió la profesión _____ difícil _____ todas.
3. Jorge es el _____ jugador de juegos electrónicos.
4. Mauricio es el menor de la familia _____.
5. El abuelo es el _____ de la familia Valenzuela.
6. Fifí es la perra más antipática _____ mundo.

Comunicación

4

Intercambiar En parejas, hagan comparaciones sobre diferentes cosas. Pueden usar las sugerencias de la lista u otras ideas.

modelo

Estudiante 1: Los pollos de *Pollitos del Corral* son los mejores del mundo.

Estudiante 2: Pues yo creo que los pollos de *Rostipollos* son tan buenos como los pollos de *Pollitos del Corral.*

Estudiante 1: Mmm… no tienen tanta mantequilla como los pollos de *Pollitos del Corral.* Tienes razón. Son sabrosísimos.

restaurantes en tu ciudad/pueblo
cafés en tu ciudad/pueblo
tiendas en tu ciudad/pueblo

periódicos en tu ciudad/pueblo
revistas favoritas
libros favoritos

comidas favoritas
los profesores
los cursos que toman

5

Conversar En grupos, túrnense (*take turns*) para hacer comparaciones entre Uds. mismos (*yourselves*) y una persona de cada categoría de la lista.

▶ una persona de tu familia

▶ un(a) amigo/a especial

▶ un(a) persona famosa

Síntesis

6

Representar En grupos, preparen un diálogo sobre dos personas interesantes pero muy diferentes. Digan (*say*) por qué las conocen, qué saben hacer y cómo son.

modelo

Estudiante 1: ¿Conoces a Carolina y a Catalina?

Estudiante 2: Sí, las conozco de la escuela. ¿Por qué las conoces tú?

Estudiante 1: Porque vamos al mismo gimnasio. Son muy atléticas.

Estudiante 3: Sí, las dos hacen deporte, pero Catalina es la más atlética.

8.5 Pronouns after prepositions

ANTE TODO   In Spanish, as in English, the object of a preposition is the noun or pronoun that follows a preposition. Observe the following diagram.

PREPOSITION	NOUN	PRONOUN
La sopa es para	Alicia	y para él.

Prepositional pronouns

	Singular			Plural	
	mí	me		**nosotros/as**	us
	ti	you (fam.)		**vosotros/as**	you (fam.)
preposition +	**Ud.**	you (form.)		**Uds.**	you (form.)
	él	him		**ellos**	them (m.)
	ella	her		**ellas**	them (f.)

▶ Note that, except for **mí** and **ti,** these pronouns are the same as the subject pronouns.

▶ The preposition **con** combines with **mí** and **ti** to form **conmigo** and **contigo,** respectively.

—¿Quieres venir **conmigo** a París?   —Sí, gracias, me gustaría ir **contigo.**
Do you want to come with me to Paris?   *Yes, thanks, I would like to go with you.*

▶ The preposition **entre** is followed by **tú** and **yo** instead of **ti** and **mí.**

Papá va a sentarse **entre tú y yo.**
Dad is going to sit between you and me.

¡ATENCIÓN!

Mí (*me*) has an accent mark to distinguish it from the possessive adjective **mi** (*my*).

¡INTÉNTALO!   Completa las siguientes frases con las preposiciones y los pronombres apropiados.

1. *(with him)* No quiero ir <u>con él</u>.
2. *(for her)* Los libros son <u>~~por~~ ella</u>.
3. *(for me)* Los mariscos son <u>~~con~~ para mí</u>.
4. *(with you, pl. form.)* Preferimos estar <u>con ~~la~~ Uds.</u>
5. *(with you, fam.)* Me gusta salir <u>con ti.</u>
6. *(with me)* ¿Por qué no quieres venir <u>con mi</u>?
7. *(for her)* El té es <u>para ella</u>
8. *(for them, m.)* La habitación es muy pequeña <u>para ellos</u>
9. *(with them, f.)* Anoche cené muy bien <u>con ellas</u>
10. *(for you, fam.)* Este reloj es <u>para ti</u>
11. *(with you, fam.)* Nunca me aburro <u>con ti.</u>
12. *(with you, pl. form.)* ¡Qué bien que vamos <u>con Uds.</u>
13. *(for you, fam.)* <u>Para ti</u> es todo muy fácil.
14. *(for them, f.)* <u>Para ellas</u> no hay fronteras.

Práctica

1

Completar David sale con sus amigos a comer. Para saber quién come qué, lee el mensaje electrónico que David le envió (*sent*) a Cecilia dos días después y completa el diálogo en el restaurante con los pronombres apropiados.

> **modelo**
>
> **Camarero:** Los camarones en salsa verde, ¿para quién son?
> **David:** Son para ____ella____.

CAMARERO	El filete de pescado, ¿para quién es?
DAVID	Es para __mí__.
CAMARERO	Aquí está. ¿Y el arroz con mariscos y las langostas?
DAVID	El arroz con mariscos es para __ella__.
SILVIA Y DIANA	Las langostas son para _____.
CAMARERO	Tengo un bistec grande…
DAVID	Cecilia, es para _____, ¿no es cierto? (*Cecilia nods.*) Y el bistec más pequeño es para _____.
CAMARERO	¿Quién va a tomar vino tinto?
MIGUEL	Es para todos _____, y el pollo es para _____.
CAMARERO	(*a la profesora*) Entonces la ensalada verde es para _____.

Para	Asunto

```
Hola,Cecilia:
¿Recuerdas la comida del viernes? Quiero repetir el menú en
mi casa el miércoles. Ahora voy a escribir lo que comimos,
luego me dices si falta algún plato. Yo pedí el filete de
pescado y Maribel camarones en salsa verde. Tatiana pidió
un plato grandísimo de arroz con mariscos. Diana y Silvia
pidieron langostas, ¿te acuerdas? Y tú, ¿qué pediste? Ah, sí,
un bistec grande con papas. Héctor también pidió un bistec,
pero más pequeño. Miguel pidió pollo y vino tinto para todos.
Y la profesora comió ensalada verde porque está a dieta.
¿Falta algo? Espero tu mensaje. Hasta pronto. David.
```

Comunicación

2

Compartir Tu profesor(a) va a darte (*to give you*) una hoja de actividades en la que hay un dibujo. En parejas, hagan preguntas para saber dónde está cada una de las personas en el dibujo. Uds. tienen dos versiones diferentes de la ilustración. Al final (*end*) deben saber dónde está cada persona.

> **modelo**
>
> **Estudiante 1:** ¿Quién está al lado de Yolanda?
> **Estudiante 2:** Alfredo está al lado de ella.

Alfredo	Dolores	Rubén	Raúl
Sra. Blanco	Enrique	Óscar	Sra. Gómez
Carlos	Graciela	Leonor	Yolanda

Lectura
Antes de leer

Estrategia
Reading for the main idea

As you know, you can learn a great deal about a reading selection by looking for cognates, titles and subtitles, and formatting. You can skim to get the gist of the reading selection and scan it for specific information. Reading for the main idea is another useful strategy; it involves locating the topic sentences of each paragraph in order to determine the author's purpose for writing a particular piece. Topic sentences can provide clues about the content of each paragraph, as well as the general organization of the reading. Your choice of which reading strategies to use will depend on the style and format of each reading selection.

Examinar el texto

En esta sección tenemos dos textos diferentes. ¿Qué estrategias puedes usar para leer la crítica culinaria? ¿Cuáles son las apropiadas para familiarizarte con el menú? Utiliza las estrategias más eficaces para cada texto. ¿Qué tienen en común? ¿Qué tipo de comida sirven en el restaurante?

Identificar la idea principal

Lee la primera frase de cada párrafo de la crítica culinaria del restaurante **La feria del maíz**. Apunta el tema prinicipal de cada párrafo. Luego lee todo el primer párrafo. ¿Crees que el restaurante le gustó al/a la autor(a) de la crítica culinaria? ¿Por qué? Ahora lee la crítica entera. En tu opinión, ¿cuál es la idea principal de la crítica? ¿Por qué la escribió el/la autor(a)? Compara tus opiniones con las de un(a) compañero/a.

MENÚ

Entremeses
Tortilla servida con
• Ajiaceite (chile, aceite) • Ajicomino (chile, comino)

Pan tostado servido con
• Queso frito a la pimienta • Salsa de ajo y mayonesa

Sopas
• Tomate • Cebolla • Verduras • Pollo y huevo
• Carne de res • Mariscos

Entradas
Tomaticán
(tomate, papas, maíz, chile, guisantes, zanahorias y verduras)

Tamales
(maíz, azúcar, ajo, cebolla)

Frijoles enchilados
(frijoles negros, carne de cerdo o de res, arroz, chile)

Chilaquil
(tortilla de maíz, queso, hierbas y chile)

Tacos
(tortillas, pollo, verduras y mole)

Cóctel de mariscos
(camarones, langostas, vinagre, sal, pimienta, aceite)

Postres
• Plátanos caribeños • Cóctel de frutas al ron
• Uvate (uvas, azúcar de caña y ron) • Flan napolitano
• Helado de piña y naranja • Pastel de yogur

Después de leer

Preguntas

En parejas, contesten las siguientes preguntas sobre la crítica culinaria de **La feria del maíz**.

1. ¿Quién es el dueño y chef de **La feria del maíz**?

2. ¿Qué tipo de comida se sirve en el restaurante?

3. ¿Cuál es el problema con el servicio?

4. ¿Cómo es el ambiente del restaurante?

5. ¿Qué comidas probó el autor de la crítica culinaria?

6. ¿Quieren probar Uds. el restaurante **La feria del maíz**? ¿Por qué?

23F

Gastronomía

Cuatro estrellas para La feria del maíz

Sobresaliente. En el nuevo restaurante **La feria del maíz** Ud. va a encontrar la perfecta combinación entre la comida tradicional y el encanto de la vieja Antigua. Ernesto Sandoval, antiguo jefe de cocina del famoso restaurante **El fogón**, ha conseguido superarse en su nueva aventura culinaria.

El gerente, el experimentado José Sierra, controla a la perfección la calidad del servicio. El mesero que me

La feria del maíz
13 calle 4-41 Zona 1
La Antigua, Guatemala
2329912

lunes a sábado
10:30am-11:30pm
domingo 10:00am-10:00pm

Comida ﹚﹚﹚﹚﹚

Servicio ﹚﹚﹚

Ambiente ﹚﹚﹚﹚

Precio ﹚﹚﹚

atendió esa noche fue muy amable en todo momento. Sólo hay que comentar que, debido al éxito inmediato de **La feria del maíz**, se necesitan más meseros para atender a los clientes de una

forma más eficaz. En esta ocasión, el mesero tardó unos veinte minutos en traerme la bebida.

Afortunadamente, no me importó mucho la espera entre plato y plato, pues el ambiente es tan agradable que me sentí como en casa. Por fuera, la fachada del restaurante mantiene el estilo colonial de Antigua. Por dentro, el estilo es elegante y rústico a la vez. Cuando el tiempo lo permite, se puede comer también en el patio, lleno de flores.

El servicio de meseros y el ambiente agradable del local pasan a un segundo plano cuando llega la comida, de una calidad y consistencia

extraordinarias. Las tortillas están hechas en casa, y se sirven con un ajiaceite delicioso. La sopa de mariscos es excelente, y los tamales, pues, tengo que confesar que son mejores que los de mi abuelita. También recomiendo los tacos de pollo, servidos con un mole muy rico. De postre, don Ernesto me preparó su especialidad, un flan napolitano sabrosísimo.

Los precios pueden parecer altos para una comida tradicional, sin embargo, la calidad de los productos con que se cocinan los platos y el ambiente acogedor de **La feria del maíz** hacen que la experiencia valga la pena.

Bebidas

- Cerveza negra • Chilate (bebida de maíz, chile y cacao)
- Jugos de fruta • Agua mineral • Té helado
- Vino tinto/blanco • Ron

Sobresaliente *Outstanding* **ha conseguido superarse** *has outdone himself*
gerente *manager* **altos** *high* **hacen...pena** *make the experience well worthwhile*

Un(a) guía turístico/a

Tú eres un(a) guía turístico/a en Guatemala. Estás en el restaurante **La feria del maíz** con un grupo de turistas americanos. Ellos no hablan español y quieren comer, pero necesitan tu ayuda. ¿Qué error comete cada turista?

1. La Sra. Johnson es diabética y no puede comer azúcar. Pide sopa de verdura y tamales. No pide nada de postre.

2. Los señores Petit son vegeterianos y piden sopa de tomate, frijoles enchilados y plátanos caribeños.

3. El Sr. Smith, que es alérgico al chocolate, pide tortilla servida con ajiaceite, chilaquil y chilate para beber.

4. La adorable hija del Sr. Smith tiene sólo cuatro años y le gustan mucho las verduras y las frutas naturales. Su papá le pide tomiticán y un cóctel de frutas.

5. La Srta. Jackson está a dieta y pide uvate, flan napolitano y helado.

Escritura

Estrategia

Expressing and supporting opinions

Written reviews are just one of many kinds of writing which require you to state your opinions. In order to convince your reader to take your opinions seriously, it is important to support them as thoroughly as possible. Details, facts, examples, and other forms of evidence are necessary. In a restaurant review, for example, it is not enough just to rate the food, service and atmosphere. Readers will want details about the dishes you ordered, the kind of service you received, and the type of atmosphere you encountered. If you were writing a concert or album review, what kinds of details might your readers expect to find?

It is easier to include details that support your opinions if you plan ahead. Before going to a place or event that you are planning to review, write a list of questions that your readers might ask. Decide which aspects of the experience you are going to rate and list the details that will help you decide upon a rating. You can then organize these lists into a questionnaire and a rating sheet. Bring these forms with you to help you make your opinions and to remind you of the kinds of information you need to gather in order to support those opinions. Later, these forms will help you organize your review into logical categories. They can also provide the details and other evidence you need to convince your readers of your opinions.

Tema

Una crítica culinaria

Escribe una crítica culinaria sobre un restaurante local para el periódico de la universidad. Puntúa el restaurante de una a cinco estrellas y anota tus recomendaciones para futuros clientes del restaurante. Incluye tus opiniones acerca de:

▶ La comida
¿Qué tipo de comida es? ¿Qué tipo de ingredientes se usan? ¿Es de buena calidad? ¿Cuál es el mejor plato? ¿Y el peor? ¿Quién es el chef?

▶ El servicio
¿Hay que esperar mucho para conseguir una mesa? ¿Tiene el/la camarero/a un buen conocimiento del menú? ¿Atienden a los clientes con rapidez y cortesía?

▶ El ambiente
¿Cómo es la decoración del restaurante? ¿Es el ambiente informal o elegante? ¿Hay música o algún tipo de entretenimiento? ¿Hay un bar? ¿Un patio?

▶ Información práctica
¿Cómo son los precios? ¿Se aceptan tarjetas de crédito? ¿Cuál es la dirección y el número de teléfono? ¿Quién es el dueño? ¿El gerente?

crítica culinaria *restaraunt review* Puntúa *Rate* estrellas *stars* acerca de *about* se usan *are used* calidad *quality* ambiente *atmosphere* entretenimiento *entertainment* dirección *address*

Plan de escritura

1 **Ideas y organización**

Usa un mapa de ideas para organizar tus comentarios sobre el **¿qué?, ¿quién?, ¿cuándo?, ¿dónde?, ¿cómo?** y **¿por qué?** de tu visita al restaurante y tu evaluación. Recuerda que tu artículo debe tener un título interesante para captar el interés del lector. Utiliza un esquema para organizar las diferentes partes de tu composición.

2 **Primer borrador**

Utilizando tus notas de **Ideas y organización,** escribe el primer borrador de tu artículo. Intenta usar el diccionario como último recurso.

3 **Comentario**

Intercambia tu composición con un(a) compañero/a. Lee su borrador y anota los aspectos mejor escritos de su crítica, por ejemplo cómo expresa su opinión acerca de la comida. Utiliza estas preguntas para evaluar el trabajo de tu compañero/a:

1. ¿Es interesante el título del artículo?
2. ¿Incluye toda la información pertinente?
3. ¿Está bien organizado el artículo?
4. ¿Apoya el/la autor(a) su opinión con detalles específicos?
5. ¿Encuentras errores gramaticales u ortográficos?

4 **Redacción**

Revisa el primer borrador según las indicaciones de tu compañero/a. Incorpora nuevas ideas y/o más información para reforzar tu opinión. Utiliza esta guía para hacer la última revisión antes de escribir tu copia final.

1. Subraya cada verbo para comprobar su concordancia con el sujeto. ¡Cuidado con el pretérito!
2. Revisa la concordancia entre los sustantivos, los artículos y los adjetivos.
3. Comprueba el uso correcto de los pronombres.
4. Consulta tus **Anotaciones para mejorar la escritura** antes de revisar la ortografía y la puntuación.

5 **Evaluación y progreso**

Comprueba si hay un(a) compañero/a en la clase que conoce el restaurante evaluado en tu artículo y viceversa. Intercambien sus reportajes y después responde a estas preguntas.

▶ ¿Estás de acuerdo con la evaluación de tu compañero/a?
▶ ¿Qué impresiones del restaurante fueron similares o diferentes?

Lee los comentarios y las correcciones de tu profesor(a). Anota los errores más básicos en tu lista **Anotaciones para mejorar la escritura** en tu **Carpeta de trabajos**.

lector *reader* esquema *outline* Intenta *Try to* Intercambia *Exchange* escritos *written* apoyada *supported* Revisa *Check* Subraya *Underline* Comprueba *Check*

Escuchar

Preparación

Según el dibujo, ¿quién es Ramón Acevedo?
¿Sobre qué crees que va a hablar?

Estrategia

Jotting down notes as you listen

Jotting down notes while you listen to a
conversation in Spanish can help you keep
track of the important points or details.
It will help you to focus actively on
comprehension rather than on remembering
what you have heard. To practice this
strategy, you will now listen to a paragraph.
Jot down the main points you hear.

 ## Ahora escucha

Ahora escucha a Ramón Acevedo. Toma
apuntes de las instrucciones que él da en los
espacios en blanco.

Ingredientes del relleno:

_____

_____

_____

_____

_____

_____

_____

Poner dentro del pavo:

_____

_____

_____

Instrucciones para cocinar:

untarlo con _____

cubrir con _____ de aluminio

poner en el horno a _____ grados

por _____ horas

recursos

R

SCASS./CD
Lección 8

Según *According to* apuntes *notes* cocinar *to cook* untarlo *baste it*
cubrir *cover* horno *oven*

En Guatemala, el pavo relleno es un plato popular
para celebrar la Navidad y el Año Nuevo.

Comprensión

Seleccionar

Usa tus apuntes para seleccionar la respuesta correcta para
cada oración.

1. Ramón Acevedo prepara un menú ideal para _____.
   a. una familia de tres personas b. una chica y su novio
   c. una familia de once
2. Este plato es perfecto para la persona a la que le
   gustan _____.
   a. los mariscos y la langosta
   b. la carne de cerdo y las papas
   c. los espárragos y los frijoles
3. Este plato es ideal para el/la cocinero/a que _____.
   a. tiene mucho tiempo b. tiene mucha prisa
   c. no tiene horno

Preguntas

Con dos o tres compañeros, respondan a las preguntas.

1. ¿Es similar el plato que prepara Ramón Acevedo a
   algún plato que Uds. comen? ¿En qué es similar? ¿En
   qué es distinto?
2. Escriban una variación de la receta de Ramón Acevedo.
   Usen ingredientes interesantes. ¿Es mejor su receta que
   la del Sr. Acevedo? ¿Por qué?

Proyecto

Crea un nuevo restaurante guatemalteco

Imagina que vas a abrir un restaurante en la capital de Guatemala. Necesitas decidir qué vas a servir y a qué precio, y dónde vas a abrir el restaurante.

1 Diseña el menú

El menú contiene toda la información importante para la creación de tu nuevo negocio. Usa los **Recursos para la investigación** para investigar cuáles son las comidas típicas y populares de Guatemala y saber cuál es la moneda de Guatemala para ponerles precio a las comidas del restaurante. El menú puede incluir esta información:

- el nombre del restaurante
- la dirección del restaurante, tomando en cuenta el diseño de la capital y la organización de sus calles y avenidas
- las comidas típicas de Guatemala que vas a servir, con una variedad de platos, incluyendo platos principales, ensaladas, postres y bebidas
- los precios de los platos en moneda guatemalteca

El Tamalito
Especialidades guatemaltecas

5a calle (Los Próceres)
Zona 4
Tel: (502) 345 89 76
Fax (502) 243 56 34

Palabras útiles	
el postre	*dessert*
el flan	*baked custard*
el pastel	*cake; pie*
el helado	*ice cream*
el dulce	*sweet; candy*
la galleta	*cookie*

2 Presenta la información

Con tres o cuatro compañeros/as habla del plan que tienes para tu restaurante. Muéstrales el menú que diseñaste. Háblales de la comida que vas a servir. Pregúntales qué platos piensan que son los más sabrosos.

Diseña *Design* **negocio** *business* **tomando en cuenta** *taking into account* **Háblales** *Talk to them* **recetas** *recipes* **cambio de moneda** *currency exchange* **libros de cocina** *cookbooks*

recursos para la investigación

	Internet Palabras clave: Guatemala, recetas, cambio de moneda, Ciudad de Guatemala		**Comunidad** Estudiantes o profesores que son de Guatemala o que viajaron a Guatemala, guatemaltecos que viven en la comunidad
	Biblioteca Guías turísticas, periódicos con datos de cambio de moneda, almanaques		**Otros recursos** Libros de cocina de la América Central

Guatemala

El país en cifras

- **Área:** 108.890 km² (42.042 millas²), *un poco más pequeño que Tennessee*
- **Población:** 11.995.000
- **Capital:** la ciudad de Guatemala—3.491.000
- **Ciudades principales:**
  Quezaltenango—101.000, Escuintla—68.000, Mazatenango—42.000, Puerto Barrios—39.000

SOURCE: Population Division, UN Secretariat

- **Moneda:** quetzal
- **Idiomas:** español (oficial), lenguas mayas

El español es la lengua de un 60 por ciento de la población, mientras que el otro 40 por ciento tiene una de las lenguas mayas (cakchiquel, quiché, y kekchícomo entre otras) como materna. Una palabra que las lenguas mayas tienen en común es ixim, que significa maíz, un cultivo de mucha importancia en estas culturas.

Bandera de Guatemala

Guatemaltecos célebres

- **Carlos Mérida,** pintor (1891-1984)
- **Miguel Ángel Asturias,** escritor (1899-1974)
- **Margarita Carrera,** poeta y ensayista (1929-)
- **Rigoberta Menchú Tum,** activista (1959-)

por ciento *percent*   mientras que *while*   cultivo *crop*   telas *fabrics*
tinte *dye*   zancudos *mosquitos*   aplastados *crushed*
hace... destiñan *keeps the colors from running*   agradecidos *grateful*
hayan tejido *have woven*

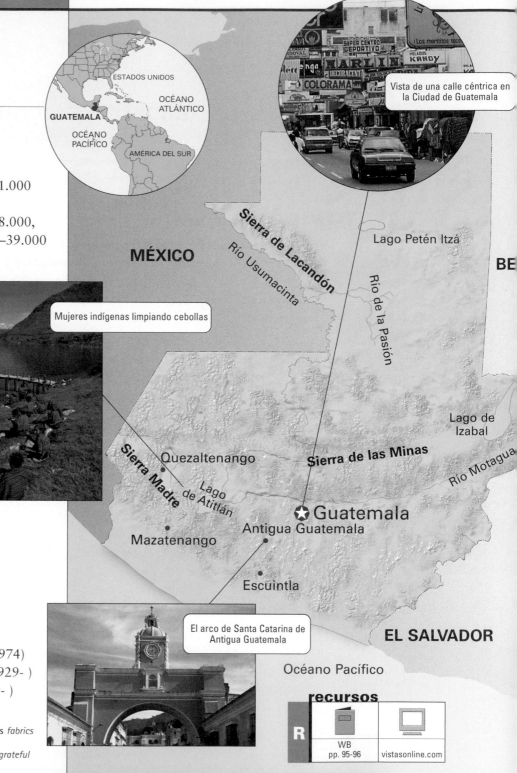

Vista de una calle céntrica en la Ciudad de Guatemala

Mujeres indígenas limpiando cebollas

El arco de Santa Catarina de Antigua Guatemala

ESTADOS UNIDOS
OCÉANO ATLÁNTICO
GUATEMALA
OCÉANO PACÍFICO
AMÉRICA DEL SUR

MÉXICO

Sierra de Lacandón
Río Usumacinta
Lago Petén Itzá
BE
Río de la Pasión
Lago de Izabal
Sierra de las Minas
Río Motagua
Quezaltenango
Sierra Madre
Lago de Atitlán
Guatemala
Antigua Guatemala
Mazatenango
Escuintla
EL SALVADOR
Océano Pacífico

recursos

R	WB pp. 95-96	vistasonline.com

¡Increíble pero cierto!

¿Qué ingrediente secreto se encuentra en las telas tradicionales de Guatemala? ¡El mosquito! El excepcional tinte es producto de una mezcla de flores y de zancudos aplastados. El insecto hace que los colores no se destiñan. Quizás ésta es la razón por la que los artesanos, agradecidos, han tejido la figura del zancudo en muchos huipiles.

Ciudades • **La Antigua Guatemala**

La Antigua Guatemala fue fundada en 1543. Fue una capital de gran importancia hasta 1773, cuando un terremoto la destruyó. La Antigua Guatemala ha conservado el carácter original de su arquitectura y hoy día se ha convertido en uno de los centros turísticos del país. Su celebración de la Semana Santa es, para muchas personas, la más importante del hemisferio.

Naturaleza • **El quetzal**

El quetzal simbolizaba la libertad para los antiguos mayas porque creían que este pájaro no podía vivir en cautividad. En la actualidad el quetzal es el símbolo nacional. El pájaro da su nombre a la moneda nacional y aparece en los billetes del país. Desafortunadamente, está en peligro de extinción. Para protegerlo, el gobierno mantiene una reserva biológica especial.

Historia • **Los mayas**

Desde 1500 a.C. hasta 900 d.C. los mayas habitaron gran parte de lo que ahora es Guatemala. Su civilización era muy avanzada. Construyeron pirámides, templos y observatorios; descubrieron y usaron el cero antes que los europeos, y desarrollaron un calendario complejo y preciso.

Artesanía • **La ropa tradicional**

La ropa tradicional de los guatemaltecos refleja el sentido del orden y el amor a la naturaleza de la cultura maya. Es de colores vivos y tiene formas geométricas en los diseños. Además, el diseño y los colores de cada *huipil* indican el pueblo de origen y a veces el sexo y la edad de la persona que lo lleva.

¿Qué aprendiste? Responde a las preguntas con una frase completa.

1. ¿Qué significa la palabra *ixim*?
2. ¿Quién es Rigoberta Menchú?
3. ¿Qué pájaro representa a Guatemala?
4. ¿Qué simbolizaba el quetzal para los mayas?
5. ¿Cuál es la moneda nacional de Guatemala?
6. ¿Qué celebración de la Antigua Guatemala es la más importante del hemisferio para muchas personas?
7. ¿Qué construyeron los mayas?
8. ¿Qué descubrieron los mayas antes que los europeos?
9. ¿Qué refleja la ropa tradicional de los guatemaltecos?
10. ¿Qué indica un *huipil* con su diseño y sus colores?

Conexión Internet Investiga estos temas en el sitio **www.vistasonline.com**.
1. Busca información sobre Rigoberta Menchú.
   ¿De dónde es? ¿Qué libros ha publicado (*has she published*)? ¿Por qué es famosa?
2. Estudia un sitio arqueológico en Guatemala para aprender más sobre los mayas, y prepara un breve informe para tu clase.

terremoto *earthquake* destruyó *destroyed* ha conservado *has preserved* se ha convertido *has turned into* Semana Santa *Holy Week* simbolizaba *symbolized* antiguos *ancient* pájaro *bird* cautividad *captivity* billetes *paper money* peligro *danger* protegerlo *protect it* Construyeron *They constructed* descubrieron *discovered* desarrollaron *developed* complejo *complex* sentido del orden *sense of order* vivos *bright* diseños *designs*

Mar caribe

Golfo de Honduras

Puerto Barrios

HONDURAS

Comidas

el/la camarero/a	waiter
la comida	food; meal
el/la dueño/a	owner; landlord
el menú	menu
la sección de (no) fumar	(non) smoking section
el almuerzo	lunch
la cena	dinner
el desayuno	breakfast
los entremeses	hors d'oeuvres
el plato (principal)	(main) dish
delicioso/a	delicious
rico/a	tasty; delicious
sabroso/a	tasty; delicious
almorzar (o:ue)	to have lunch
cenar	to have dinner
desayunar	to have breakfast
pedir (e:i)	to order (food)
probar (o:ue)	to taste; to try
recomendar (e:ie)	to recommend
servir (e:i)	to serve

Las frutas

la banana	banana
las frutas	fruits
el limón	lemon
la manzana	apple
el melocotón	peach
la naranja	orange
la pera	pear
la uva	grape

Las verduras

el arroz	rice
la cebolla	onion
el champiñón	mushroom
la ensalada	salad
los espárragos	asparagus
los frijoles	beans
las arvejas	peas
la lechuga	lettuce
el maíz	corn
las papas/patatas (fritas)	(fried) potatoes; French fries
el tomate	tomato
las verduras	vegetables
la zanahoria	carrot

La carne y el pescado

el atún	tuna
el bistec	steak
los camarones	shrimp
la carne	meat
la carne de res	beef
la chuleta (de cerdo)	(pork) chop
la hamburguesa	hamburger
el jamón	ham
la langosta	lobster
los mariscos	shellfish
el pavo	turkey
el pescado	fish
el pollo (asado)	(roast) chicken
la salchicha	sausage
el salmón	salmon

Otras comidas

el aceite	oil
el azúcar	sugar
el ajo	garlic
los cereales	cereal; grains
el huevo	egg
la mantequilla	butter
la margarina	margarine
la mayonesa	mayonnaise
el pan (tostado)	(toasted) bread
la pimienta	black pepper
el queso	cheese
la sal	salt
el sándwich	sandwich
la sopa	soup
el vinagre	vinegar
el yogur	yogurt

Bebidas

el agua (mineral)	(mineral) water
la bebida	drink
el café	coffee
la cerveza	beer
el jugo (de fruta)	(fruit) juice
la leche	milk
el refresco	soft drink
el té (helado)	(iced) tea
el vino (blanco/tinto)	(white/red) wine

Verbos

conducir	to drive
conocer	to know; to be acquainted with
ofrecer	to offer
parecer	to seem; to appear
saber	to know; to know how
traducir	to translate
morir (o:ue)	to die

Las comparaciones

como	like; as
más de (+ number)	more than
más... que	more ... than
menos de (+ number)	less than
menos... que	less ... than
tan... como	as ... as
tantos/as... como	as many... as
tanto... como	as much... as
el/la mayor	the oldest
el/la mejor	the best
el/la menor	the youngest
el/la peor	the worst
mejor	better
peor	worse

Palabras adicionales

conmigo	with me
contigo	with you (fam.)
despacio	slowly
rápido/a	quickly; fast

Pronouns after prepositions	See page 258.
Expresiones útiles	See page 239.

Las fiestas

9

Communicative Goals

You will learn how to:
- Express congratulations
- Express gratitude
- Ask for and pay the bill at a restaurant

contextos · fotonovela · estructura · adelante · panorama

Las fiestas

Más vocabulario

la amistad	friendship
el amor	love
el aniversario de bodas	wedding anniversary
la boda	wedding
el cumpleaños	birthday
el día de fiesta	holiday
el divorcio	divorce
el matrimonio	marriage
la Navidad	Christmas
el/la recién casado/a	newlywed
la quinceañera	young woman's fifteenth birthday celebration
la sorpresa	surprise
cambiar (de)	to change
celebrar	to celebrate
cumplir años	to have a birthday
dejar una propina	to leave a tip
divertirse (e:ie)	to have fun
graduarse (en)	to graduate (from)
invitar	to invite
jubilarse	to retire (from work)
nacer	to be born
odiar	to hate
pagar la cuenta	to pay the bill
pasarlo bien/mal	to have a good/bad time
reírse (e:i)	to laugh
relajarse	to relax
sorprender	to surprise
sonreír (e:i)	to smile
juntos/as	together

Variación léxica

pastel ⟷ torta (*Arg., Venez.*)

comprometerse ⟷ prometerse (*Esp.*)

la pareja

el pastel de chocolate

la botella de vino

el flan de caramelo

los postres

el champán

las galletas

los dulces

FELIZ CUMPLEAÑOS

brindar

el invitado

egalar

Relaciones personales

casarse (con)	*to get married (to)*
comprometerse (con)	*to get engaged (to)*
divorciarse (de)	*to get divorced (from)*
enamorarse (de)	*to fall in love with*
llevarse bien/mal (con)	*to get along well/badly (with)*
romper (con)	*to break up (with)*
salir (con)	*to go out (with); to date*
separarse (de)	*to separate (from)*
tener una cita	*to have a date; to have an appointment*

el helado

los bizcochos

Práctica

1

Escuchar 🎧 Escucha la conversación e indica si las oraciones son **ciertas** o **falsas**.

1. A Silvia no le gusta mucho el chocolate.
2. Silvia sabe que sus amigos le van a hacer una fiesta.
3. Los amigos de Silvia le compraron un pastel de chocolate.
4. Los amigos brindan por Silvia con refrescos.
5. Silvia y sus amigos van a comer helado.
6. Los amigos de Silvia le van a servir flan y galletas.

2

Emparejar Indica la letra de la frase que mejor completa cada oración.

a. se jubiló	d. nos divertimos	g. se llevan bien
b. dejó una propina	e. nació	h. lo pasaron mal
c. sonrió	f. se casaron	i. tenemos una cita

1. María y su esposo ____. Son muy felices.
2. Pablo y yo ____ en la fiesta. Bailamos y comimos mucho.
3. Manuel y Felipe ____ en el cine. La película fue muy mala.
4. ¡Tengo una nueva sobrina! Ella ____ ayer por la mañana.
5. Mi madre le ____ muy grande al camarero.
6. Mi padre ____ hace un año.
7. A Elena le gustan las galletas. Ella ____ después de comérselas todas.
8. Jorge y yo ____ esta noche. Vamos a ir a un restaurante muy elegante.
9. Jaime y Laura ____ el septiembre pasado. La boda fue maravillosa.

3

Completar Completa las frases con palabras del nuevo vocabulario.

1. Susana _____ su cumpleaños con su familia y sus amigos con una gran fiesta.
2. Su mamá invitó a mucha gente pero todos los _____ llegaron tarde.
3. Su papá contó chistes (*jokes*) y todos _____.
4. A Susana le _____ muchos regalos.
5. El hermano de Susana comió muchos trozos (*pieces*) del _____ porque a él le gusta mucho el chocolate.
6. Susana está un poco triste porque ayer _____ su novio.
7. Su amiga, Anabela, va a _____ con su novio en dos semanas.

Las etapas de la vida de Sergio

el nacimiento

la niñez

la adolescencia

la juventud

la madurez

la vejez

Más vocabulario	
las etapas de la vida	*the stages of life*
la muerte	*death*
el estado civil	*marital status*
casado/a	*married*
divorciado/a	*divorced*
soltero/a	*single*
separado/a	*separated*
viudo/a	*widower/widow*

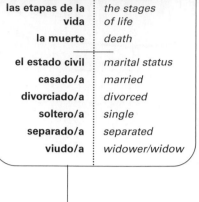

4 **Las etapas de la vida** Identifica las etapas de la vida que se describen (*are described*) en las siguientes (*following*) frases.

1. Mi abuela se jubiló y se mudó (*moved*) a Viña del Mar.
2. Mi padre trabaja para una compañía grande en Santiago.
3. ¿Viste a mi nuevo sobrino en el hospital? Es precioso y ¡tan pequeño!
4. Mi abuelo murió este año.
5. Mi hermana se enamoró de un chico nuevo en la escuela.
6. ¿Mi hermano? Tiene 22 años y le encantan los juegos de video.
7. Mi hermana pequeña juega con muñecas (*dolls*).

NOTA CULTURAL

Viña del Mar is a seaside town west of Santiago, Chile. In addition to its wonderful beaches, hotels, casinos, and restaurants, an international song festival takes place there every year.

5 **Opuestos** Túrnate (*Take turns*) con un(a) compañero/a para decir que sus afirmaciones son falsas y corrígelas usando los opuestos de las expresiones subrayadas.

> **modelo**
>
> **Estudiante 1:** Nuestros amigos <u>lo pasaron mal</u> en la playa.
> **Estudiante 2:** No, te equivocas (*you're wrong*). Ellos lo pasaron bien.

1. Fernando <u>odia</u> a Merche.
2. Rafael <u>se comprometió</u> con Alicia.
3. Nadia <u>se separó</u> de Eduardo, ¿no?
4. La <u>juventud</u> es la etapa de la vida cuando nos jubilamos.
5. El <u>nacimiento</u> es el fin de la vida.
6. A los sesenta y cinco años muchas personas <u>comienzan a trabajar</u>.
7. Julián y Pepi <u>se divorcian</u> mañana.

AYUDA

Other ways to contradict someone:

No es verdad.
It's not true.

Creo que no.
I don't think so.

¡Claro que no!
Of course not!

¡Que va!
¡Go on!

Comunicación

6

Una fiesta Trabaja con dos compañeros/as para planear una fiesta. Recuerda incluir la siguiente información.

1. ¿Qué tipo de fiesta es? ¿Dónde va a ser? ¿Cuándo va a ser?
2. ¿A quiénes van a invitar?
3. ¿Qué van a comer? ¿Quiénes van a llevar o a preparar la comida?
4. ¿Qué van a beber? ¿Quiénes van a llevar las bebidas?
5. ¿Qué van a hacer todos durante la fiesta?

7

Encuesta Tu profesor(a) va a darte (*to give you*) una hoja de actividades. Haz las preguntas de la hoja a dos o tres compañeros/as de clase para saber qué actitudes tienen en sus relaciones personales. Luego comparte los resultados de la encuesta (*survey*) con la clase y comenta tus conclusiones.

Preguntas	Nombres	Actitudes
1. ¿Te importa la amistad? ¿Por qué?		
2. ¿Es mejor tener un buen amigo/a o muchos amigos/as?		
3. ¿Cuáles son las características que buscas en tus amigos/as?		
4. ¿Tienes novio/a? ¿A qué edad (*age*) es posible enamorarse?		
5. ¿Deben las parejas hacer todas las cosas juntos? ¿Deben tener las mismas opiniones? ¿Por qué?		

8

Una fiesta memorable Cuenta (*Tell*) la historia de una fiesta memorable. La historia debe incluir la siguiente información.

- ¿Qué?
- ¿Dónde?
- ¿Cómo?
- ¿Por qué?
- ¿Cuándo?
- ¿Quién?
- ¿Cuántos?

9

Minidrama En parejas, consulten la ilustración de la página 272, y luego preparen un minidrama para representar (*to act out*) las etapas de la vida de una persona real o imaginaria.

¡Feliz cumpleaños, Maite!

Don Francisco y los estudiantes celebran el cumpleaños de Maite en el restaurante El Cráter.

PERSONAJES

MAITE

INÉS

DON
FRANCISCO

ÁLEX

JAVIER

DOÑA RITA

CAMARERO

1

INÉS A mí me encantan los dulces. Maite, ¿tú qué vas a pedir?

MAITE Ay, no sé. Todo parece tan delicioso. Quizás el pastel de chocolate.

2

JAVIER Para mí el pastel de chocolate con helado. Me encanta el chocolate. Y tú Álex, ¿qué vas a pedir?

ÁLEX Generalmente prefiero la fruta, pero hoy creo que voy a probar el pastel de chocolate.

DON FRANCISCO Yo siempre tomo un flan y un café.

3

DOÑA RITA & CAMARERO ¡Feliz cumpleaños, Maite!

INÉS ¿Hoy es tu cumpleaños, Maite?

MAITE Sí, el 22 de junio. Y parece que vamos a celebrarlo.

TODOS MENOS MAITE ¡Felicidades!

6

ÁLEX Yo también acabo de cumplir los veintitrés años.

MAITE ¿Cuándo?

ÁLEX El cuatro de mayo.

7

DOÑA RITA Aquí tienen un flan, pastel de chocolate con helado... y una botella de vino para dar alegría.

MAITE ¡Qué sorpresa! ¡No sé qué decir! Muchísimas gracias.

8

DON FRANCISCO El conductor no puede tomar vino. Doña Rita, gracias por todo. ¿Puede traernos la cuenta?

DOÑA RITA Enseguida, Paco.

recursos

R

VIDEO
Lección 9

VM
pp. 343-344

MAITE ¡Gracias! Pero, ¿quién le dijo que es mi cumpleaños?

DOÑA RITA Lo supe por don Francisco.

ÁLEX Ayer te lo pregunté, ¡y no quisiste decírmelo! ¿Eh? ¡Qué mala eres!

JAVIER ¿Cuántos años cumples?

MAITE Veintitrés.

INÉS Creo que debemos dejar una buena propina. ¿Qué les parece?

MAITE Sí, vamos a darle una buena propina a la Sra. Perales. Es simpatiquísima.

DON FRANCISCO Gracias una vez más. Siempre lo paso muy bien aquí.

MAITE Muchísimas gracias, Sra. Perales. Por la comida, por la sorpresa y por ser tan amable con nosotros.

Enfoque cultural Las celebraciones hispanas

Las celebraciones de la independencia, los carnavales y la Semana Santa son fiestas importantísimas en los países hispanos. Las fechas de Navidad y Noche Vieja (*New Year's Eve*) son, quizás, las más festejadas (*celebrated*). Otra celebración importante es el santo. Cada día del año tiene un santo asignado, y algunas personas que se llaman igual que el santo del día (*who have the same name as the day's saint*) lo celebran. El 19 de marzo, por ejemplo, los que se llaman José o Josefa celebran el día de San José.

Expresiones útiles

Celebrating a birthday party

▶ **¡Feliz cumpleaños!**
Happy birthday!

▶ **¡Felicidades!**
Congratulations! (for an event such as a birthday or anniversary)

▶ **¡Felicitaciones!**
Congratulations! (for an event such as an engagement or a good grade on a test)

▶ **¿Quién le dijo que es mi cumpleaños?**
Who told you that it's my birthday?

▷ **Lo supe por don Francisco.**
I found it out through don Francisco.

▶ **¿Cuántos años cumples/cumple Ud.?**
How old are you now?

▷ **Veintitrés.**
Twenty-three.

Asking for and getting the bill

▶ **¿Puede traernos la cuenta?**
Can you bring us the bill?

▶ **La cuenta, por favor.**
The bill, please.

▷ **Enseguida, señor/señora/señorita.**
Right away, sir/ma'am/miss.

Expressing gratitude

▶ **¡(Muchas) gracias!**
Thank you (very much)!

▶ **Muchísimas gracias.**
Thank you very, very much.

▶ **Gracias por todo.**
Thanks for everything.

▶ **Gracias una vez más.**
Thanks again. (lit. Thanks one more time.)

Leaving a tip

▶ **Creo que debemos dejar una buena propina. ¿Qué les parece?**
I think we should leave a good tip. What do you guys think?

▷ **Sí, vamos a darle una buena propina.**
Yes, let's give her a good tip.

Reacciona a la fotonovela

1   **Completar**   Completa las frases con la información correcta, según la fotonovela.

1. De postre, don Francisco siempre pide _____.
2. A Javier le encanta _____.
3. Álex cumplió los _____ años _____.
4. Hoy Álex quiere tomar algo diferente. De postre, quiere pedir _____.
5. Los estudiantes van a dejar _____ a doña Rita.

2   **Identificar**   Identifica quién puede decir las siguientes frases.

1. Gracias, doña Rita, pero no puedo tomar vino.
2. ¡Qué simpática es doña Rita! Fue tan amable conmigo.
3. A mí me encantan los dulces y los pasteles, ¡especialmente si son de chocolate!
4. Mi amigo acaba de informarme que hoy es el cumpleaños de Maite.
5. ¿Tienen algún postre de fruta? Los postres de fruta son los mejores.
6. Me parece una buena idea dejarle una buena propina a la dueña. ¿Qué piensan Uds.?

JAVIER   ÁLEX

INÉS   MAITE

DON FRANCISCO   DOÑA RITA

NOTA CULTURAL

Tipping in Latin America and Spain is not as customary as it is in the United States. Since the waitstaff isn't as dependent on tips, only small tips are left. However, it's generally a good idea to tip well when large parties are served or the service is exceptional.

3   **Completar**   Selecciona algunas de las opciones de la lista para completar las frases.

pedir	una botella de vino	la cuenta	el amor
la quinceañera	la galleta	una sorpresa	¡Qué sorpresa!
celebrar	un postre	el divorcio	día de fiesta

1. Maite no sabe que van a celebrar su cumpleaños porque es _____.
2. Cuando una pareja celebra su aniversario y quiere tomar algo especial, compra _____.
3. Después de una cena o un almuerzo, es normal pedir _____.
4. De postre, Inés y Maite no saben exactamente lo que van a _____.
5. Después de comer en un restaurante, tienes que pagar _____.
6. Una pareja de enamorados nunca piensa en _____.
7. Hoy no trabajamos porque es un _____.

CONSÚLTALO

The Latin American version of the debutante party is the **quinceañera**. A party for a girl turning fifteen, it is the moment when she is "presented" to society. To read more, see p. 289.

4   **Fiesta sorpresa**   Trabajen en grupos para representar una conversación en la que uno/a de Uds. está celebrando su cumpleaños en un restaurante. Un(a) amigo/a le desea feliz cumpleaños a su compañero/a y le pregunta cuántos años cumple. Luego, cada uno/a le pide al/a la camarero/a un postre y algo para beber. Después de comerse los postres, un(a) amigo/a pide la cuenta y otro/a habla de dejar una propina. Los dos que no cumplen años dicen que quieren pagar la cuenta y el/la que cumple años les da las gracias por todo.

Pronunciación 🎧

The letters **h**, **j**, and **g**

helado	**hombre**	**hola**	**hermosa**

The Spanish **h** is always silent.

José	**jubilarse**	**dejar**	**pareja**

The letter **j** is pronounced much like the English *h* in *his*.

agencia	**general**	**Gil**	**Gisela**

The letter **g** can be pronounced three different ways. Before **e** or **i**, the letter **g** is pronounced much like the English *h*.

Gustavo, gracias por llamar el domingo.

At the beginning of a phrase or after the letter **n**, the Spanish **g** is pronounced like the English *g* in *girl*.

Me gradué en agosto.

In any other position, the Spanish **g** has a somewhat softer sound.

Guerra	**conseguir**	**guantes**	**agua**

In the combinations **gue** and **gui**, the **g** has a hard sound and the **u** is silent. In the combination **gua**, the **g** has a hard sound and the **u** is pronounced like the English *w*.

Práctica Lee las palabras en voz alta, prestando atención a la **h**, la **j** y la **g**.

1. hamburguesa	5. geografía	9. seguir	13. Jorge
2. jugar	6. magnífico	10. gracias	14. tengo
3. oreja	7. espejo	11. hijo	15. ahora
4. guapa	8. hago	12. galleta	16. guantes

Oraciones Lee las oraciones en voz alta, prestando atención a la **h**, la **j** y la **g**.

1. Hola. Me llamo Gustavo Hinojosa Lugones y vivo en Santiago de Chile.
2. Tengo una familia grande; somos tres hermanos y tres hermanas.
3. Voy a graduarme en mayo.
4. Para celebrar mi graduación mis padres van a regalarme un viaje a Egipto.
5. ¡Qué generosos son!

Refranes Lee los refranes en voz alta, prestando atención a la **h**, la **j** y la **g**.

A la larga, lo más dulce amarga.[1]

El hábito no hace al monje.[2]

1 *Too much of a good thing.*
2 *The clothes don't make the man.*

recursos

| R | SCASS./CD Lección 9 | LM p. 270 | LCASS./CD Cass. 9/CD9 |

9.1 Dar and decir

Dar and decir		
	dar *(to give)*	**decir** *(to say; to tell)*
SINGULAR FORMS		
yo	**doy**	**digo**
tú	das	dices
Ud./él/ella	da	dice
PLURAL FORMS		
nosotros/as	damos	decimos
vosotros/as	dais	decís
Uds./ellos/ellas	dan	dicen
present participle	**dando**	**diciendo**

▶ **Dar** and **decir** are both irregular in the first person singular of the present tense. The other forms of **dar** are regular, and those of **decir** follow the pattern of **-ir** stem-changing verbs **(e:i)**.

▶ Both **dar** and **decir** are frequently used with indirect object pronouns, as well as with double object pronouns.

Mis padres **me dan** muchos regalos. ⟶ Mis padres **me los dan**.
My parents give me a lot of gifts.   *My parents give them to me.*

Te digo la respuesta. ⟶ **Te la digo**.
I am telling you the answer.   *I am telling it to you.*

¡ATENCIÓN!

Here are some common expressions with **dar** and **decir**:

dar consejos
to give advice

dar un regalo
to give a present

dar alegría
to give joy/happiness

dar una fiesta
to throw a party

decir la verdad
to tell the truth

decir mentiras
to tell lies

decir que
to say that

dar un beso
to give a kiss

¡INTÉNTALO!   Completa las frases con las formas correctas de los verbos indicados.

dar

1. Mis amigos me ___dan___ consejos.
2. Graciela y yo le _____ regalos a Miguel.
3. Yo te _____ este libro.
4. Tú les _____ tu dirección electrónica a tus amigos.
5. Mi padre nos _____ dulces.
6. Mis hijos me _____ mucha alegría.

decir

1. Yo siempre te ___digo___ la verdad.
2. Elena y yo les _____ nuestra dirección.
3. Isabel no nos _____ mentiras.
4. Mis hermanos me _____ todo.
5. Tú les _____ tu número de teléfono.
6. Uds. me _____ la fecha del examen.

Práctica

1 **Completar** Completa estas conversaciones con la forma correcta de **dar** o **decir**.

HIJO Papá, ¿me _____ (dar) diez pesos para ir al cine?

PADRE ¿Qué _____ (decir)? Te _____ (dar) dinero todas las semanas. ¿Por qué no se lo pides a tu mamá?

HIJO Mamá _____ (decir) que no tiene dinero.

SUSANA Oye, Armando, ¿oíste que Adela _____ (dar) una fiesta de fin de año?

ARMANDO No... ¿a qué hora empieza?

SUSANA A las ocho. Todos _____ (decir) que va a ser estupenda.

2 **Combinar** Combina elementos de las tres columnas y agrega (*add*) todas las palabras necesarias para formar frases completas.

> **modelo**
>
> **Mis amigos y yo siempre les damos regalos a nuestros profesores.**

yo	siempre	dar consejos
tú	nunca	decir la verdad
mi compañero/a		dar fiestas
mi mejor amigo/a		dar alegría
Mis amigos y yo		decir mentiras
Mis padres		dar regalos

Comunicación

3 **Preguntas** En parejas, túrnense para hacerse estas preguntas.

1. ¿Te dan tus profesores mucha tarea? ¿Qué dices cuando te la dan?
2. ¿Les dan los profesores muchos exámenes a los estudiantes?
3. ¿Das una fiesta este fin de semana? ¿Sabes quiénes dan una fiesta?
4. ¿Te gusta dar fiestas? ¿Por qué sí o no?
5. ¿Les das regalos a todos tus amigos? ¿Cuándo les das regalos y por qué?
6. ¿Qué dices cuando alguien te da un regalo?
7. ¿Tus padres te dan muchos consejos? ¿Qué te dicen? ¿Siempres sigues sus consejos?
8. ¿Qué otras personas te dan consejos? ¿Te dan consejos buenos o malos?
9. ¿A quiénes das consejos?
10. ¿Quiénes te dan dinero? ¿Por qué te lo dan?
11. ¿Les das dinero a tus amigos? ¿Por qué sí o por qué no?
12. ¿Siempre les dices la verdad a tus amigos? ¿Y a tus profesores?

4 **Debate** En grupos, comenten estos temas (*topics*). Hagan una lista de las razones (*reasons*) que tienen para defender sus opiniones en cada caso e informen a la clase.

▶ ¿Es mejor decir siempre la verdad?

▶ ¿Es mejor dar regalos o recibirlos?

9.2 Irregular preterites

ANTE TODO You already know that the verbs **ir** and **ser** are irregular in the preterite. You will now learn other verbs whose preterite forms are also irregular.

Preterite of *tener, venir* and *decir*

		tener (e → u)	**venir** (e → i)	**decir** (e → i)
SINGULAR FORMS	yo	tuv**e**	vin**e**	dij**e**
	tú	tuv**iste**	vin**iste**	dij**iste**
	Ud./él/ella	tuv**o**	vin**o**	dij**o**
PLURAL FORMS	nosotros/as	**tuvimos**	vin**imos**	dij**imos**
	vosotros/as	tuv**isteis**	vin**isteis**	dij**isteis**
	Uds./ellos/ellas	tuv**ieron**	vin**ieron**	dij**eron**

▶ In the chart above, observe how the conjugations of these verbs show a stem change. The **e** in **tener** changes to **u**, the **e** in **venir** and **decir** changes to **i**, and the **c** in **decir** changes to **j**.

▶ The following verbs observe similar stem-changes to **tener, venir** and **decir**.

INFINITIVE	U-STEM	PRETERITE FORMS
poder	pud-	pude, pudiste, pudo, pudimos, pudisteis, pudieron
poner	pus-	puse, pusiste, puso, pusimos, pusisteis, pusieron
saber	sup-	supe, supiste, supo, supimos, supisteis, supieron
estar	estuv-	estuve, estuviste, estuvo, estuvimos, estuvisteis, estuvieron

INFINITIVE	I-STEM	PRETERITE FORMS
querer	quis-	quise, quisiste, quiso, quisimos, quisisteis, quisieron
hacer	hic-	hice, hiciste, hizo, hicimos, hicisteis, hicieron

INFINITIVE	J-STEM	PRETERITE FORMS
traer	traj-	traje, trajiste, trajo, trajimos, trajisteis, trajeron
conducir	conduj-	conduje, condujiste, condujo, condujimos, condujisteis, condujeron
traducir	traduj-	traduje, tradujiste, tradujo, tradujimos, tradujisteis, tradujeron

¡ATENCIÓN!

The endings of these verbs are the regular preterite endings of –er/–ir verbs, except for the **yo** and **Ud.** forms. Note that these two endings are unaccented.

• • •

The verbs with **j**-stems omit the letter **i** in the **Uds.** form. For example, **tener → tuvieron**, but **decir → dijeron**. Most verbs that end in –**cir** are **j**-stem verbs in the preterite. For example, **producir → produje, produjiste,** etc.

The preterite of *dar*

yo	d**i**	nosotros/as	d**imos**
tú	d**iste**	vosotros/as	d**isteis**
Ud./él/ella	d**io**	Uds./ellos/ellas	d**ieron**

SINGULAR FORMS   PLURAL FORMS

▶ The endings for **dar** are the same as the regular preterite endings for **–er** and **–ir** verbs, except that there are no accent marks.

La camarera me **dio** el menú.
The waiter gave me the menu.

Le **di** a Juan algunos consejos.
I gave Juan some advice.

Los invitados le **dieron** un regalo.
The guests gave him/her a gift.

Nosotros **dimos** una gran fiesta.
We gave a great party.

▶ The preterite of **hay** (*inf.* **haber**) is **hubo** (*there was; there were*).

CONSÚLTALO

Note that there are other ways to say *there was* or *there were* in Spanish. See Lesson 10, section 10.1, p.306.

Doña Rita les dio una botella de vino a los viajeros.

Hubo una fiesta en el restaurante El Cráter.

¡INTÉNTALO! Escribe en cada espacio en blanco la forma correcta en pretérito del verbo que está entre paréntesis.

1. (querer) tú ___quisiste___
2. (decir) Ud. _____
3. (hacer) nosotras _____
4. (traer) yo _____
5. (conducir) ellas _____
6. (estar) ella _____
7. (tener) tú _____
8. (dar) ella y yo _____
9. (traducir) yo _____
10. (haber) ayer _____
11. (saber) Ud. _____
12. (poner) ellos _____

13. (venir) yo ___vine___
14. (poder) tú _____
15. (querer) Uds. _____
16. (estar) nosotras _____
17. (decir) tú _____
18. (saber) ellos _____
19. (hacer) él _____
20. (poner) yo _____
21. (traer) nosotras _____
22. (tener) yo _____
23. (dar) tú _____
24. (poder) Uds. _____

Práctica

1 **Completar**   Completa estas frases con el pretérito de los verbos entre paréntesis.

1. El sábado _____ (haber) una fiesta sorpresa para Elsa en mi casa.
2. Sofía _____ (hacer) un pastel para la fiesta y Miguel _____ (traer) un flan.
3. Los amigos y parientes de Elsa _____ (venir) y _____ (traer) regalos.
4. El hermano de Elsa no _____ (venir) porque _____ (tener) que trabajar.
5. Su tía María Dolores tampoco _____ (poder) venir.
6. Cuando Elsa abrió la puerta, todos gritaron (*shouted*): "¡Feliz cumpleaños!" y su esposo le _____ (dar) un beso.
7. Al final de la fiesta, todos _____ (decir) que se divirtieron mucho.
8. La fiesta le _____ (dar) a Elsa tanta alegría que no _____ (poder) dormir esa noche.

NOTA CULTURAL

A very popular dessert in Spanish-speaking countries, **flan** is a gelatinous custard made with eggs and topped with a caramel sauce. Delicious variations exist made with fruit or cheese.

2 **Describir**   Usa los verbos apropiados para describir lo que estas personas hicieron.

dar	hacer	venir	traducir
estar	poner	tener	traer

1. El Sr. López

2. Norma

3. Anoche nosotros

4. Roberto y Elena

Comunicación

3

Preguntas En parejas, túrnense para hacerse estas preguntas.

1. ¿Qué hiciste anoche?
2. Y tu compañero/a, ¿qué hizo?
3. ¿Quiénes no estuvieron en clase la semana pasada?
4. ¿Qué trajiste a clase hoy?
5. ¿Hiciste la tarea para esta clase? ¿Cuándo la hiciste? ¿Se la diste al/a la profesor(a)?
6. ¿Hubo una fiesta en tu casa o residencia el sábado pasado?
7. ¿Alguien te dio una fiesta de cumpleaños el año pasado? ¿Quién?
8. ¿Cuándo fue la última (*last*) vez que tus parientes vinieron a visitarte? ¿Te trajeron algo? ¿Qué te trajeron?
9. ¿Les diste a tus padres un regalo para su aniversario? ¿Qué les regalaste?
10. ¿Le dijiste una mentira a tu novio/a o esposo/a la semana pasada?

4

Encuesta Tu profesor(a) va a darte una hoja de actividades. Circula por la clase y haz preguntas hasta que encuentres a alguien que corresponda a cada descripción de la lista. Luego informa a la clase de los resultados de tu encuesta.

Descripciones	Nombres
1. Tuvo un examen ayer.
2. Trajo dulces a clase.
3. Condujo su carro a clase.
4. Estuvo en la biblioteca ayer.
5. Dio consejos a alguien ayer.
6. No pudo levantarse esta mañana.
7. Hizo un viaje a un país hispano en el verano.
8. Tuvo una cita anoche.
9. Fue a una fiesta el fin de semana pasado.
10. Tuvo que trabajar el sábado pasado.

Síntesis

5

Conversación Trabaja con un(a) compañero/a para comparar cómo celebraron Uds. el Día de Acción de Gracias (*Thanksgiving Day*) en casa el año pasado. Incluyan la siguiente información en la conversación.

▶ Cuál fue el menú

▶ Quiénes vinieron a la comida y quiénes no pudieron venir

▶ Quiénes prepararon la comida o trajeron algo

▶ Si Uds. tuvieron que preparar algo

▶ Lo que la gente hizo antes y después de comer

9.3 Verbs that change meaning in the preterite

 ANTE TODO The verbs **conocer, saber, poder,** and **querer** change meanings when used in the preterite. Because of this, each of them corresponds to more than one verb in English.

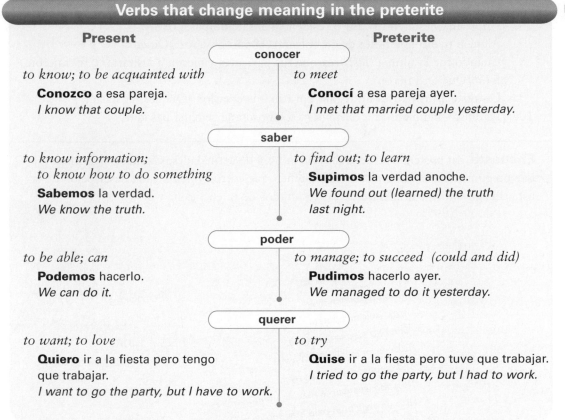

Verbs that change meaning in the preterite

Present	Preterite
conocer	
to know; to be acquainted with	*to meet*
Conozco a esa pareja.	**Conocí** a esa pareja ayer.
I know that couple.	*I met that married couple yesterday.*
saber	
to know information;	*to find out; to learn*
to know how to do something	**Supimos** la verdad anoche.
Sabemos la verdad.	*We found out (learned) the truth*
We know the truth.	*last night.*
poder	
to be able; can	*to manage; to succeed (could and did)*
Podemos hacerlo.	**Pudimos** hacerlo ayer.
We can do it.	*We managed to do it yesterday.*
querer	
to want; to love	*to try*
Quiero ir a la fiesta pero tengo que trabajar.	**Quise** ir a la fiesta pero tuve que trabajar.
I want to go the party, but I have to work.	*I tried to go the party, but I had to work.*

¡ATENCIÓN!

In the preterite, the verbs **poder** and **querer** have different meanings, depending on whether they are used in affirmative or negative sentences.

pude *I was able (to)*
no pude *I failed (to)*
quise *I tried (to)*
no quise *I refused (to)*

¡INTÉNTALO! Cambia los verbos del presente al pretérito.

1. No quiero hacerlo.
   No _quise_ hacerlo.

2. ¿Sabes la respuesta?
   ¿_____ la respuesta?

3. Las chicas pueden divertirse.
   Las chicas _____ divertirse.

4. ¿Conoces a los recién casados?
   ¿_____ a los recién casados?

5. No puedo encontrar a Patricia.
   No _____ encontrar a Patricia.

6. Josefina quiere relajarse.
   Josefina _____ relajarse.

7. Conocemos a Julio.
   _____ a Julio hoy.

8. Ella no puede venir a la fiesta.
   Ella no _____ venir a la fiesta.

9. Queremos pasarlo bien.
   _____ pasarlo bien.

10. Uds. saben del problema, ¿no?
    Uds. _____ del problema, ¿no?

11. No queremos ir a la fiesta.
    No _____ ir a la fiesta.

12. Puedes venir conmigo
    _____ venir conmigo.

Práctica

1

NOTA CULTURAL

Easter Island, or **Isla de Pascua,** is a remote Chilean territory located in the South Pacific. The immense statues found there are one of the world's greatest mysteries: no one knows how or why they were built. To learn more, see p. 295.

Oraciones Forma frases con los siguientes elementos. Usa el pretérito.

1. Anoche / nosotros / saber / que / Carlos y Eva / divorciarse
2. Tú / conocer / Nora / clase / historia / ¿no?
3. ¿Poder / Uds. / visitar / Isla de Pascua?
4. Ayer / yo / saber / que / Paco / querer / romper / Olivia
5. El señor Navarro / querer / jubilarse / pero / no poder
6. Gustavo y Elena / conocer / mi esposo / quinceañera
7. Yolanda / no poder / dormir / anoche
8. Irma / saber / que / nosotros / comer / galletas

Comunicación

2

Completar Completa estas frases de una manera lógica.

1. Ayer mi compañero/a de cuarto supo…
2. Esta mañana no pude…
3. Conocí a mi mejor amigo/a en…
4. Mis padres no quisieron…
5. Mi mejor amigo/a no pudo…
6. Mi novio/a y yo nos conocimos en…
7. La semana pasada supe…
8. Ayer mis amigos quisieron…

3

Telenovela *(Soap opera)* En parejas, escriban el diálogo para una escena de una telenovela. La escena trata de *(is about)* una situación amorosa entre tres personas: Mirta, Daniel y Raúl. Usen el pretérito de **conocer, poder, querer** y **saber** en su diálogo.

PASIÓN — AVENTURA
HECHICERÍA — INQUISICIÓN

LA MUJER DOBLE

Síntesis

4

Conversación En una hoja de papel, escribe dos listas: las cosas que hiciste durante el fin de semana y las cosas que quisiste hacer pero no pudiste. Luego, tu un(a) compañero/a, comparen sus listas y expliquen por qué no pudieron hacer esas cosas.

9.4 ¿Qué? and ¿cuál?

ANTE TODO You've already learned how to use interrogative words and phrases. As you know, **¿qué?** and **¿cuál?** or **¿cuáles?** mean *what?* or *which?* However, they are not interchangeable.

▶ **¿Qué?** is used to ask for a definition or an explanation.

¿Qué es el flan?	**¿Qué** estudias?
What is flan?	*What do you study?*

▶ **¿Cuál(es)?** is used when there is a choice among several possibilities.

¿Cuál quieres, el más corto o el más largo?	**¿Cuáles** son tus medias, las negras o las blancas?
Which (one) do you want, the shortest or the longest?	*Which ones are your socks, the black ones or the white ones?*

▶ **¿Cuál?** cannot be used before a noun; in this case, **¿qué?** is used.

¿Cuál es tu color favorito?	**¿Qué** colores te gustan?
What is your favorite color?	*What colors do you like?*

▶ **¿Qué?** used before a noun has the same meaning as **¿cuál?**

¿Qué regalo te gusta?	**¿Qué dulces** quieren Uds.?
What (Which) gift do you like?	*What (Which) sweets do you want?*

Interrogative words and phrases

¿a qué hora?	*at what time?*	**¿cuánto/a?**	*how much?*
¿adónde?	*(to) where?*	**¿cuántos/as?**	*how many?*
¿cómo?	*how?*	**¿de dónde?**	*from where?*
¿cuál(es)?	*what?; which?*	**¿dónde?**	*where?*
¿cuándo?	*when?*	**¿qué?**	*what?; which?*
		¿quién(es)?	*who?*

¡INTÉNTALO! Completa las preguntas con **¿qué?** o **¿cuál(es)?**, según el contexto.

1. ¿ _Cuál_ de los dos te gusta más?
2. ¿ _____ es tu teléfono?
3. ¿ _____ tipo de pastel pediste?
4. ¿ _____ es una quinceañera?
5. ¿ _____ haces ahora?
6. ¿ _____ son tus platos favoritos?
7. ¿ _____ bebidas te gustan más?
8. ¿ _____ es esto?
9. ¿ _____ es el mejor?
10. ¿ _____ es tu opinión?

11. ¿ _____ fiestas celebras tú?
12. ¿ _____ vino prefieres?
13. ¿ _____ es tu clase favorita?
14. ¿ _____ pones en la mesa?
15. ¿ _____ restaurante prefieres?
16. ¿ _____ estudiantes estudian más?
17. ¿ _____ quieres comer esta noche?
18. ¿ _____ es la tarea para mañana?
19. ¿ _____ color prefieres?
20. ¿ _____ opinas?

Práctica

1

Completar Completa estas frases con una palabra interrogativa. Luego, túrnate con un(a) compañero/a para hacer y contestar las preguntas. **¡Ojo!** A veces se puede usar más de una palabra interrogativa.

1. ¿En _____ país nacieron tus padres?
2. ¿_____ es la fecha de tu cumpleaños?
3. ¿_____ naciste?
4. ¿_____ es tu estado civil?
5. ¿_____ te relajas?
6. ¿_____ son tus programas favoritos de la televisión?
7. ¿_____ es tu mejor amigo?
8. ¿_____ van tus amigos para divertirse?
9. ¿_____ postres te gustan? ¿_____ te gusta más?
10. ¿_____ problemas tuviste el primer día de clase?

Comunicación

2

Una invitación En parejas, lean esta invitación. Luego, túrnense para hacerse preguntas basadas en la información de la invitación.

Fernando Sandoval Valera   Lorenzo Vásquez Amaral

Isabel Arzipe de Sandoval   Elena Soto de Vásquez

tienen el agrado de invitarlos

a la boda de sus hijos

María Luisa y José Antonio

La ceremonia religiosa tendrá lugar

el sábado 10 de junio a las dos de la tarde

en el Templo de Santo Domingo

(Calle Santo Domingo, 961).

Después de la ceremonia sírvase pasar a la recepción en el salón

de baile del Hotel Metrópoli (Sotero del Río, 465).

3

Situación Trabaja con un(a) compañero/a. Una persona va a ser el/la director(a) de banquetes del Hotel Metrópoli. La otra persona es el padre o la madre de María Luisa, quien quiere hacer los arreglos (*plans*) para una recepción después de la boda de su hija. Su profesor(a) va a darles hojas de actividades para la situación.

Lectura

Antes de leer

Estrategia
Recognizing word families

Recognizing root words can help you guess the meaning of words in context, ensuring better comprehension of a reading selection. Using this strategy will enrich your Spanish vocabulary as well.

Examinar el texto

Familiarízate con el texto usando las estrategias de lectura más efectivas para ti. ¿Qué tipo de documento es? ¿De qué tratan las cuatro secciones del documento? Explica tus respuestas.

Raíces

Completa el siguiente cuadro para ampliar tu vocabulario. Usa palabras de la lectura de esta lección y el vocabulario de las lecciones anteriores. ¿Qué significan las palabras que escribiste en el cuadro?

modelo

Verbo	Sustantivos	Otras formas
agradecer	agradecimiento/ gracias	agradecido
1. estudiar	_____	_____
2. _____	_____	celebrado
3. _____	baile	_____
4. bautizar	_____	_____

¿De qué tratan...? *What are they about?* Raíces *Roots* cuadro *chart*

Vida social

Matrimonio
Espinoza Álvarez-Reyes Salazar

El día sábado 30 de octubre de 2000 a las 19 horas, se celebró el matrimonio de Silvia Reyes y Carlos Espinoza en la Catedral de Santiago. La ceremonia fue oficiada por el pastor Federico Salas y participaron los padres de los novios, el señor Jorge Espinoza y señora, y el señor José Alfredo Reyes y señora.

Después de la ceremonia, los padres de los recién casados ofrecieron una fiesta con baile en el restaurante Doña Mercedes.

Bautismo

José María recibió el bautismo el 30 de septiembre de 2000.

Sus padres, don Roberto Lagos Moreno y doña María Angélica Sánchez, compartieron la alegría de la fiesta con todos sus parientes y amigos. La ceremonia religiosa se realizó en la Catedral de Aguas Blancas. Después de la ceremonia, padres, parientes y amigos celebraron una fiesta en la residencia de la familia Lagos.

32B

Fiesta quinceañera

El médico don Amador Larenas Fernández y la señora Felisa Vera de Larenas celebraron los quince años de su hija Ana Ester junto a sus parientes y amigos. La quinceañera tiene su residencia en la ciudad de La Paz y es estudiante del Colegio Francés. La fiesta de presentación en sociedad de la señorita Ana Ester fue el día viernes 24 de mayo a las 19 horas en el Club Español. Entre los invitados especiales se encontraron el alcalde de la ciudad, don Pedro Castedo y su esposa. La música estuvo a cargo de la Orquesta Americana. ¡Feliz cumpleaños! le deseamos a la señorita Ana Ester en su fiesta bailable.

Expresión de Gracias
Carmen Godoy Tapia

Agradecemos sinceramente a todas las personas que nos acompañaron en el último adiós de nuestra apreciada esposa, madre, abuela y tía, la señora Carmen Godoy Tapia. El funeral tuvo lugar el día 28 de abril de 2000 en la ciudad de Capri. La vida de Carmen Godoy fue un ejemplo de trabajo, amistad, alegría y amor para todos nosotros. La familia agradece de todo corazón a todos los parientes y amigos su asistencia al funeral.
Su esposo, hijos y familia.

---

será *will be* ofrecerán *will throw* alcalde *mayor* tuvo lugar *took place*
agradecemos *we thank* de todo corazón *sincerely* asistencia *attendance*

Después de leer

Corregir
Escribe estos comentarios otra vez para corregir la información errónea.

1. El alcalde y su esposa asistieron a la boda de Silvia y Carlos.

2. Todos los anuncios tratan de eventos felices.

3. Ana Ester Larenas cumple dieciséis años.

4. Amador Larenas y Felisa Vera son hermanos.

5. Carmen Godoy Tapia agradeció a las personas que asistieron al funeral.

Identificar
Escribe el nombre de la(s) persona(s) descrita(s).

1. Dejó viudo a su esposo en la primavera de 2000.

2. Sus padres y todos los invitados brindaron por él, pero él no entendió por qué.

3. El Club Español les presentó una cuenta considerable para pagar.

4. Unió a los novios en santo matrimonio.

5. La celebración de su cumpleaños marcó el principio de su vida adulta.

Un anuncio
Trabaja con dos o tres compañeros/as de clase e inventen un anuncio breve sobre una celebración importante. Esta celebración puede ser una graduación, un matrimonio o una gran fiesta en la que Uds. participan. Incluyan la siguiente información.

1. Nombres de los participantes
2. La fecha, la hora y la dirección
3. Otros detalles de interés

---

anuncios *announcements* tratan de *have to do with* agradeció *thanked*
descritas *described* Unió *He united* principio *beginning*

Escritura

Estrategia

Planning and writing a comparative analysis

Writing any kind of comparative analysis requires careful planning. Venn diagrams are useful for organizing your ideas visually before comparing and contrasting people, places, objects, events, or issues. To create a Venn diagram, draw two circles that overlap and label the top of each circle. List the differences between the two elements in the outer rings of the two circles, then list their similarities where the two circles overlap. Review the following example.

Diferencias y similitudes

Boda de Silvia Reyes y Carlos Espinoza

Diferencias:
1. Primero hay una celebración religiosa.
2. Se celebra en un restaurante.

Similitudes:
1. Las dos fiestas se celebran por la noche.
2. Las dos fiestas son bailables.

Quinceañera de Ana Ester Larenas Vera

Diferencias:
1. Se celebra en un club.
2. Vienen invitados especiales.

La lista de palabras y expresiones de la derecha puede ayudarte a escribir este tipo de ensayo (*essay*).

Tema

Escribir una composición

Compara una celebración familiar (como una boda o una fiesta de cumpleaños o una graduación) a la que tú asististe recientemente con otro tipo de celebración. Utiliza palabras y expresiones de la siguiente lista.

Para expresar similitudes

además, también	*also*
al igual que	*the same as*
como	*as; like*
de la misma manera	*in the same manner (way)*
del mismo modo	*in the same manner (way)*
tan + *adjetivo* + como	*as + adjective + as*
tanto/a(s) + *sustantivo* + como	*as many (much) + noun + as*

Para expresar diferencias

a diferencia de	*unlike*
a pesar de	*in spite of*
aunque	*although*
en cambio	*on the other hand*
más/menos… que	*more/less . . . than*
no obstante	*nevertheless; however*
por otro lado	*on the other hand*
por el contrario	*on the other hand*
sin embargo	*nevertheless; however*

Plan de escritura

1 Ideas y organización

Tómate unos minutos para decidir qué celebraciones vas a comparar. Utiliza un diagrama de Venn para anotar las similitudes y las diferencias entre las dos celebraciones.

2 Primer borrador

Utiliza tus notas de **Ideas y organización** para escribir el primer borrador de tu composición. Escribe todo lo que puedas sin consultar en ningún sitio. Después consulta el texto y tus apuntes de clase. Usa el diccionario como último recurso.

3 Comentario

Intercambia tu composición con un(a) compañero/a. Lee su borrador y anota sus ideas en un diagrama de Venn. Comparte tu diagrama de Venn con el diagrama que él/ella preparó antes. Después:

1. Ofrécele algunas sugerencias para mejorar su composición.
2. Si ves algunos errores gramaticales u ortográficos, coméntaselos. Si él/ella tiene dificultad en realizar un diagrama de Venn basado en tu composición, debes cambiar la organización de la composición. Incorpora nuevas ideas y/o más información para ampliar la comparación entre las celebraciones.

4 Redacción

Utiliza esta guía para hacer la última revisión antes de escribir tu copia final.

1. Subraya cada verbo para comprobar la concordancia con el sujeto. ¡Cuidado con los verbos irregulares en el pretérito!
2. Revisa la concordancia entre los sustantivos y los adjetivos en cada oración.
3. Comprueba el uso correcto de los pronombres.
4. Revisa la ortografía y la puntuación otra vez con la ayuda de tus **Anotaciones para mejorar la escritura.**

5 Evaluación y progreso

Intercambia tu composición con otro/a compañero/a. Lee su composición y escribe una evaluación del contenido. Utiliza las palabras y expresiones que aprendiste en la Lección 8. Cuando tu profesor(a) devuelva tu trabajo, lee sus comentarios y correcciones con cuidado. Anota tus errores más importantes en tu lista de **Anotaciones para mejorar la escritura** en tu **Carpeta de trabajos.**

---

composición *essay* a la que tú asististe recientemente *that you recently attended* apuntes *notes* último *last* Intercambia *Exchange* Ofrécele *Offer him/her* sugerencias *suggestions* ortográficos *spelling* coméntaselos *comment on them* ampliar *expand* Subraya *Underline* comprobar *to check* concordancia *agreement* contenido *contents*

Escuchar

Preparación

Lee la invitación. ¿De qué crees que van a hablar Rosa y Josefina?

Estrategia

Guessing the meaning of words through context

When you hear an unfamiliar word, you can often guess its meaning by listening to the words and phrases around it. To practice this strategy, you will now listen to a paragraph. Jot down the unfamiliar words that you hear. Then listen to the paragraph again and jot down the word or words that are the most useful clues to the meaning of each unfamiliar word.

 ## Ahora escucha

Ahora escucha la conversación entre Josefina y Rosa. Cuando oigas una de las palabras de la columna A, usa el contexto para identificar el sinónimo o la definición en la columna B.

A

____ festejar
____ dicha
____ bien parecido
____ finge (fingir)
____ soporta (soportar)
____ yo lo disfruté (disfrutar)

B

a. conmemoración religiosa de una muerte
b. tolera
c. suerte
d. celebrar
e. me divertí
f. horror
g. crea una ficción
h. guapo

recursos

SCASS./CD
Lección 9

Margarita Robles de García
y Roberto García Olmos

Piden su presencia en la celebración
del segundo aniversario de bodas
el día 13 de marzo de 2001
con una misa en la Iglesia Virgen del Coromoto
a las 6:30

seguida por cena y baile
en el restaurante El Campanero,
Calle Principal, Las Mercedes
a las 8:30

Comprensión

¿Cierto o falso?

Lee cada frase e indica si lo que dice es **cierto** o **falso**. Corrige las frases falsas.

1. A la fiesta de Margarita y Roberto no fueron tantos invitados porque Margarita y Roberto no conocen a mucha gente.

2. Algunos fueron a la fiesta con una pareja y otros fueron sin compañero/a.

3. Margarita y Roberto decidieron celebrar el segundo aniversario porque no celebraron el matrimonio con una fiesta.

4. A Rosa y a Josefina les parece interesante Rafael.

5. Josefina se divirtió mucho en la fiesta porque bailó toda la noche con Rafael.

Preguntas

1. ¿Son solteras Rosa y Josefina? ¿Cómo lo sabes?

2. ¿Tienen las chicas una amistad de mucho tiempo con la pareja que celebra su aniversario? ¿Cómo lo sabes?

Proyecto

Prepara un reportaje

Imagina que eres periodista en un día de fiesta en Chile. Vas a escribir un artículo o reportaje para describir ese día y las cosas que hiciste.

1 Escribe un artículo

Escribe un artículo de un día de fiesta o de una celebración que viste en Chile. Usa los **Recursos para la investigación** para investigar las fiestas nacionales, las celebraciones y los festivales de Chile. Elige la celebración que más te interesa y busca información y fotos de la fiesta. El artículo puede incluir esta información:

- el nombre de la celebración
- cuándo fue
- cómo celebraron el día festivo, incluyendo la ropa especial que usaron, la comida, la música y el baile
- qué hiciste tú durante la celebración
- fotos de la celebración (en colores, si es posible)

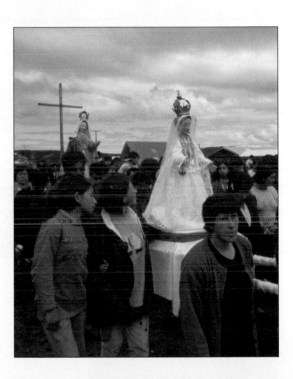

2 Presenta la información

Presenta el artículo a la clase. Puedes fotocopiar el artículo para darles copias a tus compañeros/as. Habla del día festivo en que participaste. Informa a tus compañeros/as de lo que celebra la fiesta, de lo que hizo la gente y de lo que tú hiciste en particular. Quieres interesar a toda la clase en la celebración y por lo tanto es importante explicar los detalles y presentar fotos en colores.

Elige *Choose* **por lo tanto** *therefore* **detalles** *details*

recursos para la investigación

Internet Palabras clave: Chile, festividad(es), festival(es), fiestas religiosas	**Comunidad** Estudiantes o profesores que son de Chile o que viajaron a Chile, chilenos que viven en la comunidad
Biblioteca Libros de cultura o de folklore, guías turísticas, revistas	**Otros recursos** Videos turísticos de Chile

Chile

El país en cifras

- **Área:** 756.950 km^2 (292.259 millas^2), *dos veces el área de Montana*
- **Población:** 15.589.000
  Aproximadamente el 80 por ciento de la población es urbana, y la tercera parte de los chilenos vive en la capital.
- **Capital:** Santiago de Chile—5.720.000
- **Ciudades principales:**
  Concepción—356.000,
  Viña del Mar—326.000,
  Valparaíso—283.000, Temuco—246.000

SOURCE: Population Division, UN Secretariat

- **Moneda:** peso chileno
- **Idiomas:** español (oficial), mapuche

Bandera de Chile

Chilenos célebres

- **Bernardo O'Higgins,** militar y héroe nacional (1778-1842)
- **Gabriela Mistral,** poeta y diplomática (1889-1957)
- **Pablo Neruda,** poeta (1904-1973)
- **Isabel Allende,** novelista (1942-)

Pablo Neruda

la tercera parte *a third*   militar *soldier*   el terremoto *earthquake*
heridas *wounded*   hogar *home*

PERÚ

Palacio de la Moneda en Santiago

Pampa del Tamarugal

BOLIVIA

Cordillera de los Andes

Una calle de Santiago

Pescadores de Valparaíso

Océano Pacífico

Valparaíso · Viña del Mar

⭐ Santiago de Chile

Río Maipo

ARGENTINA

· Concepción

· Temuco

Madre e hija en Temuco

Vista de la costa de Viña del Mar

Lago Buenos Aires

Océano Atlántico

Estrecho de Magallanes

Punta Arenas

Isla Grande de Tierra del Fuego

recursos

R	WB pp. 105-106	WB, Repaso 7-9 pp. 107-108	vistasonline.co

¡Increíble pero cierto!

El terremoto más grande de la historia tuvo lugar en Chile el 22 de mayo de 1960. Registró la intensidad récord de 9.5 en la escala de Richter. 2.000 personas murieron, 3.000 resultaron heridas, 2.000.000 perdieron su hogar y la geografía del país se modificó notablemente.

Lugares • **La Isla de Pascua**

La Isla de Pascua recibió ese nombre porque los exploradores holandeses llegaron a la isla por primera vez el día de Pascua de 1722. Ahora es parte del territorio de Chile. La Isla de Pascua es famosa por los *moai,* estatuas enormes que representan personas con rasgos muy exagerados. Estas estatuas las construyeron los *rapa nui,* los antiguos habitantes de la zona. En la actualidad no se sabe mucho sobre los *rapa nui* ni tampoco se sabe por qué decidieron abandonar la isla.

Deportes • **Los deportes de invierno**

Hay muchos lugares para practicar los deportes de invierno en Chile porque las montañas nevadas de los Andes ocupan gran parte del país. El Parque Nacional de Villarrica, por ejemplo, situado al pie de un volcán y junto a un lago, es un sitio popular para el esquí y el *snowboard.* Para los que prefieren deportes más extremos, el centro de esquí Valle Nevado ofrece el heli-esquí.

Ciencias • **Astronomía**

Los observatorios chilenos, situados en los Andes, son lugares excelentes para las observaciones astronómicas. Científicos de todo el mundo van a Chile para estudiar las estrellas y otros fenómenos de la galaxia. Hoy día Chile está construyendo observatorios y telescopios nuevos que darán imágenes aún más nítidas del universo.

Economía • **El vino**

La producción de vino comenzó en Chile en el siglo XVI. Ahora la industria del vino constituye una parte importante de la actividad agrícola del país y la exportación de sus productos ha subido mucho en los últimos años. Los vinos chilenos reciben el aprecio internacional por su gran variedad, sus ricos y complejos sabores y su precio moderado. Los más conocidos internacionalmente son los vinos de Aconcagua, de Santiago y de Huasco.

¿Qué aprendiste? Responde a las preguntas con una frase completa.

1. ¿Qué porcentaje (*percentage*) de la población chilena es urbana?

2. ¿Qué son los *moai*? ¿Dónde están?

3. ¿Qué deporte extremo se practica (*is practiced*) en el centro de esquí Valle Nevado?

4. ¿Por qué van a Chile científicos de todo el mundo?

5. ¿Cuándo comenzó la producción de vino en Chile?

6. ¿Por qué reciben los vinos chilenos el aprecio internacional?

Conexión Internet Investiga estos temas en el sitio **www.vistasonline.com.**

1. Busca información sobre Pablo Neruda e Isabel Allende. ¿Dónde y cuándo nacieron? ¿Cuáles son algunas de sus obras (*works*)? ¿Cuáles son algunos de los temas de sus obras?

2. Busca información sobre sitios donde los chilenos y los turistas practican deportes de invierno en Chile. Selecciona un sitio y descríbelo a tu clase.

La Isla de Pascua *Easter Island*   holandeses *Dutch*   rasgos *features*   no se sabe mucho *not much is known*   junto a *beside*   lago *lake*
los que *those who*   Científicos *Scientists*   estrellas *stars*   Hoy día *Currently*   darán imágenes aún más nítidas *will yield even clearer images*
siglo *century*   ha subido *has gone up*   últimos años *recent years*   complejos sabores *complex flavors*

Celebraciones

el aniversario (de bodas)	(wedding) anniversary
la boda	wedding
el día de fiesta	holiday
el cumpleaños	birthday
la fiesta	party
el/la invitado/a	guest
la Navidad	Christmas
la quinceañera	young woman's fifteenth birthday celebration
la sorpresa	surprise
brindar	to toast (drink)
celebrar	to celebrate
cumplir años	to have a birthday
dejar una propina	to leave a tip
divertirse (e:ie)	to have fun
invitar	to invite
pagar la cuenta	to pay the bill
pasarlo bien (mal)	to have a good (bad) time
regalar	to give (as a gift)
reírse (e:ie)	to laugh
relajarse	to relax
sonreír (e:ie)	to smile
sorprender	to surprise

Postres y otras comidas

el bizcocho	biscuit
la botella (de vino)	bottle (of wine)
el champán	champagne
los dulces	sweets; candy
el flan (de caramelo)	baked (caramel) custard
la galleta	cookie
el helado	ice cream
el pastel (de chocolate)	(chocolate) cake; pie
el pastel de cumpleaños	birthday cake
el postre	dessert

Relaciones personales

la amistad	friendship
el amor	love
el divorcio	divorce
el estado civil	marital status
el matrimonio	marriage
la pareja	(married) couple; partner
el/la recién casado/a	newlywed
casarse (con)	to get married (to)
comprometerse (con)	to get engaged (to)
divorciarse (de)	to get divorced (from)
enamorarse (de)	to fall in love (with)
llevarse bien/mal (con)	to get along well/ badly (with)
odiar	to hate
romper (con)	to break up (with)
salir (con)	to go out (with); to date
separarse (de)	to separate (from)
tener una cita	to have a date; to have an appointment
casado/a	married
divorciado/a	divorced
juntos/as	together
separado/a	separated
soltero/a	single; unmarried
viudo/a	widower/widow

Palabras adicionales

la alegría	joy
el apellido	last name
el beso	kiss
el consejo	(a piece of) advice
la mentira	lie
la respuesta	answer
la verdad	truth

Las etapas de la vida

la adolescencia	adolescence
la etapa	stage; step
la juventud	youth
la madurez	maturity; middle age
la muerte	death
el nacimiento	birth
la niñez	childhood
la vejez	old age
la vida	life
cambiar (de)	to change
graduarse (en)	to graduate (from)
jubilarse	to retire (from work)
nacer	to be born

Verbos

dar	to give
decir (que)	to say (that); to tell (that)

Expresiones útiles	See page 275.

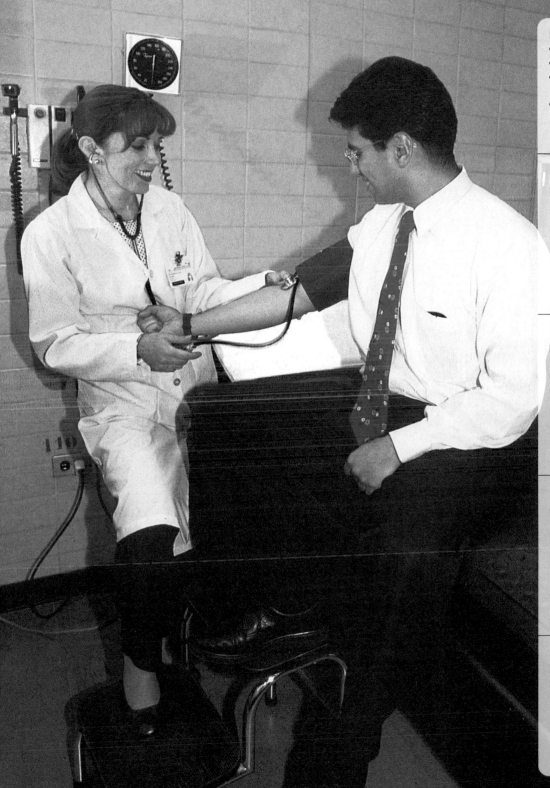

En el consultorio

10

Communicative Goals

You will learn how to:
- Describe how you feel physically
- Talk abouth health and medical conditions

En el consultorio

el corazón

el paciente

el ojo

la nariz

la doctora

la cabeza

SALIDA

la oreja

el cuello

la boca

la garganta

el estómago

el dedo

la rodilla

la pierna

Más vocabulario

el accidente	accident
la clínica	clinic
el consultorio	doctor's office
el cuerpo	body
el/la dentista	dentist
el examen médico	physical exam
la farmacia	pharmacy
el hospital	hospital
el oído	(sense of) hearing
la operación	operation
la sala de emergencia(s)	emergency room
la salud	health
el síntoma	symptom
caerse	to fall (down)
darse con	to bump into; to run into
doler (o:ue)	to hurt
enfermarse, estar	to get sick; to be sick
enfermo/a	sick
lastimarse (el pie)	to injure one's (foot)
poner una inyección	to give an injection
recetar	to prescribe
romperse (la pierna)	to break (one's leg)
sacar(se) una muela	to have a tooth removed
sufrir una enfermedad	to suffer an illness
torcerse (el tobillo)	to sprain (one's ankle)
toser	to cough

Variación léxica

resfriado ⟷ resfrío (*Cono Sur*), catarro

sala de ⟷ sala de urgencias
emergencia(s)   (*Amér. L.*)

romperse ⟷ quebrarse (*Amér. L.*)

síntomas y condiciones médicas

el dolor (de cabeza)	(head)ache; pain
la gripe	flu
la infección	infection
el resfriado	cold
la tos	cough
congestionado/a	congested; stuffed up
embarazada	pregnant
grave	grave; serious
mareado/a	dizzy; nauseated
médico/a	medical
saludable	healthy
sano/a	healthy
ser alérgico/a (a)	to be allergic (to)
tener dolor (m.)	to have pain
tener fiebre	to have a fever

recursos

R	SCASS./CD Lección 10	WB pp. 109-110	LM p. 275	LCASS./CD Cass. 10/CD10

la radiografía

el hueso

la enfermera

Estornuda.

la paciente

Toma la temperatura.

el brazo

el tobillo

la medicina	
el antibiótico	*antibiotic*
la aspirina	*aspirin*
el medicamento	*medication*
la pastilla	*pill; tablet*
la receta	*prescription*

Práctica

1

Escuchar 🎧 Escucha las frases y selecciona la respuesta más adecuada.

a. Tengo dolor de cabeza y fiebre.
b. No fui a la clase porque estaba enfermo.
c. Me caí ayer jugando al tenis.
d. Debes ir a la farmacia.
e. Porque tengo la gripe.
f. Sí, tengo mucha tos por las noches.
g. Lo llevaron directamente a la sala de emergencia.
h. No sé. Todavía tienen que tomarme la temperatura.

1. _____
2. _____
3. _____
4. _____

5. _____
6. _____
7. _____
8. _____

2

Completar Completa las siguientes frases con una palabra de la misma familia de la palabra subrayada. Usa la forma correcta de cada palabra.

1. Cuando <u>oyes</u> algo, usas el _____, que es uno de los cinco sentidos.
2. Cuando te <u>enfermas</u>, te sientes _____ y necesitas ir al consultorio para ver a la _____.
3. El médico examina tu salud durante tu _____ anual.
4. ¿Alguién _____? Creo que oí un <u>estornudo</u> (*sneeze*).
5. No puedo <u>arrodillarme</u> (*kneel down*) porque me lastimé la _____ en un accidente de coche.
6. ¿Vas al _____ para <u>consultar</u> al médico?
7. Si te rompes (*break*) un <u>diente</u>, vas al _____.
8. Si tienes una _____ de garganta, tu garganta está <u>infectada</u>.

3

Contestar Mira el dibujo de las páginas 298 y 299 y contesta las preguntas.

1. ¿Qué hace la doctora?
2. ¿Qué hay en la pared?
3. ¿Qué hace la enfermera?
4. ¿Qué hace el paciente?
5. ¿A quién le duele la garganta?
6. ¿Qué hace la paciente?
7. ¿Qué tiene la paciente?

4

Asociaciones Trabajen en parejas para identificar las partes del cuerpo que Uds. asocian con las siguientes actividades. Sigan el modelo.

> **modelo**
>
> nadar
>
> **Estudiante 1:** Usamos los brazos para nadar.
> **Estudiante 2:** Usamos las piernas también.

1. hablar por teléfono
2. tocar el piano
3. correr en el parque
4. escuchar música
5. ver una película
6. toser
7. llevar zapatos
8. comprar perfume
9. estudiar biología
10. comer lomo a la plancha

5

Cuestionario Contesta el cuestionario seleccionando las respuestas que reflejen mejor tus experiencias. Suma (*Add*) los puntos de cada respuesta y anota el resultado. Después, con el resto de la clase, compara y analiza los resultados del cuestionario y comenta lo que dicen de la salud y de los hábitos de todo el grupo.

¿Tienes buena salud?

27-30 puntos	Salud y hábitos excelentes
23-26 puntos	Salud y hábitos buenos
22 puntos o menos	Salud y hábitos problemáticos

1. ¿Con qué frecuencia te enfermas? (resfriados, gripe, etc.)
Cuatro veces por año o más. (1 punto)
Dos o tres veces por año. (2 puntos)
Casi nunca. (3 puntos)

2. ¿Con qué frecuencia tienes dolores de estómago o problemas digestivos?
Con mucha frecuencia. (1 punto)
A veces. (2 puntos)
Casi nunca. (3 puntos)

3. ¿Con qué frecuencia sufres de dolores de cabeza?
Frecuentemente. (1 punto)
A veces. (2 puntos)
Casi nunca. (3 puntos)

4. ¿Comes verduras y frutas?
No, casi nunca como verduras ni frutas. (1 punto)
Sí, a veces. (2 puntos)
Sí, todos los días. (3 puntos)

5. ¿Eres alérgico/a algo?
Sí, a muchas cosas. (1 punto)
Sí, a algunas cosas. (2 puntos)
No. (3 puntos)

6. ¿Haces ejercicios aeróbicos?
No, casi nunca hago ejercicios aeróbicos. (1 punto)
Sí, a veces. (2 puntos)
Sí, con frecuencia. (3 puntos)

7. ¿Con qué frecuencia te haces un examen médico?
Nunca o casi nunca. (1 punto)
Cada dos años. (2 puntos)
Cada año y/o antes de practicar un deporte. (3 puntos)

8. ¿Con qué frecuencia vas al dentista?
Nunca voy al dentista. (1 punto)
Sólo cuando me duele una muela. (2 puntos)
Por lo menos una vez por año. (3 puntos)

9. ¿Qué comes normalmente por la mañana?
No como nada por la mañana. (1 punto)
Tomo una bebida dietética. (2 puntos)
Como cereal y fruta. (3 puntos)

10. ¿Con qué frecuencia te sientes mareado/a?
Frecuentemente. (1 punto)
A veces. (2 puntos)
Casi nunca. (3 puntos)

Comunicación

6
En el consultorio Trabajen en parejas y túrnense para representar los papeles (*roles*) de un(a) médico/a y su paciente. Sigan el modelo.

> **modelo**
>
> **Estudiante 1:** *Me duele la garganta y toso.*
> **Estudiante 2:** *Creo que Ud. tiene una infección de la garganta. Voy a recetarle un antibiótico.*

7
¿Qué le pasó? Trabajen en un grupo de dos o tres personas. Hablen de lo que les pasó y de cómo se sienten las personas que aparecen en los dibujos.

8
Un accidente Cuéntale (*Tell*) a la clase un accidente o una enfermedad que tuviste. Incluye información que conteste las siguientes preguntas.

✔ ¿Qué ocurrió?
✔ ¿Dónde ocurrió?
✔ ¿Cuándo ocurrió?
✔ ¿Cómo ocurrió?
✔ ¿Quién te ayudó y cómo?
✔ ¿Cuánto tiempo duró el problema (*did the problem last*)?

¡Uf! ¡Qué dolor!

Don Francisco y Javier van a la clínica de la doctora Márquez.

JAVIER Estoy aburrido...
tengo ganas de dibujar.
Con permiso.

INÉS ¡Javier! ¿Qué te pasó?

JAVIER ¡Ay! ¡Uf! ¡Qué dolor!
¡Creo que me rompí el
tobillo!

DON FRANCISCO No te preocupes,
Javier. Estamos cerca de la
clínica donde trabaja la
doctora Márquez, mi amiga.

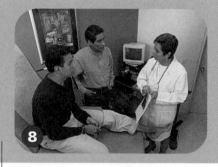

DRA. MÁRQUEZ ¿Cuánto tiempo
hace que se cayó?

JAVIER Ya se me olvidó...
déjeme ver... este... eran más
o menos las dos o dos y
media cuando me caí... o sea
hace más de una hora. ¡Me
duele mucho!

DRA. MÁRQUEZ Bueno, vamos a
sacarle una radiografía.
Queremos ver si se rompió
uno de los huesos del pie.

DON FRANCISCO Sabes, Javier,
cuando era chico yo les tenía
mucho miedo a los médicos.
Visitaba mucho al doctor
porque me enfermaba con
mucha frecuencia... tenía
muchas infecciones de la
garganta. No me gustaban las
inyecciones ni las pastillas.
Una vez me rompí la pierna
jugando al fútbol...

JAVIER ¡Doctora! ¿Qué dice?
¿Está roto el tobillo?

DRA. MÁRQUEZ Tranquilo, le
tengo buenas noticias,
Javier. No está roto el tobillo.
Apenas está torcido.

JAVIER ¿Tengo dolor? Sí, mucho. ¿Dónde? En el tobillo. ¿Tengo fiebre? No lo creo. ¿Estoy mareado? Un poco. ¿Soy alérgico a algún medicamento? No. ¿Embarazada? Definitivamente NO.

DRA. MÁRQUEZ ¿Cómo se lastimó el pie?

JAVIER Me caí cuando estaba en el autobús.

JAVIER Pero, ¿voy a poder ir de excursión con mis amigos?

DRA. MÁRQUEZ Creo que sí. Pero debe descansar y no caminar mucho durante un par de días. Le receto unas pastillas para el dolor.

DRA. MÁRQUEZ Adiós, Francisco. Adiós, Javier. ¡Cuidado! ¡Buena suerte en las montañas!

Enfoque cultural La medicina en los países hispanos

Varios factores económicos y culturales hacen que el sistema de sanidad de los países hispanos sea diferente del sistema estadounidense. En las farmacias, muchas veces las personas consultan sus síntomas con el farmacéutico y él mismo (*he himself*) les da el medicamento, sin necesidad de recetas médicas. La influencia de las culturas indígenas se refleja en la importancia que tienen los curanderos (*folk medicine practitioners*) en muchas regiones. Éstos combinan hierbas medicinales y elementos religiosos para curar las enfermedades.

Reacciona a la fotonovela

1

¿Cierto o falso? Decide si lo que dicen las siguientes frases sobre Javier es **cierto** o **falso**. Corrige las frases falsas.

	Cierto	Falso
1. Está aburrido y tiene ganas de hacer algo creativo.	○	○
2. Cree que se rompió la rodilla.	○	○
3. Se lastimó cuando se cayó en el autobús.	○	○
4. Es alérgico a dos medicamentos.	○	○
5. No está mareado pero sí tiene un poco de fiebre.	○	○

2

Identificar Identifica quién puede decir las siguientes frases.

1. Hace años me rompí la pierna cuando estaba jugando al fútbol.
2. Hace más de una hora que me rompí la pierna. Me duele muchísimo.
3. Tengo que sacarle una radiografía. No sé si se rompió uno de los huesos del pie.
4. No hay problema, vamos a ver a mi amiga la doctora.
5. Bueno, parece que el tobillo no está roto. Qué bueno, ¿no?
6. No sé si voy a poder ir de excursión con el grupo.

DRA. MÁRQUEZ

DON FRANCISCO

JAVIER

NOTA CULTURAL

Besides Costa Rica (see **Panorama**, p.325), Spain, Mexico, and Argentina offer medical care free. In Spain, for example, medical care is subsidized with public funds.

3

Ordenar Pon los siguientes eventos en el orden correcto.

a. La doctora le saca una radiografía. _____
b. La doctora le receta unas pastillas para el dolor. _____
c. Javier se lastima el tobillo en el autobús. _____
d. Don Francisco le habla a Javier de cuando era chico. _____
e. Javier quiere dibujar un rato (*a while*). _____
f. Don Francisco lo lleva a una clínica. _____

4

En el consultorio Trabajen en parejas para representar los papeles (*roles*) de un(a) médico/a y su paciente. El/La paciente se cayó en su casa y piensa que se rompió un dedo. Preparen una conversación en la que el/la médico/a le pregunta al/a la paciente si le duele y cuánto tiempo hace que se cayó. El/La paciente describe su dolor. Finalmente, el/la médico/a le recomienda un tratamiento (*treatment*). Usen las siguientes preguntas y frases en su conversación.

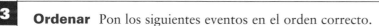

¿Cómo se lastimó...?	Estoy...
¿Le duele...?	¿Es usted alérgico/a a algún medicamento?
¿Cuánto tiempo hace que...?	
Tengo...	Usted debe...

Ortografía

El acento y las sílabas fuertes

In Spanish, written accent marks are used on many words. Here is a review of some of the principles governing word stress and the use of written accents.

> **as-pi-ri-na** **gri-pe** **to-man** **an-tes**
>
> In Spanish, when a word ends in a vowel, **-n**, or **-s**, the spoken stress usually falls on the next-to-last syllable. Words of this type are very common and do not need a written accent.
>
>
>
> **a-sí** **in-glés** **in-fec-ción** **hé-ro-e**
>
> When a word ends in a vowel, **-n**, or **-s**, and the spoken stress does *not* fall on the next-to-last syllable, then a written accent is needed.
>
> **hos-pi-tal** **na-riz** **re-ce-tar** **to-ser**
>
> When a word ends in any consonant *other* than **-n** or **-s**, the spoken stress usually falls on the last syllable. Words of this type are very common and do not need a written accent.
>
> **lá-piz** **fút-bol** **hués-ped** **sué-ter**
>
> When a word ends in any consonant *other* than **-n** or **-s** and the spoken stress does *not* fall on the last syllable, then a written accent is needed.
>
> **far-ma-cia** **bio-lo-gí-a** **su-cio** **frí-o**
>
> Diphthongs (two weak vowels or a strong and weak vowel together) are normally pronounced as a single syllable. A written accent is needed when a diphthong is broken into two syllables.
>
> **sol** **pan** **mar** **tos**
>
> Spanish words of only one syllable do not usually carry a written accent.

Práctica Busca las palabras que necesitan acento y escribe su forma correcta.

1. sal-mon
2. ins-pec-tor
3. nu-me-ro
4. fa-cil
5. ju-go
6. a-bri-go
7. ra-pi-do
8. sa-ba-do
9. vez
10. me-nu
11. o-pe-ra-cion
12. im-per-me-a-ble
13. a-de-mas
14. re-ga-te-ar
15. an-ti-pa-ti-co
16. far-ma-cia
17. es-qui
18. pen-sion
19. pa-is
20. per-don

El ahorcado (*Hangman*) Juega al ahorcado para adivinar las palabras.

1. __ l __ __ __ __ a   Vas allí cuando estás enfermo.
2. __ __ __ __ e __ c __ __ n   Se usa para poner una vacuna (*vaccination*).
3. __ __ d __ o __ __ __ __ __ __ a   Ves los huesos.
4. __ __ __ __ i __ o   Trabaja en un hospital.
5. a __ __ __ __ b __ __ __ __ __ __   Es una medicina.

10.1 The imperfect tense

ANTE TODO In Lesson 8 you learned how to form and use the preterite tense. You will now learn the imperfect tense, which you can use to describe past activities in a different way.

The imperfect of regular verbs			
	cantar	**beber**	**escribir**
SINGULAR FORMS			
yo	cant**aba**	beb**ía**	escrib**ía**
tú	cant**abas**	beb**ías**	escrib**ías**
Ud./él/ella	cant**aba**	beb**ía**	escrib**ía**
PLURAL FORMS			
nosotros/as	cant**ábamos**	beb**íamos**	escrib**íamos**
vosotros/as	cant**abais**	beb**íais**	escrib**íais**
Uds./ellos/ellas	cant**aban**	beb**ían**	escrib**ían**

¡ATENCIÓN!

Note that the imperfect endings of –**er** and –**ir** verbs are the same. Also note that the **nosotros** form of –**ar** verbs always carries an accent mark on the first **a** of the ending. All forms of –**er** and –**ir** verbs carry an accent on the first **i** of the ending.

Sabes, Javier, cuando era chico yo les tenía mucho miedo a los médicos.

De niño tenía que ir mucho a una clínica en San Juan. ¡No me gustaban nada las inyecciones!

▶ Although many verbs have stem changes in the present and preterite tenses, these same verbs do not have stem changes in the imperfect.

entender (e: ie)	▶	**Entendíamos** japonés.
servir (e:i, i)		El camarero les **servía** el café.
doler (o:ue)		A Javier le **dolía** el tobillo.
jugar (u:ue)		Yo **jugaba** al tenis con mi compañero de cuarto.

▶ The imperfect form of **hay** is **había** *(there was; there were; there used to be)*.

Había un solo médico en la sala.
There was only one doctor in the room.

Había dos pacientes allí.
There were two patients there.

Irregular verbs in the imperfect			
	ir	**ser**	**ver**
SINGULAR FORMS			
yo	**iba**	**era**	**veía**
tú	**ibas**	**eras**	**veías**
Ud./él/ella	**iba**	**era**	**veía**
PLURAL FORMS			
nosotros/as	**íbamos**	**éramos**	**veíamos**
vosotros/as	**ibais**	**erais**	**veíais**
Uds./ellos/ellas	**iban**	**eran**	**veían**

¡ATENCIÓN!

Ir, **ser**, and **ver** are the only verbs in Spanish that are irregular in the imperfect.

Uses of the imperfect

CONSÚLTALO

You will learn more about the contrast between the preterite and the imperfect in Lesson 11, section 11.1, pp. 336–337.

▶ The imperfect is used to describe past events in a different way than the preterite. As a general rule, the imperfect is used to describe actions which are seen by the speaker as incomplete or "continuing," while the preterite is used to describe actions which have been completed. The imperfect expresses what was happening at a certain time or how things used to be. The preterite, in contrast, expresses a completed action.

—¿Qué te **pasó**?
What happened to you?

—Me **torcí** el tobillo.
I sprained my ankle.

—¿Dónde **vivías** de niño?
Where did you live as a child?

—**Vivía** en San José.
I lived in San José.

▶ The following words and expressions are often used with the imperfect because they express habitual or repeated actions: **de niño/a** (*as a child*), **todos los días** (*every day*), **mientras** (*while*).

Uses of the imperfect

Habitual or repeated actions	**Íbamos** al parque los domingos. *We used to go to the park on Sundays.*
Events or actions that were in progress	Yo **leía** mientras él **estudiaba**. *I was reading while he was studying.*
Physical characteristics	**Era** alto y guapo. *He was tall and handsome.*
Mental or emotional states	**Quería** mucho a su familia. *He loved his family very much.*
Time-telling	**Eran** las tres y media. *It was 3:30.*
Age	Los niños **tenían** seis años. *The children were six years old.*

¡INTÉNTALO! Indica la forma correcta de cada verbo en el imperfecto.

1. Yo ___hablaba___ (hablar, bailar, descansar, correr, comer, decidir, vivir)

2. Tú _____ (nadar, encontrar, comprender, venir, ir, ser, ver)

3. Ud. _____ (hacer, regatear, asistir, ser, pasear, poder, ir)

4. Nosotras _____ (ser, tomar, ir, poner, seguir, ver, pensar)

5. Ellos _____ (salir, viajar, ir, querer, ser, pedir, empezar)

6. Yo _____ (ver, estornudar, sufrir, ir, dar, ser, toser)

Práctica

1

Completar Primero, completa las frases con la forma correcta de los verbos. Luego, pon las oraciones en un orden lógico y compara tus respuestas con las de un(a) compañero/a.

1. El doctor dijo que no _____ (ser) nada grave.
2. El doctor _____ (querer) ver la nariz del niño.
3. Su mamá _____ (estar) dibujando cuando Miguelito entró llorando.
4. Miguelito _____ (tener) miedo. Fueron a la sala de emergencias.
5. Miguelito no _____ (ir) a jugar más. Ahora quería ir a casa a descansar.
6. Los niños _____ (jugar) al béisbol en el patio.
7. _____ (ser) las dos de la tarde.
8. El niño le dijo a la enfermera que _____ (dolerle) la nariz.

2

Transformar Forma oraciones completas. Usa las formas correctas del imperfecto y añade todas las palabras necesarias.

1. Julieta y César / ser / paramédicos

2. trabajar / juntos y / llevarse / bien

3. cuando / haber / accidente, / siempre / analizar / situación / con cuidado

4. preocuparse / mucho / por / pacientes

5. si / paciente / tener / mucho / dolor, / ponerle / inyección

3

En el hospital Completa las frases con las formas correctas del imperfecto de los verbos de la lista. Algunos verbos se usan más de una vez.

doler	mirar	querer	enfermarse
esperar	estar	poder	sentirse
estornudar	toser	tener	caerse

1. Después de correr 10 kilómetros, a Dora le _____ muchísimo los pies.
2. Ema _____ el termómetro; con tanta fiebre no _____ leerlo.
3. Arturo _____ porque la enfermera _____ muy ocupada.
4. Carolina y Juan _____ mucho y _____ muy congestionados porque _____ la gripe.
5. Lorenzo _____ dolor de muelas pero no _____ ir al dentista.
6. Paco y Luis _____ dolor de estómago y _____ unas pastillas para el dolor.
7. A Juan le _____ la cabeza y _____ mareado.
8. Luisa _____ mucho porque es alérgica al polen.
9. Antes de la operación le _____ todo el cuerpo.
10. De niño, nunca _____ ir al médico.
11. Mi hermana _____ con mucha frecuencia cuando era pequeña.
12. Juan Carlos siempre _____ de la bicicleta.

Comunicación

4

Entrevista Trabajen en parejas. Un(a) estudiante usa estas preguntas para entrevistar a su compañero/a. Luego compartan los resultados de la entrevista con la clase.

1. Cuando eras estudiante de primaria, ¿te gustaban tus profesores/as?
2. ¿Veías mucha televisión cuando eras niño?
3. Cuando tenías diez años, ¿cuál era tu programa de televisión favorito?
4. Cuando eras niño/a, ¿qué hacía tu familia durante las vacaciones?
5. ¿Cuántos años tenías en 1993?
6. Cuando eras estudiante de secundaria, ¿qué hacías con tus amigos/as?
7. Cuando tenías quince años, ¿cuál era tu grupo musical favorito?
8. Antes de tomar esta clase, ¿sabías hablar español?

5

Describir En parejas, túrnense para describir lo que hacían durante algunos momentos de su vida. Pueden usar las sugerencias de la lista u otras ideas. Luego informen a la clase sobre la vida del/de la compañero/a.

> **modelo**
>
> De niña, mi familia y yo siempre íbamos a Puntarenas. Tomábamos el tren. Salíamos a las 6 de la mañana. Todos los días nadábamos. En Navidad mis papás siempre hacían una gran fiesta. Mi mamá y mis tías preparaban un montón de comida. Toda la familia venía.

- Las vacaciones cuando eras niño/a
- Ocasiones especiales
- Qué hacías durante el verano
- Celebraciones con tus amigos/as
- Celebraciones con tu familia
- Cómo era tu escuela
- Cómo eran tus amigos/as
- Los viajes que hacías
- A qué jugabas
- Cuándo te sentías enfermo/a

Síntesis

6

En el consultorio Tu profesor(a) va a darte una hoja de actividades. La hoja contiene una lista de las personas que fueron al consultorio del Dr. Donoso ayer. En parejas indiquen a qué hora llegaron las personas al consultorio y cuáles eran sus problemas.

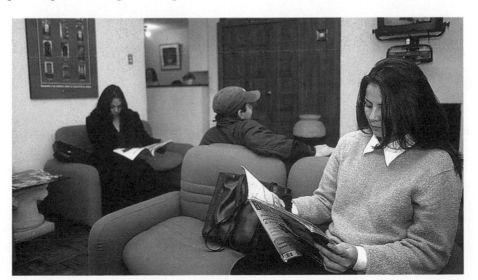

10.2 Constructions with **se**

ANTE TODO   In Lesson 7 you learned how to use **se** as the third person reflexive pronoun (**El se despierta. Ellos se visten. Ella se baña.**). **Se** can also be used to form constructions in which the person performing the action is not expressed or is de-emphasized.

Impersonal constructions with *se*

▶ In Spanish, verbs that are not reflexive can be used with **se** to form impersonal constructions. These are statements in which the person performing the action is not expressed or defined. In English, the passive voice or indefinite subjects *(you, they, one)* are used.

Se habla español en Costa Rica.
Spanish is spoken in Costa Rica.

Se puede leer en la sala de espera.
You can read in the waiting room.

Se hacen operaciones aquí.
They perform operations here.

Se necesitan medicinas enseguida.
They need medicines right away.

¡ATENCIÓN!
Note that the third person singular verb form is used with singular nouns and the third person plural form is used with plural nouns:

Se vende ropa.

Se venden camisas.

▶ You often see the impersonal **se** in signs, advertisements, and directions.

**SE PROHÍBE
NADAR**

**Se necesitan
programadores**

GRUPO TECNO
Tel. 778-34-34

ENTRADA

Se entra por la
izquierda

Se for unplanned events

¿Cuánto tiempo hace que se cayó?

Ya se me olvidó.

Bueno, vamos a sacarle una radiografía para ver si se le rompió el hueso.

▶ **Se** is also used to form statements that describe accidental or unplanned events. In this construction, the person who performs the action is de-emphasized, so as to imply that the accident or unplanned event is not his or her direct responsibility. These statements are constructed using the following pattern.

$$\textbf{se} \; + \; \begin{bmatrix} \text{INDIRECT} \\ \text{OBJECT} \\ \text{PRONOUN} \end{bmatrix} \; + \; \begin{bmatrix} \text{VERB} \end{bmatrix} \; + \; \begin{bmatrix} \text{SUBJECT} \end{bmatrix}$$

Se   me   cayó   la pluma.

▶ In this type of construction, what would normally be the direct object of the sentence becomes the subject, and it agrees with the verb, not with the indirect object pronoun.

I.O. PRONOUN	VERB	SUBJECT
	perdieron	las llaves.
me	cayó	la taza.
te	dañó	el radio.
le	rompieron	las botellas.
Se nos	olvidaron	las pastillas.
os		
les		

▶ The following verbs are the ones most frequently used with **se** to describe unplanned events. Note also that while Spanish has a verb for *fall* (**caer**), there is no exact translation for *drop*; **dejar caer** (*let fall*) is often used to mean *to drop*.

caer	*to fall; to drop*	**perder (e: i, i)**	*to lose*
dañar	*to damage; to break down*	**quedar**	*to be left behind*
olvidar	*to forget*	**romper**	*to break*

CONSÚLTALO

See Lesson 8, section 8.5, page 258 for an explanation of prepositional pronouns.

▶ To clarify or emphasize who is the person involved in the action, this construction commonly begins with the preposition **a** + [*noun*] or **a** + [*prepositional pronoun*].

Al estudiante se le perdió la tarea.
The student lost his homework.

A mí se me cayeron los cuadernos.
I dropped the notebooks.

A Diana se le olvidó ir a clase ayer.
Diana forgot to go to class yesterday.

A Uds. se les quedaron los libros en casa.
You left the books at home.

¡INTÉNTALO! Completa las frases de la columna A con **se** impersonal y los verbos correspondientes en presente. Completa las frases de la columna B con **se** para sucesos imprevistos y los verbos en pretérito.

A

1. _Se enseñan_ (enseñar) cinco lenguas en esta universidad.
2. _____ (comer) muy bien en El Cráter.
3. _____ (vender) muchas camisetas allí.
4. _____ (servir) platos exquisitos cada noche.
5. _____ (necesitar) mucho dinero.
6. _____ (buscar) secretaria.

B

1. _Se me rompieron_ (*I broke*) las gafas.
2. _____ (*You* (fam.) *dropped*) las pastillas.
3. _____ (*They lost*) la receta.
4. _____ (*You* (form.) *left*) aquí la radiografía.
5. _____ (*We forgot*) pagar la medicina.
6. _____ (*They left*) los cuadernos en casa.

Práctica

1 **¿Cierto o falso?** Lee estas oraciones sobre la vida en 1901. Indica si lo que dice cada oración es cierto o falso. Luego corrige las oraciones falsas.

1. Se veía mucha televisión.
2. Se escribían muchos libros.
3. Se viajaba mucho en tren.
4. Se montaba a caballo.
5. Se mandaba mucho correo electrónico.
6. Se preparaban muchas comidas en casa.
7. Se llevaban minifaldas.
8. Se pasaba mucho tiempo con la familia.

2 **Traducir** Traduce estos letreros (*signs*) y anuncios (*ads*) al español.

1. Engineers needed
2. Eating and drinking prohibited
3. Programmers sought
4. We speak English
5. Computers sold
6. No talking
7. Teacher needed
8. Books sold
9. Do not enter
10. Spanish spoken

3 **¿Qué pasó?** Mira los dibujos e indica lo que pasó en cada uno.

1. camarero / pastel

2. Sr. Álvarez / espejo

3. Arturo / tarea

4. Sra. Domínguez / llaves

5. Carla y Lupe / botellas de vino

6. Juana / platos

Comunicación

4

Preguntas Trabajen en parejas y usen estas preguntas para entrevistarse.

1. ¿Qué comidas se sirven en tu restaurante favorito?
2. ¿Se te olvidó invitar a alguien a tu última fiesta o comida?
3. ¿A qué hora se abre la cafetería de tu universidad?
4. ¿Alguna vez se te quedó algo importante en la casa?
5. ¿Alguna vez se te perdió algo importante durante un viaje?
6. ¿Qué se vende en la librería de la universidad?
7. ¿Sabes si en la librería se aceptan cheques?
8. ¿Alguna vez se te rompió un plato o un vaso (*glass*)?
9. ¿Alguna vez se te cayó una botella de vino?

5

Minidiálogos En parejas, preparen los siguientes minidiálogos. Luego preséntenlos a la clase.

1. A Spanish professor asks for a student's workbook. The student explains why he or she doesn't have it.
2. A tourist asks the bellhop where the best food in the city is served, and the bellhop gives several suggestions.
3. A patient tells the doctor that he or she can't walk. The doctor examines the patient and explains what's wrong.
4. A parent asks a child how the plates got broken. The child apologizes profusely and explains what happened.

Síntesis

6

Anuncios En grupos, preparen dos anuncios de televisión para presentar a la clase. Usen el imperfecto y por lo menos dos construcciones con **se** en cada uno.

> **modelo**
>
> Se me cayeron unos libros en el pie y me dolía mucho. Pero ahora no, gracias a SuperAspirina 500. ¡Dos pastillas y se me fue el dolor! Se puede comprar SuperAspirina 500 en todas las farmacias Recetamax.

10.3 Adverbs

ANTE TODO Adverbs are words that describe how, when, and where actions take place. They can modify verbs, adjectives, and even other adverbs. In previous lessons, you have already learned many Spanish adverbs. Study the adverbs in the list below and see if you can determine what they mean.

bien	nunca	temprano
mal	hoy	ayer
muy	siempre	aquí

▶ The most common adverbs are those which end in **–mente.** These are equivalent to the English adverbs which end in *-ly*.

lentamente *slowly* **generalmente** *generally*
verdaderamente *truly, really* **simplemente** *simply*

▶ To form adverbs which end in **–mente**, add **–mente** to the feminine form of the adjective. If the adjective does not have a special feminine form, just add **–mente** to the standard form.

ADJECTIVE	FEMININE FORM	SUFFIX	ADVERB
lento	lenta	-mente	lentamente
fabuloso	fabulosa	-mente	fabulosamente
enorme		-mente	enormemente
feliz		-mente	felizmente

▶ Adverbs that end in **–mente** generally follow the verb, while adverbs that modify an adjective or another adverb precede the word they modify.

Javier dibuja **maravillosamente**. Inés está **casi siempre** ocupada.
Javier draws wonderfully. *Inés is almost always busy.*

Common adverbs and adverbial expressions

a menudo	*often*	**así**	*like this; so*	**menos**	*less*
a tiempo	*on time*	**bastante**	*enough; rather*	**muchas veces**	*a lot; many times*
a veces	*sometimes*	**casi**	*almost*		
además (de)	*furthermore; besides*	**con frecuencia**	*frequently*	**poco**	*little*
		de vez en cuando	*from time to time*	**por lo menos**	*at least*
apenas	*hardly; scarcely*			**pronto**	*soon*

¡INTÉNTALO! Transforma los siguientes adjetivos en adverbios.

1. alegre _alegremente_
2. constante _____
3. gradual _____
4. perfecto _____
5. real _____
6. frecuente _____
7. tranquilo _____
8. regular _____
9. maravilloso _____
10. normal _____
11. básico _____
12. afortunado _____

Práctica

1

Escoger   Completa las oraciones con los adverbios adecuados.

1. La cita era para las dos pero llegamos _____. (aquí, nunca, tarde)
2. El problema fue que _____ se nos decompuso el despertador. (aquí, ayer, así)
3. La recepcionista no se enojó porque sabe que normalmente llego _____.
   (a veces, a tiempo, poco)
4. _____ el doctor estaba listo. (por lo menos, mal, casi)
5. _____ tuvimos que esperar cinco minutos. (así, además, apenas)
6. El doctor dijo que nuestra hija Irene necesitaba una operación _____.
   (temprano, menos, inmediatamente)
7. Cuando salió de la operación, le preguntamos _____ al doctor cómo
   estaba Irene. (con frecuencia, nerviosamente, muchas veces)
8. _____ nos contestó que Irene estaba bien. (por lo menos, afortunada-
   mente, a menudo)

Comunicación

2

¿Con qué frecuencia?   Tu profesor(a) va a darte una hoja de actividades. Circula
por la clase y pregúntales a tus compañeros/as con qué frecuencia ellos/ellas y sus ami-
gos/as hacen las cosas que se mencionan en la lista. Anota sus respuestas y luego com-
parte la información con la clase.

Actividades	con mucha frecuencia	de vez en cuando	casi nunca	nunca
1. Nadar				
2. Jugar al tenis				
3. Hacer la tarea				
4. Salir a bailar				
5. Mirar la televisión				
6. Dormir en clase				
7. Perder las gafas				
8. Tomar medicina				
9. Ir al dentista				

10.4 Time expressions with **hacer**

▶ Spanish and English use different constructions to tell how long something has been going on.

Hace dos años que vivo aquí.
I've lived here for two years.

Hace un mes que está aquí.
He's been here for a month.

English uses the present perfect (*I've lived*) or the present perfect progressive (*I've been living*) plus the preposition *since* or *for*. Spanish, in contrast, uses the present tense (**vivo**) plus the expression **hace... que...** (literally, *it makes... that...*).

Hace + [*period of time*] + **que** + [*present tense*]

Hace un mes que trabaja aquí.
He's worked (or been working) here for a month.

Hace tres años que estudian.
They've studied (or been studying) for three years.

▶ The question form **¿Cuánto tiempo hace que...?** is used with the present tense to ask how long something has been going on.

—**¿Cuánto tiempo hace que hablas** español?
(For) how long have you been speaking Spanish?

—**¿Cuánto tiempo hace que tose** su hija?
How long has your daughter been coughing?

—**Hace tres años que hablo** español.
I've been speaking Spanish for three years.

—**Hace dos días que tose.**
She's been coughing for two days.

▶ If the preterite is used instead of the present tense, it tells how long ago something happened. In this case, the **hacer** expression can either precede or follow the rest of the sentence. If it follows, the **que** is not needed.

Hace + [*period of time*] + **que** + [*preterite tense*]
or
[*Preterite tense*] + **hace** + [*period of time*]

—**¿Cuánto tiempo hace que** Ud. **se lastimó** el pie?
How long ago did you hurt your foot?

—**Hace un mes que me lastimé** el pie. *or*
—**Me lastimé** el pie **hace un mes.**
I hurt my foot a month ago.

¡INTÉNTALO! Completa las oraciones utilizando expresiones de tiempo con **hacer.** Usa el tiempo presente en las oraciones 1 a 3 y el pretérito en las oraciones 4 a 6.

1. Ana / estudiar / veinte minutos   _Hace veinte minutos que Ana estudia._
2. Nosotros / estar enfermos / una semana
3. Tú / tener fiebre / tres días
4. Alberto / llegar / dos horas
5. Yo / hacer la tarea / una hora
6. Ellas / jugar al fútbol / dos horas

Práctica

1

Minidiálogos Completa los minidiálogos con las palabras adecuadas.

1. **JUAN** ¿_____ tiempo hace que vives en esta ciudad?
   DORA Mmm… _____ dos años que _____ aquí.

2. **SARA** ¿Cuánto _____ hace que ustedes llegaron?
   LUPE _____ hace una hora.

3. **SILVIA** ¿Cuánto tiempo _____ que sales con Julia?
   CARLOS Hace _____ año.

4. **ROSA** ¿Cuánto tiempo hace que _____ el pie?
   PACO _____ el pie hace _____ mes.

5. **ALINA** ¿_____ años hace que _____ alemán?
   MARTA _____ cinco años que lo estudio.

6. **ARMANDO** Tú y Laura _____ hace dos años, ¿no?
   ALBERTO No, hace tres _____ que nos casamos.

Comunicación

2

Conversación En parejas, háganse preguntas personales utilizando expresiones con **hacer**. Luego, compartan con la clase lo que averiguaron (*found out*).

> **modelo**
>
> **Estudiante 1:** ¿Cuánto tiempo hace que vives en esta ciudad?
> **Estudiante 2:** Dos meses. ¿Cuánto tiempo hace que hablaste
> con tu mejor amigo/a?

Síntesis

3

Lectura Trabajen en parejas. Lean la información sobre Costa Rica. Luego, háganse preguntas basadas en la información.

> **modelo**
>
> ¿Cuánto tiempo hace que Óscar Arias ganó el Premio Nobel
> de la Paz? Hace más de diez años.

¡En breve!

COSTA RICA

- En 1502 Cristóbal Colón llegó al área que ahora se conoce como Puerto Limón.
- La Universidad de Costa Rica se fundó en 1940.
- El periódico La Nación se fundó en 1946.
- Se abolió el ejército en 1948.

- La Guerra Civil tuvo lugar en 1948.
- En 1970 se estableció un extenso sistema de parques nacionales.
- Óscar Arias, presidente de 1986 a 1990, ganó el Premio Nobel de la Paz en 1987.

Lectura

Antes de leer

Estrategia

Activating background knowledge

Using what you already know about a particular subject will often help you better understand a reading selection. For example, if you read an article about a recent medical discovery, you might think about what you already know about health in order to understand unfamiliar words or concepts.

Examinar el texto

Utiliza las estrategias de lectura que tú consideras las más efectivas para hacer unas observaciones preliminares acerca del texto. Después trabajen en parejas para comparar sus observaciones acerca del texto. Luego contesten las siguientes preguntas:

- Analiza el formato del texto. ¿Qué tipo de texto es? ¿Dónde crees que se publicó este artículo?
- ¿Quiénes son Carla Baron y Tomás Monterrey?
- Mira la foto del libro. ¿Qué sugiere el título del libro sobre su contenido?

Conocimiento previo

Ahora comparen su conocimiento previo sobre el cuidado de la salud en los viajes. Consideren las siguientes preguntas:

- ¿Viajaste alguna vez a otro estado o a otro país?
- ¿Tuviste algunos problemas durante tus viajes a causa del agua, de la comida o del clima del país?
- ¿Olvidaste poner en tu maleta algún medicamento u otro producto que después necesitaste para prevenir o curar un problema de salud?
- ¿Qué más información tienes sobre el tema a través de las historias de otras personas o de lo que has leído?
- Imagina que un(a) amigo/a tuyo/a se va de viaje. Dile por lo menos cinco cosas que debe hacer para prevenir cualquier problema de salud.

Conocimiento previo *Background knowledge* a causa de *due to* prevenir *prevent* a través de *through* lo...leído *what you have read* tuyo *of yours*

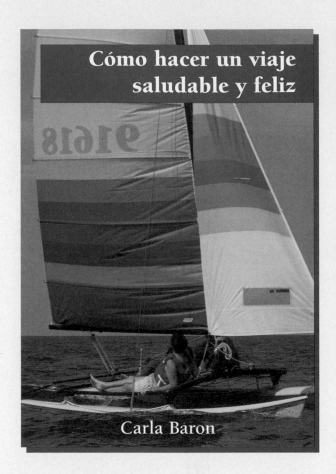

Libro de la semana

Cómo hacer un viaje saludable y feliz

Carla Baron

Después de leer

Correspondencias Busca las correspondencias entre los Problemas y las Recomendaciones.

Problemas

1. el agua _____
2. el sol _____
3. la comida _____
4. la identificación _____
5. el clima _____

Recomendaciones

a. Hay que adaptarse a los ingredientes no familiares.
b. Toma sólo productos purificados (*purified*).
c. Es importante llevar ropa adecuada cuando viajas.
d. Lleva loción o crema con alta protección solar.
e. Lleva tu pasaporte.

Entrevista a Carla Baron

por Tomás Monterrey

Tomás: ¿Por qué escribió su libro *Cómo hacer un viaje saludable y feliz?*

Carla: Me encanta viajar, conocer otras culturas y escribir. Mi primer viaje lo hice cuando era estudiante universitaria. Todavía recuerdo el día en que llegamos a San Juan, Puerto Rico. Era el panorama ideal para unas vacaciones maravillosas, pero al llegar a la habitación del hotel, bebí mucha agua de la llave y luego pedí un jugo de frutas con mucho hielo. El clima en San Juan es tropical y yo tenía mucha sed y calor. Las consecuencias llegaron en menos de media hora: pasé dos días con dolor abdominal y corriendo hacia el cuarto de baño cada 10 minutos. Desde entonces, siempre que viajo sólo bebo agua mineral y llevo un pequeño bolso con medicinas necesarias como pastillas para el dolor y también bloqueador solar, una crema repelente de mosquitos y un desinfectante.

Tomás: ¿Son reales las situaciones que se narran en su libro?

Carla: Sí, son reales y son mis propias historias. A menudo los autores crean caricaturas divertidas de un turista en dificultades. ¡En mi libro la turista en dificultades soy yo!

Tomás: ¿Qué recomendaciones puede hallar el lector en su libro?

Carla: Bueno, mi libro es anecdótico y humorístico, pero el tema de la salud se trata de manera seria. En general, se dan recomendaciones sobre ropa adecuada para cada sitio, consejos para protegerse del sol, y comidas y bebidas adecuadas para el turista que viaja a cualquier país del Caribe o de la América del Sur.

Tomás: ¿Tiene algún consejo para las personas que se enferman en sus viajes?

Carla: Muchos turistas toman el avión sin saber nada acerca del país que van a visitar. Ponen toda su ropa en la maleta, toman el pasaporte, la cámara fotográfica y ¡a volar! Es necesario tomar precauciones porque nuestro cuerpo necesita adaptarse al clima, al sol, a la humedad, al agua y a la comida. Se trata de viajar, disfrutar de las maravillas del mundo y regresar a casa con hermosos recuerdos. En resumen, la clave es "prevenir en vez de curar".

llave *faucet* **hielo** *ice* **hacia** *toward* **reales** *true* **propias** *own* **historias** *stories* **hallar** *to find* **se trata** *is treated* **cualquier** *any* **sin** *without* **acerca del** *about* **volar** *to fly* **Se trata de** *It's a question of* **disfrutar de** *to enjoy* **clave** *key* **en vez de** *instead of*

Seleccionar Selecciona la respuesta correcta.

1. El tema principal de este libro es _____.
   a. Puerto Rico b. la salud y el agua c. otras culturas
   d. el cuidado de la salud en los viajes
2. Las situaciones narradas en el libro son _____.
   a. autobiográficas b. inventadas c. ficticias
3. ¿Qué recomendaciones no vas a encontrar en este libro? _____
   a. cómo vestirse adecuadamente
   b. cómo prevenir las quemaduras solares
   c. consejos sobre la comida y la bebida
   d. cómo dar propina en los países del Caribe o de América del Sur

4. En opinión de la Srta. Baron, _____.
   a. es bueno tomar agua de la llave y beber jugo de frutas con mucho hielo
   b. es mejor tomar solamente agua embotellada (*bottled*)
   c. los minerales son buenos para el dolor abdominal
   d. es importante visitar el cuarto de baño cada 10 minutos
5. ¿Cuál de los siguientes productos no usa la autora cuando viaja a otros países? _____
   a. desinfectante
   b. cremas preventivas
   c. un libro anecdótico y humorístico
   d. pastillas medicinales

Escritura

Estrategia

Avoiding redundancies

Redundancy is the needless repetition of words or ideas. To avoid redundancy with verbs and nouns, consult a Spanish language thesaurus (**Diccionario de sinónimos**). You can also avoid redundancy by using direct object pronouns, possessive adjectives, demonstrative adjectives and pronouns, and prepositional pronouns. Remember that in Spanish, subject pronouns are generally used only for clarification, emphasis, or contrast. Study the example below:

<u>Redundant:</u>

Susana se lastimó la rodilla ayer. Susana estaba corriendo por el parque cuando se cayó y se lastimó la rodilla. La madre de Susana llevó a Susana a la sala de emergencia.

<u>Improved:</u>

Susana se lastimó la rodilla ayer. Estaba corriendo por el parque cuando se cayó y se la lastimó. Su madre la llevó a la sala de emergencia.

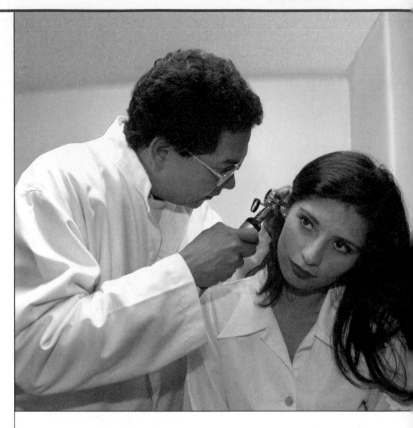

Tema

Escribir un parte médico

Imagina que eres un(a) enfermero/a en la sala de emergencia de un hospital. Acabas de tener un día sumamente ocupado, con todo tipo de pacientes y de problemas médicos. Antes de salir del trabajo, tienes que escribir el parte médico del día para tu supervisor(a). Incluye todos los detalles del día. Mira la siguiente lista para ver algunas sugerencias de los detalles que puedes incluir en tu parte médico.

▶ Descripciones de los pacientes
    Nombre
    Edad
    Características físicas
    Historial médico
▶ Descripciones de los síntomas
    Enfermedades
    Accidentes
    Problemas médicos
    Otros síntomas
▶ Descripciones del tratamiento
    Diagnósticos del médico
    Tratamientos
    Recetas
    Operaciones

Plan de escritura

1 Ideas y organización

Después de pensar en el tema durante unos minutos, apunta tus ideas. Utiliza un mapa de ideas para organizar el borrador de tu parte médico.

2 Primer borrador

Utiliza tus notas de **Ideas y organización** para escribir el primer borrador de tu parte. Usa el diccionario solamente como último recurso y no te olvides de repasar tu lista de **Anotaciones para mejorar la escritura** en tu **Carpeta de trabajos.**

3 Comentario

Intercambia tu composición con un(a) compañero/a. Lee su borrador y anota los aspectos mejor escritos. Compartan sus impresiones utilizando esta guía:

1. ¿Incluye toda la información pertinente?
2. ¿Está bien organizado?
3. ¿Hay alguna redundancia?
4. ¿Qué sugerencias puedes darle al/a la escritor(a) para mejorar su composición?
5. ¿Encuentras errores gramaticales u ortográficos?

4 Redacción

Revisa el primer borrador según las indicaciones de tu compañero/a. Incorpora nuevas ideas y/o más información si es necesario. Utiliza esta guía para hacer la última revisión antes de escribir la versión final del parte médico:

1. Subraya el sujeto de cada oración. Si es necesario, usa pronombres u otro elemento gramatical para eliminar la redundancia.
2. Subraya dos veces cada verbo para comprobar la concordancia con el sujeto. ¡Cuidado con los verbos irregulares en el pretérito!
3. Revisa la concordancia entre los sustantivos y los adjetivos en cada oración.
4. Comprueba el uso correcto de los pronombres.
5. Consulta tus **Anotaciones para mejorar la escritura** antes de revisar la ortografía y la puntuación.

5 Evaluación y progreso

Trabaja con dos o tres compañeros/as. Utilicen una parte de cada composición para formular una nueva redacción y compártanla con la clase. Cuando tu profesor(a) te devuelva tu trabajo, lee sus comentarios y correcciones y anota los errores de conceptos fundamentales en tu lista de **Anotaciones para mejorar la escritura** en tu **Carpeta de trabajos.**

---

parte médico *medical report* **historial médico** *medical history* **tratamiento** *treatment* **devuelva** *returns*
redacción *version*

Escuchar

Preparación

Mira las foto. En tu opinión, ¿con quién está conversando Carlos Peña? ¿De qué están hablando?

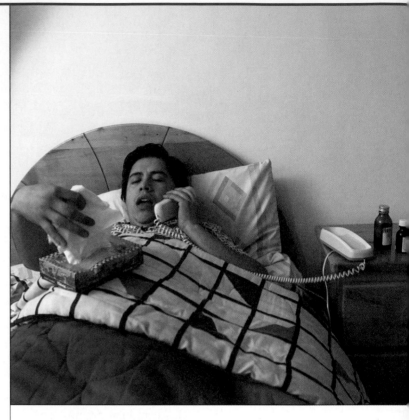

Estrategia

Listening for specific information

You can listen for specific information effectively once you identify the subject of a conversation and use your background knowledge to predict what kinds of information you might hear. To practice this strategy, you will listen to a paragraph from a letter Marta wrote to a friend about her fifteenth birthday celebration. Before you listen to the paragraph, use what you know about this type of party to predict the content of the letter. What kinds of details might Marta include in her description of the celebration? Now listen to the paragraph and jot down the specific information Marta relates. Then compare these details to the predictions you made about the letter.

🎧 Ahora escucha

Ahora escucha la conversación de la señorita Méndez y Carlos Peña. Marca las frases donde se mencionan los síntomas de Carlos.

1. ____ Tiene infección en los ojos.
2. ____ Se lastimó el dedo.
3. ____ No puede dormir.
4. ____ Siente dolor en los huesos.
5. ____ Está mareado.
6. ____ Está congestionado.
7. ____ Le duele el estómago.

8. ____ Le duele la cabeza.
9. ____ Es alérgico a la aspirina.
10. ____ Tiene tos.
11. ____ Le duele la garganta.
12. ____ Se rompió la pierna.
13. ____ Tiene dolor de oído.
14. ____ Tiene frío.

Comprensión

Preguntas

1. ¿Tiene fiebre Carlos?
2. ¿Cuánto tiempo hace que le duele la garganta a Carlos?
3. ¿Qué tiene que hacer el médico antes de recetarle algo a Carlos?
4. ¿A qué hora es su cita con el médico?
5. Después de darle una cita con el médico, ¿qué otra información le pide a Carlos la señorita del consultorio?

6. En tu opinión, ¿qué tiene Carlos? ¿La gripe? ¿Un resfriado? ¿Alergias? Explica tu opinión.

Diálogo

Con un(a) compañero/a, escribe el diálogo entre el Dr. Aguilar y Carlos Peña en el consultorio del médico. Usa la información del diálogo telefónico para pensar en lo que dice el médico mientras examina a Carlos. Imagina cómo responde Carlos y qué preguntas le hace al médico. ¿Cuál es el diagnóstico del médico?

recursos

R

SCASS./CD
Lección 10

Proyecto

Participa en una conferencia

Imagina que eres un conferenciante que está preparando una conferencia en la que vas a hablar sobre el sistema político y social costarricense.

1 Prepara la presentación

Prepara una presentación sobre dos o tres de los sistemas políticos y sociales de Costa Rica que más te interesan. Aquí tienes una lista de los posibles temas que puedes cubrir en tu presentación.

En los hospitales públicos de Costa Rica, como el Hospital de los Niños, los servicios médicos son gratuitos.

- El sistema de sanidad: el seguro médico, la eficacia del sistema, la repercusión económica
- El sistema educativo: la enseñanza pública, las universidades
- Las ayudas sociales: las ayudas para las víctimas de los accidentes de trabajo, las ayudas a la maternidad
- El gobierno: la democracia, los partidos políticos
- El sistema jurídico
- La defensa nacional y la eliminación del ejército

Usa los **Recursos para la investigación** para buscar información sobre los temas sociales que elijas para la conferencia.

2 Presenta la información

Presenta tu información en la conferencia y pregúntales después a tus compañeros/as su opinión sobre el sistema político y social de Costa Rica. ¿Qué tiene en común este sistema con el de los Estados Unidos? ¿En qué se diferencian los dos sistemas?

conferenciante *lecturer* **conferencia** *lecture* **cubrir** *to cover* **sistema sanitario** *health care system* **seguro** *insurance* **ayudas** *assistance* **jurídico** *legal* **elijas** *you select*

recursos para la investigación

 Internet Palabras clave: Costa Rica, San José, seguro médico, gobierno

 Comunidad Estudiantes y profesores que son de Costa Rica o que han viajado allí

 Biblioteca Enciclopedias, libros sobre Costa Rica, libros sobre sistemas políticos y sociales

 Otros recursos Embajadas o consulados costarricenses

Costa Rica

El país en cifras

- **Área:** 51.100 km^2 (19.730 millas^2), *aproximadamente el área de Virginia Occidental*
- **Población:** 4.200.000

Costa Rica es el país de Centroamérica con la población más homogénea. El 98% de sus habitantes es blanco y mestizo. Más del 50% de la población es de descendencia española y un alto porcentaje tiene sus raíces en otros países europeos.

- **Capital:** San José —1.037.000
- **Ciudades principales:**
  Alajuela —173.000, Cartago —119.000, Puntarenas —102.000, Heredia —73.000

SOURCE: Population Division, UN Secretariat

- **Moneda:** colón costarricense
- **Idiomas:** español (oficial)

Bandera de Costa Rica

Costarricenses célebres

- **Carmen Lira,** escritora (1888–1949)
- **Chavela Vargas,** cantante (1919-)
- **Óscar Arias Sánchez,** político (1949-)
- **Claudia Poll,** nadadora olímpica (1972-)

Óscar Arias recibió el Premio Nobel de la Paz en 1987.

homogénea *homogenous*   **mestizo** *of indigenous and white parentage*
descendencia *descent*   **raíces** *roots*   **nadadora** *swimmer*

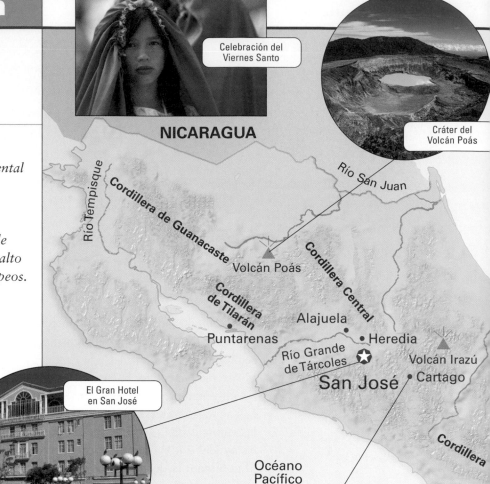

Celebración del Viernes Santo

Cráter del Volcán Poás

NICARAGUA

Río Tempisque

Cordillera de Guanacaste

Río San Juan

Cordillera Central

Volcán Poás

Cordillera de Tilarán

Alajuela

Puntarenas

Heredia

Río Grande de Tárcoles

Volcán Irazú

San José

Cartago

Cordillera

El Gran Hotel en San José

Océano Pacífico

Iglesia en Cartago

ESTADOS UNIDOS

OCÉANO ATLÁNTICO

COSTA RICA

OCÉANO PACÍFICO

AMÉRICA DEL SUR

recursos

| R | WB pp. 119-120 | vistasonline.com |

¡Increíble pero cierto!

Costa Rica es el único país latinoamericano que no tiene ejército. Sin gastos militares, el gobierno ha podido invertir más en la educación y las artes. En la foto aparece el Museo Nacional de Costa Rica, antiguo cuartel del ejército.

Lugares • **Los parques nacionales**

Establecido para proteger los delicados ecosistemas de la región y su biodiversidad, el sistema de parques nacionales cubre el 12% del territorio de Costa Rica. En los parques, los ecoturistas pueden ver hermosas cataratas, montañas y cuevas, además de una multitud de plantas exóticas. Algunos parques ofrecen también la oportunidad de ver quetzales, monos, jaguares, armadillos, osos perezosos y elegantes mariposas en su hábitat natural.

Mar Caribe

Economía • **Las plantaciones de café**

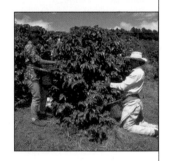

Costa Rica fue el primer país centroamericano en desarrollar la industria cafetera. En el siglo XIX los costarricenses empezaron a exportar su café, de rico aroma y sabor, a Inglaterra, lo cual contribuyó mucho a la prosperidad de la nación. Hoy día más de 50.000 costarricenses trabajan cultivando el café, que representa alrededor del 15% de las exportaciones anuales del país.

imón

Sociedad • **Una nación progresista**

Un modelo de democracia y de estabilidad, Costa Rica es también uno de los países más progresistas del mundo. Provee servicios médicos gratuitos a todos sus ciudadanos y también a los turistas. En 1870 Costa Rica eliminó la pena de muerte y en 1948 eliminó el ejército e hizo obligatoria y gratuita la educación para todos los costarricenses.

manca

PANAMÁ

Bañistas en Limón

¿Qué aprendiste? Responde a las preguntas con una frase completa.

1. ¿Cómo se llama la capital de Costa Rica?
2. ¿Quién es Claudia Poll?
3. ¿Qué porcentaje del territorio de Costa Rica cubren los parques nacionales?
4. ¿Qué protegen los parques nacionales?
5. ¿Qué pueden ver los turistas en los parques nacionales?
6. ¿Cuántos costarricenses trabajan en las plantaciones de café hoy día?
7. ¿Cuándo eliminó Costa Rica la pena de muerte?

Conexión Internet Investiga estos temas en el sitio **www.vistasonline.com**.
1. Busca información sobre Óscar Arias Sánchez. ¿Quién es? ¿Por qué se le considera (*is he considered*) un costarricense célebre?
2. Busca información sobre los artistas de Costa Rica. ¿Qué artista, escritor o cantante te interesa más? ¿Por qué?

Establecido *Established* **proteger** *protect* **cubre** *covers* **cataratas** *waterfalls* **cuevas** *caves* **además de** *in addition to* **monos** *monkeys* **osos perezosos** *sloths* **mariposas** *butterflies* **desarrollar** *develop* **cafetera** *coffee (adj.)* **siglo** *century* **sabor** *flavor* **Inglaterra** *England* **Hoy día** *Nowadays* **alrededor del** *around* **mundo** *world* **Provee** *It provides* **gratuitos** *free* **ciudadanos** *citizens* **pena de muerte** *death penalty* **ejército** *army*

El cuerpo

la boca	mouth
el brazo	arm
la cabeza	head
el corazón	heart
el cuello	neck
el cuerpo	body
el dedo	finger
el estómago	stomach
la garganta	throat
el hueso	bone
la nariz	nose
el oído	(sense of) hearing
el ojo	eye
la oreja	(outer) ear
el pie	foot
la pierna	leg
la rodilla	knee
el tobillo	ankle

La salud

el accidente	accident
el antibiótico	antibiotic
la aspirina	aspirin
la clínica	clinic
el consultorio	doctor's office
el/la dentista	dentist
el dolor (de cabeza)	(head)ache; pain
el/la enfermero/a	nurse
el examen médico	physical exam
la farmacia	pharmacy
la gripe	flu
el hospital	hospital
la infección	infection
el medicamento	medication
la medicina	medicine
la operación	operation
el/la paciente	patient
la pastilla	pill; tablet
la radiografía	X-ray
la receta	prescription
el resfriado	cold (illness)
la sala de emergencia(s)	emergency room
la salud	health
el síntoma	symptom
la tos	cough

Verbos

caerse	to fall (down)
dañar	to damage; to break down
darse con	to bump into; to run into
doler (o:ue)	to hurt
enfermarse	to get sick
estar enfermo/a	to be sick
estornudar	to sneeze
lastimarse (el pie)	to hurt one's (foot); to injure one's (foot)
olvidar	to forget
poner una inyección	to give an injection
prohibir	to prohibit
quedar	to be left behind
recetar	to prescribe
romper	to break
romperse (la pierna)	to break (one's leg)
sacar(se) una muela	to have a tooth removed
ser alérgico/a (a)	to be allergic (to)
sufrir una enfermedad	to suffer an illness
tener dolor (m.) de (rodilla)	to have a pain in one's (knee)
tener fiebre (f.)	to have a fever
tomar la temperatura	to take someone's temperature
torcerse (el tobillo)	to sprain (one's ankle)
toser	to cough

Adjetivos

congestionado/a	congested; stuffed-up
embarazada	pregnant
grave	grave; serious
mareado/a	dizzy; nauseated
médico/a	medical
saludable	healthy
sano/a	healthy

Adverbios

a menudo	often
a tiempo	on time
a veces	sometimes
además (de)	furthermore; besides
apenas	hardly; scarcely
así	like this; so
bastante	enough; rather
casi	almost
con frecuencia	frequently
de niño/a	as a child
de vez en cuando	from time to time
menos	less
mientras	while
muchas veces	a lot; many times
poco	little
por lo menos	at least
pronto	soon
todos los días	every day

Otras palabras y expresiones

Hace + time + que + verb in the preterite	to have done something in the past (ago)
Hace + time + que + verb in the present	to have been doing something for a period of time

Expresiones útiles	See page 303.

La tecnología

11

Communicative Goals

You will learn how to:

- Talk about using technology and electronic products
- Use common expressions on the telephone
- Talk about car trouble

La tecnología

Más vocabulario

la autopista, la carretera	highway
la avenida	avenue
el bulevar	boulevard
la calle	street
el camino	road
la circulación, el tráfico	traffic
los frenos	brakes
el garaje, el taller (mecánico)	(mechanic's) garage; repair shop
el kilómetro	kilometer
la licencia de conducir	driver's license
el/la mecánico/a	mechanic
la milla	mile
el motor	motor
la mujer policía	police officer (f.)
la multa	fine
la policía	police (force)
la velocidad máxima	speed limit
arrancar	to start
arreglar	to fix; to arrange
bajar	to go down
bajar(se) de	to get off of/out of (a vehicle)
chocar (con)	to run into; to crash
conducir, manejar	to drive
estacionar	to park
parar	to stop
subir	to go up
subir(se) a	to get on/into (a vehicle)
lento/a	slow
lleno/a	full

Variación léxica

baúl ⟷ cajuela (*Méx.*); maletera (*Perú*)
gasolinera ⟷ bencinera (*Chile*)

la gasolinera

el semáforo

Revisa el aceite. (revisar)

el capó

el parabrisas

el policía

el *walkman*

el teléfono celular

el radio

el volante

la llanta

La tecnología

la calculadora	*calculator*
la cámara (de video)	*(video) camera*
el canal	*(TV) channel*
la cinta	*(audio) tape*
la contestadora	*answering machine*
el control remoto	*remote control*
el disco compacto	*compact disc*
el estéreo	*stereo*
el *fax*	*fax (machine)*
la televisión por cable	*cable television*
el televisor	*television set*
el tocadiscos compacto	*compact disk player*
el video(casete)	*video(cassette)*
la videocasetera	*VCR*
apagar	*to turn off*
funcionar	*to work*
llamar	*to call*
poner, prender	*to turn on*
sonar (o:ue)	*to ring*
descompuesto/a	*not working; out of order*

el carro, el coche

Llena el tanque. (llenar)

la gasolina

el baúl

Práctica

1

Escuchar 🎧 Escucha la conversación entre un joven y el empleado de una gasolinera. Después completa las oraciones.

1. El empleado de la gasolinera llena el tanque, revisa el aceite y _____.
   a. estaciona b. limpia el parabrisas c. maneja
2. La próxima semana el joven tiene que _____.
   a. manejar hasta Córdoba b. manejar hasta la gasolinera
   c. revisar las llantas
3. El joven va a volver mañana porque el empleado _____.
   a. va a llenar el tanque b. va a revisar los frenos
   c. va a darle una multa
4. Para revisar los frenos, el empleado necesita _____.
   a. un par de minutos b. un par de días
   c. un par de horas
5. Hoy el joven va _____.
   a. a Córdoba b. a las montañas c. a la playa
6. La gasolina cuesta _____.
   a. 22 pesos b. 32 pesos c. 24 pesos

2

Oraciones Escribe oraciones usando los elementos siguientes. Usa el pretérito y agrega (*add*) las palabras necesarias.

1. Marisa / poner / su / maletas / baúl
2. Yo / apagar / radio / diez / noche
3. ¿Quién / poner / videocasetera?
4. Daniel y su esposa / comprar / coche / nuevo / ayer
5. Sara y yo / ir / gasolinera / para / llenar / tanque
6. Jaime / decidir / comprar / calculadora / nuevo
7. Sandra / perder / control remoto
8. David / poner / contestadora / y / acostarse
9. teléfono / sonar / pero / yo / no contestar
10. Yo / comprar / llanta / nuevo / para / coche

3

Completar Completa las siguientes frases con las palabras correctas.

1. Para poder conducir legalmente necesitas…
2. Para parar tu coche necesitas usar…
3. Si tu carro no funciona debes llevarlo a…
4. Para llenar el tanque de tu coche necesitas ir a…
5. Para que (*In order that*) funcione bien el motor, es importante revisar…
6. Otra palabra para autopista es…
7. Si manejas demasiado rápido, la policía te puede dar…
8. Otra palabra para coche es…

el monitor

la pantalla

la impresora

el ratón

el disco

el teclado

la computadora portátil

La computadora

el archivo	*file*
el Internet	*Internet*
el módem	*modem*
la página principal	*home page*
el programa de computación	*software*
la red	*network; Internet*
el sitio Web	*website*
guardar	*to save*
imprimir	*to print*
navegar (en)	*to surf (the Internet)*

4   **Diálogo** Completa el diálogo con las formas correctas de las siguientes palabras.

arreglar	funcionar	llamar	prender
descompuesto	la impresora	navegar	la red
el disco	imprimir	la pantalla	el teléfono celular

JUAN CARLOS   Mariana, la computadora portátil no _____. Ven a ver, no veo nada en _____.

MARIANA   Pues, ¿la _____?

JUAN CARLOS   Claro que sí, ¡no soy tonto! ¿Piensas que tiene un virus?

MARIANA   Espero que no. Vamos a ver... Ay, Juan Carlos, te olvidaste de poner la batería.

JUAN CARLOS   Ah sí, tienes razón... Mariana, ahora no puedo conectarme a _____. Parece que el módem está _____. ¿Sabes cómo lo puedo _____?

MARIANA   ¡Ay, mi amor! No es eso. Es que estoy hablando por teléfono con Sara. Si quieres, la puedo _____ por _____.

JUAN CARLOS   Sí, gracias... bueno, ahora sí estoy conectado. Voy a _____ un rato, y después voy a _____ el trabajo para mi clase de historia... pero, Mariana, ¿dónde está _____?

MARIANA   Lo siento, ésa sí está descompuesta. Pablo la está arreglando. No sé cómo vas a imprimir tu trabajo ahora.

JUAN CARLOS   No te preocupes. Puedo llevar _____ a la universidad.

MARIANA   ¡Qué buena idea! ¡Eres tan inteligente, mi amor!

NOTA CULTURAL

Cellular phones have become very popular in Latin America. In Chile, for example, where their use in automobiles is restricted by law, they have become such a status symbol that police have stopped motorists for using cell phones only to find that the phones were fake!

Comunicación

CONSÚLTALO

Time expressions with hacer To review expressions like **hace…que**, see Lesson 10, section 10.4, p. 316.

5

Preguntas Trabajen en grupos para contestar las siguientes preguntas. Después compartan sus respuestas con la clase.

1. a. ¿Tienes licencia de conducir?
   b. ¿Cuánto tiempo hace que la recibiste?
   c. ¿Tienes carro?
2. a. ¿Siempre paras cuando ves la luz amarilla del semáforo?
   b. ¿Manejas muy rápido? ¿Sobrepasas (*Do you exceed*) la velocidad máxima?
   c. ¿Recibes muchas multas de la policía de tráfico?
   d. ¿Chocaste con otro coche el año pasado?
3. ¿Cuáles de las siguientes actividades haces tú normalmente: llenar el tanque, limpiar el parabrisas, lavar (*wash*) el coche, revisar el aceite, cambiar el aceite, revisar las llantas, llenar las llantas de aire, arreglar el carro?
4. ¿Qué se puede hacer para hacer más seguras las calles, las avenidas y los bulevares de tu ciudad?
5. a. ¿Miras la televisión con frecuencia?
   b. ¿Qué programas ves?
   c. ¿Tienes televisión por cable?
   d. ¿Tienes una videocasetera? ¿Un DVD? ¿Un DVD en la computadora?
   e. ¿Cómo escuchas música: por radio, estéreo, *walkman,* tocadiscos compacto o computadora?
6. a. ¿Tienes un teléfono celular? ¿Un buscapersonas (*pager*)?
   b. Para comunicarte con tus amigos/as, ¿qué utilizas más: el teléfono, el teléfono por Internet o el correo electrónico?
   c. En tu opinión, ¿cuáles son las ventajas (*advantages*) y desventajas de los diferentes modos de comunicación?
7. a. ¿Con qué frecuencia usas la computadora?
   b. ¿Tienes una computadora personal?
   c. ¿Qué programas de computación tienes?
   d. ¿Tienes tu propia página principal? ¿Cómo es?
8. ¿Cómo usas la tecnología para divertirte? ¿y para comunicarte? ¿y para trabajar?

6

Situación Con un(a) compañero/a de clase, prepara una conversación entre el/la director(a) de ventas (*sales*) de una tienda de computadoras y uno de los clientes siguientes. El/La director(a) de ventas debe hacer preguntas para saber lo que el cliente desea hacer con la computadora y mostrarle la computadora que debe comprar.

1. el padre o la madre de un niño de seis años
2. una jubilada (*female retiree*) que quiere aprender cosas nuevas
3. una mujer que va a crear una empresa (*business*) nueva en su casa
4. un estudiante que va a ir a la universidad y no sabe nada de computadoras
5. un hombre de negocios (*businessman*) que viaja mucho

7

El taller En parejas, escriban un diálogo entre un(a) mecánico/a y un(a) cliente/a cuyo (*whose*) coche se dañó (*was damaged*) en un accidente. El/La cliente/a le dice al/a la mecánico/a qué ocurrió en el accidente y los dos hablan de las partes dañadas (*damaged*).

Tecnohombre, ¡mi héroe!

El autobús se daña.

ÁLEX ¿Bueno? ... Con él habla... Ah, ¿cómo estás? ... Aquí, yo muy bien. Vamos para Ibarra. ¿Sabes lo que pasó? Esta tarde íbamos para Ibarra cuando Javier tuvo un accidente en el autobús. Se cayó y tuvimos que llevarlo a una clínica.

JAVIER Episodio veintiuno: Tecnohombre y los superamigos suyos salvan el mundo una vez más.

INÉS Oh, Tecnohombre, ¡mi héroe!

MAITE ¡Qué cómicos! Un día de éstos, ya van a ver...

ÁLEX Van a ver quién es realmente Tecnohombre. Mis superamigos y yo nos hablamos todos los días por el teléfono Internet, trabajando para salvar el mundo. Pero ahora, con su permiso, quiero escribirle un mensaje electrónico a mi mamá y navegar en la red un ratito.

INÉS Pues... no sé... creo que es el alternador. A ver... sí... Mire, don Francisco... está quemado el alternador.

DON FRANCISCO Ah, sí. Pero aquí no podemos arreglarlo. Conozco a un mecánico pero está en Ibarra, a veinte kilómetros de aquí.

ÁLEX ¡Tecnohombre, a sus órdenes!

DON FRANCISCO ¡Eres la salvación, Álex! Llama al Sr. Fonseca al cinco, treinta y dos, cuarenta y siete, noventa y uno. Nos conocemos muy bien. Seguro que nos ayuda.

ÁLEX Buenas tardes. ¿Con el Sr. Fonseca por favor? ... Soy Álex Morales, cliente de Ecuatur. Le hablo de parte del señor Francisco Castillo... Es que íbamos para Ibarra y se nos dañó el autobús. ... Pensamos que es el... el alternador... Estamos a veinte kilómetros de la ciudad...

DON FRANCISCO Chicos, creo que tenemos un problema con el autobús. ¿Por qué no se bajan?

DON FRANCISCO Mmm, no veo el problema.

INÉS Cuando estaba en la escuela secundaria, trabajé en el taller de mi tío. Me enseñó mucho sobre mecánica. Por suerte, arreglé unos autobuses como éste.

DON FRANCISCO ¡No me digas! Bueno, ¿qué piensas?

SR. FONSECA Creo que va a ser mejor arreglar el autobús allí mismo. Tranquilo, enseguida salgo.

ÁLEX Buenas noticias. El Sr. Fonseca viene enseguida. Piensa que puede arreglar el autobús aquí mismo.

MAITE ¡La Mujer Mecánica y Tecnohombre, mis héroes!

DON FRANCISCO ¡Y los míos también!

Enfoque cultural El transporte en la ciudad

En las ciudades hispanas suele haber (*there is usually*) más transporte público que en las estadounidenses y sus habitantes dependen menos de los carros. En los países hispanos también es más frecuente el uso de carros pequeños y de motocicletas que gastan poca gasolina. En las ciudades españolas, por ejemplo, la gasolina es muy cara y también hay poco espacio para el estacionamiento (*parking*); por eso es tan frecuente el uso de vehículos pequeños y económicos.

Expresiones útiles

Talking on the telephone

▸ **Aló./¿Bueno?/Diga.**
Hello.
▸ **¿Quién habla?**
Who is speaking?
▸ **¿De parte de quién?**
Who is calling?
▷ **Con él/ella habla.**
This is he/she.
▷ **Le hablo de parte de Francisco Castillo.**
I'm speaking to you on behalf of Francisco Castillo.
▸ **¿Puedo dejar un recado?**
May I leave a message?
▸ **Está bien. Llamo más tarde.**
That's fine. I'll call later.

Talking about bus or car problems

▸ **¿Qué pasó?**
What happened?
▷ **Se nos dañó el autobús.**
The bus broke down.
▷ **Se nos pinchó una llanta.**
We had a flat tire.
▷ **Está quemado el alternador.**
The alternator is burned out.

Saying how far away things are

▸ **Está a veinte kilómetros de aquí.**
It's twenty kilometers from here.
▸ **Estamos a veinte kilómetros de la ciudad.**
We're twenty kilometers from the city.

Expressing surprise

▸ **¡No me digas!**
You don't say! (fam.)
▸ **¡No me diga!**
You don't say! (form.)

Offering assistance

▸ **A sus órdenes.**
At your service.

Additional vocabulary

▸ **aquí mismo**
right here

Reacciona a la fotonovela

1   **Seleccionar** Selecciona las respuestas que completan correctamente las siguientes frases.

1. Álex quiere ____.
   a. llamar a su mamá por teléfono celular   b. escribirle a su mamá y navegar en la red
   c. hablar por teléfono Internet y navegar en la red
2. Se les dañó el autobús. Inés dice que ____.
   a. el alternador está quemado   b. se les pinchó una llanta
   c. el taller está quemado
3. Álex llama al mecánico, el señor ____.
   a. Castillo   b. Ibarra   c. Fonseca
4. Maite llama a Inés la "Mujer Mecánica" porque antes ____.
   a. trabajaba en el taller de su tío   b. arreglaba computadoras
   c. conocía a muchos mecánicos
5. El grupo está a ____ de la ciudad.
   a. veinte millas   b. veinte grados centígrados   c. veinte kilómetros

2   **Identificar** Identifica quién puede decir las siguientes frases.

1. Gracias a mi tío tengo un poco de experiencia arreglando autobuses.
2. Sé manejar un autobús pero no sé arreglarlo. ¿Por qué no llamamos a mi amigo?
3. Sabes, admiro mucho a la Mujer Mecánica y a Tecnohombre.
4. Aló... Sí, ¿de parte de quién?
5. El nombre de Tecnohombre fue idea mía. ¡Qué cómico!, ¿no?

JAVIER   ÁLEX

MAITE

INÉS   DON FRANCISCO

3   **Completar** Completa las siguientes frases con palabras de la lista.

computadora portátil	lleno	descompuesto
un parabrisas	"Diga"	"No me diga"
un teclado	el volante	el capó

1. La computadora de Álex tiene una pantalla, un monitor y _____.
2. Si tu coche no arranca, debes levantar _____ y ver cuál es el problema.
3. Se les dañó el autobús en la carretera. Ahora está _____.
4. Cuando Álex le escribe una carta a su mamá lo hace en su _____.
5. Cuando contestas el teléfono, debes decir: _____.

4   **Situaciones** Trabaja con un(a) compañero/a para representar los papeles de un(a) mecánico/a y un(a) conductor(a). El/La conductor(a) llama al/a la mecánico/a por teléfono y explica cuál es el problema del coche. Después indica dónde está en relación con el taller. El/La mecánico/a dice que puede ir enseguida. Usen estas preguntas y frases en su conversación:

- Aló./¿Bueno?/Diga.
- ¿Quién habla?
- Con él/ella habla.
- ¿Qué pasó?
- Se me dañó el coche.
- Estoy a... kilómetros de...

Ortografía

La acentuación de palabras similares

Although accent marks usually indicate which syllable in a word is stressed, they are also used to distinguish between words that have the same or similar spellings.

Él maneja el coche. **Sí, voy si quieres.**

Although one-syllable words do not usually carry written accents, some *do* have accent marks to distinguish them from words that have the same spelling but different meanings.

Sé cocinar. Se baña. ¿Tomas té? Te duermes.

Sé (*I know*) and **té** (*tea*) have accent marks to distinguish them from the pronouns **se** and **te**.

para mí **mi cámara** **Tú lees.** **tu estéreo**

Mí (*me*) and **tú** (*you*) have accent marks to distinguish them from the possessive adjectives **mi** and **tu**.

¿Por qué vas? **Voy porque quiero.**

Several words of more than one syllable also have accent marks to distinguish them from words that have the same or similar spellings.

Éste es rápido. **Este módem es rápido.**

Demonstrative pronouns have accent marks to distinguish them from demonstrative adjectives.

¿Cuándo fuiste? **Fui cuando me llamó.**
¿Dónde trabajas? **Voy al taller donde trabajo.**

Adverbs have accent marks when they are used to convey a question.

Práctica Marca los acentos en las palabras que los necesitan.

ANA Alo, soy Ana. ¿Que tal?
JUAN Hola, pero... ¿por que me llamas tan tarde?
ANA Porque mañana tienes que llevarme a la universidad. Mi auto esta dañado.
JUAN ¿Como se daño?
ANA Se daño el sabado. Un vecino (*neighbor*) choco con el.

Crucigrama Utiliza las siguientes pistas (*clues*) para completar el crucigrama. ¡Ojo con los acentos!

Horizontales

1. Él _____ levanta.
4. No voy _____ no puedo.
7. Tú _____ acuestas.
9. ¿ _____ es el examen?
10. Quiero este video y _____.

Verticales

2. ¿Cómo _____ Ud.?
3. Eres _____ mi hermano.
5. ¿_____ tal?
6. Me gusta _____ suéter.
8. Navego _____ la red.

11.1 The preterite and the imperfect

ANTE TODO Now that you have learned the forms of the preterite and imperfect, you will learn more about how they are used. The preterite and the imperfect are not interchangeable. In Spanish, the choice between these two tenses depends on the context and on the point of view of the speaker.

Por suerte, arreglé unos autobuses como éste.

Íbamos para Ibarra y se nos dañó el autobús.

COMPARE & CONTRAST

Uses of the preterite	Uses of the imperfect

▶ To express actions that are viewed by the speaker as completed

Don Francisco **estacionó** el autobús.
Don Francisco parked the bus.

Fueron a Buenos Aires ayer.
They went to Buenos Aires yesterday.

▶ To express the beginning or end of a past action

La película **empezó** a las nueve.
The movie began at nine o'clock.

Ayer **terminé** el proyecto para la clase de química.
Yesterday I finished the project for chemistry class.

▶ To narrate a series of past actions or events

Prendí la computadora, **leí** mi correo electrónico y luego le **escribí** un mensaje a Inés.
I turned on the computer, read my e-mail, and then wrote Inés a message.

Don Francisco **paró** el autobús, **abrió** la ventanilla y **saludó** a doña Rita.
Don Francisco stopped the bus, opened the window, and greeted doña Rita.

▶ To describe an ongoing past action with no reference to its beginning or end

Maite **conducía** muy rápido en Madrid.
Maite was driving very fast in Madrid.

Javier **esperaba** en el garaje.
Javier was waiting in the garage.

▶ To express habitual past actions and events

Cuando **era** joven, jugaba al tenis.
When I was young, I used to play tennis.

Álex siempre **revisaba** su correo electrónico a las tres.
Álex always checked his e-mail messages at three o'clock.

▶ To describe mental, physical, and emotional states or conditions

La chica **quería** descansar. **Se sentía** mal y **tenía** dolor de cabeza.
The girl wanted to rest. She felt ill and had a headache.

Ellos **eran** altos y **tenían** ojos verdes.
They were tall and had green eyes.

Estábamos felices de ver a la familia.
We were happy to see the family.

▶ The preterite and the imperfect often appear in the same sentence. In such cases the imperfect describes what *was happening*, while the preterite describes the action that "interrupted" the ongoing activity.

Navegaba en la red cuando **sonó** el teléfono.
I was surfing the web when the phone rang.

Maite **leía** el periódico cuando llegó Álex.
Maite was reading the newspaper when Álex arrived.

▶ You will also see the preterite and the imperfect used together in lengthy narratives such as fiction stories, news stories, and retelling of events. In these cases the imperfect provides all of the background information, such as the time, the weather, and the location, while the preterite indicates the specific events that occurred.

Eran las dos de la mañana y el detective ya no **podía** mantenerse despierto. **Se bajó** lentamente del coche, **estiró** las piernas y **levantó** los brazos hacia el cielo oscuro.
It was two in the morning, and the detective could no longer stay awake. He slowly stepped out of the car, stretched his legs, and raised his arms towards the darkened skies.

La luna **estaba** llena y no **había** en el cielo ni una sola nube. De repente, el detective **escuchó** un grito espeluznante proveniente del parque.
The moon was full and there wasn't a single cloud in the sky. Suddenly, the detective heard a piercing scream coming from the park.

NASA • La sonda se estrelló antes de orbitar

Mars cayó en Marte

La agencia espacial estadounidense perdió la comunicación con la sonda Mars Climate Orbiter, justo en el momento en que se ponía en órbita alrededor de Marte. La nave se estrelló por un error de navegación importante. Se habían invertido USD 25 millones y sería la primera estación meteorológica interplanetaria. PASE A LA A6

¡INTÉNTALO! Completa estas historias (*stories*) con el pretérito o el imperfecto y explica por qué se usa ese tiempo verbal en cada ocasión.

El pretérito

1. (ir) Tomás y yo ___fuimos___ al parque ayer.
2. (nadar) _____ por la tarde.
3. (tomar) Después _____ el sol.
4. (regresar) _____ a casa a las cinco.
5. (leer) Tomás preparó la cena. Yo _____ el periódico.
6. (dormirse) Mientras Tomás veía una película, yo _____.

El imperfecto

1. (ser) _____ las doce.
2. (haber) _____ mucha gente en la calle.
3. (estar) Los novios _____ en el café.
4. (almorzar) Todos los días _____ juntos.
5. (servir) El camarero les _____ ensaladas.
6. (llover) Cuando los novios salieron del café, _____.

Práctica

1 **Frases** Forma frases con las siguientes palabras. Usa el presente.

1. Un / amiga / suyo / vivir / Córdoba
2. ¿Me / prestar / calculadora / tuyo?
3. El / coche / suyo / nunca / funcionar / bien
4. No / nos / interesar / problemas / suyo
5. Yo / querer / cámara / mío / ahora mismo
6. Un / amigos / nuestro / manejar / como / loco

2 **¿Es suyo?** Un policía ha capturado al hombre que robó (*robbed*) en tu casa. Ahora quieren saber qué cosas son tuyas. Túrnate con un(a) compañero/a para hacer el papel del policía y usa las pistas (*clues*) para contestar las preguntas.

> **modelo**
> No/viejo
> **Policía:** Esta calculadora, ¿es suya?
> **Estudiante:** No, no es mía. La mía era más vieja.

1. Sí   2. Sí   3. Sí

4. No/grande   5. No/pequeño   6. No/de Shakira

3 **Conversaciones** Completa estas conversaciones con las formas adecuadas de los pronombres posesivos.

1. —La casa de los Ortiz estaba en la avenida 9 de Julio. ¿Dónde estaba la casa de Uds.?
   —_____ estaba en la calle Bolívar.
2. —A Carmen le encanta su monitor nuevo.
   —¿Sí? A José no le gusta _____.
3. —Puse mis discos aquí. ¿Dónde pusiste _____, Alfonso?
   —Puse _____ en el escritorio.
4. —Se me olvidó traer mis cintas. ¿Trajeron Uds. _____?
   —No, dejamos _____ en casa.
5. —Yo compré una computadora de Gateway y Marta compró _____ de Dell. ¿De qué marca (*brand*) es _____?
   —_____ es de IBM.

Comunicación

4

Identificar   Trabajen en grupos. Cada estudiante da tres objetos. Pongan (*Put*) todos los objetos juntos. Luego, un(a) estudiante escoge uno o dos objetos y le pregunta a otro si esos objetos son suyos. Usen los adjetivos posesivos en sus preguntas.

> **modelo**
>
> **Estudiante 1**: Felipe, ¿son tuyas estas cintas?
> **Estudiante 2**: Sí, son mías.
>   No, no son mías. Son las cintas de Bárbara.

5

Comparar   Trabajen en parejas. Intenta (*Try to*) convencer a tu compañero/a de que algo que tú tienes es mejor que el que él/ella tiene. Pueden hablar de sus carros, estéreos, discos compactos, clases, horarios o trabajos.

> **modelo**
>
> **Estudiante 1**: Mi computadora tiene una pantalla de
>   quince pulgadas (*inches*). ¿Y la tuya?
> **Estudiante 2**: La mía es mejor porque tiene una pantalla
>   de diecisiete pulgadas.
> **Estudiante 1**: Pues la mía...

Síntesis

6

Anuncios   Lee este anuncio (*ad*) con un(a) compañero/a. Luego, preparen su propio (*own*) anuncio usando los adjetivos o los pronombres posesivos. Presenten el anuncio a la clase.

Esta computadora y esta impresora pueden ser suyas por sólo $899

Características de la computadora
- Procesador: Intel Pentium III a 1000 Mhz
- 256Mb de memoria
- Disco duro de 24 Gb
- Módem: 56 Kbps
- Sistema operativo: Windows 2000

Características de la impresora
- Velocidad 5 páginas por minuto en blanco y negro
- Resolución de 600 x 600
  El precio incluye un año de servicio de Internet gratis. Para más información, llame al 362-1990 o visite nuestro sitio Web www.fiera.com.

Lectura
Antes de leer

Estrategia
Recognizing borrowed words

One way languages grow is by borrowing words from each other. English words that relate to technology are often borrowed by Spanish and other languages throughout the world. Sometimes the words are modified slightly to fit the sounds of the languages that borrow them. When reading in Spanish, you can often increase your understanding by looking for words borrowed from English or other languages you know.

Examinar el texto

Mira brevemente la selección. ¿De qué trata? ¿Cómo lo sabes?

Buscar

Esta lectura contiene varias palabras tomadas del inglés. Trabaja con un(a) compañero/a para encontrarlas.

Predecir

Trabaja con un(a) compañero/a para contestar las siguientes preguntas.

1. Examina el título, las tablas y el vocabulario. ¿Qué te dicen sobre el contenido del texto?
2. Usa tu experiencia personal para predecir los tipos de tecnologías incluidas en el artículo:
   - ¿Qué tipos de tecnologías se han desarrollado desde que tú naciste?
   - ¿Y en la década pasada?
   - ¿Y en el pasado año?
3. ¿Cómo han afectado las nuevas tecnologías
   - a los empresarios?
   - a los estudiantes?
   - a las familias?

brevemente *briefly*   ¿De qué trata? *What is it about?*   tomadas *taken*
empresarios *business owners*

La tecnología

Los argentinos atrapados en la Red

En el primer año del nuevo milenio, el número de usuarios de Internet superó el millón en la Argentina. Así lo indica un informe con datos recopilados por el gerente de Marketing de Telecom, José Pagés. Asimismo, la conexión al Internet desde los hogares creció un 60 por ciento en el último año.

Como demuestran estas cifras, es sin duda el Internet la novedad tecnológica que está teniendo un mayor impacto social, especialmente entre los jóvenes. En el año 2000 ya existían en el país más de dos millones de computadoras personales—una computadora por cada 15 habitantes. Unas 900.000 máquinas, el 40% del total, están en las viviendas particulares. Los argentinos que instalan una PC en su hogar la utilizan principalmente, al igual que ocurre en los Estados Unidos y en otros países, para recibir y enviar correo electrónico, navegar en la Red en busca de noticias e información, como procesadores de textos y para jugar.

Este apabullante auge en el uso de la Red refleja la aceptación de las novedades tecnológicas en todos los sectores de la sociedad. Las escuelas incorporan la computación como curso oficial desde el año 1990 y las empresas ya trabajan con sofisticadas redes de comunicaciones. Las computadoras y el *fax* no faltan en casi ningún negocio y los niños

La tecnología en la Argentina

1990 Argentina se conectó a la Red junto con Austria, Bélgica, Brasil, Chile, Grecia, India, Irlanda, Corea, España y Suiza.

1995 965 personas de cada 100.000 tenían un teléfono celular.

24D

aprenden con programas de computación educativos. Los gauchos usan teléfono celular y los aficionados al fútbol siguen los partidos internacionales en la televisión por cable.

En este ambiente tecnológico favorable, los servicios de la Red se multiplican. En marzo del año 2000, 52.400 argentinos compraron por Internet y gastaron cerca de 3 millones de pesos. El 98% de los que compraron productos por la Red volvería a hacerlo y el 61% de los que jamás compraron vía Internet está dispuesto a hacerlo este año.

En medio de este gran abanico de posibilidades tecnológicas no hay que olvidar a los jóvenes fanáticos del mundo digital que ya están armando su propia empresa de Internet. El futuro es ya una realidad en la vida de los argentinos, que han descubierto que el mundo tan sólo está a un clic de distancia.

Proyección de usuarios del Internet en la Argentina

Fuente: Departamento de Ingeniería, Universidad Federal de Buenos Aires.

Año	Número de conexiones	Porcentaje de la población
2001	1.700.000	2,7%
2002	2.500.000	4,9%
2003	4.000.000	7,8%
2004	5.450.000	10,6%
2005	6.200.000	12,1%

1998 Argentina tenía casi 3.500.000 de abonados a la televisión por cable.

2000 El número de usuarios del Internet superó el millón.

1999 La página web de la Universidad de Buenos Aires (UBA) recibió cerca de 25.000 mensajes de correo electrónico.

superó *exceeded* **recopilados** *compiled* **Asimismo** *Likewise*
hogares *homes* **mayor** *greater* **apabullante auge** *overwhelming increase*
gauchos *Argentine cowboys* **abanico** *range*
están armando *are putting together* **abonados** *subscribers*

Después de leer

Completar
Completa las siguientes frases según el texto.
1. En el año 2000 el número de usuarios superó _____.
2. Según el artículo, el sector de la población argentina más afectado por los avances tecnológicos es _____.
3. Los argentinos utilizan las PC en casa para _____.
4. La computación como curso oficial se estableció en el año _____.
5. Los aficionados argentinos al fútbol ven partidos internacionales en _____.

Interpretar las estadísticas
Responde a las siguientes preguntas utilizando la "Proyección de usuarios del Internet en la Argentina".
1. ¿Entre qué años se proyecta el mayor aumento en el número de usuarios?
2. ¿Para qué año se piensa que casi cinco millones y medio de argentinos van a estar conectados al Internet?
3. Según la proyección, ¿qué porcentaje de la población argentina va a usar el Internet en el año 2002?
4. Según la proyección, ¿qué porcentaje de la población argentina va a tener acceso al Internet en el año 2005?

Conversar
Con dos o tres compañeros/as, hablen de los siguientes temas.
1. De todas las nuevas tecnologías que se describen en el artículo, ¿cuáles usan ustedes?
2. ¿Cómo afectan la vida de las personas las tecnologías descritas? ¿Qué aspectos de la vida se simplifican? ¿Qué problemas plantea el desarrollo de nuevas tecnologías?
3. ¿Qué cambios se predicen tanto en los Estados Unidos como en la Argentina debido al creciente (*due to the growing*) número de usuarios del Internet?

Escritura

Estrategia

Mastering the simple past tenses

In Spanish, when you write about events that occurred in the past you will need to know when to use the preterite and when to use the imperfect tense. A good understanding of the uses of each tense will make it much easier to determine which one to use as you write.

Look at the following summary of the uses of the preterite and the imperfect and write your own example sentence for each of the rules described.

Preterite vs. imperfect

Preterite

1. Actions viewed as completed
   _____
   _____

2. Beginning or end of past actions
   _____
   _____

3. Series of past actions
   _____
   _____

Imperfect

1. Ongoing past actions
   _____
   _____

2. Habitual past actions
   _____
   _____

3. Mental, physical, and emotional states in the past
   _____
   _____

Get together with a few classmates to compare your example sentences. Then use the chart and your example sentences as a guide to help you decide which tense to use as you are writing the sentences of a story or other narration about the past.

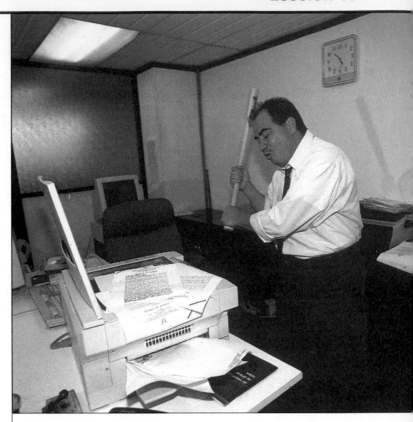

Tema

Escribir una historia

Escribe una historia acerca de una experiencia tuya (o de otra persona) con máquinas electrónicas o con carros. Tu historia puede ser real o imaginaria y puede tratar de un incidente divertido, humorístico o desastroso. Incluye todos los detalles posibles. Algunas posibilidades son:

Máquinas electrónicas
▶ una computadora
▶ un *fax*
▶ una impresora
▶ un teléfono celular
▶ una videocasetera

Carros
▶ un carro nuevo
▶ un accidente
▶ un problema mecánico
▶ una llanta pinchada
▶ un viaje en carro

máquinas *machines*   **tratar de** *deal with*   **desastroso** *disastrous*   **pinchada** *flat*

Plan de escritura

1 **Ideas y organización**

Haz una lista de todos los detalles que quieres narrar. Escoge los detalles más interesantes para tu narración.

2 **Primer borrador**

Utilizando tus apuntes de **Ideas y organización** y tu lista de los usos del pretérito y el imperfecto, escribe el primer borrador de tu historia.

3 **Comentario**

Intercambia tu historia con un(a) compañero/a. Lee su borrador y reflexiona sobre las partes mejor escritas de su historia. Comparte tus impresiones. Utiliza esta guía para evaluar el trabajo de tu compañero/a:

1. ¿Son interesantes los detalles de la narración? ¿Necesita más detalles o menos detalles?
2. ¿Contiene redundancias la narración? ¿Cómo pueden eliminarse?
3. ¿Es lógica la secuencia de los eventos?
4. ¿Se usan correctamente el pretérito y el imperfecto?
5. ¿Notas errores de gramática o de ortografía?

4 **Redacción**

Revisa el primer borrador según las indicaciones de tu compañero/a. Si es necesario, incorpora nuevas ideas para enriquecer la narración de los eventos. Utiliza esta guía para hacer la última revisión antes de escribir tu copia final:

1. Subraya cada verbo para comprobar el uso del pretérito y del imperfecto.
2. Revisa la concordancia entre el sujeto y el verbo de cada frase.
3. Revisa la concordancia entre los sustantivos y los adjetivos.
4. Revisa los pronombres para comprobar el uso correcto de cada uno.
5. Revisa la ortografía y la puntuación otra vez con la ayuda de tus **Anotaciones para mejorar la escritura.**

5 **Evaluación y progreso**

Reúnete con tres compañeros/as. Doblen la parte superior de cada composición para esconder el nombre del/de la autor(a). Intercambien sus composiciones con otro grupo. Lean los trabajos del otro grupo e intenten determinar de quién es cada composición. Como último paso, lee con interés los comentarios y las correcciones de tu profesor(a), anotando los errores en las **Anotaciones para mejorar la escritura** en tu **Carpeta de trabajos.**

Reúnete *Get together*   **Doblen** *Fold back*   **esconder** *to hide*

Escuchar

Preparación

Mira la foto de Ricardo Moreno. ¿Puedes imaginarte que tipo de discurso vas a oír?

Estrategia

Recognizing the genre of spoken discourse

You will encounter many different genres of spoken discourse in Spanish. For example, you may hear a political speech, a radio interview, a message on an answering machine, or a news broadcast. Try to identify the genre of what you hear so that you can activate your background knowledge about that type of discourse and identify the speakers' motives and intentions. To practice this strategy, you will now listen to two short selections. Identify the genre of each one.

 ## Ahora escucha

Mientras escuchas a Ricardo Moreno, selecciona el género al que corresponde su discurso. Luego, identifica de qué habla y su propósito.

1. ¿Qué tipo de discurso es?
   a. las noticias por radio o televisión
   b. una conversación entre amigos
   c. un anuncio comercial
   d. una reseña de una película

2. ¿De qué habla?
   a. del tiempo   c. de un producto o servicio
   b. de su vida   d. de algo que oyó o vio

3. ¿Cuál es el propósito?
   a. relacionarse con alguien   c. informar
   b. vender   d. dar opiniones

recursos

SCASS./CD
Lección 11

Comprensión

Identificar

Indica si la siguiente información está incluida en el discurso; si está incluida, escribe los detalles que escuchaste.

	Sí	No
1. Describe el producto o servicio.	○	○
2. Explica cómo está de salud.	○	○
3. Informa sobre cuánto cuesta el producto.	○	○
4. Pide tu opinión.	○	○
5. Explica por qué es mejor que otros productos.	○	○
6. Informa sobre el tiempo para mañana.	○	○
7. Informa dónde se puede conseguir el producto.	○	○
8. Informa sobre las noticias del mundo.	○	○

Haz un anuncio

Con tres o cuatro compañeros, hagan un anuncio comercial de algún producto. Acuérdense de dar toda la información necesaria. Después presenten su anuncio a la clase.

género *genre*   **propósito** *purpose*   **noticias** *news*   **anuncio** *advertisement*   **reseña** *review*

Proyecto

Promociona un nuevo cibercafé

Imagina que trabajas para una agencia de publicidad en Argentina. Tienes que crear un anuncio para promocionar un nuevo cibercafé en Buenos Aires.

1 Diseña el anuncio

Crea un anuncio para una revista, teniendo en cuenta el mercado argentino. Usa los **recursos para la investigación** para encontrar información sobre cibercafés en países hispanos. Investiga también el mercado argentino para poder explicar por qué es necesario un nuevo cibercafé en la capital. El anuncio debe:

- describir toda la tecnología que se ofrece a los clientes, incluyendo fotos o dibujos si es posible.
- explicar por qué este cibercafé es mejor que los que ya existen en Buenos Aires.
- hablar de los precios, de la zona donde está ubicado y de otros servicios importantes que se ofrecen en el cibercafé.

2 Presenta la información

Usa el anuncio de revista como base para hacer un anuncio publicitario de radio. Puedes presentar el anuncio a tus compañeros/as en persona o lo puedes grabar para la clase. El anuncio debe animar a tus compañeros/as a visitar el cibercafé.

teniendo en cuenta *keeping in mind*   está ubicado *is located*   anuncio publicitario *advertisement; commercial*

recursos para la investigación

	Internet Palabras clave: cibercafé, Buenos Aires, Internet, tecnología		**Comunidad** Personas que conocen los nuevos adelantos en el Internet, o que han estado en un cibercafé, estudiantes o profesores argentinos
	Biblioteca Revistas de Internet, periódicos		**Otros recursos** Anuncios de cibercafés en el Internet

Argentina

El país en cifras

- ▶ **Área:** 2.780.400 km² (1.074.000 millas²)
  Argentina es el país de habla española más grande del mundo. Su territorio es dos veces el tamaño de Alaska.
- ▶ **Población:** 37.944.000
- ▶ **Capital:** Buenos Aires —12.830.000
  En Buenos Aires vive cerca del cuarenta por ciento de la población total del país. La ciudad es conocida como el "París de Sudamérica" por el estilo parisino de muchas de sus calles y edificios.

Buenos Aires

- ▶ **Ciudades principales:**
  Córdoba —1.482.000, Rosario — 1.314.000, Mendoza —982.000

SOURCE: Population Division, UN Secretariat

- ▶ **Moneda:** peso argentino
- ▶ **Idiomas:** español (oficial), guaraní

Bandera de Argentina

Argentinos célebres

- ▶ **Jorge Luis Borges,** escritor (1899–1986)
- ▶ **María Eva Duarte de Perón ("Evita"),** primera dama (1919–1952)
- ▶ **Mercedes Sosa,** cantante (1935–)
- ▶ **Gato Barbieri,** saxofonista (1935–)

tamaño *size* conocida *known* parisino *Parisian* primera dama *First Lady*
ancha *wide* lado *side* mide *it measures* campo *field*

Gauchos de la provincia de Córdoba

BOLIVIA

PARAGUAY

San Miguel De Tucumán

La Cordillera de los Andes

ESTADOS UNIDOS

OCÉANO ATLÁNTICO

OCÉANO PACÍFICO

AMÉRICA DEL SUR

ARGENTINA

Las catarat de Iguazu

Córdoba

Aconcagua

Mendoza

Rosario

Río Paraná

URUGUAY

CHILE

Buenos Aires

San Carlos de Bariloche

Océano Atlántico

Montañas de Patagonia

Patagonia

Vista de San Carlos de Bariloche

Tierra del Fuego

recursos

R

WB pp. 133-134

vistasonline.com

La Avenida 9 de Julio en Buenos Aires es la calle más ancha del mundo. De lado a lado mide cerca de 140 metros, lo que es equivalente a un campo y medio de fútbol. Su nombre conmemora el día de la independencia de Argentina.

BRASIL

Historia • Inmigración europea

Se dice que la Argentina es el país más "europeo" de toda la América Latina. Esto se debe a que, después del año 1880, una gran cantidad de inmigrantes dejó Europa para establecerse en este país. Las diferentes culturas de estos inmigrantes, que venían principalmente de Italia, Alemania, España e Inglaterra, han dejado una profunda huella en la música, el cine, el arte y la arquitectura de la Argentina.

Artes • El tango

El tango, un baile cuyos sonidos y ritmos tienen raíces africanas, italianas y españolas, es uno de los símbolos culturales más importantes de la Argentina. Se originó entre los porteños, muchos de ellos inmigrantes, en la década de 1880. Se hizo popular en París y luego entre la clase alta de Argentina. En un principio, el tango era un baile provocativo y violento, pero se hizo más romántico durante los años 30. Hoy día es popular en todo el mundo.

Lugares • Las cataratas de Iguazú

Entre las fronteras de la Argentina, el Paraguay y el Brasil, al norte de Buenos Aires y cerca de la confluencia de los ríos Iguazú y Paraná, están las famosas cataratas de Iguazú. Estas extensas e imponentes cataratas tienen unos 70 m (230 pies) de altura y, en época de lluvias, llegan a medir 4 km (2.5 mi) de ancho. Situadas en el Parque Nacional de Iguazú, las cataratas son uno de los sitios turísticos más visitados de la América del Sur.

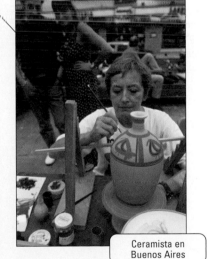

Ceramista en
Buenos Aires

¿Qué aprendiste? Responde a las preguntas con una frase completa.

1. ¿Qué porcentaje de la población de la Argentina vive en la capital?

2. ¿Quién es Mercedes Sosa?

3. Se dice que la Argentina es el país más europeo de América Latina. ¿Por qué?

4. ¿Qué tipo de baile es uno de los símbolos culturales más importantes de la Argentina?

5. ¿Dónde y cuándo se originó el tango?

6. ¿Cómo era el tango en un principio?

7. ¿En qué parque nacional están las cataratas de Iguazú?

Conexión Internet Investiga estos temas en el sitio **www.vistasonline.com**.

1. Busca información sobre el tango. ¿Te gustan los ritmos y sonidos del tango? ¿Por qué? ¿Se baila el tango en tu comunidad?

2. ¿Quiénes fueron Juan y Eva Perón y qué importancia tienen en la historia de la Argentina?

Esto se debe a que *This is due to the fact that*   principalmente *mainly*   han dejado una profunda huella *have left a deep mark*   cuyos *whose*
raíces *roots*   porteños *people of Buenos Aires*   En un principio *At first*   Hoy día *Nowadays*   mundo *world*   cataratas *waterfalls*
confluencia *junction*   imponentes *imposing*   altura *height*

La tecnología

la calculadora	calculator
la cámara (de video)	(video) camera
el canal	(TV) channel
la cinta	(audio)tape
la contestadora	answering machine
el control remoto	remote control
el disco compacto	compact disk
el estéreo	stereo
el *fax*	fax (machine)
el radio	radio (set)
el teléfono (celular)	(cell) telephone
la televisión por cable	cable television
el televisor	televison set
el tocadiscos compacto	compact disk player
el video(casete)	video(cassette)
la videocasetera	VCR
el *walkman*	walkman
apagar	to turn off
funcionar	to work
llamar	to call
poner, prender	to turn on
sonar (o:ue)	to ring
descompuesto/a	not working; out of order

La computadora

el archivo	file
la computadora portátil	portable computer; laptop
el disco	(computer) disk
la impresora	printer
el Internet	Internet
el módem	modem
el monitor	(computer) monitor
la página principal	home page
la pantalla	screen
el programa de computación	software
el ratón	mouse
la red	network; Internet
el sitio Web	Web site
el teclado	keyboard
guardar	to save
imprimir	to print
navegar (en)	to surf (the Internet)

El carro

la autopista, la carretera	highway
la avenida	avenue
el baúl	trunk
el bulevar	boulevard
la calle	street
el camino	road
el capó	hood
el carro, el coche	car
la circulación, el tráfico	traffic
los frenos	brakes
el garaje, el taller (mecánico)	garage; (mechanic's) repair shop
la gasolina	gasoline
la gasolinera	gas station
el kilómetro	kilometer
la licencia de conducir	driver's license
la llanta	tire
el/la mecánico/a	mechanic
la milla	mile
el motor	motor
la multa	fine
el parabrisas	windshield
el policía/la mujer policía	police officer
la policía	police (force)
el semáforo	traffic light
la velocidad máxima	speed limit
el volante	steering wheel
arrancar	to start
arreglar	to fix; to arrange
bajar	to go down
bajar(se) de	to get off of/out of (a vehicle)
chocar (con)	to run into
conducir, manejar	to drive
estacionar	to park
llenar (el tanque)	to fill (the tank)
parar	to stop
revisar (el aceite)	to check (the oil)
subir	to go up
subir(se) a	to get on/into (a vehicle)
lento/a	slow
lleno/a	full

Verbos

abrazar(se)	to hug; to embrace (each other)
ayudar(se)	to help (each other)
besar(se)	to kiss (each other)
encontrar(se)	to meet (each other); to find (each other)
saludar(se)	to greet (each other)

Otras palabras y expresiones

para	for; in order to
por	for; by; by means of; through; along; during; in; because of; due to; in exchange for; for the sake of; on behalf of
por aquí	around here
por ejemplo	for example
por eso	that's why; therefore
por fin	finally

Stressed possessive adjectives and pronouns	See page 346.
Expresiones útiles	See page 333.

La vivienda

12

Communicative Goals

You will learn how to:
- Welcome people to your home
- Describe your house or apartment
- Talk about household chores
- Give instructions

La vivienda

Más vocabulario

las afueras	suburbs; outskirts
el alquiler	rent (payment)
el ama (m., f.) de casa	housekeeper; caretaker
el balcón	balcony
el barrio	neighborhood
la cafetera	coffee maker
el cartel	poster
el edificio de apartamentos	apartment building
el electrodoméstico	electrical appliance
la entrada	entrance
la escalera	stairs; stairway
el garaje	garage
el (horno de) microondas	microwave (oven)
el jardín	garden; yard
la lavadora	washing machine
la luz	light, electricity
la mesita de noche	night stand
los muebles	furniture
el pasillo	hallway
el patio	patio; yard
la pintura	painting; picture
la secadora	clothes dryer
el sótano	basement; cellar
la tostadora	toaster
el/la vecino/a	neighbor
la vivienda	housing
alquilar	to rent
mudarse	to move (from one house to another)

Variación léxica

alcoba, dormitorio ⟷	aposento (Rep. Dom.); recámara (Méx.)
apartamento ⟷	departamento (Amér. L.); piso (Esp.)
lavar los platos ⟷	lavar/fregar los trastes (Amér. C., Rep. Dom.)

el altillo

la alcoba, el dormitorio

la cómoda

el armario

el cuadro

Hace la cama. (hacer)

la almohada

la manta

Los quehaceres domésticos

arreglar	to neaten; to straighten up
barrer el suelo	to sweep the floor
cocinar	to cook
ensuciar	to get (something) dirty
hacer quehaceres domésticos	to do household chores
lavar (el suelo, los platos)	to wash (the floor, the dishes)
limpiar la casa	to clean the house
planchar la ropa	to iron the clothes
quitar la mesa	to clear the table

la sala

las cortinas

la lámpara

la mesita

el sofá

Pasa la aspiradora. (pasar)

la alfombra

la oficina

el sillón

la pared

el estante

Sacude los muebles. (sacudir)

la cocina

el refrigerador

el congelador

la cocina, la estufa

el horno

el lavaplatos

Saca la basura. (sacar)

Práctica

1 Escuchar Escucha la conversación y completa las frases.

1. Pedro va a limpiar primero _____.
2. Paula va a comenzar en _____.
3. Pedro le recuerda (*reminds*) a Paula que debe _____ en la alcoba de huéspedes.
4. Pedro va a _____ en el sótano.
5. Pedro también va a limpiar _____.
6. Ellos están limpiando la casa porque _____.

2 Escoger Escoge la letra de la respuesta correcta.

1. Cuando quieres salir al aire libre y estás en el tercer piso, vas _____.
   a. al pasillo   b. al balcón   c. al sótano
2. Cuando quieres tener una lámpara y un despertador cerca de tu cama, puedes ponerlos en _____.
   a. el barrio   b. el cuadro   c. la mesita de noche
3. Si no quieres vivir en el centro de la ciudad, puedes mudarte _____.
   a. al alquiler   b. a las afueras   c. a la vivienda
4. Guardamos (*We keep*) los pantalones, las camisas y los zapatos en _____.
   a. la secadora   b. el armario   c. el patio
5. Para subir de la planta baja al primer piso, usamos _____.
   a. las entradas   b. los carteles   c. las escaleras
6. Ponemos cuadros y pinturas en _____.
   a. las paredes   b. los quehaceres   c. los jardines

3 Definiciones En parejas, identifiquen cada cosa que se describe. Luego inventen sus propias descripciones de algunas palabras y expresiones de las páginas 360 y 361.

modelo

> **Estudiante 1:** Si vives en un apartamento, lo tienes que pagar cada mes.
> **Estudiante 2:** el alquiler

1. Es donde pones la cabeza cuando duermes.
2. Es el quehacer doméstico que haces después de comer.
3. Cubren (*They cover*) las ventanas y decoran la sala a la vez (*at the same time*).
4. Algunos ejemplos son las cómodas, las mesitas y los sillones.
5. Son las personas que viven en tu barrio.

el comedor

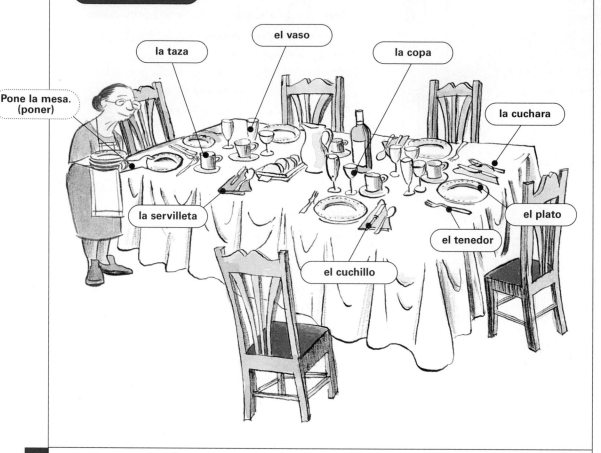

el vaso

la taza

la copa

la cuchara

Pone la mesa.
(poner)

la servilleta

la servilleta

el plato

el tenedor

el cuchillo

---

4 **Completar** Completa las siguientes frases con la palabra más adecuada.

1. Para tomar vino necesitas...
2. Para comer una ensalada necesitas...
3. Para tomar café necesitas...
4. Para poner la comida en la mesa necesitas...
5. Para limpiarte la boca después de comer necesitas...
6. Para cortar (*to cut*) un bistec necesitas...
7. Para tomar agua necesitas...
8. Para tomar sopa necesitas...

5 **Los quehaceres** Trabajen en grupos para indicar quién hace estos quehaceres domésticos en su casa. Luego contesten las preguntas.

pasar la aspiradora	sacar la basura	cocinar
sacudir los muebles	hacer las camas	lavar la ropa
barrer el suelo	lavar los platos	planchar la ropa

- ¿Quién hace más quehaceres, tú o tus compañeros/as?
- ¿Son hombres o mujeres las personas que hacen la mayoría de los quehaceres?
- ¿Piensas que debes hacer más quehaceres? ¿Por qué?

Comunicación

6 **La vida doméstica** En parejas, describan las habitaciones que ven en estas fotos. Identifiquen y describan seis muebles o adornos (*accessories*) de cada foto y digan tres quehaceres que se pueden hacer en cada habitación.

7 **Mi apartamento** Dibuja el plano de un apartamento amueblado (*furnished*) imaginario y escribe los nombres de las habitaciones y de los muebles. En parejas, pónganse espalda contra espalda (*sit back to back*). Uno de los dos describe su apartamento mientras su compañero/a lo dibuja según (*according to*) la descripción. Cuando terminen, miren el dibujo que hicieron. ¿Es similar al dibujo original? Hablen de los cambios que se necesitan hacer para mejorar el dibujo. Repitan la actividad intercambiando los papeles (*roles*).

8 **Un(a) agente inmobiliario/a (*real estate*)** Trabajen en grupos para representar a un(a) agente inmobiliario/a y a sus clientes. El/La agente tiene varias casas para la venta (*for sale*) y debe mostrarlas (*show them*) y hablar de los muebles y del barrio que más le convienen (*suit*) a cada cliente. Los clientes son:

- Una pareja que está esperando su segundo hijo
- Una pareja de jubilados que quiere tranquilidad
- Un grupo de estudiantes universitarios que quiere vivir fuera del campus (*off campus*) los últimos años de universidad
- Una familia con cinco niños

¡Les va a encantar la casa!

Don Francisco y los estudiantes llegan a Ibarra.

PERSONAJES

INÉS

DON FRANCISCO

ÁLEX

JAVIER

SRA. VIVES

1

2

3

SRA. VIVES ¡Hola, bienvenidos!

DON FRANCISCO Sra. Vives, le presento a los chicos. Chicos, ésta es la Sra. Vives, el ama de casa.

SRA. VIVES Encantada. Síganme que quiero mostrarles la casa. ¡Les va a encantar!

SRA. VIVES Esta alcoba es para los chicos. Tienen dos camas, una mesita de noche, una cómoda… En el armario hay más mantas y almohadas por si las necesitan.

6

7

8

SRA. VIVES Ésta es la sala. El sofá y los sillones son muy cómodos. Pero, por favor, ¡no los ensucien!

SRA. VIVES Allí están la cocina y el comedor. Al fondo del pasillo hay un baño.

DON FRANCISCO Chicos, a ver… ¡atención! La Sra. Vives les va a preparar las comidas. Pero quiero que Uds. la ayuden con los quehaceres domésticos. Quiero que arreglen sus alcobas, que hagan las camas, que pongan la mesa… ¿entendido?

JAVIER No se preocupe… la vamos a ayudar en todo lo posible.

ÁLEX Sí, cuente con nosotros.

recursos

R	VIDEO Lección 12	VM pp. 349-350

SRA. VIVES Javier, no ponga las maletas en la cama. Póngalas en el piso, por favor.

SRA. VIVES Tomen Uds. esta alcoba, chicas.

INÉS Insistimos en que nos deje ayudarla a preparar la comida.

SRA. VIVES No, chicos, no es para tanto, pero gracias por la oferta. Descansen un rato que seguramente están cansados.

ÁLEX Gracias. A mí me gustaría pasear por la ciudad.

INÉS Perdone, don Francisco, ¿a qué hora viene el guía mañana?

DON FRANCISCO ¿Martín? Viene temprano, a las siete de la mañana. Les aconsejo que se acuesten temprano esta noche. ¡Nada de televisión ni de conversaciones largas!

ESTUDIANTES ¡Ay, don Francisco!

Enfoque cultural Las viviendas

Del mismo modo que en los países hispanos era típico construir las ciudades en torno a una plaza central, también era frecuente construir las casas alrededor de un patio abierto central. Aunque esta arquitectura tradicional ya no es muy común, la importancia del patio sigue intacta en la cultura hispana. No es extraño ver crecer árboles de mangos y de aguacates en los patios de las casas de los países tropicales de América Latina. En el sur de España, los geranios y otras flores alegran los balcones y terrazas de las viviendas.

Expresiones útiles

Welcoming people
▶ **¡Bienvenido(s)/a(s)!**
Welcome!

Showing people around the house
▶ **Síganme... que quiero mostrarles la casa.**
Follow me... I want to show you the house.
▶ **Esta alcoba es para los chicos.**
This bedroom is for the guys.
▶ **Ésta es la sala.**
This is the living room.
▶ **Allí están la cocina y el comedor.**
The kitchen and dining room are over there.
▶ **Al fondo del pasillo hay un baño.**
At the end of the hall there is a bathroom.

Telling people what to do
▶ **Quiero que la ayude(n) con los quehaceres domésticos.**
I want you to help her with the household chores.
▶ **Quiero que arregle(n) su(s) alcoba(s).**
I want you to straighten your room(s).
▶ **Quiero que haga(n) las camas.**
I want you to make the beds.
▶ **Quiero que ponga(n) la mesa.**
I want you to set the table.
▶ **Cuente con nosotros.**
You can count on us.
▶ **Insistimos en que nos deje ayudarla a preparar la comida.**
We insist that you let us help you make the food.
▶ **Le (Les) aconsejo que se acueste(n) temprano.**
I recommend that you go to bed early.

Other expressions
▶ **No es para tanto.**
It's not a big deal.
▶ **Gracias por la oferta.**
Thanks for the offer.

Reacciona a la fotonovela

1 **¿Cierto o falso?** Indica si lo que dicen las siguientes frases es **cierto** o **falso**.
Corrige las frases falsas.

	Cierto	Falso
1. Las alcobas de los estudiantes tienen dos camas, dos mesitas de noche y una cómoda.	○	○
2. La señora Vives no quiere que Javier ponga las maletas en la cama.	○	○
3. El sofá y los sillones están en la sala.	○	○
4. Los estudiantes tienen que sacudir los muebles y sacar la basura.	○	○
5. Los estudiantes van a preparar las comidas.	○	○

2 **Identificar** Identifica quién puede decir las siguientes frases.

1. Nos gustaría preparar la comida esta noche. ¿Le parece bien a Ud.?
2. Miren, si quieren otra almohada o manta, hay más en el armario.
3. Tranquilo, tranquilo, que nosotros vamos a ayudarla muchísimo.
4. Tengo ganas de caminar un poco por la ciudad.
5. No quiero que nadie mire la televisión esta noche. ¡Tenemos que levantarnos temprano mañana!

ÁLEX

JAVIER

INÉS

DON FRANCISCO

SRA. VIVES

3 **Completar** Completa las frases con la palabra correcta de la siguiente lista.

el garaje	la cocina	la sala
la alcoba	la oficina	el sótano

1. ¿Tienes hambre? Ahora mismo voy a preparar la cena en _____.
2. ¡Qué cansada estoy! Creo que voy a dormir un rato en _____.
3. ¿Quieres conversar un rato o mirar la televisión? ¿Por qué no vamos a _____?
4. Oye, quiero mirar la televisión contigo pero primero tengo que escribir un mensaje electrónico en _____.
5. El coche está descompuesto y no lo podemos usar. Ahora está en _____.

4 **Mi casa** Dibuja el plano (*floor plan*) de una casa o de un apartamento. Puede ser el plano de la casa o del apartamento donde vives o de donde te gustaría vivir. Después, trabajen en parejas y describan lo que se hace en cuatro de las habitaciones. Para terminar, pídanse (*ask for*) ayuda para hacer dos quehaceres domésticos. Pueden usar estas frases en su conversación.

Quiero mostrarte...	Al fondo hay...
Ésta es (la cocina).	Quiero que me ayudes a (sacar la basura).
Allí yo (preparo la comida).	

Ortografía
Las mayúsculas y las minúsculas
Here are some of the rules that govern the use of capital letters (**mayúsculas**) and lowercase letters (**minúsculas**) in Spanish.

Los estudiantes llegaron al aeropuerto a las dos. Luego fueron al hotel.

In both Spanish and English, the first letter of every sentence is capitalized.

Rubén Blades   Panamá   Colón   los Andes

The first letter of all proper nouns (names of people, countries, cities, geographical features, etc.) is capitalized.

Cien años de soledad   Don Quijote de la Mancha
El País   Muy Interesante

The first letter of the first word in titles of books, films, and works of art is generally capitalized, as well as the first letter of any proper names. In newspaper and magazine titles, as well as other short titles, the initial letter of each word is often capitalized.

la señora Ramos   don Francisco
el presidente   Sra. Vives

Titles associated with people are *not* capitalized unless they appear as the first word in a sentence. Note, however, that the first letter of an abbreviated title is capitalized.

Último   Álex   MENÚ   PERDÓN

Accent marks should be retained on capital letters. In practice, however, this rule is often ignored.

lunes   viernes   marzo   primavera

The first letter of days, months, and seasons are <u>not</u> capitalized.

español   estadounidense   japonés   panameños

The first letter of nationalities and languages is <u>not</u> capitalized.

Práctica Corrige las mayúsculas y minúsculas incorrectas.
1. soy lourdes romero. Soy Colombiana.
2. éste Es mi Hermano álex.
3. somos De panamá.
4. ¿es ud. La sra. benavides?
5. ud. Llegó el Lunes, ¿no?

Palabras desordenadas Lee el diálogo de las serpientes. Ordena las letras para saber de qué palabras se trata. Después escribe las letras indicadas para descubrir por qué llora Pepito.

Profesor Herrera, ¿es cierto que somos venenosas?

Sí, Pepito. ¿Por qué lloras?

m n a a P á
s t e m r a
i g s l é n
y a U r u g u
r o ñ e s a

¡ __orque __e acabo de morder la __en __u __!

¡Porque me acabo de morder la lengua!
inglés, Uruguay, señora.
1 Respuestas: Panamá, martes,

venenosas *venomous*
morder *to bite*

12.1 Relative pronouns

ANTE TODO In both English and Spanish, relative pronouns are used to combine two sentences or clauses that share a common element, such as a noun or pronoun. Study the following diagram.

> Éste es **el cuarto** de Manuela.
> *This is Manuela's room.*

> Ella usa **el cuarto** para estudiar.
> *She uses the room to study.*

> Éste es el cuarto **que** Manuela usa para estudiar.
> *This is the bedroom that Manuela uses to study.*

> **Lourdes** es muy inteligente.
> *Lourdes is very intelligent.*

> **Lourdes** estudia español.
> *Lourdes is studying Spanish.*

> Lourdes, **quien** estudia español, es muy inteligente.
> *Lourdes, who studies Spanish, is very intelligent.*

> Pueden usar las almohadas que están en el armario.

> Chicos, ésta es la Sra. Vives, quien les va a mostrar la casa.

▶ Spanish has three frequently-used relative pronouns, as shown in the following list.

que	*that; which; who*
quien(es)	*who; whom; that*
lo que	*that which; what*

▶ **Que** is the most frequently used relative pronoun. It can refer to things or to people. Unlike its English counterpart, *that*, **que** is never omitted.

> ¿Dónde está la cafetera **que** compré?
> *Where is the coffee maker (that) I bought?*

> El hombre **que** limpia es Pedro.
> *The man who is cleaning is Pedro.*

▶ The relative pronoun **quien** refers only to people and is often used after a preposition or the personal **a.** Note that **quien** has only two forms: **quien** (singular) and **quienes** (plural).

> ¿Son las chicas **de quienes** me hablaste la semana pasada?
> *Are they the girls you told me about last week?*

> Eva, **a quien** conocí anoche, es mi nueva vecina.
> *Eva, whom I met last night, is my new neighbor.*

▶ **Quien(es)** is occasionally used instead of **que** in clauses set off by commas.

Lola, **quien** es cubana, es médica.
Lola, who is Cuban, is a doctor.

Su tía, **que** es alemana, ya llegó.
His aunt, who is German, already arrived.

▶ Unlike **que** and **quien(es), lo que** doesn't refer to a specific noun. It refers to an idea, a situation, or a past event and means *what, that which,* or *the thing that.*

Este mercado tiene todo lo que Inés necesita.

A la Sra. Vives no le gustó lo que hizo Javier.

Este mercado tiene todo **lo que** Inés necesita.
This market has everything that Inés needs.

Lo que me molesta es el calor.
What bothers me is the heat.

A la Sra. Vives no le gustó **lo que** hizo Javier con sus maletas.
Mrs. Vives didn't like what Javier did with his suitcases.

Lo que quiero es una casa.
What I want is a house.

¡INTÉNTALO! Completa las siguientes oraciones con pronombres relativos.

1. Voy a utilizar los platos ___que___ me regaló mi abuela.
2. Ana comparte una casa con la chica a _____ conocimos en la fiesta de Jorge.
3. Este apartamento tiene todo _____ necesitamos.
4. Puedes estudiar en la alcoba _____ está a la derecha de la cocina.
5. Los señores _____ viven en esa casa acaban de llegar de Centroamérica.
6. Los niños a _____ viste en nuestro jardín son mis sobrinos.
7. La piscina _____ ves desde la ventana es la piscina de mis vecinos.
8. Fue Úrsula _____ ayudó a mamá con los quehaceres.
9. Ya te dije que es mi padre _____ alquiló el apartamento.
10. _____ te dijo Pablo no es cierto.
11. Tengo que sacudir los muebles _____ están en el altillo una vez al mes.
12. No entiendo por qué no lavaste los platos _____ te dije.
13. La mujer a _____ saludaste vive en las afueras.
14. ¿Sabes _____ necesita esta alcoba?
15. ¡No quiero volver a hacer _____ hice ayer.
16. No me gusta vivir con personas a _____ no conozco.

Práctica

1 **Combinar** Combina elementos de la columna A y la columna B para formar oraciones lógicas.

A

1. Ése es el hombre _____.
2. La mujer _____.
3. No traje _____.
4. ¿Te gusta el regalo _____?
5. ¿Cómo se llama el programa _____?
6. El profesor Montero, _____.

B

a. con quien bailaba Fernando se llama Isabel
b. que te compró Cecilia
c. quien enseña biología en la universidad, es de Panamá
d. que arregló mi auto
e. lo que necesito para la clase de matemáticas
f. que comiste en el restaurante
g. que viste en la televisión anoche

2 **Completar** Completa la historia sobre la casa que Jaime y Tina quieren comprar, usando los pronombres relativos **que, quien, quienes** o **lo que.**

1. Jaime y Tina son los chicos a _____ conocí la semana pasada.
2. Quieren comprar una casa _____ está en las afueras de la ciudad.
3. Es una casa _____ era de una artista famosa.
4. La artista, a _____ yo conocía, murió el año pasado y no tenía hijos.
5. Ahora se vende la casa con todos los muebles _____ ella tenía.
6. La sala tiene una alfombra persa _____ trajo de Kuwait.
7. Los armarios de toda la casa tienen mucho espacio, _____ a Tina le encanta.

3 **Combinar** Javier y Ana acaban de casarse y han comprado una casa y muchas otras cosas. Combina sus declaraciones para formar una sola oración con los pronombres relativos **que, quien(es)** y **lo que.**

> **modelo**
> Vamos a usar los cubiertos nuevos mañana. Los pusimos en el comedor.
> *Mañana vamos a usar los cubiertos nuevos que pusimos en el comedor.*

1. Tenemos una cafetera nueva. Mi prima nos la regaló.

2. Tenemos una cómoda nueva. Es bueno porque no hay espacio en el armario.

3. Esos platos no nos costaron mucho. Están encima del horno.

4. Esas copas me las regaló mi amiga Amalia. Ella viene a visitarme mañana.

5. La lavadora está casi nueva. Nos la regalaron mis suegros.

6. La vecina nos dio una manta de lana. Ella la compró en México.

Comunicación

4

Entrevista En parejas, túrnense para hacerse las siguientes preguntas.

1. ¿Quién era la persona que más quehaceres domésticos hacía en tu casa cuando eras niño/a? ¿Quién era la persona que trabajaba más tiempo fuera de la casa?
2. ¿Cómo se llama el producto que usas para limpiar el piso?
3. ¿Dónde compras los productos que usas para limpiar la casa?
4. Cuando eras niño/a, ¿siempre hacías todo lo que te decían tus padres?
5. ¿Quiénes son las personas con quienes más sales los fines de semana? ¿Quién es la persona a quien más llamas por teléfono?
6. ¿Cuál es el deporte que más te gusta? ¿Cuál es el que menos te gusta?
7. ¿Cuál es el barrio de tu ciudad que más te gusta y por qué?
8. ¿Quién es la persona a quien más llamas cuando tienes problemas?
9. ¿Quién es la persona a quien más admiras? ¿Por qué?
10. ¿Qué es lo que más te gusta de tu casa?
11. ¿Qué es lo que más te molesta de tus amigos?
12. ¿Qué es lo que menos te gusta de tu barrio?

5

Diálogo En grupos, preparen un diálogo para presentar a la clase. Una persona hace el papel del/de la cliente/a que quiere comprar una casa; la otra es el/la agente. Utilicen pronombres relativos.

modelo

Cliente: Me interesa comprar la casa que está enfrente del mar. ¿Cuántas alcobas tiene?
Agente: Tiene dos, pero la alcoba que tiene balcón es muy grande.
Cliente: Bueno, lo que quiero es una casa con tres alcobas. La persona con quien hablé ayer me dijo que la casa tenía tres alcobas.

Síntesis

6

Definir En parejas, definan las palabras. Usen los pronombres **que, quien(es)** y **lo que**. Luego compartan sus definiciones con la clase.

modelo

lavadora Es lo que se usa para lavar la ropa.
pastel Es un postre que comes en tu cumpleaños.

las afueras	enfermera	manta	tenedor
alquiler	flan	patio	termómetro
amigos	guantes	postre	vaso
aspiradora	jabón	sillón	vecino

12.2 Formal (**Ud.** and **Uds.**) commands

ANTE TODO In Spanish, the command forms are used to give orders or advice. Formal commands are used with people you address as **Ud.** or **Uds.** Observe the following examples, then study the chart.

CONSEJOS

Learning these command forms will be very helpful since the same forms are used for the subjunctive, which you will begin learning in the next section.

Hable con ellos, don Francisco.
Talk with them, don Francisco.

Coma frutas y verduras.
Eat fruits and vegetables.

Laven los platos ahora mismo.
Wash the dishes right now.

Beban menos té y café.
Drink less tea and coffee.

Formal commands (*Ud.* and *Uds.*)

Infinitive	Present tense *yo* form	*Ud.* command	*Uds.* command
limpiar	limpi**o**	limpi**e**	limpi**en**
barrer	barr**o**	barr**a**	barr**an**
sacudir	sacud**o**	sacud**a**	sacud**an**
decir	dig**o**	dig**a**	dig**an**
salir	salg**o**	salg**a**	salg**an**
venir	veng**o**	veng**a**	veng**an**
volver (o:ue)	vuelv**o**	vuelv**a**	vuelv**an**
servir (e:i)	sirv**o**	sirv**a**	sirv**an**

▶ The **Ud.** and **Uds.** commands are formed by dropping the final **–o** of the **yo** form of the present tense. For **–ar** verbs, add **–e** or **–en**. For **–er** and **–ir** verbs, add **–a** or **–an**.

No se preocupe... La vamos a ayudar en todo lo posible.

Sí, cuente con nosotros.

▶ Verbs with irregular **yo** forms maintain the same irregularity in their formal commands. These verbs include **conducir, conocer, decir, hacer, ofrecer, oír, poner, salir, tener, traducir, traer, venir,** and **ver.**

Oiga, don Francisco...
Listen, don Francisco...

¡Salga inmediatamente!
Leave immediately!

Ponga la mesa, por favor.
Set the table, please.

Hagan la cama antes de salir.
Make the bed before leaving.

▶ Note also that stem-changing verbs maintain their stem-changes in **Ud.** and **Uds.** commands.

e:ie	o:ue	e:i
No **pierda** la llave.	**Vuelva** temprano, joven.	**Sirva** la sopa, por favor.
Cierren la puerta.	**Duerman** bien, chicos.	**Repitan** las frases.

CONSEJOS

These spelling changes are necessary to ensure that the words are pronounced correctly. See Lesson 8, **Pronunciación,** p. 241, and Lesson 9, **Pronunciación,** p. 271.

• • •

It may help you to study the following five series of syllables. Note that within each series, the consonant sound doesn't change.

ca que qui co cu

za ce ci zo zu

ga gue gui go gu

ja ge gi jo ju

▶ Verbs ending in **-car, -gar,** and **-zar** have a spelling change in the command forms.

sa**car**	c → qu	sa**que**, sa**que**n
ju**gar**	g → gu	jue**gue**, jue**gue**n
almor**zar**	z → c	almuer**ce**, almuer**ce**n

The following verbs have irregular formal commands.

Infinitive	Ud. command	Uds. command
dar	**dé**	**den**
estar	**esté**	**estén**
ir	**vaya**	**vayan**
saber	**sepa**	**sepan**
ser	**sea**	**sean**

▶ To make a formal command negative, simply place **no** before the verb.

No ponga las maletas en la cama.   **No ensucien** los sillones.
Don't put the suitcases on the bed.   *Don't dirty the armchairs.*

¡ATENCIÓN!

When a pronoun is attached to an affirmative command that has two or more syllables, an accent mark is added to maintain the original stress:

limpie → límpielo

lean → léanlo

diga → dígamela

▶ In affirmative commands, reflexive, indirect and direct object pronouns are always attached to the end of the verb.

Siénten**se**, por favor   Acuésten**se** ahora.
Síga**me**, Laura.   Póngan**las** en el suelo, por favor.

In negative commands, these pronouns always precede the verb.

No **se** preocupe.   No **los** ensucien.
No **me** lo dé.   No **nos las** traigan.

▶ **Ud.** and **Uds.** can be used with the command forms to strike a more formal tone. In such instances they follow the command form.

Muéstrele Ud. la foto a su amigo.   **Tomen Uds.** esta alcoba.
Show the photo to your friend.   *Take this bedroom.*

¡INTÉNTALO!   Indica cuáles son los mandatos (*commands*) afirmativos y negativos correspondientes para cada ocasión.

1. escucharlo (Ud.) __Escúchelo__. __No lo escuche__.
2. decírmelo (Uds.) _____. _____.
3. salir (Ud.) _____. _____.
4. servírnoslo (Uds.) _____. _____.
5. barrerla (Ud.) _____. _____.
6. hacerlo (Ud.) _____. _____.
7. ir (Uds.) _____. _____.
8. sentarse (Uds.) _____. _____.

Práctica

1   **Completar**   La Sra. González quiere mudarse de casa. Ayúdala a organizarse. Indica el mandato (*command*) formal de cada verbo.

1. _____ los anuncios (*ads*) del periódico y _____. (leer, guardar)
2. _____ personalmente y _____ las casas Ud. misma. (ir, ver)
3. El día de la mudanza (*On moving day*) _____ tranquila. _____ y hagan las camas temprano para poder descansar bien en la noche. (estar, almorzar)
4. _____ tiempo para hacer las maletas tranquilamente. No _____ las maletas a los niños más grandes. (sacar, hacerles)
5. Primero, _____ a todos en casa que Ud. va a estar ocupada. No _____ que Ud. va a hacerlo todo. (decirles, decirles)
6. Decida qué casa quiere y _____ al agente. _____ un contrato de alquiler. (llamar, pedirle)
7. No _____. _____ que todo va a salir bien. (preocuparse, saber)
8. _____ un camión (*truck*) para ese día y _____ la hora exacta de llegada. (contratar, preguntarles)

2   **¿Qué dicen?**   Mira los dibujos y escribe un mandato lógico para cada uno. Usa palabras que aprendiste en las páginas 360 y 361.

1. _____   2. _____

3. _____   4. _____

5. _____   6. _____

Comunicación

3

Solucionar Trabajen en parejas para presentar los siguientes problemas. Un(a) estudiante presenta los problemas de la columna A y el/la otro/a los de la columna B. Usen mandatos y túrnense para ofrecer soluciones.

> **modelo**
>
> **Estudiante 1:** Vilma se torció un tobillo jugando al tenis. Es la tercera vez.
> **Estudiante 2:** No juegue más al tenis. / Vaya a ver a un especialista.

A

1. Se me perdió el libro de español con todas mis notas.
2. A Vicente se le cayó la botella de vino para la cena.
3. ¿Cómo? ¿Se te olvidó traer el traje de baño a la playa?
4. Se nos quedaron los boletos en la casa. El avión sale en una hora.

B

1. Mis hijas no se levantan temprano. Siempre llegan tarde a la escuela.
2. A mi hermana le robaron las maletas. Era su primer día de vacaciones.
3. Nuestra casa es demasiado pequeña para nuestra familia.
4. Me preocupo constantemente por Roberto. Trabaja demasiado.

4

Diálogos En parejas, escojan dos situaciones y preparen diálogos para presentar a la clase. Usen mandatos formales.

> **modelo**
>
> **Lupita:** Sr. Ramírez, siento mucho llegar tan tarde. Mi niño se enfermó. ¿Qué debo hacer?
> **Sr. Ramírez:** No se preocupe. Siéntese y descanse un poco.

SITUACIÓN 1 Profesor Rosado, no vine la semana pasada porque el equipo jugaba en Boquete. ¿Qué debo hacer para ponerme al día (*catch up*)?

SITUACIÓN 2 Los invitados de la boda llegan a las cuatro de la tarde, la mesa está sin poner y el champán sin servir. Los camareros apenas están llegando. ¿Qué deben hacer los camareros?

SITUACIÓN 3 Mi novio es un poco aburrido. No le gustan ni el cine, ni los deportes, ni salir a comer. Tampoco habla mucho. ¿Qué puedo hacer o qué le puedo decir?

SITUACIÓN 4 Tengo que preparar una presentación para mañana sobre el Canal de

CONSÚLTALO

Did you know that on December 31, 1999, the United States ceded control of the Panama Canal to the government of Panama, ending nearly 100 years of administration by the U.S.? To learn more, see **Panorama**, p. 391.

Síntesis

5

Presentar En grupos, preparen un anuncio (*ad*) de televisión para presentar a la clase. El anuncio debe tratar de (*be about*) un detergente, un electrodoméstico, una agencia inmobiliaria o un gimnasio. Usen mandatos, los pronombres relativos **(que, quien(es)** o **lo que)** y el impersonal **se**.

> **modelo**
>
> Compre el lavaplatos Siglo XXI. Tiene todo lo que Ud. desea. Es el lavaplatos que mejor funciona. Venga a verlo ahora mismo... No pierda ni un minuto más. Se aceptan tarjetas de crédito.

12.3 The present subjunctive

ANTE TODO With the exception of formal commands, all of the verb forms you have been using have been in the indicative mood. The indicative is used to state facts and to express actions or states that the speaker considers to be real and definite. In contrast, the subjunctive mood expresses the speaker's attitudes toward events, as well as actions or states the speaker views as uncertain or hypothetical.

Quiero que ustedes ayuden con los quehaceres domésticos.

Insistimos en que nos deje ayudarla a preparar la comida.

Present subjunctive of regular verbs

		hablar	**comer**	**escribir**
SINGULAR FORMS	yo	habl**e**	com**a**	escrib**a**
	tú	habl**es**	com**as**	escrib**as**
	Ud./él/ella	habl**e**	com**a**	escrib**a**
PLURAL FORMS	nosotros/as	habl**emos**	com**amos**	escrib**amos**
	vosotros/as	habl**éis**	com**áis**	escrib**áis**
	Uds./ellos/ellas	habl**en**	com**an**	escrib**an**

¡LENGUA VIVA!
You may think that English has no subjunctive, but it does! It used to be very common but now survives mostly in set expressions such as *if I were you* and *be that as it may*.

▶ The present subjunctive is formed very much like **Ud.** and **Uds.** commands. From the **yo** form of the present indicative, drop the **-o** ending, and replace it with the subjunctive endings.

INFINITIVE	▶	PRESENT INDICATIVE	▶	VERB STEM	▶	PRESENT SUBJUNCTIVE
hablar		**hablo**		**habl-**		**hable**
comer		**como**		**com-**		**coma**
escribir		**escribo**		**escrib-**		**escriba**

CONSEJOS
Note that, in the present subjunctive, –**ar** verbs use endings normally associated with present tense –**er** and –**ir** verbs. Likewise, –**er** and –**ir** verbs in the present subjunctive use endings normally associated with –**ar** verbs in the present tense. Note also that, in the present subjunctive, the **yo** form is the same as the **Ud./él/ella** form.

▶ The present subjunctive endings are:

–ar verbs	
–e	–emos
–es	–éis
–e	–en

–er and –ir verbs	
–a	–amos
–as	–áis
–a	–an

▶ Verbs with irregular **yo** forms show the same irregularity in the present subjunctive.

Infinitive	Present indicative	Verb stem	Present subjunctive
conducir	conduzco	**conduzc-**	**conduzca**
conocer	conozco	**conozc-**	**conozca**
decir	digo	**dig-**	**diga**
hacer	hago	**hag-**	**haga**
ofrecer	ofrezco	**ofrezc-**	**ofrezca**
oír	oigo	**oig-**	**oiga**
parecer	parezco	**parezc-**	**parezca**
poner	pongo	**pong-**	**ponga**
tener	tengo	**teng-**	**tenga**
traducir	traduzco	**traduzc-**	**traduzca**
traer	traigo	**traig-**	**traiga**
venir	vengo	**veng-**	**venga**
ver	veo	**ve-**	**vea**

▶ To maintain the **-c, -g,** and **-z** sounds, verbs ending in **-car, -gar,** and **-zar** have a spelling change in all forms of the present subjunctive.

> **sacar:** sa**que**, sa**que**s, sa**que**, sa**que**mos, sa**qu**éis, sa**que**n
>
> **jugar:** jue**gue**, jue**gue**s, jue**gue**, ju**gue**mos, ju**gu**éis, jue**gue**n
>
> **almorzar:** almuer**ce**, almuer**ce**s, almuer**ce**, almor**ce**mos, almor**c**éis, almuer**ce**n

Present subjunctive of stem-changing verbs

¡ATENCIÓN!

Note that, in the present subjunctive, stem-changing verbs and verbs that have a spelling change have the same ending as regular verbs.

▶ **-Ar** and **-er** stem-changing verbs have the same stem changes in the subjunctive as they do in the present indicative.

> **pensar (e:ie):** p**ie**nse, p**ie**nses, p**ie**nse, pensemos, penséis, p**ie**nsen
>
> **mostrar (o:ue):** m**ue**stre, m**ue**stres, m**ue**stre, mostremos, mostréis, m**ue**stren
>
> **entender (e:ie):** ent**ie**nda, ent**ie**ndas, ent**ie**nda, entendamos, entendáis, ent**ie**ndan
>
> **volver (o:ue):** v**ue**lva, v**ue**lvas, v**ue**lva, volvamos, volváis, v**ue**lvan

▶ **–Ir** stem-changing verbs have the same stem changes in the subjunctive as they do in the present indicative, but in addition, the **nosotros/as** and **vosotros/as** forms undergo a stem change. The unstressed **e** changes to **i,** while the unstressed **o** changes to **u.**

> **pedir (e:i):** p**i**da, p**i**das, p**i**da, p**i**damos, p**i**dáis, p**i**dan
>
> **sentir (e:ie):** s**ie**nta, s**ie**ntas, s**ie**nta, s**i**ntamos, s**i**ntáis, s**ie**ntan
>
> **dormir (o:ue):** d**ue**rma, d**ue**rmas, d**ue**rma, d**u**rmamos, d**u**rmáis, d**ue**rman

Irregular verbs in the present subjunctive

▶ The following five verbs are irregular in the present subjunctive.

		dar	estar	ir	saber	ser
SINGULAR FORMS	yo	dé	esté	vaya	sepa	sea
	tú	des	estés	vayas	sepas	seas
	Ud./él/ella	dé	esté	vaya	sepa	sea
PLURAL FORMS	nosotros/as	demos	estemos	vayamos	sepamos	seamos
	vosotros/as	deis	estéis	vayáis	sepáis	seáis
	Uds./ellos/ellas	den	estén	vayan	sepan	sean

Irregular verbs in the present subjunctive

General uses of the subjunctive

▶ The subjunctive is mainly used to express: 1) will and influence, 2) emotion, 3) doubt, disbelief, and denial, and 4) indefiniteness and nonexistence.

▶ The subjunctive is most often used in complex sentences that consist of a main clause and a subordinate clause. The main clause contains a verb or expression that triggers the use of the subjunctive. The conjunction **que** connects the subordinate clause to the main clause.

¡ATENCIÓN!

The subjunctive form of **hay** (*there is, there are*) is also irregular: **haya**.

(Main clause) (Connector) (Subordinate clause)

Es muy importante   que   **vayas** al hotel ahora mismo.

▶ Some expressions are always followed by clauses in the subjunctive. These include:

Es bueno que...	**Es mejor que...**	**Es malo que...**
It's good that...	*It's better that...*	*It's bad that...*
Es importante que...	**Es necesario que...**	**Es urgente que...**
It's important that...	*It's necessary that...*	*It's urgent that...*

¡INTÉNTALO!   Indica el presente de subjuntivo de los siguientes verbos.

1. (alquilar, beber, vivir)   yo ___*alquile, beba, viva*___
2. (estudiar, aprender, asistir)   tú _____
3. (encontrar, poder, dormir)   él _____
4. (hacer, tener, venir)   nosotras _____
5. (dar, hablar, escribir)   ellos _____
6. (pagar, empezar, buscar)   Uds. _____
7. (ser, ir, saber)   yo _____
8. (estar, dar, oír)   tú _____
9. (arreglar, leer, abrir)   nosotros _____
10. (cantar, leer, vivir)   ellas _____

Práctica

1

Completar Completa las oraciones conjugando los verbos entre paréntesis. Luego empareja las oraciones del primer grupo con las del segundo grupo.

1. Es mejor que _____ en casa. (nosotros, cenar)
2. Es importante que _____ algo para calmar el dolor. (yo, tomar)
3. Señora, es urgente que le _____ la muela. Parece que tiene una infección. (yo, sacar)
4. Es malo que Ana les _____ tantos dulces a los niños. (dar)
5. Es necesario que _____ a la una de la tarde. (Uds., llegar)
6. Es importante que _____ temprano. (nosotros, acostarse)

a. Es importante que _____ más verduras. (ellos, comer)
b. No, es mejor que _____ a comer. (nosotros, salir)
c. Y yo creo que es urgente que _____ al doctor. (tú, llamar)
d. En mi opinión, no es necesario que _____ tanto. (nosotros, dormir)
e. ¿Ah, sí? ¿Es necesario que me _____ un antibiótico también? (yo, tomar)
f. Para llegar a tiempo, es necesario que _____ temprano. (nosotros, almorzar)

Comunicación

2

Minidiálogos En parejas, completen los minidiálogos de una manera lógica.

> **modelo**
>
> **Miguelito:** Mamá, no quiero arreglar mi cuarto.
> **Sra. Casas:** Es necesario que lo arregles. Y es importante que sacudas los muebles también.

1. **MIGUELITO** Mamá, no quiero estudiar. Quiero salir a jugar con mis amigos.
   SRA. CASAS _____

2. **MIGUELITO** Mamá, es que no me gustan las verduras. Prefiero comer pasteles.
   SRA. CASAS _____

3. **MIGUELITO** ¿Tengo que poner la mesa, mamá?
   SRA. CASAS _____

4. **MIGUELITO** No me siento bien, mamá. Me duele todo el cuerpo y tengo fiebre.
   SRA. CASAS _____

3

Entrevista Trabajen en parejas. Entrevístense usando estas preguntas. Expliquen sus respuestas.

1. ¿Es importante que los niños ayuden con los quehaceres domésticos?
2. ¿Es urgente que los norteamericanos aprendan otras lenguas?
3. Si un(a) norteamericano/a quiere aprender francés, ¿es mejor que lo aprenda en Francia?
4. En su universidad, ¿es necesario que los estudiantes vivan en residencias estudiantiles?
5. ¿Es bueno que todos los estudiantes participen en algún deporte?
6. ¿Es importante que todos los estudiantes asistan a la universidad?

12.4 Subjunctive with verbs of will and influence

ANTE TODO You will now learn how to use the subjunctive with verbs and expressions of will and influence.

Quiero que tengas dientes más blancos.

▶ Verbs of will and influence are often used when someone wants to affect the actions or behavior of other people.

> Enrique **quiere** que salgamos a cenar.
> *Enrique wants us to go out for dinner.*

> Paola **prefiere** que cenemos en casa.
> *Paola prefers that we have dinner at home.*

▶ Here is a list of widely used verbs of will and influence.

Verbs of will and influence

aconsejar	to advise	**pedir** (e:i)	to ask (for)
desear	to wish; to desire	**preferir** (e:ie)	to prefer
importar	to be important; to matter	**prohibir**	to prohibit
insistir (en)	to insist (on)	**querer** (e:ie)	to want
mandar	to order	**recomendar** (e:ie)	to recommend
necesitar	to need	**rogar** (o:ue)	to beg; to plead
		sugerir (e:ie)	to suggest

▶ Some impersonal expressions, such as **es necesario que, es importante que, es mejor que** and **es urgente que,** are considered expressions of will or influence.

▶ When the main clause contains an expression of will or influence, the subjunctive is required in the subordinate clause, provided that the two clauses have different subjects.

Main clause	Connector	Subordinate clause
VERB OF WILL		SUBJUNCTIVE

Mi mamá **prefiere** que yo **saque** la basura.

Quiero que arreglen sus alcobas, que hagan las camas, que pongan la mesa...

...y les aconsejo que se acuesten temprano esta noche.

▶ Indirect object pronouns are often used with the verbs **aconsejar, importar, mandar, pedir, prohibir, recomendar, rogar,** and **sugerir.**

Te aconsejo que estudies.
I advise you to study.

Le sugiero que vaya a casa.
I suggest that he go home.

Les recomiendo que barran el suelo.
I recommend that you sweep the floor.

Le ruego que no venga.
I beg him not to come.

▶ Note that all the forms of **prohibir** in the present tense carry a written accent, except for the **nosotros** form: **prohíbo, prohíbes, prohíbe, prohibimos, prohibís, prohíben.**

Ella les **prohíbe** que miren la
    televisión.
*She prohibits them from watching
    television.*

Nos **prohíben** que nademos en
    la piscina.
*They prohibit that we swim in
    the swimming pool.*

▶ The infinitive is used with words or expressions of will and influence if there is no change of subject in the sentence.

No quiero **sacudir** los muebles.
I don't want to dust the furniture.

Paco prefiere **descansar.**
Paco prefers to rest.

Es importante **sacar** la basura.
It's important to take out the trash.

No es necesario **quitar** la mesa.
It's not necessary to clear the table.

¡INTÉNTALO! Completa cada oración con la forma correcta del verbo entre paréntesis.

1. Te sugiero que ___vayas___ (ir) con ella al supermercado.
2. Él necesita que yo le _____ (prestar) dinero.
3. No queremos que tú _____ (hacer) nada especial para nosotros.
4. Mis papás quieren que yo _____ (limpiar) mi cuarto.
5. Nos piden que la _____ (ayudar) a preparar la comida.
6. Quieren que tú _____ (sacar) la basura todos los días.
7. Quiero _____ (descansar) esta noche.
8. Es importante que Uds. _____ (limpiar) la casa.
9. Su tía les manda que _____ (poner) la mesa.
10. Te aconsejo que no _____ (salir) con él.
11. Mi tío insiste en que mi prima _____ (hacer) la cama.
12. Prefiero _____ (ir) al cine.
13. Es necesario _____ (estudiar).
14. Recomiendo que ustedes _____ (pasar) la aspiradora.

Práctica

1 **Completar** Completa el diálogo con palabras de la lista.

ponga	sea	saber	haga
prohíbe	quiere	comas	diga
cocina	sé	ser	vaya

IRENE Tengo problemas con Vilma. Sé que debo hablar con ella. ¿Qué me recomiendas que le _____?

JULIA Pues, necesito _____ más antes de darte consejos.

IRENE Bueno, para empezar me _____ que traiga dulces a la casa.

JULIA Pero chica, tiene razón. Es mejor que tú no _____ cosas dulces.

IRENE Sí, ya lo sé. Pero quiero que _____ más flexible. Además, insiste en que yo _____ todo en la casa.

JULIA Yo _____ que Vilma _____ y hace los quehaceres todos los días.

IRENE Sí, pero siempre que hay fiesta me pide que _____ los cubiertos y las copas en la mesa y que _____ al sótano por las servilletas y los platos. ¡Es lo que más odio: ir al sótano!

JULIA Mujer, ¡Vilma sólo _____ que ayudes en la casa!

2 **Aconsejar** En parejas, lean lo que dice cada persona. Luego den consejos lógicos usando verbos como **aconsejar, recomendar** y **prohibir**. Sus consejos deben ser diferentes de lo que la persona quiere hacer.

> **modelo**
>
> **Isabel:** Quiero conseguir un comedor con los muebles más caros del mundo.
>
> **Consejo:** *Te aconsejamos que consigas unos muebles menos caros.*

1. **DAVID**   Pienso poner el congelador en el sótano.
2. **SARA**   Voy a ir a la gasolinera para comprar unas copas de cristal elegantes.
3. **SR. ALARCÓN**   Insisto en comenzar a arreglar el jardín en marzo.
4. **SRA. VILLA**   Quiero ver las tazas y los platos de la tienda El Ama de Casa Feliz.
5. **DOLORES**   Voy a poner servilletas de tela (*cloth*) para los cuarenta invitados.
6. **SR. PARDO**   Pienso poner todos mis muebles nuevos en el altillo.
7. **SRA. GONZÁLEZ**   Hay una fiesta en mi casa esta noche pero no quiero arreglar la casa.
8. **CARLITOS**   Hoy no tengo ganas de hacer las camas ni de quitar la mesa.

3 **Preguntas** En parejas, túrnense para contestar las preguntas. Usen el subjuntivo.

1. ¿Te dan consejos tus amigos? ¿Qué te aconsejan? ¿Aceptas sus consejos? ¿Por qué?
2. ¿Qué te sugieren tus profesores que hagas antes de terminar los cursos que llevas?
3. ¿Insisten tus amigos en que salgas mucho con ellos?
4. ¿Qué quieres que te regalen tu familia y tus amigos/as en tu cumpleaños?
5. ¿Qué le recomiendas tú a un(a) amigo/a que no quiere salir los sábados con su novio/a?
6. ¿Qué les aconsejas a los nuevos estudiantes de tu universidad?

Comunicación

4   **Inventar** En parejas, preparen una lista de seis personas famosas. Un(a) estudiante da el nombre de una persona famosa y el/la otro/a le da un consejo.

> **modelo**
>
> **Estudiante 1:** Judge Judy.
> **Estudiante 2:** Le recomiendo que sea más simpática con la gente.
> **Estudiante 2:** Leonardo DiCaprio.
> **Estudiante 1:** Le aconsejo que haga más películas.

5 **Hablar** En parejas, miren la ilustración y denle consejos a Gerardo sobre cómo arreglar su casa. Usen expresiones impersonales y verbos como **aconsejar, sugerir** y **recomendar.**

> **modelo**
>
> Es mejor que arregles el apartamento más a menudo.
> Te aconsejo que no dejes para mañana lo que puedes hacer hoy.

Síntesis

6   **El Dr. Freud** En grupos pequeños, preparen un párrafo corto sobre un problema que un paciente le presenta al Dr. Freud. Al terminar, intercambien su párrafo con otro grupo. Luego, cada grupo prepara los consejos que el Dr. Freud le da al paciente. Preséntenle a la clase el intercambio (*exchange*) entre el Dr. Freud y el paciente.

> **modelo**
>
> **Grupo 1:** Dr. Freud, me llamo Alicia y tengo diecisiete años. Mi mamá
> no quiere que yo vaya a ninguna parte (*anywhere*). No le
> importa que me aburra como una ostra (*oyster*). Me prohíbe
> conducir de noche y me siento muy sola.
> **Grupo 2:** Alicia, le aconsejo que hable con su mamá. Tenga paciencia.
> Su mamá quiere protegerla, pero le recomiendo que le
> explique lo que siente.

Lectura

Antes de leer

Estrategia

Locating the main parts of a sentence

Did you know that a text written in Spanish is an average of 15% longer than the same text written in English? Because the Spanish language tends to use more words to express ideas, you will often encounter long sentences when reading in Spanish. Of course, the length of sentences varies with genre and with authors' individual styles. To help you understand long sentences, identify the main parts of the sentence before trying to read it in its entirety. First locate the main verb of the sentence, along with its subject, ignoring any words or phrases set off by commas. Then reread the sentence, adding details like direct and indirect objects, transitional words, and prepositional phrases.

Examinar el texto

Mira el formato de la lectura. ¿Qué tipo de documento es? ¿Qué cognados encuentras en la lectura? ¿Qué te dicen sobre el tema de la selección?

¿Probable o improbable?

Mira brevemente el texto e indica si las siguientes frases son probables o improbables.

1. Este folleto es de interés turístico.
2. El folleto describe un lugar histórico cubano.
3. El folleto incluye algunas explicaciones de arquitectura.
4. Esperan atraer visitantes al lugar.

Frases largas

Mira el texto y busca algunas frases largas. Con un(a) compañero/a, identifiquen las partes principales de la frase y después examinen las descripciones adicionales. ¿Qué significan las frases?

folleto *brochure* **atraer** *to attract* **épocas** *time periods* **herencia** *heritage*

Bienvenidos al Palacio de Las Garzas

El palacio está abierto de martes a domingo.
Para más información,
llame al teléfono 507-226-7000.
También puede solicitar un folleto
a la casilla 3467,
Ciudad de Panamá, Panamá.

Después de leer

Ordenar

Pon los siguientes eventos en el orden cronológico adecuado.

_____ El palacio se convirtió en residencia presidencial.

_____ Durante diferentes épocas, maestros, médicos y banqueros practicaron su profesión en el palacio.

_____ El Dr. Belisario Porras ocupó el palacio por primera vez.

_____ Los colonizadores construyeron el palacio.

_____ Se renovó el palacio.

_____ Los turistas pueden visitar el palacio de martes a domingo.

El Palacio de Las Garzas es la residencia oficial del Presidente de Panamá desde 1903. Fue construido en 1673 para ser la casa de un gobernador español. Con el paso de los años fue almacén, escuela, hospital, aduana, banco y por último, palacio presidencial.

En la actualidad el edificio tiene tres pisos, pero los planos originales muestran una construcción de un piso con un gran patio en el centro. La restauración del palacio comenzó en el año 1922 y los trabajos fueron realizados por el arquitecto Villanueva-Myers y el pintor Roberto Lewis. El palacio, un monumento al estilo colonial, todavía conserva su elegancia y buen gusto, y es una de las principales atracciones turísticas del barrio Casco Viejo.

Planta baja
El patio de las Garzas

Una antigua puerta de hierro recibe a los visitantes. El patio interior todavía conserva los elementos originales de la construcción: piso de mármol, columnas de perla gris y una magnífica fuente de agua en el centro. Aquí están las nueve garzas que dan el nombre al palacio y que representan las nueve provincias de Panamá.

Primer piso
El salón Amarillo

Aquí el turista puede visitar una galería de cuarenta y un retratos de gobernadores y personajes ilustres de Panamá. La principal atracción de este salón es el sillón presidencial, que se usa especialmente cuando hay cambio de presidente. Otros atractivos de esta área son el comedor de Los Tamarindos, que se destaca por la elegancia de sus muebles y sus lámparas de cristal, y el patio andaluz, con sus coloridos mosaicos que representan la unión de la cultura indígena y la española.

El salón Dr. Belisario Porras

Este elegante y majestuoso salón es uno de los lugares más importantes del Palacio de Las Garzas. Lleva su nombre en honor al Dr. Belisario Porras, quien fue tres veces presidente de Panamá (1912-1916, 1918-1920 y 1920-1924).

Segundo piso

Es el área residencial del palacio y el visitante no tiene acceso a ella. Los armarios, las cómodas y los espejos de la alcoba fueron comprados en Italia y Francia por el presidente Porras, mientras que las alfombras, cortinas y frazadas son originarias de España.

Garzas *Herons* solicitar *request* casilla *post office box*
Casco Viejo *Old Quarter* hierro *iron* **mármol** *marble* retratos *portraits*
se destaca *stands out* frazadas *blankets*

Preguntas
Contesta las preguntas.

1. ¿Qué sala es notable por sus muebles elegantes y sus lámparas de cristal?
2. ¿En qué parte del palacio se encuentra la residencia del presidente?
3. ¿Dónde empiezan los turistas su visita al palacio?
4. ¿En qué lugar se representa artísticamente la rica herencia cultural de Panamá?
5. ¿Qué salón honra la memoria de un gran panameño?
6. ¿Qué partes del palacio te gustaría más visitar? ¿Por qué? Explica tu respuesta.

Conversación
En grupos de tres o cuatro estudiantes, hablen sobre lo siguiente:

1. ¿Qué tiene en común el Palacio de las Garzas con otras residencias presidenciales u otras casas muy grandes?
2. ¿Te gustaría vivir en el Palacio de las Garzas? ¿Por qué?
3. Imagina que puedes diseñar tu palacio ideal. Describe los planos para cada piso del palacio.

Escritura

Estrategia
Using linking words

You can make your writing sound more sophisticated by using linking words to connect simple sentences or ideas and create more complex sentences. Consider the following passages, which illustrate this effect:

Without linking words

En la actualidad el edificio tiene tres pisos. Los planos originales muestran una construcción de un piso con un gran patio en el centro. La restauración del palacio comenzó en el año 1922. Los trabajos fueron realizados por el arquitecto Villanueva-Myers y el pintor Roberto Lewis.

With linking words

En la actualidad el edificio tiene tres pisos, pero los planos originales muestran una construcción de un piso con un gran patio en el centro. La restauración del palacio comenzó en el año 1922 y los trabajos fueron realizados por el arquitecto Villanueva-Myers y el pintor Roberto Lewis.

Linking words

cuando	*when*
mientras	*while*
pero	*but*
porque	*because*
pues	*since*
que	*that; who; which*
quien	*who*
sino	*but (rather)*
y	*and*
o	*or*

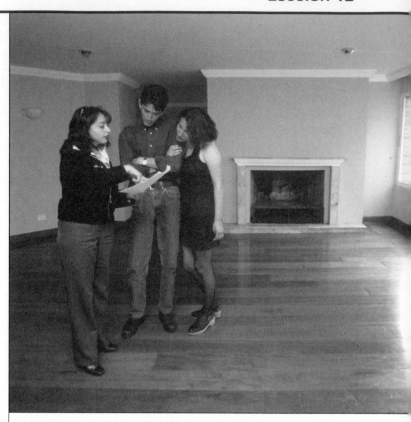

Tema

Escribir un contrato de arrendamiento

Eres el/la administrador(a) de un edificio de apartamentos. Prepara un contrato de arrendamiento para los nuevos inquilinos. El contrato debe incluir los siguientes detalles:

▶ La dirección del apartamento y del/de la administrador(a)

▶ Las fechas del contrato

▶ El precio del alquiler y el día que se debe pagar

▶ El precio del depósito

▶ Información y reglas acerca de:
  • la basura
  • el correo
  • los animales domésticos
  • el ruido
  • los servicios de electricidad y agua
  • el uso de electrodomésticos

▶ Otros aspectos importantes de la vida comunitaria

contrato de arrendamiento *lease* administrador(a) *manager* inquilinos *tenants*
dirección *address* reglas *rules* ruido *noise* servicios *utilities*

Plan de escritura

1 Ideas y organización

Después de pensar en el tema durante unos minutos, apunta tus ideas usando un mapa de ideas. Convierte el mapa en bosquejo para asegurar la organización lógica de tu escrito.

2 Primer borrador

Utiliza tu bosquejo de **Ideas y organización** para escribir el primer borrador del contrato. Consulta tus apuntes de clase y las **Anotaciones para mejorar la escritura** en tu **Carpeta de trabajos** para no repetir errores previos.

3 Comentario

Intercambia el contrato con un(a) compañero/a. Lee su borrador y anota las partes mejor escritas de su composición, especialmente el uso de las palabras de enlace. Compartan sus impresiones utilizando esta guía:

1. ¿Incluye toda la información pertinente?
2. ¿Hay una buena organización de los detalles específicos dentro del contrato?
3. ¿Emplea palabras de enlace para unir ideas y frases cortas?
4. ¿Qué sugerencias puedes dar al/a la escritor(a) para mejorar su documento?
5. ¿Ves errores gramaticales u ortográficos?

4 Redacción

Revisa el primer borrador según las indicaciones de tu compañero/a. Utiliza esta guía para hacer la última revisión antes de escribir tu versión final:

1. Utiliza palabras de enlace para unir las oraciones cortas.
2. Revisa la concordancia entre el sujeto y el verbo de cada oración.
3. Revisa la concordancia entre los sustantivos y los adjetivos.
4. Cuando es necesario, sustituye los sustantivos por pronombres u otro elemento gramatical para evitar la redundancia.
5. Consulta tus **Anotaciones para mejorar la escritura** antes de revisar la ortografía y la puntuación.

5 Evaluación y progreso

Trabaja con tres compañeros/as y lee sus trabajos. Después de escuchar atentamente las reglas de los "administradores", escoge las que, en tu opinión, garantizan una vida comunitaria tranquila. Explica tu elección. No olvides leer atentamente los comentarios y las correcciones de tu profesor(a). Finalmente, anota los errores fundamentales en las **Anotaciones para mejorar la escritura** en tu **Carpeta de trabajos.**

bosquejo *outline*   palabras de enlace *linking words*   tranquila *calm; quiet*

Escuchar

Preparación

Mira el dibujo. ¿Qué pistas te da para comprender la conversación que vas a escuchar? ¿Qué significa *bienes raíces*?

Estrategia

Using visual cues

Visual cues like illustrations and headings provide useful clues about what you will hear. To practice this strategy, you will listen to a passage related to the following photo. Jot down the clues the photo gives you as you listen.

🎧 Ahora escucha

Mira los anuncios de esta página y escucha la conversación entre el Sr. Núñez, Adriana y Felipe. Luego indica si cada descripción se refiere a la casa ideal de Adriana y Felipe, a la casa del anuncio o al apartamento del anuncio.

Frases	La casa ideal	La casa del anuncio	El apartamento del anuncio
Es barato.	___	___	___
Tiene cuatro alcobas.	___	___	___
Tiene una oficina.	___	___	___
Tiene un balcón.	___	___	___
Tiene una cocina moderna.	___	___	___
Tiene un jardín muy grande.	___	___	___
Tiene un patio.	___	___	___

18G

Bienes raíces

Se vende.
4 alcobas, 3 baños, cocina moderna, jardín con árboles frutales.
B/. 225.000

Se alquila.
2 alcobas, 1 baño.
Balcón. Urbanización Las Brisas. 525

Comprensión

Preguntas

1. ¿Cuál es la relación entre el Sr. Núñez, Adriana y Felipe? ¿Cómo lo sabes?
2. ¿Qué diferencia de opinión hay entre Adriana y Felipe sobre dónde quieren vivir?
3. Usa la información de los dibujos y la conversación para entender lo que dice Adriana al final. ¿Qué significa "todo a su debido tiempo"?

Conversación

1. ¿Qué tienen en común el apartamento y la casa del anuncio con el lugar donde tú vives?
2. ¿Qué piensas de la recomendación del Sr. Núñez?
3. ¿Qué tipo de sugerencias te da tu familia sobre dónde vivir?
4. ¿Dónde prefieres vivir tú? ¿en un apartamento o en una casa? Explica por qué.

recursos

R   SCASS./CD
Lección 12

pistas *clues*   anuncio *advertisement*

Proyecto

Diseña una casa de vacaciones

Imagina que quieres construir una casa de vacaciones en Panamá. Vas a decidir dónde quieres construir la casa y cómo va a ser.

1 Escribe una carta al contratista

Escribe una carta detallada al contratista de obras, explicando dónde vas a construir la casa, cómo va a ser y los muebles que quieres para la casa. Primero usa los **Recursos para la investigación** para decidir en qué ciudad o región de Panamá quieres construir la casa. Busca fotos del lugar que escojas. Comienza la carta con el encabezamiento "Estimado/a Sr./Sra...." y concluye con "Atentamente" antes de tu firma. Tu carta al contratista de obras puede incluir la siguiente información:

- una descripción de la ubicación de la casa (selva, isla, valle, con vistas al mar, etc.)
- una explicación del tipo de casa que quieres (cuántos pisos, de madera, de cemento, etc.)
- un plano que tú dibujaste, incluyendo el nombre de cada cuarto de la casa
- una descripción de los muebles que debe llevar cada cuarto

2 Presenta la información a tus compañeros

Reúnete con 3 ó 4 compañeros/as. Prepara fotos y/o un mapa para mostrar dónde vas a construir la casa. Usa el plano para describirles la casa y todos los detalles especiales, incluyendo los muebles.

construir *to build*   **detallada** *detailed*   **contratista de obras** *building contractor*   **encabezamiento** *salutation*
firma *signature*   **ubicación** *location*   **selva** *forest; jungle*   **valle** *valley*   **madera** *wood*   **plano** *floor plan*

recursos para la investigación

 Internet Palabras clave: Panamá, fotos, turismo, casas, bienes raíces

 Comunidad Personas de Panamá, personas que saben de los estilos y materiales de construcción en Centroamérica

 Biblioteca Mapas, enciclopedias, guías turísticas, revistas

 Otros recursos revistas y folletos turísticos que se pueden recortar (*cut up*), anuncios de casas

Panamá

El país en cifras

- **Área:** 78.200 km^2 (30.193 millas^2), *aproximadamente el área de Carolina del Sur*
- **Población:** 2.942.000
- **Capital:** La ciudad de Panamá — 1.228.000
- **Ciudades principales:** Colón — 138.000, David — 125.000

SOURCE: Population Division, UN Secretariat

- **Moneda:** balboa; Es equivalente al dólar estadounidense.

En Panamá circulan los billetes de dólar estadounidense. El país centroamericano, sin embargo, acuña sus propias monedas. "El peso" es una moneda grande equivalente a cincuenta centavos. La moneda de cinco centavos es llamada frecuentemente "real".

- **Idiomas:** español (oficial), chibcha, inglés

La mayoría de los panameños son bilingües. La lengua materna del 14% de los panameños es el inglés.

Bandera de Panamá

Panameños célebres

- **Manuel Antonio Noriega,** militar y dictador (1934-)
- **Rod Carew,** beisbolista (1945-)
- **Mireya Moscoso,** política (1947-)
- **Rubén Blades,** músico y político (1948-)

acuñar *to mint* moneda *coin* centavos *cents* actualmente *currently* peaje *toll* promedio *average*

Mujer cuna lavando una mola

Un turista disfruta del bosque tropical colgado de un cable

COSTA RICA

Lago Gatún

Canal de Panamá

Islas San Blas

Cordillera de San Blas

Río Chepo

• Bocas del Toro

Mar Caribe

Colón •

Serranía de Tabasaráí

Ciudad de Panamá

• David

Río Cobre

Isla del Rey

Océano Pacífico

Golfo de Panamá

Isla de Coiba

ESTADOS UNIDOS

OCÉANO ATLÁNTICO

PANAMÁ

AMÉRICA DEL SUR

Ruinas de un fuerte panameño

recursos

R

WB pp. 147-148

vistasonline.com

¡Increíble pero cierto!

¿Conocías estos datos sobre el Canal de Panamá?

- El viaje en barco de Nueva York a Tokio a través del Canal de Panamá es 3.000 millas más corto.
- Su construcción costó 639 millones de dólares.
- Actualmante lo usan 38 barcos al día.
- El peaje promedio cuesta 40.000 dólares.

Tokio

Nueva York

PANAMÁ

Lugares • El Canal de Panamá

El Canal de Panamá une los océanos Pacífico y Atlántico. Se empezó a construir en 1903 y se terminó diez años después. Es la fuente principal de ingresos del país, gracias al dinero que se recauda de los más de 12.000 buques que pasan anualmente por el canal.

Artes • La mola

La mola es una forma de arte textil de los cunas, una tribu indígena que vive en las islas San Blas en Panamá. Las molas se hacen con capas y fragmentos de tela de colores vivos. Sus diseños son muchas veces abstractos, inspirados en las formas del coral. Las molas tradicionales son las más apreciadas y sus diseños son completamente geométricos. Antes sólo se usaban como ropa, pero hoy día también se usan para decorar las casas.

Deportes • El buceo

Panamá, cuyo nombre significa "lugar de muchos peces", es un sitio excelente para los amantes del buceo, el buceo con esnórkel y la pesca. Las playas en los dos lados del istmo, el mar Caribe a un lado y el océano Pacífico al otro, son muy variadas. Unas están destinadas al turismo y otras poseen un gran valor ecológico, por la riqueza y diversidad de su vida marina, abundante en arrecifes de coral. En la playa Bluff, por ejemplo, se pueden observar cuatro especies de tortugas en peligro de extinción.

COLOMBIA

¿Qué aprendiste? Responde a las preguntas con una frase completa.

1. ¿Cuál es la lengua materna del catorce por ciento de los panameños?

2. ¿A qué unidad monetaria (*monetary unit*) es equivalente el balboa?

3. ¿Qué océanos une el Canal de Panamá?

4. ¿Quién es Rubén Blades?

5. ¿Qué son las molas?

6. ¿Cómo son los diseños de las molas?

7. ¿Para qué se usaban las molas antes?

8. ¿Cómo son las playas de Panamá?

9. ¿Qué significa "Panamá"?

Vista de la Ciudad de Panamá

Conexión Internet Investiga estos temas en el sitio **www.vistasonline.com**.

1. Investiga la historia de las relaciones entre Panamá y los Estados Unidos y la decisión de devolver (*give back*) el Canal a Panamá. ¿Estás de acuerdo con la decisión? Explica tu opinión.

2. Investiga los cunas u otro grupo indígena de Panamá. ¿En qué partes del país viven? ¿Qué lenguas hablan? ¿Cómo es su cultura?

une *connects*   fuente *source*   ingresos *income*   se recauda *is collected*   buques *ships*   capas *layers*   tela *fabric*   vivos *bright*
apreciadas *valued*   hoy día *nowadays*   cuyo *whose*   peces *fish*   amantes *lovers*   buceo *diving*   istmo *isthmus*   poseen *possess*
valor *value*   riqueza *richness*   arrecifes *reefs*   tortugas *tortoises*   peligro *danger*

Viviendas

las afueras	suburbs; outskirts
el alquiler	rent
el ama (m., f.) de casa	housekeeper; caretaker
el barrio	neighborhood
el edificio de apartamentos	apartment building
el/la vecino/a	neighbor
la vivienda	housing
alquilar	to rent
mudarse	to move (from one house to another)

Cuartos y otros lugares

la alcoba, el dormitorio	bedroom
el altillo	attic
el balcón	balcony
la cocina	kitchen
el comedor	dining room
la entrada	entrance
la escalera	stairs; stairway
el garaje	garage
el jardín	garden; yard
la oficina	office
el pasillo	hallway
el patio	patio; yard
la sala	living room
el sótano	basement; cellar

Muebles y otras cosas

la alfombra	carpet; rug
la almohada	pillow
el armario	closet
el cartel	poster
la cómoda	chest of drawers
las cortinas	curtains
el cuadro	picture
el estante	bookcase; bookshelves
la lámpara	lamp
la luz	light; electricity
la manta	blanket
la mesita	end table
la mesita de noche	night stand
los muebles	furniture
la pared	wall
la pintura	painting; picture
el sillón	armchair
el sofá	couch; sofa

Electrodomésticos

la cafetera	coffee maker
la cocina, la estufa	stove
el congelador	freezer
el electrodoméstico	electric appliance
el horno (de microondas)	(microwave) oven
la lavadora	washing machine
el lavaplatos	dishwasher
el refrigerador	refrigerator
la secadora	clothes dryer
la tostadora	toaster

Para poner la mesa

la copa	wineglass; goblet
la cuchara	(table or large) spoon
el cuchillo	knife
el plato	plate
la servilleta	napkin
la taza	cup
el tenedor	fork
el vaso	glass
poner la mesa	to set the table
quitar la mesa	to clear the table

Quehaceres domésticos

arreglar	to neaten; to straighten up
barrer el suelo	to sweep the floor
cocinar	to cook
ensuciar	to get (something) dirty
hacer la cama	make the bed
hacer quehaceres domésticos	to do household chores
lavar	to wash
limpiar la casa	to clean the house
pasar la aspiradora	to vacuum
planchar la ropa	to iron the clothes
sacar la basura	to take out the trash
sacudir los muebles	to dust the furniture

Verbos y expresiones verbales

aconsejar	to advise
insistir (en)	to insist (on)
mandar	to order
recomendar (e:ie)	to recommend
rogar (o:ue)	to beg; to plead
sugerir (e:ie)	to suggest
Es bueno que…	It's good that…
Es importante que…	It's important that…
Es malo que…	It's bad that…
Es mejor que…	It's better that…
Es necesario que…	It's necessary that…
Es urgente que…	It's urgent that…

Relative pronouns	See page 368.
Expresiones útiles	See page 365.

La naturaleza

13

¡Qué paisaje más hermoso!

Martín y los estudiantes visitan el sendero en las montañas.

PERSONAJES

MAITE

INÉS

DON FRANCISCO

ÁLEX

JAVIER

MARTÍN

1

DON FRANCISCO Chicos, les presento a Martín Dávalos, el guía de la excursión. Martín, nuestros pasajeros—Maite, Javier, Inés y Álex.

2

MARTÍN Mucho gusto. Voy a llevarlos al área donde vamos a ir de excursión mañana. ¿Qué les parece?

ESTUDIANTES ¡Sí! ¡Vamos!

3

MAITE ¡Qué paisaje más hermoso!

INÉS No creo que haya lugares más bonitos en el mundo.

6

JAVIER Entiendo que mañana vamos a cruzar un río. ¿Está contaminado?

MARTÍN En las montañas el río no parece estar afectado por la contaminación. Cerca de las ciudades, sin embargo, el río tiene bastante contaminación.

7

ÁLEX ¡Qué aire tan puro se respira aquí! No es como en la ciudad de México... Tenemos un problema gravísimo de contaminación.

MARTÍN A menos que resuelvan ese problema, los habitantes van a sufrir muchas enfermedades en el futuro.

8

INÉS Creo que todos debemos hacer algo para proteger el medio ambiente.

MAITE Yo creo que todos los países deben establecer leyes que controlen el uso de automóviles.

recursos

R

VIDEO
Lección 13

VM
pp. 351-352

MARTÍN Esperamos que Uds. se diviertan mucho, pero es necesario que cuiden la naturaleza.

JAVIER Se pueden tomar fotos, ¿verdad?

MARTÍN Sí, con tal de que no toques las flores o las plantas.

ÁLEX ¿Hay problemas de contaminación en esta región?

MARTÍN La contaminación es un problema en todo el mundo. Pero aquí tenemos un programa de reciclaje. Si ves por el sendero botellas, papeles o latas, recógelos.

JAVIER Pero Maite, ¿tú vas a dejar de usar tu carro en Madrid?

MAITE Pues voy a tener que usar el metro... Pero tú sabes que mi coche es tan pequeñito... casi no contamina nada.

INÉS ¡Ven, Javier!

JAVIER ¡¡Ya voy!!

Enfoque cultural El ecoturismo

La contaminación es un problema en todo el mundo, incluyendo los países hispanohablantes. Sin embargo (*However*), el ecoturismo enseña a los turistas y a los habitantes de las regiones turísticas la importancia de cuidar el medio ambiente. El ecoturismo es muy popular en los bosques tropicales de países como Costa Rica y Perú, donde hay animales y plantas que están en peligro de extinción. Gracias al ecoturismo, los turistas visitan las tiendas propias de los habitantes de la zona y así se evita que el turismo altere estas regiones.

Expresiones útiles

Talking about the environment

▶ **¿Hay problemas de contaminación en esta región?**
Are there problems with pollution in this region/area?

▷ **La contaminación es un problema en todo el mundo.**
Pollution is a problem throughout the world.

▶ **¿Está contaminado el río?**
Is the river polluted?

▷ **En las montañas el río no parece estar afectado por la contaminación.**
In the mountains, the river does not seem to be affected by pollution.

▷ **Cerca de las ciudades el río tiene bastante contaminación.**
Near the cities, the river is pretty polluted.

▶ **¡Qué aire tan puro se respira aquí!**
The air you breathe here is so pure!

▶ **Es necesario que cuiden la naturaleza.**
It's necessary that you take care of nature.

▶ **Tenemos un problema gravísimo de contaminación.**
We have an extremely serious problem with pollution.

▶ **Creo que todos debemos hacer algo para proteger el medio ambiente.**
I think we should all do something to protect the environment.

▶ **No toques las flores o las plantas.**
Don't touch the flowers or the plants.

▶ **Tenemos un programa de reciclaje.**
We have a recycling program.

▶ **Si ves por el sendero botellas, papeles o latas, recógelos.**
If you see bottles, papers, or cans along the trail, pick them up.

Reacciona a la fotonovela

1 **Seleccionar** Selecciona la respuesta más lógica para cada frase.

1. Martín va a llevar a los estudiantes al lugar donde van a _____.
   a. contaminar el río b. bailar c. ir de excursión

2. El río está más afectado por la contaminación _____.
   a. cerca de los bosques b. en las ciudades c. en las montañas

3. Martín quiere que los estudiantes _____.
   a. limpien los senderos b. descubran nuevos senderos c. no usen sus autos

4. La naturaleza está formada por _____.
   a. los ríos, las montañas y las leyes b. los animales, las latas y los ríos
   c. los lagos, los animales y las plantas

5. La contaminación del aire puede producir _____.
   a. problemas del estómago b. enfermedades respiratorias c. enfermedades mentales

2 **Identificar** Identifica quién puede decir las siguientes frases. Puedes usar cada nombre más de una vez.

ÁLEX   **INÉS**

MAITE

MARTÍN   **JAVIER**

1. Es necesario que hagamos algo por el medio ambiente, ¿pero qué?
2. En mi ciudad es imposible respirar aire limpio. ¡Está muy contaminado!
3. En el futuro, a causa del problema de la contaminación, las personas van a tener problemas de salud.
4. El metro es una excelente alternativa al coche.
5. ¿Está limpio o contaminado el río?
6. Puedes usar tu cámara pero sin tocar las plantas, por favor.
7. De todos los lugares del mundo, me parece que éste es el mejor.
8. Como todo el mundo usa automóviles, debemos establecer leyes para controlar cómo y cuándo usarlos.

3 **Preguntas** Responde a las siguientes preguntas usando la información de **Fotonovela**.

1. Según Martín, ¿qué es necesario que hagan los estudiantes? ¿Qué no pueden hacer?

2. ¿Qué problemas del medio ambiente mencionan Martín y los estudiantes?

3. ¿Qué cree Maite que deben hacer los países?

4. ¿Qué cosas se pueden reciclar? Menciona tres.

5. ¿Qué otro medio de transporte importante dice Maite que hay en Madrid?

4 **El medio ambiente** En parejas, discutan algunos problemas ambientales y sus posibles soluciones. Usen las siguientes preguntas y frases en su conversación.

- ¿Hay problemas de contaminación donde vives?
- Tenemos un problema muy grave de contaminación de...
- ¿Cómo podemos resolver los problemas de la contaminación?

Ortografía

Los signos de puntuación

In Spanish, as in English, punctuation marks are important because they help you express your ideas in a clear, organized way.

> **No podía ver las llaves. Las buscó por los estantes, las mesas, las sillas, el suelo; minutos después, decidió mirar por la ventana. Allí estaban…**

The **punto y coma (;)**, the **tres puntos (…)**, and the **punto (.)** are used in very similar ways in Spanish and English.

> **Argentina, Brasil, Paraguay y Uruguay son miembros de Mercosur.**

In Spanish, the **coma (,)** is not used before **y** or **o** in a series.

> **13,5%**   **29,2°**   **3.000.000**   **$2.999,99**

In numbers, Spanish uses a **coma** where English uses a decimal point and a **punto** where English uses a comma.

 Cómo te llamas   **¿Dónde está?**   **¡Ven aquí!**   **Hola**

Questions in Spanish are preceded and followed by **signos de interrogación (¿ ?)**, and exclamations are preceded and followed by **signos de exclamación (¡ !)**.

Práctica Lee el párrafo e indica los signos de puntuación necesarios.

Ayer recibí la invitación de boda de Marta mi amiga colombiana inmediatamente empece a pensar en un posible regalo fui al almacén donde Marta y su novio tenían una lista de regalos había de todo copas cafeteras tostadoras finalmente decidí regalarles un perro ya sé que es un regalo extraño pero espero que les guste a los dos

¿Palabras de amor? El siguiente diálogo tiene diferentes significados (*meanings*) dependiendo de los signos de puntuación que utilices y el lugar donde los pongas. Intenta encontrar los diferentes significados.

JULIÁN	me quieres
MARISOL	no puedo vivir sin ti
JULIÁN	me quieres dejar
MARISOL	no me parece mala idea
JULIÁN	no eres feliz conmigo
MARISOL	no soy feliz

13.1 The subjunctive with verbs of emotion

ANTE TODO In the previous lesson, you learned how to use the subjunctive with expressions of will and influence. You will now learn how to use the subjunctive with verbs and expressions of emotion.

> Main clause — Subordinate clause
>
> *Marta* **espera** (que) yo **vaya** al lago este fin de semana.

▶ When the verb in the main clause of a sentence expresses an emotion or feeling such as hope, fear, joy, pity, surprise, etc., the subjunctive is required in the subordinate clause.

Nos alegramos de que te **gusten** las flores.
We are happy that you like the flowers.

Siento que tú no **puedas** venir mañana.
I'm sorry that you can't come tomorrow.

Temo que Ana no **pueda** ir mañana con nosotros.
I'm afraid that Ana won't be able to go with us tomorrow.

Le **sorprende** que Juan **sea** tan joven.
It surprises him that Juan is so young.

Esperamos que Uds. se diviertan mucho en la excursión.

Es triste que tengamos un problema grave de contaminación en la ciudad de México.

Common verbs and expressions of emotion

alegrarse (de)	*to be happy*	**tener miedo (de)**	*to be afraid (of)*
esperar	*to hope; to wish*	**es extraño**	*it's strange*
gustar	*to be pleasing; to like*	**es una lástima**	*it's a shame*
molestar	*to bother*	**es ridículo**	*it's ridiculous*
sentir (e:ie)	*to be sorry; to regret*	**es terrible**	*it's terrible*
sorprender	*to surprise*	**es triste**	*it's sad*
temer	*to be afraid; to fear*	**ojalá (que)**	*I hope (that); I wish (that)*

Me molesta que la gente no **recicle** el plástico.
It bothers me that people don't recycle plastic.

Es triste que tengamos problemas con la deforestación.
It's sad that we have problems with deforestation.

▶ As with expressions of will and influence, the infinitive, not the subjunctive, is used after an expression of emotion when there is no change of subject from the main clause to the subordinate clause. Compare these sentences.

Temo **llegar** tarde.
I'm afraid I'll arrive late.

Temo que mi novio **llegue** tarde.
I'm afraid my boyfriend will arrive late.

▶ The expression **ojalá (que)** means *I hope* or *I wish,* and it is always followed by the subjunctive. Note that the use of **que** with this expression is optional.

Ojalá (que) se conserven nuestros recursos naturales.
I hope (that) our natural resources will be conserved.

Ojalá (que) recojan la basura hoy.
I hope (that) they collect the garbage today.

Ojalá que su aseguradora eschuche sus necesidades con la misma atención.

COLMENA
salud - medicina
Con su familia, por su futuro.

Por fin usted se puede poner en manos de una companía confiable.

¡INTÉNTALO! Completa las oraciones con las formas correctas de los verbos.

1. Ojalá que ellos _descubran_ (descubrir) nuevas formas de energía.
2. Espero que Ana nos _____ (ayudar) a recoger la basura en la carretera.
3. Es una lástima que la gente no _____ (reciclar) más.
4. Esperamos _____ (proteger) el aire de nuestra comunidad.
5. Me alegro de que mis amigos _____ (querer) conservar la naturaleza.
6. A mis padres les gusta que nosotros _____ (participar) en programas de conservación.
7. Es ridículo _____ (contaminar) el medio ambiente.
8. Espero que tú _____ (venir) a la reunión (*meeting*) del Club de Ecología.
9. Siento que nuestras ciudades _____ (estar) afectadas por la contaminación.
10. Ojalá que yo _____ (poder) hacer algo para reducir la contaminación.

Práctica

1

Completar Completa el diálogo con palabras de la lista. Compara tus respuestas con las de un(a) compañero/a.

Bogotá, Colombia

alegro	salga	puedan
encuentren	lleguen	tengo miedo de
reduzcan	molesta	vayan
estén	ojalá	visitar

OLGA Me alegro de que Adriana y Raquel _____ a Colombia. ¿Van a estudiar?

SARA Sí. Es una lástima que _____ una semana tarde. Ojalá que la universidad las ayude a buscar casa. _____ que no consigan dónde vivir.

OLGA Me _____ que seas tan pesimista, pero sí, yo también espero que _____ gente simpática y que hablen mucho español.

SARA Sí, ojalá. Van a hacer un estudio sobre la deforestación en las costas. Es triste que en tantos países los recursos naturales _____ en peligro.

OLGA Pues, me _____ de que no se queden mucho en la capital por la contaminación, pero _____ tengan tiempo de viajar por el país.

SARA Sí, espero que _____ por lo menos ir al Museo del Oro. Sé que también esperan _____ la catedral de sal de Zipaquirá.

2

Transformar Transforma los siguientes elementos en frases completas para formar un diálogo entre Juan y la madre de Raquel. Añade palabras si es necesario. Luego, con un(a) compañero/a, presenta el diálogo a la clase.

1. Juan, / esperar / (tú) escribirle / Raquel. / Ser / tu / novia. / Ojalá / no / sentirse / sola

2. molestarme / (Ud.) decirme / lo que / tener / hacer. / Ahora / mismo / estarle / escribiendo

3. alegrarme / oírte / decir / eso. / Ser / terrible / estar / lejos / cuando / nadie / recordarte

4. señora, / ¡yo / tener / miedo / (ella) no recordarme / mí! / Ser / triste / estar / sin / novia

5. ser / ridículo / (tú) sentirte / así. / Tú / saber / ella / querer / casarse / contigo

6. ridículo / o / no, / sorprenderme / (todos) preocuparse / ella / y / (nadie) acordarse / mí

NOTA CULTURAL
Although Colombia is very close to the equator, many of its cities are in the mountains, where the weather is permanently spring-like. Bogotá, the capital, is located at over 8,000 feet above sea level!

Comunicación

3

Comentar En parejas, túrnense para formar oraciones sobre su ciudad, sus clases, su gobierno o algún otro tema, usando expresiones como **me alegro de que, temo que** y **es extraño que.** Luego reaccionen a los comentarios de su compañero/a.

> **modelo**
>
> **Estudiante 1:** Me alegro de que vayan a limpiar el río.
> **Estudiante 2:** Yo también. Me preocupa que el agua del río esté tan sucia.

4

Contestar Lee el mensaje electrónico que Raquel le escribió a su novio Juan. Luego, en parejas, contesten el mensaje usando expresiones como **me sorprende que, me molesta que** y **es una lástima que.**

Para	Asunto

Hola, Juan:

Mi amor, siento no escribirte más frecuentemente. La verdad es que estoy muy ocupada todo el tiempo. No sabes cuánto me estoy divirtiendo en Colombia. Me sorprende haber podido adaptarme tan bien. Es bueno tener tanto trabajo. Aprendo mucho más aquí que en el laboratorio de la universidad. Me encanta que me den responsabilidades y que compartan sus muchos conocimientos conmigo. Ay, pero pienso mucho en ti. Qué triste es que no vayamos a estar juntos por tanto tiempo. Ojalá que los días pasen rápido. Bueno, querido, es todo por ahora. Escríbeme pronto.

Te quiero,

Raquel

Síntesis

5

Problemas Tu profesor(a) te va a dar una hoja de actividades. Escribe tres problemas ecológicos que te preocupen. Luego, circula por la clase y describe cada problema a un(a) compañero/a. Escribe las soluciones que te ofrece. Después, comparte la información con la clase.

> **modelo**
>
> **Estudiante 1:** Me molesta que mi país no evite la deforestación.
> **Estudiante 2:** Ojalá que el gobierno haga más para proteger los bosques.

Práctica

1 **Completar** Unos amigos van a tener una cena en casa de Olga. Ella es la coordinadora y les da órdenes a todos. Completa el párrafo con la forma correcta de cada verbo.

1. No _____ en una hora. _____ ahora mismo. (venir)
2. _____ el arroz a tiempo. Pero no lo _____ demasiado temprano. (hacer)
3. No _____ a la tienda a comprar los refrescos. _____ al sótano. (ir)
4. _____ que no quieres preparar la cebolla, pero no _____ que no quieres ayudar. (decirme)
5. No _____ tan antipático con Katia. _____ amable que es muy niña. (ser)
6. _____ cuidado con el cuchillo, pero no _____ miedo de usarlo. (tener)
7. _____ al balcón, pero no _____ al patio. Ayer llovió mucho. (salir)

2 **Cambiar** Pedro y Marina no pueden ponerse de acuerdo (*agree*) cuando le dan órdenes a su hijo Miguel. Lee las órdenes que Pedro le da a Miguel. Después, usa la información entre paréntesis para formar las órdenes que le da Marina. Sigue el modelo.

> **modelo**
> Recoge la basura. (poner la mesa)
> No recojas la basura, Miguel. Pon la mesa.

1. Barre el suelo. (pasar la aspiradora)
2. Plancha la ropa. (hacer las camas)
3. Saca la basura. (quitar la mesa)
4. Ve al supermercado. (quedarte aquí)
5. Pon el radio. (poner la televisión)
6. Dale los libros a Katia. (dárselos a Juan)
7. Prepara la cena. (limpiar el carro)
8. Corta el césped. (bañar al gato)

3 **Desastres** La Sra. Valenzuela está pasando un mal día. Su casa está muy desordenada y le da órdenes a su esposo y a sus hijos/as para que ordenen todo. Forma los mandatos que ella le da a su familia.

> **modelo**
> Hay mucha basura en la cocina. (Pilar)
> Pilar, saca la basura de la cocina.

1. Las ventanas están abiertas. (Martín)
2. El perro ladra (*barks*) porque tiene hambre. (Lola)
3. La alfombra está sucia. (Pedro)
4. El gato se ha subido al televisor. (Pilar)
5. Juanito está tirando los papeles del escritorio del Sr. Valenzuela. (Lola)
6. Pilar está escuchando música a todo volumen. (Martín)
7. Los muebles de la sala están llenos de polvo. (Pedro)
8. Las flores del jardín necesitan agua. (Lola)

Comunicación

4

Diálogo En parejas, preparen un diálogo entre Ramón y Luisa Aguilera. Ellos se dan órdenes negativas y positivas sobre lo que tienen que hacer para llegar a tiempo a una fiesta. Usen mandatos afirmativos y negativos. Luego presenten el diálogo a la clase.

> **modelo**
>
> **Luisa:**   ¡Sal del cuarto de baño ya!
> **Ramón:** ¡No me des órdenes!
> **Luisa:**   Pero tengo que maquillarme.
> **Ramón:** Y yo tengo que ducharme. Oye, ¿qué hora es?
> **Luisa:**   Son las siete menos veinte.
> **Ramón:** ¡Ay! ¡Tráeme una toalla!

5

Órdenes Circula por la clase e intercambia órdenes con tus compañeros/as. Debes seguir las órdenes que ellos te dan o reaccionar apropiadamente.

> **modelo**
>
> **Estudiante 1:** Dame todo tu dinero.
> **Estudiante 2:** No, no quiero dártelo. Muéstrame tu cuaderno.
> **Estudiante 1:** Aquí está.
> **Estudiante 3:** Ve a la pizarra y escribe tu nombre.
> **Estudiante 4:** No quiero. Hazlo tú.

Síntesis

6

Anuncios Miren estos anuncios (*ads*). Luego, en grupos pequeños, preparen tres anuncios para asociaciones conservacionistas. Los anuncios pueden ser para un periódico, una revista, etc.

GLOBUS
Asociación Por Una Tierra Sin Contaminación

En GLOBUS creemos
que debemos cuidar
la Tierra.

Pero es imposible
hacerlo solos.

No cabe duda que
necesitamos
voluntarios.

¡ATENCIÓN!

Esta reserva
ecológica es
de todos los
colombianos.

Cuídala.   Recoge la
basura.

Protégela. No toques
las plantas.

Lectura

Antes de leer

Estrategia
Recognizing the purpose of a text

When you are faced with an unfamiliar text, it is important to determine the writer's purpose. If you are reading an editorial in a newspaper, for example, you know that the journalist's objective is to persuade you of his or her point of view. Identifying the purpose of a text will help you better comprehend its meaning.

Examinar el texto

Utiliza las estrategias de lectura para familiarizarte con el texto. Después contesta las siguientes preguntas y compara tus respuestas con las de un(a) compañero/a.

- ¿De qué trata la lectura?
- ¿Es una fábula, un poema, un artículo de periódico…?
- ¿Cómo lo sabes?

Predicciones

Lee estas predicciones sobre la lectura e indica si estás de acuerdo con ellas. Después compara tus opiniones con las de un(a) compañero/a.

1. La lectura es un género de ficción.
2. Los personajes son animales.
3. La acción tiene lugar en un zoológico.
4. Hay una moraleja.

Determinar el propósito

Con un(a) compañero/a, hablen de los posibles propósitos del texto. Consideren las siguientes preguntas.

- ¿Qué te dice el género del texto sobre los posibles propósitos del texto?
- ¿Piensas que el texto puede tener más de un propósito? ¿Por qué?

¿De qué trata la lectura? *What is the reading about?* **fábula** *fable* **estás de acuerdo** *you agree* **género** *type* **personajes** *characters* **moraleja** *moral* **propósito** *purpose*

De lo que le ocurrió a un zorro con un cuervo que tenía un pedazo de queso en el pico

(un fragmento adaptado de El conde Lucanor)

Don Juan Manuel

El noble español don Juan Manuel (1282–1348) es uno de los escritores más importantes de la literatura medieval. Sus historias inspiraron a autores tan célebres como Shakespeare y Cervantes. Su obra más conocida, El conde Lucanor, es una colección de fábulas y cuentos didácticos populares cuyo objetivo era enseñar a través de la diversión. En esta ocasión presentamos la famosa fábula del zorro y el cuervo que siglos más tarde adaptó La Fontaine.

Hubo una vez un cuervo que encontró un gran pedazo de queso. Lo tomó con el pico y se subió a un árbol para poder comérselo más tranquilamente, sin que nadie le molestara. Pasó en ese momento un zorro por el pie del árbol y al ver el queso que tenía el cuervo, comenzó a pensar en la manera de quitárselo. Y entonces le dijo:

—Don Cuervo, hace mucho tiempo que oí hablar de Ud., de su prudencia y de su nobleza. Lo busqué y hoy la fortuna hace que lo encuentre y, ahora que lo veo, entiendo que tiene más virtudes de las que todos me decían. Y para que vea que no lo digo por adular, ahora mismo voy a hablar de las virtudes que yo encuentro en Ud. y de las cualidades que la gente le critica. Toda la gente piensa que el color de sus plumas, de sus ojos, del pico, de las patas y de las uñas es de un color demasiado oscuro y por esa causa piensan que es menos bello. La gente no se da cuenta de su error, pues tan negras y tan brillantes son sus alas que parecen de color añil, al igual que las plumas del pavo real, que es el ave más hermosa del mundo. De la misma forma, sus ojos son negros, que es el color de los ojos más bello, pues los ojos son para ver y todas las cosas negras son las que más confortan la visión. Los ojos negros son, pues, los mejores y por eso los ojos más alabados son los de la gacela, que tiene los ojos más oscuros de entre todos los animales. También hay que decir que sus patas y uñas son más fuertes que las de ninguna ave del mismo tamaño, y que su vuelo es el de mayor ligereza, que no le preocupa volar en contra del viento por fuerte que sea, cosa que ninguna otra ave puede hacer con tanta agilidad como Ud. Y pienso yo, que como Dios hace todas las cosas con razón, estoy seguro de que no le negó otra virtud, pues no va a permitir que otra ave cante mejor que Ud. Y como Dios le ha hecho tan perfecto y sé que tiene más virtudes de las que yo oí antes de conocerle, le pido oír su canto que siempre estaré muy agradecido.

La intención del zorro era engañar al cuervo, pues todos sus razonamientos eran ciertos menos este último. Y cuando el cuervo vio cómo el zorro le alababa, y cómo le decía la verdad en todas las ocasiones, creyó que le decía la verdad en todo y que era su amigo. No sospechó que lo hacía para quitarle el queso que tenía en el pico, y entonces, abrió el pico para cantar. Al abrirlo cayó el queso a la tierra y el zorro lo tomó y se fue. Así engañó el zorro al cuervo, haciéndole creer que tenía más virtudes de las que tenía en realidad.

pedazo *piece* **pico** *beak*
didácticos *intended to instruct*
cuyo *whose* **a través de** *through* **zorro** *fox*
cuervo *crow* **siglos** *centuries* **adular** *to flatter*
patas *feet* **uñas** *claws* **se da cuenta de** *realizes*
añil *indigo* **pavo real** *peacock* **alabados** *praised*
gacela *gazelle* **tamaño** *size* **vuelo** *flight*
ligereza *agility* **volar** *to fly*
en contra de *against* **Dios** *God*
agradecido *grateful* **engañar** *to deceive*
alababa *praised*

Después de leer

Corregir

Escribe los siguientes comentarios otra vez, corrigiendo la información errónea.

1. Los personajes son un pavo real y una gacela.
2. La narración tiene lugar en un zoológico.
3. El zorro adula al cuervo porque quiere ser su amigo.
4. El cuervo engañó al zorro.
5. La modestia no era una virtud del zorro.

Contestar

Contesta estas preguntas.

1. ¿Cuál es la moraleja de la fábula?
2. En tu opinión, ¿qué adjetivos describen mejor al zorro y al cuervo? Explica tu respuesta.
3. ¿Te gustaría ser amigo/a del zorro? ¿Y del cuervo? ¿Por qué?
4. ¿Qué otras fábulas o leyendas conoces? ¿Qué características tienen en común con esta fábula? ¿En qué son diferentes?
5. ¿Cuál fue el propósito de don Juan Manuel cuando escribió esta fábula?

Diálogos

En pequeños grupos, escojan una fábula que todos conozcan. Escriban un pequeño diálogo en el que cada uno interprete el papel de un personaje principal. No olviden incluir el papel del narrador, que será el que comparta la moraleja con el público al final de la representación. Consideren las siguientes ideas como punto de partida.

- La zorra y las uvas (*the fox and the grapes*)
- El lobo disfrazado de cordero (*the wolf in sheep's clothing*)
- La gallina de los huevos de oro (*the goose who laid the golden eggs*)
- La liebre y la tortuga (*the hare and the tortoise*)

escojan *choose* **papel** *role* **punto de partida** *point of departure*

Escritura

Estrategia
Considering audience and purpose

All writing always has a specific purpose. During the planning stages, a writer must determine to whom he or she is addressing the piece and what he or she wants to express to the reader. Once you have defined both your audience and your purpose, you will be able to decide which genre, vocabulary, and grammatical structures will best serve your literary composition.

Let's say you want to share your thoughts on local traffic problems. Your audience can be either the local government or the community. You could choose to write a newspaper article, a letter to the editor, or a letter to the city's governing board. But first you should ask yourself these questions:

1. Are you going to comment on traffic problems in general, or are you going to point out several specific problems?

2. Are you simply intending to register a complaint?

3. Are you simply intending to inform others and increase public awareness of the problems?

4. Are you hoping to persuade others to adopt your point of view?

5. Are you hoping to inspire others to take concrete actions?

The answers to these questions will help you establish the purpose of your writing and determine your audience. Of course, your writing can have more than one purpose. For example, you may intend for your writing to both inform others of a problem and inspire them to take action.

Tema

Escribir una carta o un artículo

Escoge uno de los siguientes temas. Luego decide si vas a escribir una carta a un(a) amigo/a, una carta a un periódico, un artículo de periódico o de revista, etc.

1. Escribe sobre los programas que existen para proteger la naturaleza en tu comunidad. ¿Funcionan bien? ¿Participan todos los vecinos de tu comunidad en los programas? ¿Tienes dudas sobre el futuro del medio ambiente en tu comunidad?

2. Describe uno de los atractivos naturales de tu región. ¿Te sientes optimista sobre el futuro de tu región? ¿Qué están haciendo el gobierno y los ciudadanos de tu región para protegerla? ¿Es necesario hacer más?

3. Escribe sobre algún programa para proteger el medio ambiente a nivel nacional. ¿Es un programa del gobierno o de una empresa privada? ¿Cómo funciona? ¿Quiénes participan? ¿Tienes dudas sobre el programa? ¿Crees que debe cambiarse o mejorarse? ¿Cómo?

Escoge *Choose*   **ciudadanos** *citizens*   **nivel** *level*   **empresa** *company*   **privada** *private*

Plan de escritura

1 **Ideas y organización**

Toma unos minutos para contestar estas preguntas:

- ¿Cuál es el propósito de tu composición?
- ¿Quién va a leer tu composición?
- Utiliza las estrategias de organización, como un mapa de ideas o un esquema, para planear tu composición.

2 **Primer borrador**

Utilizando tus apuntes de **Ideas y organización,** escribe el primer borrador. No debes consultar el texto, los apuntes de clase ni el diccionario.

3 **Comentario**

Intercambia el primer borrador con un(a) compañero/a. Lee su borrador y comparte tu análisis utilizando esta guía:

- a. ¿Está claro el borrador? ¿Cuál es el propósito de la composición de tu compañero/a?
- b. ¿Incluye toda la información pertinente?
- c. ¿Está bien organizado el borrador?
- d. ¿Es interesante?
- e. ¿Hay errores gramaticales u ortográficos?

4 **Redacción**

Revisa el primer borrador según las indicaciones de tu compañero/a. Si tu compañero/a tuvo dificultad en determinar el propósito de tu composición, repasa la sección de **Ideas y organización** antes de revisar tu borrador. Usa esta guía para hacer una última revisión antes de escribir la versión final:

- a. Subraya cada verbo para comprobar la concordancia de los verbos y los sujetos.
- b. Revisa la concordancia de los sustantivos y los adjetivos en cada oración.
- c. Revisa los pronombres para comprobar el uso correcto de cada uno.
- d. Revisa la ortografía y la puntuación otra vez con la ayuda de tus **Anotaciones para mejorar la escritura.**

5 **Evaluación y progreso**

Comparte tu versión final con dos compañeros/as de clase. Cada estudiante debe leer su versión en voz alta. Después los otros miembros del grupo deben hacerle preguntas o comentarios. El/La escritor(a) debe responder oralmente a cada pregunta o comentario. Lee con cuidado los comentarios que hace tu profesor(a) en tu trabajo y anota los errores más importantes en las **Anotaciones para mejorar la escritura** en tu **Carpeta de trabajos.**

propósito *purpose*   esquema *outline*   apuntes *notes*   Subraya *Underline*   comprobar *to check*
concordancia *agreement*

Colombia

El país en cifras

- **Área:** 1,138.910 km² (439.734 millas²), *tres veces el área de Montana*
- **Población:** 43.821.000

De todos los países de habla hispana, sólo México tiene más habitantes que Colombia. Casi toda la población colombiana vive en las áreas montañosas y la costa occidental del país. Aproximadamente el 55% de la superficie del país está sin poblar.

- **Capital:** Santa Fé de Bogotá—6.547.000
- **Ciudades principales:** Cali—2.893.000, Medellín—3.070.000, Barranquilla—1.853.000, Cartagena—768.000

SOURCE: Population Division, UN Secretariat

Medellín

- **Moneda:** peso colombiano
- **Idiomas:** español (oficial), chibcha, araucano

Bandera de Colombia

Colombianos célebres

- **Edgar Negret,** escultor, pintor (1920-)
- **Gabriel García Márquez,** escritor (1928-)
- **Juan Pablo Montoya,** automovilista (1975-)
- **Shakira,** cantante (1977-)

habitantes *inhabitants* occidental *western* superficie *surface*
sin poblar *unpopulated* escultor *sculptor* arrojaban *threw*
cacique *chief* dioses *gods* llevó *led* de oro *golden*

Plaza Bolívar, Bogotá

Baile típico de Barranquilla

Barranquilla
Cartagena

Mar Caribe

PANAMÁ

Sierra Nevada de Santa Marta

VENEZUELA

Río Magdalena

ESTADOS UNIDOS

OCÉANO ATLÁNTICO

COLOMBIA

OCÉANO PACÍFICO

AMÉRICA DEL SUR

Cordillera Occidental de los Andes

Cordillera Central de los Andes

Medellín

Río Meta

Cali

Volcán Nevado del Huíla

Bogotá

Cordillera Oriental de los Andes

Océano Pacífico

Cultivo de caña de azúcar cerca de Cali

ECUADOR

PERÚ

recursos

R

WB pp. 159-160

vistasonline.com

¡Increíble pero cierto!

Laguna de Guatavita

En el siglo XVI los exploradores españoles oyeron la leyenda de El Dorado. Esta leyenda cuenta que los indios, como parte de un ritual, arrojaban oro al lago Guatavita y el cacique se sumergía cubierto de oro en honor a los dioses. Aunque esto era cierto, muy pronto la exageración llevó al mito de una ciudad de oro.

Lugares • El Museo del Oro

El famoso Museo del Oro del Banco de la República fue fundado en Bogotá en 1939 para preservar las piezas de orfebrería de la época precolombina. En el museo, que tiene más de 30.000 piezas de oro, se pueden ver joyas, ornamentos sagrados y figuras que sirvieron de ídolos. El cuidado con el que están hechos los objetos de oro refleja la creencia de las tribus indígenas de que el oro era la expresión física de la energía creadora de los dioses.

Literatura • Gabriel García Márquez (1928-)

Gabriel García Márquez, ganador del Premio Nobel de Literatura en 1982, es uno de los escritores contemporáneos más importantes del mundo. García Márquez publicó su primer cuento en 1947, cuando era estudiante universitario. Su obra más conocida, *Cien años de soledad*, está escrita en el estilo literario llamado "realismo mágico", un estilo que mezcla la realidad con lo irreal y lo mítico.

Historia • Cartagena de Indias

Los españoles fundaron la ciudad de Cartagena de Indias en 1533 y construyeron a su lado la fortaleza más grande de las Américas, el Castillo de San Felipe de Barajas. En la ciudad de Cartagena se conservan muchos edificios de la época colonial, como iglesias, monasterios, palacios y mansiones. Cartagena es conocida también por el Festival de Música del Caribe y su prestigioso Festival Internacional de Cine.

¿Qué aprendiste? Responde a las preguntas con una frase completa.

1. ¿Qué idiomas se hablan en Colombia?

2. ¿Qué país de habla hispana tiene más habitantes que Colombia?

3. ¿Quién es Edgar Negret?

4. ¿Para qué fue fundado el Museo del Oro?

5. ¿Qué tipos de objetos hay en el Museo del Oro?

6. ¿Quién ganó el Premio Nobel de Literatura en 1982?

7. ¿Cuál es la obra más famosa de García Márquez?

8. ¿Qué es el "realismo mágico"?

9. ¿Qué construyeron los españoles al lado de la ciudad de Cartagena de Indias?

10. ¿Qué festivales internacionales se celebran en Cartagena?

BRASIL

Conexión Internet Investiga estos temas en el sitio **www.vistasonline.com**.

1. Busca información sobre las ciudades más grandes de Colombia. ¿Qué lugares de interés hay en estas ciudades? ¿Qué puede hacer el turista en estas ciudades?

2. Busca información sobre pintores y escultores colombianos como Edgar Negret, Débora Arango o Fernando Botero. ¿Cuáles son algunas de sus obras más conocidas? ¿Cuáles son sus temas?

Oro *Gold* fundado *founded* orfebrería *goldsmithing* joyas *jewels* sagrados *sacred* están hechos *are made* creencia *belief* creadora *creative* dioses *gods* ganador *winner* cuento *story* obra *work* más conocida *best-known* estilo *style* mezcla *mixes* mítico *mythical* fortaleza *fortress* se conservan *are preserved*

La naturaleza

el árbol	tree
el bosque (tropical)	(tropical; rain) forest
el césped, la hierba	grass
el cielo	sky
el cráter	crater
el desierto	desert
la estrella	star
la flor	flower
el lago	lake
la luna	moon
el mundo	world
la naturaleza	nature
la nube	cloud
la piedra	stone
la planta	plant
la región	region; area
el río	river
la selva, la jungla	jungle
el sendero	trail; trailhead
el sol	sun
la tierra	land; soil
el valle	valley
el volcán	volcano

Animales

el animal	animal
el ave, el pájaro	bird
el gato	cat
el perro	dog
el pez	fish
la vaca	cow

El medio ambiente

la conservación	conservation
la contaminación (del aire; del agua)	(air; water) pollution
la deforestación	deforestation
la ecología	ecology
el ecoturismo	ecotourism
la energía (nuclear, solar)	(nuclear, solar) energy
el envase	container
la extinción	extinction
el gobierno	government
la lata	(tin) can
la ley	law
la lluvia (ácida)	(acid) rain
el medio ambiente	environment
el peligro	danger
la población	population
el reciclaje	recycling
el recurso natural	natural resource
la solución	solution
conservar	to conserve
contaminar	to pollute
controlar	to control
cuidar	to take care of
dejar de (+ *inf.*)	to stop (doing something)
desarrollar	to develop
descubrir	to discover
destruir	to destroy
estar afectado/a (por)	to be affected (by)
estar contaminado/a	to be polluted
evitar	to avoid
mejorar	to improve
proteger	to protect
reciclar	to recycle
recoger	to pick up
reducir	to reduce
resolver (o:ue)	to resolve; to solve
respirar	to breathe
de aluminio	(made) of aluminum
de plástico	(made) of plastic
de vidrio	(made) of glass
puro/a	pure

Emociones

alegrarse (de)	to be happy
esperar	to hope; to wish
sentir (e:ie)	to be sorry; to regret
temer	to fear
es extraño	it's strange
es una lástima	it's a shame
es ridículo	it's ridiculous
es terrible	it's terrible
es triste	it's sad
ojalá (que)	I hope (that); I wish (that)

Dudas y certezas

(no) dudar	(not) to doubt
(no) negar (e:ie)	(not) to deny
(no) creer	(not) to believe
es imposible	it's impossible
es improbable	it's improbable
es obvio	it's obvious
No cabe duda (de) que…	There is no doubt that…
No hay duda (de) que…	There is no doubt that…
(no) es posible	it's (not) possible
(no) es probable	it's (not) probable
(no) es cierto	it's (not) certain
(no) es verdad	it's (not) true
(no) es seguro	it's (not) certain

Conjunciones

a menos que	unless
antes (de) que	before
con tal (de) que	provided (that)
en caso (de) que	in case (that)
para que	so that
sin que	without

Expresiones útiles	See page 399.

En la ciudad

14

Communicative Goals

You will learn how to:

- **Give advice to others**
- **Give and receive directions**
- **Discuss daily chores**

En la ciudad

Más vocabulario

la frutería	fruit store
la heladería	ice cream shop
la pastelería	pastry shop
la pescadería	fish market
la cuadra	(city) block
la dirección	address
la esquina	corner
derecho	straight (ahead)
enfrente de	opposite; facing
hacia	toward
cruzar	to cross
doblar	to turn
hacer diligencias	to run errands
quedar	to be located
el cheque (de viajero)	(traveler's) check
la cuenta corriente	checking account
la cuenta de ahorros	savings account
ahorrar	to save (money)
cobrar	to cash (a check)
depositar	to deposit
firmar	to sign
llenar (un formulario)	to fill out (a form)
pagar a plazos	to pay in installments
pagar al contado, en efectivo	to pay in cash
pedir prestado	to borrow
pedir un préstamo	to apply for a loan
ser gratis	to be free of charge

Variación léxica

cheque de viajero	⟷ cheque de viaje (*Esp.*)
cuadra	⟷ manzana (*Esp.*)
direcciones	⟷ indicaciones (*Esp.*)
doblar	⟷ girar; virar; voltear
hacer diligencias	⟷ hacer mandados (*Amér. L.*)

recursos

R	SCASS./CD Lección 14	WB pp. 161-162	LM p. 229	LCASS./CD Cass. 14/CD 14

la peluquería, el salón de belleza

Peluquería LA GUAIRA

el banco

supermercado

JOYERIA CARACAS

PANADERIA PARACAINA

MERCANTIL

el supermercado

la panadería

la joyería

el cajero automático

Da direcciones. (dar)

Está perdida. (estar)

el letrero

la carnicería

la zapatería

la lavandería

Práctica

1 **Escuchar** 🎧 Mira el dibujo de las páginas 428 y 429. Luego escucha las frases e indica si lo que dice cada una es **cierto** o **falso.**

	Cierto	Falso		Cierto	Falso
1.	○	○	6.	○	○
2.	○	○	7.	○	○
3.	○	○	8.	○	○
4.	○	○	9.	○	○
5.	○	○	10.	○	○

2 **Seleccionar** Selecciona los lugares de la lista en los que haces las siguientes diligencias.

banco	frutería	pescadería
carnicería	joyería	salón de belleza
pastelería	lavandería	zapatería

1. comprar galletas
2. comprar manzanas
3. comprar un collar (*necklace*)
4. cortarte (*to cut*) el pelo
5. lavar la ropa
6. comprar pescado
7. comprar pollo
8. comprar sandalias

3 **Completar** Llena los espacios en blanco con las palabras más adecuadas.

1. El banco me regaló un reloj. Fue _____.
2. Me gusta _____ dinero, pero no me molesta gastarlo.
3. La cajera me dijo que tenía que _____ el cheque en el dorso (*on the back*) para cobrarlo.
4. Para pagar con un cheque, necesito tener dinero en mi _____.
5. Mi madre va a un _____ para obtener dinero en efectivo cuando el banco está cerrado.
6. Cada viernes, Julio lleva su cheque al banco y lo _____ para tener dinero en efectivo.
7. Cada viernes Ana lleva su cheque al banco y lo _____ en su cuenta de ahorros.
8. Anoche en el restaurante, Marco _____ en vez de usar una tarjeta de crédito.
9. Cuando viajas, es buena idea llevar cheques _____.
10. Para pedir un préstamo, Miguel y Susana tuvieron que _____ cuatro formularios.

Manda/Envía un paquete. (mandar, enviar)

las estampillas, los sellos

Hacen cola. (hacer)

el cartero

Echa una carta al buzón. (echar)

el sobre

En el correo

4

Diálogo Completa el diálogo entre Juanita y el cartero con las palabras más adecuadas.

CARTERO Buenas tardes, ¿es Ud. la señorita Ramírez? Le traigo un _____.

JUANITA Sí, soy yo. ¿Quién lo envía?

CARTERO La Sra. Ramírez. Y también tiene Ud. dos _____.

JUANITA Ay, pero ¡ninguna es de mi novio! ¿No llegó nada de Manuel Fuentes?

CARTERO Sí, pero él echó la carta al _____ sin poner un _____ en el sobre.

JUANITA Entonces, ¿qué recomienda Ud. que haga?

CARTERO Sugiero que vaya al _____. Con tal de que pague el costo del sello, se le puede dar la carta sin ningún problema.

JUANITA Uy, otra diligencia, y no tengo mucho tiempo esta tarde para _____ cola en el correo, pero voy enseguida. ¡Ojalá que sea una carta de amor!

¡LENGUA VIVA!

In Spanish, **Soy yo** means *That's me* or *It's me.* **¿Eres tú?/ ¿Es Ud.?** means *Is that you*?

5

En el banco Trabajen en grupos para representar estas situaciones.

Un(a) empleado/a de un banco ayuda a…

1. un(a) estudiante universitario/a que quiere abrir una cuenta corriente.
2. una pareja de recién casados que quiere pedir un préstamo al banco para comprar una casa.
3. una persona que quiere información de los servicios que ofrece el banco.
4. un(a) estudiante que va a ir a estudiar al extranjero (*abroad*) y quiere saber qué tiene que hacer para llevar su dinero de una forma segura.

6

Diligencias Trabajen en parejas para repartirse (*divide up*) las siguientes diligencias. Primero decidan quién va a hacer cada diligencia y después cuál es la manera más rápida de llegar a los diferentes sitios (*places*) desde el campus.

modelo

Cobrar unos cheques

Estudiante 1: Yo voy a cobrar unos cheques. ¿Cómo llego al banco?

Estudiante 2: Conduce hacia el norte hasta cruzar la calle Oak. El banco queda en la esquina a la izquierda.

1. Enviar un paquete
2. Comprar botas nuevas
3. Comprar un pastel de cumpleaños
4. Lavar unas camisas
5. Pedir un préstamo
6. Comprar helado
7. Cortarte (*to cut*) el pelo
8. Comprar langosta

¡ATENCIÓN!

Note these different meanings:

quedar *to be located; to be left over; to fit*

quedarse *to stay, to remain*

7

El Hatillo Trabajen en parejas para representar los papeles (*roles*) de un(a) turista que está perdido/a en El Hatillo y de un(a) residente de la ciudad que quiere ayudarle.

NOTA CULTURAL

El Hatillo is a small town near Caracas that is a popular for its quaint architecture, restaurants, and handicrafts shops.

CONSÚLTALO

Simón Bolívar (1783-1830) is considered the liberator of much of South America. In his honor, the Venezuelan unit of currency is called the *bolívar*. To learn more, see **Panorama** p. 457.

Plaza Bolívar
Plaza Sucre
Banco
Casa de la Cultura
Farmacia
Iglesia
Terminal
Escuela
Estacionamiento (*parking lot*)
Joyería
Zapatería
Café Primavera

modelo

Plaza Sucre, Café Primavera

Estudiante 1: Perdón, ¿por dónde queda la Plaza Sucre?

Estudiante 2: Del Café Primavera, camine derecho por la calle Sucre hasta cruzar la calle Comercio. Doble a la izquierda y camine una cuadra. La Plaza Sucre queda a la derecha.

1. Plaza Bolívar, farmacia
2. Casa de la Cultura, Plaza Sucre
3. banco, terminal
4. estacionamiento (este), escuela
5. Plaza Sucre, estacionamiento (oeste)
6. joyería, banco
7. farmacia, joyería
8. zapatería, iglesia

8

Direcciones En grupos, escriban un minidrama en el que unos/as turistas están preguntando cómo llegar a diferentes sitios de la comunidad en la que viven Uds. Luego preséntenlo a la clase.

Estamos perdidos.

Maite y Álex hacen diligencias en el centro.

PERSONAJES

MAITE

INÉS

DON FRANCISCO

ÁLEX

JAVIER

MARTÍN

JOVEN

1

2

3

MARTÍN & DON FRANCISCO Buenas tardes.

JAVIER Hola. ¿Qué tal? Estamos conversando sobre la excursión de mañana.

DON FRANCISCO ¿Ya tienen todo lo que necesitan? A todos los excursionistas yo siempre les recomiendo llevar zapatos cómodos, una mochila, gafas oscuras y un suéter por si hace frío.

JAVIER Todo listo, don Francisco.

MARTÍN Les aconsejo que traigan algo de comer.

ÁLEX Mmm... no pensamos en eso.

MAITE ¡Deja de preocuparte tanto, Álex! Podemos comprar algo en el supermercado ahora mismo. ¿Vamos?

6

7

8

JOVEN ¡Hola! ¿Puedo ayudarte en algo?

MAITE Sí, estamos perdidos. ¿Hay un banco por aquí con cajero automático?

JOVEN Mmm... no hay ningún banco en esta calle que tenga cajero automático.

JOVEN Pero conozco uno en la calle Pedro Moncayo que sí tiene cajero automático. Cruzas esta calle y luego doblas a la izquierda. Sigues todo derecho y antes de que lleguen a la Joyería Crespo van a ver un letrero grande del Banco del Pacífico.

MAITE También buscamos un supermercado.

JOVEN Pues, allí mismo enfrente del banco hay un supermercado pequeño. Fácil, ¿no?

MAITE Creo que sí. Muchas gracias por su ayuda.

recursos

| R | VIDEO Lección 14 | VM pp. 353-354 |

ÁLEX ¡Excelente idea! En cuanto termine mi café te acompaño.

MAITE Necesito pasar por el banco y por el correo para mandar unas cartas.

ÁLEX Está bien.

ÁLEX ¿Necesitan algo del centro?

INÉS ¡Sí! Cuando vayan al correo, ¿pueden echar estas postales al buzón? Además necesito unas estampillas.

ÁLEX Por supuesto.

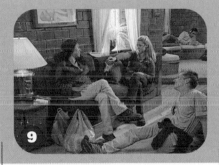

MAITE Ten, guapa, tus sellos.

INÉS Gracias, Maite. ¿Qué tal les fue en el centro?

MAITE ¡Superbien! Fuimos al banco y al correo. Luego en el supermercado compramos comida para la excursión. Y antes de regresar, paramos en una heladería.

MAITE ¡Ah! Y otra cosa. Cuando llegamos al centro conocimos a un joven muy simpático que nos dio direcciones. Era muy amable... ¡y muy guapo!

Enfoque cultural Las tiendas especializadas

La popularidad de los supermercados está aumentando (*growing*) en los países hispanos, pero todavía muchas personas van a tiendas especializadas para comprar comidas como la carne, el pescado, el pan y los dulces. La pulpería, por ejemplo, es una tienda típica de las zonas rurales de algunos países de América Latina. La gente va a una pulpería para tomar una bebida o comprar productos esenciales. Otra tienda típica de algunos países hispanos es la rosticería, donde se asan (*roast*) y venden carnes para llevar (*takeout*).

Expresiones útiles

Giving advice

▷ **Les recomiendo/Hay que llevar zapatos cómodos.**
I recommend that you/It's necessary to wear comfortable shoes.

▷ **Les aconsejo que traigan algo de comer.**
I advise you to bring something to eat.

Talking about errands

▷ **Necesito pasar por el banco.**
I need to go by the bank.

▷ **En cuanto termine mi café te acompaño.**
As soon as I finish my coffee, I'll go with you.

Getting directions

▷ **Estamos perdidos.**
We're lost.

▶ **¿Hay un banco por aquí con cajero automático?**
Is there a bank around here with an ATM?

▷ **Crucen esta calle y luego doblen a la izquierda/derecha.**
Cross this street and then turn to the left/right.

▷ **Sigan todo derecho.**
Go straight ahead.

▷ **Antes de que lleguen a la joyería van a ver un letrero grande.**
Before you get to the jewelry store, you're going to see a big sign.

▶ **¿Por dónde queda el supermercado?**
Where is the supermarket?

▷ **Está a dos cuadras de aquí.**
It's two blocks from here.

▷ **Queda en la calle Flores.**
It's on Flores street.

▷ **Pues, allí mismo enfrente del banco hay un supermercado.**
Well, right in front of the bank there is a supermarket.

Reacciona a la fotonovela

1 **¿Cierto o falso?** Decide si lo que dicen las siguientes frases es **cierto** o **falso**. Corrige las frases falsas.

CONSÚLTALO

The subjunctive with verbs of will and influence To review the use of verbs like **insistir**, see Lesson 12, section 12.4, p. 380.

	Cierto	Falso
1. Don Francisco insiste en que los excursionistas lleven una cámara.	○	○
2. Inés escribió unas postales y ahora necesita mandarlas por correo.	○	○
3. El joven dice que el Banco del Atlántico tiene un cajero automático.	○	○
4. Enfrente del banco hay una heladería.	○	○

2 **Identificar** Identifica quién puede decir las siguientes frases.

1. Quiero ir contigo pero primero quiero terminar mi desayuno, ¿está bien?
2. Insisto en que lleven ropa apropiada para una excursión como, por ejemplo, zapatos para caminar.
3. Van a tener hambre en la excursión. ¿Por qué no traen un poco de fruta?
4. Yo también necesito algo del correo. ¿Me puedes comprar unas estampillas?
5. A ver... tengo que ir al banco, al supermercado y ¿qué más? Ah, necesito mandar unas cartas.
6. Miren, después de doblar a la izquierda, van a ver el letrero del banco.

JOVEN

MARTÍN

INÉS

ÁLEX

MAITE

DON FRANCISCO

3 **Ordenar** Pon los eventos de la **Fotonovela** en el orden correcto.

a. Un joven ayuda a Álex y a Maite a encontrar el banco porque están perdidos.___
b. Álex y Maite comen un helado.___
c. Inés les da unas postales a Maite y a Álex para echar al buzón.___
d. Maite y Álex van al banco y al correo.___
e. Álex termina su café.___
f. Maite y Álex van al supermercado y compran comida.___

4 **Conversación** Un(a) compañero/a y tú son vecinos/as. Uno/a de Uds. acaba de mudarse y necesita ayuda porque no conoce la ciudad. Los dos tienen que hacer algunas diligencias y deciden hacerlas juntos/as. Preparen una conversación breve en la que hagan planes para ir a los siguientes lugares.

► un banco
► una lavandería
► un supermercado
► una heladería
► una panadería

AYUDA

primero *first*
luego *then*
¿Sabes dónde queda...?
Do you know where...is?
¿Qué te parece?
What do you think?
¡Cómo no!
Why not?

Ortografía

Las abreviaturas

In Spanish, as in English, abbreviations are often used in order to save space and time while writing. Here are some of the most commonly used abbreviations in Spanish.

---

usted ⟶ Ud.   ustedes ⟶ Uds.

As you have already learned, the subject pronouns **usted** and **ustedes** are often abbreviated.

---

don ⟶ D.   doña ⟶ Dña.   doctor(a) ⟶ Dr(a).
señor ⟶ Sr.   señora ⟶ Sra.   señorita ⟶ Srta.

These titles are frequently abbreviated.

---

centímetro ⟶ cm   metro ⟶ m   kilómetro ⟶ km
litro ⟶ l   gramo ⟶ g, gr   kilogramo ⟶ kg

The abbreviations for these units of measurement are often used, but without periods.

---

por ejemplo ⟶ p. ej.   página(s) ⟶ pág(s).

These abbreviations are often seen in books.

---

derecha ⟶ dcha.   izquierda ⟶ izq., izqda.
código postal ⟶ C.P.   número ⟶ n.º

These abbreviations are often used in mailing addresses.

Sra. Emilia F.
Bazán
Cía. Romero, S.A.
3336
Calle Lozano, n.º 37
Caracas, Venezuela

Banco ⟶ Bco.   Compañía ⟶ Cía.
cuenta corriente ⟶ c/c.   Sociedad Anónima (*Inc.*) ⟶ S.A.

These abbreviations are frequently used in the business world.

Práctica Escribe otra vez la siguiente información usando las abreviaturas adecuadas.

1. doña María
2. señora Pérez
3. Compañía Mexicana de Inversiones
4. usted
5. Banco de Santander
6. doctor Medina
7. Código Postal 03697
8. cuenta corriente número 20-453

Emparejar En la tabla hay 9 abreviaturas. Empareja los cuadros necesarios para formarlas.

S.	c.	C.	c	co.	U
B	c/	Sr	A.	D	dc
ta.	P.	ña.	ha.	m	d.

14.1 The subjunctive in adjective clauses

ANTE TODO In Lesson 13, you learned that the subjunctive is used in adverbial clauses after certain conjunctions. You will now learn how the subjunctive can be used in adjective clauses to express that the existence of someone or something is uncertain or indefinite.

¡ATENCIÓN!

Adjective clauses are subordinate clauses that modify a noun or pronoun in the main clause of a sentence. That noun or pronoun is called the *antecedent*.

¿Hay un banco por aquí que tenga cajero automático?

No hay ningún banco en esta calle que tenga cajero automático.

▶ The subjunctive is used in an adjective (or subordinate) clause that refers to a person, place, thing, or idea that either does not exist or whose existence is uncertain or indefinite. In the examples below, compare the differences in meaning between the statements using the indicative and those using the subjunctive.

Indicative	Subjunctive
Necesito **el libro** que **tiene** información sobre Venezuela. *I need the book that has information about Venezuela.*	Necesito **un libro** que **tenga** información sobre Venezuela. *I need a book that has information about Venezuela.*
Quiero vivir en **esta casa** que **tiene** jardín. *I want to live in this house that has a garden.*	Quiero vivir en **una casa** que **tenga** jardín. *I want to live in a house that has a garden.*
En mi barrio, hay **una heladería** que **vende** helado de mango. *In my neighborhood, there's an ice cream store that sells mango ice cream.*	En mi barrio no hay **ninguna heladería** que **venda** helado de mango. *In my neighborhood, there are no ice cream stores that sell mango ice cream.*

▶ When the adjective clause refers to a person, place, thing, or idea that is clearly known, certain, or definite, the indicative is used.

Quiero vivir en **la casa** que **tiene** jardín.
I want to live in the house that has a garden.

Busco **al profesor** que **enseña** japonés.
I'm looking for the professor who teaches Japanese.

Conozco **a alguien** que **va** a esa peluquería.
I know someone who goes to that beauty salon.

Tengo **un amigo** que **vive** cerca de mi casa.
I have a friend who lives near my house.

▶ The personal **a** is not used with direct objects that are hypothetical people. However, as you learned in Lesson 7, **alguien** and **nadie** are always preceded by the personal **a** when they function as direct objects.

Necesitamos **un empleado** que **sepa** usar computadoras.
We need an employee who knows how to use computers.

Necesitamos **al empleado** que **sabe** usar computadoras.
We need the employee who knows how to use computers.

Buscamos **a alguien** que **pueda** cocinar.
We're looking for someone who can cook.

No conocemos **a nadie** que **pueda** cocinar.
We don't know anyone who can cook.

¡ATENCIÓN!

Here are some verbs which are commonly followed by adjective clauses in the subjunctive:

necesitar   **encontrar**
querer   **conocer**
buscar   **haber**

▶ The subjunctive is commonly used in questions with adjective clauses when the speaker is trying to find out information about which he or she is uncertain. However, if the person who responds to the question knows the information, the indicative is used.

—¿Hay un parque que **esté** cerca de nuestro hotel?
Is there a park that's near our hotel?

—Sí, hay un parque que **está** muy cerca del hotel.
Yes, there's a park that's very near the hotel.

Busque cualquier información que necesite.

¡INTÉNTALO! Escoge entre el subjuntivo o el indicativo para completar cada oración.

1. Necesito una persona que ___*pueda*___ (puede/pueda) cantar bien.
2. Buscamos a alguien que _____ (tiene/tenga) paciencia.
3. ¿Hay restaurantes aquí que _____ (sirven/sirvan) comida japonesa?
4. Tengo una amiga que _____ (saca/saque) fotografías muy bonitas.
5. Hay una carnicería que _____ (está/esté) cerca de aquí.
6. No vemos ningún apartamento que nos _____ (interesa/interese).
7. Conozco a un estudiante que _____ (come/coma) hamburguesas todos los días.
8. ¿Hay alguien que _____ (dice/diga) la verdad?

14.3 Nosotros/as commands

You have already learned familiar (**tú**) commands and formal (**Ud./Uds.**) commands. You will now learn **nosotros/as** commands, which are used to give orders or suggestions that include yourself and other people. **Nosotros/as** commands correspond to the English *Let's*.

Crucemos la calle.	**No crucemos** la calle.
Let's cross the street.	*Let's not cross the street.*

▶ Both affirmative and negative **nosotros/as** commands are generally formed by using the first-person plural form of the present subjunctive.

▶ The affirmative *Let's* + [*verb*] command may also be expressed with **vamos a** + [*infinitive*]. Remember, however, that **vamos a** + [*infinitive*] can also mean *we are going to (do something)*. Context and tone of voice determine which meaning is being expressed.

Vamos a cruzar la calle.	**Vamos a trabajar** mucho.
Let's cross the street.	*We're going to work a lot.*

▶ To express the command *Let's go*, the present indicative form of **ir** (**vamos**) is used, not the present subjunctive. For the negative command, however, the present subjunctive is used.

Vamos a la pescadería.	No **vayamos** a la pescadería.
Let's go to the fish market.	*Let's not go to the fish market.*

▶ Object pronouns are always attached to affirmative **nosotros/as** commands. A written accent is added to maintain the original stress.

Firmemos el cheque. ➜ **Firmémoslo.** **Escribamos** a Ana y Raúl. ➜ **Escribámosles.**

▶ Object pronouns are placed in front of negative **nosotros/as** commands.

No **les paguemos** el préstamo. No **se lo digamos** a ellos.

¡INTÉNTALO! Indica los mandatos afirmativos y negativos de la primera persona del plural (**nosotros/as**) de los siguientes verbos.

1. estudiar _estudiemos, no estudiemos_
2. cenar _____
3. leer _____
4. decidir _____
5. decir _____
6. cerrar _____
7. levantarse _____
8. irse _____

Práctica

1

Completar Completa esta conversación con los mandatos de **nosotros/as.** Luego, representa la conversación con un(a) compañero/a.

MARÍA Sergio, ¿quieres hacer diligencias ahora o por la tarde?

SERGIO No _____ (dejarlas) para más tarde. _____ (Hacerlas) ahora. ¿Qué tenemos que hacer?

MARÍA Necesito comprar sellos.

SERGIO Yo también. _____ (Ir) al correo.

MARÍA Pues, antes de ir al correo, necesito sacar dinero de mi cuenta corriente.

SERGIO Bueno, _____ (buscar) un cajero automático.

MARÍA ¿Tienes hambre?

SERGIO Sí. _____ (Cruzar) la calle y _____ (entrar) en ese café.

MARÍA Buena idea.

SERGIO ¿Nos sentamos aquí?

MARÍA No, no _____ (sentarse) aquí; _____ (sentarse) enfrente de la ventana.

SERGIO ¿Qué pedimos?

MARÍA _____ (Pedir) café y pan dulce.

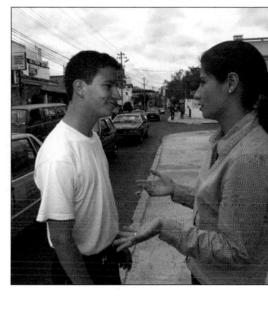

2

Responder Responde a cada mandato según las indicaciones. Usa los mandatos de **nosotros/as** y sustituye los pronombres por los objetos directos e indirectos.

> **modelo**
>
> Vamos a vender el carro. (Sí)
> *Sí, vendámoslo.*

1. Vamos a levantarnos a las seis. (Sí)
2. Vamos a enviar los paquetes. (No)
3. Vamos a depositar el cheque. (Sí)
4. Vamos al supermercado. (No)
5. Vamos a mandar esta tarjeta postal a nuestros amigos. (No)
6. Vamos a limpiar la habitación. (Sí)
7. Vamos a mirar la televisión. (No)
8. Vamos a bailar. (Sí)
9. Vamos a pintar la sala. (No)
10. Vamos a comprar estampillas. (Sí)

Comunicación

3

Preguntar Tú y un(a) compañero/a están en Caracas. Túrnense para hacerse estas preguntas. Contesten las preguntas con un mandato afirmativo o negativo de **nosotros/as.**

1. ¿Nos quedamos en un hotel o en una pensión?
2. ¿Cruzamos la calle aquí o caminamos una cuadra más?
3. ¿Vamos al supermercado o comemos en un restaurante?
4. ¿Vamos al cine en taxi o en autobús?
5. ¿Salimos para el cine a las seis o las seis y media?
6. ¿Hacemos cola o buscamos otra película?
7. ¿Volvemos al hotel después de la película o tomamos algo en un café?
8. ¿Pagamos la cuenta en efectivo o con tarjeta de crédito?

4

Decisiones Trabajen en grupos pequeños. Uds. están en Caracas por dos días. Lean esta página de una guía turística sobre la ciudad y decidan qué van a hacer hoy por la mañana, por la tarde y por la noche. Usen los mandatos afirmativos o negativos de **nosotros/as.**

> **modelo**
>
> Visitemos el Museo de Arte Contémporaneo Sofía Imber
> esta tarde. Quiero ver las esculturas de Jesús Rafael Soto.

 Guía de Caracas

MUSEOS

- **Museo de Arte Colonial** Avenida Panteón
- **Museo de Arte Contemporáneo Sofía Imber** Parque Central Esculturas de Jesús Rafael Soto y pinturas de Miró, Chagall y Picasso.
- **Galería de Arte Nacional** Parque Central. Colección de más de 4000 obras de arte venezolano.

SITIOS DE INTERÉS

- **Plaza Bolívar**
- **Jardín Botánico** Avenida Interna UCV. De 8:00 a 5:00.
- **Parque del Este** Avenida Francisco de Miranda Parque más grande de la ciudad con serpentarium.
- **Casa Natal de Simón Bolívar** Esquina de Sociedad de la avenida Universitaria. Casa colonial donde nació El Libertador.

RESTAURANTES

- **El Barquero** Avenida Luis Roche
- **Restaurante El Coyuco** Avenida Urdaneta
- **Restaurante Sorrento** Avenida Francisco Solano
- **Café Tonino** Avenida Andrés Bello

NOTA CULTURAL

Jesús Rafael Soto (1932–) is a modern Venezuelan sculptor/painter whose "kinetic" works often involve parts that shimmer and vibrate, bringing the viewer into closer contact with the work.

Síntesis

5

Situación Tú y un(a) compañero/a viven juntos en un apartamento y tienen problemas económicos. Describan los problemas y sugieran algunas soluciones. Usen los mandatos afirmativos o negativos de **nosotros/as.**

> **modelo**
>
> Es importante que reduzcamos nuestros gastos
> (*expenses*). Hagamos un presupuesto (*budget*).

14.4 Past participles used as adjectives

ANTE TODO   In Lesson 5, you learned about present participles (**estudiando**). Both Spanish and English have past participles. The past participles of English verbs often end in **–ed** (*to turn* → *turned*), but many are also irregular (*to buy* → *bought; to drive* → *driven*).

▶ In Spanish, regular **–ar** verbs form the past participle with **–ado**. Regular **–er** and **–ir** verbs form the past participle with **–ido**.

¡ATENCIÓN!

The past participles of **–er** and **–ir** verbs whose stems end in **–a**, **–e**, or **–o** carry a written accent mark on the **i** of the **–ido** ending.

caer	**caído**
creer	**creído**
leer	**leído**
oír	**oído**
reír	**reído**
sonreír	**sonreído**
traer	**traído**

INFINITIVE	STEM	PAST PARTICIPLE
bailar	bail-	**bailado**
comer	com-	**comido**
vivir	viv-	**vivido**

Irregular past participles

abrir	**abierto**	morir	**muerto**
decir	**dicho**	poner	**puesto**
describir	**descrito**	resolver	**resuelto**
descubrir	**descubierto**	romper	**roto**
escribir	**escrito**	ver	**visto**
hacer	**hecho**	volver	**vuelto**

CONSEJOS

You already know several participles used as adjectives: **aburrido, interesado, nublado, perdido,** etc.

• • •

Note that all irregular past participles except **dicho** and **hecho** end in **to**.

▶ In Spanish, as in English, past participles can be used as adjectives. They are often used with the verb **estar** to describe a condition or state that results from an action. Like other Spanish adjectives, they must agree in gender and number with the nouns they modify.

En la entrada hay algunos letreros **escritos** en español.
In the entrance, there are some signs written in Spanish.

La joyería **está cerrada.**
The jewelry store is closed.

Tenemos la mesa **puesta** y la cena **hecha.**
We have the table set and dinner made.

El cheque ya **está firmado.**
The check is already signed.

¡INTÉNTALO!   Indica la forma correcta del participio pasado de estos verbos.

1. hablar ___hablado___
2. beber _____
3. decidir _____
4. romper _____
5. escribir _____
6. cantar _____
7. oír _____
8. traer _____

9. correr _____
10. leer _____
11. ver _____
12. hacer _____
13. morir _____
14. reír _____
15. mirar _____

Práctica

1 **Completar** Completa estas frases con la forma adecuada del participio pasado del verbo que está entre paréntesis.

1. El hombre _____ (describir) en ese documento es un criminal.
2. María Conchita Alonso es una actriz y cantante muy _____ (conocer).
3. ¿Está _____ (descubrir) ya todo el petróleo de Venezuela?
4. Los libros _____ (usar) son muy baratos.
5. Los documentos están _____ (firmar).
6. Tenemos el documento _____ (firmar) desde hace una semana.

2 **Preparaciones** Tú y tu compañero/a van a hacer un viaje. Túrnense para hacerse las siguientes preguntas sobre los preparativos (*preparations*). Usen el participio pasado en sus respuestas.

> **modelo**
> **Estudiante 1:** ¿Firmaste el cheque de viajero?
> **Estudiante 2:** Sí, el cheque de viajero ya está firmado.

1. ¿Compraste los boletos para el avión?
2. ¿Confirmaste las reservaciones para el hotel?
3. ¿Firmaste tu pasaporte?
4. ¿Lavaste la ropa?
5. ¿Resolviste el problema con el banco?
6. ¿Pagaste todas las cuentas?
7. ¿Hiciste todas las diligencias?
8. ¿Hiciste las maletas?

3 **Describir** Tú y un(a) compañero/a son agentes de policía y tienen que investigar un crimen que ocurrió en el hotel Coliseo. Miren el dibujo y describan lo que encontraron al entrar en la suite del Sr. Villalonga. Usen el participio pasado en la descripción.

> **modelo**
> La puerta del baño no estaba cerrada.

AYUDA

You may want to use the past participle of these verbs to describe the illustration:

abrir *to open*
desordenar *to make untidy*
hacer *to do, to make*
poner *to turn on (a machine)*
tirar *to throw*

Comunicación

4

Preguntas En parejas, túrnense para hacerse estas preguntas.

1. ¿Quiénes están aburridos en la clase?
2. ¿Hay alguien que esté dormido en la clase?
3. ¿Dejas la luz prendida en tu cuarto?
4. ¿Está ordenado tu cuarto?
5. ¿Prefieres comprar libros usados o nuevos? ¿Por qué?
6. ¿Tienes mucho dinero ahorrado?
7. ¿Necesitas pedirles dinero prestado a tus padres?
8. ¿Estás preocupado/a por el medio ambiente?
9. ¿Qué haces cuando no estás preparado/a para una clase?
10. ¿Qué haces cuando estás perdido/a en una ciudad?

5

Encuesta Tu profesor(a) va a darte una hoja de actividades. Circula por la clase y haz preguntas hasta que encuentres a las personas que responden a cada descripción y anota sus respuestas. Luego informa a la clase de los resultados de tu encuesta.

AYUDA

Remember that **llevar** means *to wear* in addition to *to take* or *to bring.*

Descripciones	Nombres	Otra información
1. Tiene algo roto. ¿Qué es?		
2. Lleva algo hecho en un país hispano. ¿Qué es?		
3. Tiene algo traído de otro país. ¿Qué es?		
4. Tiene las respuestas escritas en su libro.		
5. Tiene la cama hecha.		
6. Su cuarto está desordenado. ¿Por qué?		
7. Sabe los nombres de dos venezolanos muy conocidos. ¿Quiénes son?		
8. Está interesado/a en trabajar en un banco. ¿Por qué?		

Síntesis

6

Situación Tu profesor(a) va a darte una hoja de actividades. Trabaja con un(a) compañero/a. Una persona va a ser el/la recepcionista (*desk clerk*) de un hotel. La otra persona es un(a) huésped en el hotel.

Lectura

Antes de leer

Estrategia

Identifying point of view

You can understand a narrative more completely if you identify the point of view of the narrator. You can do this by simply asking yourself from whose perspective the story is being told. Some stories are narrated in the first person. That is, the narrator is a character in the story, and everything you read is filtered through that person's thoughts, emotions, and opinions. Other stories have an omniscient narrator who is not one of the story's characters and who reports the thoughts and actions of all the characters.

Examinar el texto

Lee brevemente el cuento. ¿De qué trata? ¿Cómo lo sabes? ¿Se narra en primera persona o tiene un narrador omnisciente? ¿Cómo lo sabes?

Seleccionar

Completa cada frase con la información adecuada.

1. Los personajes son _____.
   a. árabes b. franceses c. argentinos
2. Abderrahmán era _____.
   a. el ingeniero más sabio de los árabes
   b. un califa importante
   c. supervisor de la construcción de la ciudad
3. El cuento tiene que ver con _____.
   a. la construcción de una ciudad
   b. los problemas del califa con su esposa
   c. la burocracia en Bagdad
4. El supervisor de la construcción prometió terminar el proyecto dentro de _____.
   a. diez años b. cuatro años c. un año

GRANDEZAS DE LA BUROCRACIA

Marco Denevi

Marco Denevi nació en Buenos Aires, Argentina en 1922 y murió en la misma ciudad en 1998. Su novela Rosaura a las diez *le llevó a la fama en 1955. Escribió cuentos, novelas, obras teatrales y, a partir de 1980, se dedicó a escribir periodismo político. La obra de Denevi, candidato al Premio Nobel de Literatura, se caracteriza por su ingenio y sentido del humor.*

Denevi, Marco, *Falsificaciones*, Buenos Aires, Corregidor, 1999, pág. 52

Después de leer

Completar

Completa cada frase con la información adecuada.

1. Abderrahmán quería fundar _____.
2. Kamaru-l-Akmar prometió _____.
3. Después del primer año, Kamaru-l-Akmar pidió _____.
4. Abderrahmán se enojó porque _____.
5. Cuando Abderrahmán vio la ciudad, dijo que _____.
6. Mientras planeaban la futura ciudad, los ingenieros y arquitectos construyeron _____.

personajes *characters* cuento *story* tiene que ver con *has to do with* dentro de *within*

Cuentan que Abderrahmán decidió fundar la ciudad más hermosa del mundo, para lo cual mandó llamar a una multitud de ingenieros, de arquitectos y de artistas a cuya cabeza estaba Kamaru-l-Akmar, el primero y el más sabio de los ingenieros árabes.

Kamaru-l-Akmar prometió que en un año la ciudad estaría edificada, con sus alcázares, sus mezquitas y jardines más bellos que los de Susa y Ecbatana y aún que los de Bagdad. Pero solicitó al califa que le permitiera construirla con entera libertad y fantasía y según sus propias ideas, y que no se dignase verla sino una vez que estuviese concluida. Abderrahmán, sonriendo, accedió.

Al cabo del primer año Kamaru-l-Akmar pidió otro año de prórroga, que el califa gustosamente le concedió. Esto se repitió varias veces. Así transcurrieron no menos de diez años. Hasta que Abderrahmán, encolerizado, decidió ir a investigar.

Cuando llegó, una sonrisa le borró el ceño adusto. ¡Es la más hermosa ciudad que han contemplado ojos mortales! —le dijo a Kamaru-l-Akmar—. ¿Por qué no me avisaste que estaba construida?

Kamaru-l-Akmar inclinó la frente y no se atrevió a confesar al califa que lo que estaba viendo eran los palacios y jardines que los ingenieros, arquitectos y demás artistas habían levantado para sí mismos mientras estudiaban los planes de la futura ciudad.

Así fue construida Zahara, a orillas del Guadalquivir.

grandezas *grandeurs* **a partir de 1980** *from 1980 on*
ingenio *creative mind* **fundar** *to found* **sabio** *wise*
estaría edificada *would be built* **alcázares** *fortresses*
mezquitas *mosques* **aún** *even*
sino una vez que estuviese concluida *until it was finished*
Al cabo de *At the end of* **prórroga** *extension*
transcurrieron *passed* **encolerizado** *angry*
le borró el ceño adusto *wiped the stern frown off his face*
frente *forehead* **no se atrevió** *didn't dare* **a orillas de** *on the shores of*

Contestar

Contesta estas preguntas.

1. Describe al califa y a Kamaru-l-Akmar. ¿Qué tipo de personas crees que son? Explica tu respuesta.
2. ¿Por qué el ingeniero no quiere que Abderrahmán vea la ciudad antes de que termine la construcción? Explica tu respuesta.
3. ¿Qué significa la palabra **burocracia**?
4. ¿Por qué este cuento se llama *Grandezas de la burocracia*?
5. ¿Crees que el narrador de este cuento está a favor o en contra de la burocracia? Explica tu opinión.
6. ¿Cuáles son algunos ejemplos de la burocracia en tu vida?

Diálogo

Trabaja con un(a) compañero/a para preparar un diálogo en tres partes, basándose en la lectura. Después presenten el diálogo a la clase.

▶ Primera parte: El califa habla con el más sabio de los ingenieros sobre la ciudad que quiere fundar.

▶ Segunda parte: Kamaru-l-Akmar pide la séptima prórroga y explica por qué es necesaria. El califa se la concede pero no está muy contento.

▶ Tercera parte: Abderrahmán y Kamaru-l-Akmar visitan el lugar de construcción en el décimo año.

a favor de *in favor of* **en contra de** *against*

Escritura

Estrategia

Listing key words

Once you have determined the purpose for a piece of writing and identified your audience, it is helpful to make a list of key words you can use while writing. If you were to write a description of your campus, for example, you would probably need a list of prepositions that describe location, such as **en frente de, al lado de,** and **detrás de.** Likewise, a list of descriptive adjectives would be useful to you if you were writing about the people and places of your childhood.

By preparing a list of potential words ahead of time, you will find it easier to avoid using the dictionary while writing your first draft. You will probably also learn a few new words in Spanish while preparing your list of key words.

Listing useful vocabulary is also a valuable organizational strategy, since the act of brainstorming key words will help you to form ideas about your topic. In addition, a list of key words can help you avoid redundancy when you write.

If you were going to draw a map of the community where you currently live, what words would be most helpful to you? Jot a few of them down and compare your list with a partner's. Did you choose the same words? Would you choose any different or additional words, based on what your partner wrote?

1. _____
2. _____
3. _____
4. _____
5. _____
6. _____

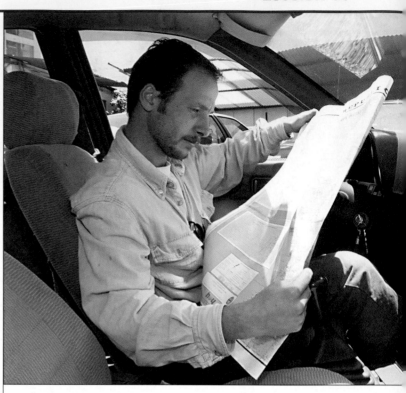

Tema

Escribir direcciones

Un(a) amigo/a o un(a) pariente que vive en otra ciudad te mandó una carta diciéndote que viene a visitarte el próximo mes. Tiene planes de alquilar un coche pero no sabe cómo llegar desde el aeropuerto a tu casa. Tú sabes que esta persona siempre anda perdida porque no le gusta pedir direcciones a los desconocidos.

Escríbele una carta en la cual le explicas claramente cómo llegar a tu casa. Incluye también un mapa detallado para que no se confunda.

Considera la siguiente lista de datos que puedes incluir en tu carta.

▶ Mandatos que describen en detalle cada cosa que la persona debe hacer para llegar a tu casa

▶ El nombre del aeropuerto

▶ Los nombres de las calles principales entre el aeropuerto y tu casa

▶ Los nombres de lugares importantes que la persona va a ver entre el aeropuerto y tu casa

▶ Un mapa que contenga dibujos o símbolos que representen los lugares importantes, y flechas que indiquen la ruta que la persona debe seguir

siempre anda perdida *is always getting lost* **desconocidos** *strangers*
claramente *clearly* **flechas** *arrows* **mandatos** *commands*

Plan de escritura

1 Ideas y organización

Apunta las palabras y expresiones que más utilizas para dar direcciones, incluyendo los nombres de calles y lugares importantes en tu comunidad. Si quieres, puedes basar tus direcciones en una comunidad inventada por ti. Después planea la mejor ruta para llegar desde el aeropuerto hasta tu casa.

2 Primer borrador

Utilizando tu dibujo y la lista de palabras clave de **Ideas y organización,** escribe el primer borrador de las direcciones. Dibuja también un mapa que indique claramente la ruta. Utiliza el texto, los apuntes de clase y el diccionario solamente como último recurso.

3 Comentario

Intercambia tus direcciones con un(a) compañero/a. Comparte tus opiniones sobre el primer borrador utilizando estas preguntas como guía:

a. ¿Están claras las direcciones o necesitan alguna clarificación?

b. ¿Hay suficientes detalles? ¿Hay demasiados?

c. ¿Está claro el mapa? ¿Qué puede hacer tu compañero/a para hacerlo más claro?

d. ¿Hay errores de gramática, vocabulario o puntuación?

e. ¿Tienes otras sugerencias para mejorar las direcciones o el mapa?

4 Redacción

Revisa el primer borrador según las indicaciones de tu compañero/a. Utiliza la siguiente guía para hacer una última revisión antes de escribir tu versión final.

a. Mira las direcciones. ¿Omitiste detalles importantes? ¿Incluiste demasiados detalles?

b. Subraya todos los verbos. ¿Utilizaste la forma correcta de cada uno?

c. Revisa la ortografía y la puntuación una vez más con la ayuda de tus **Anotaciones para mejorar la escritura.**

d. Mira el mapa. ¿Está claro? ¿Necesitas hacer algo para clarificarlo?

5 Evaluación y progreso

Trabaja con un(a) compañero/a. Lee las instrucciones que escribió y mira el mapa que dibujó. Después, mirando solamente el mapa, dale las instrucciones al revés… es decir, cómo llegar de su casa al aeropuerto. Cuando recibas las correcciones y los comentarios de tu profesor(a), anota tus errores en las **Anotaciones para mejorar la escritura** en tu **Carpeta de trabajos.**

Escuchar

Preparación

Describe la foto. Según la foto, ¿qué información específica piensas que vas a oír en el diálogo?

Estrategia

**Listening for specific information/
Listening for linguistic cues**

As you already know, you don't have to hear or understand every word when listening to Spanish. You can often get the facts you need by listening for specific pieces of information. You should also be aware of the linguistic structures you hear. For example, by listening for verb endings, you can ascertain whether the verbs describe past, present, or future actions, and they can also indicate who is performing the action. To practice these strategies, you will listen to a short paragraph about an environmental issue. What environmental problem is being discussed? What is the cause of the problem? Has the problem been solved, or is the solution under development?

 Ahora escucha

Lee estas frases y luego escucha la conversación entre Alberto y Eduardo. Indica si cada verbo se refiere a algo en el pasado, en el presente o en el futuro.

Acciones

1. Demetrio / comprar en Macro _____
2. Alberto / comprar en Macro _____
3. Alberto / estudiar psicología _____
4. carro / tener frenos malos _____
5. Eduardo / comprar un anillo para Rebeca _____
6. Eduardo / estudiar _____

Comprensión

Descripciones

Marca las frases que describen correctamente a Alberto.

1. _____ Es organizado en sus estudios.
2. _____ Compró un anillo para su novia.
3. _____ No le gusta tomar el metro.
4. _____ No conoce bien la zona de Sabana Grande y Chacaíto.
5. _____ No tiene buen sentido de la orientación.
6. _____ Le gusta ir a los lugares que están de moda.

Preguntas

1. ¿Por qué Alberto prefiere ir en metro a Macro?
2. ¿Crees que Alberto y Eduardo viven en una ciudad grande o en un pueblo? ¿Cómo lo sabes?
3. ¿Por qué tiene tanto interés Alberto en ir a Macro?

Conversación

En grupos pequeños, hablen de sus tiendas favoritas y de cómo llegar a ellas desde la universidad. ¿En qué lugares tienen la última moda? ¿Los mejores precios? ¿Hay buenas tiendas cerca de la universidad?

anillo *ring*   sentido de la orientación *sense of direction*

Proyecto

Promociona una comunidad

Imagina que eres miembro de un grupo que está diseñando y promocionando una comunidad modelo en Venezuela.

1 Prepara un folleto

Crea un folleto para hacer publicidad de una comunidad modelo que van a construir en Venezuela. Usa los **Recursos para la investigación** para escoger el lugar ideal para el proyecto, considerando la geografía, el terreno, el clima, el acceso a ciudades grandes, los eventos culturales y los atractivos naturales. El folleto puede incluir la siguiente información:

- Un pequeño mapa de Venezuela que indica dónde está localizada la comunidad modelo
- Fotos de la zona

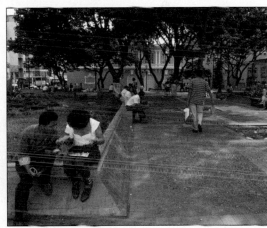

- Un mapa de la zona que muestra las tiendas y las atracciones principales del centro de la comunidad
- Una explicación de la ubicación ideal de la comunidad, incluyendo clima, atractivos naturales y acceso a ciudades importantes
- Varios párrafos que expliquen las características de la comunidad, sus atracciones y las razones por las cuales va a ser una comunidad mejor que las otras

2 Presenta la información

Reúnete con tres o cuatro compañeros/as. Usa el folleto como guía para promocionar la comunidad con tus compañeros. La meta de la presentación es mostrar que esta comunidad es única por su ubicación, atracciones y recursos.

Luego comparen las comunidades que han planeado. ¿Están en las mismas regiones geográficas o en lugares muy distintos? ¿Tienen las mismas atracciones culturales y naturales? ¿Qué ventajas especiales tiene cada una de sus comunidades?

promociona *promote* **folleto** *brochure* **construir** *to build* **ubicación** *location* **meta** *goal*

recursos para la investigación

Internet Palabras clave: Venezuela, ciudad, ciudades, fotos, geografía, atractivos, arte, cultura, mapa	**Comunidad** Profesores, estudiantes o personas en la comunidad que son venezolanos o que han viajado por Venezuela
Biblioteca Mapas, enciclopedias, revistas, guías turísticas	**Otros recursos** Hacer investigación de los recursos especiales que tienen las mejores comunidades

Venezuela

El país en cifras

- **Área:** 912.050 km^2 (352.144 millas^2), *aproximadamente dos veces el área de California*
- **Población:** 24.170.000
- **Capital:** Caracas—3.198.000
- **Ciudades principales:** Maracaibo—2.014.000, Valencia—2.068.000, Maracay—1.162.000, Barquisimeto—957.000

SOURCE: Population Division, UN Secretariat

- **Moneda:** bolívar
- **Idiomas:** español (oficial), arahuaco, caribe

El yanomami es uno de los idiomas indígenas que se habla en Venezuela. La cultura de los yanomami tiene su centro en el sur de Venezuela, en el bosque tropical. Muchos antropólogos han estudiado esta tribu por la agresividad que utiliza para defender sus tradiciones y costumbres.

Bandera de Venezuela

Venezolanos célebres

- **Teresa Carreño,** compositora y pianista (1853-1917)
- **Rómulo Gallegos,** escritor y político (1884-1979)
- **Andrés Eloy Blanco,** poeta (1897-1955)
- **Baruj Benacerraf,** científico (1920-)

Baruj Benacerraf, junto con dos de sus colegas, recibió el Premio Nobel por sus investigaciones en el campo de la inmunología y las enfermedades autoinmunes. Nacido en Caracas, Benacerraf también vivió en París y reside ahora en los Estados Unidos.

caída *drop*

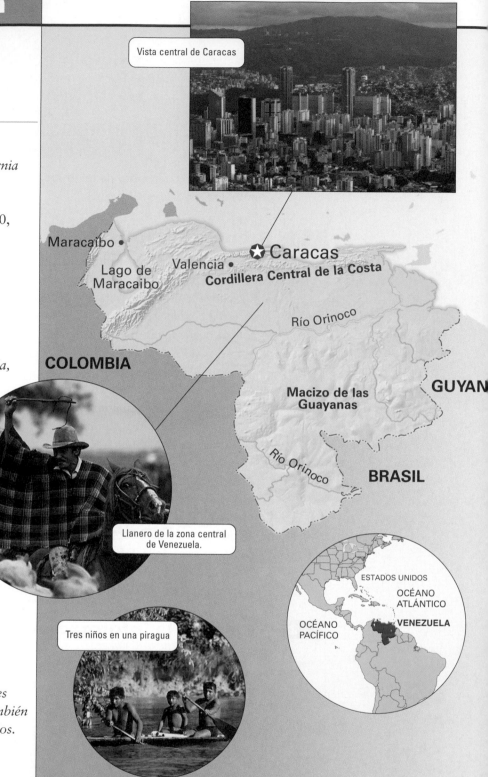

Vista central de Caracas

Maracaibo •
Lago de Maracaibo
Valencia • ★ Caracas
Cordillera Central de la Costa
Río Orinoco
COLOMBIA
Macizo de las Guayanas
GUYAN
Río Orinoco
BRASIL

Llanero de la zona central de Venezuela.

ESTADOS UNIDOS
OCÉANO ATLÁNTICO
OCÉANO PACÍFICO
VENEZUELA

Tres niños en una piragua

¡Increíble pero cierto!

Con una caída de 979 m. (3,212 pies) desde la meseta de Auyan Tepuy, Salto Ángel (*Angel Falls*), en Venezuela, es la catarata más alta del mundo, ¡diecisiete veces más alta que las cataratas del Niágara! James C. Angel la descubrió en 1937. Los indígenas de la zona la denominan Churún Merú.

recursos

| R | WB pp. 171-172 | vistasonline.com |

Economía • **El petróleo**
La industria petrolera es muy importante para la economía venezolana. La mayor concentración de petróleo se encuentra debajo del lago Maracaibo, el lago más grande de América del Sur. En 1976 se nacionalizaron las empresas petroleras y pasaron a ser propiedad del estado con el nombre de Petróleos de Venezuela. Este producto representa más del 70% de las exportaciones del país, siendo Estados Unidos su principal comprador.

Actualidades • **Caracas**

Debido al *boom* petrolero de los años cincuenta, Caracas se ha convertido en una ciudad cosmopolita. Sus rascacielos y excelentes sistemas de transporte hacen que se cuente entre las ciudades más modernas de Latinoamérica. El metro, construido en 1983, es de los más recientes y sus extensas carreteras y autopistas conectan la ciudad con el interior del país. El corazón de la ciudad es el Parque Central, una zona de centros comerciales, tiendas, restaurantes y clubes.

Historia • **Simón Bolívar (1783-1830)**
A finales del siglo XVIII, Venezuela, al igual que otros países sudamericanos, todavía estaba bajo el dominio de la corona española. El general Simón Bolívar, nacido en Caracas, fue llamado "El Libertador" porque fue el líder del movimiento independentista sudamericano que liberó el área que hoy es Venezuela, Colombia, Ecuador, Perú y Bolivia. Con la ayuda de su lugarteniente, José Antonio Sucre, Bolívar contribuyó a formar el destino de América.

¿Qué aprendiste? Responde a las preguntas con una frase completa.

1. ¿Cuál es la moneda de Venezuela?
2. ¿Quién fue Rómulo Gallegos?
3. ¿Cuál es el lago más grande de América del Sur?
4. ¿Cuál es el producto más exportado de Venezuela?
5. ¿Qué ocurrió en 1976 con las empresas petroleras?
6. ¿Cómo se llama la capital de Venezuela?
7. ¿Qué hay en el Parque Central de Caracas?
8. ¿Por qué es conocido Simón Bolívar como "El Libertador"?
9. ¿Quién era el lugarteniente de Simón Bolívar?

Tejedor en Los Aleros, aldea en los Andes de Venezuela

Conexión Internet Investiga estos temas en el sitio **www.vistasonline.com**.
1. Busca información sobre Simón Bolívar. ¿Cuáles son algunos de los episodios más importantes de su vida? ¿Crees que Bolívar fue un estadista (*statesman*) de primera categoría? ¿Por qué?
2. Prepara un plan para un viaje de ecoturismo por el Orinoco. ¿Qué quieres ver y hacer durante la excursión? ¿Por qué?

empresas petroleras *oil companies* se nacionalizaron *were nationalized* propiedad *property* comprador *buyer* Debido al *Due to*
se ha convertido *has turned into* rascacielos *skyscrapers* hacen que se cuente *make it rank* más recientes *newest* siglo *century*
corona *crown* nacido *born* lugarteniente *chief lieutenant* aldea *village*

En la ciudad

el banco	bank
la carnicería	butcher shop
el correo	post office
la frutería	fruit store
la heladería	ice cream shop
la joyería	jewelry store
la lavandería	laundromat
la panadería	bakery
la pastelería	pastry shop
la peluquería, el salón de belleza	beauty salon
la pescadería	fish market
el supermercado	supermarket
la zapatería	shoe store
hacer cola	to stand in line
hacer diligencias	to run errands

En el banco

el cajero automático	ATM
la cuenta corriente	checking account
la cuenta de ahorros	savings account
el cheque (de viajero)	(traveler's) check
ahorrar	to save (money)
cobrar	to cash (a check)
depositar	to deposit
firmar	to sign
llenar (un formulario)	to fill out (a form)
pagar a plazos	to pay in installments
pagar al contado, en efectivo	to pay in cash
pedir prestado	to borrow
pedir un préstamo	to apply for a loan
ser gratis	to be free of charge

Direcciones

la cuadra	(city) block
la dirección	address
la esquina	corner
el letrero	sign
cruzar	to cross
dar direcciones	to give directions
doblar	to turn
estar perdido/a	to be lost
quedar	to be located
(al) este	(to the) east
(al) norte	(to the) north
(al) oeste	(to the) west
(al) sur	(to the) south
derecho	straight (ahead)
enfrente de	opposite; facing
hacia	toward

Past participles used as adjectives	See page 447.
Expresiones útiles	See page 433.

En el correo

el cartero	mail carrier
el correo	mail
el paquete	package
la estampilla, el sello	stamp
el sobre	envelope
echar (una carta) al buzón	to put (a letter) in the mailbox; to mail
enviar, mandar	to send; to mail

Conjunciones

después (de) que	after
en cuanto	as soon as
hasta que	until
tan pronto como	as soon as

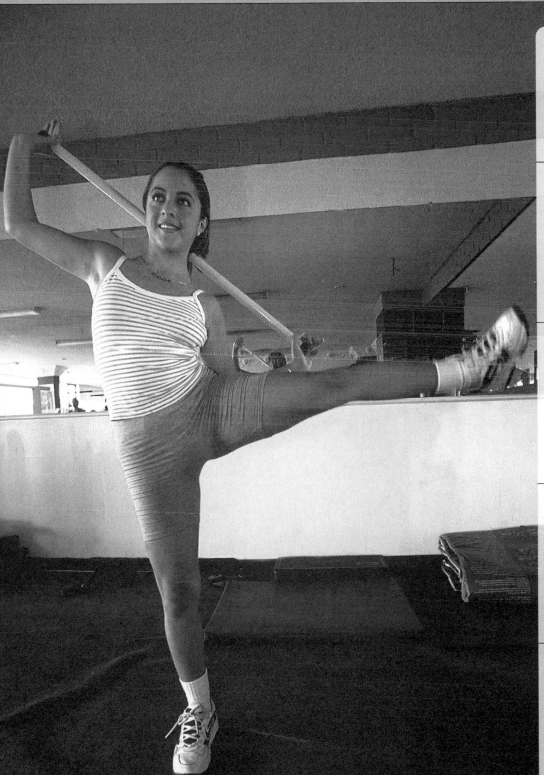

El bienestar

15

Communicative Goals

You will learn how to:

- Talk about health, well being, and physical activities
- Describe an action or event in the immediate past
- Describe an action or event that occurred before another past event

El bienestar

el teleadicto

Hace ejercicios de estiramiento. (hacer)

la clase de ejercicios aeróbicos

el monitor

el músculo

Suda. (sudar)

Hace ejercicio. (hacer)

Más vocabulario

adelgazar	to lose weight; to slim down
aliviar el estrés	to reduce stress
aliviar la tensión	to reduce tension
apurarse, darse prisa	to hurry; to rush
aumentar de peso, engordar	to gain weight
calentarse (e:ie)	to warm up
disfrutar (de)	to enjoy; to reap the benefits (of)
la droga	drug
el/la drogadicto/a	drug addict
entrenarse	to practice; to train
estar a dieta	to be on a diet
estar en buena forma	to be in good shape
hacer gimnasia	to work out
llevar una vida sana	to lead a healthy lifestyle
mantenerse en forma	to stay in shape
sufrir muchas presiones	to be under a lot of pressure
tratar de (+ inf.)	to try (to do something)
activo/a	active
débil	weak
flexible	flexible
fuerte	strong
sedentario/a	sedentary; related to sitting
tranquilo/a	calm; quiet
en exceso	in excess; too much
sin	without
el bienestar	well-being

Variación léxica

hacer ejercicios aeróbicos ⟷ hacer aerobic (Esp.)

recursos

SCASS./CD Lección 15	WB pp. 173-174	LM p. 305	LCASS./CD Cass. 15/CD 15

No fumar.

el masaje

Hace ejercicios aeróbicos.
(hacer)

Levanta pesas.
(levantar)

Práctica

1 **Escuchar** 🎧 Mira el dibujo en las páginas 460 y 461. Luego escucha las frases e indica si lo que se dice en cada frase es **cierto** o **falso**.

	Cierto	Falso		Cierto	Falso
1.	○	○	6.	○	○
2.	○	○	7.	○	○
3.	○	○	8.	○	○
4.	○	○	9.	○	○
5.	○	○	10.	○	○

2 **Identificar** Identifica el opuesto (*opposite*) de cada palabra.

sin	mantenerse en forma
tranquilo	flexible
engordar	sedentario
fuerte	apurarse
estar enfermo	sufrir muchas presiones

1. activo
2. adelgazar
3. aliviar el estrés
4. débil
5. rígido
6. ir despacio
7. estar sano
8. con
9. nervioso
10. ser teleadicto

3 **Combinar** Combina palabras de cada columna para formar diez frases lógicas sobre el bienestar.

1. David levanta pesas
2. Estás en buena forma
3. Felipe se lastimó
4. José y Rafael
5. María y yo somos
6. Mi hermano
7. Sara hace ejercicios de
8. Mis primas están a dieta
9. Para llevar una vida sana
10. Ellos sufren muchas

a. aumentó de peso.
b. estiramiento.
c. fuertes.
d. presiones.
e. porque quieren adelgazar.
f. porque haces ejercicio.
g. sudan mucho.
h. un músculo de la pierna.
i. no se debe fumar.
j. y corre mucho.

La nutrición

la proteína

la grasa

el colesterol

los minerales

las vitaminas

La nutrición	
la bebida alcohólica	*alcoholic beverage*
la caloría	*calorie*
la merienda	*snack*
la nutrición	*nutrition*
comer una dieta equilibrada	*to eat a balanced diet*
consumir alcohol	*to consume alcohol*
merendar (e:ie)	*to have a snack in the afternoon*
descafeinado/a	*decaffeinated*

4   **Completar** Completa cada frase con la palabra adecuada.

1. Después de hacer ejercicio, como pollo o bistec porque contienen _____.
   a. drogas   b. proteínas   c. grasa
2. Para _____ es necesario consumir comidas de todos los grupos alimenticios.
   a. aliviar el estrés   b. correr   c. comer una dieta equilibrada
3. Claribel y Cecilia _____ una buena comida.
   a. disfrutan de   b. tratan de   c. sudan
4. Juan no come chocolate ni papas fritas porque contienen _____.
   a. dietas   b. vitaminas   c. mucha grasa
5. Mi padre no come mantequilla porque él necesita reducir _____.
   a. la nutrición   b. el colesterol   c. el bienestar
6. Miguel cuenta _____ porque está a dieta.
   a. las pesas   b. los músculos   c. las calorías

CONSÚLTALO

To review what you have learned about nutrition and food groups, see **Contextos** Lesson 8, pp. 232-235.

5   **La nutrición** En parejas, comenten los tipos de comida que comen y las consecuencias que tienen para su salud. Luego compartan la información con la clase.

1. ¿Cuántas comidas con mucha grasa comes regularmente? ¿Piensas que debes comer menos comidas de este tipo? ¿Por qué?
2. ¿Compras comidas con muchos minerales y vitaminas? ¿Necesitas consumir más comidas que los contienen? ¿Por qué?
3. ¿Tiene algún miembro de tu familia problemas con el colesterol? ¿Qué haces para evitar (*avoid*) problemas con el colesterol?
4. ¿Eres vegetariano/a? ¿Conoces a alguien que sea vegetariano/a? ¿Qué piensas de la idea de no comer carne u otros productos animales? ¿Es posible comer una dieta equilibrada sin comer carne? Explica.
5. ¿Bebes cafeína en exceso? ¿Cuáles son los productos que contienen cafeína? ¿Cuáles son algunas de las ventajas (*advantages*) y los problemas asociados con la cafeína?
6. ¿Crees que llevas una vida sana? ¿Y tus amigos? ¿Crees que en general los estudiantes llevan una vida sana? ¿Por qué?

AYUDA

Some useful words:

sano = saludable

en general = por lo general

estricto

normalmente

muchas veces

a veces

de vez en cuando

Comunicación

6

Encuesta Tu profesor(a) va a darte una hoja de actividades. Haz una encuesta en la clase para encontrar a dos personas que realicen las actividades que se mencionan en la lista. Anota sus nombres en la tabla y luego pregúntales a ellos/as por qué hacen estas cosas.

Actividades	Nombre y respuesta	Nombre y respuesta
1. Entrenarse para un deporte		
2. Hacer ejercicios aeróbicos regularmente		
3. Mantenerse en forma		
4. Consumir poco alcohol		
5. No fumar		
6. Relajarse para aliviar la tensión		
7. Comer una dieta equilibrada		
8. Tomar bebidas descafeinadas		
9. Calentarse antes de hacer gimnasia		
10. Merendar frutas y verduras		

7

Un anuncio En grupos de cuatro, imaginen que son dueños/as de un gimnasio con un equipo (*equipment*) moderno, monitores cualificados y un(a) nutricionista. Preparen y presenten un anuncio para la televisión que hable del gimnasio y atraiga (*attracts*) a una gran variedad de nuevos clientes. No se olviden de presentar la siguiente información:

▶ Las ventajas de estar en buena forma
▶ El equipo que tienen
▶ Los servicios y clases que ofrecen
▶ Las características únicas del gimnasio
▶ La dirección y el teléfono del gimnasio
▶ El precio para los socios (*members*) del gimnasio

8

Recomendaciones para la salud En parejas, imaginen que están preocupados con los malos hábitos de un(a) amigo/a suyo/a que no está bien últimamente (*lately*). Escriban y representen un diálogo en el cual hablan de lo que está pasando en la vida de su amigo/a y los cambios que necesita hacer para llevar una vida sana.

9

El teleadicto Con un(a) compañero/a, representen los papeles (*play the roles*) de un(a) nutricionista y un(a) teleadicto/a. La persona sedentaria habla de sus malos hábitos en las comidas y de que no hace ejercicio. También dice que toma demasiado café y que siente mucho estrés. El/La nutricionista le sugiere una dieta equilibrada y una rutina para mantenerse en buena forma. El/La teleadicto/a le da las gracias por su ayuda.

¡Qué buena excursión!

Martín y los estudiantes van de excursión a las montañas.

PERSONAJES

MAITE

INÉS

DON FRANCISCO

ÁLEX

JAVIER

MARTÍN

1

2

3

MARTÍN Buenos días, don Francisco.

DON FRANCISCO ¡Hola, Martín!

MARTÍN Ya veo que han traído lo que necesitan. ¡Todos han venido muy bien equipados!

MARTÍN Muy bien. ¡Atención, chicos! Primero hagamos algunos ejercicios de estiramiento…

MARTÍN Es bueno que se hayan mantenido en buena forma. Entonces, jóvenes, ¿ya están listos?

JAVIER ¡Sí, listísimos! No puedo creer que finalmente haya llegado el gran día.

6

7

8

DON FRANCISCO ¡Hola! ¡Qué alegría verlos! ¿Cómo les fue en la excursión?

JAVIER Increíble, don Efe. Nunca había visto un paisaje tan espectacular. Es un lugar estupendo. Saqué mil fotos y tengo montones de escenas para dibujar.

MAITE Nunca había hecho una excursión. ¡Me encantó! Cuando vuelva a España, voy a tener mucho que contarle a mi familia.

INÉS Ha sido la mejor excursión de mi vida. Amigos, Martín, don Efe, mil gracias.

recursos

| VIDEO Lección 15 | VM pp. 355-356 |

MARTÍN ¡Fabuloso! ¡En marcha, pues!

DON FRANCISCO ¡Adiós! ¡Cuídense!

Martín y los estudiantes pasan ocho horas caminando en las montañas. Hablan, sacan fotos y disfrutan del paisaje. Se divierten muchísimo.

ÁLEX Sí, gracias, Martín. Gracias por todo.

MARTÍN No hay de qué. Ha sido un placer.

DON FRANCISCO Chicos, pues, es hora de volver. Creo que la Sra. Vives nos ha preparado una cena muy especial.

Enfoque cultural Para estar en buena forma

Mientras a algunos hispanos les gusta ir al gimnasio para mantenerse en forma, otros prefieren practicar deportes. En Argentina, por ejemplo, se juega mucho al fútbol, en Venezuela se juega al béisbol y en Colombia y España hay muchos aficionados al ciclismo. Otro deporte conocido en el mundo hispano es el jai alai, que es un juego de pelota originario del País Vasco (España). Su nombre significa "día de fiesta" en vascuence y es un deporte que se practica también en México y en la Florida (EE.UU.).

Expresiones útiles

Getting ready to start a hike

▶ **Ya veo que han traído lo que necesitan.**
I see that you have brought what you need.

▶ **¡Todos han venido muy bien equipados!**
Everyone has come very well equipped!

▶ **Primero hagamos algunos ejercicios de estiramiento.**
First let's do some stretching exercises.

▶ **No puedo creer que finalmente haya llegado el gran día.**
I can't believe that the big day has finally arrived.

▶ **¿(Están) listos?**
(Are you) ready?

▷ **¡En marcha, pues!**
Let's get going, then!

Talking about an excursion

▶ **¿Cómo les fue en la excursión?**
How did the hike go?

▷ **Nunca había visto un paisaje tan espectacular.**
I had never seen such spectacular scenery.

▷ **Nunca había hecho una excursión. ¡Me encantó!**
I had never gone on a hike before. I loved it!

▷ **Ha sido la mejor excursión de mi vida.**
It's been the best hike of my life.

Courtesy expressions

▶ **Gracias por todo.**
Thanks for everything.

▶ **Ha sido un placer.**
It's been a pleasure.

▶ **¡Cuídense!**
Take care!

Reacciona a la fotonovela

1 **Seleccionar** Selecciona la respuesta que mejor completa cada frase.

1. Antes de salir, Martín les recomienda a los estudiantes que hagan _____.
   a. ejercicios de estiramiento b. ejercicios aeróbicos c. gimnasia
2. Los excursionistas hablaron, _____ en las montañas.
   a. levantaron pesas y se divirtieron b. caminaron y dibujaron
   c. sacaron fotos y disfrutaron del paisaje
3. Inés dice que ha sido la mejor excursión _____.
   a. del viaje b. del año c. de su vida
4. Cuando Maite vuelva a España, va a _____.
   a. tener montones de escenas para dibujar b. tener mucho que contarle a su familia
   c. tener muchas fotos que enseñarle a su familia
5. La señora Vives les ha preparado _____.
   a. una cena especial b. un día en las montañas muy especial
   c. una excursión espectacular

2 **Identificar** Identifica quién puede decir las siguientes frases.

1. Oye, muchísimas gracias por el mejor día de mi vida.
   ¡Fue divertidísimo!
2. Parece que están todos preparados, ¿no? ¡Perfecto!
   Bueno, ¡vamos!
3. Cuando vea a mis papás y a mis hermanos voy
   a tener mucho que contarles.
4. Debemos volver ahora para comer. ¡Vamos
   a tener una cena especial!
5. El lugar fue fenomenal, uno de los más bonitos que
   he visto. ¡Qué bueno que traje mi cámara!
6. ¡Gracias por todo, Martín!

JAVIER

INÉS

MAITE

ÁLEX

DON
FRANCISCO

MARTÍN

3 **Completar** Selecciona algunas de las palabras que se ofrecen en la lista para completar cada frase.

grasa	aliviar el estrés	vitamina
teleadicta	un masaje	mantenerse en forma

1. A Javier le duelen los músculos después de caminar tanto. Hoy lo que
   necesita es _____.
2. Don Francisco a veces sufre presiones y estrés en su trabajo. Debe hacer
   ejercicio para _____.
3. A Inés le encanta salir con amigos o leer un buen libro. Ella nunca va a
   ser una _____.
4. Álex trata de comer una dieta equilibrada. Por ejemplo, trata de llevar una
   dieta sin mucha _____.
5. A Maite no le duelen los músculos. Cuatro veces por semana hace gimnasia
   para _____.

Ortografía

Las letras b y v

Since there is no difference in pronunciation between the Spanish letters **b** and **v**, spelling words that contain these letters can be tricky. Here are some tips.

nombre   **blusa**   **absoluto**   **descubrir**

The letter **b** is always used before consonants.

bonita   **botella**   **buscar**   **bienestar**

At the beginning of words, the letter **b** is usually used when it is followed by the letter combinations **-on, -or, -ot, -u, -ur, -us, -ien,** and **-ene.**

adelgazaba   **disfrutaban**   **ibas**   **íbamos**

The letter **b** is used in the verb endings of the imperfect tense for **–ar** verbs and the verb **ir.**

voy   **vamos**   **estuvo**   **tuvieron**

The letter **v** is used in the present tense forms of **ir** and in the preterite forms of **estar** and **tener.**

octavo   **huevo**   **activa**   **grave**

The letter **v** is used in these noun and adjective endings: **-avo/a, -evo/a, -ivo/a, -ave, -eve.**

Práctica Completa las palabras con las letras **b** o **v**.

1. Una __ez me lastimé el __razo cuando esta__a __uceando.
2. Manuela se ol__idó sus li__ros en el auto__ús.
3. Ernesto tomó el __orrador y se puso todo __lanco de tiza.
4. Para tener una __ida sana y saluda__le necesitas tomar __itaminas.
5. En mi pue__lo hay un __ule__ar que tiene muchos ár__oles.

El ahorcado (*Hangman*) Juega al ahorcado para adivinar las palabras.

1. __ <u>u</u> __ __ <u>s</u>   Están en el cielo

2. __ <u>u</u> __ __ <u>n</u>   Relacionado con el correo

3. __ <u>o</u> __ <u>e</u> __ __ <u>a</u>   Está llena de líquido

4. __ <u>i</u> __ __ <u>e</u>   Fenómeno meteorológico

5. __ <u>e</u> __ __ __ __ <u>s</u>   Los "ojos" de la casa

15.1 The present perfect

ANTE TODO In Lesson 14, you learned how to form past participles. You will now learn how to form the present perfect indicative (**el pretérito perfecto de indicativo**), a compound tense that uses the past participle. The present perfect is used to talk about what someone *has done*. In Spanish, it is formed with the present tense of the auxiliary verb **haber** and a past participle.

CONSÚLTALO

Past participles used as adjectives
To review what you have learned about participles, see Lesson 14, section 14.4, p. 447.

Ya veo que han traído todo lo que necesitan.

Todos han venido muy bien equipados.

Present indicative of *haber*			
Singular forms		**Plural forms**	
yo	**he**	nosotros/as	**hemos**
tú	**has**	vosotros/as	**habéis**
Ud./él/ella	**ha**	Uds./ellos/ellas	**han**

Tú no **has cerrado** la puerta.
You haven't closed the door.

¿**Ha asistido** Juan a la clase?
Has Juan attended the class?

Yo ya **he leído** esos libros.
I've already read those books.

Hemos presentado el proyecto.
We have presented the project.

▶ The past participle does not change in form when it is part of the present perfect tense. It only changes in form when it is used as an adjective.

Clara **ha abierto** la ventana.
Clara has opened the window.

Las ventanas están **abiertas.**
The windows are open.

Yo **he cerrado** la puerta.
I've closed the door.

La puerta está **cerrada.**
The door is closed.

▶ In Spanish, the present perfect indicative is generally used just as it is used in English: to talk about what someone has done or what has occurred. It usually refers to the recent past.

He trabajado cuarenta horas esta semana.
I have worked forty hours this week.

¿Cuál es el último libro que **has leído**?
What is the last book that you have read?

¡ATENCIÓN!

Remember that to say that someone has *just done something,* **acabar de** + [*infinitive*] is used, not the present perfect.

Juan acaba de llegar.
Juan has just arrived.

▶ In English, the auxiliary verb and the past participle are often separated. In Spanish, however, these two elements—**haber** and the past participle—cannot be separated by any word.

Siempre **hemos vivido** en Bolivia.
We have always lived in Bolivia.

Ud. nunca **ha venido** a mi oficina.
You have never come to my office.

Creo que la Sra. Vives nos ha preparado una cena muy especial.

Gracias, Martín.

No hay de qué. Ha sido un placer.

▶ The word **no** and any object or reflexive pronouns are placed immediately before **haber.**

Yo **no he cobrado** el cheque.
I have not cashed the check.

¿Por qué **no lo has cobrado**?
Why haven't you cashed it?

Susana ya **lo ha hecho.**
Susana has already done it.

Ellos **no la han arreglado.**
They haven't fixed it.

▶ Note that *to have* can be either a main verb or an auxiliary verb in English. As a main verb, it corresponds to **tener,** while as an auxiliary, it corresponds to **haber.**

Tengo muchos amigos.
I have a lot of friends.

He tenido mucho éxito.
I have had a lot of success.

▶ To form the present perfect of **hay,** use the third person singular of haber **(ha)** + **habido.**

Ha habido muchos problemas con el nuevo profesor.
There have been a lot of problems with the new professor.

Ha habido un accidente en la calle Central.
There has been an accident at Central Street.

¡INTÉNTALO! Indica el pretérito perfecto de indicativo de los siguientes verbos.

1. (disfrutar, comer, vivir) yo _he disfrutado, he comido, he vivido_
2. (traer, adelgazar, compartir) tú _____
3. (venir, estar, correr) Ud. _____
4. (leer, resolver, poner) ella _____
5. (decir, romper, hacer) ellos _____
6. (mantenerse, dormirse) nosotros _____
7. (estar, escribir, ver) yo _____
8. (vivir, correr, morir) él _____

Práctica

1   **Completar**   Estas oraciones describen el bienestar o los problemas de unos estudiantes. Completa las oraciones con el pretérito perfecto de indicativo de los verbos de la lista.

adelgazar	hacer	sufrir
comer	aumentar	llevar

1. Luisa _____ muchas presiones este año.
2. Juan y Raúl _____ de peso porque no hacen ejercicio.
3. Pero María y yo _____ porque trabajamos demasiado y nos olvidamos de comer.
4. Casi toda la vida, yo _____ una vida muy sana.
5. Pero tú y yo no _____ gimnasia este semestre.

2   **¿Qué has hecho?**   Indica si has hecho lo siguiente.

> **modelo**
> Escalar una montaña
> Sí, he escalado varias montañas./No, no he escalado nunca una montaña.

1. Jugar al baloncesto
2. Viajar a Bolivia
3. Conocer a una persona famosa
4. Levantar pesas
5. Comer un insecto
6. Ver el programa *Friends*
7. Aprender un idioma
8. Bailar salsa
9. Ver una película española
10. Escuchar música latina
11. Estar despierto 24 horas
12. Bucear

3   **La vida sana**   Hace poco tiempo que Marisela ha decidido cambiar su estilo de vida porque quiere llevar una vida sana. Explica lo que ha hecho según el modelo. Luego explica lo que tú has hecho al respecto (*in that regard*).

> **modelo**
> Encontrar un gimnasio
> Marisela ha encontrado un buen gimnasio cerca de su casa.
> Yo no he encontrado un gimnasio pero sé que debo buscar uno.

1. Tratar de estar en forma
2. Estar a dieta los últimos dos meses
3. Dejar de tomar refrescos
4. Hacerse una prueba del colesterol
5. Entrenar cinco días a la semana
6. Cambiar de una vida sedentaria a una vida activa
7. Tomar vitaminas por las noches y por las mañanas
8. Hacer ejercicio para relajarse
9. Consumir mucha proteína
10. Dejar de fumar

AYUDA

You may use some of these expressions in your answers:

una vez *once*

un par de veces
a couple of times

algunas veces
a few times

varias veces
several times

muchas veces
many times, often

¡LENGUA VIVA!

Spanish sentences never end with the auxiliary verb. To say *He has done it, but I haven't,* you would say **Él lo ha hecho, pero yo no.**

Comunicación

4 **Descripción** En parejas, describan lo que ha(n) hecho y lo que no ha(n) hecho la(s) persona(s) en cada dibujo. Usen la imaginación.

1. Jorge y Raúl

2. Luisa

3. Jacobo

4. Natalia y Diego

5. Ricardo

6. Carmen

5 **Describir** En parejas, identifiquen a una persona que lleva una vida muy sana. Puede ser una persona que conocen o un personaje que aparece en una película o programa de televisión. Entre los dos, escriban una descripción de lo que la persona ha hecho para llevar una vida sana.

> **modelo**
>
> Arnold Schwarzenegger siempre ha hecho todo lo posible para mantenerse en forma. Él...

Síntesis

6 **Situación** El/La enfermero/a de la clínica de la universidad está conversando con un(a) estudiante que no se siente nada bien. El/La enfermero/a debe averiguar de dónde viene el problema e investigar los hábitos del/de la estudiante. El/La estudiante le explica lo que ha hecho en los últimos meses y cómo se ha sentido. Luego el/la enfermero/a le da recomendaciones al/a la estudiante de cómo llevar una vida más sana.

15.2 The past perfect

ANTE TODO   The past perfect indicative (**el pretérito pluscuamperfecto de indicativo**) is used to talk about what someone *had done* or what *had occurred* before another past action, event, or state. Like the present perfect, the past perfect uses a form of **haber**—in this case, the imperfect—plus the past participle.

Nunca había visto un paisaje tan espectacular.

Nunca había hecho una excursión.

Past perfect indicative

		cerrar	perder	asistir
SINGULAR FORMS	yo	**había** cerrado	**había** perdido	**había** asistido
	tú	**habías** cerrado	**habías** perdido	**habías** asistido
	Ud./él/ella	**había** cerrado	**había** perdido	**había** asistido
PLURAL FORMS	nosotros/as	**habíamos** cerrado	**habíamos** perdido	**habíamos** asistido
	vosotros/as	**habíais** cerrado	**habíais** perdido	**habíais** asistido
	Uds./ellos/ellas	**habían** cerrado	**habían** perdido	**habían** asistido

Antes de 2001, **había vivido** en California.
Before 2001, I had lived in California.

Cuando llegamos, Luis ya **había salido.**
When we arrived, Luis had already left.

▶ The past perfect is often used with the word **ya** (*already*) to indicate that an action, event, or state had already occurred before another. Remember that, unlike its English equivalent, **ya** cannot be placed between **haber** and the past participle.

Ella **ya había salido** cuando llamaron.
She had already left when they called.

Cuando llegué, Raúl **ya se había acostado.**
When I arrived, Raúl had already gone to bed.

¡LENGUA VIVA!

The past perfect is often used in conjunction with **antes de** + [*noun*] or **antes de** + [*infinitive*] to indicate that one action occurred before another.

Antes de este año, nunca había estudiado español.
Before this year, I had never studied Spanish.

Luis me había llamado antes de venir.
Luis had called me before coming.

¡INTÉNTALO!   Indica el pretérito pluscuamperfecto de indicativo de cada verbo.

1. Nosotros ya ___habíamos cenado___ (cenar) cuando nos llamaron.
2. Antes de tomar esta clase, yo no _____ (estudiar) nunca el español.
3. Antes de ir a México, ellos nunca _____ (ir) a otro país.
4. Eduardo nunca _____ (entrenarse) antes de este año.
5. Tú siempre _____ (llevar) una vida sana antes del año pasado.
6. Antes de conocerte, yo ya te _____ (ver) muchas veces.

Práctica

1 **Completar** Completa los minidiálogos con las formas correctas del pretérito pluscuamperfecto de indicativo.

1. **SARA** Antes de cumplir los 15 años, ¿_____ (estudiar) tú otra lengua?

   JOSÉ Sí, _____ (tomar) clases de inglés y de italiano.

2. **DOLORES** Antes de 2000, ¿_____ (viajar) tú y tu familia a Europa?

   TOMÁS Sí, _____ (visitar) Europa tres veces.

3. **ANTONIO** Antes de este año, ¿_____ (correr) Ud. en un maratón?

   SRA. VERA No, nunca lo _____ (hacer).

4. **SOFÍA** Antes de su enfermedad, ¿_____ (sufrir) muchas presiones tu tío?

   IRENE Sí… y mi tío nunca _____ (mantenerse) en buena forma.

2 **Quehaceres** Indica lo que ya había hecho cada miembro de la familia antes de la llegada de la madre, la Sra. Ferrer.

3 **Tu vida** Indica si ya habías hecho las siguientes cosas antes de cumplir los 16 años.

1. Hacer un viaje en avión
2. Escalar una montaña
3. Escribir un poema
4. Leer una novela
5. Enamorarse

6. Tomar una clase de educación física
7. Montar a caballo
8. Ir de pesca
9. Manejar un carro
10. Navegar en la red

Comunicación

4

Oraciones En parejas, una persona completa las siguientes oraciones con el pretérito pluscuamperfecto de indicativo y la otra persona forma una pregunta basada en cada oración.

> **modelo**
>
> Antes de vivir aquí, yo...
> **Estudiante 1:** Antes de vivir aquí, yo había vivido en California.
> **Estudiante 2:** ¿Habías vivido en otros lugares antes de vivir aquí?

1. Cuando yo llamé a mi mejor amigo/a la semana pasada, él/ella ya...
2. Antes de este año, mis amigos y yo nunca...
3. Hasta el año pasado yo siempre...
4. Antes de cumplir los veinte años, mi mejor amigo/a...
5. Antes de cumplir los treinta años, mis padres ya...
6. Hasta que cumplí los dieciocho años, yo no...
7. Antes de este semestre, el/la profesor(a) de español no...
8. Antes de tomar esta clase, yo nunca...

5

Lo dudo Tu profesor(a) va a darte una hoja de actividades. Escribe cinco oraciones, algunas ciertas y algunas falsas, de cosas que habías hecho antes de venir a la universidad. Luego, en grupos, túrnense para leer sus oraciones. Cada miembro del grupo debe decir "es cierto" o "lo dudo" después de cada una. Escribe la reacción de cada compañero/a en la columna apropiada. ¿Quién obtuvo más respuestas correctas?

	Oraciones	Miguel	Ana	Beatriz
1.	Cuando tenía 10 años, ya había manejado el carro de mi papá.	Lo dudo.	Es cierto.	Lo dudo.
2.				
3.				
4.				
5.				

Síntesis

6

Entrevista En parejas, preparen una conversación en la que un(a) reportero/a de televisión está entrevistando (*interviewing*) a un actor/una actriz famoso/a que está haciendo un video de ejercicios aeróbicos. El/La reportero/a le hace preguntas para descubrir la siguiente información:

▶ Si siempre se había mantenido en forma antes de hacer este video
▶ Si había seguido una dieta especial antes de hacer este video
▶ Qué le recomienda a la gente que quiere mantenerse en forma
▶ Qué le recomienda a la gente que quiere adelgazar
▶ Qué va a hacer cuando termine este video

15.3 The present perfect subjunctive

ANTE TODO The present perfect subjunctive (**el pretérito perfecto de subjuntivo**) is equivalent to the present perfect indicative, except that it is used to talk about what *has happened* when the subjunctive tense is required in the subordinate clause. The present perfect subjunctive is formed using the present subjunctive of the auxiliary verb **haber** and a past participle.

Present perfect indicative			Present perfect subjunctive		
PRESENT INDICATIVE OF **HABER**		PAST PARTICIPLE	PRESENT SUBJUNCTIVE OF **HABER**		PAST PARTICIPLE
yo	he	hablado	yo	haya	hablado

Present perfect subjunctive

		cerrar	**perder**	**asistir**
SINGULAR FORMS	yo	**haya** cerrado	**haya** perdido	**haya** asistido
	tú	**hayas** cerrado	**hayas** perdido	**hayas** asistido
	Ud./él/ella	**haya** cerrado	**haya** perdido	**haya** asistido
PLURAL FORMS	nosotros/as	**hayamos** cerrado	**hayamos** perdido	**hayamos** asistido
	vosotros/as	**hayáis** cerrado	**hayáis** perdido	**hayáis** asistido
	Uds./ellos/ellas	**hayan** cerrado	**hayan** perdido	**hayan** asistido

▶ The same conditions which trigger the use of the present subjunctive apply to the present perfect subjunctive.

Present subjunctive	Present perfect subjunctive
Espero que **duermas** bien.	Espero que **hayas dormido** bien.
I hope that you sleep well.	*I hope that you have slept well.*
No creo que **aumente** de peso.	No creo que **haya aumentado** de peso.
I don't think he will gain weight.	*I don't think he has gained weight.*

▶ The action expressed by the present perfect subjunctive is seen as occurring before the action expressed in the main clause.

Me alegro que Uds. **se hayan reído** tanto esta tarde.
I'm glad that you have laughed so much this afternoon.

Dudo que ella **se haya divertido** mucho con su suegra.
I doubt that she has enjoyed herself much with her mother-in-law.

¡ATENCIÓN!

The perfect forms are often used with **ya** (*already*). Remember that **ya** must come either before or after **haber** and the participle, which are never separated in Spanish.

Dudo que Enrique **ya** lo **haya hecho.**

Dudo que Enrique lo **haya hecho ya.**

• • •

The present perfect subjunctive is used for a recent action even if that action would be in the past tense in English.

No creo que lo **hayas dicho** bien.
I don't think you said it right.

Espero que él **haya llegado.**
I hope he arrived.

¡INTÉNTALO! Indica el pretérito perfecto de subjuntivo de los verbos entre paréntesis.

1. Me gusta que Uds. ___hayan dicho___ (decir) la verdad.
2. No creo que tú _____ (comer) tanto.
3. Es imposible que Ud. _____ (poder) hacer tal cosa.
4. Me alegro de que tú y yo _____ (merendar) juntas.
5. Es posible que yo _____ (adelgazar) un poco esta semana.
6. Espero que _____ (haber) suficiente comida en la celebración.

Práctica

1 **Completar** Laura está preocupada por su familia y sus amigos/as. Completa las oraciones con la forma correcta del pretérito perfecto de subjuntivo de los verbos entre paréntesis.

1. ¡Qué lástima que Julio _____ (sentirse) tan mal! Dudo que _____ (entrenarse) lo suficiente.

2. No creo que Lourdes y su amiga _____ (irse) de ese trabajo donde siempre tienen tantos problemas. Espero que Lourdes _____ (aprender) a aliviar el estrés.

3. Es triste que Nuria y yo _____ (perder) el partido. Esperamos que los monitores del gimnasio nos _____ (preparar) un buen programa para ponernos en forma.

4. No estoy segura de que Samuel _____ (llevar) una vida sana. Es bueno que él _____ (decidir) mejorar su dieta.

5. Me preocupa mucho que Ana y Rosa _____ (fumar) tanto de jóvenes (*as young people*). Es increíble que ellas no _____ (enfermarse).

6. Me alegro de que mi abuela _____ (disfrutar) de buena salud toda su vida. Es increíble que ella _____ (cumplir) noventa años.

2 **Describir** Haz dos comentarios sobre la(s) persona(s) que hay en cada dibujo usando frases como **no creo que, dudo que, es probable que, me alegro de que, espero que** y **siento que.** Usa el pretérito perfecto de subjuntivo.

CONSÚLTALO

To review verbs of will and influence, see Lesson 12, section 12.4, p. 380. To review expressions of doubt, disbelief, and denial, see Lesson 13, section 13.2, p. 406.

> **modelo**
> Es probable que Javier haya levantado pesas por muchos años.
> Me alegro de que Javier se haya mantenido en forma.

Javier

1. Rosa y Sandra

2. Roberto

3. Mariela

4. Lorena y su amigo

5. Sra. Matos

6. Sonia y René

Comunicación

3

¿Sí o no? En parejas, comenten estas afirmaciones (*statements*) usando frases de la lista.

Es imposible que...	No creo que...	Me alegro de que (no)...
Dudo que...	Es bueno que (no)...	Espero que (no)...

modelo

> **Estudiante 1:** Ya llegó el fin del año escolar.
> **Estudiante 2:** Es imposible que haya llegado el fin del año escolar.

1. Recibí una A en la clase de español.
2. Tu mejor amigo aumentó de peso recientemente.
3. Madonna dio un concierto ayer con Plácido Domingo.
4. Mis padres ganaron un millón de dólares.
5. He aprendido a hablar japonés.
6. Nuestro/a profesor(a) vino aquí de Bolivia.
7. Salí anoche con...
8. El año pasado mi familia y yo fuimos de excursión a...

4

Viaje por Bolivia Imaginen que sus amigos, Luis y Julia, están viajando por Bolivia y que les han mandado postales a ustedes. En grupos, lean las postales y conversen de lo que les ha escrito Luis. Usen frases como **dudo que, espero que, me alegro de que, temo que, siento que** y **es posible que.**

NOTA CULTURAL

Aymara is recognized as an official language of Bolivia, along with Spanish. Over half of the population speaks indigenous languages.

1° de febrero
Hola:
Estamos aprendiendo la antigua cultura aimará aquí en Tiwakanu. Julia se enfermó, quizás por algo que comió. Creo que no vamos a poder ir a la región amazónica.
Abrazos, Luis

13 de febrero
Hola:
Llegamos a Oruro justo a tiempo para el carnaval. Hemos bailado, escuchado música y disfrutado de las fiestas. ¡Todo fenomenal!
Chau, Luis

Lectura

Antes de leer

Estrategia
Making inferences

For dramatic effect and to achieve a smoother writing style, authors often do not explicitly supply the reader with all the details of a story. Clues in the text can help you infer those things the writer chooses not to state in a direct manner. You simply "read between the lines" to fill in the missing information and draw conclusions about the story. To practice making inferences, read the following statement:

A Liliana le encanta ir al gimnasio. Hace años que empezó a levantar pesas.

Based on this statement alone, what inferences can you draw about Lily?

Examinar el texto

Lee el texto brevemente y haz una lista de algunos de los cognados y de otras palabras que conoces. Según esta lista, ¿de qué trata el texto?

_____   _____
_____   _____
_____   _____

¿Cierto o falso?

Indica si estos comentarios sobre el texto son **ciertos** o **falsos.**

	Cierto	Falso
1. El título del cuento es una fecha.	○	○
2. Una narradora omnisciente narra la historia.	○	○
3. La narradora menciona los nombres de varias calles.	○	○
4. La narradora dice que va a caminar todos los días.	○	○

▪ Noviembre 24, 1992 ▪

María Velázquez

María Velázquez nació en México, D.F. en 1945. Estudió antropología social en la Universidad Iberoamericana y trabajó en el Taller de Cuento de la revista **Punto de Partida** *de la Universidad Nacional Autónoma de México en 1978. Vivió en California, Estados Unidos, por casi diez años (1982-1991), época en la que participó en el Taller de Cuento de la Universidad de California en Irvine. El cuento que presentamos a continuación pertenece a la colección* **Aun sin saber quién eres,** *que se publicó en 1998.*

A los dos nos gusta mucho ir a caminar todas las mañanas, muy temprano, pues desde que ya no montas a caballo es un buen ejercicio. En cuanto mis hijos se van en el camión de la escuela, antes de las siete, me visto rápido y me pongo los tenis. Le coloco a Babar su correa, tomo las llaves y me voy volando para recogerte en la esquina de tu casa, donde me esperas. Todos los días nos vamos subiendo por Sierra Madre, felices de estar juntos y caminando a buen paso. A veces nos detenemos para ver las casas o esperamos a Babar que le ladra a cualquier ser viviente que se le acerca.

Generalmente hacemos el mismo recorrido, subimos hasta Reforma y bajamos por Prado Sur; luego subimos otra vez por Pirineos y volvemos a bajar por Sierra Madre. Muchas veces no hablamos, pero siempre me tomas la mano. Nos gusta ver las casas, fijarnos en cómo las han arreglado, recordando cómo eran antes, hace años, cuando nos cambiamos a este rumbo. Me preguntas por mis hijos y deseas saber cosas de ellos. Todos los días quieres verlos. Luego te callas y sigues caminando en silencio, siempre a mi lado, como cuando era niña. Yo también me quedo callada, como si no hiciera falta hablar o como si ya todo estuviese dicho.

También hoy en la mañana me vestí rápido y me puse los tenis, apuré a Babar, que parecía tener flojera, y salí corriendo rumbo a tu casa. En la esquina me detuve en seco, pues sentí que me faltaba el aire. De repente, así de sopetón, me di cuenta de que hace más de dos años habías muerto y de que nunca has ido a caminar conmigo.

cuento *short story* pertenece *belongs* correa *leash*
me voy volando *I rush off* a buen paso *at a good clip*
que le ladra a cualquier ser viviente que se le acerca *who barks at any living being who comes near him*
hacemos el mismo recorrido *we take the same route* fijar *to notice*
rumbo *area* te callas *you fall silent* callada *silent*
como si no hiciera falta hablar *as if there were no need to talk*
como si ya todo estuviese dicho *as if everything had already been said*
tener flojera *to be lazy* rumbo a *on the way to*
me detuve en seco *I stopped suddenly* de sopetón *suddenly, brusquely*

Después de leer

Resumen

Lee la selección una vez más y completa este resumen con las formas correctas de las siguientes palabras. Hay dos palabras que no son necesarias.

antiguo	pasear	vivir
recorrido	morir	montar

1. En este microcuento de la mexicana María Velázquez, la narradora sale a _____ todas las mañanas.
2. Ella dice que es un buen ejercicio para su compañero porque él ya no _____ a caballo.
3. Los protagonistas hacen generalmente el mismo _____.
4. La narradora se imagina que pasea con alguien que _____ hace dos años.

Inferencias

Contesta estas preguntas.

1. ¿Quién es la narradora?
2. ¿Quién es Babar?
3. ¿De quién habla la narradora? ¿Por qué lo extraña (*miss*) tanto la narradora?
4. ¿Qué siente la narradora?

Asociaciones

¿Cuáles de estos adjetivos asocias con la narradora? Explica tu respuesta.

contenta	preocupada
aburrida	nerviosa
triste	enamorada
cansada	amable
alegre	trabajadora
avergonzada	enojada

Preguntas

Contesta estas preguntas con un(a) compañero/a.

1. ¿Sales a pasear todos los días? ¿Adónde?
2. ¿Te gusta pasear con tus amigos/as o prefieres ir solo/a (*alone*)?
3. ¿Qué haces tú cuando extrañas (*you miss*) a alguien?

Escritura

Estrategia

Organizing information logically

Many times a written piece may require you to include a great deal of information. You might want to organize your information in one of three different ways:

▶ Chronologically (e.g., events in the history of a country)

▶ Sequentially (e.g., steps in a recipe)

▶ In order of importance

Organizing your information in this manner will make both your writing and your message clearer to your readers. If you were writing a piece on weight reduction, for example, you would need to organize your ideas about two general areas: eating right and exercise. You would need to decide which of the two is more important according to your purpose in writing the piece. If your main idea is that eating right is the key to losing weight, you might want to start your piece with a discussion of good eating habits. You might want to discuss the following aspects of eating right in order of their importance:

▶ Quantities of food

▶ Selecting appropriate foods from the food pyramid

▶ Healthful recipes

▶ Percentage of fat in each meal

▶ Calorie count

▶ Percentage of carbohydrates in each meal

▶ Frequency of meals

You would then complete the piece by following the same process to discuss the various aspects of the importance of getting exercise.

Tema

Escribir un plan personal de bienestar

Desarrolla un plan personal para mejorar tu bienestar, tanto físico como emocional. Tu plan debe describir:

1. Lo que has hecho para mejorar tu bienestar y llevar una vida sana
2. Lo que no has podido hacer todavía
3. Las actividades que debes hacer en los próximos meses

Considera también la siguiente lista de preguntas.

La nutrición

▶ ¿Comes una dieta equilibrada?

▶ ¿Consumes suficientes vitaminas y minerales? ¿Consumes demasiada grasa?

▶ ¿Quieres aumentar de peso o adelgazar?

▶ ¿Qué puedes hacer para mejorar tu dieta?

El ejercicio

▶ ¿Haces ejercicio? ¿Con qué frecuencia?

▶ ¿Vas al gimnasio? ¿Qué tipo de ejercicios haces allí?

▶ ¿Practicas algún deporte?

▶ ¿Qué puedes hacer para mejorar tu bienestar físico?

El estrés

▶ ¿Sufres muchas presiones?

▶ ¿Qué actividades o problemas te causan estrés?

▶ ¿Qué haces (o debes hacer) para aliviar el estrés y sentirte más tranquilo/a?

▶ ¿Qué puedes hacer para mejorar tu bienestar emocional?

Plan de escritura

1 **Ideas y organización**

Antes de escribir, piensa y anota lo que has hecho hasta ahora, lo que no has hecho, y lo que todavía tienes que hacer para conseguir tus objetivos. Organiza en orden cronológico tus planes para el futuro según la importancia de cada actividad.

2 **Primer borrador**

Utiliza tus apuntes de **Ideas y organización** para escribir el primer borrador de tu plan personal. Haz todo lo que puedas sin la ayuda del texto o del diccionario.

3 **Comentario**

Intercambia tu plan personal con un(a) compañero/a y lee su borrador. Comparte tus opiniones sobre el documento, utilizando estas preguntas como guía:

  a. ¿Incluye toda la información pertinente?
  b. ¿Está organizada la información de una manera lógica?
  c. ¿Se puede mejorar la organización de las ideas?
  d. ¿Hay errores gramaticales u ortográficos?
  e. ¿Qué otras sugerencias puedes darle al/a la escritor(a) para mejorar el documento?

4 **Redacción**

Revisa el primer borrador según las indicaciones de tu compañero/a. Antes de escribir la versión final, revisa tu trabajo según la siguiente guía:

  a. Subraya cada verbo para comprobar el uso correcto de los tiempos verbales y del subjuntivo. ¡Cuidado con los verbos irregulares!
  b. Revisa la concordancia entre los verbos y los sujetos.
  c. Revisa la concordancia entre los sustantivos y los artículos definidos e indefinidos.
  d. Revisa la concordancia entre los sustantivos y los adjetivos.
  e. Revisa los pronombres para comprobar el uso correcto de cada uno.
  f. Consulta tus **Anotaciones para mejorar la escritura** para evitar la repetición de errores previos.

5 **Evaluación y progreso**

Comparte tu descripción con tres estudiantes. Compilen las mejores ideas de cada estudiante en un nuevo plan de bienestar para presentar a la clase. Cuando recibas los comentarios y las correcciones de tu profesor(a), anota tus errores en las **Anotaciones para mejorar la escritura** en tu **Carpeta de trabajos.**

Intercambia *Exchange* ortográficos *spelling* Subraya *Underline* comprobar *to check* concordancia *agreement*

Escuchar

Preparación

Mira la foto. ¿Qué pistas te da de lo que vas a oír?

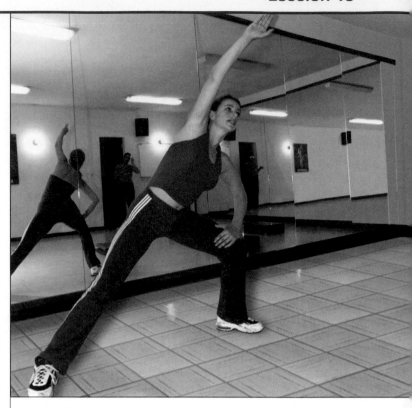

Estrategia

**Listening for the gist/
Listening for cognates**

Combining these two strategies is an easy way to get a good sense of what you hear. When you listen for the gist, you get the general idea of what you're hearing, which allows you to interpret cognates and other words in a meaningful context. Similarly, the cognates give you information about the details of the story that you might not have understood when listening for the gist. To practice these strategies, you will listen to a short paragraph. Write down the gist of what you hear and jot down a few cognates. Based on the gist and the cognates, what conclusions can you draw about what you heard?

🎧 Ahora escucha

Escucha lo que dice Ofelia Cortez de Bauer. Anota algunos de los cognados que escuchas y también la idea general del discurso.

_____

_____

_____

_____

Idea general: _____

Ahora contesta las siguientes preguntas.

1. ¿Cuál es el género del discurso?
2. ¿Cuál es el tema?
3. ¿Cuál es el propósito?

pistas _clues_ discurso _speech_ género _genre_ propósito _purpose_
público _audience_ debía haber incluido _should have included_

Comprensión

¿Cierto o falso?

Indica si lo que dicen las siguientes frases es **cierto** o **falso**. Corrige las oraciones que son falsas.

	Cierto	Falso
1. La señora Bauer habla de la importancia de estar en buena forma y hace gimnasia con frecuencia.	○	○
2. Según ella, lo más importante es que lleves el programa sugerido por los expertos.	○	○
3. La señora Bauer participa en actividades individuales y de grupo.	○	○
4. El único objetivo del tipo de programa que ella sugiere es adelgazar.	○	○

Preguntas

1. Imagina que el programa de radio sigue. Según las pistas que ella dio, ¿qué vas a oír en la segunda parte?
2. ¿A qué tipo de público le interesa el tema del que habla la señora Bauer?
3. ¿Sigues los consejos de la señora Bauer? Explica tu respuesta.
4. ¿Qué piensas de los consejos que ella da? ¿Hay otra información que ella debía haber incluido?

Proyecto

Promociona una excursión

Estás a cargo de promocionar una excursión por Bolivia. Este viaje no es como ningún otro porque combina ejercicio con turismo y aventura, y es sólo para personas que estén en buena forma.

1 Prepara un folleto

Crea un folleto llamativo para vender la idea de este tipo de excursión. Usa los **Recursos para la investigación** para identificar los lugares que van a visitar en Bolivia y lo que van a hacer en cada uno de esos lugares. El folleto puede incluir lo siguiente:

- Fotos y descripciones de los lugares que van a visitar
- Descripciones de las actividades que van a hacer en cada lugar, con enfoque en las actividades deportivas y de aventura
- Una explicación de las comidas y de otros aspectos de la excursión que son importantes para la salud
- Una advertencia de que las personas que participan deben estar en buena forma
- Una explicación del examen médico que los viajeros necesitan hacerse antes del viaje
- El costo del viaje

2 Presenta la información

Usa el folleto para crear un anuncio publicitario informativo. Explica los aspectos especiales de esta excursión, incluyendo las aventuras y las actividades deportivas que se ofrecen. Puedes presentar el anuncio informativo en vivo o filmarlo en video para después presentarlo a la clase.

En grupos pequeños, comparen las excursiones que han planeado. ¿Qué tienen en común? ¿En qué se diferencian?

Promociona *Promote* a cargo de *in charge of* folleto *brochure* llamativo *eye-catching* enfoque *focus* advertencia *warning* anuncio *commercial; announcement* en vivo *live*

recursos para la investigación

Internet Palabras clave: Bolivia, turismo, fotos, excursiones	**Comunidad** Profesores, estudiantes o personas de la comunidad que son de Bolivia o que han viajado por Bolivia
Biblioteca Guías turísticas, revistas, mapas, enciclopedias	**Otros recursos** Mapa topográfico, folletos de agencias de viajes

Bolivia

El país en cifras

- ▶ **Área:** 1.098.580 km² (424.162 millas²), *equivalente al área total de Francia y España*
- ▶ **Población:** 8.705.000

Los indios quechua y aimará constituyen más de la mitad de la población de Bolivia. Estos grupos indígenas han mantenido sus culturas y lenguas tradicionales. Los mestizos, personas de descendencia indígena y europea, representan la tercera parte de la población. El 15% restante es criollo, gente de ascendencia europea nacida en América Latina. Una gran mayoría de los bolivianos, más o menos el 70%, vive en el altiplano.

- ▶ **Capital:** La Paz, sede del gobierno, capital administrativa—1.564.000; Sucre, sede del Tribunal Supremo, capital constitucional y judicial—189.000
- ▶ **Ciudades principales:** Santa Cruz de la Sierra—1.115.000, Cochabamba—794.000, Oruro—202.000, Potosí—124.000

SOURCE: Population Division, UN Secretariat

- ▶ **Moneda:** peso boliviano
- ▶ **Idiomas:** español (oficial), aimará (oficial), quechua (oficial)

Bandera de Bolivia

Bolivianos célebres

- ▶ **Jesús Lara,** escritor (1898-1980)
- ▶ **Víctor Paz Estenssoro,** político y presidente (1907-)
- ▶ **María Luisa Pacheco,** pintora (1919-1982)
- ▶ **Matilde Casazola,** poeta (1942-)

restante *remaining* altiplano *high plateau*
sede *seat* paraguas *umbrella*

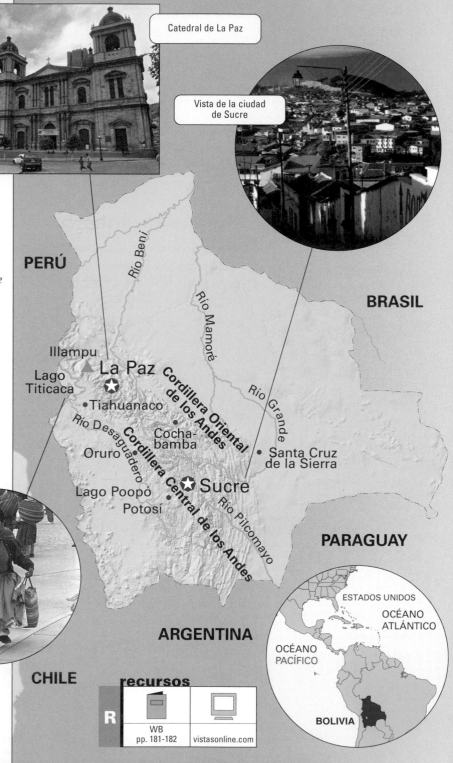

Catedral de La Paz

Vista de la ciudad de Sucre

PERÚ

BRASIL

Río Beni

Río Mamoré

Illampu

Lago Titicaca

▲ La Paz ★

Tiahuanaco

Cordillera Oriental de los Andes

Río Grande

Río Desaguadero

Cordillera Central de los Andes

Cochabamba

Oruro

Santa Cruz de la Sierra

Lago Poopó

★ Sucre

Río Pilcomayo

Potosí

PARAGUAY

Mujer indígena con bebé

ARGENTINA

CHILE

recursos

R

WB
pp. 181-182

vistasonline.com

ESTADOS UNIDOS

OCÉANO ATLÁNTICO

OCÉANO PACÍFICO

BOLIVIA

¡Increíble pero cierto!

La Paz es la capital más alta del mundo. Su aeropuerto está situado a una altitud de 3,600 m. (12,000 pies). Ah, y si viajas en carro hasta La Paz, ¡no te olvides el paraguas! En la carretera, que cruza 9.000 metros de densa selva, te encontrarás con una cascada.

Lugares • El Lago Titicaca

Titicaca, situado en los Andes de Bolivia y Perú, es el lago navegable más alto del mundo y está a una altitud de 3.815 metros (12.500 pies). También es el segundo lago más grande, después del Maracaibo, de América del Sur, con un área de más de 8.000 km² (3.000 millas²). La mitología inca cuenta que los hijos del Dios Sol emergieron de las profundas aguas del Lago Titicaca para fundar su imperio. Los indígenas de la zona todavía hacen botes de totora a la manera antigua y los usan para navegar las claras aguas del lago.

Artes • La música andina

La música andina, compartida por Bolivia, Perú, Ecuador, Chile y Argentina, es el aspecto más conocido de su folklore. Hay muchos conjuntos profesionales que dan a conocer esta música popular de origen indígena alrededor del mundo. Uno de los grupos más importantes son los Kjarkas, que llevan más de veinticinco años actuando en los escenarios internacionales. Los instrumentos típicos que se usan son la zampoña y la quena (dos tipos de flauta), el arpa, el bombo, la guitarra y el charango, que es una pequeña guitarra andina.

Historia • Tiahuanaco

Tiahuanaco, que significa "Ciudad de los dioses", es un sitio arqueológico de ruinas preincaicas situado cerca de La Paz y el Lago Titicaca. Se piensa que los antepasados de los indígenas aymará fundaron este centro ceremonial hace unos 15.000 años. En el año 1100 la ciudad tenía más o menos 60.000 habitantes. En este sitio se pueden ver el Templo de Kalasasaya, el Monolito Ponce, el Templete Subterráneo, la Puerta del Sol y la Puerta de la Luna. La Puerta del Sol es un impresionante monumento que tiene tres metros de alto y cuatro de ancho y que pesa aproximadamente unas 10 toneladas.

¿Qué aprendiste? Responde a las preguntas con una frase completa.

1. ¿Qué idiomas se hablan en Bolivia?
2. ¿Dónde vive la mayoría de los bolivianos?
3. ¿Cuál es la capital administrativa de Bolivia?
4. ¿Cómo se llama la moneda de Bolivia?
5. Según la mitología inca, ¿qué ocurrió en el lago Titicaca?
6. ¿Qué hacen los indios con la totora?
7. ¿Qué es la quena?
8. ¿Qué es el charango?
9. ¿Qué es la Puerta del Sol?
10. ¿Cómo se llama el sitio arqueológico situado cerca de La Paz y el Lago Titicaca?

Conexión Internet Investiga estos temas en el sitio **www.vistasonline.com**.

1. Busca información sobre un(a) boliviano/a célebre. ¿Cuáles son algunos de los episodios más importantes de su vida? ¿Qué ha hecho esta persona? ¿Por qué es célebre?
2. Busca información sobre Tiahuanaco u otro sitio arqueológico en Bolivia. ¿Qué han descubierto los arqueólogos en ese sitio?

cuenta *tells the story* **Dios** *God* **botes** *rowboats* **fundar** *to found* **imperio** *empire* **totora** *reed* **manera** *way* **conjuntos** *groups* **dan a conocer** *make known* **alrededor** *around* **arpa** *harp* **bombo** *drum* **antepasados** *ancestors* **ancho** *wide* **pesa** *weighs*

El bienestar

el bienestar	well-being
la clase de ejercicios aeróbicos	aerobics class
la droga	drug
el/la drogadicto/a	drug addict
el masaje	massage
el/la monitor(a)	trainer
el músculo	muscle
el/la teleadicto/a	couch potato
adelgazar	to lose weight; to slim down
aliviar el estrés	to reduce stress
aliviar la tensión	to reduce tension
apurarse	to hurry; to rush
aumentar de peso, engordar	to gain weight
calentarse (e:ie)	to warm up
disfrutar (de)	to enjoy; to reap the benefits (of)
entrenarse	to practice; to train
estar a dieta	to be on a diet
estar en buena forma	to be in good shape
(no) fumar	(not) to smoke
hacer ejercicio	to exercise
hacer ejercicios aeróbicos	to do aerobics
hacer ejercicios de estiramiento	to do stretching exercises
hacer gimnasia	to work out
levantar pesas	to lift weights
llevar una vida sana	to lead a healthy lifestyle
mantenerse en forma	to stay in shape
sudar	to sweat
sufrir muchas presiones	to be under a lot of pressure
tratar de (+ *inf.*)	to try (to do something)
activo/a	active
débil	weak
flexible	flexible
fuerte	strong
sedentario/a	sedentary; related to sitting
tranquilo/a	calm; quiet

La nutrición

la bebida alcohólica	alcoholic beverage
la caloría	calorie
el colesterol	cholesterol
la grasa	fat
la merienda	afternoon snack
el mineral	mineral
la nutrición	nutrition
la proteína	protein
la vitamina	vitamin
comer una dieta equilibrada	to eat a balanced diet
consumir alcohol	to consume alcohol
merendar (e:ie)	to have a snack in the afternoon
descafeinado/a	decaffeinated

Palabras adicionales

en exceso	in excess; too much
sin	without

Expresiones útiles	See page 465.

El mundo del trabajo

16

El mundo del trabajo

Más vocabulario

el/la abogado/a	*lawyer*
el actor, la actriz	*actor*
el/la consejero/a	*counselor; advisor*
el/la contador(a)	*accountant*
el/la corredor(a) de bolsa	*stockbroker*
el/la diseñador(a)	*designer*
el/la electricista	*electrician*
el/la gerente	*manager*
el hombre/la mujer de negocios	*businessperson*
el/la jefe/a	*boss*
el/la maestro/a	*elementary school teacher*
el/la político/a	*politician*
el/la psicólogo/a	*psychologist*
el/la secretario/a	*secretary*
el/la técnico/a	*technician*
el ascenso	*promotion*
el aumento de sueldo	*raise*
la carrera	*career*
la compañía, la empresa	*company; firm*
el empleo	*job; employment*
la especialización	*field of study*
los negocios	*business; commerce*
la ocupación	*occupation*
el oficio	*trade*
la profesión	*profession*
la reunión	*meeting*
el teletrabajo	*telecommuting*
el trabajo	*job; work*
la videoconferencia	*videoconference*
dejar	*to quit; to leave behind*
despedir (e:i)	*to fire*
invertir (e:ie)	*to invest*
renunciar (a)	*to resign (from)*
tener éxito	*to be successful*
comercial	*commercial; business related*

Variación léxica

abogado/a ←→ licenciado/a (*Amér. C.*)

contador(a) ←→ contable (*Esp.*)

el carpintero

el pintor

el arquitecto

el peluquero

el científico

la arqueóloga

Práctica

el cocinero

el bombero

la reportera

1 **Escuchar** 🎧 Escucha la descripción que hace Juan Figueres de su profesión y luego completa las frases con las palabras adecuadas.

1. Juan Figueres es _____.
   a. actor b. hombre de negocios c. pintor
2. El Sr. Figueres es el _____ de una compañía multinacional.
   a. secretario b. técnico c. gerente
3. El Sr. Figueres quería _____ en la cual pudiera trabajar en otros países.
   a. una carrera b. un ascenso c. un aumento de sueldo
4. El Sr. Figueres viaja mucho porque _____.
   a. tiene reuniones en otros países b. prefiere el teletrabajo
   c. utiliza las videoconferencias

2 **Escoger** Escoge la ocupación de la lista que corresponda a cada descripción.

la arquitecta	la contadora
el corredor de bolsa	el diseñador
el bombero	la electricista
la carpintera	el maestro
el científico	la técnica

1. Desarrolla teorías de biología, química, física, etc.
2. Construye (*Builds*) armarios, sillas, mesas, casas y otras cosas de madera (*wood*).
3. Nos ayuda a iluminar nuestras casas y arregla los electrodomésticos.
4. Combate los fuegos (*fires*) que destruyen edificios.
5. Ayuda a la gente a invertir su dinero.
6. Trabaja con números y arregla las cuentas de diferentes negocios.
7. Enseña a los niños.
8. Diseña ropa.
9. Arregla las computadoras.
10. Diseña edificios.

3 **Asociaciones** ¿Qué profesiones asocias con las siguientes palabras?

> **modelo**
> emociones *psicólogo/a*

1. pinturas
2. consejos
3. elecciones
4. comida
5. leyes
6. teatro
7. pirámide
8. escuela
9. periódico
10. pelo

4 **Diálogo** Completa la entrevista con el nuevo vocabulario que se ofrece en la lista de la derecha.

ENTREVISTADOR Recibí la _____ que Ud. llenó y vi que tiene mucha experiencia.

ASPIRANTE Por eso decidí mandar una copia de mi _____ cuando vi su _____ en el periódico.

ENTREVISTADOR Me alegro de que lo haya hecho. Pero dígame, ¿por qué dejó Ud. su _____ anterior?

ASPIRANTE Lo dejé porque quiero un mejor _____.

ENTREVISTADOR ¿Y cuánto quiere Ud. _____?

ASPIRANTE Pues, eso depende de los _____ que me puedan ofrecer.

ENTREVISTADOR Muy bien. Pues, creo que Ud. tiene la experiencia necesaria pero tengo que _____ a dos aspirantes más. Le vamos a llamar la semana que viene.

ASPIRANTE Hasta pronto, y gracias por la _____.

Las entrevistas

el anuncio	advertisement
el/la aspirante	candidate; applicant
los beneficios	benefits
el currículum	résumé
la entrevista	interview
el/la entrevistador(a)	interviewer
el puesto	position; job
el salario, el sueldo	salary
la solicitud (de trabajo)	(job) application
contratar	to hire
entrevistar	to interview
ganar	to earn
obtener	to obtain; to get
solicitar	to apply (for a job)

5 **Completar** Escoge la respuesta que completa cada frase.

1. Mi hermano dejó su _____ porque no le gusta su jefe.
   a. anuncio   b. gerente   c. puesto
2. Llegué tarde a la _____ esta mañana.
   a. profesión   b. reunión   c. ocupación
3. La consejera de carreras me dijo que necesito revisar mi _____.
   a. currículum   b. compañía   c. aspirante
4. ¿Cuándo obtuviste _____ más reciente?
   a. la reunión   b. la videoconferencia   c. el aumento de sueldo
5. Mi madre _____ su carrera como reportera.
   a. invirtió   b. tuvo éxito en   c. entrevistó
6. Sara tiene la oportunidad de _____ la empresa donde trabaja.
   a. invertir en   b. entrevistar   c. despedir
7. Voy a _____ mi empleo antes de empezar mi propia empresa.
   a. tener éxito   b. renunciar a   c. solicitar
8. Deseo trabajar en una empresa con excelentes _____.
   a. beneficios   b. oficios   c. solicitudes de trabajo

¡LENGUA VIVA!
Trabajo, **empleo**, and **puesto** all translate to *job*, but each has further meanings: **trabajo** means *work*, **empleo** means *employment*, and **puesto** means *position*.

6 **Preguntas** Responde a cada pregunta con una respuesta breve.

1. ¿Te gusta tu especialización?
2. ¿Lees los anuncios de empleo en el periódico con regularidad?
3. ¿Piensas que una carrera que beneficia a otros es más importante que un empleo con un salario muy bueno?
4. ¿Obtienes siempre los puestos que quieres?
5. ¿Te preparas bien para las entrevistas?
6. ¿Crees que una persona debe renunciar a un puesto si no se ofrecen ascensos?
7. ¿Te gustaría más un teletrabajo o un trabajo tradicional en una oficina?
8. ¿Piensas que los jefes siempre tienen razón?
9. ¿Quieres tener tu propia empresa?
10. ¿Cuál es tu carrera ideal?

Comunicación

7

Una entrevista Trabaja con un(a) compañero/a para representar los papeles de un(a) aspirante a un puesto de trabajo y un(a) entrevistador(a).

El/La entrevistador(a) debe describir...
▶ el empleo
▶ las responsabilidades
▶ el salario
▶ los beneficios

El/La aspirante debe...
▶ presentar su experiencia
▶ preguntar los detalles del puesto

Entonces...
▶ el/la entrevistador(a) debe decidir si va a contratar al/a la aspirante
▶ el/la aspirante debe decidir si va a aceptar el puesto

8

Un(a) consejero/a de carreras En parejas, representen los papeles de un(a) consejero/a de carreras y una persona que quiere saber cuál es la mejor ocupación para él/ella. El/La consejero/a debe hacerle preguntas sobre su educación, su experiencia y sus intereses y debe sugerir dos o tres profesiones posibles. Después, intercambien (*swap*) los papeles.

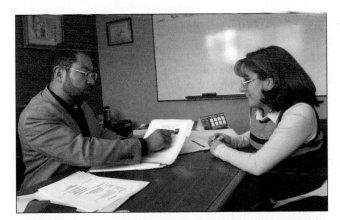

9

Una feria de trabajo La clase va a celebrar una feria (*fair*) de trabajo. Unos estudiantes serán representantes de compañías que buscan empleados y otros deben ser hombres y mujeres de negocios que están buscando nuevos puestos de trabajo. Los representantes de las empresas deben preparar carteles que indiquen el nombre de su compañía y los puestos de trabajo que ofrecen. Los que buscan empleo deben circular por la clase y hablar con tres representantes. Los entrevistadores deben describir los puestos disponibles (*available*) y conseguir los nombres y las referencias de los solicitantes.

¡Es un plan sensacional!

Don Francisco y los estudiantes hablan de sus ocupaciones futuras.

MAITE La Sra. Vives es una cocinera magnífica.

DON FRANCISCO Me alegro de que les guste.

DON FRANCISCO Oigan, ¿qué me dicen del lugar donde fueron de excursión? ¿Qué les pareció?

MAITE ¡El paisaje es bellísimo!

INÉS Martín fue un guía excelente. Mostró mucho interés en que aprendiéramos sobre el medio ambiente.

DON FRANCISCO Sí, Martín es el mejor guía que conozco. Pero hablando de profesiones, ¿quieren saber cuáles son mis planes para el futuro?

MAITE ¡Me muero por saberlo!

DON FRANCISCO He decidido que el próximo verano voy a establecer mi propia compañía de turismo.

MAITE ¡Es un plan sensacional! Pero ahora escuchen el mío. Yo voy a ser periodista y tendré mi propio programa de entrevistas. Me verán en la tele entrevistando a políticos, científicos, hombres y mujeres de negocios y actores y actrices.

JAVIER No me cabe duda de que seré un pintor famoso. Todo el mundo querrá comprar mis cuadros y llegaré a ser más famoso que Picasso, que Dalí, que Velázquez...

INÉS Seré arqueóloga. Investigaré sitios arqueológicos en el Ecuador y en otros países. Escribiré libros sobre mis descubrimientos.

JAVIER ¡Buena idea, don Efe! Con su experiencia y talento, será un gran éxito.

ÁLEX Sí, estoy completamente de acuerdo.

DON FRANCISCO ¡Qué amables son! Pero, díganme, ¿cuáles son sus planes? Supongo que también Uds. han pensado en el futuro.

ÁLEX Pues claro, don Francisco. En cinco años habré establecido una compañía especializada en el Internet.

INÉS Serás millonario, ¿eh?

ÁLEX Exactamente, porque muchísima gente habrá invertido montones de dinero en mi empresa.

MAITE ¡Fenomenal! Cuando sean famosos yo los invitaré a todos a mi programa. Y usted también vendrá, don Efe.

DON FRANCISCO ¡Enseguida! ¡Vendré conduciendo un autobús!

DON FRANCISCO ¡Por el porvenir!

ESTUDIANTES ¡Por el porvenir!

Enfoque cultural Las mujeres en el mundo del trabajo

Las mujeres en los países de habla hispana están trabajando en todas las ocupaciones posibles. Aunque todavía existe en muchas ocasiones una diferencia de sueldo entre hombres y mujeres, como ocurre prácticamente en todos los países del mundo, este problema va siendo cada vez más pequeño. En Hispanoamérica muchas mujeres han ocupado altos puestos en la política, como Violeta Chamorro (Nicaragua) y Mireya Moscoso (Panamá), ambas presidentas de sus respectivos países.

Expresiones útiles

Talking about future plans

▶ **¿Quieren saber cuáles son mis planes para el futuro?**
Do you want to know what my plans for the future are?
▷ **Me muero por saberlo.**
I'm dying to know.

▶ **¿Cuáles son tus/sus planes?**
What are your plans?
▷ **Seré un(a) pintor(a) famoso/a.**
I will be a famous painter.
▷ **Tendré mi propio programa.**
I will have my own program.

▶ **¿Dónde trabajarás?**
Where will you work?
▷ **Trabajaré en México.**
I will work in Mexico.

▶ **¿Qué piensas hacer después de graduarte?**
What do you intend to do after graduating?
▷ **Pienso establecer mi propia compañía.**
I intend to start my own company.

Agreement and disagreement

▶ **Estoy (completamente) de acuerdo.**
I agree (completely).
▶ **Claro (que sí).**
Of course.
▶ **Por supuesto.**
Of course.
▶ **No estoy de acuerdo.**
I don't agree.
▶ **No es así.**
That's not the way it is.
▶ **De ninguna manera.**
No way.

Giving a toast

▶ **¡Por el porvenir!**
Here's to the future!

Escritura

Estrategia

Using note cards

Note cards serve as valuable study aids in many different contexts. When you write, note cards can help you organize and sequence the information you wish to present.

Let's say you are going to write a personal narrative about a trip you took. You would jot down notes about each part of the trip on a different note card. Then you could easily arrange them in chronological order or use a different organization, such as the best parts and the worst parts, traveling and staying, before and after, etc.

Here are some helpful techniques for using note cards to prepare for your writing:

▶ Label the top of each card with a general subject, such as **el avión** or **el hotel.**

▶ Number the cards in each subject category in the upper right corner to help you organize them.

▶ Use only the front side of each note card so that you can easily flip through them to find information.

Study the following example of a note card used to prepare a composition:

3

En el aeropuerto de Santo Domingo

Cuando llegamos al aeropuerto de Santo Domingo, después de siete horas de viaje, estábamos cansados pero felices. Hacía sol y viento.

Tema

Escribir una composición

Escribe una composición sobre tus planes profesionales y personales para el futuro. Utiliza el tiempo futuro. No te olvides de hacer planes para las siguientes áreas de tu vida:

Lugar

▶ ¿Dónde vivirás?
▶ ¿Vivirás en la misma ciudad siempre? ¿Te mudarás mucho?

Familia

▶ ¿Te casarás? ¿Con quién?
▶ ¿Tendrás hijos? ¿Cuántos?

Empleo

▶ ¿En qué profesión trabajarás?
▶ ¿Tendrás tu propia empresa?

Finanzas

▶ ¿Ganarás mucho dinero?
▶ ¿Ahorrarás mucho dinero? ¿Lo invertirás?

Termina tu composición con una lista de metas profesionales utilizando el futuro perfecto.

Por ejemplo: **Para el año 2010, habré empezado mi propio negocio. Para el año 2020, habré ganado más dinero que Bill Gates.**

Plan de escritura

1 **Ideas y organización**

Utiliza unas fichas para apuntar tus planes y metas para el futuro. Dedica una ficha a cada plan o meta. No te olvides de asignar un año a cada meta.

2 **Primer borrador**

Utiliza tus apuntes de **Ideas y organización** para escribir el primer borrador de tu composición. Usa el diccionario sólo como último recurso.

3 **Comentario**

Intercambia tu composición con un(a) compañero/a. Lee su borrador y anota los aspectos mejor escritos de su composición. Compartan sus impresiones utilizando esta guía:

   a. ¿Habla de metas específicas para su futuro?
   b. ¿Ha organizado su información de una manera lógica?
   c. ¿Qué sugerencias puedes darle al/a la escritor(a) para organizar mejor su descripción?
   d. ¿Encuentras errores gramaticales u ortográficos?

4 **Redacción**

Revisa el primer borrador según las indicaciones de tu compañero/a. Antes de escribir tu versión final, revisa tu composición según la siguiente guía:

   a. Subraya cada verbo para comprobar el modo y el tiempo. Recuerda que el tema requiere el uso del futuro y del futuro perfecto.
   b. Revisa la concordancia entre los sustantivos y los adjetivos en cada oración.
   c. Revisa los pronombres para comprobar el uso correcto de cada uno.
   d. Consulta tus **Anotaciones para mejorar la escritura** para evitar la repetición de errores previos.

5 **Evaluación y progreso**

Compartan su trabajo en grupos. Cada estudiante leerá su composición al grupo. Después formulen una cronología con las metas de cada estudiante. Cuando recibas los comentarios y las correcciones de tu profesor(a), anota tus errores en las **Anotaciones para mejorar la escritura** en tu **Carpeta de trabajos.**

fichas *note cards* **metas** *goals* **cronología** *timeline* **devuelva** *returns*

Escuchar

Preparación

Mira la foto. ¿De qué crees que van a hablar?
Haz una lista de la información que esperas oír
en este tipo de situación.

Estrategia

**Using background knowledge/
Listening for specific information**

If you know the subject of something
you are going to hear, your background
knowledge will help you anticipate words
and phrases you're going to hear and will
help you identify important information
that you should listen for. To practice these
strategies, you will listen to a radio
advertisement for the **Hotel El Retiro**.
Before you listen, write down a list of the
things you expect the advertisement to
contain. Then make another list of important
information you would listen for if you were
a tourist considering staying at the hotel.
After listening to the advertisement, look at
your lists again. Did they help you anticipate
the content of the advertisement and focus
on key information? Explain your answer.

🎧 Ahora escucha

Ahora vas a oír una entrevista entre la Sra. Sánchez
y Rafael Ventura Ramos. Antes de escuchar la
entrevista, haz una lista de la información que
esperas oír según tu conocimiento previo del tema.

1. _____
2. _____
3. _____
4. _____

Mientras escuchas la entrevista, llena el formulario
con la información necesaria. Si no oyes un dato
que necesitas, escribe *Buscar en el currículum*.
¿Oíste toda la información que habías anotado en
tu lista?

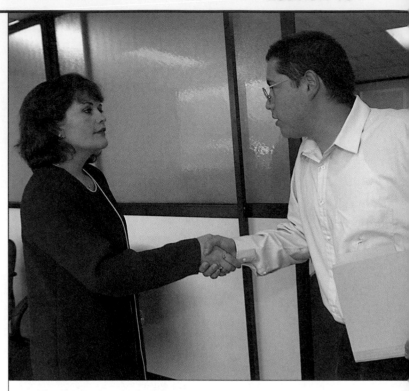

Comprensión

Puesto solicitado _____
Nombre y apellidos del solicitante _____
Dirección _____ Tel. _____
- -
Educación _____
Experiencia profesional: Puesto _____
Empresa _____
¿Cuánto tiempo? _____
Referencias:
Nombre _____
Dirección _____ Tel. _____
Nombre _____
Dirección _____ Tel. _____

Preguntas

1. ¿Cuántos años hace que Rafael Ventura trabaja para
   Dulces González?
2. ¿Cuántas referencias tiene Rafael?
3. ¿Dónde trabaja Héctor Cruz?
4. ¿Cuál es la profesión de Armando Carreño?
5. ¿Cómo sabes si los resultados de la entrevista han
   sido positivos para Rafael Ventura?

conocimiento previo *prior knowledge* dato *fact, piece of information*

Proyecto

Escribe una cronología de tu carrera

Imagina que en el futuro trabajarás para una empresa multinacional que tiene
sus oficinas más importantes en Nicaragua o en la República Dominicana.
Vas a crear un plan o una cronología para tu futura carrera profesional.

1 Desarrolla una cronología

Prepara una cronología con texto y fotos de tu futura carrera. Usa los **Recursos
para la investigación** para buscar información sobre industrias y compañías que
operen en Nicaragua o en la República Dominicana. La cronología puede incluir
las siguientes cosas:

- Una descripción de la empresa y sus productos
- Fotos relacionadas con la empresa y sus productos
- Una descripción de tu carrera, desde el comienzo hasta tu jubilación, incluyendo
  los puestos que vas a tener en la empresa
- Fotos relacionadas con tu carrera

2 Presenta la información

Reúnete con un(a) compañero/a para explicarle tus planes para el porvenir. Usa la
cronología que preparaste y muéstrale las fotos para informarle de tus planes para
tu vida profesional.

cronología *timeline* jubilación *retirement*

recursos para la investigación

 Internet Palabras clave: Nicaragua, República Dominicana, empresa, industria, compañía multinacional

 Comunidad Personas en la comunidad que han trabajado en Centroamérica o en el Caribe

 Biblioteca Revistas, periódicos, libros de economía y de comercio

 Otros recursos Investigar las industrias y empresas principales de Nicaragua y de la República Dominicana

Nicaragua

El país en cifras

▶ **Área:** 129.494 km² (49.998 millas²), *aproximadamente el área de Nueva York*

Nicaragua es el país más grande de América Central. Su terreno es muy variado e incluye bosques tropicales, montañas, sabanas y marismas, además de unos 40 volcanes.

▶ **Población:** 5.359.000
▶ **Capital:** Managua—1.020.000

Managua está en una región de una notable inestabilidad geográfica, con muchos volcanes y terremotos. En décadas recientes, los nicaragüenses han decidido que no vale la pena construir rascacielos porque no resisten los terremotos.

▶ **Ciudades principales:** León—249.000, Masaya—149.000, Granada—113.000

SOURCE: Population Division, UN Secretariat

▶ **Moneda:** córdoba
▶ **Idiomas:** español (oficial), misquito, inglés

Bandera de Nicaragua

Nicaragüenses célebres

▶ **Rubén Darío,** poeta (1867-1916)
▶ **Violeta Barrios de Chamorro,** política y ex-presidenta (1930-)
▶ **Daniel Ortega,** político y ex-presidente (1945-)
▶ **Gioconda Belli,** poeta (1948-)

sabanas *grasslands* marismas *marshes* pintada *political graffiti*
no vale la pena *it's not worthwhile* rascacielos *skyscrapers*
tiburón *shark* agua dulce *freshwater* bahía *bay*
fue cercada *was closed off* atunes *tuna*

Típico hogar misquito en la costa atlántica

Pintada en una pared de Managua

HONDURAS

Río Coco

Cordillera Isabelia

Saslaya
Chachagón   Piu

Río Tuma   Río Grande

Cordillera Darience

León •

Sierra Madre

Océano Pacífico

Lago de Managua

Managua ★

Masaya •

Lago de Nicaragua
• Granada
Isla Zapatera

Concepción
Maderas   Isla Ometepe

Archipiélago Solentiname

Río San Juan

COSTA RICA

Pescador de langostas

ESTADOS UNIDOS

OCÉANO ATLÁNTICO

NICARAGUA

OCÉANO PACÍFICO   AMÉRICA DEL SUR

recursos

R   WB pp. 193-194   vistasonline.com

¡Increíble pero cierto!

En el lago Nicaragua está la única especie de tiburón de agua dulce del mundo. Los científicos creen que el lago fue antes una enorme bahía que luego fue cercada por erupciones volcánicas. Esta teoría explicaría la presencia de tiburones, atunes y otras especies de peces que sólo viven en mares y océanos.

Historia • **Las huellas de Acahualinca**

La región de Managua se caracteriza por tener un gran número de sitios prehistóricos. Las huellas de Acahualinca son uno de los restos más famosos y antiguos. Se formaron hace más de 6.000 años, a orillas del Lago Managua. Las huellas, tanto de humanos como de animales, se dirigen hacia una misma dirección, lo que ha hecho pensar a los expertos que éstos corrían hacia el lago para escapar de una erupción volcánica.

Artes • **Ernesto Cardenal (1925-)**

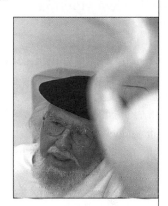

Ernesto Cardenal, poeta, escultor y sacerdote católico, es uno de los escritores más famosos de Nicaragua, país conocido por ser tierra de grandes poetas. Ha escrito más de 35 libros y se le considera uno de los principales autores de América Latina. Desde joven creyó en el poder de la poesía para mejorar la sociedad, y trabajó por establecer la igualdad y la justicia en su país. En los años 60, Cardenal estableció la comunidad artística del Archipiélago Solentiname en el Lago Nicaragua. Fue ministro de cultura del país desde 1979 hasta 1988 y también ha servido como vicepresidente de Casa de los Tres Mundos, una organización creada para el intercambio cultural.

Naturaleza • **El Lago Nicaragua**

El Lago Nicaragua, con un área de más de 8.000 km^2 (3.100 millas^2), es el más grande de América Central. Dentro del lago hay numerosas islas, formadas por las erupciones del volcán Mombacho. La Isla Zapatera, casi deshabitada ahora, fue un cementerio indígena donde todavía se encuentran estatuas prehistóricas que parecen representar dioses. En el lago se encuentran muchos peces exóticos y también más de 370 islas.

¿Qué aprendiste? Responde a las preguntas con una frase completa.

1. ¿Por qué no hay muchos rascacielos en Managua?

2. Nombra dos ex-presidentes de Nicaragua.

3. ¿Qué especie única vive en el Lago Nicaragua?

4. ¿Cuál es una teoría sobre la formación de las huellas de Acahualinca?

5. ¿Por qué es famoso el Archipiélago Solentiname?

6. ¿Qué cree Ernesto Cardenal acerca de la poesía?

7. ¿Cómo se formaron las islas del Lago Nicaragua?

8. ¿Qué hay de interés arqueológico en la Isla Zapatera?

Conexión Internet Investiga estos temas en el sitio **www.vistasonline.com**.
1. ¿Dónde se habla inglés en Nicaragua y por qué?
2. ¿Qué información hay ahora sobre la economía y/o los derechos humanos en Nicaragua?

huellas *footprints* **restos** *remains* **antiguos** *ancient* **orillas** *shores* **se dirigen** *are headed* **sacerdote** *priest*

La República Dominicana

El país en cifras

▸ **Área:** 48.730 km² (18.815 millas²), *el área combinada de New Hampshire y Vermont*

▸ **Población:** 8.752.000

La isla La Española, llamada así tras el primer viaje de Cristóbal Colón, estuvo bajo el completo dominio de la corona española hasta 1697, cuando la parte oeste de la isla pasó a ser propiedad francesa. Hoy día está dividida políticamente en dos países, La República Dominicana en la zona este y Haití en el oeste.

SOURCE: Population Division, UN Secretariat

▸ **Capital:** Santo Domingo—3.760.000

La mitad de la población de la República Dominicana vive en la capital.

▸ **Ciudades principales:** Santiago de los Caballeros—1.632.000, La Vega—335.000, Puerto Plata—255.000, San Pedro de Macorís—213.000

▸ **Moneda:** peso dominicano

▸ **Idiomas:** español (oficial), francés criollo

Bandera de la
República Dominicana

Dominicanos célebres

▸ **Juan Pablo Duarte,** político y padre de la patria (1808-1876)

▸ **Celeste Woss y Gil,** pintora (1891-1985)

▸ **Juan Luis Guerra,** compositor y cantante de merengue (1956-)

▸ **Sammy Sosa,** beisbolista (1968-)

tras *after* corona *crown* propiedad *property* criollo *creole*
mitad *half* padre de la patria *founding father* fortaleza *fortress*
se construyó *was built* naufragó *wrecked* enterrado *buried*

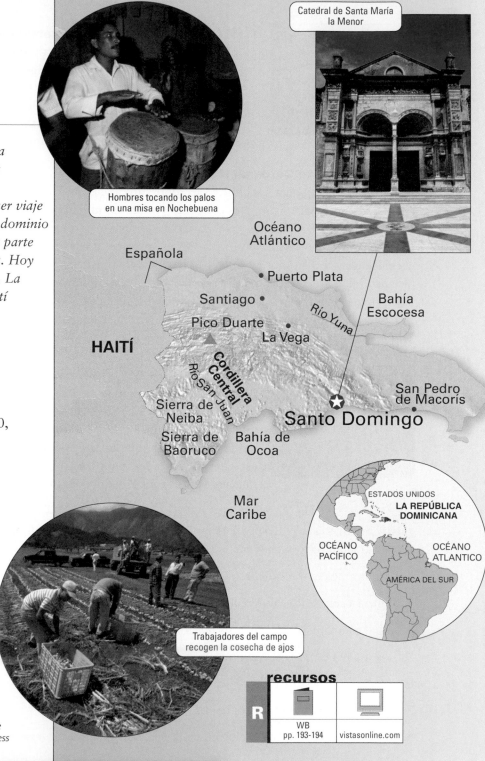

Catedral de Santa María
la Menor

Hombres tocando los palos
en una misa en Nochebuena

Océano Atlántico

Española

Puerto Plata

Santiago

Pico Duarte

La Vega

HAITÍ

Cordillera Central

Río San Juan

Río Yuna

Bahía Escocesa

San Pedro de Macorís

Santo Domingo

Sierra de Neiba

Sierra de Baoruco

Bahía de Ocoa

Mar Caribe

ESTADOS UNIDOS

LA REPÚBLICA DOMINICANA

OCÉANO PACÍFICO

OCÉANO ATLÁNTICO

AMÉRICA DEL SUR

Trabajadores del campo
recogen la cosecha de ajos

recursos

R

WB
pp. 193-194

vistasonline.com

¡Increíble pero cierto!

La primera fortaleza del Nuevo Mundo se construyó en la República Dominicana en 1492 cuando la Santa María, uno de los tres barcos de Cristóbal Colón, naufragó allí. Aunque la fortaleza, hecha con los restos del barco, fue destruida por tribus indígenas, el amor de Colón por la isla nunca murió. Colón insistió en ser enterrado allí.

Ciudades • **Santo Domingo**

La zona colonial de Santo Domingo, fundada en 1496, posee algunas de las construcciones más antiguas del hemisferio. La arquitectura de la ciudad es famosa no sólo por su belleza sino también por el buen estado de sus edificios, gracias a las restauraciones. Entre sus sitios más visitados se cuentan la Calle de las Damas, llamada así porque allí paseaban las señoras de la corte del Virrey; el Alcázar de Colón, un palacio construido por Diego Colón, hijo de Cristóbal, en 1509; y la Fortaleza Ozama, la más vieja de las Américas, construida en 1503.

Deportes • **El béisbol**

El béisbol es un deporte muy practicado en el Caribe. Los primeros países hispanos en tener una liga fueron Cuba y México, donde se empezó a jugar al béisbol en el siglo XIX. Hoy día este deporte es una afición nacional en la República Dominicana. Sammy Sosa, Pedro Martínez y Manny Ramírez son sólo tres de los muchísimos beisbolistas dominicanos que han alcanzado enorme éxito e inmensa popularidad entre los aficionados.

Artes • **El merengue**

El merengue, una música para bailar originaria de la República Dominicana, tiene sus raíces en el campo. Tradicionalmente, las canciones hablaban de los problemas sociales de los campesinos. Sus instrumentos eran el acordeón, el saxofón, el bajo, el guayano y la tambora, un tambor característico del lugar. Entre 1930 y 1960, el merengue se popularizó en las ciudades y adoptó un tono más urbano. En este período empezaron a formarse grandes orquestas. Uno de los cantantes más famosos y que más ha ayudado a internacionalizar esta música es Juan Luis Guerra.

¿Qué aprendiste? Responde a las preguntas con una frase completa.

1. Aproximadamente ¿qué porcentaje de la población vive en la capital?

2. ¿Cuándo se fundó la ciudad de Santo Domingo?

3. ¿Qué es el Alcázar de Colón?

4. Nombra tres beisbolistas famosos de la República Dominicana.

5. ¿De qué hablaban las canciones de merengue tradicionales?

6. ¿Qué instrumentos se utilizaban para tocar (*play*) el merengue?

7. ¿Cuándo se transformó el merengue en un estilo urbano?

8. ¿Qué cantante ha ayudado a internacionalizar el merengue?

Conexión Internet Investiga estos temas en el sitio **www.vistasonline.com**.
1. Busca más información sobre la isla La Española. ¿Cómo son las relaciones entre la República Dominicana y Haití?
2. Busca más información sobre la zona colonial de Santo Domingo: la Catedral de Santa María, la Casa de Bastidas o el Panteón Nacional. ¿Cómo son estos edificios? ¿Te gustan? Explica tus respuestas.

---

posee *has*   restauraciones *restorations*   se cuentan *are included*   siglo *century*   afición *love*   han alcanzado *reached*   raíces *roots*
campesinos *rural people*   bajo *bass*   guayano *metal scraper*   tambor *drum*

Ocupaciones

el/la abogado/a	lawyer
el actor, la actriz	actor
el/la arqueólogo/a	archaeologist
el/la arquitecto/a	architect
el/la bombero/a	firefighter
el/la carpintero/a	carpenter
el/la científico/a	scientist
el/la cocinero/a	cook; chef
el/la consejero/a	counselor; advisor
el/la contador(a)	accountant
el/la corredor(a) de bolsa	stockbroker
el/la diseñador(a)	designer
el/la electricista	electrician
el hombre/la mujer de negocios	businessperson
el/la maestro/a	elementary school teacher
el/la peluquero/a	hairdresser
el/la pintor(a)	painter
el/la político/a	politician
el/la psicólogo/a	psychologist
el/la reportero/a	reporter; journalist
el/la secretario/a	secretary
el/la técnico/a	technician

El mundo del trabajo

el ascenso	promotion
el aumento de sueldo	raise
la carrera	career
la compañía, la empresa	company; firm
el empleo	job; employment
la especialización	field of study
el/la gerente	manager
el/la jefe/a	boss
los negocios	business; commerce
la ocupación	occupation
el oficio	trade
la profesión	profession
la reunión	meeting
el teletrabajo	telecommuting
el trabajo	job; work
la videoconferencia	videoconference
dejar	to quit; to leave behind
despedir (e:i)	to fire
invertir (e:ie)	to invest
renunciar (a)	to resign (from)
tener éxito	to be successful
comercial	business-related

Entrevistas

el anuncio	advertisement
el/la aspirante	candidate; applicant
los beneficios	benefits
el currículum	résumé
la entrevista	interview
el/la entrevistador(a)	interviewer
el puesto	position; job
el salario, el sueldo	salary
la solicitud (de trabajo)	(job) application
contratar	to hire
entrevistar	to interview
ganar	to earn
obtener (irreg.)	to obtain; to get
solicitar	to apply (for a job)

Palabras adicionales

dentro de (diez años)	within (ten years)
en el futuro	in the future
el porvenir	the future
próximo/a	next

Expresiones útiles

Expresiones útiles	See page 493.

Un festival de arte

17

Communicative Goals

You will learn how to:
- Talk about and discuss the arts
- Express what you would like to do
- Express hesitation

Un festival de arte

Más vocabulario

las bellas artes	(fine) arts
el boleto	ticket
la canción	song
la comedia	comedy; play
el/la compositor(a)	composer
el cuento	short story
la cultura	culture
el/la director(a)	director; (musical) conductor
el drama	drama; play
el/la dramaturgo/a	playwright
el/la escritor(a)	writer
el espectáculo	show
el festival	festival
la historia	history; story
la obra	work (of art, music, etc.)
la obra maestra	masterpiece
la ópera	opera
la orquesta	orchestra
el personaje (principal)	(main) character
aburrirse	to get bored
apreciar	to appreciate
presentar	to present; to put on (a performance)
publicar	to publish
artístico/a	artistic
clásico/a	classical
dramático/a	dramatic
extranjero/a	foreign
folklórico/a	folk
moderno/a	modern
musical	musical
romántico/a	romantic
talentoso/a	talented

Variación léxica

banda ⟷ grupo musical (*Esp.*)
boleto ⟷ entrada (*Esp.*)

Hace el papel de Romeo. (hacer)

el público

La Tragedia de Romeo y Julieta

El Teatro

el tejido

La Artesanía

La estatua

Esculpe. (esculpir)

el escultor

La Escultura

la bailarina

el bailarín

Aplaude. (aplaudir)

El Ballet

recursos

Práctica

1 **Escuchar** 🎧 Escucha la conversación y contesta las preguntas.

1. ¿Adónde fueron Ricardo y Juanita?

2. ¿Cuál fue el espectáculo que más le gustó a Ricardo?

3. ¿Qué le gustó más a Juanita?

4. ¿Qué dijo Ricardo del actor?

5. ¿Qué dijo Juanita del actor?

6. ¿Qué compró Juanita en el festival?

7. ¿Qué compró Ricardo?

8. ¿Qué poetas le interesaron a Ricardo?

2 **¿Cierto o falso?** Indica si lo que se afirma en las siguientes oraciones es **cierto** o **falso**.

	Cierto	Falso
1. Las bellas artes incluyen la pintura, la escultura, la música, el baile y el drama.	◯	◯
2. Un boleto es un tipo de instrumento musical que se usa mucho en las óperas.	◯	◯
3. El tejido es un tipo de música.	◯	◯
4. La comedia es un tipo de orquesta.	◯	◯
5. "Hacer un papel" quiere decir usar materiales como papel y pinturas de muchos colores.	◯	◯
6. Un cuento es una narración corta que puede ser oral o escrita.	◯	◯
7. Una obra maestra es un ejemplo del mejor trabajo de un(a) artista.	◯	◯
8. Un compositor es el personaje principal de una obra de teatro.	◯	◯
9. Publicar es la acción de hablar al público en grandes grupos.	◯	◯
10. Los personajes principales de una ópera cantan.	◯	◯

3 **Artistas** Indica la especialidad de cada uno de estos artistas.

1. Antonio Banderas
2. Frida Kahlo
3. Gloria Estefan
4. Octavio Paz
5. William Shakespeare
6. Miguel de Cervantes
7. Joan Miró
8. Leonard Bernstein
9. Toni Morrison
10. Mikhail Baryshnikov

4 **Mis gustos** Da un ejemplo de cada tipo de programa. Comparte tus ejemplos con la clase.

> **modelo**
> una película musical
> Mi película musical favorita *es Brigadoon.*

1. una película de ciencia ficción _____
2. un programa de entrevistas _____
3. una telenovela _____
4. una película de horror _____
5. una película de acción _____
6. un concurso _____
7. una película de vaqueros _____
8. una película de aventuras _____
9. un documental _____
10. un programa de dibujos animados _____

El cine y la televisión

el canal	channel
el concurso	game show; contest
los dibujos animados	cartoons
el documental	documentary
la estrella (*m., f.*) de cine	movie star
el premio	prize; award
el programa de entrevistas	talk show
la telenovela	soap opera
...de acción	action
...de aventuras	adventure
...de ciencia ficción	science fiction
...de horror	horror
...de vaqueros	western

5 **Completar** Completa las siguientes frases con las palabras adecuadas.

artística	musical	canal	extranjera
estrella	de vaqueros	aburrirse	folklórica
talentosa	aplauden	director	romántica

1. Una película que fue hecha en otro país es una película...
2. Si las personas que asisten a un espectáculo lo aprecian, ellos...
3. Una persona que puede hacer muchas cosas muy bien es una persona...
4. Una película que trata del amor y de las emociones es una película...
5. Una persona que pinta, esculpe y/o hace artesanía es una persona...
6. La música que refleja la historia de una región o de un país es música...
7. Si la acción tiene lugar en el oeste de los EE.UU. durante el siglo XIX probablemente es una película...
8. Una obra en la cual los actores presentan la historia por medio de (*by means of*) canciones y bailes es un drama...
9. Cuando una película no tiene una buena historia el público empieza a...
10. Si quieres ver un programa de televisión diferente, es necesario que cambies de...

¡ATENCIÓN!

Apreciar means *to appreciate* only in the sense of *to esteem*, not in the sense of *to be thankful for*. To express this meaning **agradecer** is used.

Le **agradezco** mucho su ayuda.

I thank you for your help.

6 **Analogías** Completa las analogías con las palabras adecuadas.

1. alegre ⟷ triste ⊜ comedia ⟷
2. escultor ⟷ escultora ⊜ bailarín ⟷
3. drama ⟷ dramaturgo ⊜ pintura ⟷
4. *Los Simpson* ⟷ dibujos animados ⊜ *Jeopardy* ⟷
5. de entrevistas ⟷ programa ⊜ de vaqueros ⟷
6. aplaudir ⟷ público ⊜ hacer el papel ⟷
7. poema ⟷ literatura ⊜ tejido ⟷
8. músico ⟷ tocar ⊜ cantante ⟷

¡LENGUA VIVA!

Remember that last names are never pluralized; instead, **los** is used with the name.

Los Simpson
The Simpsons

Comunicación

7

Encuesta Tu profesor(a) te dará una hoja de actividades. Pregúntales a tus compañeros/as de clase si han participado en las actividades culturales que se mencionan en la lista.

Actividades	Número de estudiantes
1. Asistir a un concierto de música clásica	
2. Asistir a la ópera	
3. Hacer un papel en un drama	
4. Hacer cerámica	
5. Tocar un instrumento	
6. Esculpir estatuas u otras cosas	
7. Componer (*to compose*) una canción	
8. Recibir un premio por sus obras de arte	
9. Escribir un poema o un cuento	
10. Bailar en un ballet	

8

Preguntas Contesta las siguientes preguntas sobre el arte en tu vida. Comparte tus respuestas con un(a) compañero/a.

La música

1. ¿Qué tipo de música prefieres? ¿Por qué?
2. ¿Con qué frecuencia la escuchas y en qué situaciones y/o lugares?
3. ¿Tocas un instrumento? ¿Cuál?
4. ¿Qué instrumento quisieras aprender a tocar?

El cine

5. ¿Con qué frecuencia vas al cine?
6. ¿Qué tipos de películas prefieres?
7. ¿Qué opinión tienes del papel de las películas en nuestra sociedad?

Las bellas artes

8. ¿Qué haces que se puede considerar artístico? ¿Pintas, dibujas, esculpes, haces artesanías, haces papeles en dramas, tocas un instrumento, cantas o escribes?
9. ¿Con qué frecuencia vas a un museo de arte o asistes a conciertos, al teatro o a lecturas públicas de poesía?
10. ¿Es el arte una parte importante de tu vida? ¿Por qué?

9

Programa Trabajen en grupos pequeños para crear un programa de televisión o un corto (*short film*) para el canal de televisión de la universidad.

▶ Primero decidan el género y el propósito del programa o del corto. Cada grupo debe escoger un género distinto. Algunos de los géneros posibles: documental, concurso, programa de entrevistas, película de acción.

▶ Después escriban el programa o el corto y preséntenlo a la clase.

AYUDA

género *genre*
propósito *purpose*

¡Ahí vienen Romeo y Julieta!

Álex y Maite van a ver una obra de teatro.

PERSONAJES

MAITE

ÁLEX

JAVIER

INÉS

1

2

3

ÁLEX Oye, ¿qué clase de películas te gustan? ¿las de acción? ¿las de horror? Para mí las mejores son las de ciencia ficción.

MAITE Eso no me sorprende. Mis películas favoritas son las películas románticas. ¿Pero sabes lo que me fascina?

ÁLEX No. Pero dime, querida, ¿qué es lo que más te fascina?

MAITE La poesía. Ahora estoy leyendo una colección de García Lorca... Es fenomenal...

ÁLEX ¡No me digas! A mí también me gusta la poesía. ¿Conoces a Octavio Paz, el poeta mexicano?

MAITE Pues, claro. Fue Premio Nobel de Literatura en 1990...

6

7

8

MAITE Oye, Álex, ¿te gustaría ser escritor?

ÁLEX Pues, creo que me gustaría ser poeta, pero publicaría todos mis poemas en el Internet. ¿Te gustaría ser poeta?

MAITE Pues, no. Pero sí creo que me gustaría ser cantante. De no ser periodista, habría sido cantante de ópera.

ÁLEX ¿Cantante de ópera? Odio la ópera.

JAVIER Mira, ahí vienen Romeo y Julieta. ¡Míralos qué contentos! Ven conmigo... Vamos a sorprenderlos antes de que abran la puerta.

recursos

R | VIDEO Lección 17 | VM pp. 359-360

Pedro Almodóvar

ÁLEX ¡Uuuuyy! ¡Eres una experta en literatura!

MAITE Sí, leo de todo. Ahora en la mesita de noche tengo una colección de cuentos de Carme Riera, una española que también es periodista. En cuanto la termine te la dejo.

ÁLEX ¡Trato hecho!

Álex y Maite se besan.

JAVIER ¿Qué? ¿Les gustó la obra de teatro?

Expresiones útiles

Accepting an offer
▶ **¡Trato hecho!**
You've got a deal!

Talking about things you would like to do
▶ **¿Te gustaría ser escritor(a)?**
Would you (fam.) *like to be a writer?*
▷ **Creo que me gustaría ser poeta/cantante.**
I think I would like to be a poet/ singer.
▶ **De no ser periodista, habría sido cantante de ópera.**
If I weren't a journalist I would have been an opera singer.

Hesitating
▶ **Bueno...**
Well...
▶ **Pues...**
Well...
▶ **Este...**
Umm...

Enfoque cultural El cine hispano

El cine hispano siempre se ha distinguido por su excelencia. El español Luis Buñuel fue uno de los primeros directores del cine de vanguardia (*avant-garde*). Su película *El perro andaluz* de 1929 es una obra maestra de este género. En 2000 Pedro Almodóvar, otro español de gran éxito, consiguió un Oscar con su película *Todo sobre mi madre.* En la generación más joven hay directores como el estadounidense de origen mexicano Robert Rodríguez, que ha hecho películas de éxito como *El mariachi* y *Desperado.*

Reacciona a la fotonovela

1   **Seleccionar**   Selecciona la respuesta correcta.

1. Maite está leyendo ahora a los autores _____.
   a. Riera y García Lorca   b. Octavio Paz y García Lorca   c. Octavio Paz y Riera
2. _____ ganó el Premio Nobel de Literatura en 1990.
   a. García Lorca   b. Carme Riera   c. Octavio Paz
3. _____ dice que le gustaría ser poeta, porque le gusta mucho la poesía.
   a. Maite   b. Álex   c. Javier
4. Si no estudiara periodismo, Maite sería _____.
   a. cantante de ópera   b. escritora de novelas románticas   c. poeta
5. "Romeo y Julieta" hace referencia a _____.
   a. Javier e Inés   b. el espectáculo que vieron Álex y Maite   c. Álex y Maite

2   **Identificar**   Identifica quién puede decir las siguientes frases.

1. Me encantan los cuentos de Riera. ¿Te interesa leer sus libros?
2. Ya llegaron los románticos. ¿Por qué no los sorprendemos?
3. ¡Parece que sabes muchísimo de poesía y de novelas!
4. Oye, ¿qué tal la obra que vieron? ¿Me la recomiendan o no?
5. Me gusta mucho la ópera. A veces creo que me gustaría cantar profesionalmente.
6. Prefiero las películas de ciencia ficción a las de horror o de acción.

ÁLEX

JAVIER

MAITE

3   **Correspondencias**   ¿A qué eventos culturales asistirán Álex y Maite juntos?

una exposición de cerámica precolombina	un concierto	una ópera
una exposición de pintura española	una telenovela	una tragedia

1. Escucharán música clásica y conocerán a un director muy famoso.
2. El público aplaudirá mucho a la señora que es soprano.
3. Como a Inés le gusta la historia, la llevarán a ver esto.
4. Como a Javier le gustaría ver esto, entonces irán con él.

4   **El fin de semana**   Vas a asistir a dos eventos culturales el próximo fin de semana con un(a) compañero/a de clase. Comenten entre Uds. por qué les gustan o les disgustan algunas de las actividades que van sugiriendo. Escojan al final dos actividades que puedan realizar juntos. Usen las siguientes frases y expresiones en su conversación.

▶ ¿Qué te gustaría ver/hacer este fin de semana?

▶ ¿Te gustaría asistir a...?

▶ ¡Trato hecho!

▶ Este.../Pues.../Bueno...

Ortografía

Las trampas ortográficas

Some of the most common spelling mistakes in Spanish occur when two or more words have very similar spellings. This section reviews some of those words.

compro   **compró**   **hablo**   **habló**

There is no accent mark in the **yo** form of –**ar** verbs in the present tense. There is, however, an accent mark in the **él/ella/Ud.** form of –**ar** verbs in the preterite.

---

este (adjective)   **éste** (pronoun)   **esté** (verb)

The demonstrative adjectives **esta** and **este** do not have an accent mark. The demonstrative pronouns **ésta** and **éste** have an accent mark on the first syllable. The verb forms **está** (*present indicative*) and **esté** (*present subjunctive*) have an accent mark on the last syllable.

---

jo-ven   **jó-ve-nes**   **bai-la-rín**   **bai-la-ri-na**

The location of the stressed syllable in a word determines whether or not a written accent mark is needed. When a plural or feminine form has more syllables than the singular or masculine form, an accent mark must sometimes be added or deleted to maintain the correct stress.

No me gusta la ópera, sino el teatro.
No quiero ir al festival si no vienes conmigo.

The conjunction **sino** (*but rather*) should not be confused with **si no** (*if not*). Note also the difference between **mediodía** (*noon*) and **medio día** (*half a day*) and between **por qué** (*why*) and **porque** (*because*).

Práctica Completa las frases con las palabras adecuadas para cada ocasión.

1. Javier me explicó que _____ lo invitabas, él no iba a venir. (sino/si no)
2. Me gustan mucho las _____ folklóricas. (canciones/canciónes)
3. Marina _____ su espectáculo en El Salvador. (presento/presentó)
4. Yo prefiero _____. (éste/esté)

Palabras desordenadas Ordena las letras para descubrir de qué palabras se trata. Después ordena las letras indicadas para descubrir la respuesta a la pregunta.

¿Adónde va Manuel?[1]

y u n a s e d ó   ⬚⬚⃝⬚⬚⃝⬚⬚⬚⬚

q u e r o p   ⬚⬚⃝⬚⬚⬚

z o g a d e l a   ⃝⬚⬚⃝⬚⬚⬚⬚

á s e t   ⬚⬚⃝⬚

h a i t e s a b o n c i   ⬚⬚⬚⬚⬚⃝⬚⬚⬚⃝⬚⬚⬚

Manuel va __ __ _____.[1]

17.1 The conditional tense

ANTE TODO The conditional tense in Spanish expresses what you *would do* or what *would happen* under certain circumstances. In Lesson 7, you learned the polite expression **Me gustaría...** (*I would like...*), which uses a conditional form of **gustar**.

The conditional tense			
		visitar	**comer**	**aplaudir**
SINGULAR FORMS	yo	visitaría	comería	aplaudiría
	tú	visitarías	comerías	aplaudirías
	Ud./él/ella	visitaría	comería	aplaudiría
PLURAL FORMS	nosotros/as	visitaríamos	comeríamos	aplaudiríamos
	vosotros/as	visitaríais	comeríais	aplaudiríais
	Uds./ellos/ellas	visitarían	comerían	aplaudirían

Oye, Álex, ¿te gustaría ser escritor?

Pues creo que me gustaría ser poeta, pero publicaría todos mis poemas en el Internet.

▶ The conditional tense is formed much like the future tense. The endings are the same for all verbs, both regular and irregular. For regular verbs, you simply add the appropriate endings to the infinitive.

▶ For irregular verbs add the conditional endings to the irregular stems.

INFINITIVE	STEM	CONDITIONAL	INFINITIVE	STEM	CONDITIONAL
decir	dir-	diría	querer	querr-	querría
hacer	har-	haría	saber	sabr-	sabría
poder	podr-	podría	salir	saldr-	saldría
poner	pondr-	pondría	tener	tendr-	tendría
haber	habr-	habría	venir	vendr-	vendría

▶ While in English the conditional is a compound verb form made up of the auxiliary verb *would* and a main verb, in Spanish it is a simple verb form that consists of one word.

Miguel **iría** al concierto.
Miguel would go to the concert.

¿**Vivirían** Uds. en otro país?
Would you live in another country?

¡ATENCIÓN!

All forms of the conditional have an accent mark.

•••

The infinitive of **hay** is **haber**, so its conditional form is **habría**.

▶ The conditional is commonly used to make polite requests.

> **¿Podrías** abrir la ventana, por favor?
> *Would you open the window, please?*

> **¿Sería** tan amable de venir a mi oficina?
> *Would you be so kind as to come to my office?*

▶ In Spanish, as in English, the conditional expresses the future in relation to a past action or state of being. In other words, the future indicates what *will happen* whereas the conditional indicates what *would happen*.

> **Creo** que mañana **hará** sol.
> *I think it will be sunny tomorrow.*

> **Creía** que hoy **haría** sol.
> *I thought it would be sunny today.*

▶ The English *would* is often used with a verb to express the conditional, but it can also mean *used to*, in the sense of past habitual action. To express past habitual actions, Spanish uses the imperfect, not the conditional.

> **Íbamos** al parque los sábados.
> *We would go to the park on Saturdays.*

> De adolescentes, **comíamos** mucho.
> *As teenagers, we used to eat a lot.*

Sin ti, no sé qué haría.

Sólo tú sabes ordenar mi vida.

Computadoras de Bolsillo Vargas   MM-3000

COMPARE & CONTRAST

In Lesson 16, you learned the *future of probability*. Spanish also has the *conditional of probability*, which expresses conjecture or probability about a past condition, event, or action. Compare these Spanish and English sentences.

> **Serían** las once de la noche cuando Elvira me llamó.
> *It must have been (It was probably) 11 p.m. when Elvira called me.*

> Sonó el teléfono. **¿Llamaría** Emilio para cancelar nuestra cita?
> *The phone rang. I wondered if it was Emilio calling to cancel our date.*

Note that English conveys conjecture or probability with phrases such as *I wondered if*, *probably*, and *must have been*. In contrast, Spanish gets these same ideas across with conditional forms.

¡INTÉNTALO! Indica la forma apropiada del condicional de los verbos que están entre paréntesis.

1. Yo ___escucharía, leería, esculpiría___ (escuchar, leer, esculpir)
2. Tú _____ (apreciar, comprender, compartir)
3. Marcos _____ (poner, venir, querer)
4. Nosotras _____ (ser, saber, ir)
5. Uds. _____ (presentar, deber, aplaudir)
6. Ella _____ (salir, poder, hacer)
7. Yo _____ (tener, tocar, aburrirse)
8. Tú _____ (decir, ver, publicar)

Práctica

1

De viaje A un grupo de artistas le gustaría hacer un viaje a Honduras. En las siguientes oraciones nos cuentan sus planes de viaje. Complétalas con el condicional del verbo entre paréntesis.

1. Me _____ (gustar) llevar algunos libros de poesía de Leticia de Oyuela.
2. Ana _____ (querer) ir primero a Copán para conocer las ruinas mayas.
3. Yo _____ (decir) que fuéramos a Tegucigalpa primero.
4. Nosotras _____ (preferir) ver una obra del Grupo Dramático de Tegucigalpa. Luego _____ (poder) tomarnos un café.
5. Y nosotros, _____ (ver) los cuadros del pintor José Antonio Velásquez. Y tú, Luisa, ¿qué _____ (hacer)?
6. Yo _____ (tener) interés en ver o comprar cerámica de José Arturo Machado. Y a ti, Carlos, ¿te _____ (interesar) ver la arquitectura colonial?

NOTA CULTURAL

Leticia de Oyuela, author and historian, has been for years one of the intellectual leaders of Honduras. To learn more about the painter **José Antonio Velásquez** and the Mayan city of **Copán,** see **Panorama,** p. 545.

2

Preguntas Forma preguntas con las palabras que se dan en cada ocasión. Inventa luego las respuestas para esas preguntas. Usa el condicional.

> **modelo**
>
> hacer (Uds.) / documental / sobre objetos indígenas de El Salvador
> —¿Harían Uds. un documental sobre objetos indígenas de El Salvador?
> —No, haríamos un documental sobre la arquitectura colonial.

1. asistir (tú) / todos conciertos / orquesta filarmónica
2. comprar (ellos) / escultura / Botero
3. creer (tú) que / poder / hacer / papel / personaje principal / ópera italiana
4. tener (nosotros) / dinero / para publicar / periódico en español
5. saber (ella) / apreciar más / cuadro / arte moderno o uno impresionista

NOTA CULTURAL

Fernando Botero, a Colombian, is one of South America's most popular artists. He is famous for his paintings and sculptures of exaggeratedly obese figures.

3

Sugerencias Matilde busca trabajo. Dile ocho cosas que tú harías si fueras ella. Usa el condicional. Luego compara tus sugerencias con las de un(a) compañero/a.

AYUDA

Here are two ways of saying *If I were you:*
Si yo fuera tú…
Yo en tu lugar…

Comunicación

4 **Diálogos** Tu profesor(a) te dará una hoja de actividades. En ella se presentan dos listas con diferentes problemas que supuestamente tienen los estudiantes. En parejas, túrnense para explicar los problemas de su lista; uno cuenta lo que le pasa y el/la otro/a dice lo que haría en esa situación usando la frase "Yo en tu lugar..." (*If I were you...*)

> **modelo**
>
> **Estudiante 1:** ¡Qué problema! Mi novio/a no me habla desde el domingo.
> **Estudiante 2:** Yo en tu lugar no le diría nada por unos días para ver qué pasa.

5 **Escribir** En grupos, miren los apuntes (*notes*) del jefe sobre la última tira cómica (*comic strip*) que hizo Carlos. Preparen el memorándum que el jefe le va a enviar, pidiéndole algunos cambios. Usen los tiempos verbales que sean necesarios, incluyendo el condicional.

> **modelo**
>
> **(apuntes)** Los dibujos son demasiado serios.
> **(memo)** Me gustaría que la tira cómica fuera más divertida. ¿Podrías usar un estilo más humorístico?

- La historia está bien, pero es demasiado dramática.
- No hay suficiente acción.
- No me gustó que el personaje principal fuera tan agresivo.
- Necesitamos más variedad.
- Los personajes son un poco aburridos.

Síntesis

6 **Encuesta** Tu profesor(a) te dará una hoja de actividades. Circula por la clase y pregúntales a tres compañeros/as qué actividad relacionada con las artes les gustaría realizar. Usa el condicional de los verbos. Anota las respuestas e informa a la clase de los resultados de la encuesta.

> **modelo**
>
> **Estudiante 1:** ¿Harías el papel de un loco en una obra de teatro?
> **Estudiante 2:** Sí, lo haría. Sería un papel muy interesante.

17.2 The conditional perfect

 Like other compound tenses you have learned—the present perfect, the past perfect, and the future perfect—the conditional perfect (**el condicional perfecto**) is formed with **haber** + [*past participle*].

Y a ti, Maite, ¿te gustaría ser poeta?

Me gustaría ser cantante. De no ser periodista, habría sido cantante de ópera.

The conditional perfect

		pintar	**comer**	**vivir**
SINGULAR FORMS	yo	**habría** pintado	**habría** comido	**habría** vivido
	tú	**habrías** pintado	**habrías** comido	**habrías** vivido
	Ud./él/ella	**habría** pintado	**habría** comido	**habría** vivido
PLURAL FORMS	nosotros/as	**habríamos** pintado	**habríamos** comido	**habríamos** vivido
	vosotros/as	**habríais** pintado	**habríais** comido	**habríais** vivido
	Uds./ellos/ellas	**habrían** pintado	**habrían** comido	**habrían** vivido

▶ The conditional perfect is used to express an action that would have occurred, but didn't.

¿No fuiste al espectáculo?
¡Te habrías divertido!
You didn't go to the show?
You would have had a good time!

Maite **habría preferido** ir a la ópera,
pero Álex prefirió ir al cine.
Maite would have preferred to go to the
opera, but Álex preferred to see a movie.

¡INTÉNTALO!   Indica las formas apropiadas del condicional perfecto de los verbos entre paréntesis.

1. Nosotros ___habríamos hecho___ (hacer) todos los quehaceres.
2. Tú _____ (apreciar) mi poesía.
3. Ellos _____ (pintar) un mural.
4. Ud. _____ (tocar) el piano.
5. Ellas _____ (poner) la mesa.
6. Tú y yo _____ (resolver) los problemas.
7. Silvia y Alberto _____ (esculpir) una estatua.
8. Yo _____ (presentar) el informe.
9. Uds. _____ (vivir) en el campo.
10. Tú _____ (abrir) la puerta.

Práctica

1

Completar Completa los diálogos con la forma apropiada del condicional perfecto de los verbos de la lista. Luego, en parejas, representen los diálogos.

querer	divertirse	presentar	tener
venir	hacer	sentir	tocar

1. —Tú _____ el papel de Aída mejor que ella. ¡Qué lástima!
   —Sí, mis padres _____ desde California sólo para oírme cantar en Aída.
2. —Olga, yo esperaba algo más. Con un poco de dedicación y práctica la orquesta _____ mejor y los músicos _____ más éxito.
   —Menos mal que la compositora no los escuchó. Se _____ avergonzada.
3. —Tania _____ la comedia pero no pudo porque cerraron el teatro.
   —¡Qué lástima! Mi esposa y yo _____ ir a la presentación de la obra. Siempre veo tragedias y sé que _____.

¡LENGUA VIVA!

The common expression **Menos mal que…** means *It's a good thing that…* or *It's just as well that…* . It is followed by a verb in the indicative.

2

Combinar Combina elementos de las tres columnas para formar oraciones usando el condicional perfecto.

con talento artístico	yo	estudiar...
con más tiempo libre	tú	pintar...
en otra especialización	la gente	esculpir...
con más aprecio de las artes	mis compañeros y yo	viajar...
con más dinero	los artistas	escribir...

3

¿Qué habrías hecho? Los siguientes dibujos muestran situaciones poco comunes. No sabemos qué hicieron estas personas, pero tú, ¿qué habrías hecho? Comparte tus respuestas con un(a) compañero/a.

AYUDA

Some possible answers are:

Habría llevado el dinero a….

Yo habría atacado al oso (*bear***) con…**.

Yo habría…

Comunicación

4 **Preguntas** En parejas, imaginen que tienen cincuenta años y están hablando de sus años de juventud. ¿Qué habrían hecho de manera diferente?

> **modelo**
>
> ¿Te (interesar) aprender a tocar un instrumento?
> **Estudiante 1:** ¿Te habría interesado aprender a tocar un instrumento?
> **Estudiante 2:** Sí, habría aprendido a tocar el piano.

1. ¿Te (gustar) viajar por América Latina?
2. ¿Qué escritores (leer)?
3. ¿Qué clases (tomar)?
4. ¿Qué tipo de música (escuchar)?
5. ¿Qué tipo de amigos/as (tener)?
6. ¿A qué fiestas o viajes no (ir)?
7. ¿Con qué tipo de persona (salir)?
8. ¿Qué tipo de ropa (llevar)?

5 **Una carta** En parejas, lean la carta que Mario le escribió a Ángela. Digan qué cosas Mario habría hecho de una manera diferente de haber tenido la oportunidad.

> **modelo**
>
> Mario se habría quedado más tiempo en la isla de Roatán.

Querida Ángela:

Regresé ayer de mi viaje a Honduras. Fui con un grupo de personas que no conocía y viajamos en autobús. Comenzamos en Tegucigalpa, donde fuimos tres días seguidos al museo. Viajamos por una carretera muy mala hasta La Mosquitia, donde pasamos cuatro días. ¡No me gustó nada! Luego fuimos a la isla de Roatán, que es un lugar bellísimo, a bucear por un día. No tuve cuidado con el agua y me enfermé del estómago después del segundo día.

Un abrazo,

Mario

¡LENGUA VIVA!

The useful expression **de haber tenido la oportunidad** means *if I/he/you/etc. had had the opportunity*. You can make many similar sentences, such as **De haberlo sabido ayer, te habría llamado.**

Síntesis

6 **Yo en tu lugar** Háblale a un(a) compañero/a de algunos de los errores que has cometido en tu vida. Tu compañero/a te dirá lo que habría hecho en esa situación.

> **modelo**
>
> **Estudiante 1:** El año pasado saqué una mala nota en biología.
> **Estudiante 2:** Yo no habría sacado una mala nota. Habría estudiado mucho más.

17.3 The past perfect subjunctive

CONSÚLTALO

The past perfect
To review the past perfect indicative, see Lesson 15, section 15.2, p. 472. To review the **present perfect subjunctive**, see Lesson 15, section 15.3, p. 475.

ANTE TODO The past perfect subjunctive (**el pluscuamperfecto de subjuntivo**), also called the pluperfect subjunctive, is formed with the past subjunctive of **haber** + [*past participle*]. Compare the following subjunctive forms.

Present subjunctive	Present perfect subjunctive
yo trabaje	yo haya trabajado

Past subjunctive	Past perfect subjunctive
yo trabajara	yo hubiera trabajado

Past perfect subjunctive

		pintar	comer	vivir
SINGULAR FORMS	yo	**hubiera** pintado	**hubiera** comido	**hubiera** vivido
	tú	**hubieras** pintado	**hubieras** comido	**hubieras** vivido
	Ud./él/ella	**hubiera** pintado	**hubiera** comido	**hubiera** vivido
PLURAL FORMS	nosotros/as	**hubiéramos** pintado	**hubiéramos** comido	**hubiéramos** vivido
	vosotros/as	**hubierais** pintado	**hubierais** comido	**hubierais** vivido
	Uds./ellos/ellas	**hubieran** pintado	**hubieran** comido	**hubieran** vivido

▶ The past perfect subjunctive is used in subordinate clauses under the same conditions that you have learned for other subjunctive forms, and in the same way the past perfect is used in English (*I had talked, you had spoken*, etc.). It refers to actions or conditions that had taken place before another action or condition in the past.

No había nadie que **hubiera dormido**.
There wasn't anyone who had slept.

Dudaba que Juan **hubiera ganado** el partido.
I doubted that Juan had won the game.

Dudaba que ellos **hubieran llegado**.
I doubted that they had arrived.

Llegué antes de que la clase **hubiera comenzado**.
I arrived before the class had begun.

¡INTÉNTALO! Indica la forma apropiada del pluscuamperfecto de subjuntivo de cada verbo entre paréntesis.

1. Esperaba que Uds. _hubieran hecho_ (hacer) eso.
2. Dudaba que tú _____ (decir) eso.
3. No estaba seguro de que ellos _____ (ir).
4. No creían que nosotros _____ (hablar) con Ricardo.
5. No había nadie que _____ (poder) comer tanto como él.
6. No había nadie que _____ (ver) el espectáculo.
7. Me molestó que no tú me _____ (llamar) antes.
8. ¿Había alguien que no _____ (ver) esa película?
9. No creían que nosotras _____ (bailar) en el festival.
10. No era cierto que yo _____ (ir) con él al concierto.

Práctica

1

Completar Completa las oraciones con el pluscuamperfecto de subjuntivo de los verbos entre paréntesis.

1. Me alegré de que mi familia _____ (irse) de viaje.
2. Me molestaba que Carlos y Miguel no _____ (venir) a visitarme.
3. Dudaba que la música que yo escuchaba _____ (ser) la misma que escuchaban mis padres.
4. No creían que nosotros _____ (poder) aprender tanto español en un año.
5. Los músicos se alegraban de que su programa le _____ (gustar) tanto al público.
6. La profesora se sorprendió de que nosotros _____ (hacer) la tarea antes de venir a clase.

2

Transformar María está hablando de las emociones que ha sentido ante ciertos acontecimientos (*events*). Transforma sus oraciones según el modelo.

> **modelo**
>
> Me alegro de que hayan venido los padres de Micaela.
> *Me alegré de que hubieran venido los padres de Micaela.*

1. Es muy triste que haya muerto la tía de Miguel.
2. Dudo que Guillermo haya comprado una casa tan grande.
3. No puedo creer que nuestro equipo haya perdido el partido.
4. Me alegro de que mi novio me haya llamado.
5. Me molesta que el periódico no haya llegado.
6. Dudo que hayan cerrado el Museo de Arte.

3

El regreso Usa el pluscuamperfecto de subjuntivo para indicar lo que el astronauta Emilio Hernández esperaba que hubiera pasado en su familia y en el mundo durante los 30 años que había estado en el espacio sin tener noticias del exterior.

> **modelo**
>
> su esposa / no casarse con otro hombre
> *Esperaba que su esposa no se hubiera casado con otro hombre.*

1. su hija Diana / conseguir ser una pintora famosa
2. los políticos / acabar con todas las guerras (*wars*)
3. su suegra / irse a vivir a la Florida
4. su hermano Ramón / tener un empleo más de dos meses
5. todos los países / resolver sus problemas económicos
6. su esposa / ya pagar el préstamo de la casa

¡LENGUA VIVA!

Both the preterite and the imperfect can be used to describe past thoughts or emotions. In general, the imperfect describes a particular action or mental state without reference to its beginning or end; the preterite refers to the occurrence of an action, thought, or emotion at a specific moment.

Pensaba que mi vida era aburrida.

Pensé que había dicho algo malo.

Comunicación

4

Mentiras Rita y Andrés dijeron muchas mentiras la semana pasada. En parejas, túrnense para decir que no creyeron sus mentiras.

Rita

Andrés

> **modelo**
>
> Rita dijo que había tocado el violín en una orquesta.
>
> Dudaba que Rita hubiera tocado el violín en una orquesta.

1. Rita dijo que había vivido en París.
2. Andrés dijo que su hermana había conocido al presidente de los EE.UU.
3. Andrés dijo que su tía había comprado una pintura famosa.
4. Rita dijo que había salido con Leonardo DiCaprio.
5. Rita y Andrés dijeron que habían visto una erupción volcánica en El Salvador.
6. Rita dijo que había ayudado a Martha Stewart a decorar una casa.

NOTA CULTURAL

El Salvador still has several active volcanoes. The volcano **Izalco**, which was active until 1957, was known for its constant production of smoke and lava. Sailors called it "The Lighthouse of the Pacific."

5

Reacciones Imagina que los siguientes acontecimientos (*events*) ocurrieron la semana pasada. En parejas, indiquen cuáles fueron sus reacciones ante cada uno de ellos.

> **modelo**
>
> Vino a visitarte tu tía.
>
> Me alegré de que hubiera venido a visitarte.

1. Se murió la abuela de un(a) amigo/a.
2. Tu mejor amigo/a compró un coche.
3. Tu ex novio/a se casó con un(a) amigo/a.
4. Tu tío favorito te mandó mil dólares.
5. Tus amigos/as te hicieron una fiesta.
6. Tu universidad te dio una beca (*scholarship*).

Síntesis

6

Titulares En grupos, lean los siguientes titulares (*headlines*) e indiquen cuáles fueron sus reacciones ante cada uno de ellos. Luego, cada estudiante escribe tres titulares más y los comparte con su grupo.

AYUDA

El SIDA (Síndrome de Inmunodeficiencia Adquirida) is the Spanish term for AIDS.

Se descubrió cura para el SIDA

Honduras ha comprado la Florida

Descubrieron vida en Júpiter

Lectura

Antes de leer

Estrategia

Summarizing a text in your own words

Summarizing a text in your own words can help you comprehend it better. Before summarizing a text, you may find it helpful to skim it and jot down a few notes about its general meaning. You can then read the text again, writing down the important details. Your notes will help you summarize what you have read. If the text is particularly long, you may want to subdivide it into smaller segments so that you can summarize it more easily.

Examinar el texto

Lee la selección rápidamente. ¿Qué tipo de documento es? ¿De qué trata? Luego lee el texto una segunda vez para comprenderlo mejor. Resume el texto con tus propias palabras.

Resumen

Después de leer, completa el siguiente resumen del texto usando las siguientes palabras.

| amor | poeta | poesía |
| ira | atención | |

La ———— describe su rutina diaria. Pone mucha ———— en su trabajo porque espera que su ———— se publique un día. Para la poeta algunas cosas importantes en la vida son la ————, la hermandad y el ————.

Preguntas

1. ¿Quién es la poeta? ¿De dónde es?
2. ¿Quién es José Coronel Urtecho?
3. ¿Quién puede ser la persona que habla al final del poema?

¿De qué trata? *What is it about?*

Escribir

(A José Coronel Urtecho)

Claribel Alegría

Claribel Alegría, una de las poetas hispanoamericanas más reconocidas, nació en Nicaragua en 1924. Siendo niña fue a vivir a El Salvador por lo que se considera a sí misma salvadoreña. Su poesía trata tanto de temas personales como de los problemas sociales y políticos de Hispanoamérica. Entre su obra se encuentran Sobrevivo (1978), *que obtuvo el Premio poesía de las Américas,* Suma y sigue (1981) *y* Luisa en el país de la realidad (1987). *El poema "Escribir" es de la colección* Y este poema río (1988). *Este poema está dedicado a José Coronel Urtecho (1906-1994), un prestigioso poeta nicaragüense que apoyó la insurrección popular contra la dictadura de Somoza.*

Mientras escribo a diario

me concentro

sueño tener un día

el libro entre mis manos

acariciar su lomo

abrir sus hojas

ver en letra de molde

mis poemas

que lleguen a otros ojos

a otras manos

mientras digo

repito

trato de convencerme

que es motivo de vida

el escribir

como lo es el amor

la ira

la hermandad

toco mi hombro izquierdo

me lo tocas

se me erizan los pelos

de la nuca

me susurras:

te estás jugando

la vida.

apoyó *supported* acariciar *to caress* lomo *spine* hojas *pages*
letra de molde *printed letters* ira *rage* hermandad *brotherhood*
hombro *shoulder* se me erizan los pelos de la nuca *the hairs on the back
of my neck stand on end* susurras *you whisper*

Después de leer

Contestar

Contesta las siguientes preguntas sobre el poema.

1. ¿Con qué frecuencia escribe la poeta?
2. ¿Qué imagina mientras escribe?
3. ¿Qué crees que quiere decir la poeta en los siguientes versos: trato de convencerme / que es motivo de vida / el escribir?
4. Explica qué significan para ti los últimos versos del poema.

Poema redactado

Utilizando partes del poema "Escribir", escribe un poema sobre una actividad que te gusta. Usa un infinitivo como título del poema. Utiliza el siguiente esquema.

_____

Mientras _____ a diario
me concentro
sueño un día _____
_____
trato de convencerme
que es motivo de vida
el _____
como lo es _____
_____
_____
Tú _____
te estás
jugando la vida.

Tú eres el/la poeta

En grupos, un(a) estudiante asume el papel del/de la poeta de "Escribir". Los otros estudiantes le harán preguntas sobre las ideas y los sentimientos expresados en su poema.

Un grupo de poetas

En grupos, elijan un tema personal o social que sea importante para Uds. y escriban un poema sobre ese tema. Altérnense para escribir un verso cada vez que sea su turno. Compartan su obra maestra con la clase cuando cada poeta del grupo haya escrito tres versos.

redactado *written, drafted* esquema *outline* verso *line (of poetry)*

Escritura

Estrategia
Finding biographical information

Biographical information can be useful for a great variety of writing topics. Whether you are writing about a famous person, a period in history, or even a particular career or industry, you will be able to make your writing both more accurate and more interesting when you provide detailed information about the people who are related to your topic.

To research biographical information, you may wish to start with general reference sources, such as encyclopedias and periodicals. Additional background information on people can be found in biographies or in nonfiction books about the person's field or industry. For example, if you wanted to write about Jennifer López, you could find background information from periodicals, including magazine interviews and movie or concert reviews. You might also find information in books or articles related to contemporary film and music.

Biographical information may also be available on the Internet, and depending on your writing topic, you may even be able to conduct interviews to get the information you need. Make sure to confirm the reliability of your sources whenever your writing includes information about other people.

You might want to look for the following kinds of information:

▶ Date of birth
▶ Date of death
▶ Childhood experiences
▶ Education
▶ Family life
▶ Place of residence
▶ Life-changing events
▶ Personal and professional accomplishments

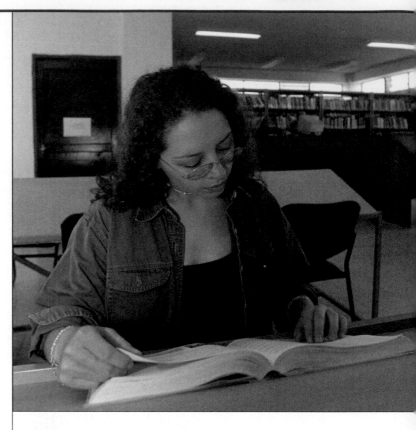

Tema

¿A quién te gustaría conocer?

Si pudieras invitar a cinco personas famosas a cenar en tu casa, ¿a quiénes invitarías? Pueden ser de cualquier época de la historia y de cualquier profesión. Algunas posibilidades son:

▶ el arte
▶ la música
▶ el cine
▶ las ciencias
▶ la historia
▶ la política

Escribe una composición breve sobre la cena. Explica por qué invitarías a estas personas y describe lo que harías, lo que preguntarías y lo que dirías si tuvieras la oportunidad de conocerlas. Utiliza algunas de las siguientes frases:

Si conociera a	*If I met...*
Si tuviera la oportunidad de hablar con...	*If I had the opportunity to speak with...*
Si un día me encontrara con...	*If one day I found myself with...*
Si pudiera hablar con...	*If I could speak to...*

cualquier *any*

Plan de escritura

1 **Ideas y organización**

Busca información en el Internet y en la biblioteca sobre las personas que escogiste. Organiza la información de una manera lógica.

2 **Primer borrador**

Utiliza tus apuntes de **Ideas y organización** para escribir el primer borrador de tu composición.

3 **Comentario**

Comparte tu párrafo y los datos recogidos en **Ideas y organización** con un(a) compañero/a de clase. Lee su información y su composición y ofrécele consejos basados en esta guía:

a. ¿Es interesante la composición?
b. ¿Contiene suficientes detalles?
c. ¿Está bien organizada?
d. ¿Hay errores ortográficos o gramaticales?

4 **Redacción**

Revisa el primer borrador según las indicaciones de tu compañero/a. Antes de escribir tu versión final, revisa tu trabajo según esta guía:

a. Busca los verbos en el condicional. ¿Están escritos correctamente?
b. Revisa la concordancia entre los sustantivos y los adjetivos en cada oración.
c. Subraya los pronombres para comprobar el uso correcto de cada uno.
d. Consulta tus **Anotaciones para mejorar la escritura** para evitar la repetición de errores previos.

5 **Evaluación y progreso**

En grupos, compartan sus composiciones. Luego túrnense para crear diálogos basados en las cenas. Para cada diálogo, un(a) estudiante hará el papel del/de la entrevistador(a) y los/las otros/as estudiantes representarán a las personas famosas. Cuando el/la profesor(a) te devuelva tu trabajo, lee sus observaciones para mejorar tu próxima composición. Anota como siempre tus errores en las **Anotaciones para mejorar la escritura** en tu **Carpeta de trabajos.**

escogiste *you chose* datos *pieces of information* recogidos *collected* Subraya *Underline* devuelva *returns*

Escuchar

Preparación

Basándote en el dibujo, ¿qué palabras crees que usaría un crítico en una reseña de esta película?

Estrategia

**Listening for key words/
Using the context**

The comprehension of key words is vital to understanding spoken Spanish. Use your background knowledge of the subject to help you anticipate what the key words might be. When you hear unfamiliar words, remember that you can use context to figure out their meaning. To practice these strategies, you will now listen to a paragraph from a letter sent to a job applicant. Jot down key words, as well as any other words you figured out from the context.

 ## Ahora escucha

Ahora vas a escuchar la reseña de la película. Mientras escuches al crítico, recuerda que las críticas de cine son principalmente descriptivas. La primera vez que la escuches, identifica las palabras clave que se asocian con las palabras y frases en la columna A. Luego, escucha otra vez la reseña e identifica el significado de las palabras en la coumna B mediante el contexto.

A	**B**
1. película de _____	1. estrenar
2. _____ Verdoso	2. a pesar de
3. trama _____	3. con reservas
4. escenas _____	4. supuestamente
5. energía _____ entre los artistas	5. la trama
6. música _____	6. conocimiento

recursos

SCASS./CD
Lección17

reseña *review*   clave *key*

Comprensión

Cierto o falso

	Cierto	Falso
1. *El fantasma del lago Enriquillo* es una película de ciencia ficción.	○	○
2. Los efectos especiales son espectaculares.	○	○
3. Generalmente se ha visto a Jorge Verdoso en comedias románticas.	○	○
4. Jaime Rebelde es un actor espectacular.	○	○

Preguntas

1. ¿Qué aspectos de la película le gustaron al crítico?
2. ¿Qué no le gustó al crítico de la película?
3. Si a ti te gustaran los actores, ¿irías a ver esta película? ¿Por qué?
4. Para ti, ¿cuáles son los aspectos más importantes de una película? Explica tu respuesta.

Ahora Uds.

Trabaja con un grupo de compañeros/as. Escojan una película con actores muy famosos que no fue lo que esperaban. Escriban una reseña que describa el papel de los actores, la trama, los efectos especiales, la cinematografía u otros aspectos importantes de la película.

Proyecto

Escribe un informe

Imagina que estás escribiendo un informe sobre los mejores y más famosos artistas de América Central. Tu informe debe incluir información sobre los artistas de El Salvador y de Honduras.

1 Escribe una sección del informe

Usa los **Recursos para la investigación** para buscar información de la historia del arte en Honduras y en El Salvador. Escoge tres o cuatro de los artistas más famosos de cada país. El informe debe incluir la siguiente información:

- Una descripción de las obras de cada artista
- Una explicación de por qué el artista fue escogido para aparecer en el informe
- Una foto de cada artista
- Fotos de las obras de cada artista (si no hay fotos disponibles debes describir las obras más detalladamente)

2 Presenta la información

Presenta el informe a la clase. Resume lo que escribiste y muéstrales a tus compañeros/as las fotos que encontraste de los artistas y de su arte. Describe las obras y da tu opinión sobre ellas.

Iglesia con mural, El Salvador

Palabras útiles

el tema	*subject*
colorido/a	*colorful*
abstracto/a	*abstract*
informe	*report*

Escoge *Choose*   disponibles *available*   **más detalladamente** *in greater detail*   **Resume** *Summarize* conservador(a) *curator*

recursos para la investigación

 Internet Palabras clave: Honduras, El Salvador, arte, museo, galería

 Comunidad Profesores, estudiantes o personas en la comunidad que son de Honduras o El Salvador; profesores o estudiantes de arte

 Biblioteca Libros, enciclopedias

 Otros recursos El/La conservador(a) del museo local o del museo de la universidad

El Salvador

El país en cifras

- **Área:** 21.040 km^2 (8.124 millas^2),
  el tamaño de Massachusetts
- **Población:** 6.519.000

El Salvador es el país centroamericano más pequeño y el más densamente poblado. Su población, al igual que la de Honduras, es muy homogénea: casi el 95 por ciento de la población es mestiza.

- **Capital:** San Salvador—1.490.000
- **Ciudades principales:** Soyapango—252.000, Santa Ana—202.000, San Miguel—183.000, Mejicanos—145.000

SOURCE: Population Division, UN Secretariat

- **Moneda:** colón
- **Idiomas:** español (oficial), náhuatl, lenca

Bandera de El Salvador

Salvadoreños célebres

- **Óscar Romero,** arzobispo y activista por los derechos humanos (1917-1980)
- **Claribel Alegría,** poeta, novelista y cuentista (1924-)
- **Roque Dalton,** poeta, ensayista y novelista (1935-1975)
- **María Eugenia Brizuela,** política (1956-)

Óscar Romero

tamaño *size* densamente *densely* arzobispo *archbishop*
derechos humanos *human rights* estalló *exploded* guerra *war*
duró *lasted*

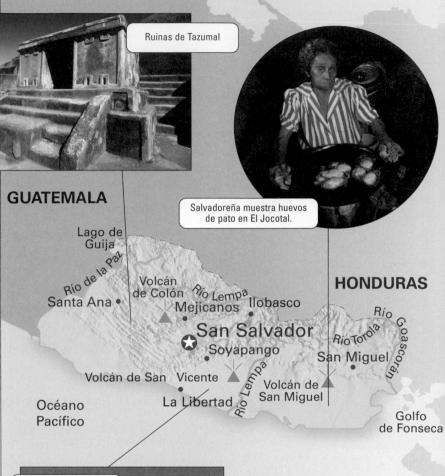

Ruinas de Tazumal

Salvadoreña muestra huevos de pato en El Jocotal.

GUATEMALA

Lago de Guija

Río de la Paz

Volcán de Colón

Santa Ana

Río Lempa

Mejicanos

Ilobasco

HONDURAS

Río Goascorán

Río Torola

San Salvador

Soyapango

San Miguel

Volcán de San Vicente

La Libertad

Río Lempa

Volcán de San Miguel

Océano Pacífico

Golfo de Fonseca

Aeropuerto Ilopango en San Salvador

recursos

R

WB pp. 203-204

vistasonline.com

ESTADOS UNIDOS

OCÉANO ATLÁNTICO

EL SALVADOR

OCÉANO PACÍFICO

AMÉRICA DEL SUR

¡Increíble pero cierto!

En 1969, cuando El Salvador perdió contra Honduras en un partido de clasificación para la Copa Mundial de Fútbol, estalló una terrible guerra entre los dos países. Aunque la famosa "Guerra del Fútbol" duró sólo 100 días, las relaciones entre los dos países fueron tensas durante casi una década.

Deportes • El *surfing*

El Salvador, con unos 300 kilómetros de costa en el océano Pacífico, se ha convertido en un gran centro de *surfing* por la calidad y consistencia de sus olas. La Libertad es la playa que está más cerca de la capital, y allí las condiciones son perfectas para el *surfing*. Por eso vienen surfistas de todo el mundo a este pequeño pueblo salvadoreño. Los fines de semana hay muchísima gente en La Libertad y por eso muchos surfistas van al oeste, por la Costa del Bálsamo, donde las olas son buenas y hay menos gente.

Naturaleza • El Parque Nacional Montecristo

El bosque nuboso Montecristo se encuentra en el norte del país. Es conocido también como El Trifinio porque es el punto donde se unen Guatemala, Honduras y El Salvador. Este bosque está a una altitud de 2.400 metros (7.900 pies). Recibe 200 centímetros (80 pulgadas) de lluvia al año y con frecuencia tiene una humedad relativa de 100 por ciento. Sus altísimos árboles forman una bóveda que la luz del sol no puede traspasar. Allí hay muchas especies interesantes de plantas y animales, como orquídeas, hongos, monos araña, pumas, quetzales y tucanes.

Artes • La artesanía de Ilobasco

Ilobasco es un pueblo de grandes artesanos. Es famoso por sus objetos de arcilla y por los artículos de cerámica pintados a mano. Los productos más tradicionales de Ilobasco son los juguetes, los adornos y los utensilios de cocina y se ofrecen excursiones en las que se puede observar su fabricación paso a paso. Las "sorpresas" de Ilobasco, pequeñas piezas de cerámica en cuyo interior están representadas escenas de la vida diaria, son especialmente populares.

¿Qué aprendiste? Responde a las preguntas con una frase completa.

1. ¿Qué es el náhuatl?

2. ¿Quien es María Eugenia Brizuela?

3. Hay muchos lugares ideales para el *surfing* en El Salvador. ¿Por qué?

4. ¿A qué altitud se encuentra el bosque nuboso?

5. ¿Cuáles son algunos de los animales y las plantas que se encuentran en el bosque nuboso?

6. ¿Por qué al Parque Nacional Montecristo se le llama también El Trifinio?

7. ¿Por qué es famoso el pueblo de Ilobasco?

8. ¿Qué se puede ver en una excursión en Ilobasco?

9. ¿Qué son las "sorpresas" de Ilobasco?

Conexión Internet Investiga estos temas en el sitio **www.vistasonline.com**.

1. El Parque Nacional Montecristo es una reserva natural; busca información sobre otros parques o zonas protegidas en El Salvador. ¿Cómo son estos lugares? ¿Qué tipos de plantas y animales se encuentran allí?

2. Busca información sobre museos u otros lugares turísticos en San Salvador (u otra ciudad de El Salvador).

calidad *quality*   olas *waves*   El bosque nuboso *cloud forest*   se unen *come together*   pulgadas *inches*   humedad *humidity*   bóveda *canopy* traspasar *pierce*   hongos *fungi*   monos araña *spider monkeys*   arcilla *clay*   a mano *by hand*   juguetes *toys*   adornos *ornaments* paso a paso *step by step*   pieza *piece*

Honduras

El país en cifras

▶ **Área:** 112.492 km^2 (43.870 millas^2), *un poco más grande que Tennessee*

▶ **Población:** 6.828.000

Cerca del 90 por ciento de la población de Honduras es mestiza. Todavía hay pequeños grupos indígenas como los jicaque, los miskito y los paya que han mantenido su cultura sin influencias exteriores y que no hablan español.

▶ **Capital:** Tegucigalpa—1.016.000

Tegucigalpa

▶ **Ciudades principales:**
San Pedro Sula—470.000, El Progreso—81.000, La Ceiba—72.000

SOURCE: Population Division, UN Secretariat

▶ **Moneda:** lempira

▶ **Idiomas:** español (oficial), miskito, garífuna

Bandera de Honduras

Hondureños célebres

▶ **José Antonio Velásquez,** pintor (1906-1983)

▶ **Argentina Díaz Lozano,** escritora (1909-)

▶ **Carlos Roberto Reina,** juez y presidente del país (1926-)

▶ **Roberto Sosa,** escritor (1930-)

juez *judge* presos *prisoners*

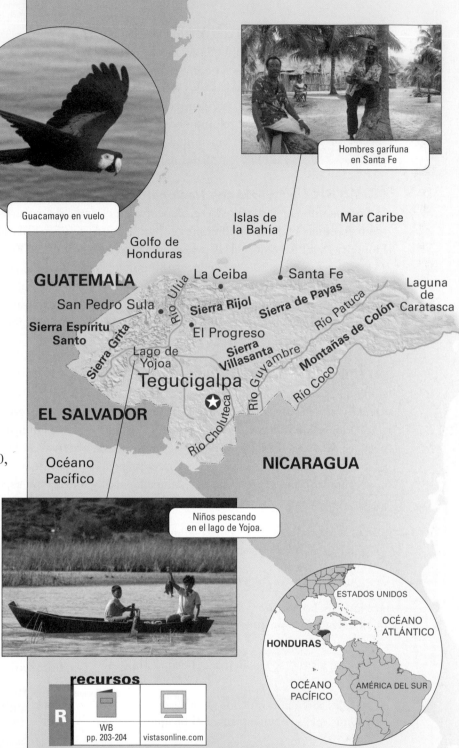

Guacamayo en vuelo

Hombres garífuna en Santa Fe

Islas de la Bahía

Mar Caribe

Golfo de Honduras

GUATEMALA

La Ceiba

Santa Fe

San Pedro Sula

Río Ulúa

Sierra Rijol

Sierra de Payas

Laguna de Caratasca

Sierra Espíritu Santo

Sierra Grita

El Progreso

Río Patuca

Montañas de Colón

Lago de Yojoa

Sierra Villasanta

Río Guyambre

Tegucigalpa

Río Coco

EL SALVADOR

Río Choluteca

NICARAGUA

Océano Pacífico

Niños pescando en el lago de Yojoa.

ESTADOS UNIDOS

OCÉANO ATLÁNTICO

HONDURAS

OCÉANO PACÍFICO

AMÉRICA DEL SUR

recursos

R

WB pp. 203-204

vistasonline.com

¡Increíble pero cierto!

Los presos de la Penitenciaría Central de Tegucigalpa hacen objetos de madera, hamacas y hasta instrumentos musicales. Sus artesanías son tan populares que los funcionarios de la prisión han abierto una pequeña tienda donde los turistas pueden regatear con este especial grupo de artesanos.

Lugares • **Copán**

Copán es el sitio arqueológico más importante de Honduras, y para los que estudian la cultura maya es uno de los más fascinantes de la región. Aproximadamente en 400 d.C., la ciudad era muy grande, con más de 150 edificios y plazas, patios, templos y canchas para el juego de pelota. Copán es famoso por las esculturas pintadas que adornan sus edificios; por los "excéntricos", que son cetros ceremoniales de piedra finamente esculpidos; y por el templo llamado Rosalila.

Economía • **Las plantaciones de bananas**

Hoy día las bananas son la exportación principal de Honduras. Hace más de cien años que tienen un papel fundamental en la historia económica y política del país. En 1889, la Standard Fruit Company empezó a exportar bananas a Nueva Orleans y la fruta resultó tan popular que rápidamente empezó a generar grandes beneficios para la Standard Fruit y otra compañía norteamericana la United Fruit Company. Debido al enorme poder económico que tenían en el país, estas compañías intervinieron muchas veces en la política hondureña.

Artes • **José Antonio Velásquez, (1906-1983)**

José Antonio Velásquez fue uno de los pintores primitivistas más famosos de su tiempo. Se le compara a pintores europeos del mismo género, como Paul Gauguin o Emil Nolde, porque en sus obras representaba lo más concreto de la vida diaria que lo rodeaba. Se nota fácilmente el énfasis del pintor en los detalles de la escena. En su pintura desaparecen casi totalmente los juegos de perspectiva, y los colores utilizados en los paisajes son puros.

¿Qué aprendiste? Responde a las preguntas con una frase completa.

1. ¿Qué es la lempira?

2. ¿Qué es un "excéntrico"?

3. ¿Dónde está el templo Rosalila?

4. ¿Cuál es la exportación principal de Honduras?

5. ¿Qué es la Standard Fruit Company?

6. ¿Cómo es el estilo de José Antonio Velásquez?

7. ¿Qué temas trataba Velásquez en su pintura?

Conexión Internet Investiga estos temas en el sitio **www.vistasonline.com**.
1. ¿Cuáles son algunas de las exportaciones principales de Honduras, además de las bananas? ¿A qué países exporta Honduras sus productos?
2. Busca información sobre Copán u otro sitio arqueológico en Honduras. En tu opinión, ¿cuáles son los aspectos más interesantes del sitio?

canchas *courts*   pelota *jai-alai*   cetros *scepters*   finamente *in a refined way*   generar *to generate*   beneficios *profits*   Debido al *Due to*
poder *power*   intervino *intervened*   primitivistas *primitivist*   género *genre*   rodeaba *surrounded*   detalles *details*   escena *scene*
desaparecen *disappear*

Las bellas artes

el baile, la danza	dance
el ballet	ballet
la banda	band
las bellas artes	(fine) arts
el boleto	ticket
la canción	song
la comedia	comedy; play
el concierto	concert
el cuento	short story
la cultura	culture
el drama	drama; play
la escultura	sculpture
el espectáculo	show
la estatua	statue
el festival	festival
la historia	history; story
la música	music
la obra	work (of art, music, etc.)
la obra maestra	masterpiece
la ópera	opera
la orquesta	orchestra
el personaje (principal)	(main) character
la pintura	painting
el poema	poem
la poesía	poetry
el público	audience
el teatro	theater
la tragedia	tragedy
aburrirse	to get bored
aplaudir	to applaud
apreciar	to appreciate
esculpir	to sculpt
hacer el papel (de)	to play the role (of)
pintar	to paint
presentar	to present; to put on (a performance)
publicar	to publish
tocar	to touch; to play (a musical instrument)
artístico/a	artistic
clásico/a	classical
dramático/a	dramatic
extranjero/a	foreign
folklórico/a	folk
moderno/a	modern
musical	musical
romántico/a	romantic
talentoso/a	talented

Artistas

el bailarín, la bailarina	dancer
el/la cantante	singer
el/la compositor(a)	composer
el/la director(a)	director; (musical) conductor
el/la dramaturgo/a	playwright
el/la escritor(a)	writer
el/la escultor(a)	sculptor
la estrella (m., f.) de cine	movie star
el/la músico/a	musician
el/la poeta	poet

El cine y la televisión

el canal	channel
el concurso	game show; contest
los dibujos animados	cartoons
el documental	documentary
el premio	prize; award
el programa de entrevistas	talk show
la telenovela	soap opera
…de acción	action
…de aventuras	adventure
…de ciencia ficción	science fiction
…de horror	horror
…de vaqueros	western

Artesanía

la artesanía	craftsmanship; crafts
la cerámica	pottery
el tejido	weaving

Expresiones útiles	See page 523.

Las actualidades

Communicative Goals

You will learn how to:

- **Talk about and describe your travel experiences**
- **Discuss current events and issues**
- **Talk about and discuss the media**

Las actualidades

Más vocabulario

el acontecimiento	event
las actualidades	news; current events
el artículo	article
el desastre (natural)	(natural) disaster
el desempleo	unemployment
la (des)igualdad	(in)equality
la discriminación	discrimination
la encuesta	poll; survey
la experiencia	experience
la guerra	war
el huracán	hurricane
el informe	report; paper (written work)
la inundación	flood
la libertad	liberty; freedom
los medios de comunicación	means of communication; media
las noticias	news
la paz	peace
la prensa	press
el racismo	racism
el reportaje	report
el sexismo	sexism
el SIDA	AIDS
el terremoto	earthquake
anunciar	to announce; to advertise
comunicarse (con)	to communicate (with)
durar	to last
informar	to inform
luchar (por/contra)	to fight; to struggle (for/against)
ocurrir	to occur; to happen
transmitir, emitir	to broadcast
(inter)nacional	(inter)national
peligroso/a	dangerous

Variación léxica

informe ←→ trabajo (*Esp.*)

noticiero ←→ informativo (*Esp.*)

recursos

R	SCASS./CD Lección 18	WB pp. 205–206	LM p. 323	LCASS./CD Cass.18/CD 18

la tormenta

el ejército

el discurso

la huelga

el crimen

el candidato

la violencia

el choque

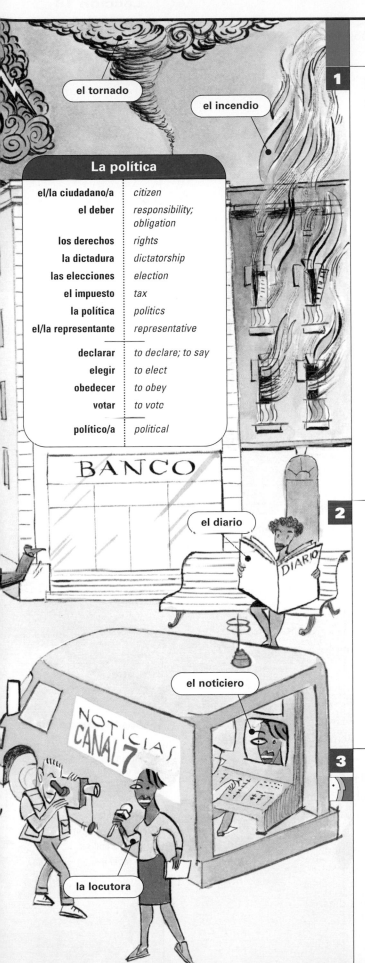

el tornado

el incendio

La política

el/la ciudadano/a	*citizen*
el deber	*responsibility; obligation*
los derechos	*rights*
la dictadura	*dictatorship*
las elecciones	*election*
el impuesto	*tax*
la política	*politics*
el/la representante	*representative*
declarar	*to declare; to say*
elegir	*to elect*
obedecer	*to obey*
votar	*to vote*
político/a	*political*

BANCO

el diario

DIARIO

el noticiero

NOTICIAS CANAL 7

la locutora

Práctica

1 **Escuchar** 🎧 Escucha las noticias y selecciona la frase que mejor completa las siguientes oraciones.

1. Los ciudadanos creen que ____.
   a. hay un huracán en el Caribe
   b. hay discriminación en la imposición de los impuestos
   c. hay una encuesta en el Caribe

2. Los ciudadanos creen que los candidatos tienen ____.
   a. el deber de asegurar la igualdad en los impuestos
   b. el deber de hacer las encuestas
   c. los impuestos

3. La encuesta muestra que los ciudadanos ____.
   a. quieren desigualdad en las elecciones
   b. quieren hacer otra encuesta
   c. quieren igualdad en los impuestos

4. Hay ____ en el Caribe.
   a. un incendio grande b. una tormenta peligrosa c. un tornado

5. Los servicios de Puerto Rico predijeron anoche que ____ podrían destruir edificios y playas.
   a. los vientos b. los terremotos c. las inundaciones

6. La tormenta ha durado ____.
   a. dos semanas b. muchos días c. muchos años

2 **Categorías** Mira la lista e indica la categoría de cada uno de los siguientes términos. Las categorías son: **desastres naturales, política, medios de comunicación.**

1. reportaje
2. inundación
3. incendio
4. candidato/a
5. informe
6. ciudadano/a
7. encuesta
8. tornado
9. noticiero
10. prensa
11. elecciones
12. terremoto

3 **Definir** Trabaja con un(a) compañero/a para definir las siguientes palabras.

1. guerra
2. crimen
3. ejército
4. desempleo
5. discurso
6. acontecimiento
7. sexismo
8. SIDA
9. huelga
10. racismo
11. locutor(a)
12. libertad

4 **Completar** Completa la siguiente noticia con los verbos adecuados para cada frase. Conjuga los verbos en el tiempo verbal correspondiente.

1. El grupo _____ a todos los medios de comunicación que iba a organizar una huelga general de los trabajadores.
   a. durar   b. votar   c. anunciar

2. El presidente del país ha sugerido algunas soluciones para evitar que eso _____.
   a. ocurrir   b. luchar   c. elegir

3. Todos los representantes políticos les pidieron a los ciudadanos que _____ al presidente.
   a. comer   b. obedecer   c. aburrir

4. La oposición, por otro lado, _____ a un líder para promover la huelga.
   a. publicar   b. emitir   c. elegir

5. El líder de la oposición dijo que si el gobierno ignoraba sus opiniones, la huelga iba a _____ mucho tiempo.
   a. transmitir   b. obedecer   c. durar

6. Hoy día, el líder de la oposición declaró que los ciudadanos estaban listos para _____ por sus derechos.
   a. informar   b. comunicarse   c. luchar

5 **Diálogo** Completa el siguiente diálogo con las palabras adecuadas.

derechos	declarar	artículo
choque	violencia	dictaduras
paz	transmitir	peligrosa

RAÚL Oye, Agustín, ¿leíste el _____ del diario *El País*?

AGUSTÍN ¿Cuál? ¿El del _____ entre dos autobuses?

RAÚL No, el otro, sobre...

AGUSTÍN ¿Sobre la tormenta _____ que viene mañana?

RAÚL No, hombre, el artículo sobre política...

AGUSTÍN ¡Ay, claro! Un análisis de las peores _____ de la historia.

RAÚL ¡Agustín! Deja de interrumpir. Te quería hablar del artículo sobre la organización que lucha por los _____ humanos y la _____.

AGUSTÍN Ah, no lo leí.

RAÚL Parece que te interesan más las noticias sobre la _____, ¿eh?

6 **La vida civil** ¿Estás de acuerdo con las siguientes afirmaciones? Comparte tus respuestas con la clase.

1. Los medios de comunicación nos informan bien de las noticias.
2. Los medios de comunicación nos dan una visión global del mundo.
3. Los candidatos para las elecciones deben aparecer en todos los medios de comunicación.
4. Nosotros y nuestros representantes nos comunicamos bien.
5. Es importante que todos obedezcamos las leyes.
6. Es importante leer el diario todos los días.
7. Es importante mirar o escuchar un noticiero todos los días.
8. Es importante votar.

AYUDA
You might want to use these expressions when you do activity 6.
En mi opinión...
Está claro que...
(No) Estoy de acuerdo.
Según mis padres...
Sería ideal que...

Comunicación

7

Las actualidades En parejas, describan lo que ven en las fotos. Luego, escriban una historia para explicar qué pasó en cada foto.

8

Un noticiero En grupos, trabajen para presentar un noticiero de la tarde. Presenten por lo menos cuatro reportajes, incluyendo desastres naturales, política, crimen y temas sociales.

¡LENGUA VIVA!

Four ways to say *to happen:*

acontecer

ocurrir

pasar

suceder

9

Las elecciones Trabajen en parejas para representar una entrevista entre un(a) reportero/a de la televisión y un(a) político/a que va a ser candidato/a en las próximas elecciones. Antes de la entrevista, hagan una lista de los temas de los que el/la candidato/a va a hablar. Durante la entrevista, la clase va a hacer el papel del público y, después de la entrevista, el/la reportero/a va a hacerle preguntas y pedirle comentarios al público.

¡Hasta la próxima!

Los estudiantes comparten con Roberto sus recuerdos (*memories*) favoritos de la aventura.

SRA. RAMOS ¡Hola! Espero que todos hayan tenido un magnífico viaje.

JAVIER ¡Lo hemos pasado maravillosamente!

SRA. RAMOS ¿Qué tal, don Francisco? ¡Qué gusto volver a verlo!

MAITE ¡Roberto! ¿Cómo estás?

MAITE Álex, ven... es mi amigo Roberto. Nos conocimos en clase de periodismo. Es reportero del periódico de la universidad. Roberto, éste es mi novio, Álex.

ROBERTO Mucho gusto, Álex.

ÁLEX El gusto es mío.

ROBERTO A ver... Inés. ¿Cuál fue tu experiencia favorita?

INÉS Para mí lo mejor fue la excursión que hicimos a las montañas.

ROBERTO ¿Fue peligroso?

JAVIER No... Pero si nuestro guía no hubiera estado allí con nosotros, ¡seguro que nos habríamos perdido!

ROBERTO ¿Qué más ocurrió durante el viaje?

MAITE Pues figúrate que un día fuimos a comer al restaurante El Cráter. A la hora del postre la señora Perales, la dueña, me sorprendió con un pastel y un flan para mi cumpleaños.

JAVIER También tuvimos un problema con el autobús, pero Inés resolvió el problema con la ayuda de un mecánico. Ahora la llamamos La Mujer Mecánica.

MAITE Y éstos son mis amigos. Inés... Javier...

JAVIER & INÉS ¡Hola!

MAITE Pero, ¿qué estás haciendo tú aquí?

ROBERTO Ay, Maite, es que estoy cansado de escribir sobre el crimen y la política. Me gustaría hacerles una entrevista sobre las experiencias del viaje.

MAITE ¡Fenomenal!

ROBERTO Si pudieran hacer el viaje otra vez, ¿lo harían?

ÁLEX Sin pensarlo dos veces. Viajar es una buena manera de conocer mejor a las personas y de hacer amigos.

DON FRANCISCO ¡Adiós, chicos!

ESTUDIANTES ¡Adiós! ¡Adiós, don Efe! ¡Hasta luego!

DON FRANCISCO ¡Hasta la próxima, Sra. Ramos!

Enfoque cultural Los medios de comunicación

Entre los medios de comunicación más importantes en los países hispanos están la radio, la televisión, los periódicos y las revistas. El periódico en español que más se vende en el mundo es *El País*, de Madrid. Se venden más de un millón de ejemplares (*copies*) cada día. En cuanto a la televisión, una de las cadenas (*networks*) más importantes es Univisión, de gran popularidad en los Estados Unidos. Además, las publicaciones en el Internet van siendo cada vez más importantes y desarrolladas.

Expresiones útiles

Saying you're happy to see someone

▶ **¡Qué gusto volver a verte!**
   I'm happy to see you (fam.) *again!*
▶ **¡Qué gusto volver a verlo/la!**
   I'm happy to see you (form.) *again!*
▶ **Gusto de verte.**
   It's nice to see you (fam.).
▶ **Gusto de verlo/la.**
   It's nice to see you (form.).

Saying you had a good time

▶ **¡Lo hemos pasado maravillosamente!**
   We've had a great time!
▶ **¡Lo hemos pasado de película!**
   We've had a great time!
▶ **Lo pasamos muy bien.**
   We had a good time.
▶ **Nos divertimos mucho.**
   We had a lot of fun.

Talking about your trip

▶ **¿Cuál fue tu experiencia favorita?**
   What was your favorite experience?
▷ **Lo mejor fue la excursión que hicimos a las montañas.**
   The best thing was the hike we went on in the mountains.
▶ **¿Qué más ocurrió durante el viaje?**
   What else happened on the trip?
▷ **Lo peor fue cuando tuvimos un problema con el autobús.**
   The worst thing was when we had a problem with the bus.
▶ **Si pudieran hacer el viaje otra vez, ¿lo harían?**
   If you could make the trip again, would you do it?
▷ **Sin pensarlo dos veces.**
   I wouldn't give it a second thought.

Reacciona a la fotonovela

1   **¿Cierto o falso?**   Decide si lo que se afirma en las siguientes frases es **cierto** o **falso.** Corrige las frases que sean falsas.

                                                                                              Cierto   Falso

1. Roberto es reportero; escribe artículos para el periódico de la universidad.   ○   ○

2. Los artículos sobre el crimen y la política ya no le interesan tanto a Roberto.   ○   ○

3. Para Inés, la mejor experiencia fue cuando cenaron en el restaurante El Cráter.   ○   ○

4. La señora Ramos sabe mucho de autobuses; por eso la llaman La Mujer Mecánica.   ○   ○

5. A Álex le encantó el viaje pero es algo que sólo haría una vez en su vida.   ○   ○

2   **Identificar**   Identifica quién puede hacer las siguientes afirmaciones.

1. ¿Te acuerdas del problema mecánico con el autobús? Qué bueno que estaba Inés allí, ¿no?
2. Si quieres hacer amigos y conocer mejor un país, tienes que viajar.
3. ¡Hola! Qué bueno volver a verlos. Me imagino que tuvieron un viaje maravilloso.
4. Creo que el mejor día fue cuando fuimos a un restaurante y me prepararon un pastel.
5. Ya no quiero escribir sobre cosas negativas. Prefiero hacer entrevistas sobre experiencias interesantes.

JAVIER

ROBERTO

ÁLEX

MAITE

SRA. RAMOS

3   **Preguntas**   Responde a las siguientes preguntas.

1. ¿Dónde se conocieron Maite y Roberto?

2. Normalmente, ¿sobre qué cosas escribe Roberto?

3. ¿Piensa Javier que el viaje fue peligroso? ¿Qué habría pasado si Martín no hubiera estado con ellos?

4. ¿Cuál fue la mejor experiencia de Maite? ¿Por qué?

5. ¿Qué piensa Álex sobre viajar?

4   **Mis experiencias**   Tú y un(a) compañero/a de clase son unos amigos que no se han visto en algunos años. Hablen de las experiencias buenas y malas que tuvieron durante ese tiempo. Utilicen estas frases en la conversación:

▶ ¡Qué gusto volver a verte!   ▶ Me divertí mucho.
▶ Gusto de verte.   ▶ Lo mejor fue...
▶ Lo pasé de película/maravillosamente/muy bien.   ▶ Lo peor fue...

Ortografía

Neologismos y anglicismos

As societies develop and interact, new words are needed to refer to inventions and discoveries, as well as to objects and ideas introduced by other cultures. In Spanish, many new terms have been invented to refer to such developments, and additional words have been "borrowed" from other languages.

bajar un programa *download*	**borrar** *to delete*	**correo basura** *junk mail*
en línea *online*	**enlace** *link*	**herramienta** *tool*
navegador *browser*	**pirata** *hacker*	**sistema operativo** *operating system*

Many Spanish neologisms, or "new words," refer to computers and technology. Due to the newness of these words, more than one term may be considered acceptable.

cederrón, CD-ROM	**escáner**	**fax**	**zoom**

In Spanish, many anglicisms, or words borrowed from English, refer to computers and technology. Note that the spelling of these words is often adapted to the sounds of the Spanish language.

jazz, yaz	**rap**	**rock**	**walkman**

Music and music technology are another common source of anglicisms.

gángster	**hippy, jipi**	**póquer**	**whisky, güisqui**

Other borrowed words refer to people or things that are strongly associated with another culture.

chárter	**esnob**	**estrés**	**flirtear**
gol	**hall**	**hobby**	**iceberg**
jersey	**júnior**	**récord**	**yogur**

There are many other sources of borrowed words. Over time, some anglicisms are replaced by new terms in Spanish, while others are accepted as standard usage.

Práctica Completa el diálogo usando las siguientes palabras.

borrar	chárter	correo basura
en línea	esnob	estrés

GUSTAVO Voy a leer el correo electrónico.

REBECA Bah, yo sólo recibo _____. Lo único que hago con la computadora es _____ mensajes.

GUSTAVO Mira, cariño, hay un anuncio en el Internet—un viaje barato a Punta del Este. Es un vuelo _____.

REBECA Últimamente tengo tanto _____. Sería buena idea que fuéramos de vacaciones. Pero busca un hotel muy bueno.

GUSTAVO Rebeca, no seas _____, lo importante es ir y disfrutar. Voy a comprar los boletos ahora mismo _____.

Dibujo Describe el dibujo utilizando por lo menos cinco anglicismos.

18.1 **Si** clauses

 Si *(if)* clauses describe a condition or event upon which another condition or event depends. Sentences with **si** clauses consist of a **si** clause and a main (or result) clause.

Si pudieran hacer el viaje otra vez, ¿lo harían?

Sin pensarlo dos veces.

▶ **Si** clauses are used to speculate or hypothesize about a current event or condition. In other words, they express what *would happen* if an event or condition *were to occur*. This is called a contrary-to-fact situation. In such instances, the verb in the **si** clause is in the past subjunctive while the verb in the main clause is in the conditional.

¡ATENCIÓN!

Remember the difference between **si** *(if)* and **sí** *(yes)*.

> Si **cambiaras de empleo, serías** más feliz.
> *If you changed jobs, you would be happier.*

> **Iría** de viaje a América del Sur si **tuviera** dinero.
> *I would travel to South America if I had money.*

▶ **Si** clauses can also describe a contrary-to-fact situation in the past. They can express what *would have happened* if an event or condition *had occurred*. In these sentences, the verb in the **si** clause is in the past perfect subjunctive while the verb in the main clause is in the conditional perfect.

> Si **hubiera sido** estrella de cine, **habría sido** rico.
> *If I had been a movie star, I would have been rich.*

> No **habrías tenido** hambre si **hubieras desayunado.**
> *You wouldn't have been hungry if you had eaten breakfast.*

▶ **Si** clauses can also express conditions or events that are possible or likely to occur. In such instances, the **si** clause is in the present indicative while the main clause uses a present, near future, future, or command form.

¡LENGUA VIVA!

Note that while in English *would* is sometimes used after *if* (*If you would call me…*), in Spanish the conditional is never used immediately following **si**.

> Si **puedes** venir, **llámame.**
> *If you can come, call me.*

> Si **puedo** venir, **te llamo.**
> *If I can come, I'll call you.*

> Si **terminas** la tarea, **tendrás** tiempo para mirar la televisión.
> *If you finish your homework, you will have time to watch TV.*

> Si **terminas** la tarea, **vas a tener** tiempo para mirar la televisión.
> *If you finish your homework, you are going to have time to watch TV.*

▶ When the **si** clause expresses habitual past conditions or events, *not* a contrary-to-fact situation, the imperfect is used in both the **si** clause and the main (or result) clause.

<table>
<tr><td>Si Alicia me **invitaba** a una fiesta,
yo siempre **iba**.
*If (Whenever) Alicia invited me to a party,
I would (used to) go.*</td><td>Mis padres siempre **iban** a la playa
si **hacía** buen tiempo.
*My parents always went to the beach
if the weather was good.*</td></tr>
</table>

▶ The **si** clause may be the first or second clause in a sentence. Note that a comma is used only when the **si** clause comes first.

<table>
<tr><td>**Si tuviera tiempo,** iría contigo.
If I had time, I would go with you.</td><td>Iría contigo **si tuviera tiempo.**
I would go with you if I had time.</td></tr>
</table>

Summary of *si* clause sequences

Condition	*Si* clause	Main clause
Possible or likely	**Si** + present	Present
Possible or likely	**Si** + present	Near future (**ir a** + infinitive)
Possible or likely	**Si** + present	Future
Possible or likely	**Si** + present	Command
Habitual in the past	**Si** + imperfect	Imperfect
Contrary-to-fact (present)	**Si** + past (imperfect) subjunctive	Conditional
Contrary-to-fact (past)	**Si** + past perfect (pluperfect) subjunctive	Conditional perfect

¡INTÉNTALO! Cambia los tiempos y modos de los verbos que aparecen entre paréntesis para practicar todos los tipos de oraciones con **si** que se muestran en la tabla anterior.

1. Si Ud. _____va_____ (ir) a la playa, tenga cuidado con el sol.
2. Si tú _____ (querer), te preparo la merienda.
3. Si mis amigos _____ (ir) de viaje, sacaban muchas fotos.
4. Si _____ (hacer) buen tiempo, voy a ir al parque.
5. Si ella me _____ (llamar), la invitaré a la fiesta.
6. Si yo _____ (ser) astronauta, iría a la luna.
7. Si nosotros _____ (querer) ir al teatro, compraremos los boletos antes.
8. Si yo _____ (levantarse) temprano, desayuno antes de ir a clase.
9. Si ellos _____ (trabajar) más, habrían tenido más éxito.
10. Si tú _____ (tener) tiempo, cómprame un helado.
11. Si él _____ (ganar) un millón de dólares, compraría una casa en la playa.
12. Si Uds. me _____ (decir) la verdad, no habríamos tenido este problema.

Práctica

1

Emparejar Empareja frases de la columna A con las de la columna B para crear oraciones lógicas.

AYUDA

Remember these forms of **haber**:

(si) hubiera
(if) there were

habría
there would be

A

1. Si aquí hubiera terremotos, _____
2. Si me informo bien, _____
3. Si me das el informe, _____
4. Si la guerra hubiera continuado, _____
5. Si la huelga dura más de un mes, _____

B

a. se lo muestro al director.
b. habrían muerto muchos más.
c. muchos van a pasar hambre.
d. podré explicar el desempleo.
e. no permitiríamos edificios altos.

2

Minidiálogos Completa los minidiálogos entre Teresa y Anita.

TERESA   ¿Qué _____ hecho tú si tu papá te _____ regalado un carro?
ANITA   No _____ podido creérmelo.

ANITA   Si _____ (viajar) a Paraguay, ¿qué vas a hacer?
TERESA   _____ a visitar a mis parientes.

TERESA   Si tú y tu familia _____ un millón de dólares, ¿qué comprarían?
ANITA   Si nosotros tuviéramos un millón de dólares, _____ tres casas nuevas.

ANITA   Si tú _____ tiempo, ¿irías al cine con más frecuencia?
TERESA   Sí, yo _____ con más frecuencia si tuviera tiempo.

3

Completar En parejas, completen las frases de una manera lógica. Luego lean sus oraciones a sus compañeros.

1. Si tuviera un accidente de carro...
2. Me volvería loco/a (*I would go crazy*) si mi familia...
3. Me habría ido al Cuerpo de Paz (*Peace Corps*) si...
4. No volveré a ver las noticias en ese canal si...
5. Habría menos problemas si los medios de comunicación...
6. Si mis padres hubieran insistido en que fuera al ejército...
7. Si oigo una expresión racista...
8. Me habría enojado mucho si...
9. Si hubiera un desastre natural en mi pueblo...
10. Yo habría votado en las elecciones pasadas si...

Comunicación

4

Situaciones Trabajen en grupos para contestar las siguientes preguntas. Después deben comunicar sus respuestas a la clase.

1. ¿Qué harías si fueras de vacaciones a Uruguay y al llegar no hubiera habitaciones en ninguno de los hoteles?
2. ¿Qué haces si encuentras dinero en la calle?
3. Imagina que estuviste en Montevideo por tres semanas. ¿Qué habrías hecho si hubieras observado un crimen allí?
4. ¿Qué harías tú si fueras de viaje y las líneas aéreas estuvieran en huelga?
5. Si alguien entrara en los Estados Unidos sin pasaporte, ¿qué le pasaría?
6. Si tomas otra clase de español, ¿qué harás diferente?
7. ¿Qué haces si estás en la calle y alguien te pide dinero?
8. ¿Qué harías si estuvieras en un país extranjero y un reportero te confundiera (*confused*) con un actor o una actriz de Hollywood?

NOTA CULTURAL

Uruguay has a long tradition of providing for the welfare of its population. It has free health care, free education, pensions and social security. Uruguay boasts the highest life expectancy and the highest literacy rate in South America.

5

Oraciones En parejas, túrnense para hablar de lo que hacen, harían o habrían hecho bajo estas circunstancias.

1. Si ves a tu novio/a con otro/a en el cine
2. Si hubieras estudiado para ser experto/a en huesos de dinosaurios
3. Si fueras médico/a
4. Si te hubieras ganado un viaje al Uruguay
5. Si mañana tuvieras el día libre
6. Si te casaras y tuvieras ocho hijos
7. Si tuvieras que cuidar a tus padres cuando sean mayores
8. Si no tuvieras que preocuparte por el dinero

Síntesis

6

Entrevista En grupos, preparen cinco preguntas para hacerle a un(a) candidato/a a la presidencia de Estados Unidos. Luego, túrnense para hacer el papel de entrevistador(a) y de candidato/a. El/La entrevistador(a) reacciona a cada una de las respuestas del/de la candidato/a.

> **modelo**
>
> **Entrevistador(a):** ¿Qué haría Ud. sobre el sexismo en el ejército?
>
> **Candidato/a:** Pues, dudo que las mujeres puedan pelear en una guerra. Creo que deben hacer trabajos menos peligrosos.
>
> **Entrevistador(a):** ¿Entonces usted no haría nada para eliminar el sexismo en el ejército?
>
> **Candidato/a:** Si yo fuera presidente/a...

18.2 Summary of the uses of the subjunctive

ANTE TODO Since Lesson 12, you have been learning about subjunctive verb forms and practicing their uses. The following chart summarizes the subjunctive forms you have studied. The chart on page 561 summarizes the uses of the subjunctive you have seen and contrasts them with uses of the indicative and the infinitive. These charts will help you review and synthesize what you have learned about the subjunctive in this book.

CONSÚLTALO

The subjunctive
You will find the various forms of the subjunctive in the following sections:
Present subjunctive 12.3, p. 376
Present perfect subjunctive 15.3, p. 475
Past subjunctive 16.3, p. 502
Past perfect subjunctive 17.3, p. 533

¡Hola! Espero que todos hayan tenido un magnífico viaje.

Si nuestro guía no hubiera estado allí con nosotros, ¡seguro que nos habríamos perdido!

Summary of subjunctive forms

–ar verbs		**–er verbs**		**–ir verbs**	
PRESENT SUBJUNCTIVE	PAST SUBJUNCTIVE	PRESENT SUBJUNCTIVE	PAST SUBJUNCTIVE	PRESENT SUBJUNCTIVE	PAST SUBJUNCTIVE
hable	hablara	beba	bebiera	viva	viviera
hables	hablaras	bebas	bebieras	vivas	vivieras
hable	hablara	beba	bebiera	viva	viviera
hablemos	habláramos	bebamos	bebiéramos	vivamos	viviéramos
habléis	hablarais	bebáis	bebierais	viváis	vivierais
hablen	hablaran	beban	bebieran	vivan	vivieran

PRESENT PERFECT SUBJUNCTIVE	PRESENT PERFECT SUBJUNCTIVE	PRESENT PERFECT SUBJUNCTIVE
haya hablado	haya bebido	haya vivido
hayas hablado	hayas bebido	hayas vivido
haya hablado	haya bebido	haya vivido
hayamos hablado	hayamos bebido	hayamos vivido
hayáis hablado	hayáis bebido	hayáis vivido
hayan hablado	hayan bebido	hayan vivido

PAST PERFECT SUBJUNCTIVE	PAST PERFECT SUBJUNCTIVE	PAST PERFECT SUBJUNCTIVE
hubiera hablado	hubiera bebido	hubiera vivido
hubieras hablado	hubieras bebido	hubieras vivido
hubiera hablado	hubiera bebido	hubiera vivido
hubiéramos hablado	hubiéramos bebido	hubiéramos vivido
hubierais hablado	hubierais bebido	hubierais vivido
hubieran hablado	hubieran bebido	hubieran vivido

The subjunctive is used...

- After verbs and/or expressions of will and influence when the subject of the subordinate clause is different from the subject of the main clause

  Los ciudadanos **desean** que el candidato presidencial los **escuche.**

- After verbs and/or expressions of emotion when the subject of the subordinate clause is different from the subject of the main clause

  Alejandra **se alegró** mucho de que le **dieran** el trabajo.

- After verbs and/or expressions of doubt, disbelief, and denial

  Dudo que **vaya** a tener problemas para encontrar su maleta.

- After the conjunctions **a menos que, antes (de) que, con tal (de) que, en caso (de) que, para que,** and **sin que**

  Cierra las ventanas **antes de que empiece** la tormenta.

- After **cuando, después (de) que, en cuanto, hasta que,** and **tan pronto como** when they refer to future actions

  Tan pronto como haga la tarea, podrá salir con sus amigos.

- To refer to an indefinite or nonexistent antecedent mentioned in the main clause

  Busco un empleado que **haya estudiado** computación.

- After **si** to express something impossible, improbable, or contrary to fact

  Si hubieras escuchado el noticiero, te habrías informado sobre el terremoto.

The indicative is used...

- After verbs and/or expressions of certainty and belief

  Es cierto que Uruguay **tiene** unas playas espectaculares.

- After the conjunctions **cuando, después (de) que, en cuanto, hasta que,** and **tan pronto como** when they do not refer to future actions

  Hay más violencia **cuando hay** desigualdad social.

- To refer to a definite or specific antecedent mentioned in the main clause

  Busco a la señora que me **informó** del crimen que ocurrió ayer.

- After **si** to express something possible, probable, or not contrary to fact

  Pronto habrá más igualdad **si luchamos** contra la discriminación.

The infinitive is used...

- After expressions of will and influence when there is no change of subject from the main clause to the subordinate clause

  Martín **desea ir** a Montevideo este año.

- After expressions of emotion when there is no change of subject from the main clause to the subordinate clause

  Me alegro de conocer a tu esposo.

Práctica

1 **Conversación** Completa la conversación con el tiempo verbal adecuado.

EMA   Busco al reportero que _____ (publicar) el libro sobre la dictadura de Stroessner.

ROSA   Ah, Ud. busca a Miguel Pérez. Ha salido.

EMA   Le había dicho que yo vendría a verlo el martes, pero él me dijo que _____ (venir) hoy.

ROSA   No creo que a Miguel se le _____ (olvidar) la cita.
Si Ud. _____ (pedir) una cita, él me lo habría mencionado.

EMA   Pues no, no pedí cita, pero si él me hubiera dicho que era necesario yo lo _____ (hacer).

ROSA   Creo que Miguel _____ (ir) a cubrir un incendio hace media hora.
No pensaba que nadie _____ (ir) a venir esta tarde. Si quiere le digo que la _____ (llamar) tan pronto como _____ (llegar).
A menos que Ud. _____ (querer) dejar un recado...
(Entra Miguel)

EMA   ¡Miguel! Amor, si hubieras llegado cinco minutos más tarde, no me _____ (encontrar) aquí.

MIGUEL   ¡Ema! ¿Qué haces aquí?

EMA   Me dijiste que viniera hoy para que _____ (poder) pasar más tiempo juntos.

ROSA   *(En voz baja)* ¿Cómo? ¿Serán novios?

2 **Escribir** Escribe uno o dos párrafos sobre tu participación en las próximas elecciones. Usa por lo menos cuatro de las frases que siguen.

- ▶ Votaré por... con tal de que...
- ▶ Quisiera saber...
- ▶ Si gana mi candidato/a...
- ▶ Espero que la economía...
- ▶ Estoy seguro de que...
- ▶ A menos que...

- ▶ Mis padres siempre me dijeron que...
- ▶ Si a la gente realmente le importara la familia...
- ▶ No habría escogido a ese/a candidato/a si...
- ▶ Si le preocuparan más los impuestos...
- ▶ Dudo que el/la otro/a candidato/a...
- ▶ En las próximas elecciones espero que...

3 **Explicar** En parejas, escriban un diálogo breve sobre cada tema de la lista. Usen por lo menos un verbo en el subjuntivo y otro en el indicativo o en el infinitivo. Sigan el modelo.

modelo

tornado
Estudiante 1: *Temo que este año haya tornados por nuestra zona.*
Estudiante 2: *No te preocupes. Creo que este año no va a haber muchos tornados.*

una guerra	unas elecciones	un terremoto	la libertad
un incendio	una inundación	una huelga	la prensa

Comunicación

4

Preguntas Entrevista a un(a) compañero/a usando las siguientes preguntas.

1. ¿Te irías a vivir a un lugar donde pudiera ocurrir un desastre natural? ¿Pensarías lo mismo si el desastre fuera un tornado? ¿Un huracán? ¿Un terremoto? ¿Una inundación?

2. ¿Es probable que algún desastre natural te afecte en el futuro?

3. ¿Te gustaría que tu vida fuera como la de tus padres? ¿Por qué? Y tus hijos, ¿preferirías que tuvieran experiencias diferentes a las tuyas? ¿Cuáles?

4. ¿Te parece importante que elijamos a una mujer como presidente? ¿Por qué?

5. ¿Qué harías si hubiera una dictadura en tu país? ¿Lucharías en su contra? ¿Qué riesgos (*risks*) correrías?

6. Si hubiera una guerra y te llamaran para entrar en el ejército, ¿obedecerías? ¿Lo considerarías tu deber? ¿Qué sentirías? ¿Qué pensarías?

5

Consejos En parejas, lean la guía turística. Luego túrnense para representar los papeles de un cliente y de un agente de viajes. El/La agente le da consejos al/a la cliente/a sobre los lugares que debe visitar y el/la cliente/a da su opinión sobre los consejos.

¡Conozca Uruguay!

La **Plaza Independencia** en **Montevideo,** con su **Puerta de la Ciudadela,** forma el límite entre la ciudad antigua y la nueva. Si le interesan las compras, desde este lugar puede comenzar su paseo por la **Avenida 18 de Julio,** la principal arteria comercial de la capital.

No deje de ir a **Punta del Este.** Conocerá uno de los lugares turísticos más fascinantes del mundo. No se pierda las maravillosas playas, el **Museo de Arte Americano** y la **Catedral Maldonado** (1895) con su famoso altar, obra del escultor **Antonio Veiga.**

Sin duda, querrá conocer la famosa ciudad vacacional de **Piriápolis,** con su puerto que atrae barcos cruceros, y disfrutar de sus playas y lindos paseos.

Tampoco se debe perder la **Costa de Oro**, junto al **Río de la Plata.** Para

aquellos interesados en la historia, dos lugares favoritos son la conocida iglesia **Nuestra Señora de Lourdes** y el chalet de **Pablo Neruda.**

Síntesis

6

Dos artículos Su profesor(a) les va a dar una hoja de actividades que incluye dos artículos: uno sobre una huelga de trabajadores, y otro sobre la violencia en las escuelas. Trabajando en parejas, cada uno escoge y lee un artículo. Luego, háganse preguntas sobre los artículos.

Lectura

Antes de leer

Estrategia

Recognizing chronological order

Recognizing the chronological order of events in a narrative is key to understanding the cause and effect relationship between them. When you are able to establish the chronological chain of events, you will easily be able to follow the plot. In order to be more aware of the order of events in a narrative, you may find it helpful to prepare a numbered list of the events as you read.

Examinar el texto

Lee el texto usando las estrategias de lectura que has aprendido.

▸ ¿Ves palabras nuevas o cognados? ¿Qué significan?

▸ ¿Qué te dice el dibujo sobre el contenido?

▸ ¿Tienes algún conocimiento previo sobre don Quijote?

▸ ¿Cuál es el propósito del texto?

▸ ¿Cuál es el punto de vista del narrador?

▸ ¿De qué trata la lectura?

Ordenar

Lee el texto otra vez para establecer el orden cronológico de los eventos. Luego ordena los siguientes eventos cronológicamente según van ocurriendo en la historia.

_____ Don Quijote lucha contra los molinos de viento pensando que son gigantes.

_____ Don Quijote y Sancho toman el camino hacia Puerto Lápice.

_____ Don Quijote y Sancho descubren unos molinos de viento en un campo.

_____ El primer molino da un mal golpe a don Quijote, a su lanza y a su caballo.

_____ Don Quijote y Sancho Panza salen de su pueblo en busca de aventuras.

Don Quijote y los molinos de viento

Miguel de Cervantes

Fragmento adaptado de
El ingenioso hidalgo don Quijote de la Mancha

Miguel de Cervantes y Saavedra, el escritor más universal de la literatura española, nació en Alcalá de Henares en 1547 y murió en Madrid en 1616, tras haber vivido una vida llena de momentos difíciles, llegando a estar en la cárcel más de una vez. Su obra, sin embargo, ha disfrutado a través de los siglos de todo el éxito que se merece. Don Quijote representa no sólo la locura sino también la búsqueda del ideal. En esta ocasión presentamos el famoso episodio de los molinos de viento.

Entonces descubrieron treinta o cuarenta molinos de viento que había en aquel campo. Cuando don Quijote los vio, dijo a su escudero:

—La fortuna va guiando nuestras cosas mejor de lo que deseamos; porque allí, amigo Sancho Panza, se ven treinta, o pocos más, enormes gigantes con los que pienso hacer batalla y quitarles a todos las vidas, y comenzaremos a ser ricos; que ésta es buena guerra, y es gran servicio de Dios quitar tan malos seres de la tierra.

—¿Qué gigantes?

—Aquellos que ves allí —respondió su amo— de los brazos largos, que algunos normalmente los tienen de casi dos leguas.

Después de leer

¿Realidad o fantasía?

Indica si las siguientes afirmaciones sobre la lectura pertenecen a la realidad o la fantasía.

1. Don Quijote desea matar a los enemigos.
2. Su escudero no ve a ningún ser sobrenatural.
3. El caballero ataca a unas criaturas cobardes y viles.
4. Don Quijote no ganó la batalla porque los gigantes fueron transformados en molinos de viento.
5. El sabio Frestón transformó los gigantes en molinos de viento.

conocimiento previo *prior knowledge* propósito *purpose*
¿De qué trata...? *What is it about...?* matar *to kill* ser *being*

—Mire Ud. —respondió Sancho— que aquéllos que allí están no son gigantes, sino molinos de viento, y lo que parecen brazos son las aspas, que movidas por el viento, hacen andar la piedra del molino.

—Bien veo —respondió don Quijote— que no estás acostumbrado a las aventuras: ellos son gigantes; y si tienes miedo, quítate de ahí y reza mientras yo voy a combatir con ellos en fiera batalla.

Y diciendo esto, dio de espuelas a su caballo Rocinante, sin oír las voces que su escudero Sancho le daba, diciéndole que, sin duda alguna, eran molinos de viento, y no gigantes, aquellos que iba a atacar. Pero él iba tan convencido de que eran gigantes, que ni oía las voces de su escudero Sancho, ni se daba cuenta, aunque estaba ya muy cerca, de lo que eran; antes iba diciendo en voz alta:

—No huyáis, cobardes y viles criaturas, que sólo os ataca un caballero.

Se levantó entonces un poco de viento, y las grandes aspas comenzaron a moverse, y cuando don Quijote vio esto, dijo:

—Pues aunque mováis más brazos que los del gigante Briareo, me lo vais a pagar.

Y diciendo esto, y encomendándose de todo corazón a su señora Dulcinea, pidiéndole que le ayudase en esta difícil situación, bien cubierto de su rodela, con la lanza en posición de ataque, fue a todo el galope de Rocinante y embistió el primer molino que estaba delante: y dándole con la lanza en el aspa, el viento la giró con tanta furia, que la rompió en pequeños fragmentos, llevándose con ella al caballo y al caballero, que fue dando vueltas por el campo. Fue rápidamente Sancho Panza a ayudarle, todo lo rápido que podía correr su asno, y cuando llegó encontró que no se podía mover: tan grande fue el golpe que se dio con Rocinante.

—¡Por Dios! —dijo Sancho—. ¿No le dije yo que mirase bien lo que hacía, que sólo eran molinos de viento, y la única persona que podía equivocarse era alguien que tuviese otros molinos en la cabeza?

—Calla, amigo Sancho —respondió don Quijote—, que las cosas de la guerra, más que otras, cambian continuamente; estoy pensando que aquel sabio Frestón, que me robó el estudio y los libros, ha convertido estos gigantes en molinos por quitarme la gloria de su vencimiento: tan grande es la enemistad que me tiene; pero al final, sus malas artes no van a poder nada contra la bondad de mi espada.

—Dios lo haga como pueda —respondió Sancho Panza.

Y ayudándole a levantarse, volvió a subir sobre Rocinante, que medio despaldado estaba. Y hablando de la pasada aventura, siguieron el camino del Puerto Lápice.

tras *after* cárcel *jail* locura *insanity* búsqueda *search* campo *field* molinos de viento *windmills* escudero *squire* amo *master* leguas *leagues (measure of distance)* aspas *sails* reza *pray* fiera *vicious* dio de espuelas *he spurred* No huyáis *Do not flee* cobardes *cowards* caballero *knight* encomendándose de todo corazón *commending himself with all his heart* rodela *round shield* embistió *charged* asno *donkey* golpe *knock* Calla *Be quiet* sabio *magician* vencimiento *defeat* espada *sword* que medio despaldado estaba *whose back was half-broken*

Personajes

1. En este fragmento, se mencionan los siguientes personajes. ¿Quiénes son?
   ▶ don Quijote
   ▶ Rocinante
   ▶ Dulcinea
   ▶ Sancho Panza
   ▶ los gigantes
   ▶ Frestón
2. ¿Qué puedes deducir de los personajes según la información que se da en este episodio?
3. ¿Quiénes son los personajes principales?
4. ¿Cuáles son las diferencias entre don Quijote y Sancho Panza? ¿Qué tienen en común?

¿Un loco o un héroe?

En un párrafo da tu opinión del personaje de don Quijote, basándote en la aventura de los molinos de viento. Ten en cuenta las acciones, los motivos y los sentimientos de don Quijote en su batalla contra los molinos de viento.

Una entrevista

Trabajen en grupos de tres para preparar una entrevista sobre los acontecimientos de este fragmento de la novela de Cervantes. Un(a) estudiante representará el papel del/de la entrevistador(a) y los otros dos asumirán los papeles de don Quijote y de Sancho Panza, quienes comentarán el episodio desde su punto de vista.

Escritura

Estrategia

Writing strong introductions and conclusions

Introductions and conclusions serve a similar purpose: both are intended to focus the reader's attention on the topic being covered. The introduction presents a brief preview of the topic. In addition, it informs your reader of the important points that will be covered in the body of your writing. The conclusion reaffirms those points and concisely sums up the information that has been provided. A compelling fact or statistic, a humorous anecdote, or a question directed to the reader are all interesting ways to begin or end your writing.

For example, if you were writing a biographical report on Miguel de Cervantes, you might begin your essay with the fact that his most famous work, *Don Quijote de la Mancha,* is the second most widely published book ever. The rest of your introductory paragraph would outline the areas you would cover in the body of your paper, such as Cervantes' life, his works, and the impact of the *Quijote* on world literature. In your conclusion, you would sum up the most important information in the report and tie this information together in a way that would make your reader want to learn even more about the topic. You could write, for example: "Cervantes, with his wit and profound understanding of human nature, is without peer in the history of world literature."

Introducciones y conclusiones

Trabajen en parejas para escribir una frase de introducción y otra de conclusión sobre los siguientes temas.

1. El episodio de *Don Quijote de la Mancha*
2. La definición de la locura
3. La realidad y la fantasía en la literatura

Tema

Escribir una composición

Si tuvieras la oportunidad, ¿qué harías para mejorar el mundo? Escribe una composición sobre los cambios que harías en el mundo si tuvieras el poder y los recursos necesarios. Piensa en lo que puedes hacer ahora y en lo que podrás hacer en el futuro. Considera estas preguntas:

▶ ¿Pondrías fin a todas las guerras? ¿Cómo?

▶ ¿Protegerías el medio ambiente? ¿Cómo?

▶ ¿Promoverías la igualdad y eliminarías el sexismo y el racismo? ¿Cómo?

▶ ¿Eliminarías la corrupción en la política? ¿Cómo?

▶ ¿Eliminarías la escasez de viviendas y el hambre?

▶ ¿Promoverías el fin de la violencia entre seres humanos?

▶ ¿Promoverías tu causa en la prensa? ¿Cómo?

▶ ¿Te dedicarías a alguna causa específica dentro de tu comunidad? ¿Cuál?

▶ ¿Te dedicarías a solucionar problemas nacionales o internacionales? ¿Cuáles?

poder *power* Promoverías *Would you promote* falta de vivienda *homelessness*

Plan de escritura

1 **Ideas y organización**

Antes de escribir, organiza de una manera lógica la lista de los cambios que efectuarías para mejorar el mundo.

2 **Primer borrador**

Utiliza tus apuntes de **Ideas y organización** para escribir el primer borrador de tu composición. Empieza y concluye con un hecho o una pregunta que despierte el interés de tu lector(a). Utiliza el diccionario sólo como último recurso.

3 **Comentario**

Intercambia tu composición con un(a) compañero/a. Lee su borrador y coméntalo, usando estas preguntas como guía:

    a. ¿Es interesante la introducción? ¿Cómo se puede mejorar?

    b. ¿Es interesante la conclusión? ¿Cómo se puede mejorar?

    c. ¿Hay errores gramaticales u ortográficos?

    d. ¿Está organizada de una manera lógica?

4 **Redacción**

Revisa el primer borrador según las indicaciones de tu compañero/a. Antes de escribir tu versión final, revisa tu trabajo según la siguiente guía:

    a. Subraya los verbos para comprobar que están en el modo y el tiempo adecuados. ¿Has utilizado el subjuntivo y el condicional correctamente?

    b. Revisa la concordancia entre el sujeto y el verbo en cada oración.

    c. Revisa la concordancia entre los sustantivos y los adjetivos en cada oración.

    d. Subraya los pronombres para comprobar el uso correcto de cada uno.

    e. Consulta tus **Anotaciones para mejorar la escritura** para evitar la repetición de errores previos.

5 **Evaluación y progreso**

En grupos de tres o cuatro estudiantes, intercambien sus composiciones. Cada persona debe leer la composición de un(a) compañero/a y resumirla oralmente en tres o cuatro oraciones. Cuando tu profesor(a) te devuelva sus comentarios, léelos con cuidado. Repasa tu **Carpeta de trabajos** para poder apreciar tu progreso en la escritura. No te olvides de mirar tus **Anotaciones para mejorar la escritura.** Seguramente te sorprenderás de ver que hoy parece fácil lo que hace unos meses parecía tan difícil.

---

efectuarías *you would put into effect* **apuntes** *notes* **hecho** *fact* **Subraya** *Underline* **comprobar** *to confirm*
concordancia *agreement* **devuelva** *returns*

Escuchar

Preparación

Basándote en la foto, anticipa lo que vas a escuchar en el siguiente fragmento. Haz una lista y anota los diferentes tipos de información que crees que vas a oír.

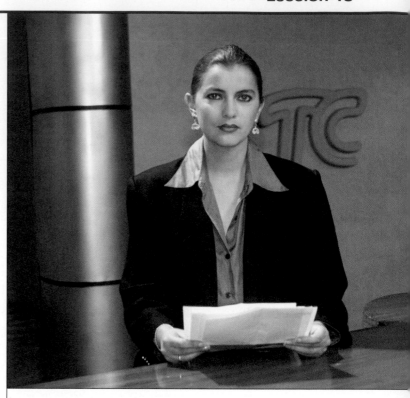

Estrategia

Recognizing genre/
Taking notes as you listen

If you know the genre or type of discourse you are going to encounter, you can use your background knowledge to write down a few notes about what you expect to hear. You can then make additions and changes to your notes as you listen. To practice these strategies, you will now listen to a short toothpaste commercial. Before listening to the commercial, write down the information you expect it to contain. Then update your notes as you listen.

 ## Ahora escucha

Revisa la lista que hiciste para **Preparación**. Luego escucha el noticiero presentado por Sonia Hernández. Mientras escuchas, apunta los tipos de información que anticipaste y los que no anticipaste.

Tipos de información que anticipaste

1. _____
2. _____
3. _____

Tipos de información que no anticipaste

1. _____
2. _____
3. _____

Comprensión

Preguntas

1. ¿Dónde está Sonia Hernández?
   _____

2. ¿Quién es Jaime Pantuflo?
   _____

3. ¿Dónde hubo una tormenta?
   _____

4. ¿Qué tipo de música toca el grupo Maná?
   _____

5. ¿Qué tipo de artista es Ugo Nespolo?
   _____

6. Además de lo que Sonia menciona, ¿de qué piensas que va a hablar en la próxima sección del programa?
   _____

Ahora Uds.

En parejas, usen la presentación de Sonia Hernández como modelo para escribir un breve noticiero para la ciudad donde viven. Incluyan noticias locales, nacionales e internacionales. Luego compartan el papel de locutor(a) y presenten el noticiero a la clase. Pueden grabar el noticiero si quieren.

recursos

SCASS./CD
Lección 18

Proyecto

Prepara un reportaje

Imagina que eres un(a) reportero/a que está cubriendo el Cono Sur para una emisora de radio y un diario. Te han pedido un reportaje de noticias sobre Paraguay y/o Uruguay.

1 ### Escribe un artículo periodístico

Escribe un artículo sobre las últimas noticias de Uruguay y/o de Paraguay. Usa los **Recursos para la investigación** para informarte de lo que está pasando en esos países. El artículo puede incluir las siguientes cosas:

- Un titular
- Una descripción del/de los acontecimiento(s), con una explicación de cuándo y dónde tuvieron lugar, quiénes participaron, etc.
- Un pequeño mapa que indique dónde tuvo lugar el acontecimiento
- Fotos de los acontecimientos

2 ### Presenta la información

El locutor de la emisora de radio está enfermo y te toca a ti presentar el noticiero. Usa el artículo que escribiste para hacer un reportaje radial. Recuerda que el reportaje debe ser más corto que el artículo. Presenta el noticiero a la clase en vivo o en una grabación.

34F

Comienza el Carnaval

Hoy viernes, comienzan las grandes fiestas del Carnaval en Encarnación, capital del departamento de Itapúa, Paraguay. Esta ciudad es famosa por la música, los desfiles y las bailarinas de su Carnaval. Es tan popular que vienen muchas personas de otras partes del país y del extranjero. Todos los hoteles y pensiones están llenos en esta época del año.

¡Se prohíbe tirar agua a los participantes de los desfiles! La policía estará pendiente.

emisora de radio *radio station* titular *headline* te toca a ti *it is up to you* en vivo *live*
grabación *tape recording* embajadas *embassies* consulados *consulates*

recursos para la investigación

 Internet Palabras clave: Uruguay, Paraguay, periódico, diario, noticias

 Comunidad Profesores, estudiantes o personas en la comunidad que son de Uruguay o Paraguay

 Biblioteca Periódicos, revistas, mapas

 Otros recursos Profesores de la Facultad de Asuntos Internacionales o de Estudios Latinoamericanos; embajadas o consulados

Paraguay

El país en cifras

- **Área:** 406.750 km^2 (157.046 millas^2), *el tamaño de California*
- **Población:** 5.778.000
- **Capital:** Asunción—1.343.000
- **Ciudades principales:** Ciudad del Este—134.000, San Lorenzo—133.000, Lambaré—100.000, Fernando de la Mora—95.000

SOURCE: Population Division, UN Secretariat

- **Moneda:** guaraní
- **Idiomas:** español (oficial), guaraní (oficial)

Las tribus indígenas que habitaban la zona antes de la llegada de los españoles hablaban guaraní. Ahora el 90 por ciento de los paraguayos habla esta lengua, que se usa con frecuencia en canciones, poemas, periódicos y libros. Varios institutos y asociaciones, como el Teatro Guaraní, se dedican a preservar la cultura y la lengua guaraníes.

Bandera de Paraguay

Paraguayos célebres

- **Agustín Barrios,** guitarrista y compositor (1885-1944)
- **Josefina Plá,** escritora y ceramista (1909-1999)
- **Augusto Roa Bastos,** escritor (1918-)
- **Olga Blinder,** pintora (1921-)

sin parar *nonstop* Aunque *Although* lugareños *local residents*

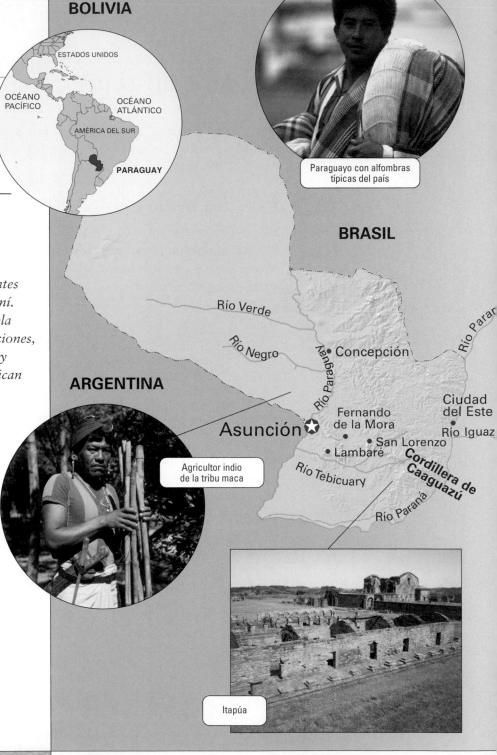

BOLIVIA

ESTADOS UNIDOS

OCÉANO PACÍFICO

OCÉANO ATLÁNTICO

AMÉRICA DEL SUR

PARAGUAY

Paraguayo con alfombras típicas del país

BRASIL

Río Verde

Río Negro

Río Paraná

Concepción

ARGENTINA

Asunción

Fernando de la Mora

Ciudad del Este

Río Iguaz

San Lorenzo

Lambaré

Cordillera de Caaguazú

Río Tebicuary

Río Paraná

Agricultor indio de la tribu maca

Itapúa

¡Increíble pero cierto!

En Paraguay, hay una pequeña zona cerca del río Paraná en la que llueve tanto que, según cuenta la leyenda, ha llovido sin parar por un millón de años. Aunque esto pueda ser difícil de verificar, una cosa sí es cierta: los lugareños no han visto en su vida un día sin lluvia.

recursos

R

WB pp. 213-214

vistasonline.com

Artesanía • El ñandutí

El ñandutí es la forma artesanal más conocida de Paraguay. Es un fino encaje hecho a mano que generalmente tiene forma circular. En guaraní, su nombre significa telaraña y se llama así porque imita su trazado. Estos encajes suelen ser blancos, pero también los hay de colores, y sus diseños pueden tener formas geométricas o florales. Aunque el ñandutí es originario de Itaguá, con el tiempo ha llegado a ser muy conocido en toda Sudamérica.

Ciencias • La represa Itaipú

La represa Itaipú, la obra hidroeléctrica más ambiciosa hasta nuestros días, se encuentra en la frontera entre Paraguay y Brasil. Su construcción se inició en 1974 y duró once años. Durante los primeros cinco años, se usó suficiente concreto como para construir un edificio de 350 pisos. El proyecto dio trabajo a 100.000 paraguayos. En 1984 se puso en funcionamiento la Central Hidroeléctrica de Itaipú, la mayor del mundo. Gracias a su cercanía a las famosas Cataratas de Iguazú, muchos turistas visitan la central atraídos por lo imponente de su construcción.

Naturaleza • Los ríos Paraguay y Paraná

Los ríos Paraguay y Paraná sirven de frontera natural entre Paraguay y Argentina y son las principales rutas de transporte dentro de Paraguay. El río Paraná tiene unos 3.200 km navegables, y por esta ruta pasan barcos de más de 5.000 toneladas que pueden ir desde el estuario del Río de la Plata hasta la ciudad de Asunción. El río Paraguay divide el Gran Chaco, una zona poco poblada, de la meseta Paraná, donde vive la mayoría de los paraguayos.

¿Qué aprendiste? Responde a las preguntas con una frase completa.

1. ¿Quién es Augusto Roa Bastos?
2. ¿Cómo se llama la moneda de Paraguay?
3. ¿Qué es el ñandutí?
4. ¿De dónde es originario el ñandutí?
5. ¿Qué forma imita el ñandutí?
6. En total, ¿cuántos años tomó la construcción de la represa Itaipú?
7. ¿A cuántos paraguayos dio trabajo la construcción de la represa?
8. ¿Qué países separan los ríos Paraguay y Paraná?
9. ¿Qué distancia se puede navegar por el Paraná?

Conexión Internet Investiga estos temas en el sitio **www.vistasonline.com**.

1. Busca información sobre Alfredo Stroessner, el ex-presidente de Paraguay. ¿Por qué se le considera un dictador?
2. Busca información sobre la historia de Paraguay. En tu opinión, ¿cuáles fueron los episodios decisivos en su historia?

encaje *lace* telaraña *spiderweb* trazado *outline; design* represa *dam* meseta *plateau*

Uruguay

El país en cifras

▶ **Área:** 176.220 km² (68.039 millas²)
el tamaño del estado de Washington

▶ **Población:** 3.385.000

▶ **Capital:** Montevideo—1.238.000

Casi la mitad de la población de Uruguay vive en Montevideo. Situada en la desembocadura del famoso Río de la Plata, esta ciudad cosmopolita e intelectual es también un destino popular para las vacaciones, debido a sus numerosas playas de arena blanca que se extienden hasta la ciudad de Punta del Este.

▶ **Ciudades principales:** Salto—77.000,
Paysandú—75.000, Las Piedras—61.000,
Rivera—55.000

SOURCE: Population Division, UN Secretariat

▶ **Moneda:** peso uruguayo

▶ **Idiomas:** español (oficial)

Bandera de Uruguay

Uruguayos célebres

▶ **Horacio Quiroga,** escritor (1878-1937)

▶ **Juana de Ibarbourou,** escritora (1895-1979)

▶ **Mario Benedetti,** escritor (1920-)

▶ **Cristina Peri Rossi,** escritora y profesora (1941-)

tamaño *size*   mitad *half*   desembocadura *mouth*   arena *sand*

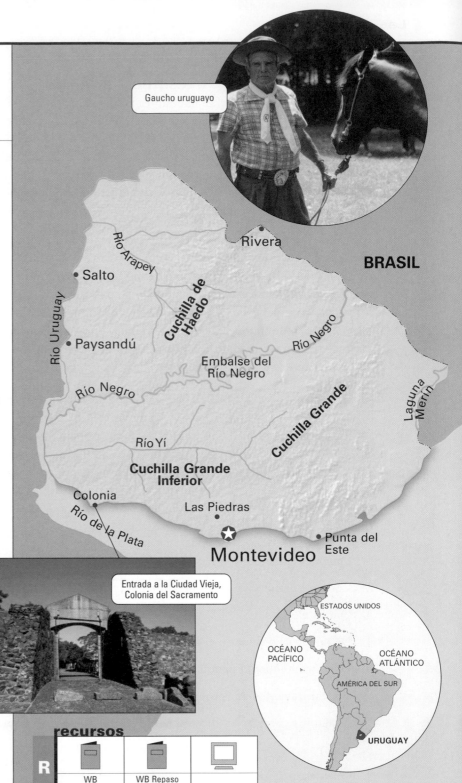

Gaucho uruguayo

BRASIL

Entrada a la Ciudad Vieja, Colonia del Sacramento

recursos

| R | WB pp. 213-214 | WB Repaso pp. 215-216 | vistasonline.com |

¡Increíble pero cierto!

¡Uruguay es el país más carnívoro del planeta! Los uruguayos poseen el récord mundial de consumo de carne de res per cápita. Cada año, cada uruguayo consume 80 kilogramos de carne de res o, lo que es lo mismo, ¡¡MEDIA VACA!!

Costumbres • **La carne y el mate**

La gran importancia de la producción ganadera en las economías de Uruguay y Argentina se refleja en sus hábitos culinarios. Para los uruguayos, como para los argentinos, la carne de res es un elemento esencial de la dieta diaria. Algunos platos representativos son el asado, la parrillada y el chivito. El mate, una infusión similar al té, es también muy típico de esta región. Es una bebida de origen indígena que está muy presente en la vida social y familiar de estos países aunque, curiosamente, no se puede consumir en bares o restaurantes.

Deportes • **El fútbol**

El fútbol es, sin lugar a dudas, el deporte nacional de Uruguay. La afición a este deporte se inició muy pronto en Uruguay. En 1891, se formó el primer equipo de fútbol uruguayo y, en 1930, el país fue la sede de la primera copa mundial. A partir de los años treinta se inició el período profesional del fútbol uruguayo. El equipo nacional ha conseguido grandes éxitos a lo largo de los años: dos campeonatos olímpicos en 1923 y 1928, y dos campeonatos mundiales: en 1930 y 1950. De hecho, los uruguayos ya están trabajando para que la Copa Mundial de 2030 se celebre en su país.

Costumbres • **El Carnaval**

El Carnaval de Montevideo es el más largo del mundo y uno de los mejores de Sudamérica. Dura unos cuarenta días y cuenta con la participación de casi todos los habitantes de la ciudad. Durante el Carnaval, los uruguayos disfrutan de desfiles, bailes y música en las calles de su capital. La celebración más conocida es el Desfile de las Llamadas, en el que participan bailarines que desfilan al ritmo del candombe, un colorido baile de tradición africana.

¿Qué aprendiste? Responde a las preguntas con una frase completa.

1. ¿Qué tienen en común los uruguayos célebres mencionados en la página 572?

2. ¿Cuál es el elemento esencial de la dieta uruguaya?

3. ¿En qué países es importante la producción ganadera?

4. ¿Qué es el mate?

5. ¿Cuándo se formó el primer equipo uruguayo de fútbol?

6. ¿Cuándo se celebró la primera Copa Mundial de fútbol?

7. ¿Cómo se llama la celebración más conocida del Carnaval de Montevideo?

8. ¿Cuántos días dura el Carnaval de Montevideo?

Edificio del Parlamento en Montevideo

Conexión Internet Investiga estos temas en el sitio **www.vistasonline.com**.

1. Uruguay es conocido como un país de muchos escritores. Busca información sobre uno de ellos y escribe una biografía.

2. Investiga cuáles son las comidas y bebidas favoritas de los uruguayos. Descríbelas e indica cuáles te gustaría probar y por qué.

---

ganadera *cattle (adj.)* asado *barbecue* parrillada *beef platter* chivito *goat* sede *site* desfiles *parades*

Los medios de comunicación

el acontecimiento	event
las actualidades	news; current events
el artículo	article
el diario	newspaper
el informe	report; paper (written work)
el/la locutor(a)	(TV or radio) announcer
los medios de comunicación	means of communication; media
las noticias	news
el noticiero	newscast
la prensa	press
el reportaje	report
anunciar	to announce; to advertise
comunicarse (con)	to communicate (with)
durar	to last
informar	to inform
ocurrir	to occur; to happen
transmitir, emitir	to broadcast
(inter)nacional	(inter)national
peligroso/a	dangerous

Las noticias

el choque	collision
el crimen	crime; murder
el desastre (natural)	(natural) disaster
el desempleo	unemployment
la (des)igualdad	(in)equality
la discriminación	discrimination
el ejército	army
la experiencia	experience
la guerra	war
la huelga	strike
el huracán	hurricane
el incendio	fire
la inundación	flood
la libertad	liberty; freedom
la paz	peace
el racismo	racism
el sexismo	sexism
el SIDA	AIDS
el terremoto	earthquake
la tormenta	storm
el tornado	tornado
la violencia	violence
luchar (por/contra)	to fight; to struggle (for/against)

La política

el/la candidato/a	candidate
el/la ciudadano/a	citizen
el deber	responsibility; obligation
los derechos	rights
la dictadura	dictatorship
el discurso	speech
las elecciones	election
la encuesta	poll; survey
el impuesto	tax
la política	politics
el/la representante	representative
declarar	to declare; to say
elegir	to elect
obedecer	to obey
votar	to vote
político/a	political

Expresiones útiles	See page 553.

English Translations of the Fotonovela Conversations

Lesson 1

All Aboard!

The four tourists, don Francisco, and Mrs. Ramos meet at the university.

(1) **SRA. RAMOS** Good morning, everybody. I am Isabel Ramos from the Ecuatur agency.
DON FRANCISCO And I'm don Francisco, the driver.

(2) **SRA. RAMOS** Well, who is María Teresa Fuentes de Alba?
MAITE That's me!
SRA. RAMOS Oh, good. Here are your travel documents.
MAITE Thank you.

(3) **SRA. RAMOS** Javier Gómez Lozano?
JAVIER Here . . . that's me.

(4) **SRA. RAMOS** And you are Inés Ayala Loor, right?
INÉS Yes, I'm Inés.
SRA. RAMOS And you are Alejandro Morales Paredes, right?
ÁLEX Yes, ma'am.

(5) **INÉS** Hi. I'm Inés.
MAITE Pleased to meet you. My name is Maite. Where are you from?
INÉS I'm from Portoviejo, Ecuador. And you?
MAITE From Spain. I'm from Madrid, the capital. Listen, what time is it?
INÉS It's 10:03.

(6) **JAVIER** How are you? My name is Javier.
ÁLEX Pleased to meet you. I'm Alex. Where are you from?
JAVIER From Puerto Rico. And you?
ÁLEX I'm from Mexico.

(7) **DON FRANCISCO** Well, everybody, all aboard!

(8) **INÉS** Excuse me.

(9) **ÁLEX** Pardon me.

(10) **DON FRANCISCO** And the others?
SRA. RAMOS That's it.
DON FRANCISCO Okay.

Lesson 2

What classes are you taking?

Maite, Inés, Javier, and Álex talk about their classes.

(1) **ÁLEX** Hi, Ricardo . . . Here we are at *the Center of the World*. How are classes going at UNAM?

(2) **MAITE** It's exactly like the photographs in geography books.
INÉS Yes! Are you also taking geography?
MAITE Not me. I'm taking English and literature. I'm also taking a journalism class.

(3) **MAITE** Good morning. María Teresa Fuentes, of Radio Andina FM 93. Today I'm with students from San Francisco University in Quito. Let's see. The young woman who's near the window . . . What is your name and where are you from?

(4) **INÉS** Hi. My name is Inés Ayala Loor, and I'm from Ecuador . . . from Portoviejo.
MAITE Delighted to meet you. What classes are you taking at the university?
INÉS I'm taking geography, English, history, sociology, and art.

(5) **MAITE** You're taking lots of classes, aren't you?
INÉS Well, yes, I enjoy studying a lot.

(6) **MAITE** In which class are there more guys?
INÉS Well, um . . . in history class.
MAITE And more girls?
INÉS There are more girls in sociology class, almost 85%.

(7) **MAITE** And you, young man, what is your name and where are you from?
JAVIER My name is Javier Gómez, and I'm from San Juan, Puerto Rico.
MAITE Are you taking lots of classes this semester?
JAVIER Yes, I'm taking three: history and art on Mondays, Wednesdays, and Fridays, and computer science on Tuesdays and Thursdays.

(8) **MAITE** Do you like computers, Javier?
JAVIER I don't like them at all. I like art much better . . . but most of all, I like drawing.
ÁLEX What do you mean? You don't like computers?

(9) **ÁLEX** But they're so interesting, man.

(10) **JAVIER** Yes, really interesting!

Lesson 3

Do you have a large family?

The boys and girls talk about their families on the bus.

(1) **MAITE** Inés, do you have a large family?
INÉS Well, yes . . . my parents, my grandparents, four sisters, and many aunts, uncles, and cousins.

(2) **INÉS** I only have an older brother, Pablo. His wife Francesca is a doctor. She is not Ecuadorian; she's Italian. Her parents live in Rome, I think. They come to visit every year. Ah . . . and Pablo is a journalist.
MAITE How interesting!

(3) **INÉS** And you, Javier, do you have siblings?
JAVIER No, but I have some photographs of my family.

INÉS Oh, great, let's see!

(4) **JAVIER** Here they are!
INÉS Your father is so tall! And your mother, how pretty!

(5) **JAVIER** Look, here I am. And this is my grandfather. He is my mother's father.
INÉS How old is your grandfather?
JAVIER Ninety-two.

(6) **INÉS** And what's he like?
JAVIER He's very nice. He's old, but he's a very hard-working man.

(7) **MAITE** Hey, Javier, what are you drawing?
JAVIER Huh? Who? Me? Nothing!
MAITE Come on! Don't be silly!

(8) **MAITE** Jaaavieeer . . . Listen, you really draw well!
JAVIER This . . . well . . . Yes, thanks!

(9) **MAITE** Álex, look, do you like it?
ÁLEX Yes, very much. It's really pretty.

(10) **DON FRANCISCO** Hey, what's going on between Inés and Javier?

Lesson 4

Let's go to the park!
The students explore the city and talk about their pastimes.

(1) **DON FRANCISCO** It's three o'clock. You have one hour free. You can explore the city, if you want. We have to go to the cabins at four.

(2) **JAVIER** Inés, do you want to take a walk around the city?
INÉS Yes, let's go.

(3) **ÁLEX** Why don't we go to the park, Maite? We can talk and get some sun.
MAITE Good idea! It's very sunny today. I also want to write some postcards.

(4) **MAITE** Are you a sports fan, Álex?
ÁLEX Yes, I like soccer a lot. I also like swimming, running, and hiking in the mountains.
MAITE I run a lot, too.

(5) **ÁLEX** Listen, Maite, why don't we play soccer with him?
MAITE Hmm... I don't want to. I'm going to finish writing some postcards.

(6) **ÁLEX** Maite!
MAITE Oh my goodness!

(7) **YOUNG MAN** Please forgive me. I'm really sorry.
MAITE Oh, it's nothing, I'm fine!

(8) **ÁLEX** It's already two-thirty. We should get back to the bus, don't you think?
MAITE You're right.
ÁLEX Listen, Maite, what are you going to do tonight?
MAITE I don't have any plans. Why?

(9) **ÁLEX** Listen, . . . sometimes I go run at night. Do you want to go running with me?
MAITE Yes, let's go. At what time?
ÁLEX At six?
MAITE Perfect.

(10) **DON FRANCISCO** Tonight they're going to run. And I don't have energy to take a walk!

Lesson 5

We have a reservation.
Don Francisco and the students arrive at the hotel.

(1) **EMPLOYEE** How can I help you?
DON FRANCISCO I'm Francisco Castillo Moreno, and we have a reservation in my name.
EMPLOYEE Hmm . . . I don't see your name. It's not here.

(2) **DON FRANCISCO** Are you sure, miss? Maybe the reservation is under the name of the Ecuatur travel agency.
EMPLOYEE Oh yes, here it is . . . two double rooms, and one single, from 101 to 103 . . . all in the first group of cabins.
DON FRANCISCO Thank you. That's very kind of you.

(3) **BELLHOP** Here's room number 101 . . . After you.

(4) **ÁLEX** Hi, girls. What are you doing?
MAITE We're resting.

(5) **JAVIER** Listen, the cabins aren't bad at all, are they?
INÉS Everything is very clean and orderly.
ÁLEX Yes, it's excellent.
MAITE And the beds are so comfortable.

(6) **INÉS** Listen, I'm bored. Do you want to do something?
JAVIER Why don't we go and explore the city a bit more?
INÉS Great idea! Let's go!

(7) **MAITE** No, I'm not going. I'm tired, and I want to rest a little because at six I'm going running with Álex.
ÁLEX And I want to write an e-mail message before going running.

(8) **JAVIER** Well, we're ready, right, Inés?
INÉS Yes, let's go.
MAITE Good-bye.
INÉS & JAVIER Bye!

(9) **ÁLEX** Well, see you at six.
MAITE Yes, see you later.
ÁLEX Bye.

(10) **MAITE** Inés and Javier? Together again?

Lesson 6

What pretty clothes!

Javier and Inés go shopping at the market.

(1) **INÉS** Javier, what pretty clothes! I like this white shirt with black stripes. It must be cotton. Do you like it?

JAVIER I prefer the shirt on the left . . . the gray one with red stripes. It goes well with my brown boots.

(2) **INÉS** Okay, Javier. Look, I need to buy my sister Graciela a present. She just started a new job . . .

JAVIER Maybe a purse?

(3) **SALESPERSON** These bags are typical of the mountains. Do you like them?

INÉS Yes. I want to buy one for my sister.

(4) **INÉS** I like that one. How much does it cost?

(5) **SALESPERSON** This one costs one hundred twenty thousand sucres. It's very good quality!

INÉS Ugh, too expensive. Maybe another day.

(6) **SALESPERSON** Good afternoon, young man. May I help you with something?

JAVIER Yes. I'm going hiking in the mountains, and I need a good sweater.

SALESPERSON What size do you wear?

JAVIER I wear a large.

(7) **SALESPERSON** These ones are large.

JAVIER What is the price of that one?

SALESPERSON Do you like this sweater? It only costs a hundred and fifty thousand sucres.

JAVIER Hmm . . . I want to buy it. But, I'm not rich. A hundred and twenty thousand sucres?

(8) **SALESPERSON** Well, for you . . . only eighty thousand sucres.

JAVIER Okay.

(9) **JAVIER** I've just bought myself a sweater. And you, what did you buy?

INÉS I bought this bag for my sister.

(10) **INÉS** I also bought myself a blouse and a hat. How do I look?

JAVIER Good-looking, very good-looking!

Lesson 7

I never get up early!

Álex and Javier talk about their daily routines.

(1) **JAVIER** Hi, Álex. What are you doing?

ÁLEX Nothing . . . I'm just reading my e-mail. Where did you go?

(2) **JAVIER** Inés and I went to a market. It was a lot of fun. Look, I bought this sweater. I love it. It wasn't cheap, but it's great, isn't it?

ÁLEX Yes, it's perfect for the mountains.

(3) **JAVIER** Outdoor markets are so interesting! I'd like to go back, but it's already late. Listen, Álex, you know that tomorrow we have to get up early.

ÁLEX No problem.

(4) **JAVIER** Are you sure? Well, I never get up early. I never hear the alarm clock when I'm home, and my mom gets mad.

ÁLEX Relax, Javier. I have a solution.

(5) **ÁLEX** When I'm home in Mexico City, I always wake up at 6:00 on the dot. I take a shower in five minutes, and then I brush my teeth. Then, I shave, I get dressed, and ready! I'm off!

(6) **JAVIER** Incredible! Álex, the superman!

ÁLEX Listen, Javier, why can't you get up early?

JAVIER It's just that at night I don't want to sleep, I want to draw and listen to music. That's why it's hard for me to wake up in the morning.

(7) **JAVIER** The bus doesn't leave until 8:30. Are you going to get up at 6:00 tomorrow too?

ÁLEX No, but I have to get up at a quarter to seven because I'm going running.

(8) **JAVIER** Oh, okay… Can you wake me up after running?

ÁLEX This is the plan for tomorrow. I'll wake up at a quarter to seven and run for thirty minutes. I'll come back, take a shower, get dressed, and at seven thirty I'll wake you up. Agreed?

JAVIER Absolutely no objection!

(9) **DON FRANCISCO** Hi, guys. Tomorrow we leave early, at 8:30 . . . not a minute earlier and not a minute later.

ÁLEX Don't worry, don Francisco. Everything is under control.

DON FRANCISCO Well, then, see you tomorrow.

(10) **DON FRANCISCO** Ah, these students! They always go to bed late. What a life!

Lesson 8

How's the food?

Don Francisco and the students go to the El Cráter restaurant.

(1) **JAVIER** Do you know where we are?

INÉS Hmm, I don't know. Listen, don Francisco, do you know where we are?

DON FRANCISCO We're near Cotacachi.

(2) **ÁLEX** Where are we going to eat lunch, don Francisco? Do you know a good restaurant in Cotocachi?

DON FRANCISCO Well, I know doña Rita Perales, the owner of the best restaurant in town, the El Cráter restaurant.

(3) **DOÑA RITA** Hey, don Paco, so you're around these parts?

DON FRANCISCO Yes, doña Rita . . . and today I'm bringing you customers. I would like to introduce you to Maite, Inés, Álex, and Javier. I'm taking them to the mountains to go on a hike.

(4) **DOÑA RITA** Welcome to El Cráter! You are in very good hands. . . . don Francisco is the best driver in the country. And there's nothing prettier than our mountains. But if you're going to go hiking, you need to eat well. Come with me, kids, this way.

(5) **JAVIER** What do you recommend?
DOÑA RITA Well, the corn tortillas are delicious. The house special is beef soup. . . . You have to try it! The grilled flank steak is a little more expensive than the soup, but it is delicious. I also recommend the lemon-marinated shrimp and the mixed grill.

(6) **MAITE** I'm going to have the beef soup and grilled flank steak.
JAVIER Corn tortillas and lemon-marinated shrimp for me.
ÁLEX I would like the corn tortillas and lemon-marinated shrimp, too, please.
INÉS I'm going to order the beef soup and grilled flank steak.

(7) **DON FRANCISCO** I want corn tortillas and a platter of mixed grill.
DOÑA RITA And to drink, I recommend the pineapple, strawberry, and blackberry juice. Should I bring it for everybody?
ALL Yes, perfect.

(8) **WAITER** What dish did you order?
MAITE A beef soup and a grilled flank steak.

(9) **DOÑA RITA** How was the food? Tasty?
JAVIER Not just tasty, super tasty!
ÁLEX Yes, and the service was quick.
MAITE A delicious meal, thanks.

(10) **DON FRANCISCO** Today is Maite's birthday . . .
DOÑA RITA Ah, we have cakes that are to die for . . .

Lesson 9

Happy birthday, Maite!
In the El Cráter restaurant, don Francisco and the students celebrate Maite's birthday.

(1) **INÉS** I love sweets. Maite, what are you going to order?
MAITE Oh, I don't know. Everything looks so delicious. Maybe the chocolate cake.

(2) **JAVIER** The chocolate cake with ice cream for me. I love chocolate. And you, Álex, what are you going to have?
ÁLEX I usually prefer fruit, but today I think I will try the chocolate cake.
DON FRANCISCO I always order baked custard and coffee.

(3) **DOÑA RITA & WAITER** Happy Birthday, Maite!
INÉS Is today your birthday, Maite?
MAITE Yes, June 22nd. And it seems like we're going to celebrate it.

ALL BUT MAITE Congratulations!

(4) **MAITE** Thank you, but who told you that it's my birthday?
DOÑA RITA I found it out through don Francisco.

(5) **ÁLEX** Yesterday I asked you, and you refused to tell me. You're terrible.
JAVIER How old are you?
MAITE Twenty-three.

(6) **ÁLEX** I also just turned twenty-three.
MAITE When?
ÁLEX May fourth.

(7) **DOÑA RITA** Here is the baked custard, the chocolate cake with ice cream . . . and a bottle of wine to celebrate.
MAITE What a surprise! I don't know what to say! Thank you very, very much.

(8) **DON FRANCISCO** The driver can't drink wine. Doña Rita, thanks for everything. Can you bring us the bill?
DOÑA RITA Right away, Paco.

(9) **INÉS** I think we should leave a good tip. What do you guys think?
MAITE Yes, let's leave Mrs. Perales a good tip. She's extremely nice.

(10) **DON FRANCISCO** Thanks again. I always have a good time here.
MAITE Thanks so much, Mrs. Perales. For the food, for the surprise, and for being so nice to us.

Lesson 10

Ow! It hurts!
Don Francisco and Javier go to Dr. Márquez's clinic.

(1) **JAVIER** I'm bored . . . I feel like drawing. Excuse me.

(2) **INÉS** Javier! What happened?
JAVIER Oh, ugh, it hurts! I think I broke my ankle!

(3) **DON FRANCISCO** Don't worry, Javier. We're near the clinic where my friend, Dr. Márquez, works.

(4) **JAVIER** Does it hurt? Yes, very much. Where? In the ankle. Do I have fever? I don't think so. Am I dizzy? A little bit. Am I allergic to any medication? No. Pregnant? Definitely NOT.

(5) **DR. MÁRQUEZ** How did you hurt your foot?
JAVIER I fell while I was on the bus.

(6) **DR. MÁRQUEZ** How long ago did you fall?
JAVIER I already forgot . . . let me see . . . umm . . . it was more or less 2:00 or 2:30 when I fell . . . in other words, more than an hour. It hurts a lot!
DR. MÁRQUEZ Well, we're going to take an x-ray. We want to see if you broke any bones in your foot.

(7) **DON FRANCISCO** You know, Javier, when I was young, I was very scared of doctors. I used to go to the doctor often because I used to get sick a lot . . . and I used to get a lot of throat infections. I didn't like injections or pills. One time, I broke my leg playing soccer . . .

(8) **JAVIER** Doctor! What is it? Is my ankle broken?
DR. MÁRQUEZ Relax, I have good news, Javier. Your ankle isn't broken. It's just sprained.

(9) **JAVIER** But will I be able to go hiking with my friends?
DR. MÁRQUEZ I think so. But you should rest and not walk too much for a couple of days. I will prescribe some pills for the pain.

(10) **DR. MÁRQUEZ** Goodbye, Francisco. Goodbye, Javier. Be careful! Good luck in the mountains!

Lesson 11

Technoman, my hero!

The bus breaks down.

(1) **ÁLEX** Hello? . . . This is he . . . Oh, how are you? . . . I'm fine. We're going to Ibarra. Do you know what happened? This afternoon we were going to Ibarra when Javier had an accident on the bus. He fell, and we had to take him to a clinic.

(2) **JAVIER** Episode twenty-one: Technoman and his superfriends save the world once again.
INÉS Oh, Technoman, my hero.
MAITE What comedians! One of these days, you'll see . . .

(3) **ÁLEX** You're going to see who Technoman really is. My superfriends and I talk everyday over the Internet, working to save the world. But for now, with your permission, I'd like to write an e-mail to my mom and surf the Web for a while.

(4) **DON FRANCISCO** Kids, I think we have a problem with the bus. Why don't you get off?

(5) **DON FRANCISCO** Hmm, I don't see the problem.
INÉS When I was in high school, I worked in my uncle's auto shop. He taught me a lot about mechanics. Luckily, I fixed some buses like this one.
DON FRANCISCO You don't say! Well, what do you think?

(6) **INÉS** Well . . . I don't know . . . I think it's the alternator. Let's see . . . yes . . . Look, don Francisco... the alternator is burned out.
DON FRANCISCO Oh, yes. But we can't fix it here. I know a mechanic, but he's in Ibarra, twenty kilometers from here.

(7) **ÁLEX** Technoman, at your service.
DON FRANCISCO You're our savior, Álex! Call Mr. Fonseca at 5-32-47-91. We know each other very well. I'm sure he'll help us.

(8) **ÁLEX** Good afternoon. May I please speak with Mr. Fonseca? . . . I'm Álex Morales, a client of Ecuatur. I'm speaking to you on behalf of Francisco Castillo . . . We were on our way to Ibarra, and our bus broke down . . . We think it's the . . . the alternator . . . We're twenty kilometers from the city . . .

(9) **MR. FONSECA** I think it will be better to fix the bus right there. Relax, I'll leave right away.

(10) **ÁLEX** Good news. Mr. Fonseca is coming right away. He thinks he can fix the bus right here.
MAITE Mechanicwoman and Technoman, my heroes!
DON FRANCISCO And mine too!

Lesson 12

You'll love the house!

Don Francisco and the students arrive in Ibarra.

(1) **MRS. VIVES** Hi, welcome!
DON FRANCISCO Mrs. Vives, let me introduce the boys and girls. Kids, this is Mrs. Vives, the housekeeper.

(2) **MRS. VIVES** Delighted. Come with me . . . I want to show you the house. You're going to love it!

(3) **MRS. VIVES** This bedroom is for the boys. You have two beds, a night table, a chest of drawers . . . In the closet there are more blankets and pillows if you need them.

(4) **MRS. VIVES** Javier, don't put the suitcases on the bed. Put them on the floor, please.

(5) **MRS. VIVES** Take this bedroom, girls.

(6) **MRS. VIVES** This is the living room. The sofa and the armchairs are very comfortable. But please, don't get them dirty!

(7) **MRS. VIVES** The kitchen and dining room are over there. At the end of the hall there is a bathroom.

(8) **DON FRANCISCO** Kids, let's see . . . attention! Mrs. Vives will prepare your meals. But I want you to help her with the household chores. I want you to straighten your rooms, make the beds, and set the table . . . understood?
JAVIER Don't worry . . . we'll help however we can.
ÁLEX Yes, you can count on us.

(9) **INÉS** We insist that you let us help you make the food.
MRS. VIVES No, kids, it's no big deal, but thanks for the offer. Rest awhile; I'm sure you're tired.
ÁLEX Thanks. I would like to take a walk around the city.

(10) **INÉS** Excuse me, don Francisco, what time is the guide coming tomorrow?

DON FRANCISCO Martín? He's coming early, at seven in the morning. I recommend that you go to bed early tonight. No television or long conversations!

STUDENTS Oh, don Francisco!

Lesson 13

What a beautiful landscape!

Martín and the students visit the trailhead in the mountains.

(1) **DON FRANCISCO** Everybody, I want to introduce Martín Dávalos, your hiking guide. Martín, our passengers—Maite, Javier, Inés, and Álex.

(2) **MARTÍN** Pleased to meet you. I'm going to take you to the area where we'll go hiking tomorrow. How does that sound?

STUDENTS Yes, let's go!

(3) **MAITE** What beautiful countryside!

INÉS I don't think there is a prettier place in all the world!

(4) **MARTÍN** We hope you have a lot of fun, but you have to take care of nature.

JAVIER We can take photos, can't we?

MARTÍN Yes, as long as you don't touch the flowers or the plants.

(5) **ÁLEX** Are there problems with pollution in this region?

MARTÍN Pollution is a problem throughout the world. But here we have a recycling program. If you see bottles, papers, or cans along the trail, pick them up.

(6) **JAVIER** I understand that tomorrow we're going to cross a river. Is it polluted?

MARTÍN In the mountains, the river does not seem to be affected by pollution. Near the cities, however, the river is pretty polluted.

(7) **ÁLEX** How clean the air is to breathe here! It isn't like in Mexico City. We have a severe pollution problem.

MARTÍN Unless they resolve that problem, the population will suffer from many illnesses in the future.

(8) **INÉS** I think we should all do something to protect the environment.

MAITE I think all countries should make laws controlling the use of automobiles.

(9) **JAVIER** But Maite, are you going to stop using your car in Madrid?

MAITE I guess I'm going to have to use the subway . . . But you know that my car is so small . . . it hardly pollutes at all.

(10) **INÉS** Come on, Javier!

JAVIER I'm coming!!

Lesson 14

We're lost.

Maite and Álex run errands downtown.

(1) **MARTÍN & DON FRANCISCO** Good afternoon.

JAVIER Hi. How are you? We're talking about the hike tomorrow.

(2) **DON FRANCISCO** Do you have everything you need? I always recommend to hikers that they wear comfortable shoes, a backpack, sunglasses, and a sweater, in case it's cold.

JAVIER All set, don Francisco.

(3) **MARTÍN** I recommend that you bring something to eat.

ÁLEX Hmm . . . we didn't think of that.

MAITE Stop worrying so much, Álex! We can buy something at the supermarket right now. Want to go?

(4) **ÁLEX** Excellent idea! As soon as I finish my coffee, I'll go with you.

MAITE I need to go by the bank and by the post office to send some letters.

ÁLEX That's fine.

(5) **ÁLEX** Do you need anything from downtown?

INÉS Yes! When you go to the post office, can you put these postcards in the mailbox? I also need some stamps.

ÁLEX Of course.

(6) **YOUNG MAN** Hi! Can I help you with something?

MAITE Yes, we're lost. Is there a bank around here with an ATM?

YOUNG MAN Hmm . . . There are no banks on this block that have an ATM.

(7) **YOUNG MAN** But I know one on Pedro Moncayo Street that does have an ATM. Cross this street and then turn left. Go straight ahead, and before you get to the Crespo Jewelry Store you're going to see a big sign for Bank of the Pacific.

(8) **MAITE** We're also looking for a supermarket.

YOUNG MAN Well, right there facing the bank is a small supermarket. Easy, isn't it?

MAITE I think so. Thanks a lot for your help.

(9) **MAITE** Take your stamps, sweetie.

INÉS Thanks, Maite. How did it go downtown?

MAITE Really great! We went to the bank and to the post office. Then in the supermarket we bought food for the hike. And before we came back, we stopped at an ice cream shop.

(10) **MAITE** Oh! Another thing. When we arrived downtown, we met a very nice young man who gave us directions. He was very friendly . . . and very good-looking!

Lesson 15

What a great hike!

Martín and the students go hiking in the mountains.

(1) **MARTÍN** Good morning, don Francisco.
DON FRANCISCO Hi, Martin.
MARTÍN I see that you have brought what you need. Everyone has come very well-equipped.

(2) **MARTÍN** Very well. Attention, everybody! First let's do some stretching exercises . . .

(3) **MARTÍN** It's good that you've stayed in shape. Well, kids, are you ready?
JAVIER Yes, very ready! I can't believe that the big day has finally arrived.

(4) **MARTÍN** Great! Let's get going, then!
DON FRANCISCO Bye! Take care!

(5) **Martín and the students spend eight hours hiking in the mountains. They have a lot of fun talking, looking at the countryside, and taking photos.**

(6) **DON FRANCISCO** Hi. I'm so happy to see you! How did the hike go?
JAVIER Incredible, don Efe. I hadn't ever seen such spectacular scenery. It's a wonderful place. I took lots of photos and I have a lot of scenes to draw.

(7) **MAITE** I hadn't ever gone on a hike before. I loved it! When I return to Spain, I'm going to have a lot to tell my family.

(8) **INÉS** It's been the hike of my life. Friends, Martín, don Efe, thanks so much.

(9) **ÁLEX** Yes, thanks, Martín. Thanks for everything.
MARTÍN You're welcome. It's been a pleasure.

(10) **DON FRANCISCO** Well, everyone, it's time to return. I think that Mrs. Vives has prepared a very special meal for us.

Lesson 16

That's a sensational plan!

Don Francisco and the students talk about their future occupations.

(1) **MAITE** Mrs. Vives is a magnificent cook.
DON FRANCISCO I'm glad you like it.

(2) **DON FRANCISCO** Listen, what can you tell me about the place where you went on the hike? What did you think of it?
MAITE The landscape is really beautiful!
INÉS Martín was an excellent guide. He showed a lot of interest in us learning about the environment.

(3) **DON FRANCISCO** Yes, Martín is the best guide I know. But speaking of professions, do you want to know what my plans for the future are?
MAITE I'm dying to know!
DON FRANCISCO I've decided that next summer I'm going to establish my own tour company.

(4) **JAVIER** Good idea, don Efe! With your experience and talent, you'll be a great success.
ÁLEX Yes, I completely agree.
DON FRANCISCO How kind of you! But, tell me, what are your plans? I suppose you've also thought about the future.

(5) **ÁLEX** But of course, don Francisco. In five years I will have established a company specializing in the Internet.
INÉS You'll be a millionaire, right?
ÁLEX Exactly, because a lot of people will have invested loads of money in my firm.

(6) **MAITE** It's a sensational plan! But now listen to mine. I'm going to be a journalist, and I will have my own talk show. You'll see me on TV interviewing politicians, scientists, businessmen and women, and actors and actresses.

(7) **JAVIER** I have no doubt that I will be a famous painter. Everybody will want to buy my paintings, and I'll be more famous than Picasso, than Dalí, than Velázquez . . .

(8) **INÉS** I will be an archaeologist. I will explore archeological sites in Ecuador and in other countries. I'll write books about my discoveries.

(9) **MAITE** Great! When you're famous, I'll invite all of you to my program. And you too will come, don Efe.
DON FRANCISCO Right away! I'll come driving a bus!

(10) **DON FRANCISCO** Here's to the future!
STUDENTS Here's to the future!

Lesson 17

Here come Romeo and Juliet.

Álex and Maite go to see a play.

(1) **ÁLEX** Listen, what kind of movies do you like? Action? Horror? As far as I'm concerned, the best are science fiction.
MAITE That doesn't surprise me. My favorite movies are romantic ones. But do you know what fascinates me?

(2) **ÁLEX** No, but tell me, dear, what fascinates you most?
MAITE Poetry. Right now I'm reading a collection by García Lorca . . . It's great . . .

(3) **ÁLEX** You don't say! I like poetry too. Do you know Octavio Paz, the Mexican poet?

MAITE Of course. He won the Nobel prize in literature in 1990 . . .

(4) **ÁLEX** Wow! You're an expert on literature!

(5) **MAITE** Yes, I read a little bit of everything. Right now on my night table, I have a collection of stories by Carme Riera, a Spaniard who is also a journalist. As soon as I finish it, I'll give it to you.
ÁLEX You've got a deal!

(6) **MAITE** Listen, Álex, would you like to be a writer?
ÁLEX Well, I think I would like to be a poet, but I would publish all my poetry on the Internet. Would you like to be a poet?

(7) **MAITE** Well, no. But I do think I'd like to be a singer. If I hadn't chosen to be a journalist, I would have been an opera singer.
ÁLEX Opera singer? I hate opera.

(8) **JAVIER** Look, Romeo and Juliet are coming. Look how happy they are! Come with me . . . let's surprise them before they open the door.

(9) **Alex and Maite kiss.**

(10) **JAVIER** What? Did you like the play?

Lesson 18

Until the next time!

The students share with Roberto their favorite memories of the adventure.

(1) **MRS. RAMOS** Hello! I hope you've had a magnificent trip.
JAVIER We've had a great time! Thanks a lot!
MRS. RAMOS How are you, don Francisco? I'm happy to see you again!

(2) **MAITE** ¡Roberto! How are you?

(3) **MAITE** Álex, come here . . . this is my friend Roberto. We met in journalism class. He's a reporter for the university newspaper. Roberto, this is my boyfriend, Álex.
ROBERTO Pleased to meet you, Álex.
ÁLEX The pleasure is mine.

(4) **MAITE** And these are my friends, Inés and Javier.
JAVIER & INÉS Hi!

(5) **MAITE** But, what are you doing here?
ROBERTO Oh, Maite, I'm tired of writing about crime and politics. I'd like to interview you about of your experiences on the trip.
MAITE Great!

(6) **ROBERTO** Let's see . . . let's start with you, Inés. What was your favorite experience?
INÉS For me the best thing was the hike we took to the mountains.

ROBERTO Was it dangerous?
JAVIER No . . . But if our guide hadn't been with us, we would have gotten lost for sure!

(7) **ROBERTO** What else happened during the trip?
MAITE Well, one day we went to eat in the restaurant El Cráter. When it was time for dessert, Mrs. Perales, the owner, surprised me with a cake and baked custard for my birthday.

(8) **JAVIER** We also had a problem with the bus, but Inés solved the problem with the help of a mechanic. Now we call her Mechanicwoman.

(9) **ROBERTO** If you could take the trip again, would you do it?
ÁLEX Without a second thought. Traveling is a good way to get to know people better and to make friends.

(10) **DON FRANCISCO** Goodbye, everybody!
STUDENTS Goodbye! Bye, don Efe.! See you later!
DON FRANCISCO Until next time, Mrs. Ramos!

Glossary of Grammatical Terms

ADJECTIVE A word that modifies, or describes, a noun or pronoun.

muchos libros	un hombre **rico**
many books	*a **rich** man*
las mujeres **altas**	
*the **tall** women*	

Demonstrative adjective An adjective that specifies which noun a speaker is referring to.

esta fiesta	**ese** chico
this party	*that boy*
aquellas flores	
those flowers	

Possessive adjective An adjective that indicates ownership or possession.

mi mejor vestido	**Éste** es **mi** hermano.
my best dress	*This is **my** brother*

Stressed possessive adjective A possessive adjective that emphasizes the owner or possessor.

Es un libro **mío**.
*It's **my book**./It's a book **of mine**.*

Es amiga **tuya**; yo no la conozco.
*She's a friend **of yours**; I don't know her.*

ADVERB A word that modifies, or describes, a verb, adjective, or other adverb.

Pancho escribe **rápidamente**.
*Pancho writes **quickly**.*

Este cuadro es **muy** bonito.
*This picture is **very** pretty.*

ARTICLE A word that points out a noun in either a specific or a non-specific way.

Definite article An article that points out a noun in a specific way.

el libro	**la** maleta
the book	*the suitcase*
los diccionarios	**las** palabras
the dictionaries	*the words*

Indefinite article An article that points out a noun in a general, non-specific way.

un lápiz	**una** computadora
a pencil	*a computer*
unos pájaros	**unas** escuelas
some birds	*some schools*

CLAUSE A group of words that contains both a conjugated verb and a subject, either expressed or implied.

Main (or Independent) clause A clause that can stand alone as a complete sentence.

Pienso ir a cenar pronto.
I plan to go to dinner soon.

Subordinate (or Dependent) clause A clause that does not express a complete thought and therefore cannot stand alone as a sentence.

Entraron en la casa **sin que lo supiéramos nosotros**.
*They came into the house **without our knowing it**.*

COMPARATIVE A construction used with an adjective or adverb to express a comparison between two people, places, or things.

Este programa es **más interesante** que el otro.
*This program is **more interesting** than the other one.*

Tomás no es **tan alto como** Alberto.
*Tomás is not **as tall as** Alberto.*

CONJUGATION A set of the forms of a verb for a specific tense or mood or the process by which these verb forms are presented.

Preterite conjugation of **cantar**:

cant**é**	cant**amos**
cant**aste**	cant**asteis**
cant**ó**	cant**aron**

CONJUNCTION A word used to connect words, clauses, or phrases.

Susana es de Cuba **y** Pedro es de España.
*Susana is from Cuba **and** Pedro is from Spain.*

No quiero estudiar **pero** tengo que hacerlo.
*I don't want to study, **but** I have to.*

CONTRACTION The joining of two words into one. The only contractions in Spanish are **al** and **del**.

Mi hermano fue **al** concierto ayer.
*My brother went **to the** concert yesterday.*

Saqué dinero **del** banco.
*I took money **from the** bank.*

DIRECT OBJECT A noun or pronoun that directly receives the action of the verb.

Tomás lee **el libro**.   **La** pagó ayer.
*Tomás reads **the book**.*   *She paid **it** yesterday.*

GENDER The grammatical categorizing of certain kinds of words, such as nouns and pronouns, as masculine, feminine, or neuter.

Masculine
articles **el**, un
pronouns él, lo, éste, ése, aquél
adjective simpático, mío

Feminine
articles la, una
pronouns ella, la, ésta, ésa, aquélla
adjective simpática, mía

IMPERSONAL EXPRESSION A third-person expression with no expressed or specific subject.

Es muy importante.   **Llueve** mucho.
It's very important.   *It's raining hard.*

Aquí **se habla** español.
*Spanish **is spoken** here.*

INDIRECT OBJECT A noun or pronoun that receives the action of the verb indirectly; the object, often a living being, to or for whom an action is performed.

Eduardo **le** dio un libro **a Linda**.
*Eduardo gave a book **to Linda**.*

La profesora **me** dio una C en el examen.
*The professor gave **me** a C on the test.*

INFINITIVE The basic form of a verb. Infinitives in Spanish end in **-ar**, **-er**, or **-ir**.

hablar   correr   abrir
to speak   *to run*   *to open*

INTERROGATIVE An adjective or pronoun used to ask a question.

¿Quién habla?   **¿Cuántos** compraste?
Who is speaking?   *How many did you buy?*

¿Qué piensas hacer hoy?
What do you plan to do today?

INVERSION Changing the word order of a sentence, often to form a question.

Statement: Elena pagó la cuenta del restaurante.

Inversion: ¿Pagó Elena la cuenta del restaurante?

MOOD A grammatical distinction of verbs that indicates whether the verb is intended to make a statement or command or to express a doubt, emotion, or condition contrary to fact.

Imperative mood Verb forms used to make commands.

Di **la verdad**.   Caminen **Uds. conmigo**.
*Tell **the truth**.*   *Walk **with me**.*

¡Comamos **ahora**!
*Let's eat **now**!*

Indicative mood Verb forms used to state facts, actions, and states considered to be real.

Sé que **tienes** el dinero
*I know that **you have** the money*

Subjunctive mood Verb forms used principally in subordinate (dependent) clauses to express wishes, desires, emotions, doubts, and certain conditions, such as contrary-to-fact situations.

Prefieren que **hables** en español.
*They prefer that **you speak** in Spanish.*

Dudo que Luis **tenga** el dinero necesario.
*I doubt that Luis **has** the necessary money.*

NOUN A word that identifies people, animals, places, things, and ideas.

hombre   gato
man   *cat*

México   casa
Mexico   *house*

libertad
freedom

NUMBER A grammatical term that refers to singular or plural. Nouns in Spanish and English have number. Other parts of a sentence, such as adjectives, articles, and verbs, can also have number.

Singular	Plural
una cosa	**unas** cosas
a thing	*some things*
el profesor	**los** profesores
the professor	*the professors*

NUMBERS Words that represent amounts.

Cardinal numbers Words that show specific amounts.

cinco minutos
five minutes

el año **dos mil dos**
the year 2002

Ordinal numbers Words that indicate the order of a noun in a series.

el **cuarto** jugador   la **décima** hora
*the **fourth** player*   *the **tenth** hour*

PAST PARTICIPLE A past form of the verb used in compound tenses. The past participle may also be used as an adjective, but it must then agree in number and gender with the word it modifies.

Han **buscado** por todas partes.
*They have **searched** everywhere.*

Yo no había **estudiado** para el examen.
*I hadn't **studied** for the exam.*

Hay una **ventana abierta** en la sala.
*There is an **open window** in the living room.*

PERSON The form of the verb or pronoun that indicates the speaker, the one spoken to, or the one spoken about. In Spanish, as in English, there are three persons: first, second, and third.

Person	Singular	Plural
1st	yo *I*	nosotros/as *we*
2nd	tú, Ud. *you*	vosotros/as, Uds. *you*
3rd	él, ella *he/she*	ellos, ellas *they*

PREPOSITION A word or words that describe(s) the relationship, most often in time or space, between two other words.

Anita es **de** California.
*Anita is **from** California.*

La chaqueta está **en** el carro.
*The jacket is **in** the car.*

Marta se peinó **antes de** salir.
*Marta combed her hair **before** going out.*

PRESENT PARTICIPLE In English, a verb form that ends in *-ing*. In Spanish, the present participle ends in **-ndo**, and is often used with **estar** to form a progressive tense.

Mi hermana está **hablando** por teléfono ahora mismo.
*My sister is **talking** on the phone right now.*

PRONOUN A word that takes the place of a noun or nouns.

Demonstrative pronoun A pronoun that takes the place of a specific noun.

Quiero **ésta**.
*I want **this one**.*

¿Vas a comprar **ése**?
*Are you going to buy **that one**?*

Juan prefirió **aquéllos**.
*Juan preferred **those** (over there).*

Object pronoun A pronoun that functions as a direct or indirect object of the verb.

Te digo la verdad.
*I'm telling **you** the truth.*

Me lo trajo Juan.
*Juan brought **it** to **me**.*

Reflexive pronoun A pronoun that indicates that the action of a verb is performed by the subject on itself. These pronouns are often expressed in English with *-self: myself, yourself*, etc.

Yo **me bañé** antes de salir.
*I bathed (**myself**) before going out.*

Elena **se acostó** a las once y media.
*Elena **went to bed** at eleven-thirty.*

Relative pronoun A pronoun that connects a subordinate clause to a main clause.

El chico **que** nos escribió viene a visitar mañana.
*The boy **who** wrote us is coming to visit tomorrow.*

Ya sé **lo que** tenemos que hacer.
*I already know **what** we have to do.*

Subject pronoun A pronoun that replaces the name or title of a person or thing and acts as the subject of a verb.

Tú debes estudiar más.
***You** should study more.*

Él llegó primero.
***He** arrived first.*

SUBJECT A noun or pronoun that performs the action of a verb and is often implied by the verb.

María va al supermercado.
***María** goes to the supermarket.*

(**Ellos**) Trabajan mucho.
***They** work hard.*

Esos **libros** son muy caros.
*Those **books** are very expensive.*

SUPERLATIVE A word or construction used with an adjective or adverb to express the highest or lowest degree of a specific quality among three or more people, places, or things.

Entre todas mis clases, ésta es la **más interesante**.
*Among all my classes, this is the **most interesting**.*

Raúl es el **menos simpático** de los chicos.
*Raúl is the **least nice** of the boys.*

TENSE A set of verb forms that indicates the time of an action or state: past, present, or future.

Compound tense A two-word tense made up of an auxiliary verb and a present or past participle. In Spanish, there are two auxiliary verbs: **estar** and **haber**.

En este momento, **estoy estudiando**.
*At this time, **I am studying**.*

El paquete no **ha llegado** todavía.
*The package **has** not **arrived** yet.*

Simple tense A tense expressed by a single verb form.

María **estaba** mal anoche.
*María **was** ill last night.*

Juana **hablará** con su mamá mañana.
*Juana **will** speak with her mom tomorrow.*

VERB A word that expresses actions or states of being.

Auxiliary verb A verb used with a present or past participle to form a compound tense. **Haber** is the most commonly used auxiliary verb in Spanish.

Los chicos **han** visto los elefantes.
*The children **have** seen the elephants.*

Espero que **hayas** comido.
*I hope you **have** eaten.*

Reflexive verb A verb that uses a reflexive pronoun to show that an action performed by the subject on itself.

Me **compré** un carro nuevo.
*I **bought myself** a new car.*

Pedro y Adela **se levantan** muy temprano.
*Pedro and Adela **get (themselves) up** very early.*

Spelling change verb A verb that undergoes a predictable change in spelling in order to reflect its actual pronunciation in the various conjugations.

practicar	practico	practiqué
dirigir	dirijo	dirigí
almorzar	almorzó	almorcé

Stem-changing verb A verb whose stem vowel undergoes one or more predictable changes in the various conjugations.

entender (i:ie)   entiendo
pedir (e:i)   piden
dormir (o:ue, u)   duermo, durmieron

Verb conjugation tables

The verb lists

The list of verbs below and the model-verb tables that start on page 590 show you how to conjugate every verb taught in **VISTAS**. Each verb in the list is followed by a model verb conjugated according to the same pattern. The number in parentheses indicates where in the tables you can find the conjugated forms of the model verb. If you want to find out how to conjugate **divertirse**, for example, look up number 33, **sentir**, the model for verbs that follow the **i:ie** stem-change pattern.

How to use the verb tables

In the tables you will find the infinitive, past and present participles, and all the simple forms of each model verb. The formation of the compound tenses of any verb can be inferred from the table of compound tenses, pages 590–597, either by combining the past participle of the verb with a conjugated form of **haber** or combining the present participle with a conjugated form of **estar**.

abrazar (z:c) like cruzar (37)

abrir like vivir (3) *except* past participle is abierto

aburrir(se) like vivir (3)

acabar de like hablar (1)

acampar like hablar (1)

acompañar like hablar (1)

aconsejar like hablar (1)

acordarse (o:ue) like contar (24)

acostarse (o:ue) like contar (24)

adelgazar (z:c) like cruzar (37)

afeitarse like hablar (1)

ahorrar like hablar (1)

alegrarse like hablar (1)

aliviar like hablar (1)

almorzar (o:ue) like contar (24) *except* (z:c)

alquilar like hablar (1)

anunciar like hablar (1)

apagar (g:gu) like llegar (41)

aplaudir like vivir (3)

apreciar like hablar (1)

aprender like comer (2)

apurarse like hablar (1)

arrancar (c:qu) like tocar (43)

arreglar like hablar (1)

asistir like vivir (3)

aumentar like hablar (1)

ayudar(se) like hablar (1)

bailar like hablar (1)

bajar(se) like hablar (1)

bañarse like hablar (1)

barrer like comer (2)

beber like comer (2)

besar(se) like hablar (1)

brindar like hablar (1)

bucear like hablar (1)

buscar (c:qu) like tocar (43)

caber (4)

caer(se) (5)

calentarse (e:ie) like pensar (30)

calzar (z:c) like cruzar (37)

cambiar like hablar (1)

caminar like hablar (1)

cantar like hablar (1)

casarse like hablar (1)

celebrar like hablar (1)

cenar like hablar (1)

cepillarse like hablar (1)

cerrar (e:ie) like pensar (30)

chocar (c:qu) like tocar (43)

cobrar like hablar (1)

cocinar like hablar (1)

comenzar (e:ie) (z:c) like empezar (26)

comer (2)

compartir like vivir (3)

comprar like hablar (1)

comprender like comer (2)

comprometerse like comer (2)

comunicarse (c:qu) like tocar (43)

conducir (c:zc) (6)

confirmar like hablar (1)

conocer (c:zc) (35)

conseguir (e:i) like seguir (32)

conservar like hablar (1)

consumir like vivir (3)

contaminar like hablar (1)

contar (o:ue) (24)

controlar like hablar (1)

correr like comer (2)

costar (o:ue) like contar (24)

creer (y) (36)

cruzar (z:c) (37)

cubrir like vivir (3) *except* past participle is cubierto

cuidar like hablar (1)

cumplir like vivir (3)

dañar like hablar (1)

dar(se) (7)

deber like comer (2)

decidir like vivir (3)

decir (e:i) (8)

declarar like hablar (1)

dejar like hablar (1)

depositar like hablar (1)

desarrollar like hablar (1)

desayunar like hablar (1)

descansar like hablar (1)

describir like vivir (3) *except* past participle is descrito

descubrir like vivir (3) *except* past participle is descubierto

desear like hablar (1)

despedirse (e:i) like pedir (29)

despertarse (e:ie) like pensar (30)

destruir (y) (38)

dibujar like hablar (1)

disfrutar like hablar (1)

divertirse (e:ie) like sentir (33)

divorciarse like hablar (1)

doblar like hablar (1)

doler (o:ue) like volver (34) *except* past participle is regular

dormir(se) (o:ue) (25)

ducharse like hablar (1)

dudar like hablar (1)

durar like hablar (1)

echar like hablar (1)

elegir (e:i) like pedir (29) *except* (g:j)

emitir like vivir (3)

empezar (e:ie) (z:c) (26)

enamorarse like hablar (1)

encantar like hablar (1)

encontrar(se) (o:ue) like contar (24)

enfermarse like hablar (1)

engordar like hablar (1)

enojarse like hablar (1)

enseñar like hablar (1)

ensuciar like hablar (1)

entender (e:ie) (27)

entrenarse like hablar (1)

entrevistar like hablar (1)

enviar (envío) (39)

escalar like hablar (1)

escribir like vivir (3) *except* past participle is escrito

escuchar like hablar (1)

esculpir like vivir (3)

esperar like hablar (1)

esquiar (esquío) like enviar (39)

establecer (c:zc) like conocer (35)

estacionar like hablar (1)

estar (9)

estornudar like hablar (1)

estudiar like hablar (1)

evitar like hablar (1)

explicar (c:qu) like tocar (43)

explorar like hablar (1)

faltar like hablar (1)

fascinar like hablar (1)

firmar like hablar (1)

fumar like hablar (1)

funcionar like hablar (1)

ganar like hablar (1)

gastar like hablar (1)

graduarse (gradúo) (40)

guardar like hablar (1)

gustar like hablar (1)

haber (hay) (10)

hablar (1)

hacer (11)

importar like hablar (1)

imprimir like vivir (3)

informar like hablar (1)

insistir like vivir (3)

interesar like hablar (1)

invertir (e:ie) like sentir (33)

invitar like hablar (1)

ir(se) (12)

jubilarse like hablar (1)

jugar (u:ue) (g:gu) (28)

lastimarse like hablar (1)

lavar(se) like hablar (1)

leer (y) like creer (36)

levantar(se) like hablar (1)

limpiar like hablar (1)

llamar(se) like hablar (1)

llegar (g:gu) (41)

llenar like hablar (1)

llevar(se) like hablar (1)

llover (o:ue) like volver (34) *except* past participle is regular

luchar like hablar (1)

mandar like hablar (1)

manejar like hablar (1)

mantener(se) (e:ie) like **tener** (20)

maquillarse like hablar (1)

mejorar like hablar (1)

merendar (e:ie) like pensar (30)

mirar like hablar (1)

molestar like hablar (1)

montar like hablar (1)

morir (o:ue) like dormir (25) *except* past participle is muerto

mostrar (o:ue) like contar (24)

mudarse like hablar (1)

nacer (c:zc) like conocer (35)

nadar like hablar (1)

navegar (g:gu) like llegar (41)

necesitar like hablar (1)

negar (e:ie) like pensar (30) *except* (g:gu)

nevar (e:ie) like pensar (30)

obedecer (c:zc) like conocer (35)

obtener (e:ie) like tener (20)

ocurrir like vivir (3)

odiar like hablar (1)

ofrecer (c:zc) like conocer (35)

oír (13)

olvidar like hablar (1)

pagar (g:gu) like llegar (41)

parar like hablar (1)

parecer (c:zc) like conocer (35)

pasar like hablar (1)

pasear like hablar (1)

patinar like hablar (1)

pedir (e:i) (29)

peinarse like hablar (1)

pensar (e:ie) (30)

perder (e:ie) like entender (27)

pescar (c:qu) like tocar (43)

pintar like hablar (1)

planchar like hablar (1)

poder (o:ue) (14)

ponchar like hablar (1)

poner(se) (15)

practicar (c:qu) like tocar (43)

preferir (e:ie) like sentir (33)

preguntar like hablar (1)

preocuparse like hablar (1)

preparar like hablar (1)

presentar like hablar (1)

prestar like hablar (1)

probar(se) (o:ue) like contar (24)

prohibir like vivir (3)

proteger (g:j) (42)

publicar (c:qu) like tocar (43)

quedar(se) like hablar (1)

querer (e:ie) (16)

quitar(se) like hablar (1)

recetar like hablar (1)

recibir like vivir (3)

reciclar like hablar (1)

recoger (g:j) like proteger (42)

recomendar (e:ie) like pensar (30)

recordar (o:ue) like contar (24)

reducir (c:zc) like conducir (6)

regalar like hablar (1)

regatear like hablar (1)

regresar like hablar (1)

reír(se) (e:i) (31)

relajarse like hablar (1)

renunciar like hablar (1)

repetir (e:i) like pedir (29)

resolver (o:ue) like volver (34)

respirar like hablar (1)

revisar like hablar (1)

rogar (o:ue) like contar (24) *except* (g:gu)

romper(se) like comer (2) *except* past participle is roto

saber (17)

sacar (c:qu) like tocar (43)

sacudir like vivir (3)

salir (18)

saludar(se) like hablar (1)

seguir (e:i) (32)

sentarse (e:ie) like pensar (30)

sentir(se) (e:ie) (33)

separarse like hablar (1)

ser (19)

servir (e:i) like pedir (29)

solicitar like hablar (1)

sonar (o:ue) like contar (24)

sonreír (e:i) like reír(se) (31)

sorprender like comer (2)

subir like vivir (3)

sudar like hablar (1)

sufrir like vivir (3)

sugerir (e:ie) like sentir (33)

suponer like poner (15)

temer like comer (2)

tener (e:ie) (20)

terminar like hablar (1)

tocar (c:qu) (43)

tomar like hablar (1)

torcerse (o:ue) like volver (34) *except* (c:z) and past participle is regular

toser like comer (2)

trabajar like hablar (1)

traducir (c:zc) like conducir (6)

traer (21)

transmitir like vivir (3)

tratar like hablar (1)

usar like hablar (1)

vender like comer (2)

venir (e:ie) (22)

ver (23)

vestirse (e:i) like pedir (29)

viajar like hablar (1)

visitar like hablar (1)

vivir (3)

volver (o:ue) (34)

Regular verbs: simple tenses

| Infinitive | INDICATIVE | | | | | SUBJUNCTIVE | | IMPERATIVE |
	Present	Imperfect	Preterite	Future	Conditional	Present	Past	
1 hablar	hablo	hablaba	hablé	hablaré	hablaría	hable	hablara	
	hablas	hablabas	hablaste	hablarás	hablarías	hables	hablaras	habla tú (no hables)
	habla	hablaba	habló	hablará	hablaría	hable	hablara	hable Ud.
Participles:	hablamos	hablábamos	hablamos	hablaremos	hablaríamos	hablemos	habláramos	hablemos
hablando	habláis	hablabais	hablasteis	hablaréis	hablaríais	habléis	hablarais	hablad (no habléis)
hablado	hablan	hablaban	hablaron	hablarán	hablarían	hablen	hablaran	hablen Uds.
2 comer	como	comía	comí	comeré	comería	coma	comiera	
	comes	comías	comiste	comerás	comerías	comas	comieras	come tú (no comas)
	come	comía	comió	comerá	comería	coma	comiera	coma Ud.
Participles:	comemos	comíamos	comimos	comeremos	comeríamos	comamos	comiéramos	comamos
comiendo	coméis	comíais	comisteis	comeréis	comeríais	comáis	comierais	comed (no comáis)
comido	comen	comían	comieron	comerán	comerían	coman	comieran	coman Uds.
3 vivir	vivo	vivía	viví	viviré	viviría	viva	viviera	
	vives	vivías	viviste	vivirás	vivirías	vivas	vivieras	vive tú (no vivas)
	vive	vivía	vivió	vivirá	viviría	viva	viviera	viva Ud.
Participles:	vivimos	vivíamos	vivimos	viviremos	viviríamos	vivamos	viviéramos	vivamos
viviendo	vivís	vivíais	vivisteis	viviréis	viviríais	viváis	vivierais	vivid (no viváis)
vivido	viven	vivían	vivieron	vivirán	vivirían	vivan	vivieran	vivan Uds.

All verbs: compound tenses

PERFECT TENSES

| INDICATIVE | | | | SUBJUNCTIVE | |
Present Perfect	Past Perfect	Future Perfect	Conditional Perfect	Present Perfect	Past Perfect
he	había	habré	habría	haya	hubiera
has	habías	habrás	habrías	hayas	hubieras
ha hablado	había hablado	habrá hablado	habría hablado	haya hablado	hubiera hablado
hemos comido	habíamos comido	habremos comido	habríamos comido	hayamos comido	hubiéramos comido
habéis vivido	habíais vivido	habréis vivido	habríais vivido	hayáis vivido	hubierais vivido
han	habían	habrán	habrían	hayan	hubieran

PROGRESSIVE TENSES

INDICATIVE				SUBJUNCTIVE	
Present Progressive	Past Progressive	Future Progressive	Conditional Progressive	Present Progressive	Past Progressive
estoy	estaba	estaré	estaría	esté	estuviera
estás	estabas	estarás	estarías	estés	estuvieras
está hablando	estaba hablando	estará hablando	estaría hablando	esté hablando	estuviera hablando
estamos comiendo	estábamos comiendo	estaremos comiendo	estaríamos comiendo	estemos comiendo	estuviéramos comiendo
estáis viviendo	estabais viviendo	estaréis viviendo	estaríais viviendo	estéis viviendo	estuvierais viviendo
están	estaban	estarán	estarían	estén	estuvieran

Irregular verbs

Infinitive	INDICATIVE					SUBJUNCTIVE		IMPERATIVE
	Present	Imperfect	Preterite	Future	Conditional	Present	Past	
4 caber	**quepo**	cabía	**cupe**	**cabré**	**cabría**	**quepa**	**cupiera**	
	cabes	cabías	cupiste	**cabrás**	**cabrías**	**quepas**	**cupieras**	cabe tú (no **quepas**)
	cabe	cabía	**cupo**	**cabrá**	**cabría**	**quepa**	**cupiera**	quepa Ud.
Participles:	cabemos	cabíamos	**cupimos**	**cabremos**	**cabríamos**	**quepamos**	**cupiéramos**	**quepamos**
cabiendo	cabéis	cabíais	**cupisteis**	**cabréis**	**cabríais**	**quepáis**	**cupierais**	cabed (no **quepáis**)
cabido	caben	cabían	**cupieron**	**cabrán**	**cabrían**	**quepan**	**cupieran**	**quepan** Uds.
5 caer(se)	**caigo**	caía	**caí**	caeré	caería	**caiga**	**cayera**	
	caes	caías	**caíste**	caerás	caerías	**caigas**	**cayeras**	cae tú (no **caigas**)
	cae	caía	**cayó**	caerá	caería	**caiga**	**cayera**	**caiga** Ud. (no **caiga**)
Participles:	caemos	caíamos	**caímos**	caeremos	caeríamos	**caigamos**	**cayéramos**	**caigamos**
cayendo	caéis	caíais	**caísteis**	caeréis	caeríais	**caigáis**	**cayerais**	caed (no **caigáis**)
caído	caen	caían	**cayeron**	caerán	caerían	**caigan**	**cayeran**	**caigan** Uds.
6 conducir	**conduzco**	conducía	**conduje**	conduciré	conduciría	**conduzca**	**condujera**	
(c:zc)	conduces	conducías	**condujiste**	conducirás	conducirías	**conduzcas**	**condujeras**	conduce tú (no **conduzcas**)
	conduce	conducía	**condujo**	conducirá	conduciría	**conduzca**	**condujera**	**conduzca** Ud. (no **conduzca**)
Participles:	conducimos	conducíamos	**condujimos**	conduciremos	conduciríamos	**conduzcamos**	**condujéramos**	**conduzcamos**
conduciendo	conducís	conducíais	**condujisteis**	conduciréis	conduciríais	**conduzcáis**	**condujerais**	conducid (no **conduzcáis**)
conducido	conducen	conducían	**condujeron**	conducirán	conducirían	**conduzcan**	**condujeran**	**conduzcan** Uds.

Infinitive	INDICATIVE					SUBJUNCTIVE		IMPERATIVE
	Present	Imperfect	Preterite	Future	Conditional	Present	Past	
7 dar Participles: dando dado	doy das da damos dais dan	daba dabas daba dábamos dabais daban	di diste dio dimos disteis dieron	daré darás dará daremos daréis darán	daría darías daría daríamos daríais darían	dé des dé demos deis den	diera dieras diera diéramos dierais dieran	 da tú (no des) dé Ud. demos dad (no deis) den Uds.
8 decir (e:i) Participles: diciendo dicho	digo dices dice decimos decís dicen	decía decías decía decíamos decíais decían	dije dijiste dijo dijimos dijisteis dijeron	diré dirás dirá diremos diréis dirán	diría dirías diría diríamos diríais dirían	diga digas diga digamos digáis digan	dijera dijeras dijera dijéramos dijerais dijeran	 di tú (no digas) diga Ud. digamos decid (no digáis) digan Uds.
9 estar Participles: estando estado	estoy estás está estamos estáis están	estaba estabas estaba estábamos estabais estaban	estuve estuviste estuvo estuvimos estuvisteis estuvieron	estaré estarás estará estaremos estaréis estarán	estaría estarías estaría estaríamos estaríais estarían	esté estés esté estemos estéis estén	estuviera estuvieras estuviera estuviéramos estuvierais estuvieran	 está tú (no estés) esté Ud. estemos estad (no estéis) estén Uds.
10 haber Participles: habiendo habido	he has ha hemos habéis han	había habías había habíamos habíais habían	hube hubiste hubo hubimos hubisteis hubieron	habré habrás habrá habremos habréis habrán	habría habrías habría habríamos habríais habrían	haya hayas haya hayamos hayáis hayan	hubiera hubieras hubiera hubiéramos hubierais hubieran	
11 hacer Participles: haciendo hecho	hago haces hace hacemos hacéis hacen	hacía hacías hacía hacíamos hacíais hacían	hice hiciste hizo hicimos hicisteis hicieron	haré harás hará haremos haréis harán	haría harías haría haríamos haríais harían	haga hagas haga hagamos hagáis hagan	hiciera hicieras hiciera hiciéramos hicierais hicieran	 haz tú (no hagas) haga Ud. hagamos haced (no hagáis) hagan Uds.
12 ir Participles: yendo ido	voy vas va vamos vais van	iba ibas iba íbamos ibais iban	fui fuiste fue fuimos fuisteis fueron	iré irás irá iremos iréis irán	iría irías iría iríamos iríais irían	vaya vayas vaya vayamos vayáis vayan	fuera fueras fuera fuéramos fuerais fueran	 ve tú (no vayas) vaya Ud. vamos id (no vayáis) vayan Uds.
13 oír (y) Participles: oyendo oído	oigo oyes oye oímos oís oyen	oía oías oía oíamos oíais oían	oí oíste oyó oímos oísteis oyeron	oiré oirás oirá oiremos oiréis oirán	oiría oirías oiría oiríamos oiríais oirían	oiga oigas oiga oigamos oigáis oigan	oyera oyeras oyera oyéramos oyerais oyeran	 oye tú (no oigas) oiga Ud. oigamos oíd (no oigáis) oigan Uds.

14. poder (o:ue) — Participles: pudiendo, podido

	INDICATIVE					SUBJUNCTIVE		IMPERATIVE
	Present	Imperfect	Preterite	Future	Conditional	Present	Past	
	puedo	podía	pude	podré	podría	pueda	pudiera	
	puedes	podías	pudiste	podrás	podrías	puedas	pudieras	puede tú (no puedas)
	puede	podía	pudo	podrá	podría	pueda	pudiera	pueda Ud.
	podemos	podíamos	pudimos	podremos	podríamos	podamos	pudiéramos	podamos
	podéis	podíais	pudisteis	podréis	podríais	podáis	pudierais	poded (no podáis)
	pueden	podían	pudieron	podrán	podrían	puedan	pudieran	puedan Uds.

15. poner — Participles: poniendo, puesto

	INDICATIVE					SUBJUNCTIVE		IMPERATIVE
	Present	Imperfect	Preterite	Future	Conditional	Present	Past	
	pongo	ponía	puse	pondré	pondría	ponga	pusiera	
	pones	ponías	pusiste	pondrás	pondrías	pongas	pusieras	pon tú (no pongas)
	pone	ponía	puso	pondrá	pondría	ponga	pusiera	ponga Ud.
	ponemos	poníamos	pusimos	pondremos	pondríamos	pongamos	pusiéramos	pongamos
	ponéis	poníais	pusisteis	pondréis	pondríais	pongáis	pusierais	poned (no pongáis)
	ponen	ponían	pusieron	pondrán	pondrían	pongan	pusieran	pongan Uds.

16. querer (e:ie) — Participles: queriendo, querido

	INDICATIVE					SUBJUNCTIVE		IMPERATIVE
	Present	Imperfect	Preterite	Future	Conditional	Present	Past	
	quiero	quería	quise	querré	querría	quiera	quisiera	
	quieres	querías	quisiste	querrás	querrías	quieras	quisieras	quiere tú (no quieras)
	quiere	quería	quiso	querrá	querría	quiera	quisiera	quiera Ud.
	queremos	queríamos	quisimos	querremos	querríamos	queramos	quisiéramos	queramos
	queréis	queríais	quisisteis	querréis	querríais	queráis	quisierais	quered (no queráis)
	quieren	querían	quisieron	querrán	querrían	quieran	quisieran	quieran Uds.

17. saber — Participles: sabiendo, sabido

	INDICATIVE					SUBJUNCTIVE		IMPERATIVE
	Present	Imperfect	Preterite	Future	Conditional	Present	Past	
	sé	sabía	supe	sabré	sabría	sepa	supiera	
	sabes	sabías	supiste	sabrás	sabrías	sepas	supieras	sabe tú (no sepas)
	sabe	sabía	supo	sabrá	sabría	sepa	supiera	sepa Ud.
	sabemos	sabíamos	supimos	sabremos	sabríamos	sepamos	supiéramos	sepamos
	sabéis	sabíais	supisteis	sabréis	sabríais	sepáis	supierais	sabed (no sepáis)
	saben	sabían	supieron	sabrán	sabrían	sepan	supieran	sepan Uds.

18. salir — Participles: saliendo, salido

	INDICATIVE					SUBJUNCTIVE		IMPERATIVE
	Present	Imperfect	Preterite	Future	Conditional	Present	Past	
	salgo	salía	salí	saldré	saldría	salga	saliera	
	sales	salías	saliste	saldrás	saldrías	salgas	salieras	sal tú (no salgas)
	sale	salía	salió	saldrá	saldría	salga	saliera	salga Ud.
	salimos	salíamos	salimos	saldremos	saldríamos	salgamos	saliéramos	salgamos
	salís	salíais	salisteis	saldréis	saldríais	salgáis	salierais	salid (no salgáis)
	salen	salían	salieron	saldrán	saldrían	salgan	salieran	salgan Uds.

19. ser — Participles: siendo, sido

	INDICATIVE					SUBJUNCTIVE		IMPERATIVE
	Present	Imperfect	Preterite	Future	Conditional	Present	Past	
	soy	era	fui	seré	sería	sea	fuera	
	eres	eras	fuiste	serás	serías	seas	fueras	sé tú (no seas)
	es	era	fue	será	sería	sea	fuera	sea Ud.
	somos	éramos	fuimos	seremos	seríamos	seamos	fuéramos	seamos
	sois	erais	fuisteis	seréis	seríais	seáis	fuerais	sed (no seáis)
	son	eran	fueron	serán	serían	sean	fueran	sean Uds.

20. tener (e:ie) — Participles: teniendo, tenido

	INDICATIVE					SUBJUNCTIVE		IMPERATIVE
	Present	Imperfect	Preterite	Future	Conditional	Present	Past	
	tengo	tenía	tuve	tendré	tendría	tenga	tuviera	
	tienes	tenías	tuviste	tendrás	tendrías	tengas	tuvieras	ten tú (no tengas)
	tiene	tenía	tuvo	tendrá	tendría	tenga	tuviera	tenga Ud.
	tenemos	teníamos	tuvimos	tendremos	tendríamos	tengamos	tuviéramos	tengamos
	tenéis	teníais	tuvisteis	tendréis	tendríais	tengáis	tuvierais	tened (no tengáis)
	tienen	tenían	tuvieron	tendrán	tendrían	tengan	tuvieran	tengan Uds.

21 traer
Participles: **trayendo**, **traído**

Infinitive	INDICATIVE					SUBJUNCTIVE		IMPERATIVE
	Present	Imperfect	Preterite	Future	Conditional	Present	Past	
traer	**traigo**	traía	**traje**	traeré	traería	**traiga**	**trajera**	
	traes	traías	**trajiste**	traerás	traerías	**traigas**	**trajeras**	**trae** tú (no **traigas**)
Participles:	trae	traía	**trajo**	traerá	traería	**traiga**	**trajera**	**traiga** Ud.
trayendo	traemos	traíamos	**trajimos**	traeremos	traeríamos	**traigamos**	**trajéramos**	**traigamos**
traído	traéis	traíais	**trajisteis**	traeréis	traeríais	**traigáis**	**trajerais**	traed (no **traigáis**)
	traen	traían	**trajeron**	traerán	traerían	**traigan**	**trajeran**	**traigan** Uds.

22 venir (e:ie)
Participles: **viniendo**, venido

Infinitive	INDICATIVE					SUBJUNCTIVE		IMPERATIVE
	Present	Imperfect	Preterite	Future	Conditional	Present	Past	
venir (e:ie)	**vengo**	venía	**vine**	**vendré**	**vendría**	**venga**	**viniera**	
	vienes	venías	**viniste**	**vendrás**	**vendrías**	**vengas**	**vinieras**	**ven** tú (no **vengas**)
Participles:	**viene**	venía	**vino**	**vendrá**	**vendría**	**venga**	**viniera**	**venga** Ud.
viniendo	venimos	veníamos	**vinimos**	**vendremos**	**vendríamos**	**vengamos**	**viniéramos**	**vengamos**
venido	venís	veníais	**vinisteis**	**vendréis**	**vendríais**	**vengáis**	**vinierais**	venid (no **vengáis**)
	vienen	venían	**vinieron**	**vendrán**	**vendrían**	**vengan**	**vinieran**	**vengan** Uds.

23 ver
Participles: viendo, **visto**

Infinitive	INDICATIVE					SUBJUNCTIVE		IMPERATIVE
	Present	Imperfect	Preterite	Future	Conditional	Present	Past	
ver	**veo**	**veía**	vi	veré	vería	**vea**	**viera**	
	ves	**veías**	viste	verás	verías	**veas**	**vieras**	**ve** tú (no **veas**)
Participles:	ve	**veía**	vio	verá	vería	**vea**	**viera**	**vea** Ud.
viendo	vemos	**veíamos**	vimos	veremos	veríamos	**veamos**	**viéramos**	**veamos**
visto	veis	**veíais**	visteis	veréis	veríais	**veáis**	**vierais**	ved (no **veáis**)
	ven	**veían**	vieron	verán	verían	**vean**	**vieran**	**vean** Uds.

Stem changing verbs

24 contar (o:ue)
Participles: contando, contado

Infinitive	INDICATIVE					SUBJUNCTIVE		IMPERATIVE
	Present	Imperfect	Preterite	Future	Conditional	Present	Past	
contar (o:ue)	**cuento**	contaba	conté	contaré	contaría	**cuente**	contara	
	cuentas	contabas	contaste	contarás	contarías	**cuentes**	contaras	**cuenta** tú (no **cuentes**)
Participles:	**cuenta**	contaba	contó	contará	contaría	**cuente**	contara	**cuente** Ud.
contando	contamos	contábamos	contamos	contaremos	contaríamos	contemos	contáramos	contemos
contado	contáis	contabais	contasteis	contaréis	contaríais	contéis	contarais	contad (no **contéis**)
	cuentan	contaban	contaron	contarán	contarían	**cuenten**	contaran	**cuenten** Uds.

25 dormir (o:ue)
Participles: **durmiendo**, dormido

Infinitive	INDICATIVE					SUBJUNCTIVE		IMPERATIVE
	Present	Imperfect	Preterite	Future	Conditional	Present	Past	
dormir (o:ue)	**duermo**	dormía	dormí	dormiré	dormiría	**duerma**	**durmiera**	
	duermes	dormías	dormiste	dormirás	dormirías	**duermas**	**durmieras**	**duerme** tú (no **duermas**)
Participles:	**duerme**	dormía	**durmió**	dormirá	dormiría	**duerma**	**durmiera**	**duerma** Ud.
durmiendo	dormimos	dormíamos	dormimos	dormiremos	dormiríamos	**durmamos**	**durmiéramos**	**durmamos**
dormido	dormís	dormíais	dormisteis	dormiréis	dormiríais	**durmáis**	**durmierais**	dormid (no **durmáis**)
	duermen	dormían	**durmieron**	dormirán	dormirían	**duerman**	**durmieran**	**duerman** Uds.

26 empezar (e:ie) (c)
Participles: empezando, empezado

Infinitive	INDICATIVE					SUBJUNCTIVE		IMPERATIVE
	Present	Imperfect	Preterite	Future	Conditional	Present	Past	
empezar (e:ie) (c)	**empiezo**	empezaba	**empecé**	empezaré	empezaría	**empiece**	empezara	
	empiezas	empezabas	empezaste	empezarás	empezarías	**empieces**	empezaras	**empieza** tú (no **empieces**)
	empieza	empezaba	empezó	empezará	empezaría	**empiece**	empezara	**empiece** Ud.
Participles:	empezamos	empezábamos	empezamos	empezaremos	empezaríamos	**empecemos**	empezáramos	**empecemos**
empezando	empezáis	empezabais	empezasteis	empezaréis	empezaríais	**empecéis**	empezarais	empezad (no **empecéis**)
empezado	**empiezan**	empezaban	empezaron	empezarán	empezarían	**empiecen**	empezaran	**empiecen** Uds.

Infinitive	INDICATIVE Present	Imperfect	Preterite	Future	Conditional	SUBJUNCTIVE Present	Past	IMPERATIVE
27 entender (e:ie) Participles: entendiendo entendido	entiendo entiendes entiende entendemos entendéis entienden	entendía entendías entendía entendíamos entendíais entendían	entendí entendiste entendió entendimos entendisteis entendieron	entenderé entenderás entenderá entenderemos entenderéis entenderán	entendería entenderías entendería entenderíamos entenderíais entenderían	entienda entiendas entienda entendamos entendáis entiendan	entendiera entendieras entendiera entendiéramos entendierais entendieran	entiende tú (no entiendas) entienda Ud. entendamos entended (no entendáis) entiendan Uds.
28 jugar (u:ue) (gu) Participles: jugando jugado	juego juegas juega jugamos jugáis juegan	jugaba jugabas jugaba jugábamos jugabais jugaban	jugué jugaste jugó jugamos jugasteis jugaron	jugaré jugarás jugará jugaremos jugaréis jugarán	jugaría jugarías jugaría jugaríamos jugaríais jugarían	juegue juegues juegue juguemos juguéis jueguen	jugara jugaras jugara jugáramos jugarais jugaran	juega tú (no juegues) juegue Ud. juguemos jugad (no juguéis) jueguen Uds.
29 pedir (e:i) Participles: pidiendo pedido	pido pides pide pedimos pedís piden	pedía pedías pedía pedíamos pedíais pedían	pedí pediste pidió pedimos pedisteis pidieron	pediré pedirás pedirá pediremos pediréis pedirán	pediría pedirías pediría pediríamos pediríais pedirían	pida pidas pida pidamos pidáis pidan	pidiera pidieras pidiera pidiéramos pidierais pidieran	pide tú (no pidas) pida Ud. pidamos pedid (no pidáis) pidan Uds.
30 pensar (e:ie) Participles: pensando pensado	pienso piensas piensa pensamos pensáis piensan	pensaba pensabas pensaba pensábamos pensabais pensaban	pensé pensaste pensó pensamos pensasteis pensaron	pensaré pensarás pensará pensaremos pensaréis pensarán	pensaría pensarías pensaría pensaríamos pensaríais pensarían	piense pienses piense pensemos penséis piensen	pensara pensaras pensara pensáramos pensarais pensaran	piensa tú (no pienses) piense Ud. pensemos pensad (no penséis) piensen Uds.
31 reír(se) (e:i) Participles: riendo reído	río ríes ríe reímos reís ríen	reía reías reía reíamos reíais reían	reí reíste rió reímos reísteis rieron	reiré reirás reirá reiremos reiréis reirán	reiría reirías reiría reiríamos reiríais reirían	ría rías ría riamos riáis rían	riera rieras riera riéramos rierais rieran	ríe tú (no rías) ría Ud. riamos reíd (no riáis) rían Uds.
32 seguir (e:i) (gu) Participles: siguiendo seguido	sigo sigues sigue seguimos seguís siguen	seguía seguías seguía seguíamos seguíais seguían	seguí seguiste siguió seguimos seguisteis siguieron	seguiré seguirás seguirá seguiremos seguiréis seguirán	seguiría seguirías seguiría seguiríamos seguiríais seguirían	siga sigas siga sigamos sigáis sigan	siguiera siguieras siguiera siguiéramos siguierais siguieran	sigue tú (no sigas) siga Ud. sigamos seguid (no sigáis) sigan Uds.
33 sentir (e:ie) Participles: sintiendo sentido	siento sientes siente sentimos sentís sienten	sentía sentías sentía sentíamos sentíais sentían	sentí sentiste sintió sentimos sentisteis sintieron	sentiré sentirás sentirá sentiremos sentiréis sentirán	sentiría sentirías sentiría sentiríamos sentiríais sentirían	sienta sientas sienta sintamos sintáis sientan	sintiera sintieras sintiera sintiéramos sintierais sintieran	siente tú (no sientas) sienta Ud. sintamos sentid (no sintáis) sientan Uds.

34

Infinitive	INDICATIVE					SUBJUNCTIVE		IMPERATIVE
	Present	Imperfect	Preterite	Future	Conditional	Present	Past	
volver (o:ue)	vuelvo	volvía	volví	volveré	volvería	vuelva	volviera	
	vuelves	volvías	volviste	volverás	volverías	vuelvas	volvieras	vuelve tú (no vuelvas)
	vuelve	volvía	volvió	volverá	volvería	vuelva	volviera	vuelva Ud.
Participles:	volvemos	volvíamos	volvimos	volveremos	volveríamos	volvamos	volviéramos	volvamos
volviendo	volvéis	volvíais	volvisteis	volveréis	volveríais	volváis	volvierais	volved (no volváis)
vuelto	vuelven	volvían	volvieron	volverán	volverían	vuelvan	volvieran	vuelvan Uds.

Verbs with spelling changes only

35

Infinitive	INDICATIVE					SUBJUNCTIVE		IMPERATIVE
	Present	Imperfect	Preterite	Future	Conditional	Present	Past	
conocer (c:zc)	conozco	conocía	conocí	conoceré	conocería	conozca	conociera	
	conoces	conocías	conociste	conocerás	conocerías	conozcas	conocieras	conoce tú (no conozcas)
	conoce	conocía	conoció	conocerá	conocería	conozca	conociera	conozca Ud.
Participles:	conocemos	conocíamos	conocimos	conoceremos	conoceríamos	conozcamos	conociéramos	conozcamos
conociendo	conocéis	conocíais	conocisteis	conoceréis	conoceríais	conozcáis	conocierais	conoced (no conozcáis)
conocido	conocen	conocían	conocieron	conocerán	conocerían	conozcan	conocieran	conozcan Uds.

36

Infinitive	INDICATIVE					SUBJUNCTIVE		IMPERATIVE
	Present	Imperfect	Preterite	Future	Conditional	Present	Past	
creer (y)	creo	creía	creí	creeré	creería	crea	creyera	
	crees	creías	creíste	creerás	creerías	creas	creyeras	cree tú (no creas)
	cree	creía	creyó	creerá	creería	crea	creyera	crea Ud.
Participles:	creemos	creíamos	creímos	creeremos	creeríamos	creamos	creyéramos	creamos
creyendo	creéis	creíais	creísteis	creeréis	creeríais	creáis	creyerais	creed (no creáis)
creído	creen	creían	creyeron	creerán	creerían	crean	creyeran	crean Uds.

37

Infinitive	INDICATIVE					SUBJUNCTIVE		IMPERATIVE
	Present	Imperfect	Preterite	Future	Conditional	Present	Past	
cruzar (c)	cruzo	cruzaba	crucé	cruzaré	cruzaría	cruce	cruzara	
	cruzas	cruzabas	cruzaste	cruzarás	cruzarías	cruces	cruzaras	cruza tú (no cruces)
	cruza	cruzaba	cruzó	cruzará	cruzaría	cruce	cruzara	cruce Ud.
Participles:	cruzamos	cruzábamos	cruzamos	cruzaremos	cruzaríamos	crucemos	cruzáramos	crucemos
cruzando	cruzáis	cruzabais	cruzasteis	cruzaréis	cruzaríais	crucéis	cruzarais	cruzad (no crucéis)
cruzado	cruzan	cruzaban	cruzaron	cruzarán	cruzarían	crucen	cruzaran	crucen Uds.

38

Infinitive	INDICATIVE					SUBJUNCTIVE		IMPERATIVE
	Present	Imperfect	Preterite	Future	Conditional	Present	Past	
destruir (y)	destruyo	destruía	destruí	destruiré	destruiría	destruya	destruyera	
	destruyes	destruías	destruiste	destruirás	destruirías	destruyas	destruyeras	destruye tú (no destruyas)
	destruye	destruía	destruyó	destruirá	destruiría	destruya	destruyera	destruya Ud.
Participles:	destruimos	destruíamos	destruimos	destruiremos	destruiríamos	destruyamos	destruyéramos	destruyamos
destruyendo	destruís	destruíais	destruisteis	destruiréis	destruiríais	destruyáis	destruyerais	destruid (no destruyáis)
destruido	destruyen	destruían	destruyeron	destruirán	destruirían	destruyan	destruyeran	destruyan Uds.

39

Infinitive	INDICATIVE					SUBJUNCTIVE		IMPERATIVE
	Present	Imperfect	Preterite	Future	Conditional	Present	Past	
enviar (envío)	envío	enviaba	envié	enviaré	enviaría	envíe	enviara	
	envías	enviabas	enviaste	enviarás	enviarías	envíes	enviaras	envía tú (no envíes)
	envía	enviaba	envió	enviará	enviaría	envíe	enviara	envíe Ud.
Participles:	enviamos	enviábamos	enviamos	enviaremos	enviaríamos	enviemos	enviáramos	enviemos
enviando	enviáis	enviabais	enviasteis	enviaréis	enviaríais	enviéis	enviarais	enviad (no enviéis)
enviado	envían	enviaban	enviaron	enviarán	enviarían	envíen	enviaran	envíen Uds.

		INDICATIVE					SUBJUNCTIVE		IMPERATIVE
Infinitive	Present	Imperfect	Preterite	Future	Conditional	Present	Past	
40 graduarse (gradúo) Participles: graduando graduado	gradúo gradúas gradúa graduamos graduáis gradúan	graduaba graduabas graduaba graduábamos graduabais graduaban	gradué graduaste graduó graduamos graduasteis graduaron	graduaré graduarás graduará graduaremos graduaréis graduarán	graduaría graduarías graduaría graduaríamos graduaríais graduarían	gradúe gradúes gradúe graduemos graduéis gradúen	graduara graduaras graduara graduáramos graduarais graduaran	gradúa tú (no gradúes) gradúe Ud. graduemos graduad (no graduéis) gradúen Uds.
41 llegar (gu) Participles: llegando llegado	llego llegas llega llegamos llegáis llegan	llegaba llegabas llegaba llegábamos llegabais llegaban	llegué llegaste llegó llegamos llegasteis llegaron	llegaré llegarás llegará llegaremos llegaréis llegarán	llegaría llegarías llegaría llegaríamos llegaríais llegarían	llegue llegues llegue lleguemos lleguéis lleguen	llegara llegaras llegara llegáramos llegarais llegaran	llega tú (no llegues) llegue Ud. lleguemos llegad (no lleguéis) lleguen Uds.
42 proteger (j) Participles: protegiendo protegido	protejo proteges protege protegemos protegéis protegen	protegía protegías protegía protegíamos protegíais protegían	protegí protegiste protegió protegimos protegisteis protegieron	protegeré protegerás protegerá protegeremos protegeréis protegerán	protegería protegerías protegería protegeríamos protegeríais protegerían	proteja protejas proteja protejamos protejáis protejan	protegiera protegieras protegiera protegiéramos protegierais protegieran	protege tú (no protejas) proteja Ud. protejamos proteged (no protejáis) protejan Uds.
43 tocar (qu) Participles: tocando tocado	toco tocas toca tocamos tocáis tocan	tocaba tocabas tocaba tocábamos tocabais tocaban	toqué tocaste tocó tocamos tocasteis tocaron	tocaré tocarás tocará tocaremos tocaréis tocarán	tocaría tocarías tocaría tocaríamos tocaríais tocarían	toque toques toque toquemos toquéis toquen	tocara tocaras tocara tocáramos tocarais tocaran	toca tú (no toques) toque Ud. toquemos tocad (no toquéis) toquen Uds.

Guide to Vocabulary

Note on alphabetization

Formerly, **ch**, **ll**, and **ñ** were considered separate letters in the Spanish alphabet, **ch** appearing after **c**, **ll** after **l**, and **ñ** after **n**. In current practice, for purposes of alphabetization, **ch** and **ll** are not treated as separate letters, but **ñ** still follows **n**. Therefore, in this glossary you will find that **año**, for example, appears after **anuncio**.

Abbreviations used in this glossary

adj.	adjective	*i.o.*	indirect object	*prep.*	preposition
adv.	adverb	*m.*	masculine	*pron.*	pronoun
conj.	conjunction	*n.*	noun	*ref.*	reflexive
d.o.	direct object	*obj.*	object	*sing.*	singular
f.	feminine	*p.p.*	past participle	*sub.*	subject
fam.	familiar	*pl.*	plural	*v.*	verb
form.	formal	*poss.*	possessive		

Spanish–English

A

a *prep.* at; to 1
　¿A qué hora...? At what time . . . ? 1
　a bordo aboard 1
　a dieta on a diet 15
　a la derecha to the right 2
　a la izquierda to the left 2
　a la plancha grilled 8
　a la(s) + *time* at + *time* 1
　a menos que unless 13
　a menudo often 10
　a nombre de in the name of 5
　a plazos in installments 14
　A sus órdenes. At your service. 11
　a tiempo on time 10
　a veces sometimes 10
　a ver let's see 2
¡Abajo! *adv.* Down! 15
abeja *f.* bee
abierto/a *p.p.* open 5
abogado/a *m., f.* lawyer 16
abrazar(se) *v.* to hug; to embrace (each other) 11
abrazo *m.* hug
abrigo *m.* coat 6
abril *m.* April 5
abrir *v.* to open 3
abuelo/a *m., f.* grandfather; grandmother 3
abuelos *pl.* grandparents 3
aburrido/a *adj.* bored; boring 5
aburrir *v.* to bore 7
aburrirse *v.* to get bored 17
acabar de (+ *inf.***)** *v.* to have just (*done something*) 6
acampar *v.* to camp 5
accidente *m.* accident 10
acción *f.* action 17
aceite *m.* oil 8

ácido/a *adj.* acid 13
acompañar *v.* to go with; to accompany 14
aconsejar *v.* to advise 12
acontecimiento *m.* event 18
acordarse (de) (o:ue) *v.* to remember 7
acostarse (o:ue) *v.* to go to bed 7
activo/a *adj.* active 15
actor *m.* actor 16
actriz *f.* actor 16
actualidades *f., pl.* news; current events 18
acuático/a *adj.* aquatic 4
adelgazar *v.* to lose weight; to slim down 15
además (de) *adv.* furthermore; besides; in addition (to) 10
adicional *adj.* additional
adiós *m.* good-bye 1
adjetivo *m.* adjective
administración de empresas *f.* business administration 2
adolescencia *f.* adolescence 9
¿adónde? *adv.* where? (destination) 2
aduana *f.* customs 5
aeróbico/a *adj.,* aerobic 15
aeropuerto *m.* airport 5
afectado/a *adj.* affected 13
afeitarse *v.* to shave 7
aficionado/a *adj.* fan 4
afirmativo/a *adj.* affirmative
afueras *f., pl.* suburbs; outskirts 12
agencia de viajes *f.* travel agency 5
agente de viajes *m., f.* travel agent 5
agosto *m.* August 5
agradable *adj.* pleasant 5
agua *f.* water 8
　agua mineral mineral water 8
ahora *adv.* now 5
　ahora mismo right now 2

ahorrar *v.* to save money 14
ahorros *m.* savings 14
aire *m.* air 6
ajo *m.* garlic 8
al (*contraction of* **a** + **el**) 2
　al aire libre open-air 6
　al contado in cash 14
　al este to the east 14
　al fondo (de) at the end (of) 12
　al lado de beside 2
　al norte to the north 14
　al oeste to the west 14
　al sur to the south 14
alcoba *f.* bedroom 12
alcohol *m.* alcohol 15
alcohólico/a *adj.* alcoholic 15
alegrarse (de) *v.* to be happy 13
alegre *adj.* happy; joyful 5
alegría *f.* joy 9
alemán, alemana *adj.* German 3
alérgico/a *adj.* allergic 10
alfombra *f.* carpet; rug 12
algo *pron.* something; anything 7
algodón *m.* cotton 6
alguien *pron.* someone; somebody; anyone 7
algún, alguno/a(s) *adj.* any; some 7
aliviar *v.* to ease; alleviate 15
　aliviar el estrés/la tensión to reduce stress/tension 15
allí *adv.* there 5
　allí mismo right there 14
almacén *m.* department store 6
almohada *f.* pillow 12
almorzar (o:ue) *v.* to have lunch 8
almuerzo *m.* lunch 8
aló hello (*on the telephone*) 11
alquilar *v.* to rent 12
alquiler *m.* rent 12
alternador *m.* alternator 11

altillo *m.* attic 12
alto/a *adj.* tall 3
aluminio *m.* aluminum 13
amable *adj.* nice; friendly 5
ama de casa *f.* housekeeper; caretaker; housewife 12
amarillo/a *adj.* yellow 6
amigo/a *m., f.* friend 3
amistad *f.* friendship 9
amor *m.* love 9
anaranjado/a *adj.* orange 6
animal *m.* animal 13
aniversario (de bodas) (wedding) anniversary 9
anoche last night 6
anteayer the day before yesterday 6
antes *adv.* before 7
  antes (de) que *conj.* before 13
  antes de *prep.* before 7
antibiótico *m.* antibiotic 10
antipático/a *adj.* unpleasant 3
anunciar *v.* to announce; to advertise 18
anuncio *m.* advertisement 16
año *m.* year 2, 5
el año pasado *last* year 6
apagar *v.* to turn off 11
aparato *m.* appliance 12
apartamento *m.* apartment 12
apellido *m.* last name 9
apenas *adv.* hardly; scarcely; just 10
aplaudir *v.* to applaud 17
apreciar *v.* to appreciate 17
aprender *v.* to learn 3
apurarse *v.* to hurry; to rush 15
aquel, aquella *adj.* that; those (over there) 6
aquél, aquélla *pron.* that; those (over there) 6
aquello *neuter, pron.* that; that thing; that fact 6
aquellos/as *pl. adj.* that; those (over there) 6
aquéllos/as *pl. pron.* those (ones) (over there) 6
aquí *adv.* here 1
  Aquí está... Here it is . . . 5
  Aquí estamos en... Here we are in . . . 2
  aquí mismo right here 11
árbol *m.* tree 13
archivo *m.* file 11
armario *m.* closet 12
arqueólogo/a *m., f.* archaeologist 16
arquitecto/a *m., f.* architect 16
arrancar *v.* to start (*a car*) 11
arreglar *v.* to fix; to arrange 11
arriba *adv.* up 15
arroz *m.* rice 8
arte *m.* art 2
artes *f., pl.* arts 17

artesanía *f.* craftsmanship; crafts 17
artículo *m.* article 18
artista *m., f.* artist 3
artístico/a *adj.* artistic 17
arveja *m.* pea 8
asado/a *adj.* roasted 8
ascenso *m.* promotion 16
ascensor *m.* elevator 5
así *adj.* thus; so (*in such a way*) 10
  así así so so 1
asistir (a) *v.* to attend 3
aspiradora *f.* vacuum cleaner 12
aspirante *m. f.* candidate; applicant 16
aspirina *f.* aspirin 10
atún *m.* tuna 8
aumentar de peso to gain weight 15
aumento *m.* increase 16
  aumento de sueldo pay raise 16
aunque although
autobús *m.* bus 1
automático/a *adj.* automatic 14
auto(móvil) *m.* auto(mobile) 5
autopista *f.* highway 11
ave *f.* bird 13
avenida *f.* avenue 11
aventura *f.* adventure 17
avergonzado/a *adj.* embarrassed 5
avión *m.* airplane 5
¡Ay! Oh! 10
  ¡Ay, qué dolor! Oh, what pain! 10
ayer yesterday 6
ayudar (a) *v.* to help 12
ayudarse *v.* to help each other 11
azúcar *m.* sugar 8
azul *adj. m., f.* blue 6

B

bailar *v.* to dance 2
bailarín/bailarina *m., f.* dancer 17
baile *m.* dance 17
bajar(se) *v.* to go down; to get off (of) 11
bajo/a *adj.* short (*in height*) 3
bajo control under control 7
balcón *m.* balcony 12
ballet *m.* ballet 17
baloncesto *m.* basketball 4
banana *f.* banana 8
banco *m.* bank 14
banda *f.* band 17
bandera *f.* flag
bañarse *v.* to bathe take a bath 7
baño *m.* bathroom 7
barato/a *adj.* cheap 6
barco *m.* ship 5

barrer *v.* to sweep 12
  barrer el suelo *v.* to sweep the floor 12
barrio *m.* neighborhood 12
bastante *adv.* enough; rather 10; pretty
basura *f.* trash 12
baúl *m.* trunk 11
beber *v.* to drink 3
bebida *f.* drink 8
béisbol *m.* baseball 4
bellas artes *f., pl.* fine arts 17
belleza *f.* beauty 14
beneficio *m.* benefit 16
besar(se) *v.* to kiss (each other) 11
beso *m.* kiss 9
biblioteca *f.* library 2
bicicleta *f.* bicycle 4
bien *adj.* good well 1
bienestar *m.* well-being 15
bienvenido/a *adj.* welcome 12
billete *m.* paper money 8
billón *m.* trillion 5
biología *f.* biology 2
bistec *m.* steak 8
bizcocho *m.* biscuit 9
blanco/a *adj.* white 6
bluejeans *m., pl.* jeans 6
blusa *f.* blouse 6
boca *f.* mouth 10
boda *f.* wedding 9
boleto *m.* ticket 17
bolsa *f.* purse, bag 6
bombero/a *m., f.* firefighter 16
bonito/a *adj.* pretty 3
borrador *m.* eraser 2
bosque *m.* forest 13
  bosque tropical tropical forest; rainforest 13
bota *f.* boot 6
botella *f.* bottle 9
  botella de vino bottle of wine 9
botones *m., sing.* bellhop 5
brazo *m.* arm 10
brindar *v.* to toast (*drink*) 9
bucear *v.* to (scuba)dive 4
bueno *adv.* well 2
bueno/a, buen *adj.* good 3, 6
  Buen viaje. Have a good trip. 1
  buena forma good shape (*physical*) 15
  Buena idea. Good idea. 4
  Buenas noches Good evening; Good night. 1
  Buenas tardes. Good afternoon. 1
  buenísimo extremely good 8
  ¿Bueno? Hello. (*on telephone*) 11
  Buenos días. Good morning. 1
bulevar *m.* boulevard 11
buscar *v.* to look for 2
buzón *m.* mailbox 14

C

caballo *m.* horse 5
cabaña *f.* cabin 5
cabe: no cabe duda (de) que...
there's no doubt that . . . 13
cabeza *f.* head 10
cada *adj. m., f.* each 6
caerse *v.* to fall (down) 10
café *m.* café 4; *adj. m., f.* brown
6; coffee 8
cafetera *f.* coffee maker 12
cafetería *f.* cafeteria 2
caído/a *p.p.* fallen 14
caja *f.* cash register 6
cajero/a *m., f.* cashier 14
cajero automático *m.* auto-
matic teller machine (ATM) 14
calcetín *m.* sock 6
calculadora *f.* calculator 11
caldo *m.* soup 8
caldo de patas *m.* beef soup 8
calentarse *v.* to warm up 15
calidad *f.* quality 6
calle *m.* street 11
calor *m.* heat 4
caloría *f.* calorie 15
calzar *v.* to take size ... shoes 6
cama *f.* bed 5
cámara de video *f.* videocamera
11
cámara *f.* camera 11
camarero/a *m., f.* waiter 8
camarón *m.* shrimp 8
cambiar (de) *v.* to change 9
cambio de moneda currency
exchange 8
caminar *v.* to walk 2
camino *m.* road 11
camión *m* truck; bus
camisa *f.* shirt 6
camiseta *f.* t-shirt 6
campo *m.* countryside 5
canadiense *adj.* Canadian 3
canal *m.* channel (TV) 11
canción *f.* song 17
candidato/a *m., f.* candidate 18
cansado/a *adj.* tired 5
cantante *m., f.* singer 17
cantar *v.* to sing 2
capital *f.* capital (city) 1
capó *m.* hood 11
cara *f.* face 7
caramelo *m.* caramel 9
carne *f.* meat 8
carne de res *f.* beef 8
carnicería *f.* butcher shop 14
caro/a *adj.* expensive 6
carpintero/a *m., f.* carpenter 16
carrera *f.* career 16
carretera *f.* highway 11
carro *m.* car; automobile 11
carta *f.* letter 4; *(playing)* card 5
cartel *m.* poster 12
cartera *f.* wallet 6

cartero *m.* mail carrier 14
casa *f.* house; home 4
casado/a *adj.* married 9
casarse (con) *v.* to get married
(to) 9
casi *adv.* almost 10
catorce *adj.* fourteen 1
cebolla *f.* onion 8
celebrar *v.* to celebrate 9
celular *adj.* cellular 11
cena *f.* dinner 8
cenar *v.* to have dinner 8
centro *m.* downtown 4
centro comercial *m.* shopping
mall 6
cepillarse los dientes/el pelo
v. to brush one's teeth/one's
hair 7
cerámica *f.* pottery 17
cerca de *prep.* near 2
cerdo *m.* pork 8
cereales *m., pl.* cereal; grains 8
cero *m.* zero 1
cerrado/a *p.p.* closed 5
cerrar (e:ie) *v.* to close 4
cerveza *f.* beer 8
césped *m.* grass 13
ceviche *m.* marinated fish dish 8
ceviche de camarón *m.*
marinated shrimp 8
chaleco *m.* vest 6
champán *m.* champagne
champiñón *m.* mushroom 8
champú *m.* shampoo 7
chaqueta *f.* jacket 6
chau *fam.* bye 1
cheque *m.* (bank) check 14
cheque de viajero *m.* traveler's
check 14
chévere *adj., fam.* terrific
chico/a *adj.* boy girl 1
chino/a *adj.* Chinese 3
chocar (con) *v.* to run into 11
chocolate *m.* chocolate 9
choque *m.* collision 18
chuleta *f.* chop *(food)* 8
chuleta de cerdo *f.* pork
chop 8
ciclismo *m.* cycling 4
cielo *m.* sky 13
cien(to) one hundred 5
ciencia *f.* science 2
ciencia ficción *f.* science
fiction 17
científico/a *m., f.* scientist 16
cierto *m.* certain; true 13
cifra *f.* figure
cinco five 1
cincuenta fifty 2
cine *m.* movie theater 4
cinta *f.* (audio)tape 11
cinturón *m.* belt 6
circulación *f.* traffic 11
cita *f.* date; appointment 9
ciudad *f.* city 4

ciudadano/a *adj.* citizen 18
claro que sí *fam.* of course 16
clase *f.* class 2
clase de ejercicios aeróbicos
f. aerobics class 15
clásico/a *adj.* classical 17
cliente/a *m., f.* customer 6
clínica *f.* clinic 10
cobrar *v.* to cash a check 14
coche *m.* car; automobile 11
cocina *f.* kitchen; stove 12
cocinar *v.* to cook 12
cocinero/a *m., f.* cook, chef 16
cola *f.* line 14
colesterol *m.* cholesterol 15
color *m.* color 6
comedia *f.* comedy; play 17
comedor *m.* dining room 12
comenzar (e:ie) *v.* to begin 4
comer *v.* to eat 3
comercial *adj.* commercial;
business-related 16
comida *f.* food; meal 8
como like as 8
¿cómo? what; how 1
¿Cómo es...? What's... like? 3
¿Cómo está Ud.? *form.*
How are you? 1
¿Cómo estás? *fam.* How are
you? 1
¿Cómo les fue...? *pl.* How did
. . . go for you? 15
¿Cómo se llama (Ud.)?
(form.) What's your name? 1
¿Cómo te llamas (tú)? *(fam.)*
What's your name? 1
cómoda *f.* chest of drawers 12
cómodo/a *adj.* comfortable 5
compañero/a de clase *m., f.*
classmate 2
compañero/a de cuarto *m., f.*
roommate 2
compañía *f.* company; firm 16
compartir *v.* to share 3
completamente *adv.* completely
16
compositor(a) *m., f.* composer 17
comprar *v.* to buy 2
compras *f., pl.* purchases 5
ir de compras go shopping
comprender *v.* to understand 3
comprobar *v.* to check
comprometerse (con) *v.* to get
engaged (to) 9
computación *f.* computer science 2
computadora *f.* computer 1
computadora portátil *f.*
portable computer; laptop 11
comunicación *f.* communication
18
comunicarse (con) *v.* to commu-
nicate (with) 18
comunidad *f.* community 1
con *prep.* with 2

Con él/ella habla. This is
he/she. (*on telephone*) 11
con frecuencia frequently 10
Con permiso. Pardon me.,
Excuse me. 1
con tal (de) que provided
(that) 13
concierto *m.* concert 17
concordar *v.* to agree 8
concurso *m.* contest; game show
17
conducir *v.* to drive 8, 11
conductor(a) *m., f.* chauffeur;
driver 1
confirmar *v.* **la reservación** *f.* to
confirm the reservation 5
confirmar *v.* to confirm 5
congelador *m.* freezer 12
congestionado/a *adj.* congested;
stuffed-up 10
conmigo *pron.* with me 4
conocer *v.* to know; to be
acquainted with 8
conocido *adj.* known 2
conseguir (e:i) *v.* to get; to
obtain 4
consejero/a *m., f.* counselor;
advisor 16
consejo *m.* advice 9
conservación *f.* conservation 13
conservar *v.* to conserve 13
construir *v.* build 4
consultorio *m.* doctor's office 10
consumir *v.* consume 15
contabilidad *f.* accounting 2
contador(a) *m., f.* accountant 16
contaminación *f.* pollution; cont-
amination 4
**contaminación del aire/del
agua** air/water pollution 13
contaminado/a *m., f.* polluted 13
contaminar *v.* to pollute 13
contar (con) *v.* to count (on) 12
contento/a *adj.* happy; content 5
contestadora *f.* answering
machine 11
contestar *v.* to answer 2
contigo *fam.* with you 8
contratar *v.* to hire 16
control *m.* control 7
control remoto remote
control 11
controlar *v.* to control 13
conversación *f.* conversation 2
conversar *v.* to talk 8
copa *f.* wineglass; goblet 12
corazón *m.* heart 10
corbata *f.* tie 6
corredor(a) *m., f.* **de bolsa**
stockbroker 16
correo *m.* post office; mail 14
correo electrónico *m.*
e-mail 4
correr *v.* to run; to jog 3
cortesía *f.* courtesy 1

cortinas *f., pl.* curtains 12
corto/a *adj.* short (*in length*) 6
cosa *f.* thing 1
costar (o:ue) *f.* to cost 6
cráter *m.* crater 13
creer (en) *v.* to believe (in) 3
creído/a *p.p.* believed 14
crema de afeitar *f.* shaving
cream 7
crimen *m.* crime; murder 18
cruzar *v.* to cross 14
cuaderno *m.* notebook 1
cuadra *f.* city block 14
¿cuál(es)? which?; which ones?;
what? 2
¿Cuál es la fecha (de hoy)?
What is the date (today)? 5
cuadro *m.* picture 12
cuadros *m., pl.* plaid 6
cuando when 7
¿cuándo? when? 2
¿cuánto/a(s)? how much?, how
many? 1
¿Cuánto cuesta...? How
much does . . . cost? 6
¿Cuántos años tienes? How
old are you? 3
cuarenta forty 2
cuarto de baño *m.* bathroom 7
cuarto *m.* room 7
cuarto/a *adj.* fourth 5
menos cuarto quarter to (time)
y cuarto quarter after (time)
cuatro four 1
cuatrocientos/as *m., f.* four hun-
dred 5
cubiertos *m., pl.* silverware
cubierto/a *p.p.* covered 14
cubrir *v.* to cover 14
cuchara *f.* tablespoon 12
cuchillo *m.* knife 12
cuello *m.* neck 10
cuenta *f.* bill 9; account 14
cuenta corriente *f.* checking
account 14
cuenta de ahorros *f.* savings
account 14
cuento *m.* story 17
cuerpo *m.* body 10
cuidado *m.* care 3
cuidar *v.* to take care of 13
cultura culture 17
cumpleaños *m., sing.* birthday 9
cumplir años *v.* to have a birth-
day 9
cuñado/a *m., f.* brother-in-law;
sister-in-law 3
currículum *m.* résumé; curriculum
vitae 16
curso *m.* course 2

D

danza *f.* dance 17

dañar *v.* to damage; to breakdown
11
dar *v.* to give 9
dar direcciones *v.* to give
directions 14
dar un consejo *v.* to give
advice 9
darse con *v.* to bump into; to
run into 10
de *prep.* of; from 1
¿De dónde eres (tú)? *fam.*
Where are you from? 1
¿De dónde es (Ud.)? *form.*
Where are you from? 1
¿De parte de quién? Who is
calling? (*on telephone*) 11
¿de quién? whose (*sing.*) 1
¿de quiénes? whose (*pl.*) 1
de algodón (made of) cotton 6
de aluminio (made of)
aluminum 13
de compras shopping 5
de cuadros plaid 6
de excursión hiking 4
de hecho in fact 5
de ida y vuelta roundtrip 5
de la mañana in the morning;
A.M. 1
de la noche in the evening; at
night; P.M. 1
de la tarde in the afternoon; in
the early evening; P.M. 1
de lana (made of) wool 6
de lunares polka-dotted 6
de mi vida in my life 15
de moda in fashion 6
De nada. You're welcome. 1
de ninguna manera no way
16
de niño/a as a child 10
de parte de on behalf of 11
de plástico (made of) plastic 13
de rayas striped 6
de repente suddenly 6
de seda (made of) silk 6
de vaqueros western (genre)
17
de vez en cuando from
time to time 10
de vidrio (made of) glass 13
debajo de *prep.* below; under 2
deber (+ infin.) *v.* to have to (*do
something*), should (*do some-
thing*) 3
deber *v.* responsibility; obligation 18
debido a due to; the fact that 3
débil *adj.* weak 15
decidido/a *adj.* decided 14
decidir *v.* to decide 3
décimo/a *adj.* tenth 5
decir *v.* **(que)** to say (that);
to tell (that) 9
declarar *v.* to declare; to say 18
dedo *m.* finger 10
deforestación *f.* deforestation 13

dejar *v.* to let 12; to quit; to leave behind 16
  dejar de *(+ inf.) v.* to stop *(doing something)* 13
  dejar una propina *v.* to leave a tip 9
del *(contraction of* **de + el)** of the; from the 1
delante de *prep.* in front of 2
delgado/a *adj.* thin; slender 3
delicioso/a *adj.* delicious 8
demás *pron.* the rest 5
demasiado *adv.* too much 6
dentista *m., f.* dentist 10
dentro de within 16
dependiente/a *m., f.* clerk 6
deporte *m.* sport 4
deportista *m.* sports person 1
deportivo/a *adj.* sports-loving 4
depositar *v.* to deposit 14
derecha *f.* right 2
derecho/a *adj.* straight 14
derechos *m.* rights 18
desarrollar *v.* to develop 13
desastre natural *m.* natural disaster 18
desayunar *v.* to have breakfast 8
desayuno *m.* breakfast 8
descafeinado/a *adj.* decaffeinated 15
descansar *v.* to rest 2
descompuesto/a *adj.* not working; out-of-order 11
describir *v.* to describe 3
descrito/a *p.p.* described 14
descubierto/a *p.p.* discovered 14
descubrir *v.* to discover 13
desde from; since 6
desear *v.* to wish; to desire 2
desempleo *m.* unemployment 18
desierto *m.* desert 13
desigualdad *f.* inequality 18
desordenado/a *adj.* disorderly 5
despacio *adj.* slowly 8
despedida *f.* farewell; good-bye 6
despedir (e:i) *v.* fire 16
despedirse (de) (e:i) *v.* to say good-bye (to) 7
despejado/a *adj.* clear *(weather)* 4
despertador *m.* alarm clock 7
despertarse (e:ie) *v.* to wake up 7
después *adv.* afterwards; then 7
  después de after 7
  después (de) que *conj.* after 14
destruir *v.* to destroy 13
detrás de *prep.* behind 2
día de fiesta holiday 9
día *m.* day 1
diario *m.* diary 1; newspaper 18
  diario/a *adj.* daily 7
dibujar *v.* to draw 2
dibujo *m.* drawing 17
  dibujos animados *m., pl.* cartoons 17
diccionario *m.* dictionary 1

dicho/a *p.p.* said 14
diciembre *m.* December 5
dictadura *f.* dictatorship 18
diecinueve nineteen 1
dieciocho eighteen 1
dieciséis sixteen 1
diecisiete seventeen 1
diente *m.* tooth 7
dieta *f.* diet 15
  dieta equilibrada balanced diet 15
diez ten 1
difícil *adj.* hard; difficult 3
Diga. Hello. *(on telephone)* 11
diligencia *f.* errand 14
dinero *m.* money 6
dirección *f.* address 14
direcciones *f., pl.* directions 14
director(a) *m., f.* director; *(musical)* conductor 17
disco compacto compact disc (CD) 11
disco *m.* (computer) disk 11
discriminación *f.* discrimination 18
discurso *m.* speech 18
diseñador(a) *m., f.* designer 16
diseño *m.* design 3
disfrutar (de) *v.* to enjoy; to reap the benefits (of) 15
diversión *f.* fun activity 4
divertido/a *adj.* fun 7
divertirse (e:ie) *v.* to have fun 9
divorciado/a *adj.* divorced 9
divorciarse (de) *v.* to get divorced (from) 9
divorcio *m.* divorce 9
doblar *v.* to turn 14
doce twelve 1
doble *adj.* double
doctor(a) *m., f.* doctor 3
documental *m.* documentary 17
documentos de viaje *m., pl.* travel documents
doler (o:ue) *v.* to hurt 10
dolor *m.* ache; pain 10
dolor de cabeza *m.* headache 10
doméstico/a *adj.* domestic 18
domingo *m.* Sunday 2
don/doña *title of respect used with a person's first name* 1
donde *prep.* where
  ¿Dónde está...? Where is . . . ? 2
  ¿dónde? where? 1
dormir (o:ue) *v.* to sleep 4
dormirse (o:ue) *v.* to go to sleep; to fall asleep 7
dos two 1
  dos veces *f.* twice; two times 6
doscientos/as *m.* two hundred 5
drama *m.* drama; play 17
dramático/a *adj.* dramatic 17
dramaturgo/a *m., f.* playwright 17
droga *f.* drug 15
drogadicto/a *adj.* drug addict 15

ducha *f.* shower 7
ducharse *v.* to shower; to take a shower 7
duda *f.* doubt 13
dudar *v.* to doubt 13
dueño/a *m., f* owner; landlord 8
dulces *m., pl.* sweets; candy 9
durante *prep.* during 7
durar *v.* to last 18

E

e *conj. (used instead of* **y** *before words beginning with* **i** *and* **hi)** and 4
echar *v.* to throw 14
  echar una carta al buzón *v.* to throw a letter in the mailbox 14
ecología *f.* ecology 13
economía *f.* economics 2
ecoturismo *m.* ecotourism 13
Ecuador *m.* Ecuador 1
ecuatoriano/a *adj.* Ecuadorian 3
edad *f.* age 8
edificio *m.* building 12
efectivo *m.* cash 14
ejercicio *m.* exercise 15
  ejercicios aeróbicos *m.* aerobic exercises 15
  ejercicios de estiramiento stretching exercises 15
ejército *m.* army 18
el *m., sing.* the 1
él *sub. pron.* he 1; *adj. pron.* him 1
elección *f.* election 18
electricista *m., f.* electrician 16
elegante *adj. m., f.* elegant 6
elegir *v.* to elect 18
ella *sub. pron.* she 1; *obj. pron.* her 1
ellos/as *sub. pron.* they 1; them 1
embarazada *adj.* pregnant 10
emergencia *f.* emergency 10
emitir *v.* to broadcast 18
emocionante *adj. m., f.* exciting
empezar (e:ie) *v.* to begin 4
empleado/a *m., f.* employee 5
empleo *m.* job; employment 16
empresa *f.* company; firm 16
en *prep.* in; on 2
  en casa at home 7
  en caso (de) que in case (that) 13
  en cuanto as soon as 14
  en efectivo in cash 14
  en exceso in excess; too much 15
  en línea in-line 4
  ¡En marcha! Forward march! 15
  en mi nombre in my name 5
  en punto on the dot; exactly; sharp *(time)* 1
  en qué in what; how 2

¿En qué puedo servirles?
How may I help you? 5
enamorado/a *adj.* **(de)** in love
with 5
enamorarse (de) *v.* to fall in love
(with) 9
encantado/a *adj.* delighted;
pleased to meet you 1
encantar *v.* to like very much; to
love (*inanimate things*) 7
encima de *prep.* on top of 2
encontrar (o:ue) *v.* to find 4
encontrar(se) *v.* to meet (each
other); to find (each other) 11
encuesta *f.* poll; survey 18
energía *f.* energy 13
enero *m.* January 5
enfermarse *v.* to get sick 10
enfermedad *f.* illness 10
enfermero/a *m., f.* nurse 10
enfermo/a *adj.* sick 10
enfrente de *adv.* opposite; facing
14
engordar *v.* to gain weight 15
enojado/a *adj.* mad; angry 5
enojarse (con) *v.* to get angry
(with) 7
ensalada *f.* salad 8
enseguida *adv.* right away 9
enseñar *v.* to teach 2
ensuciar *v.* to dirty; to get dirty 12
entender (e:ie) *v.* to understand 4
entonces *adv.* then 7
entrada *f.* entrance 12; ticket 17
entre *prep.* between; among 2
entremeses *m., pl.* hors
d'oeuvres; appetizers 8
entrenarse *v.* to practice; to train
15
entrevista *f.* interview 16
entrevistador(a) *m., f.* interview-
er 16
entrevistar *v.* to interview 16
envase *m.* container 13
enviar *v.* to send; to mail 14
equilibrado/a *adj.* balanced 15
equipado/a *adj.* equipped 15
equipaje *m.* luggage 5
equipo *m.* team 4
equivocado/a *adj.* mistaken;
wrong 5
eres *fam.* you are 1
es he/she/it is 1
　Es (una) lástima que... It's a
　shame that . . . 13
　Es bueno que... It's good
　that . . . 12
　Es de... He/She is from . . . 1
　Es extraño que... It's strange
　that . . . 13
　Es importante que... It's
　important that . . . 12
　Es imposible que... It's
　impossible that . . . 13
　Es improbable que... It's
　improbable that . . . 13

Es la una. It's one o'clock. 1
Es malo que... It's bad
　that . . . 12
Es mejor que... It's better
　that . . . 12
Es necesario que... It's
　necessary that . . . 12
Es obvio que... It's
　obvious that . . . 13
Es ridículo que... It's
　ridiculous that . . . 13
Es seguro que... It's sure
　that . . . 13
Es terrible que... It's terrible
　that . . . 13
Es triste que... It's sad that . . .
13
Es urgente que... It's urgent
　that . . . 12
Es verdad que... It's true
　that . . . 13
esa(s) *f., adj.* that; those 6
ésa(s) *f., pron.* those (ones) 6
escalar *v.* to climb 4
　escalar montañas *v.* to climb
　mountains 4
escalera *f.* stairs; stairway 12
escoger *v.* choose 8
escribir *v.* to write 3
　escribir un mensaje
　electrónico to write an
　e-mail message 4
　escribir una (tarjeta) postal
　to write a postcard 4
　escribir una carta to write a
　letter 4
escrito/a *p.p.* written 14
escritor(a) *m., f* writer 17
escritorio *m.* desk 2
escuchar *v.* to listen to 2
　escuchar la radio to listen to
　the radio 2
　escuchar música to listen to
　music 2
escuela *f.* school 1
esculpir *v.* to sculpt 17
escultor(a) *m., f.* sculptor 17
escultura *f.* sculpture 17
ese *m., sing., adj.* that 6
ése *m., sing., pron.* that (one) 6
eso *neuter, pron.* that;
　that thing 6
esos *m., pl., adj.* those 6
ésos *m., pl., pron.* those (ones) 6
España *f.* Spain 1
español *m.* Spanish (*language*) 2
　español(a) *m., f., adj.*
　Spanish 3
espárragos *m., pl.* asparagus 8
especialización *f.* major field of
　study or interest; specialization 16
espectacular *adj.* spectacular 15
espectáculo *m.* show 17
espejo *m.* mirror 7
esperar *v.* to wait for; to hope 2;
　to wish 13

esposo/a *m., f.* husband/wife;
spouse 3
esquí (acuático) *m.* (water)
skiing 4
esquiar *v.* to ski 4
esquina *m.* corner 14
está he, she, it is, you are 1
　Está (muy) despejado. It's
　(very) clear. (*weather*) 4
　Está (muy) nublado. It's
　(very) cloudy. (*weather*) 4
　Está bien. That's fine. It's okay.
　11
esta(s) *f., adj.* this; these 4
　esta noche tonight 4
ésta(s) *f., pron.* this (one); these
(ones) 6
　Ésta es... *f.* This is . . .
　(*introducing someone*) 1
establecer to establish 16
estación *f.* station; season 5
　estación de autobuses
　bus station 5
　estación del metro subway
　station 5
　estación de tren train
　station 5
estacionar to park 11
estadio *m.* stadium 2
estado civil *m.* marital status 9
　Estados Unidos *m.* (EE.UU.;
　E.U.) United States 1
estadounidense *adj.* from the
United States 3
estampado/a *adj.* print 6
estampilla *f.* stamp 14
estante *m.* bookcase; bookshelf 12
estar *v.* to be 2
　estar a (veinte kilómetros)
　de aquí. to be (20 kilometers)
　from here 11
　estar a dieta to be on a diet
　15
　estar aburrido/a to be
　bored 5
　estar afectado/a por to be
　affected by 13
　estar bajo control to be under
　control 7
　estar cansado/a to be tired 5
　estar contaminado/a to be
　polluted 13
　estar de acuerdo to agree 16
　estar de moda to be in
　fashion 6
　estar de vacaciones *f., pl.* to
　be on vacation 5
　estar en buena forma to be in
　good shape 15
　estar enfermo/a to be sick 10
　estar listo/a to be ready 15
　estar perdido/a to be lost 14
　estar roto/a to be broken 10
　estar seguro/a to be sure 5

estar torcido/a to be twisted; to be sprained 10

(no) está nada mal it's not at all bad 5

estatua *f.* statue 17

este *m.* east 14; umm 17

este *m., sing., adj.* this 6

éste *m., sing., pron.* this (one) 6

   Éste es... *m.* This is . . . (introducing someone) 1

estéreo *m.* stereo 11

estilo *m.* style 5

estiramiento *m.* stretching 15

esto *neuter pron.* this; this thing 6

estómago *m.* stomach 10

estornudar *v.* to sneeze 10

estos *m., pl., adj.* these 6

éstos *m., pl., pron.* these (ones) 6

estrella *f.* star 13

   estrella de cine *m., f.* movie star 17

estrés *m.* stress 15

estudiante *m., f.* student 1

estudiantil *adj. m., f.* student 2

estudiar *v.* to study 2

estufa *f.* stove 12

estupendo/a *adj.* stupendous 5

etapa *f.* stage; step 9

evitar *v.* to avoid 13

examen *m.* test; exam 2

   examen médico phisical exam 10

excelente *adj. m., f.* excellent 5

exceso *m.* excess; too much 15

excursión *f.* hike; tour; excursion 4

excursionista *m., f.* hiker 4

éxito *m.* success 16

experiencia *f.* experience 18

explicar *v.* to explain 2

explorar to explore 4

   explorar un pueblo to explore a town 4

   explorar una ciudad to explore a city 4

expresión *f.* expression

extinción *f.* extinction 13

extranjero/a *adj.* foreign 17

extraño/a *adj.* strange 13

F

fabuloso/a *adj* fabulous 5

fácil *adj. m., f.* easy 3

falda *f.* skirt 6

faltar *v.* to lack; to need 7

familia *f.* family 3

famoso/a *adj.* famous 16

farmacia *f.* pharmacy 10

fascinar *v.* to fascinate 7

favorito/a *adj.* favorite 4

fax *m.* fax (machine) 11

febrero *m.* February 5

fecha *f.* date 5

feliz *adj.* happy 5

¡Felicidades! Congratulations! (*for an event such as a birthday or anniversary*) 9

¡Felicitaciones! Congratulations! (*for an event such as an engagement or a good grade on a test*) 9

¡Feliz cumpleaños! Happy birthday! 9

fenomenal *adj.* phenomenal; great 5

feo/a *adj.* ugly 3

festival *m.* festival 17

fiebre *f.* fever 10

fiesta *f.* party 9

fijo/a *adj.* set, fixed 6

fin *m.* end 4

   fin de semana weekend 4

finalmente *adv.* finally 15

firmar *v.* to sign (*a document*) 14

física *f.* physics 2

flan (de caramelo) *m.* baked (caramel) custard 9

flexible *adj.* flexible 15

flor *f.* flower 13

folklórico/a *adj.* folk; folkloric 17

folleto *m.* brochure 5

fondo *m.* end 12

forma *f.* shape 15

formulario *m.* form 14

foto(grafía) *f.* photograph 1

francés, francesa *m., f.* French 3

frecuentemente *adv.* frequently 10

frenos *m., pl.* brakes 11

fresco/a *adj.* cool 4

frijoles *m., pl.* beans 8

frío/a *adj.* cold 4

fritada *f.* fried dish (pork, fish, etc.) 8

frito/a *adj.* fried 8

fruta *f.* fruit 8

frutería *f.* fruit store 14

frutilla *f.* strawberry 8

fuente de fritada *f.* platter of fried food

fuera *adv.* outside 8

fuerte *adj. m., f.* strong 15

fumar *v.* to smoke 15

funcionar *v.* to work; to function 11

fútbol *m.* soccer 4

   fútbol americano *m.* football 4

futuro/a *adj.* future 16

   en el futuro in the future 16

G

gafas (de sol) *f., pl.* (sun)glasses 6

gafas (oscuras) *f., pl.* (sun)glasses 6

galleta *f.* cookie 9

ganar *v.* to win 4; to earn (money) 16

ganga *f.* bargain 6

garaje *m.* garage 12

garganta *f.* throat 10

---

gasolina *f.* gasoline 11

gasolinera *f.* gas station 11

gastar *v.* to spend (*money*) 6

gato/a *m., f.* cat 13

gente *f.* people 3

geografía *f.* geography 2

gerente *m., f.* manager 16

gimnasio *m.* gymnasium 4

gobierno *m.* government 13

golf *m.* golf 4

gordo/a *adj.* fat 3

grabadora *f.* tape recorder 1

gracias *f., pl.* thank you; thanks 1

   Gracias por todo. Thanks for everything. 9

   Gracias una vez más. Thanks again. 9

graduarse (en) *v.* to graduate (from) 9

gran, grande *adj.* big 3

grasa *f.* fat 15

gratis *adj. m., f.* free of charge 14

grave *adj.* grave; serious 10

gravísimo/a *adj.* extremely serious 13

grillo *m.* cricket 4

gripe *f.* flu 10

gris *adj. m., f.* gray 6

gritar *v.* to scream 7

guantes *m., pl.* gloves 6

guapo/a *adj.* handsome; good-looking 3

guardar *v.* to save (on a computer) 11

guerra *f.* war 18

guía *m., f.* guide 12

gustar *v.* to be pleasing to; to like 7

gusto *m.* pleasure 1

   El gusto es mío. The pleasure is mine. 1

   Gusto de (+ *inf.*)... It's a pleasure to . . . 18

   Mucho gusto. Pleased to meet you. 1

H

haber (*aux.*) *v.* to have (*done something*) 15

   ha sido un placer it's been a pleasure 15

habitación *f.* room 5

   habitación doble double room 5

   habitación individual single room 5

hablar *v.* to talk; to speak 2

hacer *v.* to do; to make; 4

   Hace (mucho) viento. It's (very) windy. (*weather*) 4

   Hace buen tiempo. The weather is good.; It's good weather. 4

   Hace calor. It's hot. (*weather*) 4

Hace fresco. It's cool. (*weather*) 4

Hace frío. It's cold. (*weather*) 4

Hace mal tiempo. The weather is bad.; It's bad weather. 4

Hace sol. It's sunny. (*weather*) 4

hacer cola to stand in line 14

hacer diligencias to do errands; to run errands 14

hacer ejercicio to exercise 15

hacer ejercicios aeróbicos to do aerobics 15

hacer ejercicios de estiramiento to do stretching exercises 15

hacer el papel to play a role 17

hacer gimnasia to work out 15

hacer juego (con) to match 6

hacer la cama to make the bed 12

hacer las maletas to pack the suitcases 5

hacer quehaceres domésticos to do household chores 12

hacer turismo to go sightseeing 5

hacer un viaje to go on a trip 5

hacer una excursión to go on a hike; to go on a tour 5

hacha *f.* ax 1

hacia *prep.* toward 14

hambre *f.* hunger 3

hamburguesa *f.* hamburger 8

hasta *prep.* until; toward 1

Hasta la vista. See you later. 1

Hasta luego. See you later. 1

Hasta mañana. See you tomorrow. 1

hasta que until 14

Hasta pronto. See you soon. 1

hay there is; there are 1

Hay (mucha) contaminación. It's (very) smoggy. 4

Hay (mucha) niebla. It's (very) foggy. 4

Hay que It is necessary that 14

No hay duda que... There's no doubt that . . . 13

No hay de qué. You're welcome. 1

hecho/a *p.p.* done 14

heladería *f.* ice cream shop 14

helado/a *adj.* iced 8

helado *m.* ice cream 9

hermanastro/a *m., f.* stepbrother/stepsister 3

hermano/a *m., f.* brother/sister 3

hermano/a mayor/menor *m., f.* older/younger brother/sister 3

hermanos *m., pl.* brothers and sisters 3

hermoso/a *adj.* beautiful 6

hierba *f.* grass 13

hijastro/a *m., f.* stepson/stepdaughter 3

hijo/a *m., f.* son/daughter 3

hijo/a único/a *m., f.* only child 3

hijos *m., pl.* children 3

historia *f.* history 2; story 17

hockey *m.* hockey 4

hola hello; hi 1

hombre *m.* man 1

hombre de negocios *m.* businessman 16

hora *f.* hour 1

horario *m.* schedule 2

horno *m.* oven 12

horno de microondas *m.* microwave oven 12

horror *m.* horror 17

hospital *m.* hospital 10

hotel *m.* hotel 5

hoy *adv.* today 2

hoy día *adv.* nowadays 5

Hoy es... Today is . . . 2

huelga *f.* strike (labor) 18

hueso *m.* bone 10

huésped *m., f.* guest 5

huevo *m.* egg 8

humanidades *f., pl.* humanities 2

huracán *m.* hurricane 18

I

ida *f.* one way (*travel*) 5

idea *f.* idea 4

iglesia *f.* church 4

igualdad *f.* equality 18

igualmente *adv.* likewise 1

impermeable *m.* raincoat 6

importante *adj. m., f.* important 3

importar *v.* to be important to; to matter 7

imposible *adj. m., f.* impossible 13

impresora *f.* printer 11

imprimir *v.* to print 11

improbable *adj. m., f.* improbable 13

impuesto *m.* tax 18

incendio *m.* fire 18

increíble *adj. m., f.* incredible 5

individual *adj.* private (*room*) 5

infección *f.* infection 10

informar *v.* to inform 18

informe *m.* report; paper (*written work*) 18

ingeniero/a *m., f.* engineer 3

inglés *m.* English (*language*) 2

inglés, inglesa *adj.* English 3

insistir (en) *v.* to insist (on) 12

inspector(a) de aduanas *m.* customs inspector 5

inteligente *adj. m., f.* intelligent 3

intercambiar *v.* exchange

interesante *adj. m., f.* interesting 3

interesar *v.* to be interesting to; to interest 7

internacional *adj. m., f.* international 18

Internet *m.* Internet 11

inundación *f.* flood 18

invertir (i:ie) *v.* to invest 16

invierno *m.* winter 5

invitado/a *m., f.* guest (*at a function*) 9

invitar *v.* to invite 9

inyección *f.* injection 10

ir *v.* to go 4

ir a (+ *inf.*) to be going to do something 4

ir de compras to go shopping 5

ir de excursión (a las montañas) to go for a hike (in the mountains) 4

ir de pesca to go fishing 5

ir de vacaciones to go on vacation 5

ir en autobús to go by bus 5

ir en auto(móvil) to go by auto(mobile); to go by car 5

ir en barco to go by ship 5

ir en metro to go by subway 5

ir en motocicleta to go by motorcycle 5

ir en taxi to go by taxi 5

ir en tren to go by train 5

ir en avión to go by plane 5

irse *v.* to go away; to leave 7

italiano/a *adj.* Italian 3

izquierdo/a *adj.* left 2

a la izquierda de to the left of 2

J

jabón *m.* soap 7

jamás *adv.* never; not ever 7

jamón *m.* ham 8

japonés, japonesa *adj.* Japanese 3

jardín *m.* garden; yard 12

jefe, jefa *m., f.* boss 16

joven *adj. m., f.* young 3

joven *m., f.* youth; young person 1

joyería *f.* jewelry store 14

jubilarse *v.* to retire (*from work*) 9

juegos *m.* games 5

jueves *m., sing.* Thursday 2

jugador(a) *m., f.* player 4

jugar (u:ue) *v.* to play 4

jugar a las cartas *f. pl.* to play cards 5

jugo *m.* juice 8

jugo de fruta *m.* fruit juice 8

julio *m.* July 5

jungla *f.* jungle 13

junio *m.* June 5

juntos/as *adj.* together 9

juventud *f.* youth 9

K

kilómetro *m.* kilometer 11

L

la *f., sing., d.o. pron.* her, it, *form.* you 5
  la *f., sing.* the 1
laboratorio *m.* laboratory 2
lago *adj.* lake 5
lámpara *f.* lamp 12
lana *f.* wool 6
langosta *f.* lobster 8
lápiz *m.* pencil 1
largo/a *m.* long (*in length*) 6
las *f., pl.* the 1
  las *f., pl., d.o.pron.* them; *form.* you 5
lástima *f.* shame 13
lastimarse *v.* to injure oneself 10
  lastimarse el pie to injure one's foot 10
lata *f.* (*tin*) can 13
lavabo *m.* sink 7
lavadora *f.* washing machine 12
lavandería *f.* laundromat 14
lavaplatos *m., sing.* dishwasher 12
lavar *v.* to wash 12
lavarse *v.* to wash oneself 7
  lavarse la cara to wash one's face 7
  lavarse las manos to wash one's hands 7
le *sing., i.o. pron.* to/for him, her, *form.* you 6
  Le presento a... *form.* I would like to introduce . . . to you. 1
lección *f.* lesson 1
leche *f.* milk 8
lechuga *f.* lettuce 8
leer *v.* to read 3
  leer el correo electrónico to read e-mail 4
  leer el periódico to read the newspaper 4
  leer la revista to read the magazine 4
leído/a *p.p.* read 14
lejos de *prep.* far from 2
lengua *f.* language 2
  lenguas extranjeras *f., pl.* foreign languages 2
lentes de contacto *m., pl.* contact lenses 6
  lentes de sol *m. pl.* sunglasses 6
lento/a *adj.* slow 11
les *pl., i.o. pron.* to/for them, *form.* you 5
letrero *m.* sign 14
levantar *v.* to lift 15
  levantar pesas *v.* to lift weights 15

levantarse *v.* to get up 7
ley *f.* law 13
libertad *f.* liberty; freedom 18
libre *adj. m., f.* free 4
librería *f.* bookstore 2
libro *m.* book 2
licencia de conducir *f.* driver's license 11
limón *m.* lemon 8
limpiar la casa *v.* to clean the house 12
limpiar *v.* to clean 12
limpio/a *adj.* clean 5
línea *f.* line 4
listo/a *adj.* smart 5; ready 15
literatura *f.* literature 2
llamar *v.* to call 7
  llamar por teléfono to call on the phone 11
  llamarse *v.* to be called; to be named 7
llanta *f.* tire 11
llave *f.* key 5
llegada *f.* arrival 5
llegar *v.* to arrive 2
llenar *v.* to fill 11; to fill out a form 14
  llenar el tanque to fill the tank 11
  llenar un formulario to fill out a form 14
lleno/a *adj.* full 11
llevar *v.* to carry; to take 2; *v.* to wear 6
  llevar una vida sana to lead a healthy lifestyle 15
  llevarse bien/mal con to get along well/badly with 9
llover (o:ue) *v.* to rain 4
  Llueve. It's raining. 4
lluvia *f.* rain 13
  lluvia ácida acid rain 13
lo *m., sing. d.o. pronoun.* him, it, *form.* you 5
  lo mejor the best (thing) 18
  lo pasamos de película we had a great time 18
  lo peor the worst (thing) 18
  lo que what; that which 12
  lo siento I'm sorry 1
loco/a *adj.* crazy 6
locutor(a) *m., f.* TV or radio announcer 18
lomo a la plancha grilled flank steak 8
los *m.pl.d.o.pron.* them, *form.* you 5
  los *m., pl.* the 1
luchar (contra), (por) *v.* to fight struggle (against), (for) 18
luego *adv.* afterwards, then 7; *adv.* later 1
lugar *m.* place 4
luna *f.* moon 13
lunar *m.* polka dot 6

lunes *m., sing.* Monday 2
luz *f.* light; electricity 12

M

madrastra *f.* stepmother 3
madre *f.* mother 3
madurez *f.* maturity; middle age 9
maestro/a teacher (*elementary school*) 16
magnífico/a *adj.* magnificent 6
maíz *m.* corn 5
mal, malo/a *adj.* bad 8
maleta *f.* suitcase 3
mamá *f.* mom 1
mañana *f.* morning, A.M. 1; tomorrow 1
mandar *v.* to order 12; to send; to mail 14
manejar *v.* to drive 11
manera *v.* way 16
mano *f.* hand 1
  ¡Manos arriba! Hands up! 15
manta *f.* blanket 12
mantener *v.* to maintain 15
  mantenerse en forma to stay in shape 15
mantequilla *f.* butter 8
manzana *f.* apple 8
mapa *m.* map 1
maquillaje *m.* make-up 7
maquillarse *v.* to put on makeup 7
mar *m.* sea; ocean 5
maravilloso/a *adj.* marvelous 5
mareado/a *adj.* dizzy; nauseated 10
margarina *f.* margarine 8
mariscos *m., pl.* shellfish 8
marrón *adj. m., f.* brown 6
martes *m., sing.* Tuesday 2
marzo *m.* March 5
más *pron.* more 2
  más de (+ *number*) more than (+ *number*) 8
  más tarde later 7
  más... que more . . . than 8
masaje *m.* massage 15
matemáticas *f., pl.* mathematics 2
materia *f.* course 2
matrimonio *m.* marriage 9
máximo/a *m.* maximum 11
mayo *m.* May 5
mayonesa *f.* mayonnaise 8
mayor *adj.* older 3
  el/la mayor *adj.* oldest 8
me *pron.* me 5
  Me duele mucho. It hurts me a lot. 10
  Me gusta... I like . . . 2
  No me gustan nada. I don't like . . . at all. 2

Me gustaría(n)... I would like . . . 7

Me llamo... My name is . . . 1

Me muero por... I'm dying to (for) . . . 1

mecánico/a *m., f.* mechanic 11

mediano/a *adj.* medium 6

medianoche *f.* midnight 1

medias *f., pl.* pantyhose, stockings 6

medicamento *m.* medication 10

medicina *f.* medicine 10

médico/a *m., f.* doctor 3; *adj.* medical 10

medio/a *m.* half 3

  medio ambiente *m.* environment 13

  medio/a hermano/a *m., f.* half-brother/half-sister 3

  mediodía *m.* noon 1

  medios de comunicación *m., pl.* means of communication; media 18

  y media thirty minutes past the hour (time) 1

mejor *adj.* better; best 8

  el/la mejor *m., f.* the best 8

mejorar *v.* to improve 13

melocotón *m.* peach 8

menor *adj.* younger 3

  el/la menor *m., f.* youngest 8

menos *adv.* less 10

  menos cuarto... menos quince... quarter to . . . (time) 1

  menos de (+ *number***)** less than (+ *number*) 8

  menos... que less . . . than 8

mensaje electrónico *m.* e-mail message 4

mentira *f.* lie 9

menú *m.* menu 8

mercado *m.* market 6

  mercado al aire libre open-air market 6

merendar *v.* to snack in the afternoon; to have an afternoon snack 15

merienda *f.* afternoon snack 15

mes *m.* month 5

mesa *f.* table 2

mesita *f.* end table 12

  mesita de noche night stand 12

metro *m.* subway 5

mexicano/a *adj.* Mexican 3

México *m.* Mexico 1

mí *pron. obj. of prep.* me 8

mi(s) *poss. adj.* my 3

microonda *f.* microwave 12

  horno de microondas *m.* microwave oven 12

miedo *m.* fear 3

mientras *adv.* while 10

miércoles *m., sing.* Wednesday 2

mil *m.* one thousand 4

  mil millones billion 5

Mil perdones. I'm extremely sorry. (*lit.* A thousand pardons.) 4

milla *f.* mile 11

millón *m.* million 5

millones (de) *m.* millions (of) 5

mineral *m.* mineral 15

minuto *m.* minute 1

mío/a(s) *poss.* my; (of) mine 11

mirar *v.* to watch 2

  mirar (la) televisión to watch television 2

mismo/a *adj.* same 3

mochila *f.* backpack 2

moda *f.* fashion 6

módem *m.* modem 11

moderno/a *adj.* modern 17

molestar *v.* to bother; to annoy 7

monitor *m.* (computer) monitor 11

  monitor(a) *m., f.* trainer 15

montaña *f.* mountain 4

montar *v.* **a caballo** to ride a horse 5

monumento *m.* monument 4

mora *f.* blackberry 8

morado/a *adj.* purple 6

moreno/a *adj.* brunet(te) 3

morir (o:ue) *v.* to die 8

mostrar (o:ue) *v.* to show 4

moto(cicleta) *f.* motorcycle 5

motor *m.* motor 11

muchacho/a *m., f.* boy; girl 3

mucho/a *adj.* many; a lot of; much 2, 3

  muchas veces many times 10

  Muchísimas gracias. Thank you very much. 9

  Mucho gusto. Pleased to meet you. 1

  (Muchas) gracias. Thank you (very much). Thanks (a lot). 1

muchísimo very much 2

mudarse *v.* to move (from one house to another) 12

muebles *m., pl.* furniture 12

muela *f.* tooth 10

muerte *f.* death 9

muerto/a *p.p.* died 14

mujer *f.* woman 1

  mujer de negocios *f.* business woman 16

  mujer policía *f.* female police officer 11

multa *f.* fine 11

mundial *adj.* worldwide 5

mundo *m.* world 11

municipal *m.* municipal 4

músculo *m.* muscle 15

museo *m.* museum 4

música *f.* music 2, 17

musical *adj. m., f.* musical 17

músico/a *m., f.* musician 17

muy *adv.* very 1

  Muy amable. That's very kind of you. 5

Muy bien gracias. Very well, thank you. 1

N

nacer *v.* to be born 9

nacimiento *m.* birth 9

nacional *adj. m., f.* national 18

nacionalidad *f.* nationality 1

nada nothing 1; not anything 7

  nada mal not bad at all 5

nadar *v.* to swim 4

nadie *pron.* no one, nobody, not anyone 7

naranja *m.* orange 8

nariz *f.* nose 10

natación *f.* swimming 4

natural *adj. m., f.* natural 13

naturaleza *f.* nature 13

navegar (en) *v.* to surf (*the Web*) 11

Navidad *f.* Christmas 9

necesario/a *adj.* necessary 12

necesitar *v.* to need 2

negar (e:ie) *v.* to deny 13

negativo/a *m.* negative 7

negocios *m., pl.* business; commerce 16

negro/a *adj.* black 6

nervioso/a *adj.* nervous 5

nevar (e:ie) *v.* to snow 4

  Nieva. It's snowing. 4

ni...ni neither... nor 7

niebla *f.* fog 4

nieto/a *m., f.* grandson/granddaughter 3

nieve *f.* snow 8

ningún problema no problem 7

ningún, ninguno/a(s) *adj.* no; none; not; any 7

niñez *f.* childhood 9

niño/a *m., f.* child 3

no no; not 1

  No cabe duda (de) que... There is no doubt that . . . 13

  No es así. That's not the way it is 16

  No es para tanto. It's no big deal. 12

  No es seguro que... It's not sure that . . . 13

  No es verdad que... It's not true that . . . 13

  No está nada mal. It's not bad at all. 5

  no estar de acuerdo to disagree 16

  No estoy seguro. I'm not sure. 1

  no hay there is not; there are not 1

  No hay de qué. You're welcome. 1

  No hay duda (de) que... There is no doubt that . . . 13

¡No me diga(s)! You don't say! 11

No me gustan nada. I don't like them at all. 2

no muy bien not very well 1

¿no? right? 1

no quiero I don't want to 4

no sé I don't know 1

No se preocupe. Don't worry. 7

no tener razón to be wrong 3

noche *f.* night 1

nombre *m.* name 5

norte *m.* north 14

norteamericano/a *adj.* (North) American 3

nos *pron.* us 5

Nos vemos. See you. 1

nosotros/as *sub. pron.* we 1; *ob. pron.* us 8

noticias *f., pl.* news 18

noticiero *m.* newscast 18

novecientos/as *adj.* nine hundred 5

noveno/a *adj.* ninth 5

noventa ninety 2

noviembre *m.* November 5

novio/a *m., f.* boyfriend/girlfriend 3

nube *f.* cloud 13

nublado/a *adj.* cloudy 4

Está (muy) nublado. It's very cloudy. 4

nuclear *adj. m. f.* nuclear 13

nuera *f.* daughter-in-law 3

nuestro/a(s) *poss. adj.* our 3

nueve nine 1

nuevo/a *adj.* new 6

número *m.* number 1

número (shoe) size 6

nunca *adj.* never; not ever 7

nutrición *f.* nutrition 15

O

o or 7

o... o; either . . . or 7

obedecer (c:zc) *v.* to obey 18

obra *f.* work (*of art, literature, music, etc.*) 17

obra maestra *f.* masterpiece 17

obtener *v.* to obtain; to get 16

obvio/a *adj.* obvious 13

océano *m.* ocean; sea 5

ochenta eighty 2

ocho *m.* eight 1

ochocientos/as *adj.* eight hundred 5

octavo/a *adj.* eighth 5

octubre *m.* October 5

ocupación *f.* occupation 16

ocupado/a *adj.* busy 5

ocurrir *v.* to occur; to happen 18

odiar *v.* to hate 9

oeste *m.* west 14

oferta *f.* offer 12

oficina *f.* office 12

oficio *m.* trade 16

ofrecer (c:zc) *v.* to offer 8

oído *m.* sense of hearing; inner ear 10

oído *p.p.* heard 14

oír *v.* to hear 4

oigan *form., pl.* listen (*in conversation*) 5

oye *fam., sing.* listen (*in conversation*) 1

ojalá (que) I hope (that); I wish (that) 13

ojo *m.* eye 10

olvidar *v.* to forget 10

once eleven 1

ópera *f.* opera 17

operación *f.* operation 10

ordenado/a *adj.* orderly; well organized 5

ordinal *adj.* ordinal (*number*)

oreja *f.* (outer) ear 10

orquesta *f.* orchestra 17

ortográfico/a *adj.* spellling

os *fam., pl. pron.* you

otoño *m.* autumn 5

otro/a *adj.* other; another 6

otra vez again 15

P

paciente *m., f.* patient 10

padrastro *m.* stepfather 3

padre *m.* father 3

padres *m., pl.* parents 3

pagar *v.* to pay 9

pagar a plazos to pay in installments 14

pagar al contado to pay in cash 14

pagar en efectivo to pay in cash 14

pagar la cuenta to pay the bill 9

página *f.* page 11

página principal *f.* home page 11

país *m.* country 1

paisaje *m.* landscape; countryside 5

pájaro *m.* bird 13

palabra *f.* word 1

pan *m.* bread 8

pan tostado *m.* toasted bread; toast 8

panadería *f.* bakery 14

pantalla *f.* screen 11

pantalones *m., pl.* pants 6

pantalones cortos *m., pl.* shorts 6

papa *f.* potato 8

papas fritas *f., pl.* fried potatoes; french fries 8

papá *m.* dad 3

papás *m., pl.* parents 3

papel *m.* paper 2; *m.* role 17

paquete *m.* package 14

par *m.* pair 6

para *prep.* for; in order to 11

para que so that 13

parabrisas *m., sing.* windshield 11

parar *v.* to stop 11

parecer *v.* to seem; to appear 8

pared *f.* wall 12

pareja *f.* (married) couple; partner 9

parientes *m., pl.* relatives 3

parque *m.* park 4

párrafo *m.* paragraph 5

parte: de parte de on behalf of 11

partido *m.* game; match (*sports*) 4

pasado/a *adj.* last; past 6

pasado *p.p.* passed 15

pasaje *m.* ticket 5

pasaje de ida y vuelta *m.* roundtrip ticket 5

pasajero/a *m., f.* passenger 1

pasaporte *m.* passport 5

pasar *v.* to go by 5; to pass 12;

pasar la aspiradora to vacuum 12

pasar por el banco to go by the bank 14

pasar por la aduana to go through customs 5

pasar tiempo to spend time 4

pasarlo bien/mal to have a good/bad time 9

pasatiempo *m.* pastime 4

pasear *v.* to take a walk; to stroll 4

pasear en bicicleta to ride a bicycle 4

pasillo *m.* hallway 12

pastel *m.* cake; pie 9

pastel de chocolate *m.* chocolate cake 9

pastel de cumpleaños *m.* birthday cake 9

pastelería *f.* pastry shop 14

pastilla *f.* pill; tablet 10

patata *f.* potato; patatas 8

patatas fritas *f.* fried potatoes; french fries 8

patinar (en línea) *v.* to skate (in-line) 4

patio *m.* patio; yard 12

pavo *m.* turkey 8

paz *f.* peace 18

pedir (e:i) *v.* to ask for; to request 4; to order (*food*) 8

pedir prestado *v.* to borrow 14

pedir préstamo *v.* to apply for a loan 14

peinarse *v.* to comb one's hair 7

película *f.* movie 4

peligro *m.* danger 13
peligroso/a *adj.* dangerous 18
pelirrojo/a *adj.* red-headed 3
pelo *m.* hair 7
pelota *f.* ball 4
peluquería *f.* beauty salon 14
peluquero/a *m., f.* hairdresser 16
penicilina *f.* penicillin 10
pensar (e:ie) *v.* to think 4
  pensar (+ inf.) *v.* to intend to;
    to plan to (*do something*) 4
  pensar en *v.* to think about 4
pensión *f.* boardinghouse 5
peor *adj.* worse; worst 8
  (el/la) peor *adj.* the worst 8
pequeño/a *adj.* small 3
pera *f.* pear 8
perder (e:ie) *v.* to lose 4
perdido/a *adj.* lost 14
Perdón. Pardon me.;
  Excuse me. 1
perezoso/a *adj.* lazy
perfecto/a *adj.* perfect 5
periódico *m.* newspaper 4
periodismo *m.* journalism 2
periodista *m., f.* journalist 3
permiso *m.* permission 1
pero but 2
perro *m.* dog 13
persona *f.* person 3
personaje *m.* character 17
  personaje principal *m.* main
    character 17
pesas *f. pl.* weights 15
pesca *f.* fishing 5
pescadería *f.* fish market 14
pescado *m.* fish (*cooked*) 8
pescador(a) *m., f.* fisherman/
  fisherwoman 5
pescar *v.* to fish 5
peso *m.* weight 15
pez *m.* fish (*live*) 13
pie *m.* foot 10
piedra *f.* stone 13
pierna *f.* leg 10
pimienta *f.* black pepper 8
piña *f.* pineapple 8
pintar *v.* to paint 17
pintor(a) *m., f.* painter 16
pintura *f.* painting 12
piscina *f.* swimming pool 4
piso *m.* floor (*of a building*) 5
pizarra *f.* blackboard 2
placer *m.* pleasure 15
  Ha sido un placer. It's been a
    pleasure. 15
planchar la ropa *v.* to iron
  clothes 12
planes *m., pl.* plans 4
planta *f.* plant 13
  planta baja *f.* ground floor 5
plástico *m.* plastic 13
plato *m.* dish (*in a meal*) 8; *m.*
  plate 12
  plato principal *m.* main dish 8

playa *f.* beach 5
plazos *m., pl.* periods; time 14
pluma *f.* pen 2
población *f.* population 13
pobre *adj. m., f.* poor 6
pobreza *f.* poverty 3
poco/a *adj.* little; few 5
poder (o:ue) *v.* to be able to;
  can 4
poema *m.* poem 17
poesía *f.* poetry 17
poeta *m., f.* poet 17
policía *f.* police (*force*) 11; *m.*
  (*male*) police officer 11
política *f.* politics 18
político/a *m., f.* politician 16
pollo *m.* chicken 8
  pollo asado *m.* roast chicken 8
ponchar *v.* to go flat 11
poner *v.* to put; to place 4; *v.* to
  turn on (*electrical appliances*) 11
  poner la mesa *v.* to set the
    table 12
  poner una inyección *v.* to give
    an injection 10
ponerse (+ adj.) *v.* to become
  (+ *adj.*) 7; to put on clothing 7
por due to; in exchange for; for
  the sake of 11; for; by; in;
  through 11
  por aquí around here 11
  por avión by plane 5
  por ejemplo for example 11
  por eso that's why;
    therefore 11
  Por favor. Please. 1
  por fin finally 11
  por la mañana in the
    morning 7
  por la noche at night 7
  por la tarde in the afternoon 7
  por lo menos at least 10
  ¿por qué? why? 2
  por supuesto of course 16
  por teléfono by phone; on the
    phone 7
  por último finally 7
porque because 2
portátil *m.* portable 11
porvenir *m.* future 16
posesivo/a *adj.* possessive 3
posible *adj.* possible 13
postal *f.* postcard 4
postre *m.* dessert 9
practicar *v.* to practice 2
  practicar deportes *m., pl.* to
    play sports 4
precio (fijo) *m.* (fixed; set)
  price 6
preferir (e:ie) *v.* to prefer 4
pregunta *f.* question 2
preguntar *v.* to ask (*a question*) 2
premio *m.* prize; award 17
prender *v.* to turn on 11
prensa *f.* press 18

preocupado/a *adj.* worried 5
preocuparse (por) *v.* to worry
  (about) 7
preparar *v.* to prepare 2
preposición *f.* preposition
presentación *f.* introduction
presentar *v.* to introduce 1; to put
  on (*a performance*) 17
presiones *f., pl.* pressures 15
prestado/a *adj.* borrowed 14
préstamo *m.* loan 14
prestar *v.* to lend 6
primavera *f.* spring 5
primer, primero/a *adj.* first 5
primo/a *m., f.* cousin 3
principal *adj. m., f.* main 8
prisa *f.* haste 3
probable *adj. m., f.* probable 13
probar (o:ue) *v.* to taste; to try 8
probarse (o:ue) *v.* to try on 7
problema *m.* problem 1
profesión *f.* profession 16
profesor(a) *m., f.* teacher;
  professor 1
programa *m.* 1
  programa de computación
    m. software 11
  programa de entrevistas *m.*
    talk show 17
programador(a) *m., f.* program-
  mer 3
prohibir *v.* to prohibit; to
  forbid 10
pronombre *m.* pronoun 8
pronto *adj.* soon 10
propina *f.* tip 9
propio/a *adj.* own 16
proteger *v.* to protect 13
proteína *f.* protein 15
próximo/a *adj.* next 16
prueba *f.* test; quiz 2
psicología *f.* psychology 2
psicólogo/a *m., f.* psychologist 16
publicar *v.* to publish 17
público *m.* audience 17
pueblo *m.* town 4
puerta *f.* door 2
Puerto Rico *m.* Puerto Rico 1
puertorriqueño/a *adj.* Puerto
  Rican 3
pues well 2
puesto *m.* position; job 16
puesto/a *p.p.* put 14
puro/a *adj.* pure 13

Q

que *pron.* that; who 12
  ¡Qué...! How . . . ! 3
  ¡Qué dolor! What pain! 10
  ¡Qué gusto + inf.! What a
    pleasure to . . . ! 18
  ¡Qué ropa más bonita!
    What pretty clothes! 6

¡Qué sorpresa! What a surprise! 9

¿qué? what? 1

¿Qué día es hoy? What day is it? 2

¿Qué hay de nuevo? What's new?; What's happening? 1

¿Qué hora es? What time is it? 1

¿Qué les parece? What do you (*pl.*) think? 9

¿Qué pasa? What's going on? 1

¿Qué pasó? What happened?; What's wrong? 11

¿Qué precio tiene? What is the price? 6

¿Qué tal...? How are you?; How is it going? 1; How is/are . . . ? 2

¿Qué talla lleva/usa? What size do you take? 6

¿Qué tiempo hace? What's the weather like? 4

quedar *v.* to be left over; to fit (*clothing*) 7; to be left behind; 10; to be located 14

quedarse *v.* to stay; to remain 7

quehaceres domésticos *m., pl.* household chores 12

quemado/a *adj.* burned (out) 11

querer (e:ie) *v.* to want; to love 4

queso *m.* cheese 8

quien *pron.* who; whom 12

¿Quién es...? Who is . . . ? 1

¿Quién habla? Who is speaking? (*telephone*) 11

¿quién(es)? who?; whom? 1

química *f.* chemistry 2

quince fifteen 1

menos quice quarter to (time) 1

y quice quarter after (time) 1

quinceañera *f.* young woman's fifteenth birthday celebration 9

quinientos/as *adj.* five hundred 5

quinto/a *adj.* fifth 5

quisiera *v.* I would like 8

quitar la mesa *v.* to clear the table 12

quitarse *v.* to take off 7

quizás *adv.* perhaps 5

R

racismo *m.* racism 18

radio *f.* radio (*medium*) 2

radio *m.* radio (set) 2, 11

radiografía *f.* X-ray 10

rápido/a *adj.* fast 8

ratón *m.* mouse 11

ratos libres *m., pl.* spare time 4

raya *f.* stripe 6

razón *f.* reason 3

rebaja *f.* sale 6

recado *m.* (telephone) message 11

receta *f.* prescription 10

recetar *v.* to prescribe 10

recibir *v.* to receive 3

reciclaje *m.* recycling 13

reciclar *v.* to recycle 13

recién casado/a *m., f.* newly-wed 9

recoger *v.* to pick up 13

recomendar (e:ie) *v.* to recommend 8

recordar (o:ue) *v.* to remember 4

recorrer *v.* to tour an area 5

recurso *m.* resource 13

recurso natural *m.* natural resource 13

red *f.* network; Internet 11

reducir *v.* to reduce 13

refresco *m.* soft drink 8

refrigerador *m.* refrigerator 12

regalar *v.* to give (*as a gift*) 9

regalo *m.* gift; present 9

regatear *v.* to bargain 6

región *f.* region; area 13

regresar *v.* to return 2

regular *adj. m., f.* so so.; OK 1

reído *p.p.* laughed 14

reírse (e:i) *v.* to laugh 9

relaciones *f., pl.* relationships

relajarse *v.* to relax 9

reloj *m.* clock; watch 2

renunciar (a) *v.* to resign (from) 16

repetir (e:i) *v.* to repeat 4

reportaje *m.* report 18

reportero/a *m., f.* reporter; journalist 16

reportaje *m.* report 18

representante *m., f.* representative 18

resfriado *m.* cold (*illness*) 10

residencia estudiantil *f.* dormitory 2

resolver (o:ue) *v.* to resolve; to solve 13

respirar *v.* to breathe 13

respuesta *f.* answer 9

restaurante *m.* restaurant 4

resuelto/a *p.p.* resolved 14

reunión *f.* meeting 16

revisar *v.* to check 11

revisar el aceite *v.* to check the oil 11

revista *f.* magazine 4

rico/a *adj.* rich 6; *adj.* tasty; delicious 8

ridículo *adj.* ridiculous 13

río *m.* river 13

riquísimo/a *adj.* extremely delicious 8

rodilla *f.* knee 10

rogar (o:ue) *v.* to beg; to plead 12

rojo/a *adj.* red 6

romántico/a *adj.* romantic 17

romper (con) *v.* to break up (with) 9

romper(se) *v.* to break 10

romperse la pierna *v.* to break one's leg 10

ropa *f.* clothing; clothes 6

ropa interior *f.* underwear 6

rosado/a *adj.* pink 6

roto/a *adj.* broken 10

rubio/a *adj.* blond(e) 3

ruso/a *adj.* Russian 3

rutina *f.* routine 7

rutina diaria *f.* daily routine 7

S

sábado *m.* Saturday 2

saber *v.* to know; to know how to 8

sabrosísimo/a *adj.* extremely delicious 8

sabroso/a *adj.* tasty; delicious 8

sacar *v.* to take out 10

sacar fotos to take photographs 5

sacar la basura to take out the trash 12

sacar(se) una muela to extract a tooth; to pull a tooth 10

sacudir *v.* to dust 12

sacudir los muebles dust the furniture 12

sal *f.* salt 8

sala *f.* living room; room 12

sala de emergencia emergency room 10

salario *m.* salary 16

salchicha *f.* sausage 8

salida *f.* departure; exit 5

salir *v.* to leave; to go out 4

salir con to go out with; to date (*someone*) 4, 9

salir de to leave from 4

salir para to leave for (*a place*) 4

salmón *m.* salmon 8

salón de belleza *m.* beauty salon 14

salud *f.* health 10

saludable *adj.* healthy 10

saludar(se) *v.* to greet (each other) 11

saludo *m.* greeting 1

saludos a... greetings to . . . 1

sandalia *f.* sandal 6

sándwich *m.* sandwich 8

sano/a *adj.* healthy 10

se *ref.pron.* himself, herself, itself, *form.* yourself, themselves, yourselves 7

se *impersonal* one 10

Se nos dañó... The . . . broke down on us. 11

Se hizo... He/she/it became . . . 5

Se nos pinchó una llanta. We had a flat tire. 11

secadora *f.* clothes dryer 12

sección de (no) fumar *f.* (no) smoking section 8

secretario/a *m., f.* secretary 16

secuencia *f.* sequence

sed *f.* thirst 3

seda *f.* silk 6

sedentario/a *adj.* sedentary; related to sitting 15

seguir (e:i) *v.* to follow; to continue 4

según according to

segundo/a *adj.* second 5

seguro/a *adj.* sure 5

seis six 1

seiscientos/as *adj.* six hundred 5

sello *m.* stamp 14

selva *f.* jungle 13

semáforo *m.* traffic signal 11

semana *f.* week 2

fin *m.* **de semana** weekend 4

semestre *m.* semester 2

sendero *m.* trail; trailhead 13

sentarse (e:ie) *v.* to sit down 7

sentir(se) (e:ie) *v.* to be sorry; to feel 7; to regret 13

señor (Sr.) *m.* Mr.; sir 1

señora (Sra.) *f.* Mrs.; ma'am 1

señorita (Srta.) *f.* Miss 1

separado/a *adj.* separated 9

separarse (de) *v.* to separate (from) 9

septiembre *m.* September 5

séptimo/a *adj.* seventh 5

ser *v.* to be 1

ser aficionado/a (a) to be a fan (of) 4

ser alérgico/a (a) to be allergic (to) 10

ser gratis to be free of charge 14

serio/a *adj.* serious

servilleta *f.* napkin 12

servir (e:i) *v.* to serve 8; to help 5

sesenta sixty 2

setecientos/as *adj.* seven hundred 5

setenta seventy 2

sexismo *m.* sexism 18

sexto/a *adj.* sixth 5

sí *adv.* yes 1

si if 4

SIDA *m.* AIDS 18

sido *p.p.* been 15

siempre *adv.* always 7

siete seven 1

silla *f.* seat 2

sillón *m.* armchair 12

similar *adj. m., f.* similar

simpático/a *adj.* nice; likeable 3

sin *prep.* without 13, 15

sin duda without a doubt

sin embargo however

sin que *conj.* without 13

sino but 7

síntoma *m.* symptom 10

sitio *m.* **Web;** Web site 11

situado/a *p.p.* located 14

sobre *m.* envelope 14; *prep.* on; over 2

sobrino/a *m., f.* nephew; niece 3

sociología *f.* sociology 2

sofá *m.* couch; sofa 12

sol *m.* sun 4

solar *adj. m. f.* solar 14

solicitar *v.* to apply (*for a job*) 16

solicitud (de trabajo) *f.* (job) application 16

sólo *adv.* only 3

soltero/a *adj.* single; unmarried 9

solución *f.* solution 13

sombrero *m.* hat 6

Son las... It's . . . o'clock. 1

sonar (o:ue) *v.* to ring 11

sonreído *p.p.* smiled 14

sonreír (e:i) *v.* to smile 9

sopa *f.* soup 8

sorprender *v.* to surprise 9

sorpresa *f.* surprise 9

sótano *m.* basement; cellar 12

soy I am 1

Soy yo. That's me. 1

soy de... I'm from . . . 1

su(s) *poss. adj.* his; her; its; *form.* your; their; 3

subir(se) *v.* to go up; to get on/in (*a vehicle*) 11

sucio/a *adj.* dirty 5

sucre *m.* Ecuadorian currency 6

sudar *v.* to sweat 15

suegro/a *m., f.* father-in-law; mother-in-law 3

sueldo *m.* salary 16

suelo *m.* floor 12

sueño *n.* sleep 3

suerte *f.* luck 3

suéter *m.* sweater 6

sufrir *v.* to suffer 10

sufrir muchas presiones to be under a lot of pressure 15

sufrir una enfermedad to suffer (from) an illness 10

sugerir (e:ie) *v.* to suggest 12

supermercado *m.* supermarket 14

suponer *v.* to suppose 4

sur *m.* south 14

sustantivo *m.* noun

suyo/a(s) *poss.* (of) his/her; (of) hers; (of) its; (of) *form.* your, (of) yours, (of) their 11

sentir *v.* to feel 7

T

tal vez *adv.* maybe 5

talentoso/a *adj.* talented 17

talla *f.* size 6

talla grande *f.* large 6

taller *m.* **mecánico** mechanic's repairshop 11

también *adv.* also; too 2

tampoco *adv.* neither; not either 7

tan *adv.* so 5, 8

tan pronto como as soon as 14

tan... como as . . . as 8

tanque *m.* tank 11

tanto *adv.* so much 12

tanto... como as much . . . as 8

tantos/as... como as many . . . as 8

tarde *adv.* late 7

tarde *f.* afternoon; evening; P.M. 1

tarea *f.* homework 2

tarjeta *f.* (post) card 4

tarjeta de crédito *f.* credit card 6

tarjeta postal *f.* postcard 4

taxi *m.* taxi(cab) 5

taza *f.* cup 12

te *fam. pron.* you 6

Te presento a... I would like to introduce you to . . . 1

¿Te gustaría? Would you like to? 4

¿Te gusta(n)... ? Do you like . . . ? 2

té *m.* tea 8

té helado *m.* iced tea 8

teatro *m.* theater 17

teclado *m.* keyboard 11

técnico/a *m., f.* technician 16

tejido *m.* weaving 17

teleadicto/a *m., f.* couch potato 15

teléfono (celular) *m.* (cell) telephone 11

telenovela *f.* soap opera 17

teletrabajo *m.* telecommuting 16

televisión *f.* television 11

televisión por cable *f.* cable television 11

televisor *m.* television set 11

temer *v.* to fear 13

temperatura *f.* temperature 10

temprano *adv.* early 7

tenedor *m.* fork 12

tener *v.* to have 3

tener... años to be . . . years old 3

Tengo... años. I'm . . . years old. 3

tener calor to be hot 3
tener cuidado to be careful 3
tener dolor de to have a pain in 10
tener éxito to be successful 16
tener fiebre to have a fever 10
tener frío to be cold 3
tener ganas de (+ *inf.*) to feel like (*doing something*) 3
tener hambre *f.* to be hungry 3
tener miedo de to be afraid of; to be scared of 3
tener miedo (de) que to be afraid that 13
tener planes *m., pl.* to have plans 4
tener prisa to be in a hurry 3
tener que (+ *inf.*) *v.* to have to (*do something*) 3
tener razón *f.* to be right 3
tener sed *f.* to be thirsty 3
tener sueño to be sleepy 3
tener suerte to be lucky 3
tener tiempo to have time 4
tener una cita to have a date, an appointment 9
tenis *m.* tennis 4
tensión *f.* tension 15
tercero/a *adj.* third 5
terminar *v.* to end; to finish 2
terminar de (+*inf.*) *v.* to finish (*doing something*) 4
terremoto *m.* earthquake 18
terrible *adj. m., f.* terrible 13
ti *prep., obj. of prep., fam.* you 8
tiempo *m.* time; weather 5
tiempo libre free time 4
tienda *f.* shop; store 6
tienda de campaña tent 5
tierra *f.* land; soil 13
tinto/a *adj.* red (wine) 8
tío/a *m., f.* uncle; aunt 3
tíos *m.* aunts and uncles 3
título *m.* title
tiza *f.* chalk 2
toalla *f.* towel 7
tobillo *m.* ankle 10
tocadiscos compacto *m.* compact-disc player 11
tocar *v.* to play (*a musical instrument*) 17; to touch 13
todavía *adv.* yet; still 5
todo *m.* everything 5
todo el mundo the whole world; all over the world 13
Todo está bajo control. Everything is under control. 7
(todo) derecho straight ahead 14
¡Todos a bordo! All aboard! 1
todo/a *adj.* whole; all 4
todos *m., pl.* all of us 1; *m., pl.* everybody; everyone 13
todos los días every day 10

tomar *v.* to take; to drink 2
tomar clases *f., pl.* to take classes 2
tomar el sol to sunbathe 4
tomar en cuenta take into account 8
tomar fotos *f., pl.* to take photos 5
tomar la temperatura to take someone's temperature 10
tomate *m.* tomato 8
tonto/a *adj.* silly; foolish 3
torcerse (el tobillo) *v.* to sprain (one's ankle) 10
torcido/a *adj.* twisted; sprained 10
tormenta *f.* storm 18
tornado *m.* tornado 18
tortilla *f.* kind of flat bread 8
tortillas de maíz flat bread made of corn flour 8
tos *f., sing.* cough 10
toser *v.* to cough 10
tostado/a *adj.* toasted 8
tostadora *f.* toaster 12
trabajador(a) *adj.* hardworking 3
trabajar *v.* to work 2
trabajo *m.* job; work; written work 16
traducir *v.* to translate 8
traer *v.* to bring 4
tráfico *m.* traffic 11
tragedia *f.* tragedy 17
traído/a *p.p.* brought 14
traje *m.* suit 6
traje de baño *m.* bathing suit 6
tranquilo/a *adj.* calm; quiet 15
¡Tranquilo! Stay calm! 7
transmitir to broadcast 18
tratar de (+ *inf.*) *v.* to try to (*do something*) 15
Trato hecho. It's a deal. 17
trece thirteen 1
treinta thirty 1
y treinta thirty minutes past the hour (time) 1
tren *m.* train 5
tres three 1
trescientos/as *adj.* three hundred 5
trimestre *m.* trimester; quarter 2
triste *adj.* sad 5
tú *fam. sub. pron.* you 1
Tú eres... You are . . . 1
tu(s) *fam. poss. adj.* your 3
turismo *m.* tourism 5
turista *m., f.* tourist 1
turístico/a *adj.* touristic 5
tuyo/a(s) *fam.poss. pron.* your; (of) yours 11

U

Ud. *form. sing.* you 1
Uds. *form., pl.* you 1
último/a *adj.* last 15
un, uno/a *art.* a; one 1
una vez más one more time 9
una vez once; one time 6
único/a *adj.* only 3
universidad *f.* university; college 2
unos/as *pron.* some 1
urgente *adj.* urgent 12
usar *v.* to wear; to use 6
usted *form. sing.* you 1
ustedes *form., pl.* you 1
útil *adj.* useful 1
uva *f.* grape 8

V

vaca *f.* cow 13
vacaciones *f. pl.* vacation 5
valle *m.* valley 13
vamos let's go 4
vaquero *m.* cowboy 17
de vaqueros *m., pl.* western 17
varios/as *adj. m. f., pl.* various 8
vaso *m.* glass 12
veces *f., pl.* times 6
vecino/a *m., f.* neighbor 12
veinte twenty 1
veinticinco twenty-five 1
veinticuatro twenty-four 1
veintidós twenty-two 1
veintinueve twenty-nine 1
veintiocho twenty-eight 1
veintiséis twenty-six 1
veintisiete twenty-seven 1
veintitrés twenty-three 1
veintiún, veintiuno/a *adj.* twenty-one 1
vejez *f.* old age 9
velocidad *f.* speed 11
velocidad máxima *f.* speed limit 11
vendedor(a) *m., f.* salesperson 6
vender *v.* to sell 6
venir *v.* to come 3
ventana *f.* window 2
ver *v.* to see 4
ver películas *f., pl.* to see movies 4
a ver *v.* let's see 2
verano *m.* summer 5
verbo *m.* verb
verdad *f.* truth 9
¿verdad? right? 1
verde *adj. m., f.*, green 6
verduras *pl., f.* vegetables 8
vestido *m.* dress 6
vestirse (e:i) *v.* to get dressed 7
vez *f.* time 6

viajar *v.* to travel 2
viaje *m.* trip 5
viajero/a *m., f.* traveler 5
vida *f.* life 9
video(casete) *m.* video
  (cassette) 11
videocasetera *f.* VCR 11
videoconferencia *f.* video confer-
  ence 16
vidrio *m.* glass 13
viejo/a *adj.* old 3
viento *m.* wind 4
viernes *m., sing.* Friday 2
vinagre *m.* vinegar 8
vino *m.* wine 8
  vino blanco *m.* white wine 8
  vino tinto *m.* red wine 8
violencia *f.* violence 18
visitar *v.* to visit 4
  visitar monumentos *m., pl.*
    to visit monuments 4
visto/a *p.p.* seen 14
vitamina *f.* vitamin 14
viudo/a *adj.* widowed 9
vivienda *f.* housing 12
vivir *v.* to live 3
vivo/a *adj.* bright; lively; living 4
volante *m.* steering wheel 11
volcán *m.* volcano 13
vóleibol *m.* volleyball 4
volver (o:ue) *v.* to return 4
volver a ver(te, lo, la) *v.* to see
  (you) again 18
vos *pron.* you 1
vosotros/as *form., pl.* you
votar *v.* to vote 18
vuelta *f.* return trip 5
vuelto/a *p.p.* returned 14
vuestro/a(s) *poss. adj.* your 3

W

walkman m. Walkman 11

Y

y and 1
  y cuarto quarter after (time) 1
  y media half-past (time) 1
  y quince quarter after (time) 1
  y treinta thirty (minutes past
    the hour) 1
  ¿Y tú? *fam.* And you? 1
  ¿Y Ud.? *form.* And you? 1
ya *adv.* already 6
yerno *m.* son-in-law 3
yo *sub. pron.* I 1
  Yo soy... I'm . . . 1
yogur *m.* yogurt 8

Z

zanahoria *f.* carrot 8
zapatería *f.* shoe store 14
zapatos (de tenis) *m., pl.* (ten-
  nis) shoes 6

English-Spanish

A

A.M. **mañana** *f.*1
able: be able to **poder (o:ue)** *v.* 4
aboard **a bordo** 1
accident **accidente** *m.* 10
accompany **acompañar** *v.* 14
account **cuenta** *f.*14
accountant **contador(a)** *m., f.* 16
accounting **contabilidad** *f.* 2
ache **dolor** *m.* 10
acid **ácido/a** *adj.* 13
   acid rain **lluvia ácida** 13
acquainted: be acquainted with **conocer** *v.* 8
action **acción** *f.* 17
active **activo/a** *adj.* 15
actor **actor** *m.,* **actriz** *f.* 16
addict (*drug*) **drogadicto/a** *adj.* 15
additional **adicional**
address **dirección** *f.* 14
adjective **adjetivo** *m.*
adolescence **adolescencia** *f.* 9
adventure **aventura** *f.* 17
advertise **anunciar** *v.* 18
advertisement **anuncio** *m.* 16
advice **consejo** *m.* 9
   give advice **dar un consejo** 9
advise **aconsejar** *v.* 12
advisor **consejero/a** *m., f.* 16
aerobic **aeróbico/a** *adj.* 15
   aerobic exercises **ejercicios aeróbicos** 15
   aerobics class **clase de ejercicios aeróbicos** 15
affected **afectado/a** *adj.* 13
   be affected by **estar afectado/a por** 13
affirmative **afirmativo/a** *adj.*
afraid: be afraid (of) **tener miedo (de)** 3
   be afraid that **tener miedo (de) que** 13
after **después de** *prep.* 7
   después (de) que *conj.* 14
afternoon **tarde** *f.* 1
afterward **después** *adv.* 7; **luego** *adv.*7
again **otra vez** 15
age **edad** *f.* 8
agree **concordar** *v.*
agree **estar de acuerdo** 16
agreement **acuerdo** *m.* 16
AIDS **SIDA** *m.* 18
air **aire** *m.* 6
   air pollution **contaminación del aire** 13
airplane **avión** *m.* 5
airport **aeropuerto** *m.* 5
alarm clock **despertador** *m.* 7
alcohol **alcohol** *m.* 15

alcoholic **alcohólico/a** *adj.* 15
all **todo/a** *adj.* 4
   All aboard! **¡Todos a bordo!** 1
   all of us *m., pl.* **todos** 1
   all over the world **en todo el mundo** 13
allergic **alérgico/a** *adj.* 10
   be allergic (to) **ser alérgico/a (a)** 10
alleviate **aliviar** *v.* 15
almost **casi** *adv.* 10
alone **solo/a** *adj.*
along **por** *prep.* 11
already **ya** *adv.* 6
also **también** *adv.* 2
alternator **alternador** *m.* 11
although **aunque**
aluminum **aluminio** *m.* 13
   (made of) aluminum **de aluminio** 13
always **siempre** *adv.* 7
American (*North*) **norteamericano/a** *adj.* 3
among **entre** *prep.* 2
and **y** 1, **e** (*before words beginning with i or hi*) 4
   And you?**¿Y tú?** *fam.* 1; **¿Y Ud.?** *form.* 1
angry **enojado/a** *adj.* 5
   get angry (with) **enojarse** *v.* **(con)** 7
animal **animal** *m.* 13
ankle **tobillo** *m.* 10
anniversary **aniversario** *m.* 9
   (wedding) anniversary **aniversario** *m.* **(de bodas)** 9
announce **anunciar** *v.* 18
announcer (*TV/radio*) **locutor(a)** *m., f.* 18
annoy **molestar** *v.* 7
another **otro/a** *adj.* 6
answer **contestar** *v.* 2; **respuesta** *f.* 9
answering machine **contestadora** *f.* 11
antibiotic **antibiótico** *m.* 10
any **algún, alguno/a(s)** *adj.* 7
anyone **alguien** *pron.* 7
anything **algo** *pron.* 7
apartment **apartamento** *m.*12
apartment building **edificio de apartamentos** 12
appear **parecer** *v.* 8
appetizers **entremeses** *m., pl.* 8
applaud **aplaudir** *v.* 17
apple **manzana** *f.* 8
appliance (electric) **electrodoméstico** *m.* 12
applicant **aspirante** *m., f.* 16
application **solicitud** *f.* 16
   job application **solicitud de trabajo** 16
apply (for a job) **solicitar** *v.* 16
   apply for a loan **pedir** *v.* **préstamo** 14

appointment **cita** *f.* 9
   have an appointment **tener una cita** 9
appreciate **apreciar** *v.* 17
April **abril** *m.* 5
aquatic **acuático/a** *adj.* 4
archaeologist **arqueólogo/a** *m., f.* 16
architect **arquitecto/a** *m., f.* 16
area **región** *f.* 13
arm **brazo** *m.* 10
armchair **sillón** *m.* 12
army **ejército** *m.* 18
around here **por aquí** 11
arrange **arreglar** *f.* 5
arrival **llegada** *v.*
arrive **llegar** *v.* 2
art **arte** *m.* 2
   fine arts **bellas artes** *f., pl.* 17
article *m.* **artículo** 18
artist **artista** *m., f.* 3
artistic **artístico/a** *adj.* 17
arts **artes** *f., pl.* 17
as **como** 8
   as . . . as **tan... como** 8
   as a child **de niño/a** 10
   as many . . . as **tantos/as... como** 8
   as much . . . as **tanto... como** 8
   as soon as **en cuanto** *conj.* 14; **tan pronto como** *conj.* 14
ask (*a question*) *v.* **preguntar** 2
   ask for **pedir (e:i)** *v.* 4
asparagus **espárragos** *m., pl.* 8
aspirin **aspirina** *f.* 10
at **a** *prep.* 1
   at + *time* **a la(s)** + *time* 1
   at home **en casa** 7
   at least **por lo menos** 10
   at night **por la noche** 7
   at the end (of) **al fondo (de)** 12
   At what time . . . ? **¿A qué hora...?** 1
   At your service. **A sus órdenes.** 11
attend **asistir (a)** *v.* 3
attic **altillo** *m.* 12
attract **atraer** *v.* 4
audience **público** *m.* 17
August **agosto** *m.* 5
aunt **tía** *f.* 3
   aunts and uncles **tíos** *m.* 3
automatic **automático/a** *adj.* 14
   automatic teller machine (ATM) **cajero automático** 14
automobile **automóvil** *m.* 5; **carro** *m.;* **coche** *m.* 11
autumn **otoño** *m.* 5
avenue **avenida** *f.* 11
avoid **evitar** *v.* 13
award **premio** *m.* 17

B

backpack **mochila** *f.* 2
bad **mal, malo/a** *adj.* 8
  It's bad that . . . **Es malo que...** 12
  It's not at all bad. **No está nada mal.** 5
bag **bolsa** *f.* 6
bakery **panadería** *f.* 14
balanced **equilibrado/a** *adj.* 15
  balanced diet **dieta equilibrada** 15
balcony **balcón** *m.* 12
ball **pelota** *f.* 4
ballet **ballet** *m.* 17
banana **banana** *f.* 8
band **banda** *f.* 17
bank **banco** *m.* 14
bargain **ganga** *f.* 6; **regatear** *v.* 6
baseball (game) **béisbol** *m.* 4
basement **sótano** *m.* 12
basketball (game) **baloncesto** *m.* 4
bathe **bañarse** *v.* 7
bathing suit **traje** *m.* **de baño** 6
bathroom **baño** *m.* 7; **cuarto de baño** *m.* 7
be **ser** *v.* 1; **estar** *v.* 2
be . . . years old **tener... años** 3
beach **playa** *f.* 5
beans **frijoles** *m., pl.* 8
beautiful **hermoso/a** *adj.* 6
beauty **belleza** *f.* 14
  beauty salon **peluquería** *f.* 14; **salón** *m.* **de belleza** 14
because **porque** *conj.* 2
  because of **por** *prep.* 11
become (+ *adj.*) **ponerse (+ adj.)** 7; **convertirse** *v.* 6
bed **cama** *f.* 5
  go to bed **acostarse (o:ue)** *v.* 7
bedroom **alcoba** *f.* 12; **cuarto** *m.* 12; **recámara** *f.*
beef **carne de res** *f.* 8
  beef soup **caldo de patas** 8
been **sido** *p.p.* 15
beer **cerveza** *f.* 8
before **antes** *adv.* 7; **antes de** *prep.* 7; **antes (de) que** *conj.* 13
beg **rogar (o:ue)** *v.* 12
begin **comenzar (e:ie)** *v.* 4; **empezar (e:ie)** *v.* 4
behalf: on behalf of **de parte de** 11
behind **detrás de** *prep.* 2
believe (in) **creer** *v.* **(en)** 3
bellhop **botones** *m., sing.* 5
beloved **enamorado/a** *adj.* 5
below **debajo de** *prep.* 2
belt **cinturón** *m.* 6
benefit **beneficio** *m.* 16
beside **al lado de** *prep.* 2
besides **además (de)** *adv.* 10

best **mejor** *adj.* 8
  the best **el/la mejor** *m., f.* 8 **lo mejor** *neuter* 18
better **mejor** *adj.* 8
  It's better that . . . **Es mejor que...** 12
between **entre** *prep.* 2
bicycle **bicicleta** *f.* 4
big **gran, grande** *adj.* 3
bill **cuenta** *f.* 9
billion: billion **mil millones** 5
biology **biología** *f.* 2
bird **ave** *f.* 13; **pájaro** *m.* 13
birth **nacimiento** *m.* 9
birthday **cumpleaños** *m., sing.* 9
  birthday cake **pastel de cumpleaños** 9
  have a birthday **cumplir** *v.* **años** 9
biscuit **bizcocho** *m.* 9
black **negro/a** *adj.* 6
blackberry **mora** *f.* 8
blackboard **pizarra** *f.* 2
blanket **manta** *f.* 12
block (city) **cuadra** *f.* 14
blond(e) **rubio/a** *adj.* 3
blouse **blusa** *f.* 6
blue **azul** *adj. m., f.* 6
boardinghouse **pensión** *f.* 5
boat **barco** *m.* 5
body **cuerpo** *m.* 10
bone **hueso** *m.* 10
book **libro** *m.* 2
bookcase **estante** *m.* 12
bookstore **librería** *f.* 2
boot **bota** *f.* 6
bore **aburrir** *v.* 7
bored **aburrido/a** *adj.* 5
  be bored **estar aburrido/a** 5
  get bored **aburrirse** *v.* 17
boring **aburrido/a** *adj.* 5
born: be born **nacer** *v.* 9
borrow **pedir prestado** 14
borrowed **prestado/a** *adj.* 14
boss **jefe** *m.*, **jefa** *f.* 16
bottle **botella** *f.* 9
  bottle of wine **botella de vino** 9
bother **molestar** *v.* 7
bottom **fondo** *m.* 12
boulevard **bulevar** *m.* 11
boy **chico** *m.* 1; **muchacho** *m.* 3
boyfriend **novio** *m.* 3
brakes **frenos** *m., pl.* 11
bread **pan** *m.* 8
break **romperse** *v.* 10
  break a leg **romper(se) la pierna** 10
  break down: The . . . broke down on us. **Se nos dañó el/la...** 11
  break up (with) **romper** *v.* **(con)** 9
breakfast **desayuno** *m.* 8
  have breakfast **desayunar** *v.* 8

breathe **respirar** *v.* 13
bring **traer** *v.* 4
broadcast **transmitir** *v.* 18; **emitir** *v.* 18
brochure **folleto** *m.*
broken **roto/a** *adj.* 10
  be broken **estar roto/a** 10
brother **hermano** *m.* 3
  brother-in-law **cuñado** *m., f.* 3
  brothers and sisters **hermanos** *m., pl.* 3
brought **traído** *p.p.* 14
brown **café** *adj.* 6; **marrón** *adj.* 6
brunet(te) **moreno/a** *adj.* 3
brush **cepillar** *v.* 7
  brush one's hair **cepillarse el pelo** 7
  brush one's teeth **cepillarse los dientes** 7
build **construir** *v.* 4
building **edificio** *m.* 12
bullfight **corrida** *f.* **de toros** 4
bump into (*meet accidentally*) **darse con** 10
burned (out) **quemado/a** *adj.* 11
bus **autobús** *m.* 1
  bus station **estación** *f.* **de autobuses** 5
business **negocios** *m. pl.* 16
  business administration **administración** *f.* **de empresas** 2
  business-related **comercial** *adj.* 16
businessman **hombre** *m.* **de negocios** 16
businesswoman **mujer** *f.* **de negocios** 16
busy **ocupado/a** *adj.* 5
but **pero** *conj.* 2; **sino** *conj.* (*in negative sentences*) 7
butcher shop **carnicería** *f.* 14
butter **mantequilla** *f.* 8
buy **comprar** *v.* 2
by **por** *conj.* 11
  by phone **por teléfono** 7
  by plane **en avión** 5
bye **chau** *fam.* 1

C

cabin **cabaña** *f.* 5
cable television **televisión** *f.* **por cable** *m.* 11
café **café** *m.* 4
cafeteria **cafetería** *f.* 2
cake **pastel** *m.* 9
calculator **calculadora** *f.* 11
call **llamar** *v.* 7
call on the phone **llamar por teléfono** 11
  be called **llamarse** *v.* 7
calm **tranquilo/a** *adj.* 15
  Stay calm! **¡Tranquilo!** *adj.* 7
calorie **caloría** *f.* 15

camera **cámara** *f.* 11
camp **acampar** *v.* 5
can **lata** *f.* 13
can **poder (o:ue)** *v.* 4
Canadian **canadiense** *adj.* 3
candidate **aspirante** *m. f.* 16; candidate **candidato/a** *m., f.* 18
candy **dulces** *m., pl.* 9
capital (city) **capital** *f.* 1
car **coche** *m.* 11; **carro** *m.* 11; **auto(móvil)** *m.* 5
caramel **caramelo** *m.* 9
card **tarjeta** *f.* 4; (*playing*) **carta** *f.* 5
care **cuidado** *m.* 3
  take care of **cuidar** *v.* 13
career **carrera** *f.* 16
careful: be careful **tener cuidado** 3
carpenter **carpintero/a** *m., f.* 16
carpet **alfombra** *f.* 12
carrot **zanahoria** *f.* 8
carry **llevar** *v.* 2
cartoons **dibujos** *m, pl.* **animados** 17
case: in case (that) **en caso (de) que** 13
cash (a check) **cobrar** *v.* 14; **efectivo** *m.* 14
  cash register **caja** *f.* 6
  pay in cash **pagar al contado** 14; **pagar en efectivo** 14
cashier **cajero/a** *m., f.* 14
cat **gato/a** *m., f.* 13
celebrate **celebrar** *v.* 9
cellar **sótano** *m.* 12
cellular **celular** *adj.* 11
  cellular telephone **teléfono celular** *m.* 11
cereal **cereales** *m., pl.* 8
certain **cierto** *m.*; **seguro** *m.* 13
chalk **tiza** *f.* 2
champagne **champán** *m.* 9
change **cambiar** *v.* **(de)** 9
channel (*TV*) **canal** *m.* 11; 17
character (fictional) **personaje** *m.* 17
  main character *m.* **personaje principal** 17
chauffeur **conductor(a)** *m., f.* 1
cheap **barato/a** *adj.* 6
check **comprobar** *v.*; **revisar** *v.* 11; (*bank*) **cheque** *m.* 14
  check the oil **revisar el aceite** 11
checking account **cuenta** *f.* **corriente** 14
cheese **queso** *m.* 8
chef **cocinero/a** *m., f.* 16
chemistry **química** *f.* 2
chest of drawers **cómoda** *f.* 12
chicken **pollo** *m.* 8
child **niño/a** *m., f.* 3
childhood **niñez** *f.* 9
children **hijos** *m., pl.* 3

Chinese **chino/a** *adj.* 3
chocolate **chocolate** *m.* 9
  chocolate cake **pastel** *m.* **de chocolate** 9
cholesterol **colesterol** *m.* 15
choose **escoger** *v.* 8
chop (*food*) **chuleta** *f.* 8
Christmas **Navidad** *f.* 9
church **iglesia** *f.* 4
citizen **ciudadano/a** *adj.* 18
city **ciudad** *f.* 4
class **clase** *f.* 2
  take classes **tomar clases** 2
classical **clásico/a** *adj.* 17
classmate **compañero/a** *m., f.* **de clase** 2
clean **limpio/a** *adj.* 5; **limpiar** *v.* 12
  clean the house *v.* **limpiar la casa** 12
clear (*weather*) **despejado/a** *adj.* 4
  clear the table **quitar la mesa** 12
  It's (very) clear. (*weather*) **Está (muy) despejado.** 4
clerk **dependiente/a** *m., f.* 6
climb **escalar** *v.* 4
  climb mountains **escalar montañas** 4
clinic **clínica** *f.* 10
clock **reloj** *m.* 2
close **cerrar (e:ie)** *v.* 4
closed **cerrado/a** *adj.* 5
closet **armario** *m.* 12
clothes **ropa** *f.* 6
  clothes dryer **secadora** *f.* 12
cloud **nube** *f.* 13
cloudy **nublado/a** *adj.* 4
  It's (very) cloudy. **Está (muy) nublado.** 4
coat **abrigo** *m.* 6
coffee **café** *m.* 8
  coffee maker **cafetera** *f.* 12
cold **frío** *m.* 4; (*disease*); **resfriado** *m.* 10
  be (*feel*) cold **tener frío** 3
  It's cold. (*weather*) **Hace frío.** 4
college **universidad** *f.* 2
collision **choque** *m.* 18
color **color** *m.* 6
comb one's hair **peinarse** *v.* 7
come **venir** *v.* 3
comedy **comedia** *f.* 17.
comfortable **cómodo/a** *adj.* 5
commerce **negocios** *m., pl.* 16
commercial **comercial** *adj.* 16
communicate (with) **comunicarse** *v.* **(con)** 18
communication **comunicación** *f.* 18
  means of communication **medios** *m. pl.* **de comunicación** 18
community **comunidad** *f* .1

compact disc (CD) **disco** *m.* **compacto** 11
  compact disc player **tocadiscos** *m. sing.* **compacto** 11
company **compañía** *f.* 16; **empresa** *f.* 16
comparison **comparación** *f.*
completely **completamente** *adv.* 16
composer **compositor(a)** *m., f.* 17
computer **computadora** *f.* 1
  computer disc **disco** *m.* 11
  computer monitor **monitor** *m.* 11
  computer programmer **programador(a)** *m., f.* 3
  computer science **computación** *f.* 2
concert **concierto** *m.* 17
conductor (*musical*) **director(a)** *m., f.* 17
confirm **confirmar** *v.* 5
  confirm the reservation **confirmar la reservación** 5
congested **congestionado/a** *adj.* 10
Congratulations! (*for an event such as a birthday or anniversary*) **¡Felicidades!** 9; (*for an event such as an engagement or a good grade on a test*) *f., pl.* **¡Felicitaciones!** 9
conservation **conservación** *f.* 13
conserve **conservar** *v.* 13
consume **consumir** *v.* 15
contact lenses **lentes** *m. pl.* **de contacto** 6
container **envase** *m.* 13
contamination **contaminación** *f.* 4
content **contento/a** *adj.* 5
contest **concurso** *m.* 17
continue **seguir (e:i)** *v.* 4
control **control** *m.* 7; **controlar** *v.* 13
  be under control **estar bajo control** 7
conversation **conversación** *f.* 2
converse **conversar** *v.* 2
cook **cocinar** *v.* 12; **cocinero/a** *m., f.* 16
cookie **galleta** *f.* 9
cool **fresco/a** *adj.* 4
  It's cool. (*weather*) **Hace fresco.** 4
corn **maíz** *m.* 5
corner **esquina** *m.* 14
cost **costar (o:ue)** *v.* 6
cotton **algodón** *m.* 6
  (made of) cotton **de algodón** 6
couch **sofá** *m.* 12
couch potato **teleadicto/a** *m., f.* 15
cough **tos** *f.* 10; **toser** *v.* 10

counselor **consejero/a** *m., f.* 16
count (on) **contar** *v.* **(con)** 12
country (*nation*) **país** *m.* 1
countryside **campo** *m.* 5; **paisaje** *m.* 5
couple (married) **pareja** *f.* 9
course **curso** *m.* 2; **materia** *f.* 2
courtesy **cortesía** *f.*
cousin **primo/a** *m., f.* 3
cover **cubrir** *v.* 14
covered **cubierto** *p.p.* 14
cow **vaca** *f.* 13
cowboy **vaquero** *m.* 17
crafts **artesanía** *f.* 17
craftsmanship **artesanía** *f.* 17
crater **cráter** *m.* 13
crazy **loco/a** *adj.* 6
create **crear** *v.*
credit **crédito** *m.* 6
  credit card **tarjeta** *f.* **de crédito** 6
crime **crimen** *m.* 18
cross **cruzar** *v.* 14
culture **cultura** *f.* 17
cup **taza** *f.* 12
currency exchange **cambio de moneda** 8
current events **actualidades** *f., pl.* 18
curriculum vitae **currículum** *m.* 16
curtains **cortinas** *f., pl.* 12
custard (*baked*) **flan** *m.* 9
custom **costumbre** *f.* 1
customer **cliente** *m., f.* 6
customs **aduana** *f.* 5
  customs inspector **inspector(a)** *m., f.* **de aduanas** 5
cycling **ciclismo** *m.* 4

D

dad **papá** *m.* 3
daily **diario/a** *adj.* 7
  daily routine **rutina** *f.* **diaria** 7
damage **dañar** *v.* 11
dance **bailar** *v.* 2; **danza** *f.* 17; **baile** *m.* 17
dancer **bailarín/bailarina** *m. f.* 17
danger **peligro** *m.* 13
dangerous **peligroso/a** *adj.* 18
date (*appointment*) **cita** *f.* 9; (*calendar*) **fecha** *f.* 5; (*someone*) **salir** *v.* **con (alguien)** 9
  date: have a date **tener una cita** 9
daughter **hija** *f.* 3
  daughter-in-law **nuera** *f.* 3
day **día** *m.* 1
  day before yesterday *adv.* **anteayer** 6
deal **trato** *m.* 17
  It's a deal. **Trato hecho.** 17

It's no big deal. **No es para tanto.** 12
death **muerte** *f.* 9
decaffeinated **descafeinado/a** *adj.* 15
December **diciembre** *m.* 5
decide **decidir** *v.* 3
decided **decidido/a** *adj.* 14
declare **declarar** *v.* 18
deforestation **deforestación** *f.* 13
delicious **delicioso/a** *adj.* 8; **rico/a** *adj.* 8; **sabroso/a** *adj.* 8
delighted **encantado/a** *adj.* 1
dentist **dentista** *m., f.* 10
deny **negar (e: ie)** *v.* 13
department store **almacén** *m.* 6
departure **salida** *f.* 5
deposit **depositar** *v.* 14
describe **describir** *v.* 3
described **descrito/a** *p.p.* 14
desert **desierto** *m.* 13
design **diseño** *m.* 3
designer **diseñador(a)** *m., f.* 16
desire **desear** *v.* 2
desk **escritorio** *m.* 2
dessert **postre** *m.* 9
destroy **destruir** *v.* 13
develop **desarrollar** *v.* 13
diary **diario** *m.* 1
dictatorship **dictadura** *f.* 18
dictionary **diccionario** *m.* 1
die **morir (o:ue)** *v.* 8
died **muerto/a** *p.p.* 14
diet **dieta** *f.* 15
  balaced diet **dieta equilibrada** 15
  be on a diet **estar a dieta** 15
difficult **difícil** *adj. m., f.* 3
dining room **comedor** *m.* 12
dinner **cena** *f.* 8
  have dinner **cenar** *v.* 8
directions **direcciones** *f., pl.* 14
  give directions **dar direcciones** 14
director **director(a)** *m., f.* 17
dirty **ensuciar** *v.* 12; **sucio/a** *adj.* 5
  get dirty **ensuciar** *v.* 12
disagree **no estar de acuerdo** 16
disaster **desastre** *m.* 18
discover **descubrir** *v.* 13
discovered **descubierto** *p.p.* 14
discrimination **discriminación** *f.* 18
dish **plato** *m.* 8
  main dish *m.* **plato principal** 8
dishwasher **lavaplatos** *m., sing.* 12
disk **disco** *m.* 11
disorderly **desordenado/a** *adj.* 5
dive **bucear** *v.* 4
divorce **divorcio** *m.* 9

divorced **divorciado/a** *adj.* 9
  get divorced (from) **divorciarse** *v.* **(de)** 9
dizzy **mareado/a** *adj.* 10
do **hacer** *v.* 4
  do aerobics **hacer ejercicios aeróbicos** 15
  do errands **hacer diligencias** 14
  do household chores **hacer quehaceres domésticos** 12
  do stretching exercises **hacer ejercicios de estiramiento** 15
doctor **doctor(a)** *m., f.* 3; **médico/a** *m., f.* 3
documentary (*film*) **documental** *m.* 17
dog **perro/a** *m., f.* 13
domestic **doméstico/a** *adj.* 18
  domestic appliance **electrodoméstico** *m.* 12
done **hecho/a** *p.p.* 14
door **puerta** *f.* 2
dormitory **residencia** *f.* **estudiantil** 2
double **doble** *adj.* 5
  double room **habitación** *f.* **doble** 5
doubt **duda** *f.* 13; **dudar** *v.* 13
  There is no doubt that . . . **No cabe duda (de) que…** 13; **No hay duda (de) que…** 13
Down with . . . ! **¡Abajo el/la…!** 15
downtown **centro** *m.* 4
drama **drama** *m.* 17
dramatic **dramático/a** *adj.* 17
draw **dibujar** *v.* 2
drawing **dibujo** *m.* 17
dress **vestido** *m.* 6
  get dressed **vestirse (e:i)** *v.* 7
drink **beber** *v.* 3; **bebida** *f.* 8; **tomar** *v.* 2
  Do you want something to drink? **¿Quieres algo de tomar?** 8
drive **conducir** *v.* 8; **manejar** *v.* 11
driver **conductor(a)** *m., f.* 1
drug *f.* **droga** 15
  drug addict **drogadicto/a** *adj.* 15
due to **por** *prep.* 11
  due to the fact that **debido a** 3
during **durante** *prep.* 7; **por** *prep.* 11
dust **sacudir** *v.* 12
  dust the furniture **sacudir los muebles** 12
dying: I'm dying to (for) . . . **me muero por…** 1

E

each **cada** *adj. m., f.* 6
eagle **águila** *f.* 1
ear (outer) **oreja** *f.* 10
early **temprano** *adv.* 7
earn **ganar** *v.* 16
earthquake **terremoto** *m.* 18
ease **aliviar** *v.* 15
east **este** *m.* 14
    to the east **al este** 14
easy **fácil** *adj.* 3
eat **comer** *v.* 3
ecology **ecología** *f.* 13
economics **economía** *f.* 2
ecotourism **ecoturismo** *m.* 13
Ecuador **Ecuador** *m.* 1
Ecuadorian **ecuatoriano/a** *adj.* 3
effective **eficaz** *adj. m., f.* 8
egg **huevo** *m.* 8
eight **ocho** 1
eight hundred **ochocientos/as** 5
eighteen **dieciocho** 1
eighth **octavo/a** 5
eighty **ochenta** 2
either . . . or **o... o** *conj.* 7
elect **elegir** *v.* 18
election **elecciones** *f. pl.* 18
electrician **electricista** *m., f.* 16
electricity **luz** *f.* 12
elegant **elegante** *adj. m., f.* 6
elevator **ascensor** *m.* 5
eleven **once** 1
e-mail **correo** *m.* **electrónico** 4
    e-mail message **mensaje** *m.*
       electrónico 4
    read e-mail **leer el correo**
       electrónico 4
embarrassed **avergonzado/a**
    adj. 5
embrace (each other) **abrazar(se)**
    v. 11
emergency **emergencia** *f.* 10
    emergency room **sala** *f.* **de**
       emergencia 10
employee **empleado/a** *m., f.* 5
employment **empleo** *m.* 16
end **fin** *m.* 4; **terminar** *v.* 2
    end table **mesita** *f.* 12
energy **energía** *f.* 13
engaged: get engaged (to) **com-
prometerse** *v.* **(con)** 9
engineer **ingeniero/a** *m., f.* 3
English (*language*) **inglés** *m.* 2;
    inglés, inglesa *adj.* 3
enjoy **disfrutar** *v.* **(de)** 15
enough **bastante** *adj.* 10
entertainment **diversión** *f.* 4
entrance **entrada** *f.* 12
envelope **sobre** *m.* 14
environment **medio ambiente**
    m. 13
equality **igualdad** *f.* 18
equipped **equipado/a** *adj.* 15
eraser **borrador** *m.* 2

errand *f.* **diligencia** 14
establish **establecer** *v.* 16
evening **tarde** *f.* 1
event **acontecimiento** *m.* 18
every day **todos los días** 10
everybody **todos** *m., pl.* 13
everything **todo** *m.* 5
    Everything is under control.
       Todo está bajo control. 7
exactly **en punto** 1
exam **examen** *m.* 2
excellent **excelente** *adj.* 5
excess **exceso** *m.* 15
    in excess **en exceso** 15
exchange **intercambiar** *v.* 8
    in exchange for **por** 11
exciting **emocionante** *adj. m., f.*
excursion **excursión** *f.* 4
excuse **disculpar** *v.* 8
Excuse me. (*May I?*) **Con per-
miso.** 1; (*I beg your pardon.*)
    Perdón. 1
exercise **ejercicio** *m.* 15
    hacer ejercicio 15
exit **salida** *f.* 5
expensive **caro/a** *adj.* 6
experience **experiencia** *f.* 18
explain **explicar** *v.* 2
explore **explorar** *v.* 4
    explore a city/town **explorar
una ciudad/pueblo** 4
expression **expresión** *f.*
extinction **extinción** *f.* 13
eye **ojo** *m.* 10

F

fabulous **fabuloso/a** *adj* 5
face **cara** *f.* 7
facing **enfrente de** *prep.* 14
fact: in fact **de hecho** 5
fall (down) **caerse** *v.* 10
    fall asleep **dormirse (o:ue)** *v.* 7
    fall in love (with) **enamorarse**
       v. **(de)** 9
fall (season) **otoño** *m.* 5
fallen **caído** *p.p.* 14
family **familia** *f.* 3
famous **famoso/a** *adj.* 16
fan **aficionado/a** *adj.* 4
    be a fan of **ser aficionado/a
a** 4
far from **lejos de** *prep.* 2
farewell **despedida** *f.*
fascinate **fascinar** *v.* 7
fashion **moda** *f.* 6
    be in fashion **estar de moda** 6
fast **rápido/a** *adj.* 8
fat **gordo/a** *adj.* 3; **grasa** *f.* 15
father **padre** *m.* 3
father-in-law **suegro** *m.* 3
favorite **favorito/a** *adj.* 4
fax (machine) ***fax*** *m.* 11

fear **miedo** *m.* 3; fear **temer** *v.* 13
February **febrero** *m.* 5
feel *v.* **sentir(se) (e:ie)** 7
    feel like (*doing something*) **tener
ganas de (+** *inf.***)** 3
festival **festival** *m.* 17
fever **fiebre** *f.* 10
    have a fever **tener fiebre** 10
few **pocos/as** *adj. pl.* 5
field: major field of study **espe-
cialización** *f.* 16
fifteen **quince** 1
fifth **quinto/a** 5
fifty **cincuenta** 2
fight **luchar** *v.* **(por)** 18
figure (*number*) **cifra** *f.*
file **archivo** *m.* 11
fill **llenar** *v.* 11
    fill out a form **llenar un
formulario** 14
    fill the tank **llenar el
tanque** 11
finally **finalmente** *adv.* 15; **por
último** 7; **por fin** 11
find **encontrar (o:ue)** *v.* 4
    find (each other) **encontrar(se)**
       v. 11
fine arts **bellas artes** *f., pl.* 17
fine **multa** *f.* 11
    That's fine. **Está bien.** 11
finger **dedo** *m.* 10
finish *v.* **terminar** 2
    finish (*doing something*)
       terminar *v.* **de (+** *inf.***)** 4
fire **incendio** *m.* 18; **despedir
(e:i)** 16
firefighter **bombero/a** *m., f.* 16
firm **compañía** *f.* 16; **empresa**
    f. 16
first **primer, primero/a** *adj.* 5
fish (*food*) **pescado** *m.* 8; **pescar**
    v. 5; (*live*) **pez** *m.* 13
    fish market **pescadería** *f.* 14
fisherman **pescador** *m.* 5
fisherwoman **pescadora** *f.* 5
fishing **pesca** *f.* 5
fit (*clothing*) **quedar** *v.* 7
five **cinco** 1
five hundred **quinientos/as** 5
fix (*put in working order*) **arreglar**
    v. 11
fixed **fijo/a** *adj.* 6
flag **bandera** *f.*
flank steak **lomo** *m.* 8
flat tire: We had a flat tire. **Se nos
pinchó una llanta.** 11
flexible **flexible** *adj.* 15
flood **inundación** *f.* 18
floor (*story in a building*) **piso** *m.*
    5; **suelo** *m.* 12
    ground floor **planta** *f.* **baja** 5
    top floor **planta** *f.* **alta** 5
flower **flor** *f.* 13
flu **gripe** *f.* 10
fog **niebla** *f.* 4

foggy: It's (very) foggy. **Hay (mucha) niebla.** 4
folk **folklórico/a** *adj.* 17
follow **seguir (e:i)** *v.* 4
food **comida** *f.* 8
foolish **tonto/a** *adj.* 3
foot **pie** *m.* 10
football **fútbol** *m.* **americano** 4
for **para** *prep.* 11; **por** *prep.* 11
  for example **por ejemplo** 11
  for me **para mí** 8
forbid **prohibir** *v.* 10
foreign **extranjero/a** *adj.* 17
  foreign languages **lenguas** *f. pl.* **extranjeras** 2
forest **bosque** *m.* 13
forget **olvidar** *v.* 10
fork **tenedor** *m.* 12
form **formulario** *m.* 14
forty **cuarenta** *m.* 2
forward **en marcha** 15
four **cuatro** 1
four hundred **cuatrocientos/as** 5
fourteen **catorce** 1
fourth **cuarto/a** *m., f.* 5
free **libre** *adj. m., f.* 4
  be free (of charge) **ser gratis** 14
  free time **tiempo libre** 4; **ratos libres** 4
freedom **libertad** *f.* 18
freezer **congelador** *m.* 12
French **francés, francesa** *m., f.* 3
  french fries **papas** *f., pl* **fritas** 8
    patatas *f., pl* **fritas** 8
frequently **frecuentemente** 10; **con frecuencia** 10
Friday **viernes** *m., sing.* 2
fried **frito/a** *adj.* 8
  fried potatoes **papas** *f., pl.* **fritas** 8; **patatas** *f., pl.* **fritas** 8
friend **amigo/a** *m., f.* 3
friendly **amable** *adj. m., f.* 5
friendship **amistad** *f.* 9
from **de** *prep.* 1; **desde** *prep.* 6
  from the United States *adj.* **estadounidense** 3
  from time to time **de vez en cuando** 10
  He/She/It is from . . . **Es de...** 1
fruit **fruta** *f.* 8
  fruit juice **jugo** *m.* **de fruta** 8
  fruit store **frutería** *f.* 14
full **lleno/a** *adj.* 11
fun **divertido/a** *adj.* 7
  fun activity **diversión** *f.* 4
  have fun **divertirse (e:ie)** *v.* 9
function **funcionar** *v.* 11
furniture **muebles** *m., pl.* 12
furthermore **además (de)** *adv.* 10
future **futuro** *adj.* 16; **porvenir** *m.* 16

G

gain weight **aumentar de peso** 15; **engordar** 15
game **juego** *m.* 5; *(match)* **partido** *m.* 4
  game show **concurso** *m.* 17
garage **garaje** *m.* 12
garden **jardín** *m.* 12
garlic **ajo** *m.* 8
gas station **gasolinera** *f.* 11
gasoline **gasolina** *f.* 11
geography **geografía** *f.* 2
German **alemán, alemana** *adj.* 3
get **conseguir (e:i)** *v.* 4; **obtener** *v.* 16
  get along well/badly with **llevarse bien/mal con** 9
  get bored **aburrirse** *v.* 17
  get off (a vehicle) **bajar** *v.* **(de)** 11
  get on/in (a vehicle) **subir(se) a** 11
  get up **levantarse** *v.* 7
gift **regalo** *m.* 6
girl **chica** *f.* 1; **muchacha** *f.* 3
girlfriend **novia** *f.* 3
give **dar** *v.* 9; *(as a gift)* **regalar** 9
glass *(drinking)* **vaso** *m.* 12; **vidrio** *m.* 13
  (made of) glass **de vidrio** 13
glasses **gafas** *f., pl.* 6
  sunglasses **gafas** *f., pl.* **oscuras/de sol** 6
gloves **guantes** *m., pl.* 6
go *v.* **ir** 4
  go away **irse** 7
  go by bus **ir en autobús** 5
  go by car **ir en auto(móvil)** 5
  go by motorcycle **ir en motocicleta** 5
  go by plane **ir en avión** 5
  go by ship **ir en barco** 5
  go by subway **ir en metro** 5
  go by taxi **ir en taxi** 5
  go by the bank **pasar por el banco** 14
  go by train **ir en tren** 5
  go by *v.* **pasar por** 5
  go down; *v.* **bajar(se)** 11
  go fishing **ir de pesca** 5
  go for a hike (in the mountains) **ir de excursión (a las montañas)** 4
  go out *v.* **salir** 9
  go out with **salir con** 4, 9
  go through customs **pasar por la aduana** 5
  go up **subir** *v.* 11
  go with **acompañar** *v.* 14
  Let's go. **Vamos.** 4
goblet **copa** *f.* 12
going to: be going to *(do something)* **ir a (+ inf.)** 4
golf **golf** *m.* 4

good **buen, bueno/a** *adj.* 1
  Good afternoon. **Buenas tardes.** 1
  Good evening. **Buenas noches.** 1
  Good morning. **Buenos días.** 1
  Good night. **Buenas noches.** 1
  I'm good, thanks. **Bien, gracias.** 1
  It's good that . . . **Es bueno que...** 12
good-bye *m.* **adiós** 1
  say good-bye (to) *v.* **despedirse (de) (e:i)** 7
good-looking **guapo/a** *adj.* 3
government **gobierno** *m.* 13
graduate (from) **graduarse** *v.* **(en)** 9
grains **cereales** *m., pl.* 8
granddaughter **nieta** *f.* 3
grandfather **abuelo** *m.* 3
grandmother **abuela** *f.* 3
grandparents **abuelos** *m. pl.* 3
grandson **nieto** *m.* 3
grape **uva** *f.* 8
grass **césped** *m.* 13; **hierba** *f.* 13
grave **grave** *adj.* 10
gray **gris** *adj. m., f.* 6
great **fenomenal** *adj. m., f.* 5
green **verde** *adj. m., f.* 6
greet (each other) **saludar(se)** *v.* 11
greeting **saludo** *m.* 1
  Greetings to . . . **Saludos a...** 1
grilled *(food)* **a la plancha** 8
  grilled flank steak **lomo a la plancha** 8
ground floor **planta baja** *f.* 5
guest *(at a house/hotel)* **huésped** *m., f.* 5 *(invited to a function)* **invitado/a** *m., f.* 9
guide **guía** *m., f.* 12
gymnasium **gimnasio** *m.* 4

H

hair **pelo** *m.* 7
hairdresser **peluquero/a** *m., f.* 16
half **medio/a** *adj.* 3
  half-brother **medio hermano** 3; half-sister **media hermana** 3
  half-past . . . *(time)* **...y media** 3
hallway **pasillo** *m.* 12
ham **jamón** *m.* 8
hamburger **hamburguesa** *f.* 8
hand **mano** *f.* 1
  Hands up! **¡Manos arriba!** 15
handsome **guapo** *adj.* 3
happen **ocurrir** *v.* 18
  Happy birthday! **¡Feliz cumpleaños!** 9
happy **alegre** *adj.* 5; **contento/a** *adj.* 5; **feliz** *adj.* 5
  be happy **alegrarse (de)** 13

hard **difícil** *adj. m., f.* 3
hard-working **trabajador(a)**
   adj. 3
hardly **apenas** *adv.* 10
haste **prisa** *f.* 3
hat **sombrero** *m.* 6
hate **odiar** *v.* 9
have **tener** *v.* 3
   have to (*do something*) **tener**
     que (+ *inf.*) 3; **deber**
     (+ *inf.*) 3
head **cabeza** *f.* 10
headache **dolor de cabeza** *m.* 10
health **salud** *f.* 10
healthful **saludable** *adj. m., f.* 10
healthy **sano/a** *adj.* 10
   lead a healthy life **llevar una**
     vida sana 15
hear **oír** *v.* 4
heard **oído** *p.p.* 14
hearing: sense of hearing **oído**
   m. 10
heart **corazón** *m.* 10
heat **calor** *m.* 4
Hello. **Hola.** 1; (*on the telephone*)
   Aló. 11; **¿Bueno?** 11; **Diga.** 11
help (to) **ayudar** *v.* (a) 12; **servir**
   (e:i) *v.* 5
   help each other **ayudarse** *v.* 11
her **su(s)** *poss.* 3; hers **suyo/a(s)**
   poss. 11
here *adv.* **aquí** 1
   Here it is. **Aquí está.** 5
   Here we are in . . . **Aquí**
     estamos en... 2
Hi. **Hola.** 1
highway **autopista** *f.* 11;
   carretera *f.*11
hike **excursión** *f.* 4
   go on a hike **hacer una excur-**
     sión; ir de excursión 5
hiker *m., f.* **excursionista** 4
hiking **de excursión** 4
hire **contratar** *v.* 16
his **su(s)** *poss. adj.* 3; **suyo/a(s)**
   poss. pron. 11
history **historia** *f.* 2
hockey **hockey** *m.* 4
holiday **día** *m.* **de fiesta** 9
home **casa** *f.* 4
   home page **página** *f.*
     principal 11
homework **tarea** *f.* 2
hood **capó** *m.* 11
hope **esperar** *v.* 2
   I hope (that) **Ojalá** 13
horror **horror** *m.* 17
hors d'oeuvres **entremeses** *m.,*
   pl. 8
horse **caballo** *m.* 5
hospital **hospital** *m.* 10
hot: be hot (*weather*) **hacer calor**
   4; (*feel*) **tener calor** 3
hotel **hotel** *m.* 5
hour **hora** *f.* 1

house **casa** *f.* 4
household chores **quehaceres** *m.*
   pl. **domésticos** 12
housewife **ama** *f.***de casa** 12
housing **vivienda** *f.* 12
How . . . ! **¡Qué...!** 3
   how **¿cómo?** *adv.* 1
   How are you? **¿Qué tal?** 1
   How are you?**¿Cómo estás?**
     fam. 1
   How are you?**¿Cómo está**
     usted? *form.* 1
   How did it go for you . . .?
     ¿Cómo le/les fue...? 15
   How is it going? **¿Qué tal?** 1
   How is/are . . . ? **¿Qué tal...?** 2
   How many?**¿Cuánto/a(s) ?** 1
   How may I help you? **¿En qué**
     puedo servirles? 5
   How much does it cost?
     ¿Cuánto cuesta...? 6
   How old are you? **¿Cuántos**
     años tienes? *fam.* 3
however **sin embargo**
hug (each other) **abrazar(se)** *v.* 11
humanities **humanidades** *f., pl.* 2
hunger **hambre** *f.* 3
hundred **ciento** *m.* 2
hungry: be hungry **tener**
   hambre 3
hurricane **huracán** *m.* 18
hurry **apurarse** *v.* 15
   be in a hurry **tener prisa** 3
hurt **doler (o:ue)** *v.* 10
   It hurts me a lot . . . **Me duele**
     mucho... 10
husband **esposo** *m.* 3

I

I am . . . **Yo soy...** 1
I hope (that) *interj.* **Ojalá (que)**
   13
I wish (that) *interj.* **Ojalá (que)** 13
ice cream **helado** *m.* 9
   ice cream shop **heladería** *f.* 14
iced **helado/a** *adj.* 9
   iced tea *m.* **té helado** 8
idea **idea** *f.* 4
if **si** *conj.* 4
illness **enfermedad** *f.* 10
important **importante** *adj.* 3
   be important to **importar** *v.* 7
impossible **imposible** *adj.* 13
improbable **improbable** *adj.* 13
improve **mejorar** *v.* 13
in **en** *prep.* 2
   in the afternoon **de la tarde** 1;
     por la tarde 7
   in the evening **de la noche** 1;
     por la noche 7
   in the morning **de la mañana**
     1; **por la mañana** 7
   in love with **enamorado/a de**

   5
in front of **delante de** *prep.* 2
increase **aumento** *m.* 16
incredible **increíble** *adj.* 5
inequality **desigualdad** *f.* 18
infection **infección** *f.* 10
inform **informar** *v.* 18
injection **inyección** *f.* 10
   give an injection *v.* **poner una**
     inyección 10
injure (oneself) **lastimarse** 10
   injure (one's foot) **lastimarse**
     (el pie) 10
inner ear **oído** *m.* 10
insist (on) **insistir** *v.* (en) 12
installments: pay in installments
   pagar a plazos 14
intelligent **inteligente** *adj.* 3
intend to **pensar** *v.* **(+** *inf.*) 4
interest **interesar** *v.* 7
interesting **interesante** *adj.* 3
   be interesting to **interesar** *v.* 7
international **internacional**
   adj. m., f. 18
Internet **red** *f.* 11; **Internet** *m.* 11
interview **entrevista** *f.* 16; inter-
   view **entrevistar** *v.* 16
interviewer **entrevistador(a)** *m.,*
   f. 16
introduction **presentación** *f.*
invest **invertir (i:ie)** *v.* 16
invite **invitar** *v.* 9
iron (clothes) **planchar la**
   ropa 12
Italian **italiano/a** *adj.* 3
its **su(s)** *poss. adj.* 3 , **suyo/a(s)**
   poss. pron. 11

J

jacket **chaqueta** *f.* 6
January **enero** *m.* 5
Japanese **japonés, japonesa** *adj.*
   3
jeans **bluejeans** *m., pl.* 6
jewelry store **joyería** *f.* 14
job **empleo** *m.* 16; **puesto** *m.* 16;
   trabajo *m.* 16
   job application **solicitud** *f.* **de**
     trabajo 16
jog **correr** *v.* 3
journalism **periodismo** *m.* 2
journalist **periodista** *m., f.* 3;
   reportero/a *m., f.* 16
joy **alegría** *f.* 9
   give joy **dar alegría** 9
joyful **alegre** *adj.* 5
juice **jugo** *m.* 8
July **julio** *m.* 5
June **junio** *m.* 5
jungle **selva, jungla** *f.* 13
just **apenas** *adv.* 10
   have just (*done something*)
     acabar de (+ *inf.*) 6

K

key **llave** *f.* 5
keyboard **teclado** *m.* 11
kilometer **kilómetro** *m.* 11
kind: That's very kind of you. **Muy amable.** 5
kiss (each other) **besar(se)** *v.* 11; **beso** *m.* 9
kitchen **cocina** *f.* 12
knee **rodilla** *f.* 10
knife **cuchillo** *m.* 12
know **saber** *v.* 8; **conocer** *v.* 8

L

laboratory **laboratorio** *m.* 2
lack **faltar** *v.* 7
lake **lago** *m.* 5
lamp **lámpara** *f.* 12
land **tierra** *f.* 13
landlord **dueño/a** *m.*, *f.* 8
landscape **paisaje** *m.* 5
language **lengua** *f.* 2
laptop (computer) **computadora** *f.* **portátil** 11
large (clothing size) **talla grande** 6
last **durar** *v.* 18; **pasado/a** *adj.* 6; **último/a** *adj.* 15
    last name **apellido** *m.* 9
    last night **anoche** *adv.* 6
late **tarde** *adv.* 7
later **más tarde** 7
    See you later. **Hasta la vista.** 1; **Hasta luego.** 1
laugh **reírse (e:i)** *v.* 9
laughed **reído** *p.p.* 14
laundromat **lavandería** *f.* 14
law **ley** *f.* 13
lawyer **abogado/a** *m.*, *f.* 16
lazy **perezoso/a** *adj.*
learn **aprender** *v.* 3
leave **salir** *v.* 4; **irse** *v.* 7
    leave a tip **dejar una propina** 9
    leave for (a place) **salir para** 4
    leave from **salir de** 4
    leave behind **dejar** *v.* 16
left **izquierdo/a** *adj.* 2
    be left over **quedar** *v.* 7
    to the left (of) **a la izquierda (de)** 2
leg **pierna** *f.* 10
lemon **limón** *m.* 8
lend **prestar** *v.* 6
less **menos** *adv.* 10
    less ... than **menos... que** 8
    less than (+ number) **menos de (+ number)** 8
lesson **lección** *f.* 1
let **dejar** *v.* 12
let's see **a ver** 2
letter **carta** *f.* 4

lettuce **lechuga** *f.* 8
liberty **libertad** *f.* 18
library **biblioteca** *f.* 2
license (driver's) **licencia** *f.* **de conducir** 11
lie **mentira** *f.* 9
life **vida** *f.* 9
    in my life **de mi vida** 15
lifestyle: lead a healthy lifestyle **llevar una vida sana** 15
lift **levantar** *v.* 15
    lift weights **levantar pesas** 15
light **luz** 12
like **como** *prep.* 8; **gustar** *v.* 7
    I like ... **me gusta(n)...** 2
    I like ... very much *v.* **Me encanta...** 7
    Do you like ... ? **¿Te gusta(n)...?** 2
likeable **simpático/a** *adj.* 3
likewise **igualmente** *adv.* 1
line **línea** *f.* 4; **cola** (queue) *f.* 14
listen to **escuchar** *v.* 2
    Listen! (command) **¡Oye!** *fam., sing.* 1; **¡Oigan!** *form., pl.* 5
    listen to music **escuchar música** 2
    listen to the radio **escuchar la radio** 2
literature **literatura** *f.* 2
little (quantity) **poco/a** *adj.* 5
live **vivir** *v.* 3
living room **sala** *f.* 12
loan **préstamo** *m.* 14
lobster **langosta** *f.* 8
located **situado/a** *adj.*
    be located **quedar** *v.* 14
long **largo/a** *adj.* 6
look for **buscar** *v.* 2
lose **perder (e:ie)** *v.* 4
    lose weight **adelgazar** *v.* 15
lost **perdido/a** *adj.* 14
    be lost **estar perdido/a** 14
lot of, a **mucho/a** *adj.* 2
love (another person) **querer (e:ie)** *v.* 4; (things) **encantar** *v.* 7 ; **amor** *m.* 9
    in love **enamorado/a** *adj.* 5
luck **suerte** *f.* 3
lucky: be lucky **tener suerte** 3
luggage **equipaje** *m.* 5
lunch **almuerzo** *m.* 8
    have lunch **almorzar (o:ue)** *v.* 8

M

ma'am **señora (Sra.)** *f.* 1
mad **enojado/a** *adj.* 5
magazine **revista** *f.* 4
magnificent **magnífico/a** *adj.* 6
mail **correo** *m.* 14; **enviar** *v.*, **mandar** *v.* 14
    mail carrier **cartero** *m.* 14

mailbox **buzón** *m.* 14
main **principal** *adj. m.*, *f.* 8
maintain **mantener** *v.* 15
make **hacer** *v.* 4
    make the bed **hacer la cama** 12
make-up **maquillaje** *m.* 7
man **hombre** *m.* 1
manager **gerente** *m.*, *f.* 16
many **mucho/a** *adj.* 2
    many times **muchas veces** 10
map **mapa** *m.* 1
March **marzo** *m.* 5
margarine **margarina** *f.* 8
marinated fish **ceviche** *m.* 8
    marinated shrimp **ceviche** *m.* **de camarón** 8
marital status **estado civil** 9
market **mercado** *m.* 6
marriage **matrimonio** *m.* 9
married **casado/a** *adj.* 9
    get married (to) **casarse** *v.* **(con)** 9
marvelous **maravilloso/a** *adj.* 5
marvelously **maravillosamente** *adv.* 18
massage **masaje** *m.* 15
masterpiece **obra maestra** *f.* 17
match (sports) **partido** *m.* 4
    match **hacer juego (con)** 6
mathematics **matemáticas** *f.*, *pl.* 2
matter **importar** *v.* 7
maturity **madurez** *f.* 9
maximum **máximo/a** *m.* 11
May **mayo** *m.* 5
maybe **tal vez** 5; **quizás** 5
mayonnaise **mayonesa** *f.* 8
meal **comida** *f.* 8
means of communication **medios** *m. pl.* **de comunicación** 18
meat **carne** *f.* 8
mechanic **mecánico/a** *m.*, *f.* 11
    mechanic's repair shop **taller mecánico** 11
media **medios** *m.*, *pl.* **de comunicación** 18
medical **médico/a** *adj.* 10
medication **medicamento** *m.* 10
medicine **medicina** *f.* 10
medium **mediano/a** *adj.* 6
meet (each other) **encontrar(se)** *v.* 11
meeting **reunión** *f.* 16
menu **menú** *m.* 8
message (telephone) **recado** *m.* 11
Mexican **mexicano/a** *adj.* 3
Mexico **México** *m.* 1
microwave **microonda** *f.* 12
    microwave oven **horno** *m.* **de microondas** 12
middle age **madurez** *f.* 9
midnight **medianoche** *f.* 1
mile **milla** *f.* 11
milk **leche** *f.* 8

million **millón** *m.* 5
million of **millón de** *m.* 5
mine **mío/a(s)** *poss.* 11
mineral **mineral** *m.* 15
    mineral water **agua** *f.*
      mineral 8
minute **minuto** *m.* 1
mirror **espejo** *m.* 7
Miss **señorita (Srta.)** *f.* 1
mistaken **equivocado/a** *adj.* 5
modem **módem** *m.* 11
modern **moderno/a** *adj.* 17
mom **mamá** *f.* 1
Monday **lunes** *m., sing.* 2
money **dinero** *m.* 6
monitor **monitor** *m.* 11
month **mes** *m.* 5
monument **monumento** *m.* 4
moon **luna** *f.* 13
more **más**
    more . . . than **más... que** 8
    more than (+ *number*) **más de**
      (+ *number*) 8
morning **mañana** *f.* 1
mother **madre** *f.* 3
mother-in-law **suegra** *f.* 3
motor **motor** *m.* 11
motorcycle **moto(cicleta)** *f.* 5
mountain **montaña** *f.* 4
mouse **ratón** *m.* 11
mouth **boca** *f.* 10
move (*to another house/city/coun-
try*) **mudarse** *v.* 12
movie **película** *f.* 4
    movie star **estrella** *f.* **de
      cine** 17
    movie theater **cine** *m.* 4
Mr. **señor (Sr.)** *m.* 1
Mrs. **señora (Sra.)** *f.* 1
much **mucho/a** *adj.* 2
municipal **municipal** *adj. m., f.* 4
murder **crimen** *m.* 18
muscle **músculo** *m.* 15
museum **museo** *m.* 4
mushroom **champiñón** *m.* 8
music **música** *f.* 2, 17
musical **musical** *adj.* 17
musician **músico/a** *m., f.* 17
must: It must be . . . **Debe ser...** 6
my **mi(s)** *poss. adj.* 3; **mío/a(s)**
    poss. pron. 11

N

name **nombre** *m.* 5
    in the name of **a nombre de** 5
    last name *m.* **apellido** 9
    My name is . . . **Me llamo...** 1
    be named **llamarse** *v.* 7
napkin **servilleta** *f.* 12
national **nacional** *adj. m., f.* 18
nationality **nacionalidad** *f.* 1
natural **natural** *adj. m., f.* 13

natural disaster **desastre** *m.*
    natural 18
    natural resource **recurso** *m.*
      natural 13
nature **naturaleza** *f.* 13
nauseated **mareado/a** *adj.* 10
near **cerca de** *prep.* 2
necessary **necesario/a** *adj.* 12
    It is necessary that . . . **Hay
      que...** 14
neck **cuello** *m.* 10
need **faltar** *v.* 7; **necesitar** *v.* 2
negative **negativo/a** *adj.*
neighbor **vecino/a** *m., f.* 12
neighborhood **barrio** *m.* 12
neither . . . nor **ni... ni** *conj.* 7;
    neither **tampoco** *adv.* 7
nephew **sobrino** *m.* 3
nervous **nervioso/a** *adj.* 5
network **red** *f.* 11
never **nunca** *adj.* 7; **jamás** 7
new **nuevo/a** *adj.* 6
newlywed **recién casado/a**
    m., f. 9
news **noticias** *f., pl.* 18; **actuali-
    dades** *f., pl.* 18
newscast **noticiero** *m.* 18
newspaper **periódico** 4; **diario**
    m. 18
next **próximo/a** *adj.* 16
nice **simpático/a** *adj.* 3; **amable**
    adj. m., f. 5
niece **sobrina** *f.* 3
night **noche** *f.* 1
    night stand **mesita** *f.* **de
      noche** 12
nine **nueve** 1
nine hundred **novecientos/as** 5
nineteen **diecinueve** 1
ninety **noventa** 2
ninth **noveno/a** 5
no **no** 1; **ningún, ninguno/a(s)**
    adj. 7
    no one **nadie** *pron.* 7
    No problem. **Ningún
      problema.** 7
    no way **de ninguna
      manera** 16
none **ningún, ninguno/a(s)**
    adj. 7
noon **mediodía** *m.* 1
nor **ni** *conj.* 7
north **norte** *m.* 14
    to the north **al norte** 14
nose **nariz** *f.* 10
not **no** 1
    not any **ningún, ninguno/a(s)**
      adj. 7
    not anyone **nadie** *pron.* 7
    not anything **nada** *pron.* 7
    not bad at all **nada mal** 5
    not either **tampoco** *adv.* 7
    not ever **nunca** *adv.* 7; **jamás**
      adv. 7
    not very well **no muy bien** 1

not working **descompuesto/a**
    adj. 11
notebook **cuaderno** *m.* 1
nothing **nada** 1
noun **sustantivo** *m.*
November **noviembre** *m.* 5
now **ahora** *adv.* 2
nowadays **hoy día** *adv.* 5
nuclear **nuclear** *adj. m., f.* 13
number **número** *m.* 1
nurse **enfermero/a** *m., f.* 10
nutrition **nutrición** *f.* 15

O

o'clock: It's . . . o'clock **Son
    las...** 1
    It's one o'clock. **Es la una.** 1
obey **obedecer (c:zc)** *v.* 18
obligation **deber** *m.* 18
obtain **conseguir (e:i)** *v.* 4;
    obtener *v.* 16
obvious **obvio/a** *adj.* 13
occupation **ocupación** *f.* 16
occur **ocurrir** *v.* 18
ocean **mar** *m.* 5; **océano** *m.* 5
October **octubre** *m.* 5
of **de** *prep.* 1
    of course **claro que sí** 16; **por
      supuesto** 16
offer **oferta** *f.* 12; **ofrecer (c:cz)**
    v. 8
office (*medical*) **consultorio** *m.*
    10; **oficina** *f.* 12
often **a menudo** *adv.* 10
Oh! **¡Ay!** 10
oil **aceite** *m.* 8
okay **regular** *adj.* 1
    It's okay. **Está bien.** 11
old **viejo/a** *adj.* 3; old age **vejez** *f.*
    9
older **mayor** *adj. m., f.* 3
    older brother, sister **hermano/a
      mayor** *m., f.* 3
oldest **el/la mayor** 8
on **en** *prep.* 2: **sobre** *prep.* 2
    on behalf of **por** *prep.* 11
    on the dot **en punto** 1
    on time **a tiempo** 10
    on top of **encima de** 2
once **una vez** 6
one **un, uno/a** 1
    one hundred **cien(to)** 5
    one million **un millón** *m.* 5
    one more time **una vez más** 9
    one thousand **mil** 4
    one time **una vez** 6
    one way (*travel*) **ida** *f.* 5
onion **cebolla** *f.* 8
only **sólo** *adv.* 3; **único/a** *adj.* 3
    only child **hijo/a único/a**
      m., f. 3
open **abierto/a** *adj.* 5; **abrir** *v.* 3
open-air **al aire libre** 6

opera **ópera** *f.* 17
operation **operación** *f.* 10
opposite **en frente de** *prep.* 14
or **o** *conj.* 7
orange **anaranjado/a** *adj.* 6;
   naranja *f.* 8
orchestra **orquesta** *f.* 17
order **mandar** 12; *(food)* **pedir**
   (e:i) *v.* 8
   in order to **para** *prep.* 11
orderly **ordenado/a** *adj.* 5
ordinal *(numbers)* **ordinal** *adj.*
other **otro/a** *adj.* 6
our **nuestro/a(s)** *poss. adj.* 3;
   poss. pron. 11
out of order **descompuesto/a**
   adj. 11
outside **fuera** *adv.* 8
outskirts **afueras** *f., pl.* 12
oven **horno** *m.* 12
over **sobre** *prep.* 2
own **propio/a** *adj.* 16
owner **dueño/a** *m., f* 8

P

P.M. **tarde** *f.* 1
pack the suitcases **hacer** *v.* **las**
   maletas 5
package **paquete** *m.* 14
page **página** *f.* 11
pain **dolor** *m.* 10
   have a pain in the (knee) **tener**
      dolor de (rodilla) 10
paint **pintar** *v.* 17
painter **pintor(a)** *m., f.* 16
painting **pintura** *f.* 12
pair **par** *m.* 6
pants **pantalones** *m., pl.* 6
pantyhose **medias** *f., pl.* 6
paper **papel** *m.* 2; *(report)*
   informe *m.* 18
   paper money **billete** *m.* 8
paragraph **párrafo** *m.* 5
Pardon me. *(May I?)* **con per-**
   miso 1; *(Excuse me.)* Pardon
   me. **Perdón.** 1
parents **padres** *m., pl.* 3; **papás**
   m., pl. 3
park **estacionar** *v.* 11; **parque**
   m. 4
partner *(one of a married couple)*
   pareja *f.* 9
party **fiesta** *f.* 9
pass **pasar** *v.* 12
passed **pasado/a** *p.p.* 15
passenger **pasajero/a** *m., f.* 1
passport **pasaporte** *m.* 5
past **pasado/a** *adj.* 6
pastime **pasatiempo** *m.* 4
pastry shop **pastelería** *f.* 14
patient **paciente** *m., f.* 10
patio **patio** *m.* 12

pay in cash **pagar al contado;**
   pagar en efectivo 14
pay in installments **pagar a pla-**
   zos 14
pay the bill **pagar la cuenta** 9
pea **arveja** *m.* 8
peace **paz** *f.* 18
peach **melocotón** *m.* 8
pear **pera** *f.* 8
pen **pluma** *f.* 2
pencil **lápiz** *m.* 1
penicillin **penicilina** *f.* 10
people **gente** *f.* 3
pepper *(black)* **pimienta** *f.* 8
perfect **perfecto/a** *adj.* 5
perhaps **quizás** 5; **tal vez** 5
periods **plazos** *m., pl.* 14
permission **permiso** *m.* 1
person **persona** *f.* 3
pharmacy **farmacia** *f.* 10
phenomenal **fenomenal** *adj.* 5
photograph **foto(grafía)** *f.* 1
physical *(medical examination)*
   examen *m.* **médico** 10
physics **física** *f. sing.* 2
pick up **recoger** *v.* 13
picture **cuadro** *m.* 12
pie **pastel** *m.* 9
pill *(tablet)* **pastilla** *f.* 10
pillow **almohada** *f.* 12
pineapple **piña** *f.* 8
pink **rosado/a** *adj.* 6
place **lugar** *m.* 4; **poner** *v.* 4
plaid **de cuadros** 6
plan *(to do something)* **pensar** *v.*
   (+ *inf.*) 4
plans **planes** *m., pl.* 4
   have plans **tener planes** 4
plant **planta** *f.* 13
plastic **plástico** *m.* 13
   (made of) plastic **de plástico**
      13
plate **plato** *m.* 12
   platter of fried food **fuente** *f.*
      de fritada 8
play **drama** *m.* 17; **comedia** *f.*
   17; **jugar (u:ue)** *v.* 4; *(a musical*
   instrument)
      tocar *v.* 17; *(a role)* **hacer el**
      papel 17; *(cards)* **jugar a**
      (las cartas) 5; *(sports)*
      practicar deportes 4
player **jugador(a)** *m., f.* 4
playwright **dramaturgo/a**
   m., f. 17
plead **rogar (o:ue)** *v.* 12
pleasant **agradable** *adj. m., f.* 5
Please. **Por favor.** 1
Pleased to meet you. **Mucho**
   gusto. 1; **Encantado/a.** *adj.* 1
pleasing: be pleasing to **gustar** *v.* 7
pleasure **gusto** *m.* 1; **placer** *m.* 15
   It's a pleasure to . . . **Gusto de**
      (+ *inf.*) 18

It's been a pleasure. **Ha sido un**
   placer. 15
   The pleasure is mine. **El gusto**
      es mío. 1
poem **poema** *m.* 17
poet **poeta** *m., f.* 17
poetry **poesía** *f.* 17
police *(force)* **policía** *f.* 11
   police officer **policía** *m.*, **mujer**
      policía, *f.* 11
political **político/a** *adj.* 18
politician **político/a** *m., f.* 16
politics **política** *f.* 18
polka-dotted **de lunares** 6
poll **encuesta** *f.* 18
pollute **contaminar** *v.* 13
polluted **contaminado/a**
   m., f. 13
   be polluted **estar contami-**
      nado/a 13
pollution **contaminación** *f.* 4
poor **pobre** *adj.* 6
population **población** *f.* 13
pork **cerdo** *m.* 8
   pork chop **chuleta** *f.* **de**
      cerdo 8
portable **portátil** *adj.* 11
   portable computer **computa-**
      dora *f.* **portátil** 11
position **puesto** *m.* 16
possessive **posesivo/a** *adj.* 3
possible **posible** *adj.* 13
post office **correo** *m.* 14
postcard **postal** *f.* 4; **tarjeta**
   postal *f.* 4
poster **cartel** *m.* 12
potato **papa** *f.* 8; **patata** *f.* 8
pottery **cerámica** *f.* 17
practice **entrenarse** *v.* 15;
   practicar *v.* 2
prefer **preferir (e:ie)** *v.* 4
pregnant **embarazada** *adj. f.* 10
prepare **preparar** *v.* 2
preposition **preposición** *f.*
prescribe *(medicine)* **recetar** *v.* 10
prescription **receta** *f.* 10
present **regalo** *m.* 6; **presentar** *v.*
   17
press **prensa** *f.* 18
pressure: be under a lot of pressure
   sufrir muchas presiones 15
pretty **bonito/a** *adj.* 3; **bastante**
   adv. 13
price **precio** *m.* 6
   fixed price **precio** *m.* **fijo** 6
print **estampado/a** *adj.* 6;
   imprimir *v.* 11
printer **impresora** *f.* 11
private *(room)* **individual** *adj.* 5
prize **premio** *m.* 17
probable **probable** *adj.* 13
problem **problema** *m.* 1
profession **profesión** *f.* 3
professor **profesor(a)** *m., f.* 1
program **programa** *m.* 1

programmer **programador(a)** *m., f.* 3
prohibit **prohibir** *v.* 10
promotion (*career*) **ascenso** *m.* 16
pronoun **pronombre** *m.*
protect **proteger** *v.* 13
protein **proteína** *f.* 15
provided that **con tal (de) que** *conj.* 13
psychologist **psicólogo/a** *m., f.* 16
psychology **psicología** *f.* 2
publish **publicar** *v.* 17
Puerto Rican **puertorriqueño/a** *adj.* 3
Puerto Rico **Puerto Rico** *m.* 1
pull a tooth **sacar una muela** 10
purchases **compras** *f., pl.* 5
pure **puro/a** *adj.* 13
purple **morado/a** *adj.* 6
purse **bolsa** *f.* 6
put **poner** *v.* 4; **puesto/a** *p.p.* 14
   put a letter in the mailbox **echar una carta al buzón** 14
   put on (*a performance*) **presentar** *v.* 17
   put on (*clothing*) **ponerse** *v.* 7
   put on makeup **maquillarse** *v.* 7

Q

quality **calidad** *f.* 6
quarter *m.* **trimestre** 2
   quarter after (*time*) **y cuarto** 1; **y quince** 1
   quarter to (*time*) **menos cuarto** 1; **menos quince** 1
question **pregunta** *f.* 2
quickly **rápido** *adv.* 8
quiet **tranquilo/a** *adj.* 15
quit **dejar** *v.* 16
quiz **prueba** *f.* 2

R

racism **racismo** *m.* 18
radio (*medium*) **radio** *f.* 2; radio (*receiver*) **radio** *m.* 2, 11
rain **llover o:ue** *v.* 4; **lluvia** *f.* 13
   It's raining. **Llueve.** 4
raincoat **impermeable** *m.* 6
rainforest **bosque** *m.* **tropical** 13
raise (*salary*) **aumento de sueldo** 16
read **leer** *v.* 3; **leído/a** *p.p.* 14
ready **listo/a** *adj.* 15
reap the benefits (of) *v.* **disfrutar (de)** 15
reason **razón** *f.* 3
receive **recibir** *v.* 3
recommend **recomendar (e:ie)** *v.* 8

recycle **reciclar** *v.* 13
recycling **reciclaje** *m.* 13
red **rojo/a** *adj.* 6
red-headed **pelirrojo/a** *adj.* 3
reduce **reducir** *v.* 13
   reduce stress/tension **aliviar el estrés/la tensión** 15
refrigerator **refrigerador** *m.* 12
region **región** *f.* 13
regret **sentir (e:ie)** *v.* 13
related to sitting **sedentario/a** *adj.* 15
relationships **relaciones** *f., pl.*
relatives **parientes** *m., pl.* 3
relax **relajarse** *v.* 9
remain **quedarse** *v.* 7
remember **acordarse (o:ue)** *v.* **(de)** 7; **recordar (o:ue)** *v.* 4
remote control **control remoto** *m.* 11
rent **alquilar** *v.* 12; **alquiler** *m.* 12
repeat **repetir (e:i)** *v.* 4
report **informe** *m.* 18; **reportaje** *m.* 18
reporter **reportero/a** *m., f.* 16
representative **representante** *m., f.* 18
request **pedir (e:i)** *v.* 4
reservation **reservación** *f.* 5
resign (from) **renunciar (a)** *v.* 16
resolve **resolver (o:ue)** *v.* 13
resolved **resuelto/a** *p.p.* 14
resource **recurso** *m.* 13
responsibility **deber** *v.* 18
rest **descansar** *v.* 2
   the rest **lo/los/las demás** *pron.* 5
restaurant **restaurante** *m.* 4
résumé **currículum** *m.* 16
retire (from work) **jubilarse** *v.* 9
return **regresar** *v.* 2; **volver (o:ue)** *v.* 4
   return trip **vuelta** *f.* 5
returned **vuelto/a** *p.p.* 14
rice **arroz** *m.* 8
rich **rico/a** *adj.* 6
ride a bicycle **pasear en bicicleta** 4
ride a horse **montar a caballo** 5
ridiculous **ridículo/a** *adj.* 13
right **derecha** *f.* 2;
   right here **aquí mismo** 11
   right now **ahora mismo** 5
   right there **allí mismo** 14
   right away **enseguida** *adv.* 9
   be right **tener razón** 3
   to the right (of) **a la derecha (de)** 2
   right? (*question tag*) **¿no?** 1; **¿verdad?** 1
rights **derechos** *m.* 18
ring (*a doorbell*) **sonar (o:ue)** *v.* 11
river **río** *m.* 13

road **camino** *m.* 11
roast chicken **pollo** *m.* **asado** 8
roasted **asado/a** *adj.* 8
role **papel** *m.* 17
romantic **romántico/a** *adj.* 17
room **habitación** *f.* 5; **cuarto** *m.* 7; (*large, living*) **sala** *f.* 12
roommate **compañero/a** *m., f.* **de cuarto** 2
roundtrip **de ida y vuelta** 5
   roundtrip ticket **pasaje** *m.* **de ida y vuelta** 5
routine **rutina** *f.* 7
rug **alfombra** *f.* 12
run **correr** *v.* 3
   run errands **hacer diligencias** 14
   run into (*have an accident*) **chocar (con)** *v.* 11; (*meet accidentally*) **darse con** 10
rush **apurarse** *v.* 15
russian **ruso/a** *adj.* 3

S

sad **triste** *adj.* 5
said **dicho/a** *p.p.* 14
sake: for the sake of **por** 11
salad **ensalada** *f.* 8
salary **salario** *m.* 16; **sueldo** *m.* 16
sale **rebaja** *f.* 6
salesperson **vendedor(a)** *m., f.* 6
salmon **salmón** *m.* 8
salt **sal** *f.* 8
same **mismo/a** *adj.* 3
sandal **sandalia** *f.* 6
sandwich **sándwich** *m.* 8
Saturday **sábado** *m.* 2
sausage **salchicha** *f.* 8
save (*on a computer*) **guardar** *v.* 11; save (*money*) **ahorrar** *v.* 14
savings **ahorros** *m.* 14
   savings account **cuenta** *f.* **de ahorros** 14
say (that) **decir (que)** *v.* 9; **declarar** *v.* 18
scarcely **apenas** *adv.* 10
scared: be scared (of) **tener miedo (de)** 3
schedule **horario** *m.* 2
school **escuela** *f.* 1
science *f.* **ciencia** 2
   science fiction **ciencia ficción** *f.* 17
scientist **científico/a** *m., f.* 16
scream **gritar** *v.* 7
screen **pantalla** *f.* 11
sculpt **esculpir** *v.* 17
sculptor **escultor(a)** *m., f.* 17
sculpture **escultura** *f.* 17
sea **mar** *m.* 5; **océano** *m.* 5
season **estación** *f.* 5

seat **silla** *f.* 2
second **segundo/a** *adj.* 5
secretary **secretario/a** *m., f.* 16
sedentary **sedentario/a** *adj.* 15
see **ver** *v.* 4
  see (you) again **volver a ver(te, lo, la)** 18
  see movies **ver películas** 4
  See you. **Nos vemos.** 1
  See you later. **Hasta la vista.** 1; **Hasta luego.** 1
  See you soon. **Hasta pronto.** 1
  See you tomorrow. **Hasta mañana.** 1
seem **parecer** *v.* 8
seen *p.p.* **visto/a** 14
sell **vender** *v.* 6
semester **semestre** *m.* 2
send **enviar; mandar** *v.* 14
separate (from) **separarse** *v.* **(de)** 9
separeted **separado/a** *adj.* 9
September **septiembre** *m.* 5
sequence **secuencia** *f.*
serious **grave** *adj.* 10
serve **servir (e:i)** *v.* 8
set (*fixed*) **fijo** *adj.* 6
  set the table **poner la mesa** 12
seven **siete** 1
seven hundred **setecientos/as** 5
seventeen **diecisiete** 1
seventh **séptimo/a** 5
seventy **setenta** 2
sexism **sexismo** *m.* 18
shame **lástima** *f.* 13
  It's a shame that . . . **Es (una) lástima que...** 13
shampoo **champú** *m.* 7
shape **forma** *f.* 15
  be in good shape **estar en buena forma** 15
share **compartir** *v.* 3
sharp (*time*) **en punto** 1
shave **afeitarse** *v.* 7
shaving cream **crema** *f.* **de afeitar** 7
shellfish **mariscos** *m., pl.* 8
ship **barco** *m.* 5
shirt **camisa** *f.* 6
shoe **zapato** *m.* 6
  shoe size **número** *m.* 6
  shoe store **zapatería** *f.* 14
  tennis shoes **zapatos** *m., pl.* **de tenis** 6
shop **tienda** *f.* 6
shopping, to go **ir de compras** 5
  shopping mall **centro comercial** *m.* 6
short (*in height*) **bajo/a** *adj.* 3; (*in length*) **corto/a** *adj.* 6
short story **cierto** *m.* 17
shorts **pantalones cortos** *m., pl.* 6
should (*do something*) **deber (+ infin.)** 3

show **espectáculo** *m.* 17; **mostrar (o:ue)** *v.* 4
shower **ducha** *f.* 7; **ducharse** *v.* 7; **bañarse** *v.* 7
shrimp **camarón** *m.* 8
sick **enfermo/a** *adj.* 10
  be sick **estar enfermo/a** 10
  get sick **enfermarse** *v.* 10
sightseeing: go sightseeing **hacer turismo** 5
sign **firmar** *v.* 14; **letrero** *m.* 14
silk **seda** *f.* 6; (made of) **de seda** 6
silly **tonto/a** *adj.* 3
silverware **cubierto** *m.* 12
similar **similar** *adj. m., f.*
since **desde** *prep.* 6
sing **cantar** *v.* 2
singer **cantante** *m., f.* 17
single **soltero/a** *adj.* 9
  single room **habitación** *f.* **individual** 5
sink **lavabo** *m.* 7
sir **señor (Sr.)** *m.* 1
sister **hermana** *f.* 3
sister-in-law **cuñada** *f.* 3
sit down **sentarse (e:ie)** *v.* 7
six **seis** 1
six hundred **seiscientos/as** 5
sixteen **dieciséis** 1
sixth **sexto/a** 5
sixty **sesenta** 2
size **talla** *f.* 6
  shoe size *m.* **número** 6
skate (in-line) **patinar (en línea)** 4
ski **esquiar** *v.* 4
skiing **esquí** *m.* 4
  water-skiing **esquí** *m.* **acuático** 4
skirt **falda** *f.* 6
sky **cielo** *m.* 13
sleep **dormir (o:ue)** *v.* 4; **sueño** *m.* 3
  go to sleep **dormirse (o:ue)** *v.* 7
sleepy: be sleepy **tener sueño** 3
slim down **adelgazar** *v.* 15
slow **lento/a** *adj.* 11
slowly **despacio** *adv.* 8
small **pequeño/a** *adj.* 3
smart **listo/a** *adj.* 5
smile **sonreír (e:i)** *v.* 9
smiled **sonreído** *p.p.* 14
smoggy: It's (very) smoggy. **Hay (mucha) contaminación.** 4
smoke **fumar** *v.* 8, 15
smoking section **sección** *f.* **de fumar** 8
  (no) smoking section *f.* **sección de (no) fumar** 8
snack (in the afternoon) **merendar** *v.* 15; afternoonsnack **merienda** *f.* 15
  have a snack **merendar** *v.* 15
sneeze **estornudar** *v.* 10

snow **nevar (e:ie)** *v.* 4; **nieve** *f.* 8
snowing: It's snowing. **Nieva.** 4
so (*in such a way*) **así** *adj.* 10; **tan** *adv.* 8
  so much **tanto** *adv.* 12
  so so **así así** 1, **regular** 1
  so that **para que** *conj.* 13
soap **jabón** *m.* 7
  soap opera **telenovela** *f.* 17
soccer **fútbol** *m.* 4
sociology *f.* **sociología** 2
sock **calcetín** *m.* 6
sofa **sofá** *m.* 12
soft drink **refresco** *m.* 8
software **programa** *m.* **de computación** 11
soil **tierra** *f.* 13
solar **solar** *adj., m., f.* 13
solution **solución** *f.* 13
solve **resolver (o:ue)** *v.* 13
some **algún, alguno/a(s)** *adj.* 7; **unos/as** *pron.* 1
somebody **alguien** *pron.* 7
someone **alguien** *pron.* 7
something **algo** *pron.* 7
sometimes **a veces** 10
son **hijo** *m.* 3
song **canción** *f.* 17
son-in-law **yerno** *m.* 3
soon **pronto** *adj.* 10
  See you soon. **Hasta pronto.** 1
sorry: be sorry **sentir (e:ie)** *v.* 13
  I'm sorry. **Lo siento.** 1
  I'm extremely sorry. **Mil perdones.** 4
soup **caldo** *m.* 8; **sopa** *f.* 8
south **sur** *m.* 14
  to the south **al sur** 14
Spain **España** *f.* 1
Spanish (*language*) **español** *m.* 2; **español(a)** *adj.* 3
spare time **ratos libres** 4
speak **hablar** *v.* 2
specialization **especialización** *f.* 16
spectacular **espectacular** *adj. m., f.* 15
speech **discurso** *m.* 18
speed **velocidad** *f.* 11
  speed limit **velocidad** *f.* **máxima** 11
spelling **ortográfico/a** *adj.*
spend (*money*) **gastar** *v.* 6
  spend time **pasar tiempo** 4
spoon (*table or large*) **cuchara** *f.* 12
sport **deporte** *m.* 4
  sports-loving **deportivo/a** *adj.* 4
spouse **esposo/a** *m., f.* 3
sprain (an ankle) **torcerse (el tobillo)** 10
sprained **torcido/a** *adj.* 10
  be sprained **estar torcido/a** 10
spring **primavera** *f.* 5
stadium **estadio** *m.* 2

stage **etapa** *f.* 9
stairs **escalera** *f.* 12
stairway **escalera** *f.* 12
stamp **estampilla** *f.* 14; **sello** *m.* 14
stand in line **hacer cola** 14
star **estrella** *f.* 13
start (*a vehicle*) **arrancar** *v.* 11
state **estado** *m.* 5
station **estación** *f.* 5
statue **estatua** *f.* 17
status: marital status **estado civil** 9
stay **quedarse** *v.* 7
 Stay calm! **¡Tranquilo!** *adj.* 7
 stay in shape **mantenerse en forma** 15
steak **bistec** *m.* 8
steering wheel **volante** *m.* 11
step **etapa** *f.* 9
stepbrother **hermanastro** *m.* 3
stepdaughter **hijastra** *f.* 3
stepfather **padrastro** *m.* 3
stepmother **madrastra** *f.* 3
stepsister **hermanastra** *f.* 3
stepson **hijastro** *m.* 3
stereo **estéreo** *m.* 11
still **todavía** *adv.* 5
stock broker **corredor(a)** *m., f.* **de bolsa** 16
stockings **medias** *f., pl.* 6
stomach **estómago** *m.* 10
stone **piedra** *f.* 13
stop **parar** *v.* 11
 stop (*doing something*) **dejar de** (+ *inf.*) 13
store **tienda** *f.* 6
storm **tormenta** *f.* 18
story **cuento** *m.* 17; **historia** *f.* 17
stove **estufa** *f.* 12
straight **derecho** *adj.* 14
 straight ahead **(todo) derecho** 14
strange **extraño/a** *adj.* 13
 It's strange that . . . **Es extraño que...** 13
strawberry **frutilla** fresa *f.* 8
street **calle** *m.* 11
stress **estrés** *m.* 15
stretching **estiramiento** *m.* 15
 stretching exercises **ejercicios** *m. pl.* **de estiramiento** 15
strike (*labor*) **huelga** *f.* 18
stripe **raya** *f.* 6
 striped **de rayas** 6
stroll **pasear** *v.* 4
strong **fuerte** *adj.* 15
struggle (for) **luchar** *v.* **(por)** 18
student **estudiante** *m., f.* 1; **estudiantil** *adj.* 2
study **estudiar** *v.* 2
stuffed-up (*sinuses*) **congestionado/a** *adj.* 10
stupendous **estupendo/a** *adj.* 5
style **estilo** *m.* 5

suburbs **afueras** *f., pl.* 12
subway **metro** *m.* 5
 subway station **estación** *f.* **del metro** 5
success **éxito** *m.* 16
successful: be successful **tener éxito** 16
such as **tales como** 4
suddenly **de repente** 6
suffer *v.* **sufrir** 10
 suffer from an illness **sufrir una enfermedad** 10
sufficient **bastante** *adj.* 10
sugar **azúcar** *m.* 8
suggest **sugerir (e:ie)** *v.* 12
suit **traje** *m.* 6
suitcase **maleta** *f.* 3
summer **verano** *m.* 5
sun **sol** *m.* 4
sunbathe **tomar el sol** 4
Sunday **domingo** *m.* 2
sunglasses **gafas** *f., pl.* **oscuras/de sol** 6; **lentes** *m. pl.* **de sol** 6
sunny: It's (very) sunny. **Hace (mucho) sol.** 4
supermarket **supermercado** *m.* 14
suppose **suponer** *v.* 4
sure **seguro/a** *adj.* 5
 be sure **estar seguro/a** 5
surf (*Internet*) **navegar** *v.* **(en)** 11
surprise **sorprender** *v.* 9; **sorpresa** *f.* 9
survey **encuesta** *f.* 18
sweat **sudar** *v.* 15
sweater **suéter** *m.* 6
sweep (the floor) **barrer (el suelo)** 12
sweets **dulces** *m., pl.* 9
swim **nadar** *v.* 4
swimming **natación** *f.* 4
 swimming pool **piscina** *f.* 4
symptom **síntoma** *m.* 10

T

table **mesa** *f.* 2
tablespoon **cuchara** *f.* 12
tablet (*pill*) **pastilla** *f.* 10
take **llevar** *v.* 2; **tomar** *v.* 2, 8
 take care of **cuidar de** 13
 take (someone's) temperature **tomar la temperatura (a alguien)** 10
 take (*wear*) a shoe size *v.* **calzar** 6
 take a bath **bañarse** *v.* 7
 take a shower **ducharse** *v.* 7
 take into account **tomar en cuenta** 8
 take off **quitarse** *v.* 7
 take out (the trash) *v.* **sacar (la basura)** 10

take photos **tomar fotos** 5; **sacar fotos** 5
talented **talentoso/a** *adj.* 17
talk *v.* **hablar** 2; **conversar** *v.* 2
 talk show **programa** *m.* **de entrevistas** 17
tall **alto/a** *adj.* 3
tank **tanque** *m.* 11
tape (audio) **cinta** *f.* 11
 tape recorder **grabadora** *f.* 1
taste **probar (o:ue)** *v.* 8
tasty **rico/a** *adj.* 8; **sabroso/a** *adj.* 8
tax **impuesto** *m.* 18
taxi(cab) **taxi** *m.* 5
tea **té** *m.* 8
teach **enseñar** *v.* 2
teacher **profesor(a)** *m., f.* 1; (*elementary school*) **maestro/a** *m., f.* 16
team **equipo** *m.* 4
technician **técnico/a** *m., f.* 16
telecommuting **teletrabajo** *n.* 16
teleconference **videoconferencia** *f.* 16
telephone **teléfono** *m.* 11
 cellular telephone **teléfono** *m.* **celular** 11
television **televisión** *f.* 11
 television set **televisor** *m.* 11
tell (that) **decir** *v.* **(que)** 9
temperature **temperatura** *f.* 10
ten **diez** 1
tennis **tenis** *m.* 4
 tennis shoes **zapatos** *m., pl.* **de tenis** 6
tension **tensión** *f.* 15
tent **tienda** *f.* **de campaña** 5
tenth **décimo/a** 5
terrible **terrible** *adj. m., f.* 13
terrific **chévere** *adj.* 1
test **prueba** *f.* 2; **examen** *m.* 2
Thank you. *f., pl.* **Gracias.** 1
 Thank you (very much). **(Muchas) gracias.** 1
 Thank you very much. **Muchísimas gracias.** 9
 Thanks (a lot). **(Muchas) gracias.** 1
 Thanks again. **Gracias una vez más.** 9
 Thanks for everything. **Gracias por todo.** 9
that **que** *conj.* 12
 that (one) **ése, ésa, eso** *pron.* 6; **ese, esa,** *adj.* 6
 that (over there) **aquél, aquélla, aquello** *pron.* 6; **aquel, aquella** *adj.* 6
 that which **lo que** *conj.* 12
 that's why **por eso** 11
theater **teatro** *m.* 17
their **su(s)** *poss. adj.* 3; **suyo/a(s)** *poss. pron.* 11

then **después** (*afterward*) *adv.* 7;
   entonces (*as a result*) *adv.* 7;
   luego (*next*) *adv.* 1; **pues**
   adv. 15
there **allí** *adv.* 5
   There is/are . . . **Hay...** 1;
   There is/are not . . . **No hay...**
   1
therefore **por eso** 11
thin **delgado/a** *adj.* 3
thing **cosa** *f.* 1
think **pensar (e:ie)** *v.* 4; (*believe*)
   creer *v.* 3
   think about **pensar en** *v.* 4
third **tercero/a** 5
thirst **sed** *f.* 3
thirsty: be thirsty **tener sed** 3
thirteen **trece** 1
thirty **treinta** 1; thirty (*minutes
   past the hour*) **y treinta; y
   media** 1
this **este, esta** *adj.*; **éste, ésta,
   esto** *pron.* 6
   This is . . . (*introduction*)
      Éste/a es... 1
   This is he/she. (*on telephone*)
      Con él/ella habla. 11
thousand **mil** *m.* 5
three **tres** 1
three hundred **trescientos/as** 5
throat **garganta** *f.* 10
through **por** *prep.* 11
throw **echar** *v.* 14
Thursday **jueves** *m., sing.* 2
thus (*in such a way*) **así** *adj.* 10
ticket **boleto** *m.* 17; **entrada** *f.*
   17; **pasaje** *m.* 5
tie **corbata** *f.* 6
time **vez** *f.* 6; time **tiempo** *m.* 4
   buy on time **comprar a plazos**
      m., pl.
   have a good/bad time **pasarlo
      bien/mal** 9
   We had a great time. **Lo
      pasamos de película.** 18
times **veces** *f., pl.* 4
   many times **muchas veces** 10
tip **propina** *f.* 9
tire **llanta** *f.* 11
tired **cansado/a** *adj.* 5
   be tired **estar cansado/a** 5
title **título** *m.*
to **a** *prep.* 1
toast (*drink*) **brindar** *v.* 9
   toast **pan** *m.* **tostado** 8
toasted **tostado/a** *adj.* 8
toaster **tostadora** *f.* 12
today **hoy** *adv.* 2
   Today is . . . **Hoy es...** 2
together **juntos/as** *adj.* 9
tomato **tomate** *m.* 8
tomorrow **mañana** *f.* 1
   See you tomorrow. **Hasta
      mañana.** 1
tonight **esta noche** *adv.* 4

too **también** *adv.* 2
   too much **demasiado** *adv.* 6;
      en exceso 15
tooth **diente** *m.* 7; tooth **muela**
   f. 10
tornado **tornado** *m.* 18
tortilla **tortilla** *f.* 8
touch **tocar** *v.* 13
tour an area **recorrer** *v.* 5; **excur-
   sión** *f.* 4
   go on a tour **hacer una
      excursión** 5
tourism **turismo** *m.* 5
tourist **turista** *m., f.* 1; **turísti-
   co/a** *adj.* 5
toward **hacia** *prep.* 14
towel **toalla** *f.* 7
town **pueblo** *m.* 4
trade **oficio** *m.* 16
traffic **circulación** *f.* 11; **tráfico**
   m. 11
   traffic signal **semáforo** *m.* 11
tragedy **tragedia** *f.* 17
trail **sendero** *m.* 13
   trailhead **sendero** *m.* 13
train **entrenarse** *v.* 15; **tren** *m.* 5
   train estation **estación** *f.* (**de**)
      tren *m.* 5
trainer **monitor** *m., f.* 15
translate **traducir** *v.* 8
trash **basura** *f.* 12
travel **viajar** *v.* 2
   travel agency **agencia** *f.*
      de viajes 5
   travel agent **agente** *m., f.*
      de viajes 5
   travel documents **documentos**
      pl. m. **de viaje**
traveler **viajero/a** *m., f.* 5
   traveler's check **cheque de
      viajero** 14
tree **árbol** *m.* 13
trillion **billón** *m.* 5
trimester **trimestre** *m.* 2
trip **viaje** *m.* 5
   take, go on a trip **hacer un
      viaje** 5
tropical forest **bosque** *m.*
   tropical 13
truck **camión** *m.*
true **cierto/a** *adj.* 13
trunk **baúl** *m.* 11
truth **verdad** *f.* 9
try **intentar** *v.* 8; **probar (o:ue)**
   v. 8
   try (*to do something*) **tratar de
      (+ inf.)** 15
   try on **probarse (o:ue)** *v.* 7
t-shirt **camiseta** *f.* 6
Tuesday **martes** *m., sing.* 2
tuna **atún** *m.* 8
turkey *m.* **pavo** 8
turn **doblar** *v.* 14 9
   turn off (*electricity/appliance*)
      apagar *v.* 11

turn on (*electricity/appliance*)
   poner *v.* 11; **prender** *v.* 11
twelve **doce** 1
twenty **veinte** 1
twenty-eight **veintiocho** 1
twenty-five **veinticinco** 1
twenty-four **veinticuatro** 1
twenty nine **veintinueve** 1
twenty-one **veintiún, vein-
   tiuno/a** 1
twenty-seven **veintisiete** 1
twenty-six **veintiséis** 1
twenty-three **veintitrés** 1
twenty-two **veintidós** 1
twice **dos veces** 6
twisted **torcido/a** *adj.* 10; be
   twisted **estar torcido/a** 10
two **dos** 1
two hundred **doscientos/as** 5
two times **doce veces** 1

U

ugly **feo/a** *adj.* 3
uncle **tío** *m.* 3
under **bajo** *adv.* 7; **debajo de**
   prep. 2
understand **comprender** *v.* 3;
   entender (e:ie) *v.* 4
underwear **ropa interior** 6
unemployment **desempleo** *m.* 18
United States **Estados Unidos** *m.
   pl.* 1
university **universidad** *f.* 2
unless **a menos que** *adv.* 13
unmarried **soltero/a** *adj.* 9
unpleasant **antipático/a** *adj.* 3
until **hasta** *prep.* 1; **hasta que**
   conj. 14
up **arriba** *adv.* 15
urgent **urgente** *adj.* 12
use **usar** *v.* 6
useful **útil** *adj. m., f.*

V

vacation **vacaciones** *f. pl.* 5
   be on vacation **estar de
      vacaciones** 5
   go on vacation **ir de
      vacaciones** 5
vacuum **pasar la aspiradora** 12
   vacuum cleaner **aspiradora**
      f. 12
valley **valle** *m.* 13
various **varios/as** *adj. m., f. pl.* 8
VCR **videocasetera** *f.* 11
vegetables **verduras** *pl., f.* 8
verb **verbo** *m.*
very **muy** *adv.* 1
   very much **muchísimo** *adv.* 2
   Very good, thank you. **Muy
      bien gracias.** 1

vest **chaleco** *m.* 6
video **video** *m.* 11
   video(cassette) **video(casete)** *m.* 11
   video conference **videoconferencia** *f.* 16
   videocamera **cámara** *f.* **de video** 11
vinegar **vinagre** *m.* 8
violence **violencia** *f.* 18
visit **visitar** *v.* 4
   visit monuments **visitar monumentos** 4
vitamin **vitamina** *f.* 15
volcano **volcán** *m.* 13
volleyball **vóleibol** *m.* 4
vote **votar** *v.* 18

W

wait for **esperar** *v.* 2
waiter **camarero/a** *m.*, *f.* 8
wake up **despertarse (e:ie)** *v.* 7
walk **caminar** *v.* 2
   take a walk **pasear** *v.* 4
walkman **walkman** *m.* 11
wall **pared** *f.* 12
wallet **cartera** *f.* 6
want **querer (e:ie)** *v.* 4
war **guerra** *f.* 18
warm (oneself) up **calentarse** *v.* 15
wash **lavar** *v.* 12
   wash one's face/hands **lavarse la cara/las manos** 7
   wash oneself *v.* **lavarse** 7
washing machine **lavadora** *f.* 12
watch **mirar** *v.* 2; **reloj** *m.* 2
   watch television **mirar (la) televisión** 2
water **agua** *f.* 8
   water pollution **contaminación del agua** 13
   water-skiing *m.* **esquí acuático** 4
way **manera** *f.* 16
weak **débil** *adj. m.*, *f.* 15
wear **llevar** *v.* 6; **usar** 6
weather **tiempo** *m.* 4
   It's bad weather. **Hace mal tiempo.** 4
   It's good weather. **Hace buen tiempo.** 4
weaving **tejido** *m.* 17
Web site **sitio** *m.* **Web** 11
wedding **boda** *f.* 9
Wednesday **miércoles** *m.*, *sing.* 2
week **semana** *f.* 2
weekend **fin** *m.* **de semana** 4
weight **peso** *m.* 15
   lift weights **levantar** *v.* **pesas** *f.*, *pl.* 15
welcome **bienvenido/a(s)** *adj.* 12
well **pues** *adv.* 2; **bueno** *adv.* 2

well-being **bienestar** *m.* 15
well organized **ordenado/a** *adj.* 5
west **oeste** *m.* 14
   to the west **al oeste** 14
western (*genre*) **de vaqueros** 17
what **lo que** 12
   what? **¿qué?** 1;
   At what time . . . ? **¿A qué hora...?** 1
   What a . . . ! **¡Qué...!** 1
   What a pleasure to . . . ! **¡Qué gusto (+** *inf.***)...** 18
   What a surprise! **¡Qué sorpresa!** 9
   What day is it? **¿Qué día es hoy?** 2
   What did you say? **¿Cómo?** 1
   What do you think? **¿Qué le/les** *form.* **parece?** 9
   What happened? **¿Qué pasó?** 11
   What is the date (today)? **¿Cuál es la fecha (de hoy)?** 5
   What is the price? **¿Qué precio tiene?** 6
   What pain! **¡Qué dolor!** 10
   What pretty clothes! **¡Qué ropa más bonita!** 6
   What size do you take? **¿Qué talla lleva (usa)?** 6
   What time is it? **¿Qué hora es?** 1
   What's going on? **¿Qué pasa?** 1
   What's happening? **¿Qué pasa?** 1
   What's like? **¿Cómo es...?** 3
   What's new? **¿Qué hay de nuevo?** 1
   What's the weather like? **¿Qué tiempo hace?** 4
   What's wrong? **¿Qué pasó?** 11
   What's your name? **¿Cómo se llama (usted)?** *form.* 1
   What's your name? **¿Cómo te llamas (tú)?** *fam.* 1
when **cuando** *conj.* 7
   When? **¿Cuándo?** 2
where **donde**
   where? (*destination*) **¿adónde?** 2; (*location*) **¿dónde?** 1
   Where are you from? **¿De dónde eres (tú)?** (*fam.*) 1; **¿De dónde es (Ud.)?** (*form.*) 1
   Where is . . .? **¿Dónde está...?** 2
   (to) where? **¿adónde?** 2
which? **¿cuál(es)?** 2; **¿qué?** 2
while **mientras** *adv.* 10
white **blanco/a** *adj.* 6
   white wine **vino blanco** 8
Who is . . . ? **¿Quién es...?** 1
   Who is calling? (*on telephone*) **¿De parte de quién?** 11

Who is speaking? (*on telephone*) **¿Quién habla?** 11
who **que** *pron.* 12; **quien(es)** *pron.* 12
   who? **¿quién(es)?** 1
whole **todo/a** *adj.* 4
whose **¿de quién(es)?** 1
why? **¿por qué?** 2
widower/widow **viudo/a** *adj.* 9
wife **esposa** *f.* 3
win **ganar** *v.* 4
wind **viento** *m.* 4
window **ventana** *f.* 2
windshield **parabrisas** *m.*, *sing.* 11
windy: It's (very) windy. **Hace (mucho) viento.** 4
wine **vino** *m.* 8
   red wine **vino tinto** 8
   white wine **vino blanco** 8
wineglass **copa** *f.* 12
winter **invierno** *m.* 5
wish *v.* **desear** 2; **esperar** 13
   I wish (that) **Ojalá que** 13
with **con** *prep.* 2
   with me **conmigo** 4, 8
   with you **contigo** *fam.* 8
within **dentro de** *prep.* 16
without **sin** *prep.* 13, 15; **sin que** *conj.* 13
   without a doubt **sin duda**
woman **mujer** *f.* 1
wool **lana** *f.* 6
   (made of) wool **de lana** 6
word **palabra** *f.* 1
work **trabajar** *v.* 2; **funcionar** *v.* 11; **trabajo** *m.* 16
   work (*of art, literature, music, etc.*) **obra** *f.* 17
   work out **hacer gimnasia** 15
world **mundo** *m.* 11
worldwide **mundial** *adj. m.*, *f.* 5
worried **preocupado/a** *adj.* 5
worry (about) **preocuparse** *v.* **(por)** 7
   Don't worry. **No se preocupe.** *form.* 7
worse **peor** *adj. m.*, *f.* 8
worst **el/la peor, lo peor** 18
Would you like to? **¿Te gustaría?** 4
write **escribir** *v.* 3
   write a letter/post card/e-mail message **escribir una carta/(tarjeta) postal/mensaje electrónico** 4
writer **escritor(a)** *m.*, *f* 17
written **escrito/a** *p.p.* 14
wrong **equivocado/a** *adj.* 5
   be wrong **no tener razón** 3

X

X-ray **radiografía** *f.* 10

Y

yard **jardín** *m.* 12; **patio** *m.* 12
year **año** *m.* 2
　be . . . years old **tener . . .**
　　años 3
yellow **amarillo/a** *adj.* 6
yes **sí** 1
yesterday **ayer** *adv.* 6
yet **todavía** *adv.* 5
yogurt **yogur** *m.* 8
You don't say! **¡No me digas!**
　fam.; **¡No me diga!** *form.* 11
You're welcome. **De nada. 1; No**
　hay de que. 1
young **joven** *adj.* 3
　young person **joven** *m., f.* 1
　young woman **señorita** *f.* 2
younger **menor** *adj. m., f.* 3
younger: younger brother, sister *m.,*
　f. **hermano/a menor** 3
youngest **el/la menor** *m., f.* 8
your **su(s)** *poss. adj. form.* 3
　your **tu(s)** *poss. adj. fam. sing.* 3
　your **vuestro/a(s)** *poss. adj.*
　　form. pl.
　your(s) *form.* **suyo/a(s)**
　　poss. pron. form. 11
　your(s) **tuyo/a(s)** *poss.*
　　fam. sing. 11
youth *f.* **juventud** 9; (young per-
　son) **joven** *m., f.* 1

Z

zero **cero** *m.* 1

Text Credits

450-451 © Marco Denevi, *Falsificaciones*, Buenos Aires, Corregidor, 1999, pág. 52, reprinted by permission of Ediciones Corregidor.

478-479 © María Velázquez, "Noviembre 24, 1992" from *Aun sin saber quién eres*, 1998, reprinted by permission of the author.

506-507 © Antonio Skármeta, un fragmento de *Ardiente Paciencia. El cartero de Neruda*, 1985, reprinted by permission of the author.

536-537 © Claribel Alegría, "Escribir", 1988, reprinted by permission of the author.

Illustration Credits

Cover Illustration: José Ortega
Herman Mejía: 5, 12, 13, 15, 16, 20, 21, 48, 55, 59, 73, 81 (b), 84, 92, 93, 113, 117, 120, 145, 148, 152, 153, 157, 173, 189, 202, 210, 215, 220, 243, 272, 282, 301, 312, 313, 342, 345, 348, 374, 383, 388, 408, 422, 448, 471, 473, 476, 478-479, 508, 531, 540, 565.
Pere Virgili: 2-3, 36-37, 56, 70-71, 81 (t), 104-106, 122, 123, 136-138, 149, 164, 170-172, 200-201, 222, 223, 232-234, 270-271, 298-299, 328-330, 360-362, 394-396, 428-430, 460-462, 488-489, 518-519, 548-549.
Yayo: 9, 43, 77, 111, 143, 177, 207, 241, 277, 305, 335, 367, 401, 418-419, 435, 450-451, 467, 495, 518-519, 525, 555.

Photography Credits

AP: 513 (r) Wide World. 542 (ml).

Martin Bernetti: 1, 2, 6 (b), 10, 14, 17, 28, 30, 31 (b), 32 (b), 35, 38, 40 (b), 46, 51, 52, 60, 61, 62, 64, 65 (b), 69, 71, 72, 74 (b), 80, 82, 85, 87, 88, 94, 95, 96, 98, 99 (ml, mr, bl, br), 100, 101 (ml, bmr, b), 103, 105, 108 (b), 121, 127, 128, 130, 131 (b), 135, 147, 162, 169, 181, 184-187, 192, 194, 195 (b), 199 204 (b), 209, 211, 214, 224, 226, 227, 228 (tl, tr, m, mr), 229, 231, 237, 244, 262, 264, 269, 273, 297, 302 (b), 309, 320, 322, 327, 332 (b), 339, 344, 352, 354, 359, 363, 386, 393, 395 (tl, bl), 404, 409, 427, 432 (b), 442, 445, 452, 454, 455 (b), 459, 480, 482, 484-485, 487, 491, 492 (b), 510, 511 (b), 517, 528, 535, 538, 547, 558, 564-565, 568.

Corbis Images: 32 (tr), (tl) Robert Holmes, (m) Phil Schermeister. 33 (mr) Tony Arruza, (ml) Qwen Franken, (b) Patrick Ward. 66 (tl, tr) Patrick Ward, (m) Elke Stolzenberg, (b) Reuters New Media Inc. 67 (tl) Paul Almasy, (tr) Jean-Pierre Lescourret, (ml) Francis G. Mayer, (mr) Tony Arruza, (b) Dave G. Houser. 126 132 (tl) George Lepp. 133 (tr) Bettmann, (br) Sergio Dorantes. 140 (b) David Lees. 166 (b) Dave G. Houser. 167 (tr) Steve Chenn. 197 (br) Ariel Ramerez. 228 (fl) Colita, (b) Yann Arthus-Bertrand. 238 (b) Macduff Everton. 266 (t) Bob Winsett, (ml, mr, b) Dave G. Houser. 267 (tl) Craig Lovell, (tr) Michael and Patricia Fogden, (bl) Jan Butchofsky-Houser, (br) Qwen Franken. 288 (b) Pablo Corral. 289 Patrick Ward. 293 Hubert Stadler. 294 (tl) Dave G. Houser, (ml) Pablo Corral, (bl) Bettmann, (tr, mr) Macduff Everton, (bmr) Charles O'Rear, (br). 295 (tl) Wolfgang Kaehler, (bl) Roger Ressmeyer, (tr) Duomo, (br) Charles O'Rear. 319 Galen Rowell. 323 Stephanie Maze. 324 (tl) Martin Rogers, (tr) Dave G. Houser, (ml) Jan Butchofsky-Houser, (mr) Buddy Mays, (bl) Bill Gentile, (br) Bob Winsett. 325 (t) Wolfgang Kaehler, (mr) Dave G. Houser, (ml) Jacques M. Chenet, (b) Martin Rogers. 355 (b) Kevin Fleming. 356 (t) Stephanie Maze, (ml) Arvind Garg, (mtr, mbr) Galen Rowell, (b) Pablo Corral. 357 (t, r, b) Pablo Corral, (ml) Owen Franken. 364 (b) José F. Poblete. 384 Danny Lehman. 388 389 (b) Tony Arruza. 390 (tl) Kevin Schafer, (tr, b) Danny Lehman. 391 (tl) Amos Nachoum, (mr) Bettman, (ml) Ralph A. Clevenger, (b) Danny Lehman. 395 (tr) Stephanie Maze, (br) Roger Tidman. 398 (b) Wolfgang Kaehler. 420 Ric Ergenbright. 423 (b) Kennan Ward. 425 (r) 456 (t) Pablo Corral, (ml) Paul A. Souders, (mr) Neil Rabinowitz 457 (t) Caroline Penn, (mr, ml, b) Pablo Corral. 464 (b) Pablo San Juan. 483 (b) Robert Weight. 504 Bill Gentile. 512 (tl) Jeremy Horner, (tr) Bill Gentile, (m) Kevin Schafer, (b) Stephen Frink. 513 (tl) Brian Vikander, (bl) Gary Braasch. 514 (tl) Tony Arruza, (tr) Reinhard Eisele, (m) Richard Bickel, (b) Francis G. Mayer. 515 (tl) Jeremy Horner, (mr) AFP, (bl) Tony Arruza. 522 (b) Anna Clopet. 541 (b) Carmen Redondo. 542 (tl) Lynda Richardson, (tr) José F. Poblete, (mr) Lake County Museum, (b) AFP. 543 (l) Guy Motil, (r) Frank Lane Picture Agency. 544 (tl) Tom Brakefield, (tr) Macduff Everton, (ml) Owen Franken, (mr) Tony Arruza. 545 (l) Kevin Schafer, (r) Owen Franken. 551 (t) Nik Wheeler, (b) Bill Gentile. 552 (b) Shelley Gazin. 563 (l) Dave G. Houser. 566 Archivo Iconográfico, S. A. 570 (t) Peter Guttman, (m) Paul Ammasy, (b) Archivo Iconográfico, S. A. 571 (mr) Joel Creed. 572 (tr) Wolfgang Kaehler, (tl) Dave G. Houser, (m) Diego Lezama Orezzoli, (b) Miki Kraftsman. 573 (tl) Dave G. Houser, (mr) Temp Sport, (b) Wolfgang Kaehler.

DDB Stock: 571 (tl) Chris R. Sharp, (bl) Francis E. Caldwell.

Carlos Gaudier: 160-161, 165 (b), 166 (tl, tr, ml, mr), 167 (tl, bl)

Lenin Martell: 290

Odyssey/Chicago: 196 (tl, mrb) Robert Frerck. 197 (tl, bl) Robert Frerck, (tr) Barry W. Baker.

PhotoDisc: 29, 31 (t), 33 (tl), 167 (br), 196 (t, b), 563 (r)

Tony Stone Images: 274 (b) Bertrand Rieger. 456 (b) Ken Fisher.

The Viesti Collection: 573 (ml) Joe Viesti.

About the Authors

José A. Blanco is the President and founder of Hispanex, Inc., a company that has been developing Spanish language materials since 1989. A native of Barranquilla, Colombia, Mr. Blanco holds degrees in literature and Hispanic Studies from Brown University and the University of California, Santa Cruz. He has worked as a writer, editor, and translator for Houghton Mifflin and D.C. Heath and has taught Spanish at the secondary and university levels.

Mary Ann Dellinger is an instructor of Spanish and Second Language methodology at the University of Phoenix (Tucson Campus), as well as the Faculty Curriculum Coordinator for Continuing Education. She has taught Spanish at the secondary and college levels both in the United States and in Spain since 1982. She is currently finishing her doctoral studies in Peninsular Literature at Arizona State University with a specialty in twentieth-century essay. Ms. Dellinger is also the author of several ancillary texts for Spanish for Native Speakers of Spanish at the secondary level, as well as co-author of *Sendas literarias,* Second Edition.

Philip M. Donley received his M.A. in Hispanic Literature from the University of Texas at Austin in 1986 and his Ph.D. in Foreign Language Education from the University of Texas at Austin in 1997. Dr. Donley has taught Spanish at Austin Community College, Southwestern University, and the University of Texas at Austin. He has published articles and conducted workshops about language anxiety, language anxiety management, and the development of critical thinking skills.

María Isabel García received a degree in Hispanic Philology at the *Universidad de Alicante* (Spain) in 1992 and her M.A. in Hispanic Language and Literature at the University of Rhode Island in 1996. She is currently finishing her doctoral dissertation in Peninsular Literature at Boston University. Ms. García has taught Spanish at the college level both in the United States and overseas since 1994.

About the Senior Consulting Editor

Elaine K. Horwitz is director of the Foreign Language Education Program at the University of Texas at Austin. Professor Horwitz is the author of numerous pedagogical articles and chapters and is particularly well known for her work in foreign language anxiety and learner beliefs about language learning. She has taught foreign languages at the secondary and university levels, as well as undergraduate and graduate methods courses. Professor Horwitz has supervised over forty doctoral students in foreign language education. She received her Ph.D. in Second Language Acquisition and Teaching from the University of Illinois at Urbana-Champaign.

América del Sur